BUR

Alessandro Manzoni
Scritti filosofici

introduzione e note di RODOLFO QUADRELLI

Biblioteca Universale Rizzoli

Proprietà letteraria riservata
© 1976 RCS Rizzoli Libri S.p.A., Milano

ISBN 88-17-12103-7

prima edizione: ottobre 1976
seconda edizione: settembre 1988

CRONOLOGIA

1785 7 marzo Alessandro nasce a Milano, in via San Damiano 20, da Giulia Beccaria, figlia del giurista Cesare, e dal conte Pietro, di ventisei anni maggiore della moglie. Sembra accertato che Alessandro, nato tre anni dopo il matrimonio, sia frutto di una relazione della madre con l'ultimo dei fratelli Verri, Giovanni.

1791 ottobre Alessandro viene affidato al collegio dei Somaschi di Merate, dove resterà quasi cinque anni.

1792 Giulia Beccaria si separa dal marito, per poi convivere a Parigi con Carlo Imbonati, al quale, fanciullo, il Parini aveva indirizzato il carme *L'educazione*.

1796 Alessandro passa a Lugano, sempre presso i Padri somaschi.

1798 settembre Si trasferisce a Castellazzo de' Barzi presso i Barnabiti, e poi ritorna a Milano nel Collegio dei nobili (ora Longone), sempre retto dai Barnabiti.

1800 Esce definitivamente di collegio, e fa il suo ingresso in società, introdotto da una zia ex monaca. Il Manzoni non serberà buon ricordo della sua educazione scolastica, come testimoniano alcuni giudizi molto duri; fa eccezione il buon ricordo che conservò di padre Soave. Da studente dimostrò notevole familiarità coi testi classici, specialmente latini, come rivela la precoce produzione poetica, tra cui una versione in versi da Virgilio e una da Orazio.

1801 Si stabilisce nella casa paterna, dove resterà fino al 1804. Subito dopo la pace di Lunéville (9 febbraio 1801), scrive il *Trionfo della libertà*, manifestandovi apertamente sentimenti giacobini, e palesandovi la duplice influenza dell'Alfieri e del Monti, conosciuto appunto in quel periodo; e « alfieriano » è il *Ritratto* (1801). Viene preso da una passeggera passione per il gioco, che pare gli sia stata rimproverata, nel ridotto della Scala, dal Monti. Primi amori del Manzoni: per Luisina Visconti e, nel 1803, per una donna veneziana: scoraggiato dalla famiglia il primo, non corrisposto il secondo.

1802-4 Subisce la benefica influenza di due esuli partenopei: Francesco Lomonaco, che lo inorridì col racconto delle repressioni borboniche, e al quale dedicherà un sonetto, e Vincenzo Cuoco, che lo iniziò all'interpretazione dei fatti storici secondo lo spirito del Vico. Nell'idillio *Adda* (1803) è evidente l'influsso montiano. Nei quattro, interessanti *Sermoni* (1803-4) sulla corruzione sociale e il cattivo gusto dell'epoca, prevale una moralità di tipo pariniano.

1805 Sua madre lo chiama a Parigi presso di sé. L'Imbonati è morto da tre mesi, e Alessandro, ormai ventenne, consola la madre, conoscendo per la prima volta la gioia degli affetti familiari. Scrive il carme *In morte di Carlo Imbonati,* che può considerarsi documento di una nuova moralità. Durante il soggiorno parigino (protrattosi, salvo brevi intervalli, fino al 1810) il Manzoni frequenta i circoli degli «ideologi», soprattutto la casa di Sofia Condorcet, vedova del filosofo, dove conosce tra gli altri Destutt de Tracy e Cabanis, Guizot e Constant, mentre lo storico Claude Fauriel, convivente della Condorcet, lo inizia alle nuove correnti romantiche. Legge, però, nello stesso tempo i grandi moralisti e oratori francesi del '600, e forse in questa lettura è uno dei segni di quella linea di ricerca e di riflessione che portò il Manzoni da un aperto agnosticismo, coerente col sensismo degli ideologi, a una sorta di deismo volterriano, e infine alla conversione.

1808 6 febbraio A Milano, sposa, con rito evangelico, la diciassettenne Enrichetta Blondel, figlia di un banchiere ginevrino, e di confessione calvinista. Matura in tale periodo la sua crisi religiosa, sulla quale molto è dato congetturare ma poco sapere, perché il Manzoni difese sempre col più assoluto riserbo quel momento della sua vita. È certo però che, d'accordo con la moglie e sotto la guida del sacerdote Eustachio Degola a Parigi e del vescovo Luigi Tosi a Milano, egli meditò a fondo i temi del cristianesimo. Tanto il Degola quanto il Tosi inclinavano verso il giansenismo, e senza dubbio i temi dell'illuminazione e della Grazia hanno un posto nell'opera del Manzoni; ma la lettura attenta delle sue opere, soprattutto delle opere morali e filosofiche, basta a dissipare ogni sospetto sull'ortodossia della sua fede e della sua morale.

1809 Pubblica il poemetto *Urania*, che sembra un ritorno agli stilemi fissati dal Monti, ma nel quale l'impiego della mitologia è soltanto di maniera: senso del carme è la virtù civilizzatrice delle belle arti, e a nessuno sfugge l'analogia che il tema ha con quello delle *Grazie* foscoliane. Scrive il frammento allegorico in versi *Parteneide*, poi rifiutato (al pari di *Urania*); ispirato dalla *Parthenais* del poeta danese Baggesen, da lui conosciuto a Parigi.

1810 febbraio Il matrimonio con Enrichetta viene riconsacrato secondo il rito cattolico. *Aprile*: durante le manifestazioni per il matrimonio di Napoleone con Maria Luisa, smarrita la moglie nella calca, entra, in preda a forte turbamento, nella chiesa di San Rocco in Parigi, dove prova un sentimento di pace miracoloso: l'episodio appartiene per metà alla leggenda, per metà alla storia della vita del Manzoni, ma ha qualche fondamento, soprattutto se verificato sull'indole apprensiva del poeta. *Maggio*: la Blondel abiura la religione calvinista. *Dicembre*: il Manzoni, che da qualche mese si è trasferito con la moglie definitivamente a Milano, ritorna del tutto alla fede, accettando i sacramenti della confessione e della comunione. I due sposi abitano dapprima in via San Vito (al Carrobbio), poi nel palazzo Beccaria in via Brera e infine nel palazzo, divenuto monumento nazionale, di via Morone. La loro casa, negli anni a venire, sarà luogo di frequenti riunioni alle quali parteciperanno Ermes Visconti, Gaetano Cattanèo, Tommaso Grossi, Giovanni Berchet, gli uomini del *Conciliatore* (1818-19), e, con minore assiduità, Carlo Porta, intorno al quale si raccoglieva l'altro raggruppamento romantico milanese.

1812-15 Progetta la composizione di dodici *Inni sacri*, quante sono le principali feste dell'anno liturgico. Ne porterà a termine soltanto cinque, cui è da aggiungere l'importante frammento di *Ognissanti*. Tra il '12 e il '14 compone *La Risurrezione, Il Nome di Maria, Il Natale, La Passione*: li pubblicherà nel '15. Scrive altresì la canzone civile *Aprile 1814*, nella quale esprime la speranza di una continuazione del regno d'Italia, rifiutandone però la corona al Beauharnais. Nel '15 scrive l'altra canzone, rimasta frammentaria, *Il proclama di Rimini*, nella quale asseconda il sogno di Murat per l'indipendenza d'Italia. Viene ripreso da un male nervoso che già lo aveva temporaneamente afflitto ma che d'ora in poi non lo abbandonerà più: esso consiste in un senso di vertigine che lo obbliga ad uscire quasi sempre accompagnato e a tenere, quando è seduto, una sedia vicino a sé. Questa infermità, confessata apertamente da lui stesso, ha indotto taluno alle più stravaganti congetture, quali un'analogia col *gouffre* pascaliano.

1816 Inizia la stesura della tragedia storica *Il conte di Carmagnola*. Scrive l'ode burlesca *L'ira di Apollo,* contro i classicisti e a sostegno del Berchet.

1818-19 Per suggerimento del Tosi, e in polemica col Sismondi, scrive le *Osservazioni sulla morale cattolica,* pubblicate nel '19 dal Lamperti. Compie un breve viaggio a Parigi.

1820 Pubblica dal Ferrario *Il conte di Carmagnola*, dedicandolo al Fauriel e corredandolo di notizie storiche e di un' importante prefazione. Inizia la tragedia storica *Adelchi. Il conte di Carmagnola* viene recensito, molto favorevolmente, da Goethe.

1821 Si ritira nella sua villa di Brusuglio, addolorato per la repressione politica che aveva colpito gli amici più cari. Scrive l'ode civile *Marzo 1821*, che pubblicherà soltanto nel '48. Scrive l'ode *Il cinque maggio,* ispirata dalla morte di Napoleone; la poesia verrà tradotta da Goethe nel 1823. Scrive di getto i primi capitoli del *Fermo e Lucia*. Progetta una nuova tragedia, *Spartaco*, della quale restano soltanto appunti.

1822 Pubblica *Adelchi* dal Ferrario, dedicandolo alla moglie e accompagnandolo con l'importante *Discorso sopra alcuni punti della storia longobardica in Italia;* anche quest'opera viene recensita da Goethe. Scrive e pubblica il quinto, il più maturo e importante, degli *Inni sacri*: *La Pentecoste*.

1823 Termina il *Fermo e Lucia*. Scrive la *Lettre à Monsieur Chauvet sur l'unité de temps et de lieu dans la tragédie*, nella quale critica il canone pseudo aristotelico delle unità, e la lettera *Sul romanticismo,* al marchese Cesare d'Azeglio, nella quale definisce i limiti della sua adesione al romanticismo lombardo.

1824-26 Rielabora il *Fermo e Lucia* in un romanzo completamente nuovo, per il quale pensa dapprima al titolo di *Gli sposi promessi*. Comincia a meditare sul tema della lingua: di quegli anni è il primo abbozzo, noto col titolo di *Sentir Messa*. Nel '26 conosce il Rosmini.

1827 Pubblica il romanzo presso il Ferrario col titolo *I promessi sposi*. Parte con la famiglia per Firenze, dove si tratterrà un paio di mesi. Incontra i liberali toscani che il Vieusseux aveva riunito intorno alla rivista *Antologia*; ha anche modo di conoscere Giordani, Leopardi, Niccolini. Viene accolto nell'Accademia della Crusca come membro corrispondente. Approfondisce il problema della lingua (« risciacquatura in acqua d'Arno »), meditando la revisione del romanzo secondo il principio che la lingua italiana è « il fiorentino parlato dalle persone colte ». Ha termine con questa data la fase propriamente creativa della vita del Manzoni.

1829   Stende la *Lettera al Cousin*.

1833   È assiduamente impegnato nella revisione, quasi esclusivamente linguistica, del romanzo. *Dicembre*: muore la moglie Enrichetta, che gli aveva dato ben sette figli; quattro di essi scompariranno negli anni successivi, e soltanto due gli sopravviveranno.

1834   Si cimenta nel tentativo, non portato a termine, di comporre l'« inno sacro » *Il Natale 1833*, ispiratogli dalla morte della moglie.

1837   Sposa in seconde nozze Teresa Borri, vedova Stampa.

1838   Si tiene estraneo ai festeggiamenti tributari dai milanesi a Ferdinando I, rifiutando l'onorificenza offertagli dal governo austriaco.

1839   Muore la madre, Giulia Beccaria.

1840-42   Pubblica, in successive dispense, presso Guglielmini e Redaelli, la redazione definitiva dei *Promessi Sposi*, unendole la *Storia della Colonna infame* (sui processi agli untori).

1845   Scrive il saggio *Del romanzo storico, e in genere de' componimenti misti di storia e d'invenzione,* nel quale afferma che storia e invenzione non devono dimorare nello stesso componimento. Scrive a Giacinto Carena la lettera *Sulla lingua italiana*.

1848   Firma l'indirizzo invocante l'intervento di Carlo Alberto, benché il figlio Filippo sia caduto prigioniero durante le Cinque Giornate.

1850-51   Scrive il dialogo *Dell'Invenzione*.

1855   Muore, assistito dal Manzoni, il Rosmini.

1861   Viene nominato senatore del Regno d'Italia. Riceve le visite di Cavour e di Garibaldi. Muore la seconda moglie.

1862 Viene nominato presidente della commissione per l'unificazione della lingua.

1864 Vota, in veste di senatore, per il trasferimento della capitale da Torino a Firenze.

1868 Stende il saggio storico *La rivoluzione francese dell'89 e la rivoluzione italiana del '59*, che verrà pubblicato postumo, inteso a dimostrare l'illegittimità della prima e la legittimità della seconda (la seconda guerra d'indipendenza). Stende la relazione, indirizzata al ministro Broglio, *Dell'unità della lingua e dei mezzi di diffonderlo* (cui nel '69 aggiungerà un'*Appendice*) e le due lettere al Broglio *Intorno al libro « De vulgari eloquio » di Dante* e *Intorno al vocabolario*. Comincia a pubblicare, presso il Rechiedei, le sue *Opere complete*. Conosce Giuseppe Verdi.

1871 Accetta la cittadinanza onoraria di Roma, dopo l'annessione della città all'Italia. Scrive la *Lettera al marchese Alfonso della Valle di Casanova* sui problemi della lingua.

1873 Comincia a stendere l'opera *Dell'indipendenza dell'Italia*, rimasta incompiuta. *6 gennaio*: cade sugli scalini di San Fedele, a Milano; la sua mente comincia a decadere. *28 aprile*: gli muore il figlio Pier Luigi. *22 maggio*: il Manzoni muore, dopo undici giorni di delirio. Viene sepolto nel Famedio, al Cimitero Monumentale.

1874 Giuseppe Verdi fa eseguire in San Marco e alla Scala la *Messa da requiem* dedicata al poeta.

INTRODUZIONE

MANZONI FILOSOFO

Legittimità di una filosofia

È pregiudizio, invalso dell'epoca dell'idealismo, che si possa conferire il nome di filosofo soltanto a colui che ha costruito un sistema nuovo e originale. È il pregiudizio che si riscontra nelle storie della filosofia, le quali proprio dall'idealismo e poi da tutti gli storicismi ottengono una legittimità non più pratica, ma veramente filosofica. Così l'acuto moralista o il veggente metafisico, il poeta che conosce i segreti della propria arte e il romanziere che conosce i segreti del cuore umano, non saranno filosofi. Li si terrà bensì per preziosi, qualche volta, ma non tanto da insidiare lo spirito di sistema; e, in ultima analisi, si finirà col dire che essi sono dilettanti, non privi di ingegno.

Perché avviene ciò? La risposta a questa domanda è anche quella che ci consente di garantire legittimità filosofica a uno scrittore come Alessandro Manzoni.

Le filosofie moderne, ma in particolare quelle ottocentesche, sono filosofie del Tutto, perché in esse la razionalità non può lasciar nulla di ingiustificato e, comunque, nulla può lasciare *fuori*. La costruzione dev'essere completa, perché essa non è completata da nient'altro: la Rivelazione e la fede essendo considerate ipotesi estranee all'edificio della ragione, non meno dell'intuizione poetica, e da ascriversi tutt'al più a un primo e primitivo momento della vita dello spirito. I risultati di questa pretesa sono stati grotteschi, e per tutti si deve segnalare quello di Hegel, perché l'abolizione della parte del mistero, e in ogni caso di ciò che non si conosce, ha condotto alle più esplicite mistificazioni di fatto nonché alla più clamorosa negazione di principio, che è la negazione dell'esistenza del *male*.

Il sistema, o meglio i sistemi, possono quadrare soltanto a queste condizioni: l'ordine che essi descrivono non è ritrovato ma immaginato, non è parziale ma totale. Il filosofo è uno che deve parlare di tutto, e che deve fingere interesse per tutto, salvo lasciar fuori come illegittimo ciò che non rientra nel quadro: non abbiamo più una critica genuina dovuta all' incompatibilità delle scelte e dei linguaggi, abbiamo invece l'astratta e l'ignorante benché doverosa negazione di ciò che usurperebbe il posto altrui, scompaginando l'assetto. E infatti le storie della filosofia, che naturalmente lasciano fuori Manzoni e le sue illuminazioni soprattutto nel dominio estetico e morale, ci esibiscono però un gran numero di pensatori che hanno le loro estetiche ed etiche, non importa quanto ignoranti e doverose, ma al posto giusto. Il filosofo *deve* parlare anche di quelle, ancorché le sue conoscenze e i suoi interessi lo orientino, chissà, da tutt'altra parte.

Manzoni filosofo non è « originale » perché non ha nessun bisogno di esserlo. Egli crede nella Rivelazione e nella tradizione patristica, ammira i moralisti francesi dal '600, e ha il proprio filosofo in Rosmini; ciò gli consente la vera originalità, che esiste soltanto quando non ci si deve illudere di cominciare tutto daccapo. Egli stesso, nel dialogo *Dell'Invenzione*, si dichiarò consapevole di tale metodo.

È chiaro che, con un criterio come questo, i pensatori, o filosofi (ma qual è la differenza?) andranno ricercati soprattutto ai margini, e non importa che essi siano incompleti e non abbiano un sistema: se l'ordine non è sottinteso né riconoscibile, ma dev'essere tutto costruito, se non si tratta di render giustizia a qualcosa ma di giustificare tutto, vuol dire che l'ordine non esiste.

È anche evidente che il filosofo cattolico, e comunque religioso, come è Manzoni, è più disponibile per l'apparente ripetizione che non il filosofo laico; il «sistema» per lui c'è già, e comunque non è esauribile dalla ragione.

Un altro tratto del Manzoni filosofo, e forse di ogni pensatore libero dal dover giustificare le peggiori assurdità, è la ricognizione dei sistemi filosofici per la loro responsabilità e per le loro conseguenze: per dove vanno a parare. Lo stile del pensiero manzoniano è eminentemente quello di chi è guarito dalla febbre dell'astrazione e di chi, classicamente e cattolicamente, ritiene che il mondo esiste, che la realtà esiste, che l'oggetto esiste, e che la mente deve esplorarli per quanto è possibile, adeguandosi ad essi e senza volerli adattare al letto di procuste del pensiero.

Nasce da ciò uno stile del ragionamento di qualità pressoché unica, se paragonato a quello dei suoi contemporanei. È lo stile dell'analisi quasi mai pedante, che oppone allo stile spesso grossamente analogico e sintetico dei pensatori romantici la tecnica dell'indugio e dell'anticipo e le figure della preterizione e della litote: lo stile che, sia pur con veri o falsi ghirigori, procede lentamente ma inesorabilmente al proprio fine. Al confronto Gioberti è approssimativo e Rosmini, il suo Rosmini, generosamente ammalato per ragioni difensive dello spirito di sistema, è burocratico e pesante (malgrado i suoi alti meriti, che si palesano quando segue anche lui il suo genio e parla di ciò che gli sta a cuore: nella *Storia dell'empietà*, per esempio). È la fede nell'oggetto, anzi, è l'amore per l'oggetto, che ha condotto Manzoni a questo risultato, attraverso successivi avvicinamenti e correzioni, ai quali nulla è estraneo, dallo studio approfondito dei testi alla ricerca di una propria lingua mediamente nobile e adeguata.

La prosa filosofica di Manzoni è spesso polemica, nel senso che critica o confuta qualcuno. E proprio in ciò si può ravvisare quella cortese implacabilità che ha pochi precedenti e nessun seguace evidente, almeno in Italia. Egli comincia sempre col riconoscere i meriti dell'avversario, magari artatamente, almeno ai nostri occhi, amplificandoli; ma quando poi si addentra nel cuore della materia, noi avvertiamo chiaramente che ogni piccolo passo avanti è senza ritorno e che ogni critica è definitiva. Cosí che sembra di vedere l'avversario che spira quietamente e senza sussulti nelle braccia del suo confutatore, senza peraltro che questi gli diventi mai nemico.

Manzoni altro non fa se non applicare quel gran metodo che egli vorrà riconoscere in Rosmini: quello di « scoprire le omissioni », riconducendo sempre al punto desiderato l'errar vagante del confutato. Tuttavia questa discrezione da gran signore non è ipocrisia per meglio avallare i propri procedimenti; è invece l'atteggiamento morale di chi distingue l'errante dall'errore. Dimostrare che Sismondi e Cousin e Bentham sono in errore non significa dimostrare che essi sono degli ignoranti o degli sprovveduti. È questa una grande lezione, poiché la maggior parte dei polemisti, cioè degli scrittori, non sa distinguere gli autori dalle opere e le opere dalle circostanze: cosicché per confutare qualcosa ha sempre bisogno di distruggere qualcuno.

Questa maturità fine ed eletta, questo ragionar sottile e caritatevole, avrebbe dovuto essere un modello per il pensiero italiano. Sciaguratamente non lo è stato. Dopo Manzoni ha invece prevalso uno stile filosofico e critico al tempo stesso plebeo e pedante, meschino e punitivo, malato di retorica spirituale e ideale, ma al tempo stesso bassamente materiale e soddisfatto nell'eliminazione di ciò che è «superato» e nella giustificazione del «progresso». Questo stile profondamente scolastico ha fatto scuola, ha insegnato a generazioni dopo generazioni a piegarsi ai fini apparenti della Storia, collocandoli anzi sugli altari e lodando a vicenda il poeta e il filisteo, ciascuno nella propria sfera. L'ironia manzoniana, che poi in altro non consiste se non nel rapporto tra i fini reali e quelli apparenti dell'uomo, avrebbe potuto insegnare il distacco a quegli uomini innamorati a vicenda dei traffici e della guerra, della bellezza sovrumana e della filologia parassitaria.

Esistono anche i limiti del pensiero manzoniano, che sono poi i limiti del Manzoni stesso, artista responsabile verso le idee. Essi consistono soprattutto nella cura piuttosto morale che metafisica che egli mantiene nella definizione vuoi delle idee vuoi dei personaggi. Egli si preoccupa più del destino dell'anima che non degli stati dell'Essere, e la sua sollecitudine diventa a tratti troppo minuta e apologetica. È la conseguenza di quello che altrove [1] ho chiamato «il tentativo di Manzoni di essere un classico»: il tentativo di presentare come possibile e normale una costruzione filosofica completamente estranea ai suoi tempi e avversata da essi; il tentativo di nascondere sotto l'aspetto di una restaurazione una vera e propria rivoluzione contro il moderno. È anche il segno dell'inferiorità di Manzoni rispetto a Dante, scrittore piuttosto metafisico che morale: è il segno dell'impossibilità di imitare Dante da parte di un moderno.

Le «Osservazioni sulla morale cattolica»

L'interesse dominante in Manzoni è morale, e la sua opera filosofica più importante sono le *Osservazioni sulla morale cattolica*.

Alla modestia dell'autore che ha voluto chiamare «osservazioni», negandone per giunta ogni valore specifico, questo trattato originato da motivi occasionali, merita opporre qualche considerazione. Quest'opera è la prima tra le sue speculazioni filosofiche, collocandosi la sua stesura nell'estate del 1818, e la prima edizione nel 1819, ma la nostra lettura si esercita, in quest'edizione, e nelle altre poche che ne sono state fatte, sulla seconda stesura e sulla seconda edizione, del 1855: segno che il Manzoni ci teneva, se ha voluto ampliarla e

---

[1] *Manzoni o il tentativo di essere un classico*, in «L'Europa», gennaio 1974.

rifonderla. E ciò sebbene non abbia voluto dar fuori la seconda parte, pubblicata postuma e incompiuta dal Bonghi.

Essa è in realtà una delle più splendide apologie della religione cristiana e cattolica che siano mai state fatte: l'altra faccia, veramente, delle *Pensées* di Pascal, la faccia ortodossa ma non gesuitica, il volto consolante ma non per ciò meno terribile di una religione. E' un'opera che di fronte alle consuete apologie acquista un senso anche più drammatico, benché soffocato, che non le *Pensées*. Queste dichiarano esplicitamente lo sgomento dell'uomo di fronte agli infiniti, ma lo vincono con il salto nella fede che, in condizioni estreme come quella, è più facile, non più difficile. E viene, con questi mezzi formidabili, dimenticato almeno per un momento quello che era l'avversario originale della tentata apologia secentesca: lo scetticismo e, in particolare, Montaigne. Manzoni doveva invece affrontare un nemico ormai molto più agguerrito, anche se egli crede o finge di credere che tale nemico non sia nuovo ma sia come quello che si presentò alla Chiesa all'inizio dei tempi: tutto il corso del pensiero moderno che finalmente si compendia nell'illuminismo.

Quando si dice che l'opera tutta di Manzoni è una risposta all'illuminismo, si è soliti ritenere un'immagine limitata, nel tempo e nell'estensione, di tale movimento; così che taluno ha potuto, e può, ritenere Manzoni un romantico, ciò che egli veramente non fu mai. Manzoni fece *concessioni* al romanticismo, come ne fece all'illuminismo dei Verri e dei Beccaria. Ma egli risponde all'illuminismo come al momento insuperabile del pensiero moderno, laddove la reazione romantica, essendo limitata, è un'illusione destinata a soccombere. E il nemico formidabile che egli si trova davanti, magari sotto le specie di un vago deismo o di un cristianesimo « non misterioso », è poi nient'altro se non il pensiero secolarizzato, deciso a fare a meno non solo della religione cristiana e cattolica, ma di qualsiasi religione. In ciò consiste anche la straordinaria attualità dell'argomento: perché la secolarizzazione oggi si sta realizzando, non più come al tempo del Manzoni al livello dei soli intellettuali, ma al livello del popolo, sul quale Manzoni contava[2]. Così, all'attualità dell'argomento sembra far da contraltare una inattualità del modo con cui esso è svolto dal Manzoni; ed è vero che la nostra sensibilità

---

[2] Così nella seconda parte della *Morale*, cap. VI: « Ah! se quegli che si chiamano popolo adottassero un giorno la filosofia miscredente, che Dio non voglia ... »

religiosa, educata su Pascal e su Kierkegaard, e piuttosto propensa alla *scommessa* o al *salto* che non ai gradi della ragione o alle cinque vie, può d'acchito respingere l'apologetica manzoniana. Ma, attenzione: il ragionamento di Manzoni è « rispettabile » soltanto in superficie; se ci si addentra, si può udire, fioca ma distinta, la voce dell'uomo sgomento dagli abissi, e che solo dopo lunga tempesta ha trovato riparo. Proprio perché egli ha scelto la via morale è anche disponibile a rappresentarci il destino dell'uomo come pellegrino in terra, procedente verso una meta misteriosa; egli non ha scelto la via metafisica, atta a tradursi per un moderno nella caricatura catechistica e precettistica. È bensì vero che l'omaggio dogmatico è presente nella *Morale,* e che non sempre è peregrino. Ma la vera voce è l'altra. È la voce che i pensatori della nuova Italia non hanno saputo udire [3]. E valgano per tutti i giudizi di De Sanctis e di Croce, che bastano a confermare come la *Morale* sia a tutt'oggi un libro chiuso, un testo che non è mai veramente penetrato nella cultura italiana [4].

[3] Insieme a quella di tanti altri. Colpisce nella cultura italiana ancora un'altra sordità: nei confronti di Baudelaire, ove si faccia eccezione per gli scapigliati, che sono la vera scuola poetica italiana moderna, nonché la vera alternativa alla triade poetica di fine secolo. E merita aggiungere che tale alternativa abortì, diversamente da quanto avvenne in Francia, per mancanza di credito non tanto presso il pubblico, quanto presso gli intellettuali. L'esempio di Baudelaire è fondamentale perché rappresenta l'altra via, rispetto alla manzoniana: quella della rivolta esplicita, per arrivare ad esiti non lontani che sono uno statuto ortodosso della religione e della poesia (nozione di Peccato originale, critica del progresso indefinito).

[4] Tra i due il De Sanctis, nelle sue lezioni sul Manzoni, formula il giudizio più cauto. Egli si limita a mettere in relazione la *Morale* con i *Promessi Sposi*. La *Morale* esporrebbe criticamente il mondo ideale che nei *Promessi Sposi* è espresso artisticamente. Noterò di passaggio che De Sanctis condanna la relazione tra mondo storico e mondo ideale come è stabilita dal Manzoni perché essi si escluderebbero a vicenda, e termina con la consueta ipotesi del « genio inconsapevole » (così anche Dante e Tasso: « la genialità li salvò dalle loro teorie »). In verità Manzoni, e Dante, e Tasso, sapevano quel che facevano, e non hanno bisogno che nessun filosofo del progresso salvi la loro poesia condannando le loro teorie, e rivelando quali erano ciò che essi veramente volevano e che è poi quel che vuole lui. Diversamente non si capisce bene che cosa sia il genio, e donde nasca: lo stesso Manzoni aveva accortamente, nella *Lettera sul Romanticismo*, messo in guardia nei confronti dei diritti del genio! Il torto di De Sanctis è quello di non considerare le preoccupazioni morali ed estetiche del Manzoni come cose serie: « Ai posteri fa spesso compassione il vedere da quali storte preoccupazioni sia stato assediato un grand'uomo ... E nessuno oggi tien più dietro a quelle questioni così ardenti, eppur così piccole, che interessarono tanto Manzoni e i suoi contemporanei, com'era la questione delle unità e l'altra dei personaggi reali e ideali, e che cos'è romanzo storico,

La tesi della «Morale cattolica»

La *Morale cattolica* parte da ragioni occasionali, che sono le critiche del Sismondi al nesso Cattolicesimo-Italia come origine di corruttela civile, ma giunge, come l'autore stesso avverte, a ragioni fondamentali, che sono la confutazione dei princìpi essenziali della Riforma e di quelli della gnoseologia moderna (Locke, soprattutto), fino a raggiungere spesso l'affermazione positiva delle verità, e l'esaltazione più che l'apologia.

Tuttavia le critiche stesse del Sismondi hanno origine protestante, benché secolarizzate e, in definitiva, illuministiche. Il rimprovero dello storico ginevrino, non solo al cattolicesimo, ma all'Italia come terreno privilegiato di quella religione, si compendia nell'accusa di *esteriorità* e *ipocrisia*. E quante volte non le abbiamo sentite ripetere, queste parole! Esse sono tanto attuali e vigenti per il tramite del radicalismo gobettiano, che l'autore di questa prefazione ha dovuto tentarne, or

e in che proporzione stanno storia e poesia...» Dove c'è da notare che il rapporto tra storia e poesia è invece quello essenziale: la poesia rivela ciò che la storia tace, e di cui non può render conto e a cui non può render giustizia. Il nesso tra vero storico e mondo ideale non c'è perché essi sono in contrasto e obbediscono a leggi così differenti da giustificare la tragedia, temperata dalla Grazia o dalla Provvidenza. Ma tale contrasto è precisamente quello che non vogliono gli storicisti, per i quali nella storia, se non c'è la giustizia, c'è almeno la giustificazione, e gli uomini dovrebbero star contenti ad essa. Tale mediocre filosofia ha il torto di manipolare le carte dei poeti non avendo il coraggio di condannare in toto Manzoni (e Dante, e Tasso). Quanto poi al giudizio di De Sanctis secondo il quale Sismondi e Manzoni erano in fondo d'accordo, ci sembra un esempio eloquente della mancanza di rigore del suo pensiero. Croce, nel suo breve saggio sulla *Morale*, non entra assolutamente nel merito dell'opera. Glielo vieta l'«anacronismo» delle proposizioni dell'autore, il quale avrebbe la colpa di non tenere in conto le repliche romantiche all'illuminismo. Ora, va rilevato che Manzoni stesso osservava, tanto nel saggio sull'utilitarismo quanto nel dialogo *Dell'Invenzione*, come ci voglia una teoria vera per escluderne una falsa: l'esser certe teorie dimenticate o reputate anacronistiche non basta. Ma Croce non entra nel merito. E se seguissimo noi, nei suoi confronti, un metodo disonesto come il suo, dichiarandolo semplicemente, come fanno oggi i più, «superato» o «anacronistico»? In verità l'accusa di anacronismo è l'accusa plebea per eccellenza e noi non la ripeteremo a nostra volta. Croce afferma inoltre che Manzoni si appella vanamente alla logica, giacché si rifà continuamente all'autorità e alla Rivelazione, che dovrebbero essere bandite dalla discussione critica. Ma l'autorità e la Rivelazione non sono per Manzoni le premesse della logica, ma le conclusioni alle quali, secondo lui, una logica rigorosamente condotta deve pervenire. Il dogma, si legge in uno dei *Pensieri religiosi*, non si può investigare, perché non vi si trova nulla per la ragione, ma «favorisce l'esame in tutto il resto». E Manzoni lo spiegò anche, e diffusamente, nell'*Invenzione*.

non è molto, una nuova confutazione, del tutto indegna del modello manzoniano [5]. E questo tipo di critica ha avuto, ed ha, tanta fortuna, che dall'origine nobile, a modo suo, del radicalismo è trapassato in un malvezzo qualunquistico, del quale i gazzettieri sono i primi responsabili [6].

I punti fondamentali del Sismondi sono quelli che il liberalismo moderno ci ha reso familiari: pensare con la propria testa, fare il bene per il bene, credere in purezza di cuore e senza bisogno di segni esteriori, ridurre la religione a fatto privato e in definitiva inesistente. È, questa, la retorica moderna, giacché ogni epoca ha la sua; e non c'è oggi uomo-massa che, nel bel mezzo della più spaventosa eteronomia della volontà, non ritenga di essere individuo libero e consapevole.

Manzoni obietta che, per quanto si riduca la fede a una purezza non compromessa dell'animo, essa resta nondimeno un atto umano (cap. VIII), come le buone opere, i segni, i simboli, le allegorie, che il protestantesimo si studia di negare. O esiste un nesso tra l'uomo e Dio, e allora abbiamo bisogno di tramiti, e allora dobbiamo aver fiducia nelle nostre facoltà, compresa la ragione; oppure nesso non esiste e allora è inutile parlare non solo di religione, ma neppure di fede. Il cuore di tutto il ragionamento è questo e il resto ne è solo lo splendido corollario. Tuttavia è proprio in tale corollario che Manzoni eccelle: nella penetrazione dei moti del cuore e del delirio delle passioni egli ritrova, per l'ambito morale, quella precisione terminologica che, dopo Dante e San Tommaso, è andata irrevocabilmente perduta nell'ambito metafisico. È, dopo questa perdita, una salvezza in extremis, ma ciò non toglie che essa sia salda, pur nella sua precarietà, e consolante. È questa altresì la qualità che rende la *Morale* un *livre de chevet*, che si può aprire dove si vuole.

Ho già detto come in alcuni punti egli sia troppo minuto

[5] Rodolfo Quadrelli, *Il paese umiliato*, Milano, Rusconi, 1973.
[6] Ecco un brano, tratto dal capitolo XIII della *Morale*, che può valere come dolente e sarcastica risposta del Manzoni a questo tipo di pregiudizio: « Quantunque però qui non si tratti di difender l'Italia, ma la religione, non si può a meno di non protestar di passaggio contro l'interpretazione che potranno dare all'esempio addotto dall'autore quegli stranieri appunto che sono avvezzi a credere anche al di là del male che loro vien detto di questa povera Italia; e i quali, sentendo parlare d'assassini che mangiano di magro, potranno farsi subito l'idea che l'Italia sia piena d'uomini che vivano così tra il sicario e il certosino. Se mai, per un caso strano, questo libricciolo capitasse alle mani d'alcuno di loro, vedano se è troppa pretensione il chiedere che si facciano dell'altre ricerche, prima di formarsi una tale idea d'una nazione ».

(cap. VI, sull'inadempienza al precetto di frequentare la messa); ma non vorrei trascurare i momenti assolutamente grandi, come, nell'Appendice al capitolo III, la definizione di un principio di obbligazione di contro alla nozione di diritto come contratto sociale, oppure tutto il capitolo XIV sulla maldicenza, o infine, nel capitolo XV, l'ammonimento ad amare se stessi come il prossimo.

Nella seconda edizione della *Morale* il Manzoni aggiunse un' Appendice al capitolo III, sul sistema che fonda la morale sull'utilità, del 1851; tale Appendice e la *Lettre* al Cousin (1829), insieme al dialogo *Dell'Invenzione* (1851) e all'abbozzo di dialogo *Del piacere* (1851), sono al confronto testi teoretici speculativi. Ma converrà procedere per ordine cronologico, onde mostrare la progressiva influenza del Rosmini sul Manzoni e il dominio sempre maggiore che questi raggiunse della filosofia di quello, nonché della filosofia in generale; notando che la presenza del Rosmini, avvertibile nella seconda edizione della *Morale* (nota al cap. III), non lo è nell'edizione del '19. Il Manzoni conoscerà il Rosmini soltanto nel '26.

La « Lettre » al Cousin

La *Lettre* al Cousin è la svolta per la quale il Manzoni, abbandonato l'eclettismo cousiniano (*je crois que je suis né éclectique*, scriveva nel 1828), comincia a formulare da par suo critiche assai simili a quelle che Rosmini aveva già rivolto al Cousin: l'originalità di Manzoni, rispetto a quello che ormai è il suo filosofo, consiste nel rivelare la genesi che i pensieri hanno nella sua mente, e nell'offrire maggiori probabilità a una filosofia dell'assenso.

L'occasione è la lettura del *Corso di filosofia moderna* del Cousin. In esso il Cousin sembra aver trovato un punto, uno solo ma fondamentale, con il quale vincere lo scetticismo, senza ad un tempo rinnegare il suo stesso eclettismo. Questa facoltà è l'*ispirazione*, che ci metterebbe in contatto con la verità, che sarebbe oggettiva a tutti gli uomini e nulla imporrebbe agli altri perché niente ha di personale. I guai cominciano dopo, con la riflessione che, imponendo una differenziazione, sarebbe personale e perciò iniqua nei confronti altrui. La filosofia del Cousin appare qui, occorre dirlo col senno di poi, chiaramente romantica, con forti parentele con Maine de Biran e con Schelling. Strumento privilegiato dell' ispirazione sarebbe infatti la poesia.

Manzoni ha buon gioco nel confutare una filosofia così imprecisa, nonché nello scoprire il sottile e tutto moderno sofisma di essa: far retrocedere la facoltà conoscitiva veramente oggettiva all'indefinibile e all'inverificabile. Ed è straordinario osservare come egli tratti il frasario dell'interlocutore, ove questo si faccia più lirico: riportandolo alla questione. È un autentico controcanto. La prudenza manzoniana si fa audacia: messosi di fronte a un'ambiziosa filosofia per la quale l'ispirazione, ed essa sola, comunica con la verità, egli sottintende, senza dichiararlo, che per un moderno è assai più coraggioso credere nell'autorità della ragione e più ancora arrendersi alla sua inevitabilità. Il filosofo moderno postcartesiano ha sempre paura di cadere fuori dal dominio della certezza e dentro al dominio dell'inautentico e dell'oppressivo. La critica che Manzoni svolge qui nei confronti di Cartesio è assolutamente parallela a quella che nella *Morale* svolge contro i protestanti. Come i protestanti, nella loro ansia di negare mediazioni inautentiche tra l'uomo e Dio, non s'avvedono che la fede stessa è un atto umano, così Cartesio non si accorge che nel suo *ergo* (*cogito ergo sum*) è già contenuto quanto egli non ha ancora dimostrato né potrebbe dimostrare: la capacità della mente umana di dedurre conseguenze e di passare dall'una all'altra. Egli dovrebbe rimanere prigioniero del solo *cogito*, della sola intuizione primitiva, senza poi tirar fuori quanto « teneva nascosto in tasca ». Così Cousin dovrà riconoscere che la sua ispirazione senza riflessione, impersonale, oggettiva, indifferenziata, non ha nemmeno una lingua, essendo sempre la lingua composta di parole differenziate, nella forma e nel senso. Il desiderio tutto moderno, ma sterilmente nobile, di nulla imporre agli altri condurrebbe a questo: a non parlar nemmeno.

E a nessuno sfugge come l'argomentazione di Manzoni sia anche qui una difesa dell'impura ragione al servizio della fede, mentre la filosofia di Cousin come tante altre (come quella di Sismondi, per esempio) vogliono salvaguardare la « purezza » e arrivano all'inesistenza: vogliono da filosofi niente imporre agli altri e niente offrire all'estrinseco, e abbandonano il dominio del mondo agli uomini pratici che hanno il culto dell'estrinseco. La stessa poesia, organo dell'assoluto, non è più un'arte; e ciò è perfettamente coerente con tutte le estetiche romantiche ed è perfettamente contrario alla poesia e alla poetica del non romantico Manzoni.

Il dialogo « Dell'Invenzione »

Alla domanda estetica se il poeta *crei* o *trovi*, è dedicato il dialogo *Dell'Invenzione*. Ed è in esso, dopo le parziali accettazioni del nuovo sistema contenute nella *Lettera sul Romantici-*

smo, che Manzoni si palesa chiaramente filosofo tradizionale, in senso rosminiano. Dopo un'iniziale riluttanza a riconoscere l'idea generalissima di Essere, che è contenuta in tutte le idee particolari e che presta loro oggettività, Manzoni si era integrato con felicità sempre maggiore nel sistema del Rosmini. Di questa felicità è testimonianza l'*Invenzione*, dove la stessa forma dialogica è il segno della maturità e la dimostrazione che l'autore non ha ormai più avversari, se non fittizi. Il dialogo gli consente le pause e le libertà, per non dire delle divagazioni, che sono impossibili nella polemica, e Manzoni ha tutto l'agio di mostrare come l'artista inventando trovi (*invenire*: trovare) ciò che c'è già, ma nell'ambito dell'idea, non già del reale, nell'ambito del verosimile che già Aristotele aveva assegnato alla poesia come più nobile e universale della storia. L'artista rappresenta l'idea che finalmente è nella mente di Dio, e in questa visione la sua oggettività può esser garantita soltanto dalla Creazione: dal postulato ragionevole che il mondo sia una Creazione.

Ne derivano, anche se soltanto indirettamente, conseguenze che le estetiche postmanzoniane si sono affrettate a negare: che le idee (anche qui occorre rifarsi all'etimo) si *vedono*, perché il mondo è come un libro da interpretare, che l'allegoria è possibile, che la poesia filosofica è possibile, che le immagini hanno un significato e le idee si percepiscono. E varrebbe la pena di riflettere su quanto Eliot, nel suo saggio su Dante, ha definito «filosofia percepita», e che io direi «percepibile», perché non fondata sul razionalisticamente moderno *concetto*, ma bensì sull'*idea* ritrovabile nella Creazione. La separazione tra immagine e concetto, e l'attribuzione della prima alla poesia e del secondo alla filosofia (con conseguente negazione della poesia filosofica e della filosofia metaforica, cioè di quasi tutte le poesie e le filosofie decenti), è modernistica piuttosto che moderna, e ha senso deteriore: è fondata sulla nozione che la natura non ha senso, se l'uomo non glielo presta; è fondata sull'ipotesi che la natura ha un senso soltanto perché, in definitiva, è storia (col triste onere di dover giustificare il male di natura).

Il dialogo è così libero che dà a tratti l'impressione di poter toccare qualsiasi argomento. Così è il brano, splendido di intensità intellettuale, su Robespierre, che nasce dalla confutazione di un pregiudizio noto anche a noi: che nel mondo moderno non ci sia posto per la metafisica. Manzoni dimostra invece attraverso quel personaggio terribile, nel quale «c'era anche del mistero», che, se non c'è la metafisica, c'è l'utopia, e che la negazione di entrambe da parte dei benpensanti è un errore capitale. L'utopia colma, in modo degradato e terrestre, il bisogno di assoluto ignorato dai liberali, tutti attenti a un concreto che non è concreto: le pratiche amministrative della normale amministrazione. E noi che abbiamo visto, diversamente da Manzoni, il trionfo del comunismo e del socialismo, ai quali egli accenna soltanto (sull'utilitarismo), ne sappiamo qualcosa. Non saranno gli untorelli crociani o i gazzettieri qualunquisti coloro che spianteranno le nuove e possenti utopie, in primo luogo perché cominciano col non riconoscerne la degradata dignità.

Lettera « Del piacere » e « Pensieri religiosi »

Manzoni aveva in animo di scrivere altri due dialoghi dopo l'*Invenzione*; e Rosmini fortemente lo sollecitava a ciò, e in particolare a quello, più ambizioso, sull'unità delle idee. Resta invece soltanto la lettera *Del piacere* indirizzata al Rosmini, quale anticipo di un nuovo dialogo, che, così com'è, è sufficiente a fornire una definizione di questo « sentimento », di questo principio attivo contrapposto alla definizione del Verri, sensisticamente fondata su un principio passivo. Per il Verri il piacere è rapida cessazione di dolore, mentre per il Manzoni esso è sentimento positivo, del quale il dolore è privazione.

Di notevole interesse anche i *Pensieri religiosi e vari* riordinati dal Rizzi tra le carte del Manzoni e pubblicati postumi dal Bonghi, che possono essere utilmente letti come chiose ai testi maggiori. In essi il lettore potrà veder accortamente confutati parecchi pregiudizi speciosamente modernistici: non perché il moderno sia da negare né perché il Manzoni intendesse negarlo, ma perché ogni epoca, come ho già detto, ha la sua retorica. Tra questi: l'insensatezza dell'espressione *religione nazionale*, tutta romantica ma divenuta virulenta dopo Manzoni; l'inanità del pragmatismo in materia religiosa, che è anche una confutazione *ante litteram* dell'« utilità di credere » di James; l'illusione, già sottolineata nella seconda parte della *Morale*, degli economisti del XVIII secolo, di identificare benessere e incremento demografico, pensiero che andrebbe meditato dai cattolici di oggi; l'assurdità della distinzione tra bello poetico e bello morale.

Resta da dire del saggio sull'utilitarismo che figura come Appendice al capitolo terzo della *Morale,* e che non è soltanto lo scritto più filosofico del Manzoni, ma il più caratteristico dello stile filosofico, e direi mentale, del quale parlavo all'inizio. Vorrei aggiungere che esso è una confutazione così definitiva, e così estesa nelle conseguenze, dell'utilitarismo di Bentham, da saltare vantaggiosamente la critica idealistica e romantica ai sistemi sensistici da cui anche quello dipende: poiché Manzoni si guarda bene dall'opporre un io creatore a un io passivo e dall'includere il principio di utilità in una apparentemente risolta circolarità della vita dello spirito. Egli riconduce invece con un rigore destinato a restare ignoto non soltanto ai francesi e agli inglesi, ma anche agli italiani e ai tedeschi, la nozione di utilità ai suoi confini legittimi, quando cioè la scelta avviene tra più oggetti ugualmente legittimi. La tesi si articola in due momenti: essere l'utilità un falso criterio di azione perché si commisura sugli effetti dell'azione, che devono per forza esser futuri e dunque incerti; essere la definizione di utilità « il massimo piacere per il maggior numero di uomini » un assurdo, perché sembra, da un criterio, escludere potenzialmente qualche uomo. Il criterio delle azioni è invece già presente, *in interiore homine*, perché non dipende dagli effetti dell'azione, ed è la scelta tra bene e male. Lo scritto, pur essendo più o meno contemporaneo all'*Invenzione*, non ne ha la libertà e si riconduce invece ai fini apologetici dell'opera di cui fa parte.

Il problema del linguaggio

La rassegna non sarebbe completa se non si dicesse qualcosa sul Manzoni filosofo del linguaggio, quale è dato ritrovare nel giovanile *Sentir Messa*, nel tardo e incompiuto libro *Della lingua italiana* e in certi frammenti della *Lettre* al Cousin. In quei testi capitali egli critica il sensismo di Condillac e l'ideologia di Destutt de Tracy, che pretendono il linguaggio essere stato inventato dall'uomo, magari attraverso un' evoluzione da « grida più o meno inarticolate ». Egli, come fa il metafisico, postula il problema dell'*origine*, in senso non cronologico, ma ideale: chiedersi qual è l'origine del linguaggio è come chiedersi qual è l'origine dell'uomo. Chi ha creato l'uomo? Giacché è impossibile immaginare un'umanità priva di linguaggio e in ogni modo non se ne ha notizia. È inoltre impossibile riconoscere il senso delle parole, ipoteticamente inventate a poco a poco, se prima non si posseggono altre parole. Il linguaggio, postula Manzoni, come già Dante, è nato con l'uomo: è un dono che poi si trasmette e si trasforma, essendo la sua legge nient'altro se non l'Uso.

Ma non ho ritenuto di includere tutti quei passi nella presente raccolta, perché sono convinto che il loro rilievo appaia meglio in una raccolta completa degli scritti linguistici, inserendo invece solo i frammenti della *Lettre* al Cousin.

Idealismo e marxismo

Presento questi testi con la precisa convinzione di fornire, in edizione economicamente accessibile, opere importanti, chiuse sempre o quasi sempre nelle difficilmente accessibili edizioni di classici. Ma preme aggiungere che tale inaccessibilità per il pubblico è dovuta a una doppia iattura. La prima è l'esterofilia editoriale che vige in Italia, e che tutto è disposta a pubblicare, dai giapponesi ai guatemaltechi, tranne gli italiani « classici », essendovi per questi le apposite edizioni critiche che nessuno legge; e di tale iattura è presto detto. La seconda, assai più pericolosa, è l'italianistica, la quale, accampando le pretese di una « scientificità » che fa a pugni col rigore e che è sinonimo di banalità, ha neutralizzato la lezione del passato riducendola a storia e non mai illuminandola come tradizione il cui esito è nel futuro: nel futuro della poesia e della filosofia. Essa ha letteralmente vietato di riconoscere come le idee si convertano in scelte da farsi per chiunque e non in scelte già fatte da qualcuno: ha sequestrato i testi dall'attenzione di quanti non fossero disposti a pagare il proprio omaggio a un grottesco e obbligatorio progresso della razionalità e della critica; ha ritenuto che il pubblico dei lettori di « classici » fossero gli studenti aspiranti alla tesi o gli studiosi smaniosi di libera docenza.

Ma non direi tutto se non ripetessi, esclusivamente per questi testi, che la scarsa frequentazione di essi è dovuta all'egemonia culturale che l'idealismo ha lungamente mantenuto in Italia, e che il marxismo ha raccolto, continuandola, non contraddicendola. È con questo sentimento di scelta che ho curato la presente edizione: e posso offrirla idealmente a quanti sanno che le sistemazioni critiche e gli accertamenti critici sono soltanto un mezzo per rendere « scientifico » il dominio culturale, e per soffocare l'intelligenza degli uomini liberi.

RODOLFO QUADRELLI

DOCUMENTI

I

... Avant tout je dois dire qu'une réfutation par un homme aussi célèbre, aussi justement admiré me flatte et m'honore; que je suis infiniment sensible à la manière dont il parle de moi dans sa préface; que j'admire comment dans une controverse qui lui tient si fort au coeur, il a pu conserver un langage toujours si plein d'obligeance. Je dirai encore que je savais d'avance que nous nous trouverions plus d'accord au fond qu'il ne nous semblait, parce que chaque homme met toujours dans sa religion ce qu'il a de plus élevé dans l'âme, et que j'étais sûr que le catholicisme grandissait et s'ennoblissait dans le coeur de Manzoni.

Mais quand j'en viens à la controverse elle-même, il faut que je convienne qu'elle m'a fait peu d'impression. Nous semblons deux spadassins qui veulent se battre dans une nuit obscure et qui ne se voient pas. Tandis qu'il croit pousser des bottes contre moi dans un coin de la chambre, je suis dans l'autre, et nous ne nous atteignons jamais. Nous n'attachons pas le même sens aux mots, nous n'avons point en vue les mêmes idées.

Par exemple, dès le premier chapitre sous le nom d'unité de foi, nous ne parlons point des mêmes choses. Que la foi soit la conviction de la nature du fils de Dieu, ou qu'elle soit un acte de notre volonté par lequel nous imposons silence à notre raison pour l'admettre, ce n'est ni de l'une ni de l'autre que j'ai entendu parler; c'est de l'unité d'un corps de doctrine qui comprend tout l'ensemble des enseignements religieux; c'est de la soumission de tous à toutes les décisions de l'Église, sur toutes les questions théologiques et philosophiques qu'on peut élever sur la nature de Dieu, sur celle de l'âme humaine, sur tous les rapports de l'une avec l'autre. La foi dans le langage de l'Église Romaine est une vertu, mais elle est aussi une doctrine, et c'était à l'unité de doctrine qu'il fallait ré-

pondre. Nous ne nous sommes pas entendus; en vérité j'en
pourrais dire autant chapitre par chapitre. Si j'osais j'irais volontiers
plus loin; je dirais qu'un esprit aussi étendu que
celui de Manzoni perd sa portée sur ces sujets seulement, parce
que le catéchisme est toujours devant lui, et lui offusque la
vue. Au lieu de s'abandonner à l'originalité de ses propres
pensées, il se traîne dans des canaux étroits et tortueux qu'il
trouve tout tracés pour lui. ...

(Gian Carlo Sismondo de Sismondi, lettera del 20 dicembre
1829 a Fulvia Jacopetti Verri.)

II

... Manzoni sentì che fare un atto di accusa, una requisitoria
come quella contro la morale cattolica senza temperamento di
sorta, era un gran pericolo per l'Italia: perché gl'Italiani a
quel tempo, e credo anche un po' ai nostri, gl'Italiani appunto
per le oppressioni patite e per le corruzioni del cattolicismo
erano scettici; e Manzoni sforzasi di dimostrare che religione
e libertà possono andar di conserva. Quel libro attraversava
il suo indirizzo letterario, morale, religioso; credendo fosse
un veleno per la gioventù italiana il leggere un libro che
confonde la morale depravata con la vera, volle metterci un
antidoto e scrisse il suo discorso sulla *Morale cattolica*, in risposta
a Sismondi.

Ora ho una brevissima osservazione a fare.

Manzoni e Sismondi sono perfettamente di accordo.

Come Sismondi concepisce la virtù, così la concepisce Manzoni;
come quegli rappresenta gli abusi della morale cattolica,
così li rappresenta Manzoni. Dov'è la differenza tra i due
libri? Sismondi, essendo storico, dice: « Io non devo occuparmi
della morale cattolica da filosofo e da teologo, non voglio
indagare che cosa è in sé stessa. La prendo in flagrante,
qual è in fatto, la prendo nello stato della sua depravazione ».
Manzoni risponde: « Ebbene, sia! avete esposti gli abusi che
ci sono e non ho da entrarci; ma come filosofo, mettendomi da
un punto di vista più alto, dico che la morale cattolica veduta
non dal punto di vista degli scettici o dei casisti, ma da quello
della ragione, dico che essa è conforme alla morale naturale ».
Quindi la sobrietà, la continenza, la modestia e le altre virtù
da Manzoni sono mantenute, non in nome della religione cattolica,
ma, tal quale come da Sismondi, in nome della ragione.

Uno dice: «Prendiamo il mondo qual è»; l'altro dice: «Prendiamolo quale dovrebbe essere secondo la religione nella sua origine, non ancora profanata, depravata». Raggiungono due scopi diversi ed entrambi utili. ...

(Francesco De Sanctis, *Lezioni sul Manzoni*, 1872.)

III

... Un suo pregio singolarissimo intanto sta nell'avere esibito il modello della forma più acconcia per trattare le questioni filosofiche. Quell'amabile venustà onde Platone si faceva intorno ai più ardui problemi, è riprodotta in questo dialogo [*Dell'Invenzione*] con tutti gl'ingenui lepori del conversar famigliare che invita ad assistere alla questione dissimulandone tutte le difficoltà e le astruserie. Che differenza fra questo linguaggio e quello della maggior parte anche tra i più illustri pensatori che involgono il vero in un gergo sibillino, quasi, direbbesi, per spaventare il volgo profano e stornarlo dalla vietata selva druidica! ...

(Giuseppe Rovani, *La mente di Alessandro Manzoni*, 1873.)

IV

... Nella *Morale cattolica* si ammira la forza del convincimento, la sottigliezza dell'argomentazione, il calore dello stile; ma tu t'accorgi che le catene son catene anche per *quel vigoroso*; e v'ha luoghi, per esempio il capitolo sulle indulgenze, dove ti fa pena il vederlo dibattersi fra quelle. E ti pare poi spostata la questione in quel continuo contrapporre che fa alle conseguenze effettive della morale cattolica, che altri avea notate, le conseguenze logiche discendenti in astratto da essa. ...

(Francesco D'Ovidio, *Discussioni manzoniane*, 1886.)

V

... Ancora qualche pagina prima (168) mi sbrigavo alla svelta del manzoniano dialogo *Dell'Invenzione*, in cui l'autore «stabilisce che l'artista non crea, né idea, né immagina, né escogita, né fantastica, né inventa, ma *invenit*, trova le idee esistenti *ab aeterno* nella mente d'Iddio». Io non dico che queste idee coincidano esattamente con le mie; ma mi sento ad esse più vicino che a molte altre dottrine estetiche. Né dico che allora io trattassi Rosmini sotto gamba (sebbene un mio maestro di Firenze mi abbia osservato alla discussione di laurea, ed allora non compresi bene, che del Rosmini non tenevo tanto conto quanto avrei dovuto), e neanche dico che avessi poca reverenza verso il Manzoni. Ché anzi, desanctisianamente e più, lo adoravo, non senza stupore di alcuni miei amici universitari che erano inesorabilmente carducciani e sospettavano qualche contraddizione fra il mio classicheggiare e il mio manzoneggiare.

Ma insomma, se oggi volessi « mettere al corrente » la *Storia della Critica Romantica*, dovrei riscriverla da capo e imperniare la trattazione intorno al Manzoni e all'estetica trascendentale cui obbedirono la sua critica e la sua arte. ...

(Giuseppe Antonio Borgese, Prefazione alla seconda edizione di *Storia della critica romantica in Italia*, 1920.)

VI

...Dopo lo svolgimento delle dottrine etiche ai suoi tempi, dopo Kant e Jacobi, Fichte e Schleiermacher e gli altri, la sua difesa della morale teologica o cattolica, questa difesa che non s'era accorta dei nuovi e più poderosi avversari che erano sorti contro quella dottrina, è anacronistica. E di anacronismo pecca la sua stessa confutazione della morale utilitaria [...]. Per es., il Manzoni nella *Morale cattolica* lamenta l'ingiustizia che si usa agli apologisti del cattolicismo col non dare ascolto alle loro difese e non volere entrare in discussione con loro. E la signorina Lupi (p. 13): « Il Manzoni ha inutilmente prevenuto i non cattolici; il Croce (*Aless. Manzoni*, p. 69) ha ribattuto che a ragione non si ascolta più l'apologista, perché egli difende dottrine ormai superate ». Ora, io non ho mai né scritto né pensato una così prosuntuosa e alquanto volgare e rozza risposta. ...

(Benedetto Croce, *La « Morale cattolica »*, 1930.)

VII

... Il Croce, in un saggio sulla *Morale cattolica*, esce in un curioso giudizio: « Che questo libro abbia importanza documentaria, in ispecie nella sua prima forma, come precedente teorico dei *Promessi Sposi* (ci spiega, tra l'altro, perché nel quadro, dato nel romanzo, dell'Italia nel Seicento i maggiori e quasi i soli rappresentanti dello zelo morale siano un frate e un cardinale), è cosa consentita da tutti i critici. Ma la *Morale cattolica* è certamente un libro rimasto come estraneo alla cultura e al sentimento italiani ». Che la *Morale cattolica* sia un libro rimasto estraneo alla cultura e al sentimento italiani, è vero (fu scritto « in opposizione alle idee predominanti », in una Italia risorgimentale e massonica); ma è che il Croce, in tutto il suo saggio, sembra consentire a quella cultura e a quel sentimento. Noi invece dissentiamo decisamente da quella cultura e da quel sentimento, e dissentiamo dal Croce. ...

(Giuseppe De Robertis, *Primi saggi manzoniani*, 1949.)

VIII

... 1. - Dall'indagine che siamo venuti facendo di tutte le materie teoriche nelle scritture del M. è forse possibile, concludendo, raccogliere alcune ragioni finali e posarsi in qualche risultato come bene assodato. In *primo* luogo ci è apparsa la *densità filosofica* del pensiero manzoniano, non soltanto dal trovarsi in lui ogni posizione inviolabilmente legata al principio della ragionevolezza (il che abbiamo indicato più volte come l' *integralismo logico* del M.), ma anche dall'essersi l'intelletto del M. effettivamente esercitato lungamente attorno ai problemi della filosofia, scorrendo proprio con mentalità filosofica tutto il giro della speculazione, dalla teoria della conoscenza all'arduo e, per certi aspetti, supremo problema del nesso tra fede e ragione, dalla ricerca della prima formula dell'obbligazione morale alle deduzioni della deontologia speciale, dalla dottrina estetica alla critica dell'utilitarismo morale e del quietismo. Né si può opporre il manco di sistematicità nella trattazione, poiché se il documento letterario della speculazione manzoniana è frammentario, non frammentaria è la speculazione donde procede il frammento, anzi legata per vincolo logico saldissimo così al principio suo come alle parti organiche riposte del sistema. Ché la circolarità della dottrina non è intrinsecamente compromessa, se solo alcune parti di essa siano esposte, giacché l'esporle è un fatto letterario che non pregiudica all'unità riposta del pensiero. Che se poi si opponga che il filosofare del M. non ha il carattere dell'originalità e quindi della filosoficità, l'opposizione varrebbe soltanto quando si considerasse il vero filosofico come una creazione dello spirito, facendo della funzione speculatrice una specie della poeticità, ma non può ferire, se esso è invece un oggetto dato allo spirito da intuire, sicché può essere intuito da molti e con pienezza crescente, senza alterarsi e incontrariarsi dando luogo a prospettive *essenzialmente* diverse.

2. - La *seconda* conclusione che si può stringere dalle analisi fatte è l'*impronta religiosa* del pensiero manzoniano e l'*irreducibilità del suo cattolicismo* a quello che abbiamo designato come il Cristianesimo secondario, a quello cioè che in una religione essenzialmente soprannaturale ravvisa una modalità e un trovato della mente, naturale e storica dell'uomo, e così risolve la metafisica nella storia, la religione in un incremento dello spirito e tutto insomma nell'antropologia. ...

(Romano Amerio, *Manzoni filosofo e teologo*, 1958.)

BIBLIOGRAFIA

La presente edizione è esemplata sul terzo volume delle *Opere* del Manzoni nei Classici Mondadori: *Opere morali e filosofiche edite e inedite*, a cura di Fausto Ghisalberti, Milano, 1963. Tale edizione si avvale anche delle illuminanti note sulla composizione e sul significato dei singoli testi.

La più compiuta e precisa esposizione della filosofia del Manzoni è: Romano Amerio, *Manzoni filosofo e teologo*, Torino, Edizioni di Filosofia, 1958. Tale esposizione è stata altresì riprodotta dall'Amerio nel terzo volume della sua splendida edizione commentata della *Morale cattolica*, Napoli, Ricciardi, 1965. L'Amerio ha considerato la filosofia del Manzoni come un tutto organico, indipendentemente dalla elaborazione cronologica.

Altra edizione commentata delle *Osservazioni* è quella curata da Umberto Colombo per le Edizioni Paoline (Alba, 1965).

Possono anche essere consultati: E. Gabbuti, *Il Manzoni e gli ideologi francesi*, Firenze, Sansoni, 1936; B. Boldrini, *La formazione del pensiero etico-storico del Manzoni*, Firenze, Sansoni, 1954; P. Fossi, *La conversione di Alessandro Manzoni*, Bari, Laterza, 1933; A. Galletti, *Alessandro Manzoni*, Milano, Unitas, 1927; G. De Robertis, *Primi studi manzoniani e altre cose*, Firenze, Le Monnier, 1949; F. Ruffini, *La vita religiosa di Alessandro Manzoni*, 2 voll., Bari, Laterza, 1931.

Per una conoscenza dei giudizi e delle testimonianze dei contemporanei: *Carteggio fra A. Manzoni e A. Rosmini*, raccolto e annotato da G. Bonola, Milano, Cogliati, 1901; R. Bonghi, *Le Stresiane*, annotate da G. Morando, in *Per A. Rosmini nel primo centenario della sua nascita*, Milano, Cogliati, 1897, parte 2ª; R. Bonghi, *Studi manzoniani*, a cura di F. Torraca, Milano, Mondadori, 1933; N. Tommaseo, G. Borri, R. Bonghi, C. Fabris, *Colloqui col Manzoni*, a cura di G. Titta Rosa, Milano, Ceschina, 1954; N. Tommaseo e A. Rosmini, *Carteggio edito e inedito (1819-55)*, a cura di V. Missori, Milano, Marzorati, 1967; G. Rovani, *La mente di Alessandro Manzoni*, Milano, Perelli, 1873; C. Cantù, *A. Manzoni - Reminiscenze*, Milano, Treves, 1882.

Le opere qui presentate possono anche essere lette nella recente edizione completa delle *Opere* di Alessandro Manzoni, pubblicata da Sansoni (Firenze, 1973), a cura di Mario Martelli e con prefazione di Riccardo Bacchelli, e, più addietro, nell'altra edizione completa, a cura di Bruno Cagli, pubblicata da Avanzini e Torraca (Roma, 1965).

Per la sola *Morale cattolica* e per l'*Invenzione* si vedano anche le *Opere* pubblicate da Ricciardi (Napoli, 1953), a cura di Riccardo Bacchelli, le *Opere* pubblicate per i Classici Rizzoli (Milano, 1961, vol. III), a cura di Guido Bezzola, le *Opere* a cura di C.F. Goffis (Bologna, Zanichelli, 1967) e le *Opere* a cura di Lanfranco Caretti (Milano, Mursia, 1973).

La seconda parte della *Morale*, coi frammenti e i materiali relativi alla prima stesura, la *Lettre* al Cousin e la lettera *Del piacere* furono pubblicate per la prima volta, dopo la morte del Manzoni, nelle *Opere inedite o rare*, a cura di Ruggero Bonghi e Pietro Brambilla, presso Rechiedei (Milano, 1883-98).

NOTIZIE UTILI

Le memorie manzoniane si trovano nella casa del Manzoni, a Milano in via Morone 1, che è la sede del Centro nazionale di studi manzoniani, e nella villa di Brusuglio: entrambi monumenti nazionali.

I manoscritti manzoniani sono quasi tutti custoditi a Milano nella Sala manzoniana della Biblioteca Braidense, inaugurata nel 1886 con un discorso di uno dei più fedeli discepoli, Ruggero Bonghi.

Alessandro Manzoni al tempo dei *Promessi Sposi* (1827-29), ritratto da Giuseppe Molteni (1800-1867). Mentre la figura è del Molteni, lo sfondo (lago di Lecco) è attribuito a Massimo d'Azeglio. Il dipinto, di carattere pienamente romantico, si trova ora a Roma a palazzo Madama, sede del senato.

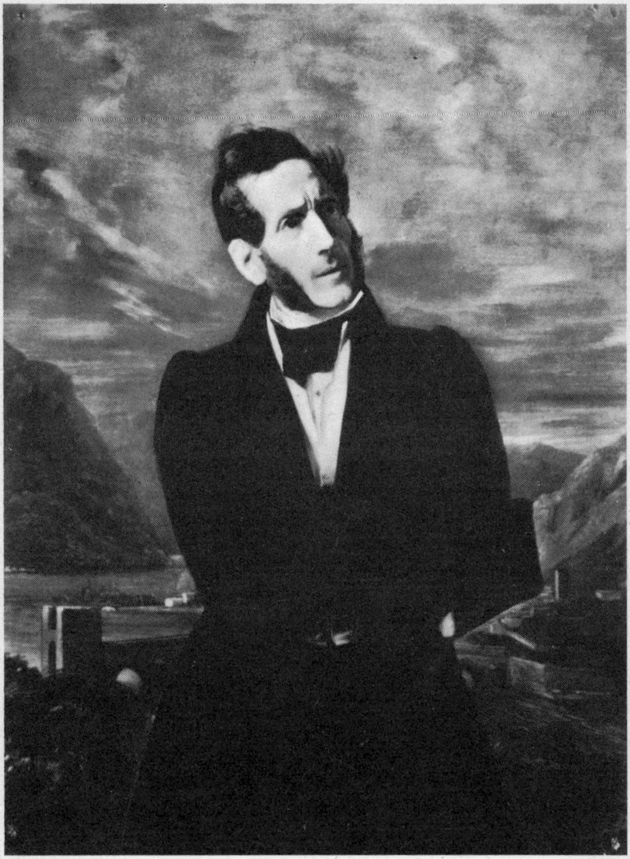

Giancarlo Sismondi (1773-1842) in un ritratto di autore ignoto. Lo storico ginevrino dimorò a lungo a Pisa e collaborò alla rivista milanese « Il conciliatore ». Scrisse una *Storia delle repubbliche italiane del Medioevo*, pubblicata tra il 1807 e il 1818, contro la quale polemizzò il Manzoni con le *Osservazioni sulla morale cattolica*. Più tardi il Sismondi dichiarerà, a proposito di quella polemica: « Siamo due spadaccini che combattono al buio l'uno contro l'altro ».

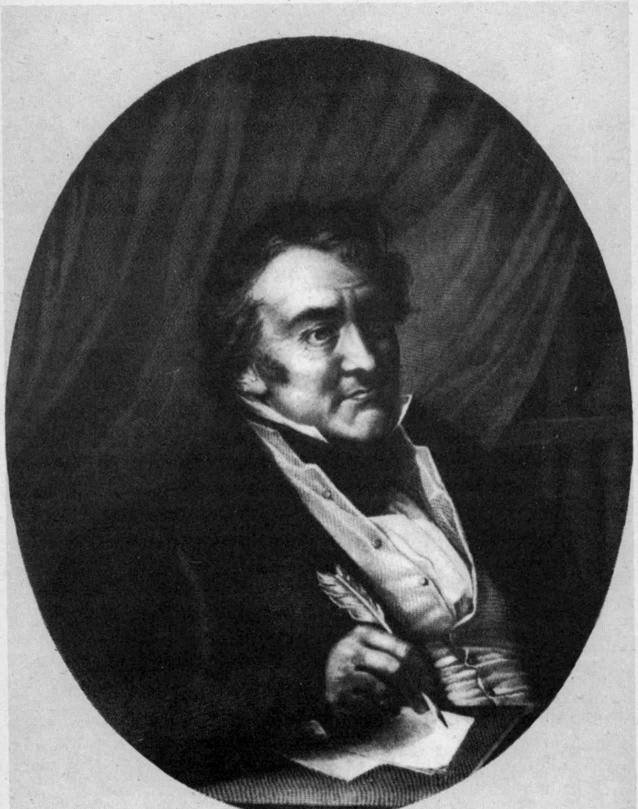

Antonio Rosmini (Rovereto 1797 - Stresa 1855) nel ritratto di Francesco Hayez, ora alla Galleria d'arte moderna di Milano. Il Rosmini, conosciuto dal Manzoni nel '26, influì profondamente sulle idee filosofiche dello scrittore, come si rileva dalla seconda stesura della *Morale cattolica* e dal dialogo *Dell'Invenzione*.

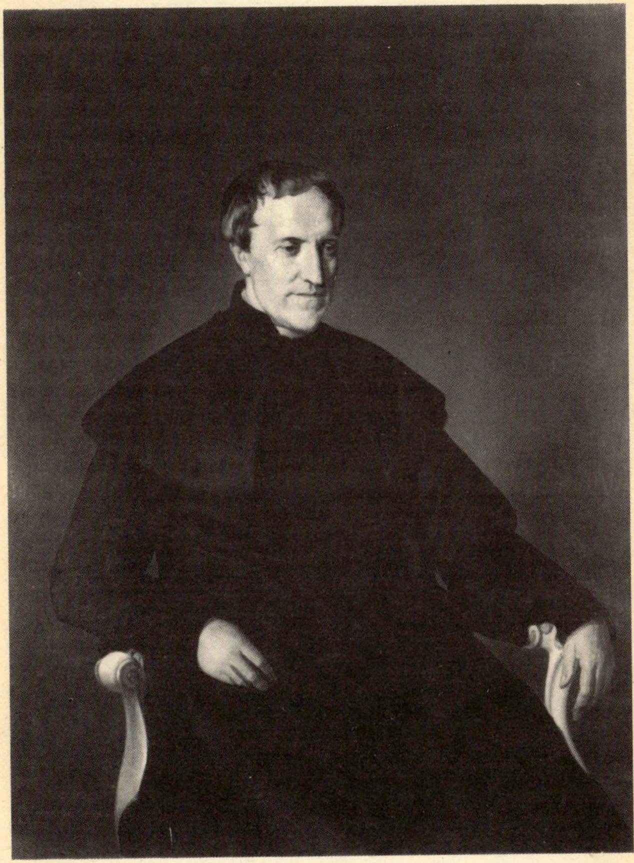

La villa manzoniana di Brusuglio (Milano), com'era all'epoca del Manzoni, in una fotografia della fine del 1800. Costruita agli inizi del '700, fu da Carlo Imbonati lasciata in eredità a Giulia Beccaria. Rifatta dal Manzoni negli anni 1810-15, presenta facciata neoclassica. Era la villa suburbana dove lo scrittore si dedicava all'agricoltura, spostandosi sovente nei suoi poderi di Mariano Comense e della Bassa lodigiana. Oggi è proprietà dei Lanza di Mazzarino, e vi sono conservati lo studio del Manzoni al pianterreno, con parte della biblioteca, la camera da letto e la cappella privata com'erano ai suoi tempi. Il parco è stato mutilato dall'autostrada Milano-Bergamo.

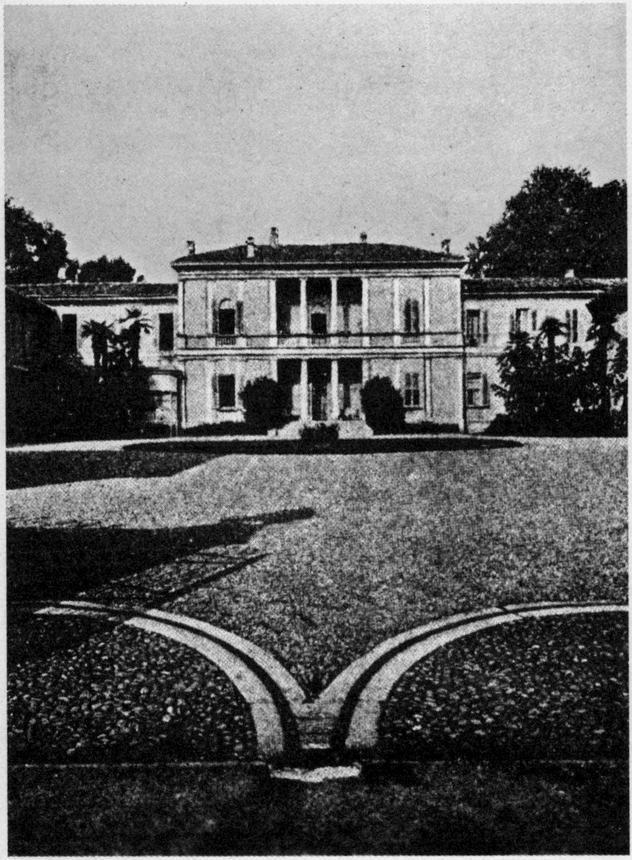

Palazzo Stampa a Lesa (Novara). Era la villa di Stefano Decio Stampa, primo marito di Teresa Borri, la quale, rimasta vedova, sposò nel 1837 il Manzoni, vedovo a sua volta di Enrichetta Blondel. A Lesa lo scrittore, ospite del figliastro Stefano Stampa, soggiornò varie volte, anche perché ciò gli consentiva quotidiani incontri col Rosmini, dimorante nella vicina Stresa. La villa, che all'interno ha subìto profonde trasformazioni, presenta anche all'esterno qualche alterazione.

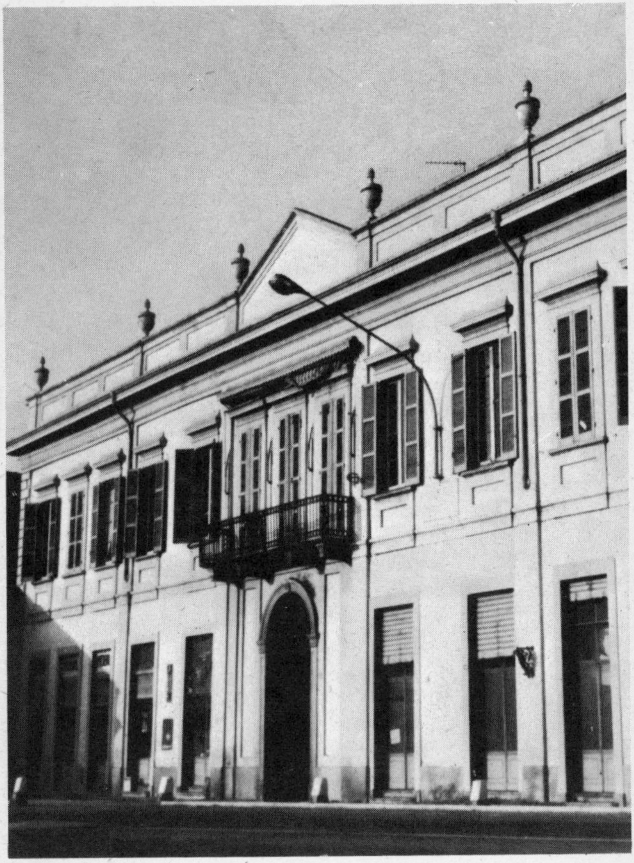

Frontespizio della prima edizione delle *Osservazioni sulla morale cattolica*, del 1819. Il frontespizio indica « parte prima »: la seconda parte, mai compiuta, a quell'epoca era soltanto in progetto, e uscì ma solo parzialmente nel rifacimento del 1855.

SULLA

MORALE CATTOLICA

OSSERVAZIONI

DI ALESSANDRO MANZONI.

PARTE PRIMA.

Unum gestit interdum ne ignorata damnetur.
Tertull. Apol. Cap. I.

MILANO,

Dalla Stamperia di Antonio Lamperti,

P. Vercellina, Nirone S. Francesco, N. 2797.

1819.

SCRITTI
FILOSOFICI

**OSSERVAZIONI
SULLA
MORALE CATTOLICA
[1855]**

Unum gestit interdum ne ignorata damnetur.

Tertull., *Apol.*, Cap. I.

PREFAZIONE ALLE OSSERVAZIONI

Il Manzoni decise di scrivere un'opera apologetica sulla religione cattolica nel 1818. Il proposito era probabilmente più antico, ma l'occasione fu la pubblicazione, avvenuta quell'anno, dei restanti cinque tomi della *Histoire* del Sismondi, l'ultimo dei quali, il XVI, conteneva il capitolo destinato ad essere oggetto della polemica manzoniana. Si è detto che la *Morale* fosse un *pensum* dovuto al canonico Tosi per la conversione, ed è vero che questi sollecitava il Manzoni a questo tipo di scritture, contendenti, ma solo per ragioni di tempo, l'attenzione dello scrittore alla stesura di opere di poesia quali il Carmagnola. Ma è del tutto falso che le sollecitazioni del Tosi fossero determinanti. Ciò è dimostrato dalla cura meticolosa ma intensa che il Manzoni metteva da anni nello studio della teologia morale: Bossuet, Bourdaloue, Massillon, Arnauld, Nicole, Colbert, Pascal, Lamennais. Tra le letture abituali del Manzoni ci furono sempre molti autori giansenisti e questo fatto, unitamente alla presenza della Grazia nella sua opera poetica, ha inclinato taluno, come il Ruffini, a fornire una chiave giansenistica per l'intera vita religiosa del Manzoni. Tale interpretazione per noi è falsa e l'insistenza sul ruolo della ragione, rilevabile in tutta l'opera del Manzoni, sta a dimostrarlo; ma, ciò che più conta, è irrilevante e deviante, e per questo motivo non ne abbiamo parlato nella prefazione. Essa è servita soltanto a non intendere la grandezza dello stile filosofico dell'autore; è servita a quei cattolici che si sentivano schiacciati da lui e a quei laicisti che null'altro desideravano se non trovare un errore nella sua ortodossia.

L'opera fu pubblicata nel 1819. La seconda parte, promessa come imminente, non fu pubblicata, ancorché fosse incominciata. La parte che ci resta, e che più avanti presentiamo, fu pubblicata postuma dal Bonghi e più accuratamente riordinata dal Barbi. Essa avrebbe dovuto consistere, come l'autore stesso dice nell'avvertimento, in una serie di saggi esplicativi su punti già toccati nella prima parte. Il proposito polemico era destinato ad essere abbandonato. Il Manzoni ripubblicò però la prima parte nel '55, largamente rifondendola e integrandola, ed è in questa edizione che noi la leggiamo. La novità più rilevante è l'influenza esplicita o implicita della filosofia del Rosmini.

La citazione da Tertulliano, estremamente eloquente in questo contesto, significa: « cerca una sola cosa, di non esser condannata da coloro che non la conoscono ». Il soggetto è, naturalmente, la Religione cattolica e la Chiesa cattolica.

Omettiamo, in questa edizione, i frammenti relativi alla seconda parte, perché spesso ripetitivi e non particolarmente rilevanti.

AVVERTIMENTO

La seguente operetta fu pubblicata la prima volta col titolo di *Prima Parte*, credendo allora l'autore di poterle far tener dietro alcune dissertazioni relative a diversi punti toccati in essa. Ma, alla prova, dovette deporre un tal pensiero, venendogli meno, sia l'importanza o l'opportunità che gli era parso di vedere nelle materie che s'era proposte, sia la capacità di trattarle passabilmente, nemmeno al suo proprio giudizio. Ha però creduto di poter aggiungere a questa seconda sua edizione, col titolo d'Appendice, un discorso scritto da ultimo, intorno a' sistemi che si studiano di fondar la morale sul così detto *principio d'utilità*: argomento al quale non manca, di certo, né la prima né la seconda di quelle condizioni.

AL LETTORE

Questo scritto è destinato a difendere la morale della Chiesa cattolica dall'accuse che le sono fatte nel Cap. CXXVII della *Storia delle Repubbliche Italiane* del medio evo [1].

In un luogo di quel capitolo s'intende di provare che questa morale è una cagione di corruttela per l'Italia [2]. Io sono convinto che essa è la sola morale santa e ragionata in ogni sua parte; che ogni corruttela viene anzi dal trasgredirla, dal non conoscerla, o dall'interpretarla alla rovescia; che è impossibile trovare contro di essa un argomento valido: e ho qui esposte le ragioni per le quali ho creduto di poter dimostrare che non lo è alcuno di quelli addotti dall'illustre autore di quella Storia.

Debole, ma sincero apologista d'una morale il di cui fine è l'amore; persuaso che nella benevolenza del fatuo, c'è qualcosa di più nobile e di più eccellente che nell'acutezza d'un gran pensatore; persuaso che il trovare nell'opinioni d'alcuno disparità dalle nostre deve avvertirci di ravvivare per lui i sentimenti di stima e d'affezione, appunto perché la corrotta nostra inclinazione potrebbe ingiustamente strascinarci ai contrari; se non avrò osservati in quest'opericciola i più scrupolosi riguardi verso l'autore che prendo a confutare, sarà avvenuto certamente contro la mia intenzione. Spero però che non sarà avvenuto; e rifiuto anticipatamente ogni interpretazione meno gentile d'ogni mia parola.

Con tutto ciò, sento che a ogni lavoro di questa sorta s'attacca un non so che d'odioso, che è troppo difficile di levarne affatto. Prendere in mano il libro d'uno scrittore vivente e, a

---

[1] Opera di Jean Charles Léonard de Sismondi (1773-1842), storico ginevrino, non mai nominato nella *Morale*. La sua *Histoire des Républiques italiennes du Moyen Âge* fu pubblicata dal 1807 al 1818.
[2] Bisogna tener presenti due punti: la difesa della morale cattolica in sé; la critica dell'influenza negativa sull'Italia.

giusta ragione, stimato; ripetere alcune sue proposizioni, esaminarle punto per punto, trovare in tutto che dire, fargli per dir così, il dottore a ogni passo, è una cosa che, a lungo andare, è quasi impossibile che non lasci una certa impressione di presunzione, e di basso e insistente litigio. Per prevenire questa impressione, non dirò al lettore: vedete se non ho ragione ogni volta che prendo qui a contradire: so e sento che l'aver ragione non basta sempre a giustificare una critica, e soprattutto a nobilitarla. Ma dirò: considerate la natura dell'argomento. Non è questa una discussione speculativa; è una deliberazione: deve condurre, non a ricevere piuttosto alcune nozioni che alcune altre, ma a scegliere un partito; poiché, se la morale che la Chiesa insegna, portasse alla corruttela, converrebbe rigettarla. Questa è la conseguenza che gl'Italiani dovrebbero cavare da quel complesso di ragionamenti. Io credo che un tale effetto sarebbe per i miei connazionali la più grande sventura: quando si senta d'avere sopra una questione di questa sorte un parere ragionato, l'esporlo può essere un dovere: non ci sono doveri ignobili.

Il lettore troverà qualche volta che la confutazione abbraccia più cose che l'articolo confutato: in questo caso, lo prego d'osservare che non intendo d'attribuire all'illustre autore più di quello che abbia espressamente detto; ma ho creduto che l'unica maniera d'arrivare a un resultato utile, fosse di trattare la questione più in generale; e in vece di difendere in un articolo di morale la sola parte controversa, indagare la ragione del tutto; poiché è questo che importa di conoscere, è questo che bisogna interamente ricevere o rifiutare. Ho tenuto tanto più volentieri questo metodo, perché si veda meglio, che il mio scopo è di stabilire delle verità importanti e che la confutazione è tutta subordinata a questo.

Notare in un'opera di gran mole e di grand'importanza quello che si crede errore, e non far cenno dei pregi che ci si trovano, non sarà forse ingiustizia, ma mi pare almeno scortesia: è rappresentare una cosa che ha molti aspetti, da uno solo, e sfavorevole. Non dovendo citare la *Storia delle Repubbliche Italiane* se non per contradire a una parte di essa, prendo qui l'occasione d'attestare brevemente la mia stima per tant' altre parti d'un'opera, il più piccolo merito della quale sono le laboriose e esatte ricerche, che formano il principale di tant' altre di simil genere; d'un'opera originale sopra una materia già tanto trattata; e originale appunto perché è trattata come dovrebbero essere tutte le storie, e come pochissime lo sono. Accade troppo spesso di leggere, presso i più lodati storici, descrizioni di lunghi periodi di tempi, e successioni di fatti vari e importanti, senza trovarci quasi altro che la mutazione che questi produssero negl'interessi e nella miserabile politica di pochi uomini: le nazioni erano quasi escluse dalla storia[3]. L' intento di rappresentare, per quanto si può, in una storia lo stato dell'intera società di cui porta il nome, intento, si direbbe quasi, novo, è stato in questa applicato a una materia vasta e, pur troppo, complicatissima, ma d'una bella e felice proporzione: i fatti sono in essa vicini di tempo e di natura tanto da potèrli con chiarezza e senza stento confrontare con le teorie che gli abbracciano tutti; e queste teorie sono assai estese, senza arrivare a quell'indeterminato, che mette bensì lo storico al coperto dalle critiche particolari, perché rende quasi impossibile il trovare gli errori, ma che lascia il lettore in dubbio se quella che gli è presentata sia un'osservazione vera e importante, o un'ipotesi ingegnosa. Senza ricevere tutte le opinioni dell'illustre autore, e rifiutando espressamente quelle che dissentono dalla fede e dalla morale cattolica, non si può non riconoscere quante parti della politica, della giurisprudenza, dell'economia e della letteratura siano state da lui osservate da un lato spesso novo e interessante, e, ciò che più importa, nobile e generoso; quante verità siano state da lui, per dir così, rimesse in possesso, ch'erano cadute sotto una specie di prescrizione, per l'indolenza o per la bassa connivenza d'altri storici, che discesero troppo spesso a giustificare l'ingiustizia potente, e adularono perfino i sepolcri. Egli ha voluto quasi sempre trasportare la stima pubblica dal bon successo alla giustizia: lo scopo è tanto bello, che è dovere d'ogn'uomo, per quanto poco possa valere il suo suffragio, di darglielo, per far numero, se non altro, in una causa che n'ha sempre avuto, e n'ha più che mai, gran bisogno.

Chi ha fatti studi seri e lunghi sulle Sacre Scritture, fonti inesauste di morale divina, e ha letti con attenzione i gran moralisti cattolici, e ha meditato, con riflessione spassionata, sopra di sé e sopra gli altri, troverà superficiali queste *Osservazioni*; e sono ben lontano dall'appellarmi al suo giudizio. Le discussioni parziali possono bensì mettere in chiaro qualche punto staccato di verità; ma l'evidenza e la bellezza e la pro-

---

[3] Questa nozione di storia che privilegia i fatti e gli individui eminenti sopra le nazioni (i popoli) è stata rifiutata dal Manzoni in più parti della sua opera, e in particolare nel *Discorso sopra alcuni punti della storia longobardica in Italia*. È interessante raffrontare la nozione manzoniana di storia con quella di Tolstoi, per le straordinarie coincidenze (vedi, per quest'ultimo, l'Appendice a *Guerra e pace*).

fondità della morale cattolica non si manifestano se non nell'opere, dove si considera in grande la legge divina e l'uomo per cui è fatta. Ivi l'intelletto passa di verità in verità: l'unità della rivelazione è tale che ogni piccola parte diventa una nuova conferma del tutto, per la maravigliosa subordinazione che ci si scopre; le cose difficili si spiegano a vicenda, e da molti paradossi risulta un sistema evidente. Ciò che è, e ciò che dovrebb'essere; la miseria e la concupiscenza, e l'idea sempre viva di perfezione e d'ordine che troviamo ugualmente in noi; il bene e il male; le parole della sapienza divina, e i vani discorsi degli uomini; la gioia vigilante del giusto, i dolori e le consolazioni del pentito, e lo spavento o l'imperturbabilità del malvagio; i trionfi della giustizia, e quelli dell'iniquità; i disegni degli uomini condotti a termine tra mille ostacoli, o fatti andare a vòto da un ostacolo impreveduto; la fede che aspetta la promessa, e che sente la vanità di ciò che passa, l'incredulità stessa; tutto si spiega col Vangelo, tutto conferma il Vangelo. La rivelazione d'un passato, di cui l'uomo porta in sé le triste testimonianze, senza averne da sé la tradizione e il segreto, e d'un avvenire, di cui ci restavano solo idee confuse di terrore e di desiderio, è quella che ci rende chiaro il presente che abbiamo sotto gli occhi; i misteri conciliano le contradizioni, e le cose visibili s'intendono per la notizia delle cose invisibili. E più s'esamina questa religione, più si vede che è essa che ha rivelato l'uomo all'uomo, che essa suppone nel suo Fondatore la cognizione la più universale, la più intima, la più profetica d'ogni nostro sentimento. Rileggendo l'opere de' gran moralisti cattolici, e segnatamente i sermoni del Massillon e del Bourdaloue, i Pensieri del Pascal, e i Saggi del Nicole [4], io sento la piccolezza dell'osservazioni contenute in questo scritto; e sento che vantaggio dava ai due primi l'autorità del sacerdozio, e a tutti il modo generale di trattare la morale, un grand'ingegno, de' lunghi studi, e una vita sempre cristiana.

S'usa una strana ingiustizia con gli apologisti della religio-

---

[4] Jean Baptiste Massillon (1663-1742) fu, dopo Bossuet e Bourdaloue, l'oratore ufficiale della Chiesa di Francia. Oratoriano, vescovo di Clermont, è famoso per i suoi *Quaresimali* e soprattutto per quello del 1718, noto come « Petit Carême ». La sua eloquenza, casta e regolata, fu la più pregiata dal Manzoni. - Louis Bourdaloue (1632-1704), gesuita, fu autore di *Sermons*, raccolta postuma delle prediche che per trent'anni lo avevano reso il predicatore più ammirato di Francia. La sua oratoria è chiara ed equilibrata entro i « giusti limiti della ragione ». - Blaise Pascal (1623-1662), matematico e mistico, è l'autore delle *Provinciales* e delle *Pensées*, apologia incompiuta della religione cristiana. Aderì al giansenismo. - Pierre Nicole (1625-1695), moralista e teologo francese. Giansenista, partecipò alle polemiche che opposero Port Royal all'ortodossia cattolica.

ne cattolica. Si sarà prestato un orecchio favorevole a ciò che vien detto contro di essa; e quando questi si presentano per rispondere, si sentono dire che la loro causa non è abbastanza interessante, che il mondo ha altro a pensare, che il tempo delle discussioni teologiche è passato. La nostra causa non è interessante! Ah! noi abbiamo la prova del contrario nell'avidità con cui sono sempre state ricevute l'obiezioni che le sono state fatte. Non è interessante! e in tutte le questioni che toccano ciò che l'uomo ha di più serio e di più intimo, essa si presenta così naturalmente, che è più facile respingerla che dimenticarla. Non è interessante! e non c'è secolo in cui essa non abbia monumenti d'una venerazione profonda, d'un amore prodigioso, e d'un odio ardente e infaticabile. Non è interessante! e il vòto che lascerebbe nel mondo il levarnela, è tanto immenso e orribile, che i più di quelli che non la vogliono per loro, dicono che conviene lasciarla al popolo, cioè ai nove decimi del genere umano. La nostra causa non è interessante! e si tratta di decidere se una morale professata da milioni d'uomini, e proposta a tutti gli uomini, deva essere abbandonata, o conosciuta meglio, e seguita più, e più fedelmente.

Si crede da molti che questa noncuranza sia il frutto d'una lunga discussione, e d'una civilizzazione avanzata; che sia per la religione l'ultimo e più terribile nemico, venuto, nella pienezza de' tempi, a compire la sua sconfitta, e a godere del trionfo preparato da tante battaglie; e in vece questo nemico è il primo ch'essa incontrò nella sua maravigliosa carriera.

Al suo apparire, fu accolta dagli scherni del mondo; si principiò dal crederla indegna d'esame. Gli apostoli, nell'estasi tranquilla dello Spirito, rivelano quelle verità che diverranno la meditazione, la consolazione e la luce de' più alti intelletti, gettano i fondamenti d'una civilizzazione che diventerà europea, che diventerà universale; e sono chiamati ubbriachi [5]. San Paolo fa sentire nell'Areopago le parole di quella sapienza, che ha rese tanto superiori le donnicciole cristiane ai saggi del gentilesimo; e i saggi gli rispondono che lo sentiranno un'altra volta [6]. Credevano d'avere per allora cose più importanti da meditare, che Dio e l'uomo, il peccato e la redenzione. Se questo antico nemico sussiste tuttora, è perché non fu promesso alla Chiesa che distruggerebbe tutti i suoi nemici, ma che non sarebbe distrutta da alcuno [7].

[5] *Alii autem irridentes dicebant: quia musto pleni sunt isti.* Act. Apost. II, 13 [*N.d.A.*].
[6] *Quidam quidem irridebant, quidam vero dixerunt: audiemus te de hoc iterum.* Act. Apost. XVII, 32 [*N.d.A.*].
[7] È questo, propriamente, il paradosso della storicità della Chiesa.

Parlare di uomini, di riti, di sacramenti, per combattere la fede, si chiama filosofia; parlarne per difenderla, si chiama entrare in teologia, voler fare l'ascetico, il predicatore; si pretende che la discussione prenda allora un carattere meschino e pedantesco. Eppure non si può difendere la religione, senza discutere le questioni poste da chi l'accusa, senza mostrare l'importanza e la ragionevolezza di ciò che forma la sua essenza. Volendo parlare di cristianesimo, bisogna pur risolversi a non lasciar da parte i dommi, i riti, i sacramenti. Che dico? perché ci vergogneremo di confessare quelle cose in cui è riposta la nostra speranza? perché non renderemo testimonianza, nel tempo d'una gioventù che passa, e d'un vigore che ci abbandona, a ciò che invocheremo nel momento della separazione e del terrore?

Ma ecco che, senza avvedermene, entravo a difender me stesso contro delle censure avvenire, e che forse non verranno. Cadrei in un orgoglio ridicolo, se cercassi di trasportare a quest'opericciola l'interesse che si deve alla causa per cui è intrapresa.

Spero d'averla scritta con rette intenzioni, e la pubblico con la tranquillità di chi è persuaso che l'uomo può aver qualche volta il dovere di parlare per la verità, ma non mai quello di farla trionfare [8].

AVVERTENZA

Si riportano nel testo originale tanto i passi della *Storia delle Repubbliche Italiane* al Cap. CXXVII, Vol. XVI, ai quali si riferiscono l'osservazioni, quanto l'altre citazioni francesi; non avendo oramai questa lingua più bisogno di traduzione in Italia. I passi delle Scritture, o d'opere latine si citano tradotti, mettendo i testi a piè di pagina.

[8] La vittoria della verità non è storica, perché non segue le regole delle vittorie di questo mondo.

CAPITOLO I

SULLA UNITÀ DI FEDE.

L'unité de foi, qui ne peut résulter que d'un asservissement absolu de la raison à la croyance, et qui en conséquence ne se trouve dans aucune autre religion au même degré que dans la catholique, lie bien tous les membres de cette Église à recevoir les mêmes dogmes, à se soumettre aux mêmes décisions, à se former par les mêmes enseignemens.

Hist. des Répub. It., T. XVI, pag. 410.

Che l'unità della fede si trovi nel più alto grado, o piuttosto assolutamente, nella Chiesa cattolica, è questo un carattere evangelico di cui essa si vanta; poiché non ha inventata quest'unità, ma l'ha ricevuta; e, tralasciando tanti luoghi delle Scritture dov'essa è insegnata, ne riporterò due, in cui si trova non solo la cosa, ma la parola. San Paolo nell'Epistola agli Efesi, dice espressamente: *Una è la fede* [1]; e dopo avere enumerati vari doni e ufizi che sono nella Chiesa, stabilisce per fine di essi *l'unità della fede, e della cognizione del Figliolo di Dio* [2].

L'illustre autore non adduce gli argomenti per cui l'unità della fede non deve poter resultare che dalla schiavitù assoluta della ragione alla credenza. Se la cosa fosse così, non si potrebbe conciliare i passi citati dianzi, con quell'altre parole del medesimo apostolo: *il razionale vostro culto* [3]. Ma non solo si conciliano; si spiegano anzi, e si confermano a vicenda.

Certo, la fede include la sommissione della ragione: que-

I. [1] *Unus Dominus, una fides, unum baptisma.* Ad Ephes. IV, 5 [*N.d.A.*].
[2] *Donec occurramus omnes in unitatem fidei, et agnitionis Filii Dei.* Ibid. 13 [*N.d.A.*].
[3] *Rationabile obsequium vestrum.* Ad. Rom. XII, 1 [*N.d.A.*].

sta sommissione è voluta dalla ragione stessa, la quale riconoscendo incontrastabili certi princìpi, è posta nell'alternativa, o di credere alcune conseguenze necessarie, che non comprende, o di rinunziare ai princìpi. Avendo riconosciuto che la Religione Cristiana è rivelata da Dio, non può più mettere in dubbio alcuna parte della rivelazione; il dubbio sarebbe non solo irreligioso, ma assurdo. Supponendo, per un momento, che l'unità della fede non fosse espressa nelle Scritture, la ragione che ha ricevuta la fede deve adottarne l'unità: non ha più bisogno per questo di sottomettersi alla credenza; ci deve arrivare per una necessità logica.

La fede sta nell'assentimento dato alle cose rivelate, come rivelate da Dio. Suppongo che l'autore, scrivendo questa parola *fede*, le ha applicata quest'idea, perché è impossibile applicargliene un'altra. Ora, repugna alla ragione che Dio riveli cose contrarie tra di loro; se la verità è una, la fede dev'esserlo ugualmente, perché sia fondata sulla verità. La connessione di quest'idee è chiaramente accennata nel testo già citato in parte: *Un solo Signore, una sola fede, un solo battesimo*. Dall'unità di Dio resulta necessariamente l'unità della fede, e da questa l'unità del culto essenziale. Bacone[4] mostrò di tenere questa per una verità fondamentale, dove disse: *Tra gli attributi del vero Dio si pone che è un Dio geloso: onde il suo culto non soffre né mescolanza, né compagnia* [5].

L'idee di fede e di pluralità sono così contradittorie, che il linguaggio stesso pare che repugni a significare la loro unione; poiché si dirà bene le diverse religioni, opinioni, credenze religiose, ma non già le diverse fedi. Per religione s'intende un corpo di tradizioni, di precetti, di riti; e si vede assai bene come ce ne possa essere più d'una. Così nelle opinioni si considera piuttosto la persuasione di chi crede, che la verità delle cose credute[6]. Ma per fede s'intende persuasione fondata sulla rivelazione divina; e benché popoli di vario culto credano che l'opinione loro abbia questo fondamento, il linguaggio ricusa l'espressione che significherebbe la coesistenza di rivelazioni diverse, perché la ragione la riconosce impossibile. Molti di diversa religione possono credere di pos-

[4] Francis Bacon (1561-1626), inglese, autore del *Novum Organum*, dei *Saggi*, della *Nuova Atlantide*, è ritenuto il fondatore del metodo sperimentale e il primo filosofo dell'età industriale.

[5] *Inter attributa autem veri Dei ponitur quòd sit Deus zelotypus; itaque cultus eius non fert mixturam, consortium*. Franc. Baconis, *Sermones Fideles*, III: *De unitate Ecclesiae* [*N.d.A.*].

[6] Si considera la soggettività piuttosto che l'oggettività. Ma il Manzoni vuole il contrario.

seder la fede; ma un uomo non può ammettere che questi molti la possiedano. Se questa fosse una sofisticheria grammaticale, vaglia per tale, bastando l'argomento semplicissimo col quale s'è provato che l'unità della fede non suppone altro assoggettamento della ragione, che alle leggi del raziocinio.

Non voglio certamente dire con ciò, che la fede stessa consista in una semplice persuasione della mente: essa è anche un'adesione dell'animo; e perciò dalla Chiesa è chiamata virtù. Questa qualità le è contrastata dal Voltaire [7], in un breve dialogo dove la bassa e iraconda scurrilità del titolo stesso indica tutt'altro che quella tranquillità d'animo con cui si devono pure esaminare le questioni filosofiche. *Un honnête homme* sostiene, contro *un excrément de théologie,* che la fede non è punto una virtù, con questo argomento: *Est-ce vertu de croire? ou ce que tu crois te semble vrai, et en ce cas il n'y a nul mérite à le croire; ou il te semble faux, et alors il est impossible que tu le croyes.*

È difficile d'osservare più superficialmente di quello che abbia qui fatto il Voltaire [8]. Per escludere dalla fede ogni cooperazione della volontà, egli non considera nel credere se non l'operazione della mente, che riconosce vera o non vera una cosa; riguarda quest'operazione come necessità delle prove, non ammettendo altro a determinarla, che le prove stesse; considera insomma la mente come un istrumento, per cosí dire, passivo, su di cui le probabilità operano la persuasione o la non credenza: come se la Chiesa dicesse che la fede non è una virtù dell'intelletto. È una virtù nell'uomo; e per vedere come sia tale, bisogna osservare la parte che hanno tutte le facoltà dell'uomo nel riceverla o nel rigettarla. Il Voltaire lascia fuori due elementi importantissimi: l'atto della volontà, che determina la mente all'esame, e la disposizione del core, che influisce tanto nell'ammettere o nel rigettare i motivi di credibilità, e quindi nel credere. In quanto al primo, le verità della fede sono in tante parti cosí opposte all'orgoglio e agli appetiti sensuali, che l'animo sente un certo timore e una certa avversione per esse, e cerca di distrarsene; tende insomma ad al-

---

[7] *Dictionn. philosoph.,* art. *Vertu* [*N.d.A.*]. - Françoise Marie Arouet, detto Voltaire (1694-1778), polemista anticattolico, è il più famoso tra gli illuministi francesi. L'opera qui citata, il *Dizionario filosofico,* è probabilmente la sua più rappresentativa.

[8] Il Manzoni, nelle osservazioni che seguono, contraddice l'opinione volgare espressa dal Voltaire, secondo la quale la fede si ha o non si ha; e sottolinea che essa non può essere un'operazione passiva dell'animo, così come più avanti sottolineerà, contro Locke, che nemmeno la conoscenza può essere un'operazione passiva della mente.

lontanarsi da quelle ricerche che lo condurrebbero a scoperte che non desidera. Ognuno può riconoscere in sé questa disposizione, riflettendo all'estrema attività della mente nell'andare in cerca d'oggetti diversi, per occupare l'attenzione, quando un' idea tormentosa se ne sia impadronita. La volontà di metter l'animo in uno stato piacevole influisce su queste operazioni in una maniera così manifesta, che quando ci si presenta un'idea che riconosciamo importante, ma sulla quale non ci piace di fermarci, ci accade spesso di dire a noi stessi: non ci voglio pensare; e lo diciamo, quantunque convinti che questo non pensarci ci potrà cagionar de' guai nell'avvenire; tanto è allora in noi il desiderio di schivare un sentimento penoso nel momento presente. Questa mi pare una delle ragioni della voga che hanno avuta, e hanno in parte ancora, gli scritti che combattono la religione col ridicolo. Secondano una disposizione comune degli uomini, associando a idee gravi e importune una serie d'idee opposte e svaganti. Posta quest'inclinazione dell'animo, la volontà esercita un atto difficile di virtù, applicandolo all'esame delle verità religiose; e il solo determinarsi a un tale esame suppone non solo un'impressione ricevuta di probabilità, ma un timore santo de' giudizi divini, e un amore di quelle verità, il quale superi o combatta almeno l'inclinazioni terrestri.

Che poi l'amore o l'avversione alle cose proposte da credersi influisca potentemente sulla maniera d'esaminarle, sull'ammetterne o sul rigettarne le prove, è una verità attestata dall'esperienza più comune. Si sparga una notizia in una città che abbia la disgrazia d'esser divisa in partiti; essa è creduta da alcuni, discreduta da altri, a norma degl'interessi e delle passioni. Il timore opera, al pari del desiderio, sulla credenza, portando talvolta a negar fede alle cose minacciate, e talvolta a prestargliene più di quello che si meritino; la qual cosa avviene spesso quando si presenti un mezzo di sfuggirle [9]. Quindi sono

---

[9] Mi pare che a torto G.G. Rousseau *Émile,* (liv. II) rida di coloro che ammirano il coraggio d'Alessandro nel bere la medicina presentatagli dal medico Filippo, dopo aver ricevuta una lettera di Parmenione, che l'avvertiva di guardarsi dal medico, come indotto, con doni e con promesse, da Dario a levargli la vita. Racconta che essendo questa storia detta su da un ragazzo, a un desinare di molte persone, e i più biasimando quell'azione come temeraria, altri ammirandola invece come coraggiosa, lui aveva detto che se ci fosse entrata anche un'ombra di coraggio, essa sarebbe stata, al parer suo, altro che una stravaganza. Concordando tutti ch'era una stravaganza, egli stava per riscaldarsi e per rispondere, quando una donna, che gli era vicina, gli disse all'orecchio: *Tais-toi, Jean-Jacques; ils ne t'entendront pas.* Que' signori non ebbero dunque la spie-

così comuni quell'espressioni: *esaminare di bona fede, giudicare senza prevenzione, spassionatamente, non farsi illusione,* e altre simili, le quali significano la libertà del giudizio dalle passioni. La forza d'animo, che mantiene questa libertà, è senza dubbio una disposizione virtuosa: essa nasce da un amore della verità, indepedente dal piacere, o dal dispiacere che ne può venire al senso. Si vede quindi quanto sapientemente alla fede sia dato il nome di virtù. Siccome poi la mente umana non sarebbe arrivata da sé a scoprire molte verità della religione, se Dio non le avesse rivelate; e siccome la nostra volontà corrotta non ha da sé quella forza di cui s'è parlato; così la fede è chiamata dalla Chiesa e una virtù e un dono di Dio.

Tornando da questa lunga digressione al passo che stiamo esaminando, confesso di non intendere chiaramente il senso

gazione: Rousseau la dà ai lettori, ma con quel tono sdegnoso e enfatico, che prende troppo spesso, principalmente in quel libro, dove alle volte pare che voglia persuadere i lettori che non ne crede alcuno degno di sentire la verità, né capace d'intenderla, e ostenta di voler far indovinare quello che poteva esser detto bonamente e amichevolmente. Ecco le sue parole: *Quelques lecteurs, mécontents du* tais-toi, Jean-Jacques, *demanderont, je le prévois, ce que je trouve enfin de si beau dans l'action d'Alexandre. Infortunés! s'il faut vous le dire, comment le comprenez-vous? C'est qu'Alexandre croyit à la vertù; c'est qu'il y croyoit sur sa tête, sur sa propre vie; c'est que sa grande ame étoit faite pour y croire. O que cette médecine avalée étoit une belle profession de foi! Non, jamais mortel n'en fit une si sublime.* Con tutto ciò mi pare che il coraggio sia appunto ciò che spicca in quell'azione. Credere alla virtù non bastava in un tal caso; bisognava credere alla virtù del medico Filippo; e, per crederci in quel momento, senza esitare, bisognava richiamare alla mente, e rivedere, in compendio e pacatamente, le prove della sua fedeltà, e rimaner convinto che bastavano a levare ogni probabilità all'attentato; bisognava avere un animo tale, che l'idea d'un possibile avvelenamento non lo disturbasse dal fare, in una tal maniera, un tale giudizio; in somma aver coraggio. Il sentimento che porta il timoroso a ingrandire o a immaginarsi il pericolo, è quello stesso che lo fa fuggire dal pericolo reale, cioè un'apprensione della morte e del dolore corporale che s'impadronisce delle sue facoltà, e leva la tranquillità alla mente. Il conservare questa tranquillità in faccia al pericolo o vero o supponibile, è l'effetto del coraggio. Se Alessandro avesse creduto probabile che Filippo volesse avvelenarlo nella medicina, sarebbe stata senza dubbio una stravagante temerità il prenderla; ma quella lettera venuta alle mani d'un uomo pusillanime, fosse pure stato fino allora persuasissimo della virtù del medico, l'avrebbe messo in una tale angustia e perplessità, che non avrebbe ragionato, ma sarebbe stato con violenza portato a schivare il rischio a ogni modo: avrebbe prese informazioni, fatto arrestare a bon conto il medico, e esaminare la medicina; avrebbe in somma fatto tutt'altro che inghiottirsela [*N.d.A.*]. - Jean Jacques Rousseau (1712-1778), filosofo francese, autore del *Contratto sociale* e del trattato pedagogico *Emilio.* Partecipò, insieme a Voltaire, a Diderot e agli altri illuministi, alla stesura di importanti voci dell'*Enciclopedia.* È ritenuto un precursore del romanticismo. Manzoni ne offre un severo ritratto morale nel cap. XVII.

di quella proposizione: che l'unità di fede non si trova in alcun'altra religione allo stesso grado che nella cattolica. Come ci possono essere diversi gradi nell'unità di fede, il più e il meno in un'unità qualunque? O quest'altre religioni propongono come vera la loro fede, e devono insegnare che è vera essa sola; o ammettono che qualche altra lo possa essere; e come possono chiamar fede la loro, che in fatto è un vero dubbio? Ogni volta che una di queste religioni s'avvicina al principio dell'unità, cioè quando esclude ogni dottrina opposta alla sua, ciò accade perché in quella religione si sente allora vivamente che è assurdo il dir vera una proposizione, e non rigettare ciò che la contradice. E ogni volta che s'allontana da quel principio, ciò accade perché, non sentendosi certi della propria fede, s'accorda agli altri ciò che si chiede per sé, la facoltà di chiamar fede ciò che non importa la condizione del credere. È la transazione della falsa madre del giudizio di Salomone: *Non sia né tuo, né mio; ma si divida* [10]. Ma non ci sono mezze fedi vere, più di quello che ci siano mezzi bambini vivi.

Infatti, né l'illustre autore indica quale sia il grado dell'unità di fede, fino al quale la ragione deva arrivare; né è possibile l'indicarlo, giacché l'assunto sarebbe contraddittorio. Dire che la ragione deva assoggettarsi alla fede, ma in un certo grado, qualunque sia, è dichiarare la fede infallibile insieme, e bugiarda. Infallibile, in quanto, per sé, e come fede, può legittimamente richiedere un assoggettamento qualunque della ragione: bugiarda, in quanto, richiedendo un assoggettamento che la ragione può legittimamente limitare, ridurre a un certo grado, e fargli, dirò così, la tara, afferma più di quello che gli si deva credere.

Il non essere la Chiesa cattolica soggetta alle fluttuazioni accennate sopra; il trovarsi in essa, non un maggiore o minor grado d'unità di fede, ma l'unità della fede; questo dirsi e poter essere immutabile, è un carattere doppiamente essenziale della verità de' suoi insegnamenti. È la condizione necessaria della ragione, come della fede; due doni d'un solo e stesso Dio; la distinzione e la concordia de' quali è divinamente espressa nelle parole già citate dell'Apostolo: *il razionale vostro culto*.

---

[10] *Nec mihi, nec tibi sit: sed dividatur.* III Reg. III, 26 [*N.d.A.*].

CAPITOLO II

SULLA DIVERSA INFLUENZA DELLA RELIGIONE CATTOLICA SECONDO I LUOGHI E I TEMPI.

Toutefois l'influence de la religion catholique n'est point la même en tout temps et en tout lieu; elle a opéré fort différemment en France et en Allemagne de ce qu'elle a fait en Italie et en Espagne... Les observations que nous serons appelés à faire sur la religion de l'Italie ou de l'Espagne pendant les trois derniers siècles, ne doivent point s'appliquer à toute l'Eglise catholique... Pag. 410.

Per dilucidare questo punto, il quale, come si vedrà, non è qui d'un'importanza meramente storica, è necessario rammentare il disegno del cap. CXXVII, del quale osserviamo una parte. Esso è espresso nell'intitolazione del capitolo medesimo: *Quelles sont les causes qui ont changé le caractére des Italiens, depuis l'asservissement de leurs républiques.* E se ne assegnano quattro: la prima, e la sola di cui mi propongo di ragionare, è la religione. L'autore, entrando a spiegare la parte che questa ebbe, secondo lui, nel produrre un tal cambiamento, si fa un'obiezione dell'unità della fede; poiché, *vincolando essa,* come dice benissimo, *tutti i membri della religione cattolica a ricevere gli stessi dommi, a sottomettersi alle stesse decisioni, a formarsi con gli stessi insegnamenti,* pare che questa religione deva essere piuttosto una cagione d'uniformità tra i vari popoli che la professano, che di differenze. *Ciò non ostante,* soggiunge, *l'influenza della religione cattolica non è la stessa in ogni tempo e in ogni luogo; essa ha operato diversamente in Francia e in Germania, che in Italia e in Spagna.*

Per indurre una diversità d'influenza, non ostante l'unità della fede mantenuta da tutti i cattolici, io credo che non si possano trovare cagioni che di tre sorte:

I. Leggi o consuetudini disciplinari, le quali non sono parte della fede.

II. Alterazioni insensibili e parziali della dottrina, o inesecuzioni e violazioni della disciplina essenziale e universale, le quali, lasciando intatto in teoria il principio dell'unità, possono portare una nazione o una frazione di essa, per lungo tempo o per intervalli, con maliziosa cognizione di causa o ignorantemente, a operare e parlare in fatto, come se avesse rinunziato all'unità.

III. Circostanze particolari di storia, di coltura, d'interessi, di clima, non legate direttamente con la religione, ma così legate con gli uomini che la professano, che l'influenza della religione resta da esse o bilanciata o elisa o impedita o facilitata, più presso gli uni che presso gli altri.

Se l'illustre autore avesse cercato in queste tre classi le cause particolari degli effetti diversi e speciali, che asserisce aver la religione prodotti in Italia, io mi sarei guardato bene d'entrare in una tale questione; perché, o le sue ragioni mi sarebbero parse concludenti, e avrei goduto d'imparare, come m'è accaduto in tant'altre parti di questa Storia; o non m'avrebbero persuaso, e sarebbe stato una di que' casi ne' quali avrei creduto che il silenzio fosse migliore della dimostrazione. Ma siccome quelle cose che s'assegnano da lui come cagioni di dannosa influenza sugl'Italiani, sono, la più parte, non usi né opinioni particolari a loro, ma massime morali, o prescrizioni ecclesiastiche venerate e tenute da tutti i cattolici, in Francia e in Germania non meno che in Italia e in Spagna; così chi le condannasse verrebbe a condannare la fede cattolica: conseguenza che troppo importa di prevenire.

L'autore stesso, nominando a varie riprese, nel corso delle sue riflessioni, semplicemente la Chiesa, lascia dubitare se intenda d'attribuire ad essa le dottrine che censura, o se voglia dire: la Chiesa in Italia. Verificare il preciso senso delle sue parole in questo caso, non è cosa possibile, né utile; onde io mi restringerò a dimostrare l'universalità e la ragionevolezza di quelle massime e di quelle prescrizioni censurate da lui, che sono cattoliche.

Citerò spesso scrittori francesi, non solo per la loro decisa superiorità in queste materie, ma perché la loro autorità serve mirabilmente a far vedere che queste non sono dottrine particolari all'Italia; e che la Francia non differisce da essa in ciò, fuor che nell'avere avuto uomini che le hanno più eloquentemente, cioè più ragionatamente, sostenute e difese.

La più splendida prova poi dell'universalità di queste massime morali sarà tratta dalle Scritture, dove sono per lo più letteralmente; dimanieraché si può affermar francamente, che non sono, né possono essere controverse da de' cattolici di nessuna nazione.

Le prescrizioni della Chiesa riguardanti la morale si possono dividere in due classi, cioè:

Decisioni di punti di morale, con le quali la Chiesa attesta che la morale confidatale da Cristo è quella, e non un'altra che si voglia fare adottare: decisioni, alle quali i fedeli hanno obbligo d'aderire; ovvero:

Leggi per regolare, nelle parti essenziali, l'uso dell'autorità conferita ugualmente alla Chiesa dal suo Fondatore, d'applicare gli aiuti e i rimedi spirituali, che hanno origine da Lui.

Per l'une e per l'altre si può chiamare in testimonio qualunque cattolico di Francia e di Germania, con la certezza di sentirlo rispondere che sono in vigore sia nell'una, sia nell'altra nazione. Si citerà, dove occorra, il Concilio di Trento [1], come il più recente e il più parlante testimonio di questa uniformità di dottrina: uniformità legata dommaticamente e logicamente, come dev'essere, con la perpetuità di essa.

Le Concile de Trente, dice l'illustre autore, *travailla avec autant d'ardeur à réformer la discipline de l'Église, qu'à empêcher toute réforme dans ses croyances et ses enseignements* [2]. Nessun cattolico potrà esprimere con più precisione e con più forza la fermezza de' Padri di quel concilio nel rigettare ogni riforma nella fede. Cosa (giova ripeterlo) contradittoria, e quindi impossibile, non meno che empia; poiché equivale a rinnegare la stessa identica autorità di cui si fa uso, equivale a dire: credete a me, che non credo a me: v'insegno una verità, riservandomi ad avvertirvi, a miglior tempo, che è un errore, come fo, in questo momento, con quella che v'ho data altre volte per verità.

Ora, a Trento sedettero vescovi di quelle quattro nazioni; e come c'erano andati con la testimonianza delle loro chiese sui punti controversi di fede e di morale, ne partirono con la testimonianza della Chiesa universale. D'allora in poi il concilio di Trento fu specialmente il punto a cui ricorsero tutti i cattolici; e, per provare la fede di tutti i secoli, consegnata e sparsa in tanti concili, non ebbero, in moltissime questioni, a far altro che citare quel concilio che l'aveva riprodotta, e per così dire riepilogata. Il gran Bossuet [3] lo pose per fondamento alla sua *Esposizione della fede cattolica,* per attestare i punti di morale e di disciplina essenziale, alcuni dei quali, censurati nel Capitolo sul quale sono fatte le presenti osservazioni, lo

---

II. [1] Il Concilio di Trento (1545-1563) fu il momento più rilevante della riforma cattolica o Controriforma. Esso offrì una rigorosa sistemazione dogmatica, definendo e condannando ad un tempo i termini dell'eresia protestante.

[2] *Hist. des Répub. It.* T. XVI, pag. 183 [*N.d.A.*].

[3] Jacques Bénigne Bossuet (1627-1704) è il più famoso, se non il più grande, oratore sacro del '600 francese. Vescovo di Meaux. La sua eloquenza, ricca di figure e di movimento, non fu però la più congeniale al Manzoni. Maggior interesse questi dimostra per le opere dottrinali nelle quali il Bossuet criticò i princìpi delle variazioni delle sette protestanti.

erano pure a' suoi tempi, benché con argomenti affatto diversi.

E nella sua corrispondenza col Leibnitz [4], lo stesso Bossuet rigetta sempre come non ammissibile la proposizione di riesaminare le decisioni del concilio di Trento. *Je voudrois bien seulement vous supplier de me dire... si vous pouvez douter que les décrets du Concile de Trente soient autant reçus en France et en Allemagne parmi les catholiques, qu'en Espagne et en Italie, en ce qui regarde la Foi; et si vous avez jamais ouï un seul catholique, qui se crût libre à recevoir, ou à ne pas recevoir la Foi de ce Concile* [5]. Ora, i decreti del Concilio di Trento riguardanti la morale, che saranno citati in queste osservazioni, sono sopra punti che, per consenso di tutti i cattolici, fanno parte della fede.

In quanto agli abusi e agli errori popolari, importa d'accenare, una volta per sempre, che non sono imputabili alla Chiesa, la quale non gli ha né sanciti, né approvati. Ho fiducia di provare, che non sono conseguenze legittime né del domma né della morale della Chiesa. Se alcuni le hanno dedotte da essa, la Chiesa non può prevenire tutti i paralogismi, né distruggere la logica delle passioni. Quando però mi parrà che questi mali siano minori in realtà che in pittura, io non lascerò di farlo osservare; ma solamente per la giustificazione della Chiesa, sulla quale se ne vuol far ricadere il biasimo. Se alcuno vorrà credere che questi inconvenienti siano particolari all'Italia, io non m'affaticherò per levargli una tale opinione. S'avverta però che le citazioni degli scrittori francesi verranno in molte parti a provare incidentemente il fatto contrario; poiché si vedrà che, nello stabilire le verità cattoliche, hanno combattuti quegli errori e quelle illusioni, come esistenti in Francia. Così non fosse! perché può mai per un cristiano diventare una consolazione dell'orgoglio nazionale il vedere la Chiesa meno bella in qualunque parte del mondo?

Dovunque sono i fedeli retti, illuminati, irreprensibili, sono la nostra gloria: dobbiamo farne i nostri esemplari, se non vogliamo che siano un giorno la nostra condanna.

---

[4] Goffredo Guglielmo Leibniz (1646-1716), filosofo tedesco. Autore della *Teodicea*, della *Monadologia*, del *Discorso sulla natura e sulla Grazia*.

[5] *Lettre à M. Leibnitz, du 10 janvier 1692. Oeuvres posthumes de Bossuet.* T. I., pag. 349 ([*N.d.A.*]).

CAPITOLO III

SULLA DISTINZIONE DI FILOSOFIA MORALE E DI TEOLOGIA [1].

Il y a sans doute une liaison intime entre la religion et la morale, et tout honnête homme doit reconnoître que le plus noble hommage que la créature puisse rendre à son Créateur, c'est de s'élever à lui par ses vertus. Cependant la philosophie morale est une science absolument distincte de la théologie; elle a ses bases dans la raison et dans la conscience, elle porte avec elle sa propre conviction; et après avoir développé l'esprit par la recherche de ses principes, elle satisfait le coeur par la découverte de ce qui est vraiment beau, juste et convenable. L'Église s'empara de la morale, comme étant purement de son domaine... Pag. 413.

Quando Gesù Cristo disse agli Apostoli: *Istruite tutte le genti... insegnando loro d'osservare tutto quello che v'ho comandato* [2], ingiunse espressamente alla Chiesa d'impadronirsi della morale.

Certo gli uomini hanno, indipendentemente dalla religione, dell'idee intorno al giusto e all'ingiusto, le quali costituiscono una scienza morale. Ma questa scienza è completa? È cosa ragionevole il contentarsene? L'essere distinta dalla teologia è una condizione della morale, o un'imperfezione di essa? Ecco la questione: enunciarla è lo stesso che scioglierla. Perché, finalmente, è appunto questa scienza imperfetta, varia, in tante parti oscura, mancante di cognizioni importantissime intorno a Dio e, per conseguenza, intorno all'uomo e all'estensione della legge morale; intorno alla cagione della repugnanza che l'uomo prova troppo spesso nell'osservare anche la parte di essa, che pur conosce e riconosce; intorno agli aiuti che gli sono necessari per adempirla interamente; è questa scienza, che Gesù Cristo pretese di riformare, quando prescrisse l'azioni e i motivi, quando regolò i sentimenti, le parole e i desideri; quando ridusse ogni amore e ogni odio a de' princìpi che dichiarò eterni, infallibili, unici e universali. Egli unì allora la filosofia morale alla teologia; toccava alla Chiesa a separarle?

Di che tratta la filosofia morale? Del dovere in genere e de'

III. [1] È uno dei capitoli teoricamente più importanti, perché contiene una critica della morale illuministica, della gnoseologia di Locke e, indirettamente, della kantiana autonomia della morale.

[2] *Euntes ergo docete omnes gentes... docentes eos servare omnia quaecumque mandavi vobis.* Matth. XXVIII, 19, 20 [*N.d.A.*].

vari doveri in particolare; della virtù e del vizio; della relazione dell'una e dell'altro con la felicità o l'infelicità; vuole insomma dirigere la nostra volontà e negl'intenti e, conseguentemente, nelle deliberazioni. E la morale teologica ha forse un altro scopo? può averlo? Se dunque hanno per oggetto lo stesso ordine di verità, per applicarle, nella pratica, allo stesso ordine di fatti, come saranno due scienze diverse? Non è egli vero che dove discordano, una dev'essere falsa? e che dove dicono lo stesso, sono una scienza sola? È evidente che non si può prescindere dal Vangelo nelle questioni morali: bisogna o rigettarlo, o metterlo per fondamento. Non possiamo fare un passo, che non ci si pari davanti: si può far le viste di non accorgersene, si può schivarlo senza urtarlo di fronte; non essere con lui, senza essere contro di lui; si può, dico, in parole, ma non in fatto.

Io so che questa distinzione o, per parlare più esattamente, quest'antitesi di filosofia morale e di teologia è ricevuta comunemente; che con essa si sciolgono tante difficoltà, e si conciliano tanti dispareri; ma senza cercare se essa medesima si concilii con la logica. So anche che altri uomini distinti l'hanno adottata, anzi ci hanno fondata sopra una parte de' loro sistemi. Ne prenderò un esempio da un uomo e da un libro tutt' altro che volgari: *Comme dans cet ouvrage je ne suis point théologien, mais ecrivain politique, il pourroit y avoir des choses qui ne seroient entièrement vraies que dans une façon de penser humaine, n'ayant point été considerées dans le rapport avec des vérités plus sublimes* [3]. Ma per essere del Montesquieu [4], questa frase non è meno priva di senso. Poiché, se queste cose saranno interamente vere in un modo di pensare umano, saranno vere in qualunque modo di pensare. Questa contradizione che si suppone possibile con delle verità più sublimi, o non esisterà, o, se esiste, farà che quelle cose non siano interamente vere. Se hanno una relazione con delle verità più sublimi, questa relazione è la prima cosa da esaminarsi; poiché qual è il criterio della verità che si cerca, se non la verità nota? O forse che le verità perdono la loro attitudine e il loro diritto, quando sono sublimi? Il sofisma sul quale è fondata questa protesta, come tant'altre simili, era già stato svelato, mezzo secolo prima, da un osservatore profondo e sottile del cuore-

---

[3] *Esprit des Loix,* liv. XXIV, chap. I [*N.d.A.*].
[4] Charles Louis Secondat de Montesquieu (1689-1755), illuminista, filosofo del diritto, autore delle *Lettere persiane* e dello *Spirito delle leggi* (1748).

umano, il Nicole. Esaminando il valore di quelle parole tanto frequentemente usate: *umanamente parlando*, egli dice: *Il semble, à nous entendre parler, qu'il y ait comme trois classes de sentimens, les uns justes, les autres injustes, et les autres humains; et trois classes de jugemens, les uns vrais, les autres faux, et les autres humains... Cependant il n'en est pas ainsi. Tout jugement est ou vrai ou faux, tout sentiment est ou juste ou injuste; et il faut nécessairement que ceux que nous appelons jugemens et sentimens humains se réduisent à l'une ou à l'autre de ces classes*[5]. Il Nicole ha poi egregiamente messo in chiaro il motivo per cui si ragiona in quella strana maniera. Si dice che una massima è umanamente vera perché non si può, come si vorrebbe, chiamarla vera semplicemente. Non le si attribuisce che una verità relativa: ma per dedurne delle conseguenze che non convengono se non alla verità assoluta. Quest'espressione significa dunque: io sento che la massima di cui ho bisogno, è opposta alla religione: contradire alla religione, non voglio; abbandonare la massima, nemmeno: non potendo farle concordare logicamente, mi servo d'un termine che lascia intatta la questione in astratto, per scioglierla in fatto secondo i miei desideri. Perché non si dice mai: *secondo il sistema tolemaico, secondo la chimica antica*? Perché in queste cose nessuno si crea il bisogno d'ingannar sé medesimo.

Ma, senza arrogarsi di fare un giudizio sopra Montesquieu, si può credere che l'uso di queste espressioni, comune, in quel tempo, a tanti scrittori, non sia venuto da un errore d'intelletto.

La religione cattolica era allora in Francia sostenuta dalla forza. Ora per una legge, che *durerà quanto il mondo lontana*[6], la forza fa nascere l'astuzia per combatterla[7]; e quegli

---

[5] *Danger des entretiens des hommes*, I.ère partie, chap. V [*N.d.A.*].
[6] Verso di Dante (*Inferno*, II, 60).
[7] Il lettore intenderà che la parola *legge* è qui impiegata a significare, non ciò che si deve fare, ma ciò che gli uomini, generalmente parlando (se non sono sostenuti da un principio e da una forza soprannaturale), fanno così certamente, come se ci fossero astretti da una legge. Una splendida eccezione a questa sono i primi cristiani, i quali, in faccia alla persecuzione, seppero unire, in un grado mirabile, sincerità, pazienza e resistenza. Che sapienza divina nel precetto di fuggire dalle persecuzioni! Siccome non si poteva uscirne che con la morte o con l'apostasia, così l'uomo non doveva esporsi a una prova tanto superiore alla sue forze; ma doveva sostenerla, quando fosse inevitabile. Non si sarebbe potuto immaginare un disegno che, secondo la prudenza mondana, desse meno speranza di riuscita, di quello che escludeva i vantaggi dell'audacia e quelli della destrezza, i vantaggi che vengono dal transigere, dal pigliar tempo, dall'ingannare chi vuole opprimere. La regola del cristianesimo

scrittori che desideravano abbattere la religione senza compromettersi, non dicevano che fosse falsa, ma cercavano di stabilire de' princìpi incompatibili con essa, e sostenevano che questi princìpi ne erano indipendenti. Non s'arrischiando di demolire pubblicamente l'edifizio del Cristianesimo, gl'innalzavano accanto un altro edifizio, che, secondo loro, doveva farlo cadere [8].

Ma questa filosofia morale ha *le sue basi nella ragione e nella coscienza; porta con sé il suo proprio convincimento; e dopo avere sviluppato lo spirito con la ricerca de' princìpi, appaga il core con la scoperta di ciò che è veramente bello, giusto e conveniente.*

E cos'ha fondato, da sé, su queste basi? Ha prodotto un convincimento unanime e perpetuo? La sua ricerca de' princìpi è riuscita a un solo e inconcusso ritrovato? Le sue scoperte del bello, del giusto e del conveniente sono anch'esse concordi? E appagano il core davvero? Se è così, può essere distinta dalla teologia: non ne ha più bisogno; o, per dir meglio, sarà la teologia stessa.

Ma se ha variato e varia secondo i luoghi e i tempi, non si potrà opporla alla morale cattolica, che è una. Sarà lecito domandare, prima di tutto, quale sia questa filosofia morale, di cui s'intende parlare; giacché è indubitato che ce ne sono molte.

Ci sono due cose principali nella morale, il principio, e le regole della azioni, che ne sono l'applicazione: la storia della morale, sia come dottrina popolare, sia come scienza, presenta, e nell'uno e nell'altre, la più mostruosa varietà.

In quanto alle regole basta, per convincersene, rammentarsi gli assurdi sistemi di morale pratica che sono stati tenuti da

---

non lasciava a' suoi difensori, quand'erano in presenza del nemico, altra scelta che quella di morire senza fargli danno. Certo, ogni saggio mondano avrebbe pronosticato che una tale religione doveva rovinare infallibilmente e in poco tempo, meno che i suoi partigiani, avendo imparato subito, a loro spese, a conoscere un po' più gli uomini, non cambiassero il metodo di propagarla. Il mirabile è che si stabilì e si diffuse con la fedeltà a quelle prescrizioni [*N.d.A.*].

[8] Questo capitolo era già steso quando seppi che la stessa questione era stata recentemente discussa da un rispettabilissimo apologista della religione (*Analisi ragionata de' sistemi e de' fondamenti dell'ateismo e dell'incredulità.* Dissertazione VI, cap. II). Nondimeno ho creduto bene di lasciarlo tale quale, non importando di trattar cose nove, ma cose opportune; e sono sempre tali quelle che riguardano un punto contrastato posteriormente da uno scrittore distinto [*N.d.A.*]. L'*Analisi ragionata de' sistemi* ecc. è opera di Vincenzo Palmieri (1753-1820), genovese, oratoriano, teologo.

nazioni intere. Il Locke [9], volendo provare che non ci sono regole di morale innate, e impresse naturalmente nell'anima degli uomini, ne ha citati esempi in gran quantità [10]. Egli è

[9] John Locke (1632-1704), il teorico inglese del sensismo, autore del *Saggio sull'intelletto umano*, dell'*Epistola sulla tolleranza*, dei *Due trattati sul governo civile*.

[10] *Saggio sull'intelletto*, lib. I, cap. II. Dopo il Locke, si volle, da questi fatti e da altri di simil genere, cavare una tutt'altra conseguenza, cioè che la moralità stessa sia una cosa di mera convenzione. L'Helvetius ne citò anche di più, per provare che, in tutti i secoli e ne' diversi paesi, la probità non può essere altro che l'abitudine dell'azioni utili alla propria nazione. Disc. II, cap. XIII. Qualche scrittore, insorgendo, con ragione e con dignità, contro questo sofisma, che confonde l'idea della giustizia con l'applicazione di essa, parve quasi disapprovare la ricerca stessa di questi fatti. *Philosophie de Kant*, di *C. Villers*, pag. 378; e più espressamente *Mad. de Staël, De l'Allemagne*, 3.me partie, chap. 2: *Qu'est-ce donc qu'un système qui inspire à un homme aussi vertueux que Locke de l'avidité pour de tels faits?* Ma s'avvide subito essa medesima che non era un'obiezione; e difatti soggiunse: *Que ces faits soient tristes ou non, pourra-t-on dire, l'important est de savoir s'ils sont vrais*. Così è : l'unica cosa che si deve cercare ne' fatti è la verità: chi ha paura d'esaminarli dà un gran segno di non esser certo de' suoi princìpi. Ma, segue la celebre donna: *Ils peuvent être vrais, mais que signifient ils?* Significano che non c'è alcuna nozione di morale, innata nella mente umana; e contribuiscono a provare che non c'è in essa, nozione innata di sorte veruna. E se il Locke si fosse ristretto a combattere la supposizione contraria, avrebbe reso un servizio, non definitivo, di certo, ma importante, giacché non ci sono errori innocui in filosofia, e in morale specialmente, e il ritorno dall'errore all'ignoranza è un progresso. Ma, come oramai tutti ne sono d'accordo, il Locke non combatté quell'errore, che per sostituirgliene uno peggiore di molto; e è cosa ugualmente riconosciuta, che quella spropositata sentenza dell'Helvetius veniva senza sforzo dal principio posto da quello; per quanto si può chiamar principio un'ipotesi negativa e espressa con una metafora. E a questo proposito, mi si permetta un'osservazione non richiesta dall'argomento, ma brevissima, e intorno a un fatto che può parer singolare: ed è che i discepoli del Locke, i quali gridarono tanto contro i sistemi fondati su delle ipotesi, non abbiano badato che il loro maestro aveva prese le mosse da un « Supponiamo » (*Let us then suppose*). E cosa s'aveva a supporre? « Che la mente sia, come a dire, un foglio bianco, privo d'ogni carattere, senza idea veruna » (*the mind to be, as we say, white paper, void of all characters, without any ideas*). Ma per far davvero una tale supposizione, cioè per averne il concetto, e non una sola forma verbale, era necessario sapere cosa s'intendesse per mente; come, per supporre un foglio di carta privo di caratteri, è necessario (cosa del resto facilissima) sapere cosa s'intenda per foglio di carta; giacché come concepire che sia né fornito, né privo d'una cosa qualunque, ciò che non si sa cosa sia? Ora, cos'è la mente priva di qualunque idea? A questo non pensò il Locke, parendogli che bastasse il vocabolo. Donde vengono alla mente tante idee? Domanda poi a sé stesso; e risponde in una parola: « dall'esperienza ». *To this I answer in one word, from experience* (*Saggio sull'intelletto umano*, lib. II, cap. I). Ma, di novo, per intendere come la mente acquisti ogni idea all'esperienza, bisogna sapere cosa sia la mente, quando fa il suo primo atto d'esperienza. E di questo, nulla. Quindi la proposizione del Locke equivale a

andato a cercarne la maggior parte tra i popoli rozzi e vicini allo stato selvaggio; ma non gliene sarebbe mancati tra le nazioni più conosciute, e che hanno più fama di civili e illuminate. Trovavano essi nel loro core e nella loro mente la vera misura del giusto e dell'ingiusto i gentili? Que' Romani i quali sentivano con raccapriccio che un loro cittadino fosse stato battuto di verghe, e ai quali pareva un atto di giustizia ordinaria il dar vivo alle fiere uno schiavo, fuggito per non poter resistere ai trattamenti d'un padrone crudele? Di tale iniquità di fatti e di giudizi, gli storici e i moralisti antichi ci hanno trasmesse non poche testimonianze, e, per lo più, senza avvedersene [11]. Quale è dunque questo convincimento morale, se non

---

quest'altra: In quella maniera che concepite un foglio di carta privo di caratteri, sapendo benissimo cosa sia un foglio di carta, dovete poter concepire cosa sia una mente priva d'ogni idea, senza sapere, né cercare cosa sia una mente. Dico: senza saperlo: e il Locke medesimo lo confessa implicitamente; giacché, se avesse creduto che dovesse essere una cosa nota, non avrebbe detto: supponiamola. La mente è per lui un non so che, del quale si potrà ragionar con fondamento, quando s'aggiunga che in questo non so che non c'è niente: un'incognita, più il nulla. E siccome, in quel soggetto incognito, le prime idee, secondo gli esperimenti del Locke, erano prodotte e formate dalle sensazioni d'oggetti materiali, così non c'è da maravigliarsi che de' seguaci di quel filosofo, pensando (con ragione, ma troppo tardi) che si doveva pure cercare quale fosse quest'incognito soggetto dell'idee, abbiano creduto di trovarlo in un organo del corpo umano. È bensì un fatto memorabile, e utile a rammemorarsi spesso, che abbia potuto regnare in tanta parte d'Europa, per tanto tempo, e con tanto vari e vasti effetti, un sistema fondato sopra un'ipotesi negativa e verbale, fatta parer positiva e intelligibile da una metafora viziosa [N.d.A.]. - La confutazione, importantissima, del Manzoni nei confronti di Locke e del sensismo, consiste essenzialmente di un punto: che la mente senza idee, ovvero la mente come *tabula rasa*, non può nemmeno esistere, perché è definita dalle proprie operazioni.

[11] Ne citerò due esempi, e perché d'uomini tra i più illustri del gentilesimo, e perché forse non abbastanza notati. Cicerone il quale, nel celebre passo dove descrive l'atroce supplizio inflitto da Verre a P. Gavio (in *Verr. Act. II, lib. V, 61 et seq.*), non sa vedere altra dignità offesa, altra persona straziata, che quella d'un cittadino romano, ci ha lasciato, in una delle sue lettere, un saggio ancor più tristo e più aperto d'indifferenza per l'avvilimento e per gli strazi dell'uomo come uomo. Dico quella lettera dove loda il suo paesano M. Mario di non aver fatto il viaggio di Roma, per vedere gli spettacoli dati da Pompeo, nel suo secondo consolato. E tra gli altri, parla delle cacce (*venationes*), giacché con questo nome chiamavano anche quelle che facevano, o, per dir meglio, si facevano fare, non contro le bestie, ma tra bestie e schiavi, per vedere chi la vinceva e chi ci rimaneva. « Magnifiche, » dice « nessuno lo nega; ma che piacere può trovare un uomo d'un gusto scelto, nel vedere un uomo, così inferiore di forze, sbranato da una robusta fiera, o una superba fiera trafitta da uno spiedo? Cose che, se pure si devono vedere, l'hai viste abbastanza: noi che l'abbiamo viste anche in quest'occasione, non ci abbiamo trovato nulla di novo. » *Reliquiae sunt venationes binae*

nasce in tutti gli uomini? Potrà pur troppo essere tanto compito, da determinare un uomo a commettere un'azione pessima, con la persuasione d'operar bene; tanto costante, da impedire che nasca in lui il rimorso dopo averla commessa; si potrà estendere a nazioni intere; ma sarà un convincimento falso. E per chiarirlo tale, non sarà nemmeno necessario il testimonio della religione; basterà che cessino alcune circostanze, che si cambi un interesse, che s'abolisca una costumanza.

In quanto al principio della morale, le differenze non sono più tra i Mingreliani[12], i Peruviani e i Topinambi[13]: è questione di tempi e di paesi colti, e di pochi uomini che pretendono di fare astrazione da ogni interesse, da ogni autorità e da ogni abitudine per trovare il vero. Pochi, dico, riguardo al rimanente degli uomini; ma autori di scole che si possono chiamar molte, anche in paragone di ciò che accade in tant'altre scienze, nelle quali il dissenso non è, a gran pezzo, né così umiliante, né così dannoso. I nomi soli delle più universalmente celebri tra quelle scole, nomi che corrono alla mente d'ognuno, senza bisogno di citarli, bastano per dare un concetto pur troppo vasto d'una tale varietà, e dispensare da ogni prova. E s'osservi che non sono di quelle discussioni che hanno, per dir così, un moto progressivo, facendo ognuna delle parti un qualche passo verso un centro comune, e tornando così in aumento stabile della scienza ciò che, da principio, era

---

per dies quinque, magnificae, nemo negat. Sed quae potest homini esse polito delectatio, quum aut homo imbecillus a valentissima bestia laniatur, aut praeclara bestia venabulo transverberatur? quae tamen, si videnda sunt, saepe vidisti; neque nos qui haec spectavimus, quidquam novi vidimus (Epist. 126). Davvero, tra l'avidità d'una moltitudine per un tale spettacolo, e la sazietà degli uomini colti, che lo trovavano insipido, si può dubitare quale indichi un più abietto e crudele pervertimento del senso morale. L'altro è un fatto di Catone, quando s'era già condannato a morte, e nel momento che aveva finito di leggere, con tanto profitto, il *Fedone*. Avendo domandato a un servo, dove fosse la sua spada (che il figlio gli aveva portato via di nascosto), e non essendogli data risposta, aspettò un poco; e poi, dice Plutarco, « chiamò un'altra volta ad uno ad uno i suoi servi, e alzando maggiormente la voce, chiedea pur la spada; e ad uno di essi diede anche un pugno sulla bocca con tanta forza, che ne riportò insanguinata la mano. » (*Vita di Cat.* trad. del Pompei). E s'ammazzava per non poter sopportare la superiorità (un po' meno esorbitante davvero) che Cesare voleva arrogarsi sopra di lui! È però da credere che, passato quel primo bollore, il celebre stoico sarebbe stato disposto a riconoscere una qualche colpa in quel suo atto brutale; ma per la sola ragione, che il sapiente non va in collera: *Numquam sapiens irascitur*, come Cicerone fa dire a lui medesimo (*pro L. Murena*, 30) [*N.d.A.*].
[12] Abitanti della Georgia.
[13] Guerrieri brasiliani.

stato opinione particolare d'una scola. Qui in vece i diversi sistemi cadono e risorgono, conservando sempre le loro differenze essenziali; si disputa, ripetendo ognuno sempre i suoi argomenti come perentori, e ripetendoli per quanto si sia dovuto vedere che non riescono ad abbattere quelli degli avversari: è il gran carattere delle questioni inconciliabili [14].

Ora, se ciò che l'illustre autore ha nominalmente riunito sotto il titolo di filosofia morale, si risolve in fatto e si disperde in una moltiplicità eterogenea; se delle premesse diverse e opposte, e delle diverse e opposte conclusioni, intorno al bello, al giusto, al conveniente, sono tutt'altro che *la scoperta di*

---

[14] Di tempo in tempo escono poi fuori degli scrittori che mettono in ridicolo queste discussioni: cosa tanto più facile, quanto esse s'attaccano da una parte a sistemi particolari di scole diverse, e più o meno ristrette, e dall'altra ai sentimenti più intimi dell'uomo: due gran fonti di ridicolo per un gran numero d'uomini colti. Il frasario stesso de' vari sistemi somministra agli scrittori burleschi de' materiali da mettere in opera senza grande studio. In ogni sistema, a misura che si classificano più idee, diventa o pare necessario inventare de' termini per nominare quelle classi, e per significare le loro relazioni. Questi vocaboli lontani dall'uso comune, ripetuti spesso dai filosofi per supplire a un periodo, e qualche volta a un trattato, e ripetuti per lo più con importanza, perché rappresentano le idee cardinali del sistema; questi vocaboli soli, accumulati in uno scritto scherzevole, bastano a far ridere migliaia di lettori. Nulla serve di più a far ridere gli uomini d'una cosa, che il ricordar loro, che per altri uomini quella cosa è seria ed importante: poiché ad ognuno pare un segno evidente della propria superiorità l'esser divertito da ciò che occupa e domina le menti altrui. Lo spettatore del *Mariage forcé*, smascellandosi dalle risa agli argomenti di Pancrazio sulla forma e sulla figura, si sentiva come sollevato al disopra di tutta la schiera de' peripatetici. Ciò si vede ogni giorno, anche nelle relazioni ordinarie, e tra gli uomini d'ogni ceto, dove, quando si sappia che uno abbia un'affezione particolare a un'idea, gli altri si servono di quella per farsi beffe di lui, o contradicendolo, o secondandolo, ma sempre in maniera che quella sua affezione si mostri al massimo grado; e quest'usanza si può benissimo combinare con l'urbanità, la quale, separata dalla carità religiosa, è piuttosto le leggi della guerra, che un trattato di pace tra gli uomini. Dalle *Nubi* fino al *Fausto* i sistemi de' filosofi sulla parte morale e intellettuale dell'uomo sono sempre, o al loro apparire o col tempo, caduti nelle mani di scrittori comici; e il sentimento eccitato da questi è stato o gaio, o derisorio, o anche penoso, secondo che hanno più fatta risaltare la verità de' sistemi particolari, o la vanità terribile della mente umana; il che è dipenduto dalla malignità, dalla vivacità o dalla profondità del genio de' diversi scrittori. Quando le parole *tecniche* d'un sistema sono state messe in burla da uomini d'ingegno, pochi ardiscono più adoprarle sul serio, e le questioni paiono finite; ma riprincipiano sotto altri nomi. C'è nell'uomo il desiderio di conoscere la propria natura, di trovare una ragione de' suoi sentimenti, che non s'accheta con delle facezie [*N.d.A.*]. *Mariage forcé*: commedia di Molière; *Ciò si vede... tra gli uomini*: qui il Manzoni condanna quella che ben si può definire educazione borghese, sottolineando il tratto decisivo, che è la mancanza di carità; *Nubi*: commedia di Aristofane; *Fausto*: opera teatrale di Goethe.

ciò che è veramente bello, giusto e conveniente; è superfluo l'aggiungere che da quelle non potrà mai resultare l'appagamento del core, asserito da lui come effetto d'una tale scoperta, e neppure, s'intende, quello della mente. Gioverà piuttosto l'osservare come il non essere alcuno di que' tanti sistemi rimasto mai vittorioso, in una guerra così antica, e sempre viva o rinascente, venga dall'esser tutti ugualmente inetti a produrre quel duplice e corrispondente appagamento.

Ci sono in qualunque sistema di morale *assolutamente distinta dalla teologia* (sia per ignoranza involontaria della rivelazione, sia per volontaria esclusione di essa) due vizi innati e irremediabili: mancanza di bellezza, ossia di perfezione, e mancanza di motivi. Perché una morale sia compita, deve riunire queste due condizioni al massimo grado; deve cioè non escludere, anzi proporre i sentimenti e l'azioni più belle, e dare dei motivi per preferirle. Ora, nessuno di questi sistemi può farlo: ognuno di essi è, per dir così, obbligato a scegliere; e tutto ciò che acquista da una parte, lo perde dall'altra. Se, per evitare la difficoltà, si ricorre a un sistema medio, questo tempererà i due difetti, ma conservando e l'uno e l'altro. Mi sia lecito d'entrare in un esame più esteso, per mettere in chiaro questa proposizione.

Quanto più un sistema di filosofia morale cerca d'adattarsi al sentimento universale, consacrando alcune massime che gli uomini hanno sempre lodate e ammirate, la preferenza data alle cose giuste sulle piacevoli, il sacrifizio di sé stesso, il dovere adempito e il bene fatto senza speranza di ricompensa né di gloria, tanto più riesce inabile a dare, de' suoi precetti e de' suoi consigli, una ragione adeguata, prevalente a ogni argomento e a ogni interesse contrario. Infatti, se noi esaminiamo quale sia in una bella azione la qualità che eccita l'ammirazione, e che le fa dare un tal titolo, vedremo non esser altro che la difficoltà (intendo, non la difficoltà d'eseguire che nasce dagli ostacoli esterni, ma quella del determinarsi): la giustizia, l'utilità saranno condizioni senza le quali essa non sarebbe bella, ma non sono quelle che la rendono tale. Se, mentre si sta ammirando la risoluzione presa da un uomo in una data circostanza, si viene a sapere che gli tornava conto di prenderla, l'ammirazione cessa; quella risoluzione si chiamerà bona, utile, giusta, saggia, ma non più ammirabile né bella; si dirà che quell'uomo è stato fortunato, onesto, avveduto; nessuno lo chiamerà grande. E perciò l'invidia, la quale, quanto è sciocca riguardo all'intento, altrettanto è acuta nella scelta de' mezzi, mette tanto studio a trovar qualche motivo d'interesse in ogni bella azione, che non possa negare; cioè un motivo per cui sia stato facile il risolversi a farla: le cose facili non sono ammirate. Ma perché mai le più belle azioni compariscono difficili al più degli uomini, se non perché essi non trovano nella ragione de' motivi sufficienti per intraprenderle risolutamente, anzi trovano nell'amore di sé de' motivi contrari?

Ma se, per evitare l'inconveniente e la vergogna di dar precetti e consigli, senza poter proporre de' motivi proporzionati, un sistema di morale vuol limitarsi a prescrivere e a raccomandare l'azioni che s'accordino con l'utile temporale di chi le fa, non solo non soddisfa, ma offende un'altra tendenza di tutti gli uomini, i quali non vogliono rinunziare alla stima di ciò che è bello senza essere utile temporalmente; anzi è bello appunto per questo.

Io so che, nel sistema della morale fondata sull'interesse, si spiegano tutte l'azioni più magnanime e più indipendenti da ciò che comunemente si chiama utile: si spiegano col dire che gli uomini di gran core ci trovano la loro soddisfazione. Ma, perché una teoria morale sia completa, non basta che spieghi come alcuni possano aver fatto ciò che essa medesima è costretta a lodare; bisogna che dia ragioni e motivi generali per farlo. Altrimenti la parte più perfetta della morale diventa un'eccezione alla regola, una pratica che non ha la sua ragione nella teoria, ma ha solamente una cagione di fatto in certe disposizioni individuali; è quasi una stravaganza di gusto [15]. C'è negli uomini una potenza che gli sforza a disapprovare tutto ciò che non par loro fondato sulla verità; e siccome non possono disapprovare le virtù disinteressate, così vogliono un sistema nel quale esse entrino come ragionevoli. Io credo che, quanto più si osservi, sempre più si vedrà che le morali umane si agitano tra questi due termini, cercando invano di ravvicinarli. Ognuno di que' sistemi ha una parte di fondamento nell'una o nell'altra tendenza della natura umana,

---

[15] Lo scrittore anonimo della vita dell'Helvetius, dopo aver parlato d'alcuni suoi tratti di beneficenza, riferisce che disse al suo cameriere, il quale n'era testimonio: « Vi proibisco di raccontare ciò che avete veduto, anche dopo la mia morte. » Questo scrittore non rammenterebbe una tale circostanza, se non credesse che la volontà di nascondere i benefizi che si fanno è una disposizione virtuosa. Lo è senza dubbio; ma nel sistema di quel filosofo è impossibile classificarla tra le virtù [N.d.A.]. Fare il bene è una norma, godere del bene fatto è una possibilità soggettiva; lo *scrittore anonimo* è C.F. de Saint Lambert; Jean Claude Adrien Helvétius (1715-1771), illuminista ateo e radicale; particolarmente avversato dal Manzoni; scrisse *De l'esprit* (1758).

cioè o nella stima della virtù, o nel desiderio della felicità (tendenze indistruttibili come il vero, che è l'oggetto dell'una, e il bene, che è il termine dell'altra); ognuno tiene da quella su cui si fonda, un'imperfetta ragione d'essere, e una forza per combattere; come dal trascurar l'altra gli viene l'impotenza di vincere. La difficoltà consiste nel soddisfarle ugualmente, nel trovare un punto dove la bellezza e la ragionevolezza dell'azioni, de' voleri, dell'inclinazioni, si riuniscano necessariamente, in ogni caso e con piena evidenza.

Questo punto è la morale teologica. Qui l'anima umana ritrova, per dir così, la sua unità nel riconoscimento dell'unità eterna e suprema del vero e del bene [16].

S'immagini qualunque sentimento di perfezione: esso si trova nel Vangelo; si sublimino i desideri dell'anima la più pura da passioni personali fino al sommo ideale del bello morale: essi non oltrepasseranno la regione del Vangelo. E nello stesso tempo non si troverà alcun sentimento di perfezione, al quale col Vangelo non si possa assegnare una ragione assoluta e un motivo preponderante, legati ugualmente con tutta la rivelazione.

È egli bello il perdonare l'offese, l'avere un core inalterabile, placido e fraterno per chi ci odia? Chi ne dubita? Ma per qual ragione dovrò io impormi questi sentimenti, quando tutto mi strascina agli opposti? Perché tu non puoi odiare il tuo fratello se non come cagione del tuo male; se non lo è, il tuo odio diventa irragionevole e ingiusto: ora, egli non t'ha fatto male; la tua volontà sola può nocerti realmente; egli non ha fatto male, che a sé stesso, e da te merita compassione. Se l'offesa ti punge, è perché dai alle cose temporali un valore che non hanno; perché non senti abitualmente che Dio è il tuo solo bene, e che nessun uomo, nessuna cosa può impedirti di possederlo. Il tuo odio viene dunque dalla corruttela del tuo core, dal traviamento del tuo intelletto: purifica l'uno e correggi l'altro, e non potrai odiare. Di più, tu riconosci come il più sacro dovere quello d'amare Dio sopra ogni cosa: devi dunque desiderare che sia glorificato e ubbidito: oseresti tu volere che alcuna creatura ragionevole gli negasse il suo omaggio, si ribellasse alla sua legge? Questo pensiero ti fa orrore; tu

---

[16] La morale distinta dalla religione è costretta a due esiti alternativi ma parimenti aberranti: o una virtù assurda o una felicità mediocre. È da rilevare che il Manzoni riconosce la felicità come premio, ma nell'altro mondo. La felicità, o piuttosto la beatitudine, è il fine dell'azione, non la sua contropartita. Ciò vale indirettamente contro la kantiana autonomia della morale.

desidererai dunque che ogn'uomo serva Dio e sia nell'ordine; se lo fai, desideri a ogn'uomo la perfezione, la somma felicità: ami ogn'uomo, senza alcuna possibile eccezione, come te stesso.

È bello il dare la propria vita per la verità e per la giustizia? il darla senza testimoni che t'ammirino, senza un compianto, nella certezza che gli uomini ingannati t'accompagneranno con l'esecrazioni, che il sentimento della santità della tua causa non troverà fuori di te dove appoggiarsi, dove diffondersi? Non c'è uomo che non pianga di ammirazione al sentire che un altr'uomo abbia abbandonata la terra così. Ma chi proverà che sia ragionevole il farlo? Quale è il motivo per cui si deva rinunziare a quel sentimento così forte nel core d'ogni uomo, al desiderio di far consentire dell'anime immortali come la nostra al nostro più alto e profondo sentire? Perché quando a seguire la giustizia non c'è altra strada che la morte, è certo per noi che Dio ci ha segnata quella per arrivare a Lui; perché il secolo presente non ha il suo compimento in sé; perché il bisogno che abbiamo d'essere approvati non sarà soddisfatto se non quando vedremo che Dio ci approva; perché ogni nostro sacrifizio è leggiero in paragone dell'ineffabile sacrifizio dell'Uomo Dio, al quale dobbiamo esser somiglianti, se vogliamo entrare a parte del suo regno.

Ecco i motivi per cui milioni di deboli creature, con quell'aiuto divino che rende facili tutti i doveri, hanno trovato che la determinazione la più ammirabile e la più difficile, quella di morire tra i tormenti per la verità, era la più ragionevole, la sola ragionevole; e l'hanno abbracciata. Prodigiosa storia della religione! nella quale l'atto di virtù il più superiore alle forze dell'uomo, è forse quello di cui gli esempi sono più comuni.

Non se ne potrà immaginare alcuno, per cui il Vangelo non dia motivi: non si potrà immaginare un sentimento vizioso, che secondo il Vangelo, non supponga un falso giudizio. Si domandi a un cristiano quale sia in ogni caso la risoluzione più ragionevole e più utile; dovrà rispondere: la più onerosa e la più generosa.

Troviamo qui l'occasione d'osservar di passaggio quanto sia inconsistente la distinzione che alcuni credono di poter fare tra la morale del Vangelo, per la quale professano ammirazione, non che stima, e i dommi del Vangelo, che dicono opposti alla ragione; come se queste fossero nel Vangelo due dottrine estranee l'una all'altra. E ci sono invece essenzialmente e perpetuamente connesse; a segno che non ci si trova quasi un insegnamento morale del Redentore, che non sia confermato da Lui con un insegnamento dommatico, dal suo primo discorso alle turbe, nel quale dice *beati i poveri di spirito, perché di questi è il regno de' cieli* [17], fino a quello che precedette di due giorni la celebrazione della sua ultima pasqua, e nel quale fonda il precetto dell'opere della misericordia sulla rivelazione della sua futura venuta a giudicar tutti gli uomini [18]. È quindi facile il vedere che quella distinzione implica una supposizione affatto assurda, come è quella d'una dottrina, nella quale la verità sia, non già mescolata accidentalmente col falso, ma fondata interamente sul falso. E non già una qualche verità sparsa, staccata, secondaria; ma un complesso compito e perfettamente consentaneo di verità regolatrici di tutti gli affetti dell'animo, di tutte le determinazioni della volontà, in qualunque condizione della vita umana. Supposizione, ripeto, assurda non meno che empia, d'un maestro sempre sapiente ne' precetti, e sempre fallace ne' motivi, il quale, in una norma del credere, indegna dell'assentimento della ragione, abbia ritrovata una norma del volere e dell'operare, che la ragione medesima deva poi riconoscere superiore a qualunque sua speculazione, come fa quando l'ammira, senza poterla rivendicar come sua, col darle, di suo, un diverso fondamento.

Infatti, dond'è, donde poteva essere ricavata l'idea di perfezione proposta agli uomini nel Vangelo, se non dall'esemplare del Dio perfetto, *che nessuno ha mai veduto, e che fu rivelato dal Figlio unigenito, che è nel seno del Padre* [19]? Chi poteva dir loro: *Siate perfetti*, se non Quello che poteva aggiungere: *come è perfetto il vostro Padre che è ne' cieli* [20]? Qual maestro avrebbe insegnato a' suoi discepoli, a tutti quelli che fossero per credere in lui fino alla fine de' secoli, a *esser tutti una sola cosa*, se non Quello che all'inaudito insegnamento poteva aggiungere quell'ineffabile esempio: *come, o Padre, una sola cosa siamo noi* [21]? E i mezzi d'eseguire una tal legge, donde potevano venire se non dall'onnipotenza del Legislatore me-

---

[17] *Beati pauperes spiritu, quoniam ipsorum est regnum coelorum.* Matth. V, 3 [*N.d.A.*].

[18] *Cum autem venerit Filius hominis in maiestate sua, et omnes angeli cum eo, tunc sedebit super sedem maiestatis suae...* Ibid. XXV, 31 et seq. [*N.d.A.*].

[19] *Deum nemo vidit unquam: unigenitus Filius, qui est in sinu Patris, ipse enarravit.* Ioan. I, 18 [*N.d.A.*].

[20] *Estote ergo vos perfecti, sicut et Pater vester coelestis perfectus est.* Matth. V, 48 [*N.d.A.*].

[21] *Ut sint unum, sicut et nos unum sumus.* Ioan. XVII, 22 [*N.d.A.*].

desimo? Chi poteva esigere dall'uomo la forza di superare tutte le tendenze contrarie, se non Chi gliela poteva promettere, dicendo: *Chiedete e vi sarà dato*[22]? Chi la forza di sostenere per la giustizia tutte le violenze di cui è capace il mondo, se non Chi poteva dire: *Io ho vinto il mondo*? Chi la forza più mirabile ancora, di sostenere in pace, se non Chi poteva dire: *Questa pace l'avrete in me*[23]? E donde finalmente poteva aspettarsi una ricompensa perfetta come questa legge medesima? Chi poteva prometterne una, non solo alla virtù, ma al segreto della virtù, se non Chi parlava in nome del *Padre che vede nel segreto*[24]? Chi prometterla *abbondante* in paragone di qualunque sforzo più eroico, di qualunque sacrificio più doloroso, se non Chi poteva prometterla *ne' cieli*[25]? Chi nobile al pari del precetto d'*aver fame e sete della giustizia*, anzi perfettamente connaturale ad esso, se non Chi poteva dire: *La vostra beatitudine starà nell'essere satollati*[26]? Si può egli non vedere in questi esempi (e sarebbe facile il moltiplicarli, se ce ne fosse bisogno) una connessione unica, una relazione necessaria, tra i precetti e i motivi? Quando dunque la ragione ammira la morale del Vangelo, alla quale non si sarebbe potuta sollevare da sé, fa rettamente il suo nobile ufizio: ma quando ne sconosce l'unità divina; quando in ciò che il Vangelo prescrive e in ciò che annunzia non vuol vedere una sola e medesima rivelazione; quando ricusa d'ammettere motivi soprannaturali di precetti ugualmente soprannaturali, che confessa eccellenti (che non vuol dir altro se non conformi a delle verità d'un ordine eccellente), allora non può più chiamarsi ragione, perché discorda da sé medesima.

Sicché, quand'anche per quelle parole « filosofia morale », come sono adoprate dall'illustre autore e da lui opposte alla teologia, si potesse intendere, in vece d'una confusa e discorde moltiplicità di dottrine, una sola dottrina; quand'anche si potesse intendere una dottrina tutta vera, cioè il complesso delle nozioni rette intorno alla morale, che si trovano, dirò così, sparse nell'umanità, e queste nozioni nettate dai

---

[22] *Petite, et dabitur vobis.* Luc. XI, 9 [*N.d.A.*].
[23] *Haec locutus sum vobis, ut in me pacem habeatis. In mundo pressuram habebitis; sed confidite, ego vici mundum.* Ioan. XVI, 33 [*N.d.A.*].
[24] *Pater tuus, qui videt in abscondito, reddet tibi.* Matth. VI, 4 [*N.d.A.*].
[25] *Merces vestra copiosa est in coelis.* Id. V, 12 [*N.d.A.*].
[26] *Beati qui esuriunt et sitiunt iustitiam, quoniam ipsi saturabuntur.* Ibid. 6. Intorno a questo speciale carattere della ricompensa promessa dal Redentore, avremo occasione di dir qualcosa più in particolare nel Cap. XV [*N.d.A.*].

tanti falsi concetti che ci sono mescolati, accresciute di ciò che l'osservazione e il ragionamento particolare possono aggiungere alla cognizione comune, e ordinate in forme di vera scienza; quand'anche, finalmente, si potesse per quelle parole intendere una scienza universalmente nota, e esclusivamente ricevuta, si dovrebbe ancora dirla inadeguata all'intento, perché in essa non si troverebbe un principio col quale a ogni grado della moralità (e non solo della moralità intera e perfetta che c'è manifestata dalla Fede, ma di quella medesima a cui arriva la cognizione naturale) si possa assegnare una ragione assoluta, legata con una sanzione preponderante; perché, in altri termini, le sue speculazioni non pareggiano, né potrebbero mai pareggiare l'idea del bene morale, sia come regola, sia come termine della volontà, cioè e come virtù e come felicità: idea che ai più sinceri e potenti sforzi di quelle speculazioni, non solo rimane inesaurita, ma sempre più comparisce inesauribile. Dal che viene di conseguenza che non si potrebbe da quella filosofia ricavare un criterio applicabile a ogni azione e a ogni sentimento. Anzi, per esser vera scienza, dovrà essa medesima riconoscere questa sua mancanza; giacché come mai potrà esser vera scienza una la quale sconosca la natura del suo oggetto, e la misura necessaria delle sue speculazioni, a segno di non avvedersi d'una sproporzione necessaria che ci sia tra queste e quello? e, per restringere il bene morale ne' limiti di quelle speculazioni, lo mutili e lo snaturi? neghi il carattere di verità a tutto ciò che le oltrepassa, o riconoscendo al di là da quelle qualcosa (e quanto!) a cui non può negare il carattere di verità, e di cui non sa render ragione, si dichiari nondimeno scienza compita [27]?

---

[27] Il filosofo che ha data alla morale razionale la forma rigorosa di scienza, dimostrando la sua derivazione da una legge evidente e illimitatamente applicabile, e dimostrando di più il nesso naturale e necessario di questa legge col principio supremo e universale d'ogni verità (Rosmini, *Princìpi della scienza morale*), è anche quello che, con un'altezza e vastità d'argomenti dalla quale sono troppo lontani questi nostri cenni, ha dimostrata la deficienza naturale di questa scienza riguardo all'idea intera e perfetta della moralità, e la sua implicita dependenza dalla morale soprannaturale e rivelata, nella quale sola può trovare il suo compimento. Le quali due conclusioni, cioè verità e imperfezione della morale naturale, non che contradirsi, sono intimamente connesse e dedotte da uno stesso principio; giacché, è appunto per mezzo dell'idea intera e perfetta della moralità quale c'è manifestata dalla rivelazione, che si dimostra come la morale naturale ne sia e un'applicazione legittima, e un'applicazione inadeguata e tronca. V. specialmente la *Teodicea* e l'*Introduzione alla filosofia* (I, II, III e IV); e per l'uno e per l'altro argomento, la *Storia comparativa de' sistemi intorno al principio della morale*,

Ai precetti poi che essa sola poteva promulgare, e ai motivi che essa sola poteva rivelare, la religione aggiunge (ciò che ugualmente poteva essa sola) la cognizione di ciò che può darci la forza d'adempire i primi, e d'adempirli per riguardo e secondo lo spirito de' secondi: cioè quella grazia che non è mai dovuta, ma che non è mai negata a chi la chiede con sincero desiderio, e con umile fiducia [28]. Certo, non era necessaria la rivelazione per farci conoscere che troppo spesso troviamo in noi medesimi, non solo una miserabile fiacchezza, ma una indegna repugnanza a seguire i dettami della legge morale. E l'apostolo de' gentili, dicendo: *Non fo il bene che voglio, ma quel male che non voglio, quello io fo* [29], ripeteva una verità ovvia anche per loro. Ovidio aveva detto prima di lui: *Il core e la mente mi danno opposti consigli: vedo il meglio, l'approvo; e vo dietro al peggio* [30]. E quando l'apostolo medesimo esclama: *Infelice me! chi mi libererà da questo corpo di morte* [31]? si direbbe quasi che non faccia altro, che ripetere il lamento di Socrate [32]. Ma da qual uomo non istruito nella scola di cui Paolo fu così gran discepolo e così gran maestro, poteva uscire quella divina risposta alla desolata do-

---

del medesimo autore [*N.d.A.*]. Questa nota è una delle novità di questa edizione del 1855 rispetto a quella del '19; a quell'epoca il Manzoni non conosceva ancora il Rosmini. Antonio Rosmini Serbati (Rovereto 1797 - Stresa 1855), sacerdote, fondò in Stresa l'Istituto di Carità. Intercedette, nel 1848, su richiesta del Cavour affinché Pio IX intervenisse in guerra contro l'Austria. È considerato, a ragione o a torto, cattolico liberale. La sua opera filosofica è la più consistente tra quante il cattolicesimo italiano abbia offerto. Centrata sull'idea primitiva dell'Essere, anteriore alle sensazioni e ad ogni altra idea, essa offre una critica precisa di tutti i sistemi postcartesiani, da Locke a Condillac, da Kant a Hegel. Fu criticato dal Gioberti, che oppose all'idea di Essere un primo ontologico, onde sopraffare il sospetto di scetticismo connesso con la necessaria soggettività di ogni idea. Ma la disputa, alla quale si rifece largamente Gentile, cercando di conciliarla ma privilegiando il Gioberti, appare straordinariamente nominalistica e senza conseguenze. Il Manzoni si tenne sempre lontano da questo modo di ragionare. Eppure quando conobbe Rosmini, rifiutato l'eclettismo cousiniano, lo considerò il suo filosofo, molto apprendendo da lui, ma qualche cosa anche restituendo.

[28] *... quanto magis Pater vester de coelo dabit spiritum bonum petentibus se?* Luc. XI, 13 [*N.d.A.*].

[29] *Non enim quod volo bonum, hoc facio; sed quod nolo malum, hoc ago.* Ad Rom. VII, 19 [*N.d.A.*].

[30] *...aliudque cupido / Mens aliud suadet: video meliora proboque; / Deteriora sequor.* Metam. VII, 19 et seq. [*N.d.A.*].

[31] *Infelix ego homo! quis me liberabit de corpore mortis huius?* Ad Rom. VII, 24 [*N.d.A.*].

[32] *Donec corpus habemus, animusque noster tanto malo erit admixtus,* etc. Plat. Phaed. [*N.d.A.*].

manda, allo sterile lamento: *La grazia di Dio per Gesù Cristo Signor nostro* [33]?

Principio d'irrecusabile autorità; regole alle quali si riduce ogni atto e ogni pensiero; spirito di perfezione che in ogni cosa dubbia rivolge l'animo al meglio; promesse superiori a ogni immaginabile interesse temporale; modello di santità, proposto nell'Uomo-Dio; mezzi efficaci per aiutarci a imitarlo, e ne' sacramenti istituiti da Lui (e ne' quali anche chi ha la disgrazia di non riconoscere l'azione divina, non può non vedere azioni che dispongono a ogni virtù), e nella preghiera, a disposizione della quale, per dir cosí, è messa la potenza divina da quel: *Chiedete, e vi sarà dato*; tale è la morale della Chiesa cattolica: quella morale che sola poté farci conoscere quali noi siamo, che sola, dalla cognizione di mali umanamente irremediabili, poté far nascere la speranza; quella morale che tutti vorrebbero praticata dagli altri, che praticata da tutti condurrebbe l'umana società al più alto grado di perfezione e di felicità che si possa conseguire su questa terra; quella morale a cui il mondo stesso non poté negare una perpetua testimonianza d'ammirazione e d'applauso.

Che, anche dopo il Cristianesimo, alcuni filosofi si siano affaticati per sostituirgliene un'altra, è un fatto pur troppo vero. Simili a chi, trovandosi con una moltitudine assetata, e sapendo d'esser vicino a un gran fiume, si fermasse a fare con de' processi chimici qualche gocciola di quell'acqua che non disseta, hanno consumate le loro cure nel cercare una ragione suprema e una teoria completa della morale, *assolutamente distinta dalla teologia*: quando si sono abbattuti in qualche importante verità morale, non si sono ricordati ch'era stata loro insegnata, ch'era un frammento o una conseguenza del catechismo; non si sono avvisti che avevano soltanto allungata la strada per arrivare ad essa, e che invece d'avere scoperta una legge nova, spogliavano della sanzione una legge già promulgata [34]. La Chiesa non ignora i loro sforzi, e i loro ritrovati; ma

---

[33] *Gratia Dei per Iesum Christum Dominum nostrum.* Ad Rom. VII, 25 [*N.d.A.*].

[34] Chi non riflettesse che le scienze morali non seguono la progressione dell'altre, perché non sono dipendenti dal solo intelletto, né propongono di quelle verità che, riconosciute una volta, non sono più contrastate, e servono di scala ad altre verità, non saprebbe spiegare come la dottrina dell'Helvetius sia potuta succedere in Francia a quella de' gran moralisti del secolo decimosettimo. Stupito di vedere una scienza andare o piuttosto saltar così all'indietro, non saprebbe, delle due maniere di rendere ragione, quale ammettere come la meno strana: o che l'Helvetius, moralista di professione, non si fosse curato d'informarsi dello stato della

è forse questo un esempio per lei? Non ha potuto altro che compiangerli e ammonirli: perché avrebbe dovuto imitarli? La Chiesa, a cui Gesù Cristo ha consegnata una dottrina morale perfetta, non dovrà mantenersene padrona? dovrà cessare di dirgli con Pietro: *Da chi anderemo? tu hai le parole di vita eterna*[35]? dovrà cessare di ripetere che *disperde chi non raccoglie con lui* [36]? Potrà supporre un momento che ci siano due vie, due verità, due vite? Le sono stati affidati de' precetti; e depositaria infedele, ministra diffidente, dispenserà de' dubbi? Lascerà da una parte la parola eterna, e s'avvilupperà ne' discorsi dell'uomo, per riuscire a trovare forse che la virtù è più ragionevole del vizio, forse che Dio dev'essere adorato e ubbidito, forse che bisogna amare i suoi fratelli? Il Verbo avrà assunta questa carne mortale, e attraversate l'angosce inef-

scienza, e dell'opinioni di scrittori rinomatissimi e recenti; o che, leggendo le loro opere, non avesse veduto che le questioni che metteva in campo erano già completamente sciolte, e che la soluzione era sempre quella ch'egli doveva trovare la più nobile e la più utile, quella che avrebbe desiderato che ognuno adottasse nelle sue relazioni con lui; non avesse veduto come in que' libri tutto concordi con la cognizione che l'uomo ha di sé stesso, come i princìpi siano senza eccezione di tempi o di persone, come la perfezione sia ragionata; come la scienza abbia bisogno della rivelazione, non solo per sciogliere i più alti problemi della morale, ma per porli adeguatamente. A proposito di questo scrittore, ci si permetta di notar qui incidentemente una strana parzialità di giudizi. Il Pascal, per avere, in quegli staccati e preziosi appunti, a cui fu dato il titolo di *Pensieri*, osservati profondamente i mali dell'uomo, è stato le tante volte tacciato d'atrabiliario; e questa taccia non è forse mai stata data all'Helvetius che rappresenta la natura umana sotto l'aspetto il più tristo e desolante. Parzialità tanto più strana in quanto il Pascal, in quelle pagine, non respira che compassione di sé e degli altri, rassegnazione, amore, e speranza; egli riposa ogni tanto con gioia e con calma nel cielo lo sguardo turbato e confuso dalla contemplazione dell'abisso del core umano guasto com'è dalla colpa originale; e le riflessioni dell'Helvetius sono spesso amare, iraconde, insofferenti o d'una crudele festività. L'autore de' *Pensieri* è atrabiliario perché dimostra la necessità di rimedi che ci dispiacciono più de' mali: l'autore dello *Spirito* cerca a ogni inconveniente morale una causa estranea; in vece d'urtare le passioni, le lusinga, insegnando a ognuno a attribuire i vizi alla necessità o all'ignoranza altrui, e non alla propria corruttela. È stato detto più volte, che il Pascal deprime troppo la ragione umana, e qualche volta pare fino che le neghi ogni autorità, per far più sentire la necessità della fede. E quando pure questa critica abbia un qualche ragionevole motivo, cosa si sarebbe poi dovuto dire di chi, esaltando in apparenza questa ragione, col dichiararla il solo e sovrano giudice della verità, e non trovando però la maniera di spiegare per mezzo di quella i più nobili e anche i più universali sentimenti dell'uomo, la degrada fino a darle l'incarico, grazie al cielo, ineseguibile, di dimostrarli insussistenti [*N.d.A.*].

[35] *Domine, ad quem ibimus? verba vitae aeternae habes.* Ioan. VI, 69 [*N.d.A.*].

[36] *Qui non colligit mecum, dispergit.* Luc. XI, 23 [*N.d.A.*].

fabili della redenzione, per meritare alla società fondata da Lui un posto tra l'accademie filosofiche? La Chiesa che, co' suoi primi insegnamenti, può innalzare il semplice, il quale ignora perfino che ci sia una filosofia morale, al più alto punto, non di questa filosofia, ma della morale medesima; a quel punto a cui si trova un Bossuet dopo aver percorso un vasto circolo di meditazioni sublimi; l'abbandonerà a sé stesso, affinché prenda, se può, la strada del ragionamento, che può condurre a cento mete diverse? Stanco e smarrito, l'uomo si rifuggirà *alla città collocata sul monte* [37], e questa non gli darà asilo? Affamato di giustizia e di certezza, d'autorità e di speranza ricorrerà alla Chiesa, e la Chiesa non gli spezzerà quel pane che si moltiplica nelle sue mani? No: la Chiesa non tradisce così i suoi figli: noi non possiamo temere d'essere abbandonati da lei: non ci resta che il timore salutare che possiamo abbandonarla noi: un tal timore non deve che accrescere la nostra fiducia in Chi ci può tenere attaccati a questa *colonna e fondamento della verità* [38]. Dimentichiamo diciotto secoli di esistenza, di successione di pastori e di sommi pastori, di continuazione nella stessa dottrina; diciotto secoli ne' quali si contano tante persecuzioni e tanti trionfi, tante separazioni dolorose e non una sola transazione: che abbiamo noi bisogno d'esperienza? I primi fedeli non l'avevano, e hanno creduto: bastò loro la parola di quel Dio per cui *mille anni sono come il giorno di ieri che è passato* [39].

A rischio di cadere in qualche ripetizione, chiedo il permesso d'insistere un poco ancora sopra un argomento così importante.

La scienza morale puramente umana, appunto perché scienza umana, è naturalmente defettiva e incompleta. Perciò il Creatore, che *abbandonò* l'altre *alle dispute de' figlioli degli uomini* [40], volle per questa, non dirò eminente tra tutte, ma unica; per questa che, avendo per fine, non solo d'accrescere cognizione all'intelletto, ma di dirigere la volontà in ogni suo atto, *riguarda tutto l'uomo* [41]; volle, dico, aggiungere al lume della ragione con cui l'aveva distinto da tutte le creature terre-

---

[37] *Non potest civitas abscondi supra montem posita.* Matth. V, 14 [*N.d.A.*].
[38] *Ecclesia Dei vivi, columna et firmamentum veritatis.* I ad Timoth. III, 15 [*N.d.A.*].
[39] *Quoniam mille anni ante oculos tuos tamquam dies hesterna quae Praeteriit.* Ps LXXXIX, 4 [*N.d.A.*].
[40] *... mundum tradidit disputationi eorum.* Eccles. III, 11 [*N.d.A.*].
[41] *Deum time, et mandata eius observa: hoc est enim omnis homo.* Ibid., XII, 13 [*N.d.A.*].

stri, un soprannaturale e positivo insegnamento; e se, riguardo all'altre scienze, gli aveva dato con la ragione medesima un mezzo di discernere, di raccogliere e d'ordinare un certo numero di verità, volle, riguardo a questa, rivelare al mondo *tutta la verità* [42]. Quindi la morale religiosa, chi non voglia negarla, non si può concepire altrimenti che come il perfezionamento della morale naturale. E appunto perché l'illustre autore, lunge dal negare la relazione di questa con la religione, la pone espressamente, quella conseguenza viene necessariamente dalle sue parole.

Infatti, il dire che *c'è un nesso intimo tra la religione e la morale*, è dire (per quanto la formola sia astratta), in primo luogo, che tra di esse non c'è opposizione, giacché nella proposizione stessa sono date implicitamente come vere tutt'e due; è dire, in secondo luogo, che una di esse ha qualcosa che manca all'altra; giacché, se comprendessero tutt'e due un ugual complesso di cognizioni morali, non sarebbe nesso, ma identità. Dicendo poi: « una di esse », bisogna intendere una sola di esse, la quale e abbia qualcosa che l'altra non ha, e abbia tutto ciò che l'altra ha; o, in altri termini, la comprenda in sé tutta quanta; giacché, se si volesse intendere che ognuna delle due abbia qualcosa di proprio e di speciale, che manchi all'altra, s'avrebbe a supporre, o che dipendano da due diversi princìpi, il che è evidentemente falso, quando hanno lo stesso oggetto; o che non fossero se non due parti diverse, due applicazioni parziali e circoscritte e, per dir così, due diversi frammenti d'una scienza che contenesse il principio supremo della morale, e fosse insomma la vera e universale scienza della morale: supposizione, anche questa, che non si può enunciare, se non per escluderla. Per conseguenza, ciò che una di quelle due, dalle quali si dà ugualmente il nome di morale, deve avere più dell'altra, è niente meno che l'integrità, l'essere completo di scienza morale: l'altra non può essere appunto che una parte e come un frammento di questa. Il dar poi a tutt'e due ugualmente il nome di morale può essere senza errore e senza inconveniente, quando non gli si attribuisca un valore uguale ne' due casi tanto disuguali: quando, cioè, per l'una s'intenda la collezione ordinata, ma implicitamente subordinata, d'alcune verità morali; per l'altra, la scienza perfetta e assoluta, che ne comprende l'ordine intiero. Posto ciò, che, come dicevo, discende per necessità logica da quella proposizione:

---

[42] *Cum autem venerit ille Spiritus veritatis, docebit vos omnem veritatem.* Ioan. XVI, 13 [*N.d.A.*].

c'è un nesso intimo tra la religione e la morale; a quale di queste due si dovrà egli attribuire quell'integrità, quel contener tutta l'altra, e, per conseguenza, la facoltà di darle il compimento che le manca nella cognizione umana? La risposta è troppo ovvia; poiché, indipendentemente da ogni esame e da ogni paragone, sarebbe assurdo *a priori* il supporre che Dio, con l'aggiungere all'uomo delle cognizioni soprannaturali, non gli abbia dato che una parte di ciò che gli avesse già dato interamente per mezzo della ragione, o di ciò che con questo mezzo l'uomo potesse acquistar da sé.

Dunque una religione rivelata da Dio, *impadronendosi della morale*, non leva nulla alla ragione data all'uomo da quel Dio medesimo, *i doni del quale non sono soggetti a pentimento* [43]. Non fa altro che darle, darle abbondantemente, darle il tutto, darle, in una certa maniera, anche quel tanto che essa aveva già, col renderlo compito e inconcusso. Di quelle sante e solenni parole che sono come la parte essenziale del vocabolario morale di tutti i tempi e di tutti i luoghi – giustizia, dovere, virtù, benevolenza, diritto, coscienza, premio, pena, bene, felicità [44] –, quale, Dio bono! è stata cancellata o lasciata fuori dalla Chiesa? La Chiesa non fa altro, che aggiunger loro

---

[43] *Sine poenitentia enim sunt dona et vocatio Dei.* Ad Rom. XI, 29 [*N.d.A.*].

[44] Non ho citata, tra queste, la parola « libertà » o « libero arbitrio », perché, quantunque il suo significato sia essenzialissimo al concetto della morale, è parola più della scienza, che dell'uso comune. Questo fa, se è possibile, più che pronunziarla, col sottintenderne il valore in ogni approvazione, in ogni biasimo, in ogni giudizio sul merito e sul demerito di qualunque azione e affezione umana. Essendo questa libertà un fatto noto per intima esperienza, l'uomo non scienziato non s'immagina neppure che alcuno lo possa mettere in dubbio; e quindi non ha il bisogno né l'occasione di rappresentarselo alla mente in astratto, e di nominarlo. E come mai potrebbe immaginarsi una cosa simile, quando sente tutte le persone con cui gli occorre di tener discorso, esprimere, secondo il caso, o l'approvazione, o il biasimo, giudizi che implicano la libertà della scelta? Come potrebbe indovinare che tra quelle persone (giacché coloro che negano il libero arbitrio, fanno in ciò né più né meno degli altri) ce ne siano alcune che tengono una dottrina, secondo la quale ogni approvazione e ogni biasimo sarebbe un giudizio assurdo per sé, e indipendentemente dalla qualità del caso? La libertà dell'arbitrio è da quell'uomo sottintesa ogni volta ch'egli esprime un giudizio morale: tant'è vero che se, dopo aver qualificata di scelleratezza un'azione che senta raccontare, gli viene assicurato che l'autore di quella è un pazzo, muta subito il giudizio e il vocabolo, e la chiama disgrazia. Figuriamoci se gli potrebbe venir in mente che ci siano di quelli che, riguardo alla moralità, non ci mettono differenza [*N.d.A.*]. La negazione del libero arbitrio è un punto essenziale di molte filosofie moderne. Il Manzoni se ne avvede, non avvertendo però la gravità di questo punto, al quale sembra qui contrapporre una filosofia del senso comune.

la pienezza e, con questo, la chiarezza e la stabilità del significato. Il mondo le ripeteva a una a una come piene di verità, con una fiducia più fondata di quello che intendesse lui medesimo; ma, troppo spesso, in vece della naturale concordia tra le verità che quelle parole esprimono, gli pareva di vedere un contrasto doloroso, un escludersi a vicenda, e la luce d'una eclissare quella d'un'altra, o annebbiarsi scambievolmente. La scienza poi, non che comporre il dissidio e dissipare l'oscurità, l'accresceva per lo più, cambiando in altrettanti sistemi quelle triste oscillazioni delle menti, e sacrificando a una verità arbitrariamente prediletta dell'altre verità, e qualche volta impiegando tutto lo sforzo della riflessione, e l'apparato del ragionamento a negare le più nobili e le più sante. La dottrina evangelica, *compimento della legge* data a un popolo eletto [45]; questa dottrina affidata dal Messia alla Chiesa, per essere da lei conservata e predicata fino alla consumazione de' secoli, ha rinfrancate e messe d'accordo tutte le verità morali, rivelando l'ordine intero dove appariscono, come sono, indivisibili: dimanierachè ciò ch'era un problema insolubile per i dotti, è diventata una cognizione evidente anche per gl' idioti. Dottrina, per possedere la quale, tutti coloro a cui, per inestimabile grazia, è annunziata non hanno a far altro che credere e amare. E questa credenza sia pure da alcuni chiamata cieca e materiale. Cieca e materiale credenza davvero, l'aderire con un assenso risoluto e fermo a tutte le diverse verità morali, non per quella sola luce, dirò così, parziale, con cui si presentano alla mente ciascheduna da sé, ma per la loro relazione con una verità suprema, nella quale tutte loro si riuniscono! Cieca e materiale credenza l'intendere che il vero male per l'uomo non è quello che soffre, ma quello che fa [46]; e intenderlo per la cognizione d'un ordine universale, in cui tra la vera giustizia e la vera e finale felicità non ci può esser contrasto, per essere quest'ordine prestabilito dall'Essere infinitamente giusto, sapiente e potente; e il saper quindi che c'è una armonia dove il ragionamento che si separa dalla fede non sa spesso far altro che accusare una contradizione [47]! Cieca e ma-

---

[45] *Nolite putare quoniam veni solvere legem aut prophetas: non veni solvere, sed adimplere.* Matth. V, 17 [*N.d.A.*].

[46] Soltanto attraverso questo paradosso si elimina la contraddizione tra virtù e felicità.

[47] La contradizione c'è bensì in quest'accusa medesima, poiché è fondata su supposizioni opposte tra di loro, e insieme necessarie all'assunto: cioè che l'ordine morale, relativamente all'uomo, si deva compire in questa vita, e che tutto per l'uomo finisca con la morte. Dico necessarie all'assunto; giacché, se s'ammette che l'ordine morale non si compisca

teriale credenza l'intendere che i piaceri temporali non sono veri beni; e intenderlo, non solo per quella sproporzione col nostro desiderio di godere, e per quella instabilità e caducità che l'esperienza ci sforza, per dir così, a riconoscere volta per volta in ciascheduno di essi; ma per la nozione e per il paragone d'un bene perfetto e inamissibile: nozione che ha istruito l'uomo intorno alla sua intima natura più di quello che nessuna speculazione scientifica potesse mai fare; poiché, concepita l'essenza d'un tal bene, l'uomo poté intendere e, dirò così, avvedersi che solo un bene di quel genere, o piuttosto quel solo bene fuori d'ogni genere, era capace di soddisfare un essere dotato, come lui, d'intelligenza e di volontà; nozione, la quale sola può render ragione di quell'esperienza medesima, appunto perché la trascende infinitamente! Cieca e materiale credenza quella che, facendo intendere che i beni temporali non sono il fine dell'uomo, li fa con ciò stesso conoscere come mezzi; e nella quale trovano per conseguenza una ragione evidente del pari e il giusto disprezzo e la giusta stima di essi; il procurarli agli altri, e il trascurarli per sé, quando il trascurarli sia un mezzo più conducente al fine, che il possederli; e la pazienza senza avvilimento, e l'attività senza inquietudine [48]!

Dunque ancora, l'essere la filosofia morale distinta dalla teologia (la quale non è altro che la scienza della religione) non è punto una condizione appartenente all'essenza della morale: è solamente un fatto possibile, e troppo spesso reale. E il voler convertire un tal fatto in un principio, il volere cioè che la scienza morale deva rimanere *assolutamente distinta dalla*

---

che al di là di questa vita, e che, per conseguenza, tutto non finisca con la morte, l'accusa cade da sé. Dico poi, supposizioni che, oltre all'essere totalmente arbitrarie, si contradicono. Infatti, il supporre un ordine compito in questa vita, è supporre che l'uomo la passi tutta, non solo nell'integrità dell'innocenza, ma nel perfetto esercizio della virtù; e d'altra parte, il supporre che per l'uomo tutto finisca con la morte, è supporre che quest'uomo, dotato com'è di mente e di volontà e, per una conseguenza necessaria, d'un amore intelligente e illimitato del proprio essere, ne sia spogliato in un momento: cioè riceva la più ineffabile pena, in uno stato d'innocenza e di virtù. Non si può negare più apertamente di quello che faccia questa seconda supposizione, l'ordine che è l'oggetto della prima. È poi, nello stesso tempo, la più dimessa confessione d'ignoranza, e la più altera pretensione di sapienza, il dire che non s'intende punto come l'ordine ci sia, e che s'intende benissimo come ci potrebb'essere [*N.d.A.*] *La contradizione c'è.... finisca con la morte*: per questa ipotesi si torna fatalmente al dualismo già accennato, tra virtù assurda e felicità mediocre.

[48] Formula mirabile, da moralista più che da filosofo, e che rende al vivo la riflessione sentita dell'autore.

teologia, sarebbe, non dico un condannarla a rimanere in uno stato d'imperfezione, ma un costituirla nell'errore; perché, quantunque sia possibile (giova ripeterlo) il formare coi soli elementi somministrati dalla cognizione naturale, una scienza morale mancante bensì di verità importantissime, ma immune da errori; pure l'escludere scientemente e di proposito tali verità, è già per sé un errore capitale, e è insieme una cagione perenne d'errori. Sarebbe un voler perpetuare, in mezzo alla luce del Vangelo, l'oscurità e l'incertezza del gentilesimo; e con tanto più tristo effetto, quanto il rifiutare la verità allontana da essa più che l'ignorarla.

Dunque finalmente, anche secondo i soli argomenti della ragione, la Chiesa, *impadronendosi della morale* [49], non ha fatto altro che adempire una condizione essenziale alla vera religione. A una che si desse per tale, e non asserisse di possedere l'intera e perfetta morale, la ragione medesima potrebbe, anzi dovrebbe dire: « Quando protesti di non essere la custode perpetua, la maestra suprema della morale, non posso non crederti; perché il non riconoscere in sé una tale autorità e il non averla, è una stessa cosa. Ma per ciò appunto non posso crederti quando pretendi d'esser la vera religione. Non posso nemmeno ammettere la possibilità di trovarti tale, quando avessi esaminati i tuoi argomenti. Per ammettere una tale possibilità, dovrei supporre dimostrabile una di due cose ugualmente assurde: o una religione priva d'una dottrina morale; o una morale rivelata da Dio, e inferiore (uguale, sarebbe assur-

---

[49] L'illustre autore, dopo aver detto: *L'Église s'empara de la morale,* aggiunge: *comme étant purement de son domaine*: parole che non esprimono esattamente la dottrina cattolica, e perciò richiedono un'osservazione. La Chiesa non dice che la morale appartenga puramente (nel senso d'esclusivamente) a lei; ma che appartiene a lei totalmente. Non ha mai preteso che, fuori del suo grembo, e senza il suo insegnamento, l'uomo non possa conoscere alcuna verità morale: ha anzi riprovata quest'opinione più d'una volta, perché è comparsa in più d'una forma. Dice bensì, come ha detto e dirà sempre, che, per l'istituzione che ha avuta da Gesù Cristo, e per lo Spirito Santo mandatole in suo nome dal Padre, essa sola possiede originariamente e inamissibilmente l'intera verità morale (*omnem veritatem*), nella quale tutte le verità particolari della morale sono comprese; tanto quelle che l'uomo può arrivare a conoscere col semplice mezzo della ragione, quanto quelle che fanno parte della rivelazione, o che si possono dedurre da questa; come fa la Chiesa stessa, con assoluta autorità, nelle nove decisioni che siano richieste da novi bisogni; e come si fa nella Chiesa, con autorità condizionata e sottomessa, da quelli che hanno da essa l'incarico d'istruire i fedeli nella legge di Dio; e come si fa anche da' semplici fedeli medesimi, senza autorità, ma senza usurpazione, quando riconoscano questa mancanza in loro d'ogni autorità, e abbiano l'intenzione sincera di non dipartirsi dall'insegnamento della Chiesa, e di sottomettersi in ogni caso a ogni sua decisione [*N.d.A.*].

do in un'altra maniera) alle cognizioni e ai ritrovati degli uomini».

Dobbiamo in ultimo render conto d'un'omissione che sarà facilmente notata da' lettori più riflessivi. Avendo in questo troppo lungo capitolo avuto a considerare la morale sotto diversi aspetti, e in diverse sue applicazioni, non abbiamo però mai fatta menzione de' doveri dell'uomo verso Dio, i quali sono certamente una parte (lasciamo star quanta) della morale: chi non voglia dire, o che l'uomo non abbia alcun dovere verso Dio, o che ci siano de' doveri estranei alla morale. Non occorre avvertire che non abbiamo inteso con questo d'aderire all'opinione, o piuttosto alla consuetudine non ragionata e puramente negativa, di quelli che restringono la morale alle relazioni degli uomini tra di loro. Solamente abbiamo creduto che, anche rimanendo in quest'ordine di fatti e d'applicazioni, si potesse trattare la questione senza mutilarla; giacché una verità, per quanto le si restringa arbitrariamente il campo, si manifesta tutt'intera all'osservazione, anche in quel piccolo spazio che le è lasciato; appunto perché è tutta in ogni sua parte; e, se ciò non fosse, non sarebbe possibile il fare di essa la minima applicazione. Il dimostrare che le relazioni degli uomini tra di loro sono ben lontane dall'esaurire e dall'adeguare il concetto intero della moralità, avrebbe senza dubbio somministrati degli argomenti più immediati contro la proposta separazione della morale dalla teologia; ma ci avrebbe condotti ancor più in lungo, e non si sarebbe potuto fare senza ripetere cose già dette molto bene da altri. Abbiamo dunque presa la questione dov'è confinata da molti, e dove, del rimanente, era lasciata dall'illustre autore; e abbiamo procurato, per quanto lo permettevano le nostre forze, di far vedere come, anche nella parte che riguarda le sole relazioni degli uomini tra di loro, la morale puramente filosofica sia naturalmente defettiva; come ogni volta che cerca d'arrivare col ragionamento quella perfezione che pure la ragione intravvede, il ragionamento, dopo inutili sforzi, vada, per dir così, a morire in un desiderio, e come questo giusto e nobile desiderio sia appagato dalla morale rivelata, e non lo possa essere che da questa; come il concetto della più eminente virtù dell'uomo verso gli uomini trovi la sua desiderata e manifesta ragione *nel regno di Dio e nella sua giustizia* [50]. Perfino il nome non l'ha se non in questa dottrina quella virtù medesima, quand'è emi-

---

[50] *Quaerite primum regnum Dei, et iustitiam eius: et haec omnia adiicientur vobis.* Matth. VI, 33 [*N.d.A.*].

nente davvero. Non già un nome tutto suo, fatto per essa, e proprio esclusivamente di essa. Sarebbe poca cosa, e non potrebbe significar nulla d'eminente; poiché il suo concetto, non riferendosi che agli uomini, rimarrebbe necessariamente circoscritto ne' limiti di quest'oggetto medesimo, e non anderebbe al di là di ciò che agli uomini può esser dovuto per la loro natura. Quello che una tal virtù riceve dalla dottrina evangelica è il nome sovrumano di Carità, il quale, unendo con l'amor di Dio l'amore degli uomini, lo fa in qualche maniera partecipare della ragione infinita di quello; nome che contempla in essi, non la sola natura quale si può riconoscere per mezzo della ragione; ma l'origine, che li fa essere figlioli di Dio; ma l'umanità assunta dal Verbo, che li fa essere fratelli di Gesù Cristo; ma la natura medesima quale è interamente manifestata dalla fede, e che li fa essere a immagine e similitudine della ineffabile Trinità. L'Uomo Dio ha detto: *Ogni volta che avete fatto qualche cosa per uno de' più piccoli di questi miei fratelli, l'avete fatta a me*[51]. Quale filosofia avrebbe mai potuto scoprire nel bene fatto agli uomini un tale valore, prometterli una tale riconoscenza?

CAPITOLO IV

SUI DECRETI DELLA CHIESA – SULLE DECISIONI DEI PADRI – E SUI CASISTI.

Elle (l'Église) *substitua l'autorité de ses décrets, et les décisions des Pères aux lumières de la raison et de la conscience, l'étude des casuistes à celle de la philosophie morale...* Pag. 413-14.

La Chiesa fonda la sua autorità sulla parola di Gesù Cristo: essa pretende d'essere depositaria e interprete delle Scritture e della Tradizione; e protesta, non solo di non aver mai insegnato nulla che non derivi da Gesù Cristo, ma d'essersi sempre opposta, e di volersi sempre opporre a ogni novità che tentasse introdursi; d'esser pronta a cancellare, appena scritto, ogni iota che una mano profana osasse aggiungere alle carte divine. Non ha mai preteso d'avere l'autorità d'inventare princìpi di morale essenziale; anzi la sua gloria è di non averla;

---

[51] *Quamdiu fecistis uni ex his fratribus meis minimis, mihi fecistis.* Matth. XXV, 40 [*N.d.A.*].

di poter dire che ogni verità le è stata insegnata fino dalla sua origine, che ha sempre avuti gli insegnamenti e i mezzi necessari per salvare i suoi figli; d'avere un'autorità che non può crescere, perché non è mai stata mancante. Afferma, in conseguenza, che i suoi *decreti* sono conformi al Vangelo, e che non riceve le *decisioni de' Padri*, se non in quanto gli sono pure conformi, e sono una testimonianza della continuazione della stessa fede e della stessa morale. Se la Chiesa afferma il vero, non si potrà dire che *sostituisca questi decreti e queste decisioni ai lumi della ragione e della coscienza*; come non si può dire sostituita alla legge una sentenza che ne spieghi lo spirito, e che ne determini l'esecuzione. Si dovrà anzi confessare ch'essa regola l'una e l'altra con una norma infallibile, come è quella del Vangelo. Che se non si vuol credere a questa asserzione della Chiesa, si dovrà dire quali siano le massime di morale proposte dalla Chiesa, che non vengano dal Vangelo, che siano contrarie, o anche solamente indifferenti al suo spirito. Questa ricerca non farà altro che mettere sempre più in chiaro la maravigliosa immutabilità della Chiesa nella sua morale perpetuamente evangelica, e l'infinita distanza che passa tra essa e tutte le scole filosofiche, o anteriori alla Chiesa, o che si dichiarano independenti da essa; nelle quali non s'è fatto altro che edificare e distruggere, affermare e disdirsi; nelle quali i più savi sono stati stimati quelli che più hanno confessato di dubitare.

In quanto ai casisti[1], principio dal confessare di non averli letti, non dico tutti, che dev'essere l'occupazione d'una vita intera, ma neppur uno; e di non averne altra idea, e d'alcuni solamente, se non per le confutazioni d'altri scrittori, e per le censure inflitte da autorità ecclesiastiche a varie loro proposizioni. Ma la cognizione delle loro opere non è necessaria per stabilire il punto che interessa la Chiesa a loro riguardo; ed è, che alla Chiesa non si possono attribuire le dottrine de' casisti: essa non si fa mallevadrice dell'opinioni de' privati, né pretende che alcuno de' suoi figli non possa errare: questa pretesa contradirebbe alle predizioni del suo Fondatore divino. Essa non ha mai proposto i casisti come norma morale: era

---

IV. [1] I *casisti*, gesuiti del XVII secolo, si studiarono di giustificare particolari azioni umane alla luce di motivazioni particolari, approdando a una teologia morale lassistica. I rappresentanti più noti di tale indirizzo sono Escobar e Molina. Furono violentemente attaccati da Pascal nelle *Provinciales*. Il Manzoni, come si rileva dalle righe che seguono, non li conobbe direttamente.

anzi impossibile il farlo, perché le decisioni loro devono essere un ammasso d'opinioni non di rado opposte.

La storia della *Casistica* può dar luogo a due osservazioni importanti. L'una, che le proposizioni inique fino alla stravaganza, che sono state messe fuori da qualche casista, sono motivate sopra sistemi arbitrari e independenti dalla religione. Alcuni di loro s'erano costituiti e divisi in scole di filosofi moralisti profani, e si perdevano a consultare e citare Aristotele e Seneca dove aveva parlato Gesù Cristo. Questo è lo spirito che il Fleury[2] notò ne' loro scritti: *Il s'est à la fin trouvé des casuistes qui ont fondé leur morale plutôt sur le raisonnement humain, que sur l'Écriture et la Tradition. Comme si Jésus-Christ ne nous avoit pas enseigné toute vérité aussi bien pour les moeurs que pour la foi: comme si nous en étions encore à chercher avec les anciens philosophes*[3]. L'altra osservazione è che gli scrittori e le autorità che nella Chiesa combatterono o condannarono quelle proposizioni, opposero ad esse costantemente le Scritture e la Tradizione. Gli eccessi d'una parte de' casisti vennero dunque dall'essersi essi allontanati dalle norme che la Chiesa segue e propone; e a queste si dovette ricorrere per mantenere la morale ne' suoi veri princìpi.

CAPITOLO V

SULLA CORRISPONDENZA DELLA MORALE CATTOLICA COI SENTIMENTI NATURALI RETTI.

La morale fut absolument dénaturée entre les mains des casuistes; elle devint étrangère au coeur comme à la raison: elle perdit de vue la souffrance que chacune de nos fautes pouvoit causer à quelqu'une des créatures, pour n'avoir d'autres lois que les volontés supposées du Créateur: elle repoussa la base que lui avoit donnée la nature dans le coeur de tous les hommes pour s'en former une toute arbitraire... Pag. 414.

Benché non abbiamo né il desiderio di difendere i casisti in monte, come sono presentati nel testo che esaminiamo, né le

---

[2] Claude Fleury (1640-1723), storico ecclesiastico. I *Moeurs des Chrétiens* apparvero nel 1682.
[3] *Moeurs des Chrétiens*, 4.me partie, LXIV. *Multitude des Docteurs* [*N.d.A.*].

cognizioni per difenderne neppur uno, crediamo di potere appellar francamente da una condanna che li comprende tutti. Una tal condanna è evidentemente, non solo altrettanto arbitraria, ma meno ragionevole di quello che sarebbe una giustificazione ugualmente generale. Indipendentemente da ogni altra considerazione, e secondo le sole probabilità umane, come pensare che, tra tanti scrittori di quella materia, alcuni de' quali noti per sapere e per santità di vita, non ce ne siano di quelli che abbiano rettamente e utilmente applicata la morale cristiana ai casi particolari di cui trattavano?

Ma siccome la Chiesa è poco sopra accusata d'aver sostituito lo studio de' casisti alla filosofia morale; e siccome il non tenere altra norma, che le volontà (non *supposte* ma rivelate) del Creatore non è una massima privata de' casisti, ma universale della Chiesa, così queste censure vengono a ricadere sopra di essa. A ogni modo, credo bene d'esporre lo spirito della Chiesa su questo punto, per mostrare che ciò che viene da lei è sapientissimo, e per impedire che le si attribuisca ciò che non è suo. Che se l'intenzione dell'illustre autore non è stata di censurare la Chiesa, tanto meglio: io avrò avuto il campo di renderle omaggio, senza contradire nessuno.

La Chiesa non ha poste le basi della morale, ma le ha trovate nella parola di Dio: *Io sono il Signore Dio tuo* [1]: questo è il fondamento e la ragione della legge divina, e per conseguenza della morale della Chiesa. *Il principio della sapienza è il timor di Dio* [2]. Ecco le basi sulle quali sole la Chiesa doveva edificare.

Ma col far questo ha essa potuto distruggere le basi naturali della morale, cioè i sentimenti retti, ai quali tutti gli uomini hanno una disposizione? Tutt'altro, giacché questi sentimenti non possono mai essere in contradizione con la legge di Dio, dal Quale vengono anch'essi. La legge è fatta anzi per dar loro una nova autorità e una nova luce, onde l'uomo possa discernere nel suo core che Dio ci ha messo da ciò che il peccato ci ha introdotto. Perché, queste due voci parlano in noi; e troppo spesso, tendendo l'orecchio interiore, l'uomo non sente una risposta distinta e sicura, ma il suono confuso d'una trista contesa. Di più (e quanto di più!) la legge divina ha estesi que' sentimenti al di là della natura; gli ha sollevati di novo al loro oggetto infinito, dal quale il peccato gli aveva

---

V. [1] *Ego sum Dominus Deus tuus.* Exod. XX, 2 [*N.d.A.*].
[2] *Initium sapientae timor Domini.* Psal. CX, 10. Eccl. I, 16. Prov. l. 7. Ibid. IX, 10 [*N.d.A.*].

sviati. Conformare la morale a questa legge, è dunque un farla essere conforme al *core* retto e alla *ragione* perfezionata. E questo ha fatto la Chiesa; e essa sola può farlo, come interprete infallibile e perpetua di questa legge.

Perché, cosa giova che il regolo sia perfetto, se a chi lo tiene trema la mano? A che varrebbe la santità della legge, se l'interpretazione ne fosse abbandonata al giudizio appassionato di chi ci si deve assoggettare? se Dio non l'avesse resa indipendente dalle fluttuazioni della mente umana, affidandola a quella Chiesa che ha promesso d'assistere?

Se dunque il riguardo al dolore degli altri, se il dovere di non contristare un'immagine di Dio, è uno di questi sentimenti stampati da Dio nel cuore dell'uomo, la Chiesa non l'avrà certamente perduto di vista nel suo insegnamento morale, perché non l'avrà perduto di vista la legge divina. Così è infatti.

È insegnamento catechistico universale, che i peccati s'aggravano in proporzione del danno che con essi si fa volontariamente al prossimo.

La Chiesa insegna esser peccati una quantità d'azioni, alle quali non si può assegnare altra reità, che il torto che con esse si fa a degli altri.

L'intenzione d'affliggere un uomo è sempre un peccato: l'azione più lecita, l'esercizio del diritto più incontrastabile diventa colpevole, se sia diretto a questo orribile fine.

La Chiesa ha dunque tenuto di vista un tal sentimento; e ci ha poi aggiunta la sanzione, insegnando che il dolore fatto agli altri diventa infallibilmente un dolore per chi lo fa; il che la natura non insegna; né la ragione potrebbe acquistarne la chiara e piena certezza, senza l'aiuto della rivelazione.

La Chiesa vuole che i suoi figli educhino l'animo a vincere il dolore, che non si perdano in deboli e diffidenti querele; e presenta loro un esemplare divino di fortezza e di calma sovrumana ne' patimenti. Vuole i suoi figli severi per loro; ma per il dolore de' loro fratelli li vuole misericordiosi e delicati; e per renderli tali, presenta loro lo stesso esemplare, quell'Uomo-Dio che pianse al pensiero de' mali che sarebbero piombati sulla città dove aveva a soffrire la morte più crudele [3]. Ah! certo, non lascia ozioso il sentimento della commiserazione quella Chiesa che, nella parola divina di carità, mantiene sempre unito e, per dir così, confuso l'amore di Dio

---

[3] *Et ut appropinquavit, videns civitatem, flevit super illam*. Luc. XIX, 41 [*N.d.A.*].

e degli uomini: quella Chiesa che manifesta il suo orrore per il sangue, fino a dichiarare che anche quello che si sparge per la difesa della patria, contamina le mani de' suoi ministri, e le rende indegne d'offrire l'Ostia di pace. Tanto le sta a core che si veda che il suo ministero è di perfezione; che se ci sono delle circostanze dolorose, nelle quali può esser lecito all'uomo combatter l'uomo, essa non ha istituiti dei ministri per far ciò che è lecito, ma ciò che è santo; che quando si creda di non poter rimediare ai mali se non con altri mali, essa non vuole averci parte; essa il cui solo fine è di ricondurre i voleri a Dio; essa che riguarda come santo il dolore, solamente quand'è volontario, quand'è una espiazione, quand'è offerto dall'animo che lo soffre.

CAPITOLO VI

SULLA DISTINZIONE DE' PECCATI IN MORTALI E VENIALI.

La distinction des péchés mortels d'avec les péchés véniels effaça celle que nous trouvions dans notre conscience entre les offenses les plus graves et les plus pardonnables. On y vit ranger les uns à côté des autres les crimes qui inspirent la plus profonde horreur, avec les fautes que notre foiblesse peut à peine éviter. Pag. 414.

Si può credere che l'illustre autore ammetta in sostanza, con la Chiesa cattolica, la distinzione de' peccati in mortali e veniali di loro natura; poiché divide *le offese* in *più gravi* e in *più perdonabili*. È noto che questa distinzione fu apertamente rigettata da Lutero [1] e da Calvino [2]; i quali ritennero in vece i due vocaboli, ma dandogli un tutt'altro significato, repugnante alla ragione comune, non meno che alla fede cattolica. Ecco una delle proposizioni del primo su questo punto: *Perciò dissi* [3] *che nessun peccato è veniale di sua natura, ma che tutti meritano la dannazione; e che l'essere alcuni veniali è da*

VI. [1] Martin Lutero (1483-1546), il grande riformatore tedesco, autore di inni, della traduzione tedesca della Bibbia, di opere polemiche e dottrinali, tra le quali *De captivitate babylonica Ecclesiae* e *De servo arbitrio*.
[2] Giovanni Calvino (1509-1564), riformatore francese, elesse Ginevra come sede di uno Stato etico e teocratico. La sua opera maggiore è *Istituzione della religione cristiana* (1536).
[3] Nella tesi sostenuta in Lipsia contro Giovanni Echio, l'anno 1519 [*N.d.A.*]. Giovanni Eck (1486-1543), tedesco, controversista cattolico.

attribuirsi alla grazia di Dio [4]. E, in termini non meno espliciti, il secondo: *Tengano i figlioli di Dio, che ogni peccato è mortale; perché è una ribellione contro il voler di Dio, la quale provoca necessariamente la sua ira; perché è una prevaricazione dalla legge, prevaricazione alla quale è intimato, senza eccezione, il giudizio di Dio; e che le colpe de' santi sono veniali, non di loro natura, ma perché ottengono il perdono dalla misericordia di Dio.*[5]

La censura dell'illustre autore non cade dunque che sull'applicazione della massima, cioè sulla classificazione de' peccati, che dice opposta a *quella che trovavamo nella nostra coscienza.* Su di che mi fo lecito di osservare prima di tutto, che la nostra coscienza, priva della rivelazione, non può mai essere un'autorità a cui ricorrere per riformare in ciò il giudizio, non solo della Chiesa, ma qualunque giudizio: non sarebbe che appellare da una coscienza a un'altra [6].

Al sentire che la distinzione de' peccati mortali da' veniali *cancellò quella che trovavamo nella nostra coscienza, tra l'offese più gravi e le più condonabili,* parrebbe che, quando la Chiesa insegnò questa distinzione, n'abbia trovata nelle menti degli uomini una anteriore, precisa e unanimemente ricevuta, e che a questa abbia sostituita la sua. Ma il fatto sta che il principio astratto di questa distinzione era bensì universalmente ricevuto, e faceva parte del senso comune; ma che, riguardo all'applicazione, il giudizio della coscienza era (come s'è osservato più volte vario secondo i luoghi, i tempi, e gl'individui; che ad alcuni faceva parer colpa grave ciò che per altri era colpa leggiera, o non colpa, o anche virtù; che alcuni perfino (e non erano i meno pensatori) tenevano che tutte le colpe fossero pari; e, per conseguenza, rifiutavano il principio

---

[4] *Ideo dixi nullum esse peccatum natura sua veniale, sed omnia damnabilia: quod autem venialia sunt, Dei gratiae, quae magnipendenda est, tribuendum est.* Luth. Resolutiones super propositionibus suis, Lipsiae disputatis. Opp. T. I. fol. CCCIIII recto; Witebergae, 1545. La proposizione a cui allude qui, è la seguente: *In bono peccare hominem, et peccatum veniale, non natura sua, sed Dei misericordia solum esse tale, aut in puero post baptismum peccatum remanens, negare, hoc est Paulum et Christum semel conculcare.* Ibid. fol. CCXLI recto [*N.d.A.*].

[5] *Habeant filii Dei, omne peccatum mortale esse; quia est adversus Dei voluntatem rebellio, quae eius iram necessario provocat; quia est Legis praevaricatio, in quam edictum est, sine exceptione, Dei iudicium; sanctorum delicta venialia esse, non suapte natura, sed quia ex Dei misericordia veniam consequuntur.* Calvini, Institutio Christianae Religionis, cap. III, 90 [*N.d.A.*]

[6] La pluralità delle coscienze non può stabilire la verità, perché l'una coscienza rimanda all'altra.

medesimo. La Chiesa, istituita per illuminare e per regolare la coscienza, la Chiesa fondata appunto perché questa non era né incorrotta, né unanime, né infallibile, non può esser citata al suo tribunale.

Quale doveva dunque essere per la Chiesa il criterio a giudicare della gravità delle colpe? Certo, la parola di Dio.

Uno degli uomini che hanno più meditato, e scritto più profondamente su questa materia, sant'Agostino, osserva che: *alcune cose si crederebbero leggerissime, se nelle Scritture non fossero dichiarate più gravi che non pare a noi;* e da ciò appunto deduce che: *col giudizio divino, e non con quello degli uomini, si deve decidere della gravità delle colpe* [7]. *Non prendiamo*, dice anche altrove, *non prendiamo bilance false per pesare ciò che ci piace, e come ci piace, dicendo, a nostro capriccio, questo è grave, questo è leggiero; ma prendiamo la bilancia divina delle Scritture, e pesiamo in essa ciò che è colpa grave, o per dir meglio, riconosciamo il peso che Dio ha dato a ciascheduna* [8]. Perché, il vero appello è dalla coscienza alla rivelazione, cioè dall'incerto al certo, dall'errante e dal tentato all'incorruttibile e al santo.

Che se, con questa coscienza riformata e illuminata dalla rivelazione, osserviamo quello che la Chiesa c'insegna sulla gravità delle colpe, non troveremo che da ammirare la sua sapienza, e la sua fedeltà alla parola divina della quale è interprete e depositaria. Vedremo che quelle cose che essa ascrive a peccato grave, vengono tutte da disposizioni dell'animo contrarie direttamente al sentimento predominante d'amore e d'adorazione che dobbiamo a Dio, o all'amore che dobbiamo agli uomini, tutti nostri fratelli di creazione e di riscatto; vedremo che la Chiesa non ha messo tra le colpe gravi nessun sentimento che non venga da un core superbo e corrotto, che non sia incompatibile con la giustizia cristiana, nessuna disposizione che non sia bassa, carnale o violenta, che non tenda ad avvilir l'uomo, a stornarlo dal suo nobile fine, e a oscurare nella sua anima i segni divini della somiglianza col Creatore; e so-

---

[7] *Sunt autem quaedam quae levissima putarentur, nisi in Scripturis demonstrarentur opinione graviora.* S. August. Enchirid. de Fide, etc., c. 79. *Quae sint autem levia, quae gravia peccata, non humano, sed divino sunt pensanda iudicio.* Ibid., c. 78 [*N.d.A.*].

[8] *Non afferamus stateras dolosas, ubi appendamus quod volumus, et quomodo volumus, pro arbitrio nostro dicentes, hoc grave, hoc leve est: sed afferamus divinam stateram de Scripturis Sanctis, tamquam de thesauris dominicis, et in illa quod sit gravius appendamus, immo non appendamus, sed a Domino appensa recognoscamus.* De Baptismo, contra Donatistas. Lib. II, 9 [*N.d.A.*].

pra tutto nessuna disposizione per la quale non sia espressamente intimata nelle Scritture l'esclusione dal regno de' cieli. Ma, specificando queste disposizioni, la Chiesa ha ben di rado enumerati gli atti in cui si trovino al punto di renderli colpe gravi. Sa e insegna che Dio solo vede a qual segno il core degli uomini s'allontani da Lui; e fuorché ne' casi in cui gli atti siano un'espressione manifesta dell'essersi il core ritirato da Lui, essa non ha che a ripetere: *Chi è che conosca i delitti?*[9].

Oltre le disposizioni, ci sono dell'azioni per le quali nelle Scritture è pronunziata la morte eterna: sulla gravità di queste non può cader controversia.

Oltre di queste ancora, la Chiesa ha dichiarate colpe gravi alcune trasgressioni delle leggi stabilite da essa con l'autorità datale da Gesù Cristo. Non c'è alcuna di queste leggi che tema l'osservazione d'un intelletto cristiano, spassionato e serio; alcuna che non sia, in un modo manifesto e diretto, conducente all'adempimento della legge divina. Non sarà qui fuori del caso il discuterne una brevemente.

È peccato mortale il non assistere alla Messa in giorno festivo.

Chi non sa che la sola enunciazione di questo precetto eccita le risa di molti? Ma guai a noi, se volessimo abbandonare tutto ciò che ha potuto essere soggetto a derisione! Quale è l'idea seria, quale il nobile sentimento, che abbia potuto sfuggirla? Nell'opinione di molti non può esser colpa se non l'azione che tenda direttamente al male temporale degli uomini; ma la Chiesa non ha stabilite le sue leggi secondo questa opinione sommamente frivola e improvida: la Chiesa insegna altri doveri; e quando essa regola le sue prescrizioni secondo tutta la sua dottrina, bisogna prima confessare che è consentanea a sé stessa; e se le prescrizioni non paiono ragionevoli, bisogna provare che tutta la sua dottrina è falsa; non giudicare la Chiesa con uno spirito che non è il suo, e che essa riprova.

È notissimo che la Chiesa non ripone l'adempimento del precetto nella materiale assistenza de' fedeli al Sacrifizio, ma nella volontà d'assisterci: essa ne dichiara disobbligati gl'infermi e quelli che sono trattenuti da un'occupazione necessaria; e ritiene trasgressori quelli che, presenti con la persona, ne stanno lontani col core: tanto è vero che, anche nelle cose più essenziali, vuole principalmente il core de' fedeli. Posto

---

[9] *Delicta quis intelligit?* Psal. XVIII, 12 [*N.d.A.*].

ciò, vediamo quali disposizioni certe supponga la trasgressione di questo precetto.

La santificazione del giorno del Signore è uno di que' comandamenti che il Signore stesso ha dati all'uomo. Certo, nessun comandamento divino ha bisogno d'apologia; ma non si può a meno di non vedere la bellezza e la convenienza di questo, che consacra specialmente un giorno al dovere più nobile e più stretto, e richiama l'uomo al suo Creatore.

Il povero, curvato verso la terra, depresso dalla fatica, e incerto se questa gli produrrà il sostentamento, costretto non di rado a misurare il suo lavoro con un tempo che gli manca; il ricco, sollecito per lo più della maniera di passarlo senza avvedersene, circondato da quelle cose in cui il mondo predica essere la felicità, e stupito ogni momento di non trovarsi felice, disingannato degli oggetti da cui sperava un pieno contento, e ansioso dietro agli oggetti de' quali si disingannerà quando gli abbia posseduti; l'uomo prostrato dalla sventura, e l'uomo inebbriato da un prospero successo: l'uomo ingolfato negli affari, e l'uomo assorto nelle astrazioni delle scienze; il potente, il privato, tutti insomma troviamo in ogni oggetto un ostacolo a sollevarci alla Divinità, una forza che tende ad attaccarci a quelle cose per cui non siamo creati, a farci dimenticare la nobiltà della nostra origine, e l'importanza del nostro fine. E risplende manifesta la sapienza di Dio in quel precetto che ci toglie alle cure mortali, per richiamarci al suo culto, ai pensieri del cielo; che impiega tanti giorni dell'uomo indòtto nello studio il più alto, e il solo necessario; che santifica il riposo del corpo, e lo rende figura di quel riposo d'eterno contento a cui aneliamo, e di cui l'anima nostra sente d'esser capace: in quel precetto che ci riunisce in un tempio, dove le comuni preghiere, rammentandoci le comuni miserie e i comuni bisogni, ci fanno sentire che siamo fratelli. La Chiesa, conservatrice perpetua di questo precetto, prescrive a' suoi figli la maniera d'adempirlo più ugualmente e più degnamente. E tra i mezzi che ha scelti, poteva mai dimenticare il rito più necessario, il più essenzialmente cristiano, il Sacrifizio di Gesù Cristo, quel Sacrifizio dove sta tutta la fede, tutta la scienza, tutte le norme, tutte le speranze? Il cristiano che volontariamente s'astiene in un tal giorno da un tal Sacrifizio, può mai essere un *giusto che viva della fede* [10]? Può far vedere più chiaramente la non curanza del precetto divino della santificazione? Non ha evidentemente nel core un'avversione al cristianesimo? non ha

---

[10] *Iustus autem ex fide vivit.* Paul. ad Rom. I, 17, e altrove [*N.d.A.*].

rinunziato a ciò che la fede rivela di più grande, di più sacro e di più consolante? non ha rinunziato a Gesù Cristo? Pretendere che la Chiesa non dichiari prevaricatore chi si trova in tali disposizioni, sarebbe un volere che dimenticasse il fine per cui è istituita, che ci lasciasse ricadere nell'aria mortale del gentilesimo.

CAPITOLO VII

DEGLI ODI RELIGIOSI.

Les casuistes présentèrent à l'exécration des hommes, au premier rang entre les plus coupables, les hérétiques, les schismatiques, les blasphémateurs. Quelque fois ils réussirent à allumer contre eux la haine la plus violente... Pag. 414.

Certo, ci sono poche cose che corrompano tanto un popolo, quanto l'abitudine dell'odio: così questo sentimento non fosse fomentato perpetuamente da quasi tutto ciò che ha qualche potere sulle menti e sugli animi. L'interesse, l'opinione, i pregiudizi, le verità stesse, tutto diventa agli uomini un'opportunità per odiarsi a vicenda: appena si trova alcuno che non porti nel core l'avversione e il disprezzo per delle classi intere de' suoi fratelli: appena può accadere ad alcuno una sventura che non sia cagione di gioia per altri; e spesso non per alcun utile che ne venga loro, ma per un interesse ancora più basso, quello dell'odio. Confesso di veder con maraviglia messi tra i pervertitori d'una nazione, in questo senso, e come in capo di lista, i casisti, ai quali finora non aveva sentito dare altro carico, che di voler giustificare quasi ogni opera e ogni persona, che d'insegnare a non odiare nemmeno il vizio.

Ma siano i casisti, o sia qualunque si voglia, che ispiri agli uomini odio contro i loro fratelli, li fa *essere omicidi*[1]; va direttamente contro il *secondo precetto*, che è *simile al primo*, che *non ne ha alcun altro sopra di sé*[2]; va direttamente contro l'insegnamento perpetuo della Chiesa, che non ha mai lasciato di predicare che *il segno di vita è l'amare i fratelli*[3].

VII. [1] *Omnis qui odit fratrem suum homicida est.* Ioan. Epist. I, III, 15 [*N.d.A.*].

[2] *Secundum autem* (mandatum) *simile est illi: Diliges proximum tuum tamquam te ipsum. Maius horum aliud mandatum non est.* Marc. XII, 31 [*N.d.A.*].

[3] *Nos scimus quoniam translati sumus de morte ad vitam, quoniam diligimus fratres.* Ioan. Epist. I, III, 14 [*N.d.A.*].

Sia però lecito d'osservare che, tra le cagioni che possono aver cambiato il carattere degli Italiani, questa, se ci fu, deve aver certamente operato assai poco; giacché non c'è forse nazione cristiana dove i sentimenti d'antipatia col pretesto della religione abbiano avuto meno occasione di nascere e d'influire sulla condotta degli uomini. In verità, riguardando a questa parte della storia, noi troviamo piuttosto da piangere su quella Francia e su quella Germania che ci vengono opposte. Ah! tra gli orribili rancori che hanno diviso l'Italiano dall'Italiano, questo almeno non si conosce; le passioni che ci hanno resi nemici non hanno almeno potuto nascondersi dietro il velo del santuario. Pur troppo noi troviamo a ogni passo nei nostri annali le nemicizie trasmesse da una generazione all'altra per miserabili interessi, e la vendetta anteposta alla sicurezza propria; ci troviamo a ogni passo due parti della stessa nazione disputarsi accanitamente un dominio e de' vantaggi, i quali, per un grand'esempio, non sono rimasti né all'una né all'altra; ci troviamo la feroce ostinazione di volere a schiavi pericolosi quelli che potevano essere amici ardenti e fedeli; ci troviamo una serie spaventosa di giornate deplorabili, ma nessuna almeno simile a quelle di Cappel [4], di Jarnac [5] e di Praga [6]. Pur troppo da questa terra infelice sorgerà un giorno gran sangue in giudizio, ma del versato col pretesto della religione, assai poco. Poco, dico, in confronto di quello che lordò l'altre parti d'Europa: i furori e le sventure dell'altre nazioni ci danno questo tristo vantaggio di chiamar poco quel sangue; ma il sangue d'un uomo solo, sparso per mano del suo fratello, è troppo per tutti i secoli e per tutta la terra.

Non si può a meno, in quest'occasione, di non riflettere sull'ingiustizia commessa da tanti scrittori nell'attribuire ai cattolici soli questi orribili sentimenti d'odio religioso, e i loro effetti: ingiustizia che appare a chiunque scorra appena le storie di quelle dissensioni. Ma questa parzialità può essere utile alla Chiesa; il grido d'orrore che i secoli alzano contro di quelle, essendo principalmente rivolto contro i cattolici, questi devono averlo sempre negli orecchi, e sentirsi richiamati alla mansuetudine e alla giustizia, non solo dalla voce della Chiesa, ma anche da quella del mondo.

---

[4] 31 Ottobre 1531 [*N.d.A.*]. A Cappel avvenne una battaglia tra cattolici e protestanti, nella quale morì Zwingli.
[5] 16 Marzo 1569 [*N.d.A.*]. A Jarnac, nella Charente, i cattolici francesi sconfissero i protestanti.
[6] 8 Novembre 1620 [*N.d.A.*]. La battaglia di Praga appartiene al primo periodo della guerra dei Trent'Anni.

Io so che è stato detto da molti, che queste avversioni e queste stragi, benché abborrite dalla Chiesa, le possono essere imputate, perché, insegnando a detestare l'errore, dispone l'animo de' cattolici a estendere questo sentimento agli uomini che lo professano.

A ciò si potrebbe rispondere che, non solo ogni religione, ma ogni dottrina morale, o vera o falsa, insegna a detestare gli errori contro i doveri essenziali dell'uomo, o quelli che pretende esser tali[7]. Tutti coloro che, scindendo il Cristianesimo, fondarono delle sette separate dalla Chiesa, qual altro mezzo adoprarono, che di rappresentare come errori detestabili i suoi insegnamenti? È comune alla verità e all'errore, in tali materie, il detestare il suo contrario; e n'è la conseguenza naturale l'insegnare a detestarlo. E siccome poi l'errore non potrebbe nemmeno prendere una forma apparente, né proporre per simbolo altro che delle negazioni, se non s'attaccasse a qualche verità; siccome, per conseguenza, ogni setta che si dice cristiana conserva qualche parte della verità cristiana; così non ce n'è alcuna che non riguardi come detestabili (e in questo caso rettamente) gli errori opposti a quel tanto di verità che conserva. Protestare, come fanno alcuni, di venerar, come sacre e rivelate da Dio, alcune verità, e di non avere altro che indifferenza per l'errore che le nega e le disprezza, è un accozzo di parole contraditorie, che contraffà una proposizione.

Ma, per giustificare la Chiesa, non è mai necessario ricorrere a degli esempi: basta esaminare le sue massime. È dottrina perpetua della Chiesa, che si devano detestare gli errori, e amare gli erranti. C'è contradizione tra questi due precetti? Non credo che alcuno voglia affermarlo. – Ma è difficile il far distinzione tra l'errore e la persona; è difficile detestar quello, e nutrire per questa un amore non di sola apparenza, ma vero e operoso[8]. – È difficile! ma qual è la giustizia facile all'uomo corrotto? ma donde questa difficoltà di conciliare due precetti, se sono giusti ugualmente? È cosa giusta il detestar l'errore? Sì, certo; e non c'era nemmeno bisogno di prove. È cosa giusta l'amare gli erranti? Sì, ancora; e per le ragioni stesse per cui è giusto d'amar tutti gli uomi-

---

[7] Comincia qui una rigorosa dimostrazione di come le guerre di religione siano da imputare a quella deficiente virtù umana nel distinguere l'errante dall'errore, che è vizio di tutte le morali e non della sola Chiesa cattolica.

[8] *Filioli mei, non diligamus verbo, neque lingua, sed opere et veritate.* Ioan. Epist. I, III, 18 [*N.d.A.*]

ni: perché Dio, da cui teniamo tutto, da cui speriamo tutto, Dio a cui dobbiamo tutto dirigere, *gli ha amati fino a dare per essi il suo Unigenito* [9]; perché è cosa orribile il non amare quelli che Dio ha predestinati alla sua gloria; e è un giudizio della più rea e stolta temerità l'affermare d'alcun uomo vivente, che non lo sia, l'escluderne uno solo dalla speranza nelle ricchezze delle misericordie di Dio. I testimoni che stavano per scagliare le prime pietre contro Stefano, deposero le loro vesti a' piedi d'un giovinetto, il quale non si ritirò inorridito, ma, consentendo alla strage di quel giusto, rimase a custodirle [10]. Se un cristiano avesse allora accolto nel suo cuore un sentimento d'odio per quel giovinetto, di cui la tranquilla ferocia contro i seguaci del Giusto, di *Quello in cui solo è la salute* [11], poteva parere un segno così manifesto di riprovazione; se avesse mormorata la maledizione che pare così giusta in bocca degli oppressi, ah! quel cristiano avrebbe maledetto il *Vaso d'elezione* [12].

Donde adunque la difficoltà di conciliare questi precetti, se non dalla nostra corruttela, da cui vengono tutte le guerre tra i doveri? E questa difficoltà è appunto il trionfo della morale cattolica: poiché essa sola può vincerla; essa sola, prescrivendo con la sua piena autorità tutte le cose giuste, non lascia dubbio su alcun dovere; e, per troncare la serie di quelle false deduzioni con le quali si finisce a sacrificare un principio a un altro principio, li consacra tutti, e li mette fuori della discussione. Se, andando di ragionamento in ragionamento, s'arriva a un'ingiustizia, si può esser certi d'aver ragionato male; e l'uomo sincero è avvertito dalla religione stessa d'esser uscito di strada; perché dove comparisce il male, si trova in essa una proibizione e una minaccia. Nessun cattolico di buona fede può mai credere d'avere una giusta ragione per odiare il suo fratello: il Legislatore divino, ch'egli si vanta di seguire, sapeva certo che ci sarebbero stati degli uomini iniqui e provocatori, e degli uomini nemici della Fede; e nulladimeno gli ha detto, senza fare eccezione veruna: Tu amerai il tuo prossimo come te stesso.

È uno dei più singolari caratteri della morale cattolica, e de'

[9] *Sic enim Deus dilexit mundum, ut Filium suum unigenitum daret.* Ioan. III, 16 [*N.d.A.*].
[10] *Testes deposuerunt vestimenta sua secus pedes adolescentis, qui vocabatur Saulus... Saulus autem erat consentiens neci eius.* Act. Apost. VII, 57, 59 [*N.d.A.*].
[11] *Non est in alio aliquo salus.* Act. Apost. IV, 12 [*N.d.A.*].
[12] *Vas electionis est mihi iste.* Ibid. IX, 15 [*N.d.A.*].

più benefici effetti della sua autorità, il prevenire tutti i sofismi delle passioni con un precetto, con una dichiarazione. Così, quando si disputava per sapere se uomini di colore diverso dall'europeo dovessero essere considerati come uomini, la Chiesa, versando sulla loro fronte l'acqua rigeneratrice, aveva imposto silenzio, per quanto era in lei, a quella discussione vergognosa; li dichiarava fratelli di Gesù Cristo, e chiamati a parte della sua eredità.

Di più, la morale cattolica rimove le cagioni che rendono difficile l'adempimento di questi due doveri, odio all'errore, amore agli uomini, proscrivendo la superbia, l'attaccamento alle cose della terra, e tutto ciò che strascina a rompere la carità. E ci somministra i mezzi per essere fedeli all'uno e all'altro; e questi mezzi sono tutte quelle cose che portano la mente alla cognizione della giustizia, e il core all'amore di essa; la meditazione sui doveri, la preghiera, i sacramenti, la diffidenza di noi stessi, la confidenza in Dio. L'uomo educato sinceramente a questa scola, eleva la sua benevolenza a una sfera dove non arrivano i contrasti, gl'interessi, l'obiezioni; e questa perfezione riceve anche nel tempo una gran ricompensa. A tutte le vittorie morali succede una calma consolatrice; e amare in Dio quelli che si odierebbero secondo il mondo, è, nell'anima umana, nata ad amare, un sentimento d'inesprimibile giocondità.

Ci fu però uno scrittore, e non di poca fama certamente, il quale pretese che il conciliare la guerra all'errore e la pace con gli uomini sia una cosa non difficile, ma impossibile. *La distinction entre la tolérance civile et la tolérance théologique est puérile et vaine. Ces deux tolérances sont inséparables, et l'on ne peut admettre l'une sans l'autre. Des anges même ne vivroient pas en paix avec des hommes qu'ils regarderoient comme les ennemis de Dieu* [13].

Quali conseguenze da una tale dottrina! I primi cristiani non dovevano dunque credere che adorare gli idoli e sconoscer Dio rendesse l'uomo nemico a Lui [14]. Hanno dunque fatto male a combattere il gentilesimo; perché è un'impresa almeno imprudente e pazza il predicare contro la religione che non rende nemici di Dio quelli che la professano. E quando san Paolo, per accrescere la riconoscenza e la fiducia de' fedeli, rammen-

---

[13] *Émile*, liv. IV, not. 40 [*N.d.A.*].
[14] Nelle frasi che seguono si rivela l'inconciliabilità tra la tolleranza nell'indifferenza propria degli illuministi e la tolleranza degli spiriti religiosi che privilegia la nozione di verità sopra quella di pace.

tava la misericordia usata loro da Dio, *nel tempo ch'erano suoi nemici* [15], proponeva loro un'idea falsa e antisociale.

Vivere in pace con degli uomini che si hanno per nemici di Dio, non sarà possibile a quelli che credono che Dio stesso glielo comanda? a quelli che non sanno se siano essi medesimi degni d'amore o d'odio [16], e che sanno di certo che diverrebbero nemici di Dio essi medesimi, rompendo la pace? a quelli i quali pensano che un giorno si chiederebbe loro se la fede gli era stata data per dispensarli dalla carità, e con che diritto aspettano la misericordia, se, per quanto era in loro, l'hanno negata agli altri? a quelli che devono riconoscere nella fede un dono, e tremare dell'uso che ne fanno?

Queste e altre ragioni si sarebbero potute addurre a chi avesse fatta una tale obiezione al Cristianesimo, quando apparve; ma, ai tempi del Rousseau, essa riesce stranissima, poiché impugna la possibilità d'un fatto di cui la storia del Cristianesimo è una lunga e non interrotta testimonianza.

Quello che ne diede il primo esempio era, certo, al di sopra degli angeli; ma era anche un uomo; ma, ne' disegni della sua misericordia, volle che la sua condotta fosse un modello che ognuno de' suoi seguaci potesse imitare; e pregò morendo per i suoi uccisori. Quella generazione durava ancora, quando Stefano entrò il primo nella carriera di sangue che l'Uomo-Dio aveva aperta. Stefano che, con sapienza divina, cerca d'illuminare i giudici e il popolo, e di richiamarli a un pentimento salutare; quando poi è oppresso, quando sta per compirsi sulla terra l'atto sanguinoso della sua testimonianza, dopo aver raccomandato il suo spirito al Signore, non pensa a quelli che l'uccidono, se non per dire: *Signore, non imputar loro questa cosa a peccato. E detto questo, s'addormentò nel Signore* [17].

Tale fu, per tutti que' secoli in cui gli uomini persistettero nella così cieca perversità di venerare gl'idoli fatti da loro, e di far morire i giusti, tale fu sempre la condotta de' cristiani: la pace orribile del gentilesimo non fu mai disturbata nemmeno da' loro gemiti. Cosa si può fare di più per conservarla con gli uomini, che amarli e morire? Convien dire che questa dottrina sia ben concorde con sé stessa, e ben chiara agl'intelletti cristiani, poiché i fanciulli stessi la trovano intelligibile: fe-

---

[15] *Si enim, cum inimici essemus, reconciliati sumus Deo per mortem Filii eius; multo magis reconciliati, salvi erimus in vita ipsius.* Ad. Rom. V, 10 [*N.d.A.*].

[16] *Nescit homo, utrum amore, an odio dignus sit.* Eccl. IX, 1 [*N.d.A.*].

[17] *Domine, ne statuas illis hoc peccatum. Et cum hoc dixisset, obdormivit in Domino.* Act. Apost. VII, 59 [*N.d.A.*].

deli agli ammaestramenti delle madri, sorridevano ai carnefici; quelli che sorgevano imitavano quelli ch'erano caduti prima di loro; primizie de' santi, fiori rinascenti sotto la falce del mietitore.

Ma la storia del Cristianesimo non ha forse esempi d'odi e di guerre? Ne ha pur troppo; ma bisogna chieder conto a una dottrina delle conseguenze legittime che si cavano da essa, e non di quelle che le passioni ne possono dedurre. Questo principio, vero in tutti i tempi, si può a' nostri giorni allegarlo con maggior fiducia d'essere ascoltati, dacché molti di quelli che lo contrastavano alla religione, sono stati costretti a invocarlo per altre dottrine. La memorabile epoca storica nella quale ci troviamo ancora, si distingue per il ritrovamento, per la diffusione e per la ricapitolazione d'alcuni princìpi politici, e per gli sforzi fatti affine di metterli in esecuzione; da ciò sono venuti de' mali gravissimi; i nemici di que' princìpi pretendono che i princìpi ne siano stati la cagione, e che siano, per conseguenza, da rigettarsi. A questo i loro sostenitori vanno rispondendo che è cosa assurda e ingiusta proscrivere le verità per l'abuso che gli uomini ne hanno potuto fare; che, lasciando di promulgarle e di stabilirle, non si leveranno però dal mondo le passioni; che, mantenendo gli uomini in errori, si lascia viva una cagione ben più certa e diretta di calamità e d'ingiustizie; che gli uomini non diventano migliori, né più umani, con l'avere opinioni false. *La Saint-Barthélemy n'a pas fait proscrire le catholicisme*, ha detto a questo proposito un celebrato ingegno [18]; e certo nessuna conseguenza sarebbe stata più stolta e ingiusta. La memoria di quell'atrocissima notte dovrebbe servire a far proscrivere l'ambizione e lo spirito fazioso, l'abuso del potere e l'insubordinazione alle leggi, l'orribile e stolta politica che insegna a violare a ogni passo la giustizia per ottenere qualche vantaggio, e quando poi queste violazioni accumulate abbiano condotto un gravissimo pericolo, insegna che tutto è lecito per salvar tutto; a far proscrivere l'insidie e le frodi, le provocazioni e i rancori, l'avidità della potenza che fa tutto tramare e tutto osare, e l'ingiusto amore della vita che fa sorpassare ogni legge per conservarla; perché queste e altre simili furono le vere cagioni della strage per cui quella notte è infame.

---

[18] *Considérations sur la révolution françoise, par Mad. de Staël*. Tom. III, pag. 382 [*N.d.A.*]. Madame de Staël (1766-1817), scrittrice francese, propugnatrice del romanticismo in letteratura, autrice di *Corynne ou l'Italie* e di *De l'Allemagne*. Le *Considerazioni sulla rivoluzione francese* furono pubblicate, postume, nel 1818.

Quando, all'opposto, si trovano nella storia esempi d'influenza benefica e misericordiosa della dottrina cattolica, non c'è bisogno di ricercare come mai, per quali giri di ragionamenti, per quali singolari disposizioni degli animi, i suoi seguaci siano arrivati a trovare in essa tali consigli, a riceverne tali impulsi. È evidentemente una causa che produce il suo effetto proprio. In tempi di violente provocazioni e di feroci vendette, s'alza una voce a proclamare la *tregua di Dio*: è la voce del Vangelo; e sona per la bocca de' vescovi e de' preti. Sant'Ambrogio spezza e vende i vasi sacri per riscattare gli schiavi illirici, la più parte Ariani: san Martino di Tours intercede per i Priscillianisti presso Massimo imperatore in una parte dell'occidente; e considera come scomunicato Itacio e gli altri vescovi che l'avevano mosso a infierire contro di quelli: sant'Agostino supplica il proconsole d'Africa per i Donatisti, [19] dai quali ognuno sa che travaglio avesse la Chiesa. *Non avere a sdegno*, dice, *che imploriamo da te la vita di quelli, de' quali imploriamo da Dio il ravvedimento* [20]. E lasciando stare tanti altri fatti simili, di cui abbonda la storia ecclesiastica di tutti i tempi, giova rammentarne uno tra i meno antichi, anche perché è stato tentato (e pur troppo, non senza effetto presso di molti), non solo de rapirne la gloria alla Chiesa, ma di cambiarla in ignominia: ed è la condotta del clero cattolico in America. L'ira contro ogni resistenza, l'avarizia resa incontentabile dalle promesse di fantasie riscaldate, il timore che nasce anche negli animi più determinati e li rende crudeli, quando non sono fortificati dall'idea d'un dovere, e quando gli offesi sono molti, tutte in somma le passioni più inesorabili della conquista, avevano snaturati affatto gli animi degli Spagnoli; e gli Americani non ebbero quasi altri avvocati che gli ecclesiastici; e questi non ebbero altri argomenti in favor loro che quelli del Vangelo e della Chiesa. Citiamo qui il giudizio del Robertson [21], giudizio importantissimo, e per l'imparzialità certa dello storico, e per la quantità e l'accuratezza delle ricerche sulle quali è fondato. « Con ingiustizia ancor maggiore è stato da molti autori rappresentano l'intollerante spirito della Romana Cattolica Religione come la cagione dell'esterminio degli Ame-

---

[19] *Ariani, Priscillianisti, Donatisti*: eretici del III e IV secolo.
[20] *Non tibi vile sit neque contemptibile, fili honorabiliter dilectissime, quod vos rogamus ne occidantur, pro quibus Dominum rogamus ut corrigantur.* August. Donato procons. Afr. Epist. C., tom. II, pag. 270, edit. Maur. [*N.d.A.*].
[21] William Robertson (1721-1793), storico scozzese, pubblicò la sua *History of America* nel 1777.

ricani, ed hanno accusati gli ecclesiastici spagnoli d'aver animati i loro compatriotti alla strage di quell'innocente popolo come idolatra ed inimico di Dio. Ma i primi missionari che visitarono l'America, benché deboli ed ignoranti, erano uomini pii. Essi presero di buon'ora la difesa dei nazionali, e li giustificarono delle calunnie dei vincitori, i quali descrivendoli come incapaci d'essere istruiti negli uffici della vita civile, e di comprendere le dottrine della Religione, sostenevano esser quelli una razza subordinata d'uomini, e sopra cui la mano della natura aveva posto il segno della schiavitù. Dalle relazioni che ho già date dell'umano e perseverante zelo dei missionari spagnoli nel proteggere l'inerme greggia a loro commessa, eglino compariscono in una luce che aggiunge lustro alla loro funzione. Eran ministri di pace che procuravano di strappare la verga dalle mani degli oppressori. Alla potente loro interposizione doverono gli Americani ogni regolamento diretto a mitigare il rigore del loro destino. Negli stabilimenti spagnoli il clero sì regolare che secolare è ancor dagli Indiani considerato come il suo natural protettore, a cui ricorrono nei travagli e nelle esazioni, alle quali troppo frequentemente sono essi esposti [22]. »

Qual è questa religione, in cui i deboli, quando sono pii, resistono alla forza in favore de' loro fratelli! in cui gli ignoranti svelano i sofismi che le passioni oppongono alla giustizia! In una spedizione, dove non si parlava che di conquiste e d'oro, quelli non parlavano che di pietà e di doveri; citavano al tribunale di Dio i vincitori, dichiaravano empia e irreligiosa l'oppressione. Il mondo, con tutte le sue passioni, aveva mandato agl'Indiani de' nemici che essi non avevano offesi; la religione mandava loro degli amici che non avevano mai conosciuti. Questi furono odiati e perseguitati; furono costretti qualche volta a nascondersi; ma almeno raddolcirono la sorte de' vinti; ma, coi loro sforzi e coi loro patimenti, prepararono alla religione un testimonio, che essa non è stata nemmeno un pretesto di crudeltà; che queste furono commesse malgrado le sue proteste. Ah! gli avari crudeli avrebbero voluto passare per zelanti, ma i ministri della religione non gli hanno permesso di mettersi al viso questa maschera; gli hanno costretti a cercare i loro sofismi in ogni altro principio, che in quello della religione; gli hanno costretti a ricorrere alle ragioni di convenienza, d'utilità politica, d'impossibilità di stare

---

[22] Robertson, *Storia dell'America*, Pisa, 1789, vol. II, pag. 421 [*N.d.A.*].

esattamente alla legge divina; gli hanno costretti a parlare de' grandi mali che sarebbero venuti, se gli uomini fossero stati giusti, a dire ch'era necessario opprimer gli uomini crudelmente, perché altrimenti diveniva impossibile l'opprimerli.

Un solo ecclesiastico disonorò il suo ministero, eccitando i suoi concittadini al sangue; e fu il troppo noto Valverde [23]. Ma, esaminando la sua condotta, come è descritta dal Robertson, si vede chiaro, al mio parere, che costui era mosso da tutt'altro che dal fanatismo religioso. Pizarro aveva formato il perfido disegno d'impadronirsi dell'Inca Atahualpa, per dominare nel Perù, e per saziarsi d'oro. Adescato con pretesti di amicizia l'Inca a un abboccamento, questo si risolvette in un'allocuzione del Valverde, nella quale i misteri e la storia della santa e pura religione di Cristo non erano esposti che per venire all'assurda conseguenza, che l'Inca doveva sottomettersi al re di Castiglia, come a suo legittimo sovrano. La risposta e il contegno di Atahualpa servirono di pretesto al Valverde per chiamare gli Spagnoli contro i Peruviani. « Il Pizarro, » cito ancora il Robertson, « che nel corso di questa lunga conferenza aveva con difficoltà trattenuti i soldati impazienti d'impadronirsi delle ricche spoglie ch'essi vedevano allora sì da vicino, diede il segno all'assalto. » Il Pizarro stesso, ch'era venuto a quel fine, fece prigioniero l'Inca; il quale poi, con un processo atrocemente stolto, fu condannato a morte; e il Valverde commise anche il delitto d'autorizzare la sentenza con la sua firma. Ora, chi non vede che a degli uomini deliberati a un'azione ingiusta, a degli uomini forti contro uomini ricchi, ogni pretesto era bono? che il Valverde stesso fu istrumento orribile, ma non motore dell'ingiustizia? che la sua condotta svela piuttosto la bassa connivenza all'ambizione e all'avarizia di Pizarro, che il fanatismo religioso? Il solo bon senso fa vedere che non è nella natura dell'uomo, per quanto sia fanatico, il concepire un odio violento contro degli uomini che non professano il Cristianesimo perché l'ignorano. Di fatti, se la disposizione degli ecclesiastici spagnoli era tale che dalla religione dovessero ricevere impulsi di questa sorte, perché tutti gli altri parlarono e operarono, non solo diversamente, ma all'opposto? E se la condotta del Valverde era conforme al modo di sentire de' suoi concittadini in fatto di religione, perché è stata censurata da tutti i loro storici, come osserva il Robertson?

---

[23] Padre Vincente de Valverde, ucciso nel 1543, fu elemosiniere nella spedizione di Francisco Pizarro nel Perù (1532).

Del resto, la religione oltraggiata dal Valverde è stata ben vendicata, non solo da quasi tutti gli ecclesiastici delle diverse spedizioni, ma anche da quelle migliaia di missionari che portando la fede ai selvaggi e agl'infedeli d'ogni sorte, ci andarono e ci vanno senza soldati, senz'armi, *come agnelli tra i lupi* [24], e col core diviso tra due sole passioni, quella di condurre molti alla salute, e quella del martirio.

Se il rappresentare l'intolleranza persecutrice come una conseguenza dello spirito del Cristianesimo è una calunnia smentita dalla dottrina della Chiesa, è una singolare ingiustizia il rappresentarla come un vizio particolare ai cristiani. Erano le verità cristiane che rendevano intolleranti gl'imperatori gentili? Sono esse che hanno creata quella crudeltà senza contrasto e senza rimorso, che sparse il sangue di tanti milioni, non dirò d'innocenti, ma d'uomini che portavano la virtù al più alto grado di perfezione? Sone esse che hanno scatenato il mondo contro quelli *di cui il mondo non era degno* [25]?

Sul principio del secondo secolo, un vecchio fu condotto in Antiochia davanti l'imperatore. Questo, dopo avergli fatte alcune interrogazioni, l'interpellò finalmente se persisteva a dichiarare di portar Gesù Cristo in core. Al che avendo il vecchio risposto di sì, l'imperatore comandò che fosse legato e condotto a Roma, per essere dato vivo alle fiere. Il vecchio fu caricato di catene; e, dopo un lungo tragitto, arrivato in Roma, fu condotto all'anfiteatro, dove fu sbranato e divorato, per divertimento del popolo romano [26].

Il vecchio era sant'Ignazio, vescovo d'Antiochia. Discepolo degli Apostoli, la sua vita era stata degna d'una tale scola. Il coraggio che mostrò al sentire la sua sentenza, l'accompagnò per tutta la strada del supplizio; e fu un coraggio sempre tranquillo, e come uno di que' sentimenti ultimi che vengono dalla più ponderata e ferma deliberazione, in cui ogni ostacolo è stato preveduto e pesato. Al sentire il ruggito delle fiere, si rallegrò: il supplizio, quella morte senza combattimento e senza incertezza, la presenza della quale è una rivelazione di terrore per gli animi i più preparati, che dico? un tal supplizio non aveva nulla d'inaspettato per lui: tanto lo Spirito Santo aveva rinforzato quel core, tanto egli amava!

L'imperatore era Traiano.

Ah! quando alla memoria d'un cristiano si può rimproverare

---

[24] *Ecce ego mitto vos sicut agnos inter lupos.* Luc. X, 3 [*N.d.A.*].
[25] *Quibus dignus non erat mundus.* Ad Hebr. XI, 38 [*N.d.A.*].
[26] Tillemont, *Saint Ignace* [*N.d.A.*]. Sébastien Le Nain de Tillemont (1637-1698), allievo a Port-Royal.

che, per uno zelo ingiusto e erroneo, abbia usurpato il diritto sulla vita altrui, sia pure stato, in tutto il resto, pio, irreprensibile, operoso nel bene; a ogni sua virtù si contrappone il sangue ingiustamente sparso: una vita intera di meriti non basta a coprire una violenza. E perché nel giudizio tanto favorevole di Traiano non si conta il sangue d'Ignazio e de' tanti altri innocenti, che pesa sopra di lui? perché si propone come un esemplare? perché si mantiene a' suoi tempi quella lode che dava loro Tacito, che in essi fosse lecito sentire ciò che si voleva, e dire ciò che si sentiva [27]? Perché noi riceviamo per lo più l'opinione fatta dagli altri; e i gentili, che stabilirono quella di Traiano, non credevano che spargere il sangue cristiano togliesse nulla all'umanità e alla giustizia di un principe. È la religione che ci ha resi difficili a concedere il titolo d'umano e di giusto; è essa che ci ha rivelato che nel dolore d'un'anima immortale c'è qualche cosa d'ineffabile; è essa che ci ha istruiti a riconoscere e a rispettare in ogni uomo l'immagine di Dio, e il prezzo della Redenzione. Quando si ricordano gli uomini condannati alle fiamme col pretesto della religione, se alcuno, per attenuare l'atrocità di que' giudizi, allega che i giudici erano fanatici, il mondo risponde che non si deve esserlo; se alcuno allega ch'erano ingannati, il mondo risponde che non bisogna ingannarsi quando si pretende disporre della vita d'un uomo; se alcuno allega che credevano di rendere omaggio alla religione, il mondo risponde che una tale opinione è una bestemmia. Ah! chi ha insegnato al mondo, che Dio non si onora che con la mansuetudine e con l'amore, col dar la vita per gli altri e non col levargliela, che la volontà libera dell'uomo è la sola di cui Dio si degna ricevere gli omaggi [28]?

Per spiegare le persecuzioni contro i cristiani, si sarebbe quasi indotti a supporre che il rispetto alla vita dell'uomo fosse ignoto ai gentili, che sia un altro mistero rivelato dal Vangelo. In quelle si vedono crudeltà incredibili commesse senza un forte impulso; si vedono prìncipi senza fanatismo secondare il trasporto del popolo per i supplizi, non per timore, non per ira, ma direi quasi per indifferenza; perché la

---

[27] *Rara temporum felicitate, ubi sentire quae velis, et quae sentias dicere licet.* Histor. lib. I [*N.d.A.*].
[28] Il mondo rimprovera al cristianesimo che in nome di questo sia stato sparso del sangue, ma dimentica che prima del cristianesimo spargere sangue non era peccato, se non in certi casi. La teoria non può non essere più importante della pratica, e non può non influenzare la pratica.

morte crudele di migliaia d'uomini non era forse un oggetto che meritasse un lungo esame. Non si fa torto a supporre quest'animo a quelli che facevano scannare migliaia di schiavi per una festa.

La famosa lettera di Plinio a Traiano, e la risposta di questo, sono un esempio notabile d'un tale spirito del gentilesimo. Plinio, legato propretore in Bitinia, consulta l'imperatore sulla causa de' cristiani, espone la sua condotta antecedente, parla d'una lettera cieca, per mezzo della quale n'ha scoperti alcuni, e chiede istruzioni. L'imperatore approva la condotta del legato, proibisce di far ricerca de' cristiani, e prescrive di punirli se sono denunziati e convinti; a quelli che neghino d'esserlo, e diano di ciò la prova di fatto, adorando gli dei, vuole che si perdoni, in grazia del pentimento. Finalmente ordina che, delle accuse anonime, non si faccia caso per nessun delitto; *essendo*, dice, *cosa di pessimo esempio, e indegna del nostro secolo* [29]. Ma, in fatto di barbarie, qual cosa mai poteva esser indegna d'un secolo in cui un magistrato, celebre per coltura d'ingegno e per dolcezza di carattere, domanda per sua regola, se è il nome solo di cristiano che s'abbia a punire, quantunque senza alcun delitto, o i delitti che porta con sé questo nome; se si deva far distinzione d'età, o trattare ugualmente i fanciulli, per quanto teneri siano, e gli adulti? d'un secolo in cui quest'uomo racconta d'averli fatti condurre al supplizio quelli che, denunziati a lui come cristiani, erano stati duri per tre volte nel confessarsi tali; *non dubitando*, dice, *che, qualunque fosse la cosa che confessavano, la loro inflessibile ostinazione dovesse esser punita*? E raccontando poi che altri, i quali dissero d'esser stati cristiani, ma di non esserlo più, e maledissero il Cristo, e adorarono l'immagine dell'imperatore e i simulacri degli dei, affermavano però, che, col professar quella fede, non s'erano impegnati a veruna cosa iniqua, ma anzi, a non commetter mai né furti, né latrocini, né adultèri, a non mancar di fede, a non negare il deposito; non lascia vedere la più piccola inquietudine per quegli *osti-*

---

[29] *Actum quem debuisti, mi Secunde, in excutiendis causis eorum, qui Christiani ad te delati fuerant, secutus es. Neque enim in universum aliquid quod quasi certam formam habeat constitui potest. Conquirendi non sunt; si deferantur et arguantur, puniendi sunt; ita tamen, ut qui negaverit se Christianum esse, idque re ipsa manifestum fecerit, id est supplicando diis nostris, quamvis suspectus in praeteritum fuerit, veniam ex poenitentia impetret. Sine auctore vero propositi libelli nullo crimine locum habere debent; nam et pessimi exempli, nec nostri saeculi est.* Traianus Plinio, in Plin. Epist. X, 98 [*N.d.A.*].

nati che aveva fatti morire [30]? Qual cosa poteva essere indegna d'un secolo in cui un principe più celebre ancora, e celebre per sapienza e per mansuetudine, non trova che dire a de' giudizi di questa sorte? e senza farsi carico de' dubbi del magistrato, e riguardo all'età degli accusati, e intorno a ciò che costituisca il delitto, gli rimanda per unica spiegazione la parola *Cristiani;* e proibisce che se ne faccia ricerca, prescrivendo insieme, che scoperti, si puniscano qualunque poi sia per essere la pena? E s'è visto qual era quella che il magistrato ordinava. Ma che dico? d'un secolo, in cui un vecchio divorato dalle fiere era un passatempo per il popolo, e un tal principe dava al popolo un tal passatempo?

Pur troppo i secoli cristiani hanno esempi di crudeltà commesse col pretesto della religione; ma si può sempre asserire che quelli i quali le hanno commesse, furono infedeli alla legge che professavano; che questa li condanna. Nelle persecuzioni gentilesche, nulla può essere attribuito a inconseguenza de' persecutori, a infedeltà alla loro religione, perché questa non aveva fatto nulla per tenerli lontani da ciò.

Con questa discussione parrà forse che ci siamo allontanati dall'argomento; ma essa non sarà affatto inutile, se potrà dare occasione d'osservare che molti scrittori, hanno adoprato due pesi e due misure per giudicare de' cristiani e de' gentili; se potrà servire a rimovere sempre più dalla morale cattolica l'orribile traccia di sangue, che tante volte le è stata data, a rammentare che la violenza esercitata in difesa di questa religione di pace e di misericordia è affatto avversa al suo spirito, come è stato professato senza interruzione in tutti i secoli dai veri adoratori di Colui che con tanta autorità gridò i discepoli che invocavano il foco del cielo sulle città che ricusavano di ricevere la loro salute [31], di Colui che comandò agli Apo-

---

[30] *Nec mediocriter haesitavi, sit ne aliquod discrimen aetatum, an quamlibet teneri nihil a robustioribus differant... nomen ipsum, etiam si flagitiis careat, aut flagitia cohaerentia nomini puniantur. Confitentes iterum ac tertio interrogavi, supplicium minatus: perseverantes duci iussi. Neque enim dubitabam, qualecumque esset quod faterentur, pertinaciam certe et inflexibilem obstinationem debere puniri. Alii, ab indice nominati, esse se Christianos dixerunt, et mox negaverunt: fuisse quidem, sed desiisse... Omnes et imaginem tuam, Deorumque simulacra venerati sunt: ii et Christo maledixerunt. Affirmabant autem... se sacramento non in scelus aliquod obstringere, sed ne furta, ne latrocinia, ne adulteria committerent, ne fidem fallerent, ne depositum appellati abnegarent.* Plinius Traiano Epist. X, 97 [*N.d.A.*].

[31] *Intraverunt in civitatem Samaritanorum; et non receperunt eum. Cum vidissent autem discipuli eius Iacobus et Ioannes, dixerunt: Domine, vis dicimus ut ignis descendat de coelo et consumat illos? Et con-*

stoli di *scotere la polvere de' loro piedi*[32], e d'abbandonare gli ostinati. Onore a quegli uomini veramente cristiani che, in ogni tempo, e in faccia a ogni passione e a ogni potenza, predicarono la mansuetudine; da quel Lattanzio che scrisse *doversi la religione difendere col morire, e non con l'uccidere*[33], fino agli ultimi che si sono trovati in circostanze in cui ci volesse coraggio per manifestare un sentimento così essenzialmente evangelico. Onore a essi, giacché noi non possiamo più averne onore, in tempi e in luoghi in cui non si può sostenere il contrario senza infamia; in cui, se gli uomini non hanno (così avessero!) rinunziato agli odi, hanno almeno saputo vedere che la religione non può accordarsi con quelli; se ammettono troppo spesso il pretesto dell'utile e delle gran passioni per bona scusa di vessazioni e di crudeltà, confessano che la religione è troppo pura per ammetterlo, che la religione non vuol condurre gli uomini al bene se non per mezzo del bene.

CAPITOLO VIII

SULLA DOTTRINA DELLA PENITENZA.

La doctrine de la pénitence cause une nouvelle subversion dans la morale déjà confondue par la distinction arbitraire des péchés. Sans doute c'étoit une promesse consolante que celle du pardon du ciel pour le retour à la vertu; et cette opinion est tellement conforme aux besoins et aux foiblesses de l'homme, qu'elle a fait partie de toutes les religions. Mais les casuistes avoient dénaturé cette doctrine en imposant des formes précises à la pénitence, à la confession et à l'absolution. Un seul acte de foi et de ferveur fut déclaré suffisant pour effacer une longue liste de crimes. Pag. 415.

---

versus increpavit illos, dicens: Nescitis cuius spiritus estis. Luc. IX, 52, 53, 54, 55 [*N.d.A.*].

[32] *Et quicumque non receperit, vos, neque audierit sermones vestros; exeuntes foras de domo, vel civitate, excutite pulverem de pedibus vestris.* Matth. X, 14 [*N.d.A.*].

[33] *Defendenda enim est religio, non occidendo sed moriendo; non saevitia, sed patientia; non scelere, sed fide: illa enim malorum sunt, haec bonorum. Et necesse est bonum in religione versari, non malum. Nam si sanguine, si tormentis, si malo religionem defendere velis, iam non defendetur illa, sed polluetur, atque violabitur. Nihil tam voluntarium quam religio, in qua si animus sacrificantis aversus est, iam sublata, iam nulla est.* Lactantii, Divin. Institut. Lib. V, c. XX [*N.d.A.*].

VIII. [1] È uno dei capitoli teoreticamente più importanti di tutta l'opera, essendo un'accurata confutazione delle dottrine del protestantesimo.

Non avendo l'erudizione necessaria per discutere l'asserzione dell'illustre autore, che la promessa del perdono celeste per il ritorno alla virtù è un'opinione comune a tutte le religioni, la lascio da una parte. Da quel poco che ho raccolto ne' libri, sulle varie religioni e sulla pagana in ispecie, m'è rimasta l'idea che alcune avessero delle cerimonie, per mezzo delle quali si potessero espiare le colpe, senza che ci abbisognasse il ritorno alla virtù; e che l'idea della conversione si deva, non meno che la parola, alla religione cristiana. A ogni modo una tale questione, quantunque importante, non ha una relazione necessaria con l'argomento; e si può, senza toccarla, difendere pienissimamente la dottrina cattolica sulla penitenza dalle censure che qui le vengono fatte: anzi queste saranno un'occasione per mettere in chiaro la sua somma ragionevolezza e perfezione.

Tre sono principalmente queste accuse: che l'avere imposte forme precise alla penitenza ne abbia snaturata la dottrina; che i casisti abbiano imposte queste forme; che un atto di fede e di fervore sia stato dichiarato bastante a cancellare i delitti. Noi le esamineremo partitamente, non seguendo però l'ordine con cui sono presentate, ma quello che ci pare più adattato all'intento d'esporre la vera dottrina della Chiesa su questo punto.

I

Chi abbia imposte forme precise alla penitenza.

Dall'essere nel Vangelo espressamente data ai ministri l'autorità di rimettere e di ritenere i peccati, ne segue la necessità di forme per esercitarla; ma chi ha potuto imporre queste forme? Se i casisti si fossero arrogato un tale diritto, avrebbero alterata tutta l'economia del governo spirituale; ma come si può supporre che i casisti, i quali non costituiscono un corpo, e non hanno alcun mezzo di deliberare in comune, si siano intesi a stabilire queste forme con gli stessi princìpi, e in una stessa maniera? Come si può supporre che tutte le chiese le abbiano ricevute da persone senza autorità, che le autorità stesse ci si siano assoggettate, di maniera che nessuna se ne crede esente? che i papi stessi si siano lasciati imporre da loro una legge, per la quale si confessano a' piedi d'un loro inferiore, e ne implorano l'assoluzione, e ne ricevono le penitenze? Oltre di che, come mai si può supporre che i Greci, pur troppo divisi, e divisi qualche secolo prima che si parlasse di casisti, abbiano poi accettate da questi le forme della penitenza, che hanno comuni con noi in tutte le parti essenziali? In che tempo i casisti hanno commesso quest'atto d'usurpazione? Finalmente, come s'esercitava l'autorità di sciogliere e di legare prima che venissero i casisti a inventarne le forme? Le forme della penitenza, della confessione e dell'assoluzione sono state imposte dalla Chiesa fino dalla sua origine, come lo attesta la sua storia: né poteva essere altrimenti; giacché senza di esse è impossibile l'esercizio dell'autorità d'assolvere e di ritenere i peccati; ed è impossibile immaginarne di più semplici e di più conformi allo spirito di quest'autorità; come è impossibile immaginare chi, se non la Chiesa, avrebbe potuto ingerirsi a regolare un tale esercizio.

II

Condizioni della penitenza secondo la dottrina cattolica.

Veniamo ora alla dottrina che è tacciata d'aver corrotta la morale; e vediamo se è quella della Chiesa. *Un solo atto di fede e di fervore fu dichiarato bastante a cancellare una lunga lista di delitti.* Di questa opinione, una parte è stata condannata; l'altra parte, né la proposizione intera, non è stata insegnata mai.

In quanto alla prima, basti per ora ricordare che il concilio di Trento proscrisse la dottrina che *l'empio sia giustificato con la sola fede*, e la chiamò *vana fiducia e aliena da ogni pietà*[2].

In quanto alla proposizione intera, non solo nessun concilio, nessun decreto pontificio, nessun catechismo, ma, ardirei dire, nessun libbricciolo di divozione ha detto mai che un atto di fede e di fervore basti a cancellare i peccati. È bensì dottrina della Chiesa che possono esser cancellati dalla contrizione, col proposito di ricorrere, appena si possa, alla penitenza sacramentale.

Chi credesse che questa sia una questione di parole s'ingannerebbe di molto: è questione d'idee quanto nessun'altra.

[2] *Si quis dixerit sola fide impium iustificari, ita ut intelligat nihil aliud requiri, quod ad iustificationis gratiam consequendam cooperetur, et nulla ex parte necesse esse eum suae voluntatis motu praeparari atque disponi; anathema sit.* Sess. VI. De Iustificatione, Canon. IX. *Vana haec et ab omni pietate remota fiducia.* Ibid. Decretum de Iustificatione, cap. IX [*N.d.A.*].

Fervore non significa altro che intensità e forza d'un sentimento pio, ma non ne individua la qualità; contrizione in vece esprime un sentimento preciso. Attribuire quindi al fervore l'effetto di cancellare i peccati, sarebbe proporre un'idea confusa e indeterminata, e che non ha una relazione immediata con quest'effetto; attribuirlo alla contrizione, è specificare quel sentimento che, secondo le Scritture e le nozioni della ragione illuminata da esse dispone l'animo del peccatore a ricevere la giustificazione [3]. Per avere dunque un'idea giusta della fede cattolica in questa materia, bisogna cercare cosa sia la contrizione, e cercarlo nelle definizioni della Chiesa. « La contrizione è un dolore dell'animo, e una detestazione del peccato commesso, col proponimento di non peccar più... Dichiara il Santo Sinodo che questa contrizione contiene, non solo la cessazione dal peccato, e il proponimento e il principio d'una vita nova, ma l'odio della passata... Insegna inoltre che, quantunque avvenga qualche volta, che questa contrizione sia perfetta di carità, e riconcilii l'uomo a Dio, prima che questo sacramento (della penitenza) sia ricevuto in fatto, non si deve attribuire la riconciliazione alla contrizione, senza il voto del sacramento, che è inchiuso in essa [4]. »

La ragione sola non poteva certamente trovare questa dottrina, perché il suo fondamento è nella carità, la quale è fondata essa medesima in quella più elevata e più pura cognizione di Dio, e delle relazioni dell'uomo con Dio, che non poteva venirci se non dalla rivelazione. Ma quando questa dottrina le sia annunziata, la ragione è costretta, o ad approvarla, o a rinnegare le sue proprie e più evidenti nozioni. L'uomo che trasgredisce i comandamenti di Dio, gli diviene nemico, e si rende ingiusto. Ma quando riconosce i suoi falli, ne è dolente, li detesta e, ciò che viene in conseguenza, propone di non commetterne più; quando propone di ritornare a Dio per que'

---

[3] L'interpretazione del Sismondi attribuisce al cattolicesimo i tratti imprecisi del linguaggio romantico. È importante sottolineare come il Manzoni esiga « la qualità » di « un sentimento preciso ».

[4] *Contritio, quae primum locum inter dictos poenitentis actus habet, animi dolor ac detestatio est de peccato commisso, cum proposito non peccandi de coetero... Declarat igitur Sancta Synodus, hanc contritionem, non solum cessationem a peccato, et vitae novae propositum, et inchoationem, sed veteris etiam odium continere... Docet praeterea, etsi contritionem hanc aliquando charitate perfectam esse contingat, hominemque Deo reconciliare, priusquam hoc sacramentum actu suscipiatur; ipsam nihilominus reconciliationem ipsi contritioni, sine sacramenti voto, quod in illa includitur, non esse adscribendam.* Conc. Trid. sess. XIV. De sacram. poenit. cap. IV [*N.d.A.*].

mezzi che, nella sua misericordia, Dio ha instituiti a ciò; quando propone di soddisfare alla giustizia divina, di rimediare, per quanto può, al mal fatto, allora non è più, per dir così, lo stesso uomo, non è più ingiusto; tanto è vero che, non solo del peccato in generale, ma de' suoi propri in particolare, ha un sentimento dello stesso genere che ne ha Dio, fonte d'ogni giustizia. È dunque sommamente ragionevole che quest'uomo così mutato sia riconciliato a Dio.

Ma la conseguenza immorale di questa dottrina, è stato detto tante volte, è che molti credono che sia facile l'avere questo sentimento di contrizione, e s'incoraggiscono a commettere il male, per la facilità del perdono. Perché lo credono? Chi gliel'ha detto? Se credono alla Chiesa quando insegna che la contrizione riconcilia a Dio, perché non le credono quando insegna che l'effetto naturale del peccato è l'indurimento del core, che il ritorno a Dio è un dono singolare della sua misericordia, che il disprezzo delle sue chiamate lo rende sempre più difficile? Se, a ogni conseguenza storta che gli uomini deducono dalle dottrine della Chiesa, essa avesse voluto abbandonare una verità, per evitare un tale abuso, la Chiesa le avrebbe da gran tempo abbandonate tutte. Essa s'oppone bensì a questo miserabile traviamento, con l'inculcarle tutte; e in questo caso singolarmente, chi può non riconoscere la sua cura materna nelle precauzioni che usa affinché il peccatore non inganni sé medesimo, e non cambi in ira i doni della misericordia?

Di queste precauzioni parleremo or ora, trattando dell'amministrazione della penitenza. Ci si permetta intanto d'osservar qui un esempio dell'instabilità, anzi della contradizione che si trova non di rado nell'accuse fatte alla dottrina della Chiesa. Ciò potrà servire, del resto, a provare in un'altra maniera la verità di quella di cui si tratta.

Quelli tra i novatori del secolo XVI, ch'ebbero più seguito, combatterono appunto, quasi dal principio, la dottrina cattolica della penitenza, e soprattutto la parte che la contrizione deva avere in questa. E con quali argomenti? Forse come una dottrina che lusingasse le passioni, che offrisse al vizioso un mezzo tanto illusorio in effetto, quanto facile in apparenza, di *cancellare una lunga lista di delitti*? Tutt'altro, anzi l'opposto. La combatterono come dura, come tirannica, come tale che imponesse arbitrariamente alle coscienze una legge impossibile a adempirsi. *È un'ingiuria al Sacramento, e un istrumento di disperazione, il non credere efficace l'assoluzione, se non è certa la contrizione*, disse Lutero nelle sue tesi *Per la ricerca della verità e per consolare le coscienze aggravate* [5]. Calvino accusò ugualmente la dottrina cattolica che richiede la contrizione per la remissione de' peccati, di *tormentare e d'agitare stranamente le coscienze, di ridurle a dibattersi con sé stesse, e ad affannarsi in lunghi contrasti, senza trovar mai un porto, dove finalmente posarsi* [6].

E quale dottrina vollero poi sostituire alla cattolica, così riprovata da loro? Quella appunto che abbiam visto essere, così a torto, attribuita ai cattolici, e che i cattolici non conoscono, se non per la condanna della Chiesa, cioè che il peccatore sia giustificato per la sola fede.

E si noti che, attribuendo alla fede l'efficacia, non solo sufficiente, ma unica e esclusiva, di cancellare i peccati intendevano per fede il credere ognuno, con intera sicurezza, che i suoi peccati gli siano rimessi, in virtù della promessa del Redentore. Ecco alcuna delle proposizioni di Lutero su questo proposito. *È certo che i peccati ti sono rimessi, se li credi rimessi; perché è certa la promessa di Cristo Salvatore* [7]. *— Vedi quanto sia ricco l'uomo cristiano o battezzato, che, anche volendo, non può perdere la sua salvezza, con quanti peccati si sia, solo che non voglia lasciar di credere; poiché nessun peccato lo può dannare, se non la sola incredulità* [8]. *— Secondo l'ordine*

---

[5] *Iniuria est Sacramenti, et desperationis machina, non credere absolutionem, donec certa sit contritio.* De veritate inquirenda, et oneratis conscientiis consolandis. Luth. Opp. Tom. I, fol. LIII, verso [*N.d.A.*].

[6] *Contritionem, primam obtinendae veniae partem faciunt, eamque debitam exigunt, hoc est iustam et plenam: sed interim non constituunt quando securus aliquis esse possit, se hac contritione ad iustum modum defunctum esse. Equidem sedulo et acriter instandum esse fateor, ut quisque amare deflendo sua peccata, se ad eorum displicentiam et odium magis acuat... Sed ubi exigitur doloris acerbitas, quae culpae magnitudini respondeat, et quae in trutina appendatur cum fiducia veniae; hic vero miserae conscientiae miris modis torquentur et exagitantur, dum sibi debitam peccatorum contritionem imponi vident, nec assequuntur debiti mensuram, ut secum decernere possit se persolvisse quod debebant. Si dixerint faciendum quod in nobis est, eodem semper revolvimur. Quando enim audebit sibi promittere quispiam omnes se vires contulisse ad lugenda peccata? Ubi ergo diu secum luctatae, et longis certaminibus exercitae conscientiae, portum tandem, in quo resideant, non inveniunt; ut se aliqua saltem parte leniant, dolorem a se extorquent, et lacrymas exprimunt, quibus suam contritionem perficiant.* Calvini, Institut. Christ. Relig. Lib. III, cap. IV, 2 [*N.d.A.*].

[7] *Certum est ergo remissa esse peccata, si credis remissa, quia certa est Christi Salvatoris promissio.* Luth. Disputationes; Opp. T. I, fol. LIII verso [*N.d.A.*].

[8] *Ita vides quam dives sit homo Christianus sive baptisatus, qui etiam volens non potest perdere salutem suam, quantiscumque peccatis, nisi nolit credere. Nulla enim peccata eum possunt damnare, nisi sola incre-*

istituito da Cristo, non c'è altro peccato che l'incredulità, né altra giustizia che la fede[9]. – *La sola fede in Cristo c'è necessaria per essere giusti*[10]. – Calvino affermò ugualmente, e sostenne che *l'uomo è giustificato per la sola fede,* intesa nella stessa maniera[11], cercando poi d'eludere alcune delle conseguenze naturali d'una tale dottrina.

E su cosa si fondava poi l'accusa che facevano alla dottrina cattolica, d'imporre alla penitenza una condizione impossibile? Unicamente sulla autorità di questo loro domma medesimo, cioè sulla supposizione che per ottenere la remissione de' peccati sia necessario il credere, con certezza di fede, che siano rimessi; e che sia, per conseguenza, necessario il credere, con uguale certezza, d'avere adempita la condizione richiesta. E non c'è dubbio che, posta una legge simile, la condizione voluta dalla dottrina cattolica sarebbe, in regola generale, impossibile a adempirsi; giacché qual uomo, senza una particolare rivelazione, senza che l'infallibile *Conoscitore de' nascondigli del core*[12] gli abbia detto: *Tu hai amato molto, e perciò ti sono rimessi i tuoi peccati*[13], qual uomo può conoscere, con certezza assoluta e di fede, d'avere una contrizione adeguata delle sue colpe? Senonché, con una legge simile, non la sola contrizione, ma qualunque condizione sarebbe impossibile; giacché qual uomo può conoscere, con certezza assoluta e di fede, la perfezione e, dirò così, l'adequatezza d'un suo sentimento qualunque? e quindi impossibile anche la condizione predicata dai due novatori, come unica e sufficiente, cioè la fede. Ho qui il vantaggio di potermi servire di parole del Bousset: *Mais, répond-il* (Luther), *le Fidèle peut dire, je crois, et par là sa foi lui devient sensible; comme si le même Fidèle ne disoit pas de la même sorte,* je me repens, *et qu'il*

---

dulitas. De captivitate Babylonica Ecclesiae; Ibid. T. II, fol. 74 verso [*N.d.A.*].

[9] ... *Cum Christus ordinarit, ut nullum esset peccatum, nisi incredulitas, nulla iusticia, nisi fides.* Ad lib. Ambros. Catharini. Ibid. T. II, fol. 157 recto [*N.d.A.*].

[10] *Sola enim fides Christi necessaria est ut iusti simus.* In Epist. Pauli ad Gal. Commentarius primus. Ibid. T. V, fol. 225 verso [*N.d.A.*].

[11] *Iam perspicit lector, quanta aequitate doctrinam nostram hodie sophistae cavillentur, quum dicimus* hominem sola fide iustificari. *Fide iustificari hominem, quia toties in Scriptura recurrit, negare non audent, sed quum nusquam exprimatur* sola, *hanc adiectionem fieri non sustinent.* Institut. Christ. Relig. Lib. III, cap. XI, 19 [*N.d.A.*].

[12] *Ipse enim novit abscondita cordis.* Psalm. XLIII, 22 [*N.d.A.*].

[13] *Propter quod dico tibi: Remittuntur ei peccata multa, quoniam dilexit multum... Dixit autem ad illam: Remittuntur tibi peccata.* Luc. VII, 47, 48 [*N.d.A.*].

n'eût pas le même moyen de s'assurer de sa repentance. Que si l'on répond enfin que le doute lui reste toujours s'il se repent comme il faut, j'en dis autant de la foi; et tout aboutit à conclure que le pécheur se tient assuré de sa justification, sans pouvoir être assuré d'avoir accompli, comme il faut, la condition que Dieu exigeoit de lui pour l'obtenir [14]. E non si prenda questo per un semplice argomento *ad hominem,* col quale si possa bensì render comune la difficoltà all'avversario, ma senza levarla da sé. La difficoltà cade tutta quanta sulla dottrina che vuol imporre quella legge; non tocca punto la dottrina cattolica, la quale non l'ha mai né immaginata, né accettata; e secondo la quale, il fedele, applicando la fede al suo oggetto proprio, e escludendola da ciò che non lo è, né lo può essere, *crede* la remissione de' peccati, e, pentito, *spera* d'averla ottenuta, per i meriti del Redentore.

E di qui chiunque rifletta è condotto a vedere che in questa dottrina sola può trovare il suo luogo la speranza [15]; essendo una cosa d'immediata evidenza, che la certezza l'esclude, e che non si può, senza la più aperta contradizione, applicar l'una e l'altra a un fatto medesimo. La quale abolizione virtuale della speranza è più manifesta nella dottrina di Calvino, il quale, o estendendo, o applicando più logicamente quel novo domma (il che non occorre qui di ricercare), pronunziò che, non solo della sua attuale giustificazione, ma della sua perseveranza, finale, e della sua eterna salute, deva il fedele avere un'assoluta certezza. *Una bella fiducia,* dice, *ci rimane della nostra salvezza, se, in quanto al presente, non abbiamo che una congettura morale d'essere in grazia, e non sappiamo ciò che potrà essere nel futuro* [16]. E più espressamente ancora in un altro luogo: *In conclusione, non è veramente fedele, se non chi... affidato alle promesse della divina benevolenza verso di lui, aspetta anticipatamente, con piena certezza, la sua eterna salute* [17]. E dovendo però ritenere la parola « speranza », tanto solenne e tanto ripetuta nelle Scritture, non lo poté fare, se non levandole il suo significato essenziale, e cambiandolo in

---

[14] *Histoire des Variations des Églises Protestantes.* Liv. XI [*N.d.A.*].

[15] La speranza è una via e mediazione propria del cattolicesimo, che il protestantesimo è costretto ad abolire virtualmente insieme alle altre vie e mediazioni, per sostituirla con la *certezza.*

[16] *Egregia vero salutis fiducia nobis relinquitur, si ad praesens momentum nos esse in gratia, coniectura morali aestimamus, quid in crastinum sit futurum nescimus.* Instit. Christ. Relig. III, II, 40 [*N.d.A.*].

[17] *In summa, vere fidelis non est, nisi qui... divinae erga se benevolentiae promissionibus fretus, indubitatam salutis expectationem praesumit.* Ibid. 16 [*N.d.A.*].

una contradizione. *La speranza*, disse, *non è, in conclusione, altro che l'aspettativa di ciò che la fede ha creduto esser veramente promesso da Dio* [18]. Ma l'intimo senso e il senso comune replicano, a una voce, che l'aspettativa d'un bene che uno avesse la certezza assoluta di possedere, sarebbe desiderio, non sarebbe speranza. Ogn'uomo, infatti, senza eccezione, conosce per propria esperienza e, se ce ne fosse bisogno, per un consenso non mai contradetto, uno stato dell'animo, relativo a un bene desiderato e, più o meno, probabile, che è quanto dire, non certo. Ed è appunto questo stato dell'animo, che è significato dal vocabolo « speranza »; vocabolo che ha, senza dubbio, un equivalente in tutti i linguaggi; giacché, come supporre una società d'uomini, nella quale non si senta il bisogno di significare uno stato dell'animo così universale, così frequente, così inevitabile? Quanto non sarebbe assurdo dire: Credo, con certezza di fede, che possederò la vita eterna, e spero d'ottenerla! Eppure sarebbe la vera e unica maniera d'esprimere in atto la speranza cristiana, secondo quella dottrina. E sarebbe assurdo né più né meno il dire: Credo, con certezza di fede, la resurrezione de' morti, e spero che i morti risorgeranno. Applicare la certezza a una promessa condizionata, e la speranza a una predizione assoluta e infallibile, sono due forme d'un assurdo medesimo, cioè della confusione di queste due distintissime essenze.

Dopo tali premesse, non c'è da maravigliarsi, per quanto la cosa sia strana, che Calvino accusi di contradizione la dottrina del Concilio di Trento, appunto perché c'è mantenuta la distinzione tra la speranza e la certezza. *Non vogliono*, dice, *che alcuno si riprometta da Dio, con certezza assoluta, la perseveranza, quantunque non disapprovino il riporre in Dio una speranza fermissima. Ma, prima di tutto, ci facciano vedere con qual cemento si possano fare stare insieme due cose tanto repugnanti tra di loro, una speranza fermissima, e un'aspettativa sospesa* [19]. Cemento tra due idee, una delle quali è inclusa nell'altra? Perché, di novo, chi non sa che la sospensione o, vogliam dire, la non certezza, è un elemento essenziale della

---

[18] *Ut in summa nihil aliud sit spes, quam eorum expectatio, quae vere a Deo promissa fides credidit.* Ibid. 42 [*N.d.A.*].

[19] *Prohibent capite decimo quarto, ne quis perseverandi constantiam sibi, absoluta certitudine, ex Deo polliceatur; tametsi firmissimam de illa spem in Deo collocari non improbant. Sed nobis primum ostendant quonam coemento coagmentari queant res tantopere dissidentes, firmissima spes, et suspensa expectatio.* Antidotum Concilii Tridentini; in sextam sessionem [*N.d.A.*].

speranza? che questa non è altro appunto, che l'aspettativa non certa d'una cosa desiderata? Ma dove gli par di cogliere la contradizione, è in quel « fermissima »; tanto una preoccupazione, principalmente quando è superba, può far dimenticare ciò che è impossibile d'ignorare! Chi non sa che la speranza, come ogni altro affetto umano, è capace di gradi indefiniti? Il linguaggio ha, per dir così, esauriti tutti gli aggiunti, è andato in cerca di tutte le figure che potessero servire, in qualche maniera, a distinguerli e a determinarli. E, essendo poi la speranza cristiana non un semplice affetto umano, ma una virtù soprannaturale, come non sarà desiderabile che arrivi al più alto grado? Perciò il Concilio non si restringe a *non disapprovare* (espressione che fa parer quasi una concessione quello che è un precetto) *che si riponga nell'aiuto di Dio una fermissima speranza*; dice che *tutti lo devono* [20]. E la ragione del precetto è evidente. Ogni speranza d'un bene promesso condizionatamente (e qual promessa più espressamente e ripetutamente condizionata, di quella della salute eterna?) si fonda, da una parte, sulla fedeltà e sulla potenza dell'autore della promessa, e dall'altra, sulla fedeltà di chi deve adempire la condizione. Quindi la speranza cristiana dev'esser fermissima, senza paragone con nessun altro sentimento possibile dello stesso genere, in quanto si fonda sull'infallibilità e sull'onnipotenza dell'Autore della promessa; è speranza e nulla più, o, per parlar più esattamente, speranza e null'altro (giacché la certezza non è un ultimo e supremo grado della speranza, ma un'altra essenza, e incompatibile con essa), in quanto l'adempimento della condizione dipende dalla libera volontà dell'uomo. Ma speranza fermissima con tutto ciò, perché quella promessa, data per un'infinita carità, e per i meriti infiniti del Redentore, non ha per unico oggetto la ricompensa. Imponendoci la condizione. Dio non ci ha abbandonati alle sole nostre forze per adempirla; ma ha promesso ugualmente d'aiutare ogni nostro sforzo, purché sincero, e d'accordare alla preghiera tutto, senza eccezione, ciò che possa esser necessario a quell'adempimento. E perché la cognizione più elevata della verità fa trovare una concordia tra quelle verità subordinate che, a prima vista, possono parere opposte, il fedele istruito da Dio, per mezzo della Chiesa, sa che quell'incertezza la quale rima-

---

[20] *Nemo ibi certi aliquid* (de perseverantiae munere) *absoluta certitudine polliceatur; tametsi in Dei auxilio firmissimam spem collocare et reponere omnes debent. Deus enim, nisi ipsi illius gratiae defuerint, sicut coepit opus bonum, ita perficiet, operans velle et perficere.* Conc. Trid. Sess. VI, cap. XIII [*N.d.A.*].

ne nella speranza cristiana, anzi ne è una condizione, quell'incertezza che non ha altra ragione, che nella nostra debolezza, non solo è necessaria a mantenere l'umiltà e la vigilanza; ma ha la virtù di render più ferma la speranza medesima. In altri termini, intende che la diffidenza di noi medesimi, se il core è veramente cristiano, serve a fortificare e a accrescere la nostra fiducia in Dio. Infatti, quanto più l'uomo conosce che debole, che incerto, che sproporzionato assegnamento possa fare sulle sue proprie forze, e insieme sa e crede che gli è, non già permesso, ma comandato di sperare; tanto più si sente mosso a volgersi e, direi quasi, a buttarsi, con un lieto abbandono, da quella parte dove tutto è forza, tutto è fedeltà, tutto è previdenza, tutto è assistenza. Nelle speranze che hanno per oggetto i beni temporali, que' due opposti e costitutivi sentimenti, fiducia e diffidenza, fanno unicamente il loro ufizio naturale, che è di combattersi, senza mai concorrere, né direttamente né indirettamente, a uno stesso fine. Nella speranza cristiana, ogni atto di diffidenza porta con sé la ragione d'un atto prevalentemente di fiducia, rimanendo la prima sempre viva e sempre vinta. La debolezza finita, senza mai né sconoscersi, né scusarsi, anzi per l'umile confessione di sé medesima, si sente insieme e superata da un'infinita bontà, e sostenuta da un'infinita forza; avverandosi anche in questo senso il detto dell'Apostolo, che *la potenza divina arriva al suo fine per mezzo della debolezza*[21]. Così la religione, che innalza al grado di virtù un affetto naturale, quel è la speranza, dandogli per motivo la suprema Verità, e per termine il supremo Bene, ci manifesta poi, in questo caso, come in tant'altri, ciò che la ragione stessa trova necessario, anche senza conoscerne il modo; cioè che un elemento essenziale d'una virtù (come l'incertezza lo è della speranza) non può essere opposto alla perfezione di essa.

Oso credere che, se la dottrina della giustificazione per la sola fede fosse proposta in questi tempi, per la prima volta, con qualsiasi apparato di ragionamenti, e con qualsisia impeto d'eloquenza, troverebbe difficilmente qualche seguace, non che tirarsi dietro l'intere popolazioni. E credo ugualmente che ognuno sarà ora facilmente d'accordo con l'illustre autore nel riguardarla come naturalmente *sovvertitrice della morale*. Credo ancora, che non avrebbe maggior seguito l'altra dottrina, o

---

[21] *Virtus in infirmitate perficitur.* Ad Corinth. II, XII, 9 [*N.d.A.*]. Il Manzoni vuole sottolineare che la contrizione importa non solo la speranza ma anche l'umiltà, e sottintende che la giustificazione per sola fede, importando la certezza e negando la speranza, conduce all'orgoglio.

conseguente o analoga, della certezza della salute. Ogni errore, per entrar nelle menti, ha bisogno d'un concorso particolare di circostanze, quantunque possa durare, anche mutate queste; e quantunque possano durare i suoi effetti, anche quando abbia perduta, o affatto o in gran parte, la sua forza; come durano pur troppo le dolorosissime separazioni, delle quali que' novi dommi furono quasi le prime cagioni, e, per qualche tempo, cagioni attive e potenti.

III

Spirito e effetti delle forme imposte alla penitenza.

Quali sono poi finalmente queste forme penitenziali? La confessione delle colpe, per dare al sacerdote la cognizione dell'animo del peccatore, senza la quale è impossibile ch'egli eserciti la sua autorità; l'imposizione dell'opere di soddisfazione; la formula dell'assoluzione. Io non mi propongo di farne l'apologia; giacché cosa può mai trovarsi a ridire in esse, che non sono altro che il mezzo più semplice, più indispensabile, più conforme all'istituzione evangelica, per applicare la misericordia di Dio, e il Sangue della propiziazione? Farò bensí osservare, non già tutti gli effetti di questa istituzione divina (rimettendomi alle molte opere apologetiche che ne ragionano, e alle lodi che ha avute anche da molti di quelli che non l'hanno conservata), farò osservare principalmente quegli effetti che sono in relazione col ritorno alla virtù per i traviati, e col mantenimento della virtù ne' giusti.

L'uomo caduto nella colpa ha pur troppo una tendenza a persisterci; e l'essere privato del testimonio della bona coscienza l'affligge senza migliorarlo. Anzi è una cosa riconosciuta, che il reo aggiunge spesso colpa a colpa, per estinguere il rimorso; simile a coloro che, nella perturbazione e nel terrore dell'incendio, buttano nelle fiamme ciò che vien loro alle mani, come per soffogarle. Il rimorso, quel sentimento che la religione con le sue speranze fa diventar contrizione, e che è tanto fecondo in sua mano, è per lo più o sterile o dannoso senza di essa [22]. Il reo sente nella sua coscienza quella voce terribile: non sei più innocente; e quell'altra più terribile an-

---

[22] Con questa intuizione di straordinaria profondità il Manzoni trapassa dal dibattito teologico all'esplorazione del cuore umano che è il termine della sua indagine e della sua cura. A nessuno sfugge l'unanimità di accento tra queste osservazioni e quelle che è dato ritrovare nel romanzo, per esempio nell'episodio della conversione dell'Innominato.

cora: non potrai esserlo più; e riguardando la virtù come una cosa perduta, sforza l'intelletto a persuadersi che se ne può far di meno, che è un nome, che gli uomini l'esaltano perché la trovano utile negli altri, o perché la venerano per pregiudizio; cerca di tenere il core occupato con sentimenti viziosi che lo rassicurino, perché i virtuosi sono un tormento per lui. Ma per lo più quelli che vanno dicendo a sé stessi che la virtù è un nome vano, non ne sono veramente persuasi: se una voce interna annunziasse loro autorevolmente che possono riconquistarla, la crederebbero una verità, o, per dir meglio, confesserebbero a sé stessi d'averla, in fondo, creduta sempre tale. Questo fa la religione in chi vuole ascoltarla: essa parla in nome d'un Dio che ha promesso di buttarsi dietro le spalle le iniquità del pentito: essa promette il perdono, e offre il mezzo di scontare il prezzo del peccato. Mistero di sapienza e di misericordia! mistero che la ragione non può penetrare, ma che tutta la occupa nell'ammirarlo; mistero che, nell'inestimabilità del prezzo della redenzione, dà un'idea infinita e dell'ingiustizia del peccato e del mezzo d'espiarlo, un'immensa ragione di pentimento, e un'immensa ragione di fiducia.

Ma la religione non fa solamente questo; essa rimove anche gli altri ostacoli che gli uomini oppongono al ritorno alla virtù. Il reo sfugge la società di quelli che non lo somigliano, perché li teme superbi della loro virtù: aprirà egli il suo core a loro, che ne profitteranno per fargli sentire che sono da più di lui? Che consolazione gli daranno essi, che non possono restituirgli la giustizia? essi che stanno lontani da lui, per parere incontaminati? che parlano di lui con disprezzo, perché si veda sempre più che disprezzano il vizio? essi che lo sforzano così a cercare la compagnia di quelli che sono colpevoli come lui, e che hanno le stesse ragioni per ridersi della virtù? La giustizia umana ha pur troppo con sé l'orgoglio del Fariseo che si paragona col Pubblicano, che prende un posto lontano da lui; che non s'immagina che quello possa diventare un suo pari; che, se potesse, lo terrebbe sempre nell'abiezione del peccato [23].

Ma questa divina religione d'amore e di perdono ha istituiti de' conciliatori tra Dio e l'uomo [24]. Li vuole puri, perché la loro vita accresca autorità alle loro parole, perché il peccatore, con l'accostarsi a loro, si senta ritornato nella compagnia de'

---

[23] È, questa, una critica meravigliosa e terribile della virtù disgiunta dalla carità, che è il tratto del filisteismo spiritualistico di sempre, e la cui ultima incarnazione è l'umanesimo borghese.
[24] I sacerdoti: ecco un'altra mediazione negata dai protestanti.

virtuosi; ma li vuole umili, e perché possano esser puri, e perché quello possa ricorrere a loro, senza temere d'esserne respinto. Egli s'avvicina senza ribrezzo a un uomo che confessa d'esser peccatore anche lui, a un uomo che, dal sentire le di lui colpe, ricava anzi fiducia che chi le rivela sia caro a Dio, e venera nel ravveduto la grazia di Colui che richiama a sé i cori; a un uomo che riguarda in quello che gli sta a' piedi la pecora cercata e portata sulle spalle del pastore, l'oggetto della gioia del cielo; a un uomo che tocca le sue piaghe con compassione e con rispetto, che le vede già coperte di quel Sangue che invocherà sopra di esse. Sapienza mirabile della religione di Cristo! Essa impone al penitente dell'opere di soddisfazione, che diventano per lui un testimonio consolante del suo cambiamento, e con le quali si rinfranca nell'abitudini virtuose e nella vittoria di sé stesso; con le quali mantiene la carità, e compensa, in certa maniera, il mal fatto. Perché, non solo la religione non gli accorda il perdono, se non a condizione che ripari, potendo, i danni fatti al prossimo; ma, per ogni sorte di colpe, lo assoggetta alla penitenza, la quale non è altro che l'aumento di tutte le virtù, e quella che fa dell'offensore di Dio un ministro umile e volontario della sua giustizia. Essa prescrive a' suoi ministri, che s'assicurino il più che possono della realtà del pentimento e del proposito; indagine che tende, non solo a impedire che s'incoraggisca il vizio con la facilità del perdono, ma a dare una più consolante fiducia all' uomo che è pentito davvero: tutto è sollecitudine di perfezione e di misericordia. E i ministri che riconciliassero leggermente chi non fosse realmente mutato, essa li minaccia che, in vece di scioglierlo, saranno legati essi medesimi; tanta è la sua cura perché l'uomo non cambi in veleno i rimedi pietosi che Dio ha dati alla nostra debolezza.

Chi, con queste disposizioni, è ammesso alla penitenza, è certamente nella strada della virtù; chi s'è sentito dire, dal ministro del Signore, che è assolto, si trova come ristabilito nel retaggio dell'innocenza, e principia di novo a battere quella strada con alacrità, con tanto più di fervore quanto più si rammenta che frutti amari ha colti in quella del vizio, quanto più sente che gli atti e i sentimenti virtuosi sono i mezzi che la religione gli presenta per crescere nella fiducia che le sue tracce su quella trista strada siano cancellate.

La religione ha ricevuto dalla società un vizioso, e le restituisce un giusto: essa sola poteva fare un tal cambio. Chi avrebbe tentato, chi avrebbe pensato d'istituire de' ministri per aspettare il peccatore, per invitarlo, per insegnar la virtù, per richiamare a quella chi ricorre a loro, per parlargli con quella sincerità che non si trova nel mondo, per metterlo in guardia contro ogni illusione, per consolarlo a misura che diventa migliore?

Il mondo si lamenta che molti esercitino un così alto ufizio come un mestiere: e con questa parola gli rende omaggio senza avvedersene, riconoscendo che ogni mira di guadagno, di vantaggio temporale, anche onestissima in ogni altra professione, è sconveniente nell'esercizio di esso. Ma forse che sono cessati i ministri degni d'un tale ufizio? No, Dio non ha abbandonata la sua Chiesa: Egli mantiene in essa uomini che non hanno, che non vogliono altro mestiere che sacrificarsi per la salute de' loro fratelli, e in questa vedono un vero premio de' pericoli, de' patimenti, della vita più laboriosa; qualche volta della morte, del supplizio, e più spesso d'un lento martirio. Ma il mondo che si lamenta degli altri, guarderà dunque questi con venerazione e con riconoscenza; in ogni ministro zelante, umile e disinteressato vedrà un uomo grande; si rammenterà con tenerezza e con ammirazione que' sacerdoti che scorrono i deserti dell'America per parlare di Dio ai selvaggi; al sentire la fine di que' soldati della Chiesa, che, andati alla China per predicar Gesù Cristo, senza una speranza terrena, ci hanno recentemente sofferto il martirio, il mondo se ne glorierà, come fa di tutti quelli che disprezzano la vita per un nobile fine. Se non lo fa, se deride quelli che non può censurare, se li dimentica, o li chiama intelletti deboli, miseri, pregiudicati, si può credere che il mondo odii, non i difetti de' ministri, ma il ministero.

Ma la penitenza sacramentale non è utile e necessaria solamente a quelli che hanno scosso il giogo della legge divina, e aspirano a riprenderlo: lo è non meno ai giusti. In guerra continuamente con le prave inclinazioni interne, e con tutte le potenze del male, essi sono chiamati dalla religione a ripensare nell'amarezza del core le loro imperfezioni, a vegliare sulle loro cadute, a implorarne il perdono, a compensarle con atti di virtuosa annegazione, a proporre di cambiar sempre in meglio la loro vita. La penitenza è quella che distrugge in essi i vizi, al loro nascere, e *in vasi di creta conserva il tesoro* [25] della giustizia.

Un'istituzione che obbliga l'uomo a formare un giudizio severo sopra sé stesso, a misurare le sue azioni e le sue disposi-

---

[25] *Habemus autem thesaurum istum in vasis fictilibus.* Paul. II ad Corinth. IV, 7 [*N.d.A.*].

zioni col regolo della perfezione, che gli dà il più forte motivo per escludere da questo giudizio ogni ipocrisia, insegnando che sarà riveduto da Dio, è una istituzione sommamente morale.

Come mai una tale istituzione ha potuto esser mal intesa da tanti scrittori? Come mai le è stato tante volte attribuito uno spirito perfettamente opposto al suo?

Non si può a meno di non provare un sentimento doloroso per ogni verso, quando, in uno scritto che spira amore per la verità, e per il perfezionamento, in uno scritto dove le riflessioni le più pensate sono ordinate al sentimento morale, e questo al sentimento religioso, si trova questa proposizione: che il cattolicismo fa comprare l'assoluzione con la manifestazione delle colpe [26].

Qui non si tratta né d'induzioni, né d'influenze recondite e complicate; si tratta d'un fatto. Ognuno può informarsi da qualunque cattolico, se la manifestazione (*aveu*) delle colpe basti a ottenere l'assoluzione; qualunque cattolico risponderà di no, qualunque cattolico ripeterà col concilio di Trento: « Anatema a chi nega che alla perfetta remissione de' peccati si richiedano tre atti nel penitente, quasi materia del Sacramento, cioè la contrizione, la confessione e la soddisfazione [27] ».

[26] *Le Catholicisme, en admettant les pratiques à compenser les crimes, en faisant acheter l'absolution par des aveux, et les faveurs par des offrandes, blessoit trop ouvertement les plus simples notions de la raison, pour pouvoir résister au progrès des lumières.* Éducation pratique, trad. de l'anglais par M. Pictet. Genève, de l'imprimerie de la Bibliothèque Britannique. Préface du Traducteur, pag. VIII, e della seconda edizione pag. VII. Senza dubbio una tal religione urterebbe le nozioni più semplici della ragione. Ma, supponendo tale il cattolicismo, rimarrebbe da spiegare come tanti intelletti eminenti, quanti esso ne conta, e, ciò che è più, come tutti i cattolici siano indietro delle prime nozioni della ragione. Questa spiegazione però non è necessaria, non stando punto il fatto. Non ci stenderemo sull'altre due tacce date al cattolicismo, perché non sono direttamente dell'argomento, e perché implicitamente vengono sciolte anch'esse; giacché le pratiche del culto e l'offerte, con le condizioni delle quali s'è più volte parlato, sono convenientissime al fine di compensare i peccati, e d'ottenere i favori; e senza di quelle non sono né proposte, né valutate dalla dottrina della Chiesa. Volendo addurre un novo esempio di dottrine erroneamente apposte alla Chiesa nella materia della penitenza, ho scelto questo tra moltissimi, perché, in un libro dove vorrei che tutto fosse concordia e benevolenza, m'è parso bene di citare scrittori ai quali, ribattendo le loro opinioni, si possa dare un attestato di stima sentita e non comune [*N.d.A.*]. Il Manzoni cita dall'opera l'*Educazione pratica* di Maria Edgeworth (1767-1849), pubblicata nel 1798, tradotta in francese nel 1801 da Carlo Pictet de Rochemont.

[27] *Si quis negaverit ad integram et perfectam remissionem requiri tres actus in poenitente, quasi materiam Sacramenti Poenitentiae, videlicet Contritionem, Confessionem, et Satisfactionem... anathema sit.* Conc. Trid. sess. XIV, can. IV [*N.d.A.*].

Di più, ricevere questo sacramento senza quelle disposizioni è un sacrilegio, un novo orribile peccato. E tanto è vero che l'assoluzione non si compra con la confessione materiale, che qualche volta l'assoluzione può esser negata dopo quella confessione, e qualche volta si dà senza di essa, come ai moribondi, i quali non siano in caso di confessarsi, e diano segni d'esserci disposti.

Si consideri un momento lo spirito della Chiesa nella dottrina dei sacramenti, e si vedrà come tutta l'economia di essi sia diretta alla santificazione del core, si vedrà quanto essa sia aliena dal sostituire le pratiche a' sentimenti. L'insegnamento cattolico fa ne' sacramenti una distinzione non meno propria che importante, chiamandone alcuni sacramenti *de' vivi*, e altri *de' morti*. Gli uni e gli altri sono istituiti da Gesù Cristo, e tutti per santificare; ma ai primi non è lecito accostarsi se non in stato di grazia: perché? Perché, secondo la Chiesa, il primo passo, il passo indispensabile a ogni grado di santificazione è il ritorno a Dio, l'amore della giustizia, l'avversione al male. C'è pur troppo negli uomini una tendenza superstiziosa insieme e mondana, che li porta a confidare nelle nude pratiche esterne, e a ricorrere a cerimonie religiose per soffogare i rimorsi, senza riparare ai mali commessi, e senza rinunziare alle passioni: il gentilesimo, cred'io, li serviva in ciò secondo i loro desideri. Ma qual è la religione che essenzialmente, perpetuamente e manifestamente s'oppone a questa tendenza? La religione cattolica senza alcun dubbio. Essendo tutti i sacramenti mezzi efficaci di santificazione, perché non sarebbe lecito ricorrere indistintamente a tutti i sacramenti, se le pratiche del culto fossero ammesse a compensare i delitti? Qual mezzo di santificazione potrebbe parere più facile del sacramento dell'Eucaristia, il quale comunica realmente la Vittima Divina, e unisce all'uomo la santità stessa? Eppure la Chiesa dichiara, non solo inutile, ma sacrilego il ricevere questo sacramento per chi non sia in stato di grazia: il Propiziatore stesso diventa condanna in un core ingiusto. Essa obbliga i peccatori che vogliono arrivare a quelle più alte fonti di grazia, a passare per i sacramenti che riconciliano a Dio; cioè la penitenza, alla quale non è lecito avvicinarsi senza dolore del peccato e senza proposito di nova vita, e il battesimo che negli adulti esige le stesse disposizioni. Poteva la Chiesa mostrare più ad evidenza, che non conta, che anzi ricusa le pratiche esterne, quando non siano segni d'un amore sincero della giustizia?

Ma donde può essere nata una opinione tanto contraria allo spirito della Chiesa? Io credo da un equivoco. Essendo la confessione la parte più apparente del sacramento di penitenza, ne è venuto l'uso di chiamare impropriamente confessione tutto il sacramento. Ma s'avverta che quest'inesattezza di parole non ne ha corrotta l'idea; perché la necessità del dolore, del proponimento e della soddisfazione è tanto universalmente insegnata, che si può affermare non esserci catechismo che non la inculchi, né ragazzo ammesso alla confessione che l'ignori.

CAPITOLO IX

SUL RITARDO DELLA CONVERSIONE.

La vertu, au lieu d'être la tâche constante de toute la vie, ne fut plus qu'un compte à régler à l'article de la mort. Il n'y eut plus aucun pécheur si aveuglé par ses passions, qu'il ne projetât de donner, avant de mourir, quelques jours au soin de son salut; et dans cette confiance, il abandonnoit la bride à ses penchans déréglés. Les casuistes avoient dépassé leur but, en nourrissant une telle confiance; ce fut en vain qu'ils prêchèrent alors contre le retard de la conversion, *ils étoient eux-mêmes les créateurs de ce déréglement d'esprit, inconnu aux anciens moralistes; l'habitude étoit prise de ne considérer que la mort du pécheur, et non sa vie, et elle devint universelle.* Pag. 415, 416.

Quest'ultima obiezione contro la dottrina cattolica della penitenza viene a dire che essa ha proposto un mezzo di remissione tanto facile, tanto a disposizione del peccatore in ogni momento, che questo, sicuro per così dire del perdono, è stato indotto a continuar nel vizio, riservando la penitenza all'ultimo; e che, in questa maniera, non solo tutta la vita è stata resa indipendente dalla sanzione religiosa, ma questa stessa è divenuta un incoraggimento al mal fare, e la morale è stata, per conseguenza, rovinata.

Un tale tristissimo effetto vien qui, per quanto mi pare, attribuito promiscuamente alla dottrina, all'opinioni del popolo, e all'insegnamento del clero: e queste sono infatti le cose da considerarsi nella questione presente. Noi le esamineremo partitamente, per presentarle secondo quello che ci pare il loro vero aspetto. Ma prima sarà ben fatto d'accennare le proposizioni che noi crediamo dovere essere il resultato di questo esame.

I. La dottrina – è la sola conforme alle Sacre Scritture – è la sola che possa conciliarsi con la ragione e con la morale.

II. L'opinioni venute dall'abuso della dottrina – sono pratiche e non speculative – sono individuali e non generali – non possono esser distrutte utilmente, che dalla cognizione e dall'amore della dottrina.

III. Il clero (preso non nella totalità fisica, ma nella unanimità morale) – non insegna la dottrina falsa – non dissimula la vera.

I.

Della dottrina.

Dobbiamo qui rammentar di novo, che, in ogni questione intorno al merito d'una dottrina morale, è necessario, prima di tutto, esaminar questa dottrina direttamente e in sé. Una dottrina morale qualunque, è necessariamente o vera o falsa; o consentanea o opposta alla rivelazione e alla ragione. Prescindere da una tale ricerca, e volerla giudicare puramente dagli effetti, o, per parlar più esattamente, da alcuni fatti che possano aver luogo insieme con essa, sarebbe lasciar da una parte il vero e unico mezzo di giudicarla con cognizione di causa, e prenderne uno, non solo inadeguato, ma essenzialmente fallace. Perché, oltre l'impossibilità di conoscere tutti que' fatti, e la difficoltà di stimare imparzialmente que' tanti che si possano conoscere, il riguardarli addirittura come effetti della dottrina, sarebbe un attribuire ad essa ciò che sicuramente non è tutto suo, e che può non esser suo per nulla. Una dottrina morale può bensì essere, e è ordinariamente, una cagione di fatti; ma non n'è mai la sola; anzi è, in quanto cagione, condizionata e subordinata a un'altra, cioè alla volontà dell'uomo. E chi non sa che, in virtù di questa libera volontà, l'uomo può rivolgersi al male, anche dopo aver ricevuta in massima la dottrina più propria a dirigere al bene? Una dottrina che promettesse di rendere infallibilmente boni tutti gli uomini, col solo esser promulgata, potrebbe giustamente esser rigettata sulla semplice prova degli inconvenienti che sussistono con essa. Ma siccome la dottrina cattolica non fa una tale promessa, questa prova non basterebbe per farne un giudizio fondato. Bisogna esaminarla: se gli effetti cattivi hanno origine da lei, il vizio si troverà in lei stessa. Ma se, all'opposto, non ci troviamo altro che rettitudine e sapienza, potremo dire anche qui, che a lei non si devono attribuire altri effetti che i boni. A lei, dico, non come a cagione immediata, né efficiente per sé, ma come a un motivo potente, e a una guida, in parte, necessaria; cioè in quella parte della moralità che eccede la cognizione naturale, e che non ci poteva esser nota, se non per la rivelazione [1].

Richiamando la questione alla dottrina, non intendiamo di declinare quella del fatto; ma bensì d'adempire una condizione necessaria per trattarla con cognizione di causa e utilmente. Il che noi cercheremo di fare con tutta quella precisione che può comportare un fatto così molteplice e così vario e composto, ma, certo, con ogni sincerità: poiché, se il nostro scopo fosse d'illudere o noi medesimi o gli altri, il solo guadagno che potremmo ricavarne sarebbe quello d'esser o ciechi volontari, o impostori: due poveri guadagni.

Il punto della questione, per ciò che riguarda la dottrina, è questo: Può l'uomo, fin che vive, di peccatore diventar giusto, detestando i suoi peccati, chiedendone perdono a Dio, risolvendo di non più commetterne, di ripararne il danno, per

---

IX. [1] S'insiste particolarmente sulla necessità d'esaminare la dottrina, perché questo esame è ordinariamente omesso, e molti, dopo aver citata una qualche iniquità commessa da' cattolici, credono d'aver giudicata la religione. Questa strana maniera di ragionare è usitatissima in tutte le questioni che hanno relazione con la morale. Dove ci sono partiti, ognuno crede d'aver provata la bontà della sua causa, adducendo gl'inconvenienti dell'altra; ognuno paragona tacitamente la causa avversaria con un tipo di perfezione, e non gli è difficile dimostrare che ne sia lontana. Quindi quelle dispute eterne, nelle quali, lasciata indietro la questione essenziale, una parte espone, più o meno esattamente, la metà della questione accessoria, e trionfa; con questo che l'altra parte trionfi dal canto suo, esponendone l'altra metà. Si citano de' fatti di prepotenza brutale sostenuta dagli usi, o anche dalle leggi; frivolezze tenute in gran conto, e cose importanti trascurate; scoperte del bon senso, o anche del genio, accolte come deliri; insistenze lunghissime degli uomini più accreditati, verso qualche scopo insensato, e sbaglio anche ne' mezzi per arrivarci; bone azioni cagione di persecuzione, e azioni triste, cagione di prosperità, ecc., ecc., e si conclude dicendo: « Ecco il bon tempo antico »; e se ne cava argomento per ammirare lo spirito de' tempi moderni. Da un'altra parte s'adducono imprese principiate in nome della giustizia e dell'umanità, e consumate col più tracotante arbitrio e con la più orribile ferocia; passioni preconizzate come un mezzo di perfezionamento individuale e sociale; la sapienza riposta da molti nella voluttà, e la virtù nell'orgoglio; e anche qui, come sempre e pertutto, la persecuzione della virtù e il trionfo del vizio, ecc., ecc., e si conclude dicendo: « Ecco il secolo de' lumi »; e si danno queste come bone ragioni per desiderare i tempi andati. Ammirazione e desiderio in cui si sprecano tanti pensieri che si potrebbero consacrare allo studio della perpetua corruttela dell'uomo e de' mezzi veri per rimediarci, e all'applicazione di questa cognizione a tutte l'istituzioni e a tutti i tempi. Queste riflessioni non si danno qui come recondite, ma come trascurate [N.d.A.]. È proprio una considerazione come quella sulla *perpetua corruttela dell'uomo*, che impedisce al Manzoni di esser nostalgico o reazionario.

quanto potrà, e di farne penitenza, e confidando per la remissione di essi nella misericordia di Dio, e ne' meriti di Gesù Cristo? Quando il peccatore sia così giustificato, è egli in istato di salvezza?

La Chiesa dice di sì: consultiamo la Scrittura, consultiamo la ragione, cerchiamo i princìpi e le conseguenze legittime di questa dottrina, e della dottrina contraria.

Lasciando per brevità da una parte la connessione essenziale di questa dottrina con tutta la Scrittura, e i passi ne' quali è sottintesa, ne riportiamo uno solo, ma formale.

« La giustizia del giusto non lo libererà in qualunque giorno pecchi; e l'empietà dell'empio non gli nocerà più in qualunque giorno si converta... Se avrò detto all'empio: tu morrai; ed egli farà penitenza del suo peccato, e farà opere rette e giuste; se restituirà il pegno, e renderà quello che ha rapito, e camminerà ne' comandamenti di vita, e nulla farà d'ingiusto; viverà e non morrà. Tutti i peccati che ha commessi, non gli saranno imputati: ha fatto opere rette e giuste, viverà [2]. »

Tutti i princìpi e tutte le conseguenze di questa dottrina ricadono dunque sulla Scrittura; ad essa bisogna chiederne conto, o, per dir meglio, ad essa dobbiamo la cognizione certa e distinta d'una verità così salutare e, del resto, così legata con l'altre ugualmente rivelate, per le quali la nostra mente è stata sollevata al concetto soprannaturale, che è quanto dire, al concetto intero della moralità. Infatti (siamo costretti dall'argomento a toccar di novo alcune cose già dette nel capitolo antecedente) infatti, se la giustizia consiste nella conformità dell'intelletto e della volontà e, per una conseguenza necessaria, dell'azioni con la legge di Dio, il peccatore che, per la misericordia e con la grazia di Lui, diventa conforme a quella, fino a condannar sé medesimo, diventa giusto. Se la giustizia è uno stato reale dell'anima umana; se la conversione, se il perdono ottenuto per i meriti del Mediatore non sono parole vane; l'uomo che, *in qualunque giorno*, è entrato in questo stato, è attualmente amico di Dio, e quindi chiamato alla sorte che Dio ha preparata a' suoi amici. Se il tem-

---

[2] *Iustitia iusti non liberabit eum in quacumque die peccaverit; et impietas impii non nocebit ei in quacumque die conversus fuerit ab impietate sua... Si autem dixero impio: morte morieris; et egerit poenitentiam a peccato suo, feceritque iudicium et iustitiam, et pignus restituerit ille impius, rapinamque reddiderit, in mandatis vitae ambulaverit, nec fecerit quidquam iniustum; vita vivet, et non morietur. Omnia peccata eius, quae peccavit, non imputabuntur ei: iudicium et iustitiam fecit, vita vivet.* Ezech. XXXIII, 12, 14, 15, 16. Vegg. pure il cap. XVIII, 21 e seg. [*N.d.A.*].

po della prova è in questa vita; se il premio e la pena dipendono da questo tempo (e tutti i precetti della morale cristiana hanno la loro sanzione in questo domma; e quanti filosofi, anche nemicissimi della religione, non l'hanno riguardato come un suo gran benefizio, come un supplimento ai mezzi umani per accrescere il bene morale, e diminuire il male!); se il tempo della prova è in questa vita, l'uomo che, al finir della prova, è in stato di giustizia, è necessariamente in stato di salvezza.

E quali sono le conseguenze legittime di questi princìpi, riguardo alla condotta di tutta la vita? È evidente che, per fare con cognizione di causa una tale ricerca, bisogna osservare il complesso della dottrina di cui essi non sono che una parte.

A chi, nel pericolo prossimo d'un'inondazione, domandasse, se trascurando di mettersi in salvo in quel momento, sarebbe certo di perire, cosa si dovrebbe rispondere? No: non è assolutamente certo che perirete trattenendovi in un tale pericolo. Una cagione impreveduta può svoltare il corso dell'acqua; l'acqua stessa può mandarvi vicina una tavola che vi porti a salvamento. Ma voi ponete male la questione, considerando unicamente, in una deliberazione di tanta importanza, una possibilità debole e lontana, e lasciando da una parte la difficoltà, che ogni momento di ritardo rende più grave.

Lo stesso è nell'affare della salvezza dell'anima.

È sempre possibile il convertirsi, dice la Chiesa, e non può dire altrimenti; ma è difficile, ma questa difficoltà cresce a misura che il tempo passa, che i peccati s'accumulano, che l'abitudini viziose si rinforzano, che s'è stancata la pazienza di Dio, restando sordi alle sue chiamate; quindi la difficoltà è massima appunto al momento d'abbandonare la vita. E la Chiesa, non solo non lusinga i peccatori che potranno superare questa difficoltà, ma non cessa di rammentar loro, che non sanno nemmeno se potranno affrontarla; giacché il momento e il modo della morte sono ugualmente incerti.

Dunque bisogna vivere in ogni momento in maniera di poter con fiducia presentarsi a Dio; dunque la conversione è necessaria in ogni momento ai peccatori, la perseveranza in ogni momento ai giusti: tali e simili sono le conseguenze che un uomo ragionevole (e la religione, come tutte le dottrine vere, intende parlare alla ragione) possa dedurre da quella dottrina. Conseguenze, delle quali nulla si può pensare di più morale, e di più applicabile a ogni azione, a ogni pensiero; e che tutte si riducono a quell'avvertimento lasciatoci dal Maestro medesimo: *State preparati, perché, nell'ora che meno pensate, verrà* *il Figliolo dell'uomo*³. Quindi quella dottrina, lungi dal portar gli uomini a *non considerare che la morte*, è sommamente propria a dirigere tutta la vita⁴.

« Ma cos'importa » si dirà « che le conseguenze immorali siano legittime o no, quando sono state dedotte, quando gli uomini hanno regolata la loro vita su queste conseguenze? Voi dite che i cattolici viziosi hanno ragionato stortamente: sia pure; ma questa dottrina è sempre stata per loro un'occasione di ragionar così; e hanno vissuto nel male, con la fiducia e per la fiducia di morir bene. »

Suppongo il fatto, e domando: come rimediarci? O bisogna provare che gioverebbe alla morale il lasciar gli uomini senza una dottrina sul ritorno a Dio, sui suoi giudizi, sulle pene e sui premi della vita futura; o trovarne una diversa dalla rivelata, e che non abbia né questi inconvenienti, né de' peggiori. Venga un uomo che s'arroghi di farlo, non avrà la Chiesa ragione di fermarlo e di dirgli: Perché gli uomini hanno cavate delle conseguenze viziose da una dottrina santa e vera, voi volete darne loro una arbitraria? Come! le loro inclinazioni non si sono raddrizzate con la regola infallibile; a quale pervertimento non arriveranno con una regola falsa?

Ma supponiamo che quest'uomo non dia retta alla Chiesa, e che, passando sopra una tale difficoltà, argomenti in questa maniera.

« È stato insegnato ai cattolici, che il peccatore può, fin che vive, convertirsi e esser giustificato. È vero che s'è anche sempre detto loro, che il rimetter la conversione alla morte è una doppia temerità, un'enorme insensatezza. Ma malgrado ciò, *non ci fu peccatore così accecato dalle passioni, che non proponesse di consacrare, prima di morire, qualche giorno alla cura della sua salvezza; e con questa fiducia scioglieva il freno alle sue inclinazioni sregolate.* Ci vuol dunque un rimedio, e non un palliativo; bisogna estirpare la radice del male, cioè una dottrina necessariamente male interpretata, una dottrina che, data la natura dell'uomo, opera certamente un effetto così malefico. In queste cose non si può stare senza una dottrina qualunque; una dottrina media non ci sarebbe su che fondarla. Dunque è necessario stabilire e promulgare la dottrina opposta, cioè: non è vero che l'uomo possa convertirsi a Dio; giacché, se s'ammette la possibilità, essa si applica da sé e

---

³ *Et vos estote parati: quia, qua hora non putatis, Filius hominis veniet.* Luc. XII, 40 [*N.d.A.*].

⁴ Attendere a pentirsi in punto di morte sarebbe probabile o scusabile soltanto se il momento della morte fosse prevedibile.

necessariamente a tutti i momenti della vita, e, per conseguenza, anche agli ultimi.

« È stato ugualmente insegnato ai cattolici, che l'uomo è giudicato nello stato in cui si trova all'uscire di questa vita. È vero che s'è anche detto che la morte è ordinariamente la conseguenza della vita; che una bona morte è un tal dono, che la vita tutta intera deve essere impiegata a implorarla e a meritarla; che non solo non è promessa agli empi, ma sono minacciati di morire in peccato; che il mezzo d'avere una giusta speranza di ben morire, è di ben vivere, e altri simili correttivi: ma con tutto ciò, *s'è presa l'abitudine di considerar solamente la morte del peccatore, e non la vita; e quest'abitudine divenne universale*. S'insegni dunque che l'uomo non sarà giudicato nello stato in cui si troverà all'uscire di questa vita. »

Ci s'insegni questa dottrina, e si dica quali ne saranno le conseguenze applicabili alla condotta morale. L'uomo non può convertirsi a Dio; dunque al peccatore non rimane che la disperazione: stato incompatibile con ogni sentimento pio, umano, dignitoso; stato orribile, in cui l'uomo, se potesse durarci e esser tranquillo, non potrebbe farsi altra regola, che di procurarsi il più di piaceri finché può, a qualunque costo. L'uomo non può convertirsi a Dio; dunque non più pentimento, non più mutazione di vita, non più preghiera, né speranza, né redenzione, né Vangelo; dunque il dire a un peccatore di diventar virtuoso per motivi soprannaturali, sarebbe fargli una proposta assurda. L'uomo non è giudicato nello stato in cui si trova all'uscire di questa vita; dunque non c'è stato di giustizia né d'ingiustizia; poiché, cosa sarebbe una giustizia che non rimettesse l'uomo nell'amicizia di Dio? e cosa sarebbe un'amicizia di Dio che lasciasse l'uomo nella pena eterna? Dunque non sarà vero che ci siano premi e pene per l'azioni di questa vita, non essendoci in questa vita uno stato in cui l'uomo possa esser degno né degli uni né dell'altre; dunque non ci sarà una ragione certa e preponderante d'operar bene in tutti i momenti della vita.

Ma, tra l'opinioni, tante pur troppo, e diverse e strane, che il senso privato ha potuto produrre, e ha tentato di sostituire alla dottrina della Chiesa, non credo che una simile sia mai stata messa in campo. Non se n'è qui fatto cenno, se non per mostrare che a quella dottrina non se ne può opporre che o una assurda, o nessuna.

II

Dell'opinioni abusive.

Se dunque il viver male per la presunzione di morir bene, non può, in nessuna maniera, esser riguardato come un effetto della dottrina cattolica, quale ne sarà la vera cagione? Quella da cui provengono e tutte le dottrine false, e tutti gli abusi delle vere: le passioni. L'uomo che vuol vivere a seconda di queste, e insieme non osa negare a sé stesso l'autorità della dottrina che le condanna, si sforza di conciliare in apparenza queste due disposizioni inconciliabili, per darla vinta a quella che vuol far prevalere in effetto. E questa infelicissima frode se la fa col mezzo della sofistica ordinaria delle passioni; cioè spezzando, per dir così, la dottrina, prendendone quel tanto che gli conviene, e non curandosi del rimanente: che è quanto dire, riconoscendola e negandola nello stesso tempo.

La religione gli dice che Dio fa misericordia al peccatore, in qualunque giorno questo ritorni a Lui; egli aggiunge di suo, e contro l'avvertimento espresso della religione, che questo giorno sarà sempre in poter suo.

Quest'illusione, abbiamo detto, costituisce un errore pratico e non speculativo; e, tra questi due caratteri, corre una gran differenza. Intendo per errori pratici quelli che l'uomo crea a sé stesso per la circostanza, per giustificare in qualche modo alla sua ragione il male a cui è già determinato; e per errori speculativi, quelli a cui uno aderisce abitualmente, anche quando non ci sia spinto da un interesse estraneo e accidentale. Questi, quando riguardino la morale, alterano la coscienza nell'intimo, scambiando il male in bene, e il bene in male; e sono, per sé, cagioni iniziali e permanenti d'azioni viziose, e spesso anche d'azioni perverse, le quali, senza la loro funesta autorità, non sarebbero state pensate, non che eseguite. In vece, l'errore di cui si tratta non trova adito che nelle menti già sedotte da altre passioni, non dura che nella perturbazione cagionata da esse, non è un principio di ragionamenti qualunque, ma piuttosto una formula per troncare ogni ragionamento.

Difatti, se l'uomo si ferma a ragionare sulla conversione, è condotto dalla logica alla necessità di convertirsi immediatamente. Per non arrivare a una conclusione odiosa al senso, dice a sé stesso: mi convertirò in un altro tempo: non segue la serie di queste idee, e cerca una distrazione.

Di qui nasce un'altra differenza importante. Gli errori di

questo genere sono individuali, e non generali: voglio dire che non si trasmettono per via di discussione, non diventano precetti e parte di scienza comune. All'uomo affezionato al disordine basta d'avere un argomento qualunque, per dir così, a suo uso; non si cura di farne parte agli altri; e soprattutto non vuole entrare in ragionamenti, e perché non è inclinato a queste considerazioni e perché sente che il suo argomento non potrebbe reggere alla prima obiezione. Quindi questo errore non si propaga per proselitismo: ci sono degli erranti in questa materia, ma non de' falsi maestri, né de' discepoli illusi.

Finalmente non può esser distrutto utilmente che dalla cognizione e dall'amore della dottrina.

Per distruggere utilmente gli abusi, bisogna metter le cose in migliore stato di quello che fossero con essi. Spero d'aver dimostrato che sostituire alla dottrina cattolica della conversione qualunque altra, sarebbe creare una sorgente d'errori peggiori e certi e universali. Il solo mezzo, per conseguenza, di diminuire quelli che ci possono essere, è di diffondere, di studiare e d'amare quella religione che comanda la virtù e l'insegna, e che indica e apre tutte le strade che conducono ad essa. Ricorrendo un momento col pensiero al complesso delle massime di questa religione, si vede in che profondo d'ignoranza, d'obblio o d'accecamento deva esser caduto un uomo, per viver male, con la presunzione di pentirsi quando gli piaccia. Non basta far violenza alla Scrittura e alla Tradizione, per tirarle a favorire una tal presunzione. Bisogna assolutamente prescindere dall'una e dall'altra, dimenticarle: l'una e l'altra la combattono sempre, la maledicono sempre. Appena un uomo s'avvicina ad esse con l'intelletto e col core, sente immediatamente che non c'è fiducia se non nell'impiegare secondo la legge di Dio ognuno di que' momenti, de' quali tutti si darà conto a Dio; che non ce n'è in tutta la vita uno solo per il peccato; che è sempre di somma necessità *il camminar cautamente, non da stolti, ma da prudenti, ricomperando il tempo*[5]; che l'unica condotta ragionevole *è di studiarsi di render certa la propria vocazione ed elezione con l'opere bone*[6].

---

[5] *Videte itaque, fratres, quomodo caute ambuletis; non quasi insipientes, sed ut sapientes; redimentes tempus...* Ad Eph. V, 15, 16 [*N.d.A.*].

[6] *Quapropter, fratres, magis satagite, ut per bona opera certam vestram vocationem et electionem faciatis.* II Petr. I, 10 [*N.d.A.*].

III

Dell'insegnamento.

Il clero non insegna la dottrina falsa – non dissimula la vera.

Ognuno vede che i documenti sono troppo voluminosi per essere portati in giudizio; ma si possono francamente chiamare in testimonio tutte l'istruzioni del clero, tutte le prediche, tutti i libri ascetici, meno alcune rarissime eccezioni che accenneremo più tardi. Trascriviamo qui alcuni passi di tre uomini celebri, per saggio dell'insegnamento in questa materia.

Mais serons-nous fort contens d'une pénitence commencée à l'agonie, qui n'aura jamais été éprouvée, dont jamais on n'aura vu aucun fruit; d'une pénitence imparfaite, d'une pénitence nulle, douteuse, si vous le voulez; sans forces, sans réflexions, sans loisir pour en réparer les défauts [7]?

Ils meurent, ces pécheurs invétérés, comme ils ont vécu. Ils ont vécu dans le péché, et ils meurent dans le péché. Ils ont vécu dans la haine de Dieu, et ils meurent dans la haine de Dieu. Ils ont vécu en payens, et ils meurent en réprouvés: voilà ce que l'expérience nous apprend... De prétendre que des habitudes contractées durant toute la vie, se détruisent aux approches de la mort, et que dans un moment on se fasse alors un autre esprit, un autre coeur, une autre volonté, c'est, chrétiens, la plus grossière de toutes les erreurs... De tous les tems celui où la vraie pénitence est plus difficile, c'est le tems de la mort... Le tems de le chercher ce Dieu de miséricorde, c'est la vie; le tems de le trouver, c'est la mort [8]...

Vous avez vécu impudique, vous mourrez tel; vous avez vécu ambitieux, vous mourrez sans que l'amour du monde et de ses vains honneurs meure dans votre coeur; vous avez vécu mollement, sans vice ni vertu, vous mourrez lâchement et sans componction... Je sais que tout le temps de la vie présente est un temps de salut et de propitiation; que nous pouvons toujours retourner à Dieu; qu'à quelque heure que le pécheur se convertisse au Seigneur, le Seigneur se convertit à lui; et que tandis que le serpent d'airain est élevé, il n'est point de plaie incurable: c'est une vérité de la foi; mais je sais aussi que chaque grâce spéciale dont vous abusez peut être la dernière de votre vie... Car non seulement vous vous promettez la grâce de

---

[7] Bossuet, *Oraison funèbre d'Anne de Gonzague* [N.d.A.].
[8] Bourdaloue, *Sermon pour le lundi de la 2.e semaine du Carême, sur l'impénitence finale* [N.d.A.].

la conversion, c'est-à-dire, cette grâce qui change le coeur; mais vous vous promettez encore la grâce qui nous fait mourir dans la sainteté et dans la justice; la grâce qui consomme la sanctification d'une âme, la grâce de la persévérance finale: mais c'est la grâce des seuls élus; c'est le plus grand de tous les dons; c'est la consommation de toutes les grâces; c'est le dernier trait de la bienveillance de Dieu sur une âme; c'est le fruit d'une vie entière d'innocence et de piété; c'est la couronne réservée à ceux qui ont légitimement combattu... Et vous présumez que le plus signalé de tous les bienfaits sera le prix de la plus ingrate de toutes les vies!... Que pouvez-vous souhaiter de plus favorable pour vous à la mort, que d'avoir le temps, et d'être en état de chercher Jésus-Christ; que de le chercher en effet; et de lui offrir des larmes de douleur et de pénitence? C'est tout ce que vous pouvez vous promettre de plus favorable pour ce dernier moment. Et cependant (cette vérité me fait trembler); cependant, que vous permet Jésus-Christ d'espérer de vos recherches mêmes, et de vos larmes, si vous le renvoyez jusque-là? Quaeretis me, et in peccato vestro moriemini... Tout ce que je sais, c'est que les sacremens du salut appliqués alors sur un pécheur, consomment peut-être sa réprobation... tout ce que je sais, c'est que tous les Pères qui ont parlé de la pénitence des mourans, en ont parlé en des termes qui font trembler [9]...

Massime predicate così affermativamente, così risolutamente, da tali uomini, costituiscono certamente l'insegnamento esclusivo della Chiesa in questa materia.

Non s'opponga che questi sono scrittori francesi e che qui si tratta degli effetti della religione cattolica in Italia. È affatto a proposito il citare scrittori francesi, perché si veda che questo disordine di spirito, come benissimo lo chiama l'illustre autore, ha bisogno d'esser combattuto anche fuori d'Italia. Ma se si vuole un Italiano, sentiamo, tra mille, il Segneri [10]: « Che dunque mi state a dire, non aver voi punto fretta di convertirvi, giacché voi sapete benissimo, che a salvarsi non è necessario di fare una vita santa, ma solo una morte buona? Oh vostra mente ingannata! oh ciechi consigli! oh pazze risoluzioni! E come mai voi vi potete promettere una tal morte, se quegli

---

[9] Massillon, *Sermon pour le lundi de la 2.e semaine, sur l'impénitence finale* [*N.d.A.*].

[10] Paolo Segneri (1624-1694), oratore sacro, assai apprezzato dal Manzoni. Autore del *Quaresimale*, raccolta di prediche, e del *Cristiano istruito*, citato più avanti al cap. XV.

stesso a cui spetta di darvela, ve la nega, e a note chiare, e con parole apertissime si protesta che voi morrete in peccato? *In peccato vestro moriemini* [11] ».

Si dirà forse che l'illustre autore non ignora, e non nega che si predichi così; afferma bensì che questo è un prendersela con gli effetti, dopo aver creata la causa. *Invano*, dice, *predicarono allora contro il ritardo della conversione: essi stessi erano gli autori di questo disordine di spirito sconosciuto agli antichi moralisti.* Allora? Ma a che tempo ci porteremo, per trovar l'origine di questa predicazione? Ma se tra gli antichi moralisti contiamo i Padri, questo disordine non era certamente sconosciuto a quelli di loro, che, ne' primi secoli della Chiesa, declamarono tanto contro i clinici [12]. Ma in un libro molto più antico de' casisti, de' clinici e de' Padri, sta scritto: « Non tardare a convertirti al Signore, e non differire da un giorno all'altro [13] ». Infatti, al momento che è stata data agli uomini l'idea della conversione, essi hanno potuto aggiungerci quella della dilazione. *Invano predicarono contro il ritardo della conversione.* Invano? perché? Non predicarono forse cose conformi alla ragione? Hanno o non hanno provato che il tardare a convertirsi è un delirio? Si può fare a' loro discorsi un'obiezione sensata? Sarà sempre invano che si dirà agli uomini la verità più importante per loro? Ma si può credere che non sia sempre stato invano. Certo, la semenza della parola può cadere nella strada e sulle pietre e tra le spine, ma trova anche qualche volta la bona terra; e credere che delle verità tanto incontrastabili e tanto gravi siano state sempre predicate invano, sarebbe un disperare della grazia di Dio, e della ragione dell'uomo.

Erano essi medesimi gli autori di questo disordine di spirito. Ah! se i cristiani che vivono in quello facessero loro un tal rimprovero, non avrebbero essi ragione di rispondere: « Noi? È dunque col predicarvi la conversione, che v'abbiamo portati a vivere nel peccato, e a differirla? È dunque col parlarvi delle ricchezze della misericordia, che v'abbiamo animati a disprezzarle? Noi v'abbiamo detto: Venite, adoriamo, prosterniamoci e preghiamo; v'abbiamo detto: Oggi che udite

[11] Segneri, *Predica XI* [*N.d.A.*].
[12] È noto che *clinici* furono chiamati quelli che, quantunque persuasi della verità del Cristianesimo, continuavano a vivere gentilescamente, per non assoggettarsi al suo giogo, e proponevano di ricevere il battesimo in punto di morte [*N.d.A.*].
[13] *Non tardes converti ad Dominum, et ne differas de die in diem.* Ecclesiast. V, 8 [*N.d.A.*].

la sua voce, non vogliate indurire i vostri cori [14]; e voi pensate a un domani che noi non v'abbiamo mai promesso, a un domani del quale cerchiamo di farvi diffidare; e siamo noi gli autori del vostro indurimento? Certo, noi siamo mondi del vostro sangue [15] ». Così potrebbero rispondere, se ci fosse un linguaggio per giustificare la predicazione del Vangelo in faccia al mondo. O potrebbero anche opporre a quest'accusa l'accuse che si fanno loro, di spaventare gli uomini con l'idee truci e lugubri di morte e di giudizio, per eccitarli alla conversione.

Ma, se la Chiesa ha così poca fiducia nelle conversioni in punto di morte, perché si fa vedere cosí sollecita nell'assistere il peccatore moribondo? Appunto perché la sua fiducia è poca, essa riunisce tutti i suoi sforzi; appunto perché l'impresa è difficile, impiega tutta la carità del suo core e delle sue parole. Un filo di speranza di salvare un suo figlio basta alla Chiesa per non abbandonarlo; ma con questo insegna forse a' suoi figli a ridursi a un filo di speranza? Quegli uomini benemeriti che amministrano i soccorsi a chi è cavato da un fiume, con poca o nessuna apparenza di vita, possono forse essere tacciati d'incoraggir gli uomini a affogarsi?

S'osservi a questo proposito, che la Chiesa pare quasi che abbia due linguaggi su questa materia; poiché cerca d'ispirar terrore a' peccatori che, nel vigore della salute, si promettono confusamente nell'avvenire il tempo di peccare e di convertirsi; e cerca d'ispirar fiducia a' peccatori moribondi. Nel che non c'è contradizione, ma prudenza e verità. I peccatori, tanto nell'uno che nell'altro stato, sono disposti a guardar fissamente una parte sola della questione: la Chiesa fa loro presente la parte che dimenticano. I primi sono pieni dell'idea della possibilità; ed è utile rappresentar loro la difficoltà; gli altri sono portati a veder questa sola così vivamente, che, per loro, uno de' maggiori ostacoli al convertirsi è appunto il diffidare della misericordia di Dio.

Abbiamo parlato dell'insegnamento generale; e forse non si troverà un solo esempio di chi abbia nella Chiesa insegnato direttamente il contrario; ma la verità vuole che s'accenni il come l'errore è stato qualche volta indirettamente favorito.

Tra i molti inconvenienti dello spirito oratorio (come è inteso dai più), inconvenienti per i quali è spesso in opposizio-

---

[14] *Venite, adoremus, et procidamus, et ploremus ante Dominum... Hodie si vocem eius audieritis, nolite obdurare corda vestra.* Ps. XCIV, 6, 8 [*N.d.A.*].

[15] *Quapropter contestor vos hodierna die, quia mundus sum a sanguine omnium.* Paul. in Act. Apost. XX, 26 [*N.d.A.*].

ne con la logica e con la morale, uno de' più comuni è quello d'esagerare o il bene o il male d'una cosa, dimenticando il legame che essa ha con dell'altre: si viene così a indebolire un complesso di verità, e a sostituire un errore a quella medesima che si vuole ingrandire. Un tale spirito, che piace a molti i quali vedono potenza d'ingegno dove non c'è altro che debolezza e impotenza d'abbracciare tutte le relazioni importanti d'un oggetto, un tale spirito ha traviato alcuni, i quali per magnificare qualche pratica religiosa, sono arrivati a attribuirle la facoltà d'assicurare a' peccatori la conversione in punto di morte. Assunto falso e pernizioso, gioco d'eloquenza male a proposito chiamata popolare, perché popolari s'hanno a dire quelle cose che tendono a illuminare e a perfezionare il popolo, non a fomentare le sue passioni e i suoi pregiudizi. È bensì vero che coloro i quali s'abbandonarono qualche volta a questa miserabile intemperanza d'ingegno, non mancarono per lo più di mischiarci de' correttivi; ma questo metodo attesta il male senza levarne le conseguenze; giacché l'*egro fanciullo* [16], al quale credono così a torto di presentare una medicina, è troppo inclinato a lambire il mele che copre gli orli del vaso, e a lasciar l'assenzio salutare. Ma s'osservi che questi pochi, oltre all'essere stati sempre contradetti, o direttamente o implicitamente, dagli altri, venivano a essere in contradizione anche con sé stessi, essendo tutto il loro insegnamento incompatibile con questa loro particolare dottrina; giacché, se avessero seriamente tenuta questa, e l'avessero applicata a tutti i casi, non avrebbero potuto più predicare il Vangelo: esso diventava inutile. Si può sperare che, a' nostri giorni, questo disordine sia quasi del tutto cessato.

Per mostrare l'effetto *dell'abitudine di non considerare che la morte del peccatore*, adduce l'autore una prova di fatto, che riferiamo con le sue parole. *La funeste influence de cette doctrine se fait sentir en Italie d'une manière éclatante toutes les fois que quelque grand criminel est condamné à un supplice capital. La solennité du jugement et la certitude de la peine, frappent toujours le plus endurci, de terreur, puis de repentir. Aucun incendiaire, aucun brigand, aucun empoisonneur ne monte sur l'échafaud sans avoir fait, avec une componction profonde, une bonne confession, une bonne communion, sans*

---

[16] Citazione dal Tasso, che a sua volta tolse il concetto da Lucrezio. I versi, ritenuti esser espressione della poetica moralistica della Controriforma, sono i seguenti: « Così a l'egro fanciul porgiamo aspersi / di soavi licor gli orli del vaso: / succhi amari ingannato intanto ei beve, / e da l'inganno suo vita riceve » (*Gerusalemme liberata*, I, III, 5-8).

*faire ensuite une bonne mort; son confesseur déclare sa ferme
confiance que l'âme du pénitent a déjà pris son chemin vers
le ciel, et la populace se dispute au pied de l'échafaud les
reliques du nouveau saint, du nouveau martyr, dont les crimes l'avoient peut-être glacée d'effroi pendant des années.*

Di quest'uso stranissimo io non avevo mai sentito parlare prima di legger questo passo; ma, essendo lontano dal dare la mia ignoranza per risposta a un asserto, me ne rimetto a quelli che conoscono meglio di me le circostanze di questa Italia. Il fatto è de' più facili a chiarirsi.

Osservo però in massima, che, in qualunque parte possa esistere questa superstizione, non ci fu mai la più contraria all'insegnamento della Chiesa. Essa accoglie, è vero, il reo cacciato violentemente dalla società e dalla vita; il suo ministro si mette tra il giudice e il carnefice; sì, tra il giudice e il carnefice perché ogni posto dove si possa santificare un'anima e consolarla, dove ci sia una repugnanza da vincere, una serie di sentimenti penosi che non finisca con una ricompensa temporale, è per un ministro della Chiesa il posto d'onore. Chi può dire quale sia l'angoscia d'un uomo che ha davanti agli occhi il patibolo, e nella coscienza la memoria del delitto? di colui che aspetta la morte, non per una nobile causa, ma per de' tristi fatti? E la Chiesa trascurerebbe di render utile un tanto dolore all'infelice che è costretto a gustarlo! E ci sarebbe un caso in cui non avesse misericordia da promettere! in cui anch'essa abbandonasse un uomo! Essa gli apre le braccia; non dimentica che il Sangue di Gesù Cristo è stato sparso anche per lui; e fa di tutto perché non sia stato per lui sparso invano. Ma la certezza, non la dà né a lui, né agli altri; e chi la prende, va direttamente contro il suo insegnamento.

CAPITOLO X

DELLE SUSSISTENZE DEL CLERO CONSIDERATE COME CAGIONE D'IMMORALITÀ.

*Je ne parlerai point du scandaleux trafic des indulgences, et
du prix honteux que le pénitent payoit pour obtenir l'absolution du prêtre; le concile de Trente prit à tâche d'en dimi-
nuer l'abus; cependant encore aujourd'hui le prêtre vit des péchés du peuple et de ses terreurs; le pécheur moribond pro-
digue, pour payer des messes et des rosaires, l'argent qu'il a
souvent rassemblé par des voies iniques; il appaise au prix de*

l'or sa conscience, et il établit aux yeux du vulgaire sa réputation de piété. Pag. 416-417.

Ammettiamo per ora il fatto (sul quale però ragioneremo in seguito), ammettiamolo riguardo al tempo presente, e all'Italia; giacché estenderlo a tutti i tempi e a tutti i luoghi, sarebbe dire che la religione di Gesù Cristo non ha portato in terra, che un aumento di perversità e di superstizione: proposizione che sarebbe ancor più assurda che empia. E sarebbe oltrepassare la tesi dell'illustre autore, che vuol parlare degli effetti della religione cattolica solamente in Italia. Ammesso dunque per ora il fatto, supponiamo, affine di cavarne un resultato utile, e non un argomento di declamazione, che si desse a un uomo l'incarico di proporre i rimedi per un cosí tristo stato di cose.

Quali ricerche dovrà fare quest'uomo? La prima sarà senza dubbio d'informarsi se questa costumanza venga da una legge, o sia un abuso. So che questa distinzione è ricantata; ma bisogna pure riproporla ogni volta che è il mezzo di non fare di due questioni una sola, che è come cambiar due strade in un laberinto. Se si dirà che è effetto d'una legge, si dovrà allegarla: assunto impossibile e riconosciuto implicitamente falso dall'autore, il quale, rimproverando questa condotta all'Italia, in confronto con la Francia e con la Germania, viene a concedere che si può essere cattolici senza tenerla, che dunque non è fondata su una legge. Se si dirà che è un abuso, allora l'uomo che abbiamo supposto non dovrà piú cavarne conseguenze contro la legge, ma cercare il vizio nella trasgressione di essa; e la discussione muta affatto specie. Dovrà cercare quali siano gli ostacoli che impediscono l'effetto naturale della legge, e quali i mezzi per farla eseguire. Ammesso dunque il fatto, ne resulterebbe che quest'inconveniente esiste in Italia perché gl'Italiani non sono abbastanza cattolici; che, per levarlo di mezzo, bisogna fare in maniera che diventino più esattamente cattolici, come si suppongono quelli di Francia e di Germania.

Se nell'ordine civile si tenesse per regola generale d'abolire tutte le leggi che non sono universalmente eseguite, si terrebbe una regola pessima: benché, in molti casi, la trasgressione della legge possa arrivare al segno di renderla inutile e dannosa, e essere un ragionevole motivo di abolirla. Ma, nelle cose della religione, la regola sarebbe ben più falsa, perché le leggi essenziali della religione non sono calcolate sugli effetti parziali e temporali, né si piegano alle circostanze, ma intendono di piegar tutto a sé; sono emanate da un'autorità inappellabile, ed è impossibile all'uomo il sostituirne delle più convenienti. Il ministero ecclesiastico istituito da Gesù Cristo, è una di tali leggi; e il peggiore abuso che gli uomini possano fare di questo ministero, è quello di distruggerlo per quanto è in loro, col farlo cessare in qualche luogo, e per qualche tempo. Il sistema della Chiesa non è, né dev'essere, d'estirpare gli abusi a qualunque costo, ma di combinare la conservazione di ciò che è essenziale, con l'estirpazione, o con la possibile diminuzione, degli abusi: essa non imita l'artefice imperito e impaziente che spezza l'istrumento, per levarne la ruggine. Perché ci sono abusi? Perché gli uomini sono portati al disordine delle passioni. E perciò appunto Gesù Cristo ha data l'autorità alla Chiesa, ha istituito il ministero; perciò appunto il ministero è indispensabile. Quello che la Chiesa vuole evitare prima di tutto, è il male orribile d'un popolo senza Cristianesimo, e l'assurdità d'un Cristianesimo senza ministero. È necessario che i ministri abbiano di che vivere; e per questo fine ci sono due mezzi. L'uno sarebbe di scegliere esclusivamente i ministri tra gli uomini provvisti di beni di fortuna: mezzo irragionevole e temerario, che restringendo arbitrariamente la vocazione divina a una sola classe d'uomini, sconvolgerebbe affatto l'ordine del governo ecclesiastico; l'altro è d'ordinare che il ministero dia di che vivere a chi lo esercita: mezzo tanto ragionevole, che è stato stabilito in legge dal principio del Cristianesimo; poiché il prete, servendo all'altare, s'inabilita ad acquistarsi il vitto altrimenti. Dunque i fedeli devono somministrare il mantenimento a' ministri dell'altare: ecco la legge. Ma, tra i ministri, che sono uomini, non mancherà chi, rivolgendo all'avarizia ciò che è destinato al bisogno, usi illegittimamente del diritto certo di ricevere, estendendolo a cose a cui non è applicabile; ma tra i fedeli non mancherà chi, dall'idea vera, che è un'opera bona il provvedere al mantenimento de' ministri, passi a dare a quest'opera un valore che non ha, attribuendo ad essa gli effetti che appartengono esclusivamente ad altre opere indispensabili, e sia generoso per dispensarsi d'essere cristiano: ecco l'abuso. E siccome quest'abuso è contrario allo spirito e alla lettera dell'istituzione, così il vero mezzo di levarlo, sarà di ricorrere all'istituzione stessa. Così hanno fatto tante volte quelli a cui è confidata l'autorità di farlo direttamente. La storia ecclesiastica attesta a ogni passo i loro sforzi, e spesso le riuscite: per non andar lontano, l'esempio del concilio di Trento citato qui ne è una prova; molti papi e molti vescovi misero una cura particolare a questo loro dovere; quanto non ha fatto in questa parte il solo san Carlo, stando sempre attaccato alla Chiesa? Mai insomma non sono mancati nel clero cattolico gli uomini zelanti e sinceri che alzassero la voce contro questi abusi, e li correggessero dove potevano. Tutti i fedeli finalmente possono in qualche parte rimediare agli abusi d'ogni genere, se non altro con l'essere essi medesimi pii, vigilanti, osservatori della legge divina; perché è indubitabile che gli abusi nascono dove gli uomini li desiderano, e che gli uomini li desiderano quando sono corrotti, e, non amando la legge, se ne fingono un'altra; che chi riforma sé stesso coopera alla riforma dell'intero corpo a cui appartiene.

Abbiamo ammesso il fatto, affine di provare che non ragionerebbe chi da esso concludesse contro la religione; ma ora converrà esaminarlo. « Il prete » dice l'illustre autore « vive de' peccati e de' terrori del popolo; il peccatore moribondo prodiga, per pagar messe e rosari, il danaro accumulato spesso per mezzi iniquissimi; acchetα a prezzo d'oro la sua coscienza, e si crea presso il volgo la reputazione d'uomo pio. »

Osservo di passaggio che, per quanto io sappia, non s'è mai parlato di retribuzioni per rosari; e, del rimanente, non essendo la recita di questi una parte del ministero ecclesiastico, se ci fossero retribuzioni, non verrebbero necessariamente ai preti.

S'osservi poi, cosa molto più importante, che non solo è dottrina cattolica, che, a scontare il peccato d'avere accumulato danaro per mezzi iniqui, è condizione necessaria la restituzione, quando sia possibile, e che rivolgerlo ad altri usi, per quanto santi possano essere, è un inganno, è un persistere nell'ingiustizia; ma ancora, che questa dottrina è universalmente predicata e conosciuta in Italia. Non oso affermare che non ci possa essere alcun ministro prevaricatore, il quale insegni il contrario; ma, se ne esiste alcuno, è certamente un'eccezione tanto rara, quanto deplorabile.

È noto quante restituzioni si facciano per mezzo de' sacerdoti. *Que de restitutions, de réparations, la confession ne fait-elle point faire chez les catholiques!*[1] Que' sacerdoti inducono allora un uomo ad acchetare la sua coscienza a prezzo d'oro; ma quest'oro, il quale non fa che passare per le loro mani, è un testimonio che, lungi dall'alterare la purità della religione per appropriarselo, insegnano che non può diventar mezzo d'espiazione, se non ritornando donde era stato ingiustamente levato.

X. [1] J.J. Rousseau, *Émile*, liv. IV, not. 41 [*N.d.A.*].

È vero che il prete, il quale faccia il dover suo, cerca d'eccitare ne' fedeli il terrore de' giudizi divini, quel terrore, da cui, per la portentosa nostra debolezza, tutto ci distrae: terrore santo, che ci richiama alla virtù; terrore nobile, che ci fa riguardare come sola vera sventura quella di fallare la nostra alta destinazione; terrore che ispira il coraggio, avvezzando chi lo sente a nulla temere dagli uomini. Ma, dopo avere eccitato questo terrore con le sue istruzioni, c'è forse un prete il quale insegni che il mezzo di viver sicuri, è di largheggiare co' preti? C'è chi n'abbia sentito uno solo? O non dicono tutti piuttosto: *Lavatevi, mondatevi, levate dagli occhi di Dio la malvagità de' vostri pensieri, cessate di mal fare: imparate a far del bene, cercate quello che è giusto, soccorrete l'oppresso, proteggete il pupillo, difendete la vedova* [2]?

Certo, non si vuol dire che l'avarizia non possa vedere un oggetto di lucro nelle cose più pure, più sacre e più terribili, e (non lo dirò con parole mie, ma con quelle che proferiva raccapricciando un vescovo illustre) *faire du sang adorable de Jésus-Christ un profit infâme* [3]; e per quanto la Chiesa dovesse aver ribrezzo a supporre una tale prevaricazione, ha dovuto parlarne per prevenirla, e per renderla difficile e rara, se non impossibile. Il concilio di Trento, dopo aver professata la dottrina perpetua della Chiesa intorno al Purgatorio, al giovamento che l'anime in esso ritenute ricevono dai suffragi de' fedeli, e principalmente dall'accettevole sacrifizio dell'altare, dopo aver prescritto ai vescovi d'insegnare e di mantenere questa dottrina, soggiunge: « quelle cose che vengono da una certa curiosità o da superstizione, o sanno di turpe guadagno, le proibiscano come scandoli e inciampi de' fedeli [4] ».

---

[2] *Lavamini, mundi estote, auferte malum cogitationum vestrarum ab oculis meis: quiescite agere perverse; discite benefacere: quaerite iudicium, subvenite oppresso, iudicate pupillo, defendite viduam.* Isai., I, 16, 17 [*N.d.A.*].

[3] Massillon, *Discours Sinodaux*, XIII. *De la compassion des pauvres* [*N.d.A.*].

[4] *Cum catholica ecclesia, Spiritu sancto edocta, ex sacris litteris et antiqua Patrum traditione, in sacris conciliis, et novissime in hac oecumenica synodo, docuerit purgatorium esse, animasque ibi detentas fidelium suffragiis, potissimum vero acceptabili altaris sacrificio iuvari; praecipit sancta synodus episcopis, ut sanam de purgatorio doctrinam, a sanctis patribus et a sacris conciliis traditam, a Christi fidelibus credi, teneri, doceri et ubique praedicari diligenter studeant. Ea vero quae ad curiositatem quamdam aut superstitionem spectant, vel turpe lucrum sapiunt, tamquam scandala et fidelium offendicula prohibeant.* Conc. Trid. sess. XXV. Decret. de Purgatorio [*N.d.A.*].

Non è qui il luogo d'indicare quest'inciampi, e di riprender quelli che li mettono nella strada della salute: né ciò forse si converrebbe a uno a cui manca ogni genere d'autorità. Negare quelli che esistono, o giustificarli con ragioni speciose, presentare come necessario alla Chiesa ciò che è la sua desolazione e la sua vergogna, non si conviene né a me, né ad alcuno, come cosa vile, menzognera, e quindi irreligiosa. E non credo di mancare all'argomento col passarli sotto silenzio: credo anzi d'averlo trattato, toccando le ragioni per le quali mi par che si possa affermare che, tra gli abusi pur troppo reali, non esiste (moralmente parlando) l'abuso orribile di sostituire le largizioni ai doveri, e d'acchetare la coscienza a prezzo d'oro.

Ha però sempre parlato la Chiesa per mezzo de' concili, de' sommi pontefici, de' vescovi: un esempio, tra mille, di zelo e di sincerità, in questa materia, si può vedere ne' discorsi sinodali del vescovo citato dianzi, di quel Massillon che fu un tanto eloquente, val a dire un fedele interprete della legge divina [5]. Il nemico più ardente e più sottile della Chiesa non svelerà mai con più veemenza e con più acume gli orribili effetti dell'avarizia che entra nel core d'un ministro del santuario; e nessun figlio più docile e più tenero della Chiesa non li deplorerà con più gemito, con più umiltà, con più vivo desiderio di veder levata da essa questa deformità.

Ma noi non crediamo che sia facile l'avere questo spirito d'imparzialità; crediamo piuttosto che, nel giudicare i difetti de' sacerdoti, è troppo facile il cedere alle prevenzioni; e che queste vengono da un principio d'avversione che tutti abbiamo pur troppo al loro ministero. Quelli che ci additano la strada stretta della salute, che combattono le nostre inclinazioni, che, col loro abito solo, ci rammentano che c'è un ministero di sciogliere e di legare, che c'è un giudice di cui essi sono i ministri, un modello, per annunziare il quale essi sono istituiti; ah! è troppo preziosa al senso corrotto l'occasione di renderli sospetti, per lasciarla sfuggire: è troppa l'avversione della carne e del sangue alla legge, perché non s'estenda anche a quelli che la predicano, perché non si desideri di poter dire ch'essi stessi non la seguono, e che quindi può tanto meno obbligar noi che l'ascoltiamo da loro [6]. E è, in gran parte, quest'avversione, che ci move a rovesciare in biasimo di

---

[5] Oltre il discorso citato, vedi il IX: *De l'avarice des prêtres* [*N.d.A.*].

[6] La motivazione dell'accusa, dice il Manzoni, è soprattutto psicologica, e consiste nella renitenza della carne a sottoporsi a leggi morali considerate sempre troppo rigorose, con l'illazione che nemmeno i preti riescono a conformarsi ad esse.

tutti il male che vediamo in alcuni di loro, a dire che nulla sarebbe più rispettabile del ministero, se ci fosse chi lo esercitasse degnamente, e a chiuder poi gli occhi quando ci si presenta chi degnamente lo eserciti, o a malignare sulle virtù che non possiamo negare. Quindi, se nella condotta zelante di un prete non si può supporre avarizia, perché la poverta volontaria e la generosità sono troppo evidenti, si spiega quella condotta col desiderio di dominare, di dirigere, d'influire, d'essere considerato. Se la condotta è tanto lontana dagl'intrighi, tanto franca e tanto semplice, che non dia luogo né anche a quest'interpretazione, ci si suppone il fanatismo, lo zelo inquieto e intollerante. Se la condotta spira amore, tranquillità e pazienza, non resta più che attribuirla a pregiudizi, a piccolezza di mente, a scarsezza di lumi: ultima ragione con la quale il mondo spiega ciò che è la perfezione d'ogni virtù e d'ogni ragionamento.

Sì, ci sono de' preti che disprezzano quelle ricchezze delle quali annunziano la vanità e il pericolo; de' preti che avrebbero orrore di ricevere i doni del povero, e che si spogliano in vece per soccorrerlo; che ricevono dal ricco con un nobile pudore, e con un interno senso di repugnanza, e, stendendo la mano, si consolano solo col pensare che presto l'apriranno per rimettere al povero quella moneta che è tanto lungi dal compensare agli occhi loro un ministero, il quale non ha altro prezzo degno che la carità. Essi passano in mezzo al mondo, e sentono i suoi scherni sull'ingordigia de' preti; li sentono, e potrebbero alzar la voce, e mostrar le loro mani pure, e il loro core desideroso solamente di *quel tesoro che la ruggine non consuma*[7], avaro solo della salute de' loro fratelli; ma tacciono, ma divorano le beffe del mondo, ma si rallegrano d'essere *fatti degni di patir contumelia per il nome di Cristo*[8].

---

[7] *Thesaurizate autem vobis thesauros in coelo, ubi neque aerugo, neque tinea demolitur.* Math. VI, 20 [*N.d.A.*].

[8] *Et illi quidem ibant gaudentes a conspectu concilii, quoniam digni habiti sunt pro nomine Jesu contumeliam pati.* Act. Apost. V, 41 [*N.d.A.*].

CAPITOLO XI

DELLE INDULGENZE [1].

Mais l'on a considéré les indulgences gratuites, celles que d'après les concessions des papes on obtient par quelque acte extérieur de piété, comme moins abusives; on ne sauroit toutefois en concilier l'existence avec aucun principe de moralité. Lorsqu'on voit, par exemple, deux cent jours d'indulgence promis pour chaque baiser donné à la croix qui s'élève au milieu du Colisée, lorsqu'on voit dans toutes les églises d'Italie tant d'indulgences plénières si faciles à gagner, comment concilier ou la justice de Dieu ou sa miséricorde, avec le pardon accordé à une si foible pénitence, ou avec le châtiment réservé à celui qui n'est point à portée de le gagner par cette voie si facile? Pag. 417.

Qui si presentano naturalmente quattro questioni.
 1°. Cos'è l'indulgenza ecclesiastica?
 2°. Ci può essere eccesso nelle concessioni d'indulgenze?
 3°. Le concessioni eccessive vanno contro i princìpi della moralità?
 4°. Se non producono quest'effetto, qual effetto producono?

Per risolvere queste questioni, in quanto è richiesto dall'argomento, non abbiamo a far altro che rammentare in compendio ciò che è insegnato universalmente nella Chiesa per l'istruzione de' fedeli che vogliono profittare dell'indulgenze, e ciò che è deciso da essa, per la regola di quelli a cui è data dal suo divin fondatore la potestà di concederle.

1°. Cos'è l'indulgenza ecclesiastica?
Ne prendo la definizione dal catechismo della diocesi di Milano, che concorda con tutti i catechismi approvati dalla Chiesa. « L'indulgenza è una remissione di penitenze o pene temporali, che rimangono da scontare per i peccati già rimessi quanto al reato della colpa e della pena eterna [2]. »

2°. Ci può essere eccesso nelle concessioni d'indulgenze?
Senza dubbio: il IV concilio di Laterano e quello di Trento hanno parlato di quest'eccesso, e ne hanno o prescritti o indicati i rimedi.

XI. [1] Questo capitolo può esser considerato, nella sua critica del protestantesimo, specialmente calvinista, come un'importante integrazione dell'VIII.
[2] *Aggiunta all'Esposizione della dottrina cristiana*, cavata dal *Catechismo romano*, ecc. Dell'Indulgenze [*N.d.A.*].

3°. Le concessioni eccessive d'indulgenze vanno contro i princìpi della moralità?
No, di certo. *La maniera di dispensar l'indulgenze,* dice il Bossuet, *riguarda la disciplina* [3]. Posto ciò, le concessioni eccessive saranno bensì un abuso; ma gli abusi di fatto non possono alterare i princìpi della moralità, i quali non appartengono alla disciplina, ma alla fede. Essendo ogni principio di moralità un domma, non può esser contradetto che da un errore dommatico. Vediamo ora, più in particolare, come i princìpi della moralità rimangano intatti, anche con ogni possibile eccesso di concessioni d'indulgenze.

La cosa essenziale, in primo grado, a ristabilire la moralità dell'uomo caduto nella colpa, è la rettitudine, o piuttosto il raddrizzamento della volontà e, per conseguenza, dell'opere, quando e fin dove ci sia la possibilità d'operare. E questa cosa essenziale, l'indulgenza, non che essere un mezzo di farne di meno, la suppone e l'esige, poiché non è concessa se non a chi è stata rimessa la colpa, cioè all'uomo che sia in stato di grazia; parole che significano: amor di Dio e de' suoi comandamenti, dolore e detestazione de' peccati commessi, avversione al peccato di qualunque sorte, amor degli uomini senza eccezione, perdono dell'offese ricevute, riparazione de' torti fatti, adempimento di tutti i doveri essenziali, in somma la conformità dell'animo e dell'azioni alla legge divina [4]. Dico cose note al cattolico, anche il più rozzo, purché sia capace di confessarsi; giacché l'assoluzione, per la quale il peccatore è rimesso in stato di grazia, non è data, o non è valida, se non a queste condizioni. E dico insieme cose che importano una moralità sconosciuta a' più acuti e profondi pensatori del gentilesimo; quella moralità manifestata dalla rivelazione, e che s'estende, come oggetto, a tutto il bene, e come regola, a tutto l'uomo.

Con questa osservazione è levato di mezzo l'equivoco che potrebbe nascere da quelle parole: *Come conciliare la giustizia di Dio col perdono accordato a una così debole penitenza?* L'opere alle quali è annessa l'indulgenza, non servono punto a ottenere il perdono della colpa, per la quale il pec-

---

[3] *Exposition de la doctrine de l'Église catholique,* § VIII [*N.d.A.*].
[4] Non si deve qui intendere una conformità perfetta e d'ogni momento, che escluda ogni mancamento il più leggiero; la qual perfezione non è concessa ad alcuno de' discendenti d'Adamo, se non per un dono specialissimo, come fu della Madre del Salvatore. Bisogna qui rammentare la distinzione tra le colpe gravi, che fanno perdere la grazia di Dio, e le veniali; distinzione ammessa, in altri termini, dall'illustre autore, come dal senso comune. Vedi il Cap. VI [*N.d.A.*].

catore è riconciliato con Dio. Questo perdono è anzi, come s'è visto, un preliminare necessario all'acquisto dell'indulgenza; e s'ottiene per que' mezzi eminentemente e soprannaturalmente morali, di cui s'è discorso in un capitolo antecedente.

L'indulgenza dunque non s'applica, come s'è visto ugualmente, se non alla soddisfazione della pena temporale, dovuta per il peccato alla giustizia divina, anche dopo rimessa la colpa, e la pena eterna. Ed è la Chiesa che insegna (certo, non senza oppositori) che al peccatore riconciliato rimane un tal debito; e mette per un'altra condizione essenziale al ristabilimento nello stato di grazia (cioè in uno stato di moralità soprannaturale) il riconoscimento del debito medesimo, e il sincero e fermo proposito di scontarlo, per quanto possa, in questa vita, con opere penitenziali, sia ingiunte, sia liberamente scelte, e con l'accettar pazientemente i gastighi temporali che gli possano essere mandati da Dio. Non già che le nostre opere abbiano alcun valore a ciò, né che noi possiamo, in maniera veruna, scontar di nostro il debito contratto con la giustizia infinita offesa da noi; ma i meriti infiniti dell'Uomo-Dio, i quali ci ottengono il perdono della colpa, sono anche quelli che danno alle nostre opere penitenziali un valore che le rende atte a scontarne la pena. E la Chiesa, o prescrivendo o proponendo alcune di queste opere, applica ad esse, in maniera particolare, un tal valore per l'autorità conferitale da Quello stesso, da cui procede ogni merito. Ma intende forse, con questo, di restringere a tali opere tutto l'obbligo e tutto il lavoro della penitenza? Per immaginarsi una cosa simile, bisognerebbe non aver cognizione veruna del suo insegnamento su questa materia. Cito di novo, come un saggio di questo universale insegnamento, il catechismo citato dianzi; il quale, alla domanda: «Con quale spirito ho da procurare l'acquisto dell'Indulgenze?» risponde:

«Fate prima dalla parte vostra tutto ciò che potete per soddisfare a Dio coll'esercitarvi in ogni opera salutare, e massime in quelle di mortificazione e di misericordia verso i prossimi. Poi, conoscendo di non poter soddisfare abbastanza per i vostri peccati, né colle penitenze imposte dal confessore, né colle vostre spontanee, e ben sapendo di non aver tollerati colla debita pazienza e rassegnazione i flagelli, coi quali Dio v'ha amorosamente visitato a questo fine, procurate con ogni studio d'acquistar l'Indulgenze, profittando così dello spirito caritatevole della Chiesa nel dispensarle [5]».

[5] Ibid. [*N.d.A.*].

Ed ecco come, col richiedere per condizioni indispensabili la conversione del core, e il desiderio di soddisfare, per quanto si possa, alla giustizia divina, desiderio che non è sincero, se non s'accompagna con una vita penitente; ecco, dico, come, non solo l'indulgenza in genere, ma la più ampia indulgenza concessa alla più piccola opera *si concilii con tutti i princìpi della moralità.*

Ma come conciliare la misericordia di Dio col gastigo riservato a chi non è in caso di guadagnare il perdono per questa strada così facile?

S'osservi che è quasi impossibile il caso d'un fedele, a cui sia chiusa ogni strada di ricorrere all'indulgenze della Chiesa. Ma supponendo questo caso, la Chiesa è ben lungi dall'asserire che a questo fedele si riservi gastigo. Essa dispensa i mezzi ordinari di misericordia che Dio le ha confidati; ma è ben lungi dal voler circoscrivere questa misericordia infinita; dal pensare che *Quei che leva e quando e cui gli piace* [6] non possa concedere la somma indulgenza al sommo desiderio d'ottenerla per mezzo della Chiesa, quando sia chiusa la strada di chiederla per questo mezzo.

4°. Se le concessioni eccessive d'indulgenze non vanno contro i princìpi della moralità, qual altro effetto producono?

Un effetto dannoso certamente, come tutti gli eccessi; e non occorre affaticarsi a cercarlo, poiché ce lo indica il concilio di Trento. L'effetto è di snervare la disciplina. « Il Sacrosanto Sinodo... desidera che, nel concedere l'indulgenze, s'usi moderazione, secondo la consuetudine antica e approvata dalla Chiesa, acciocché con la troppa facilità non si snervi la disciplina ecclesiastica [7]. »

Infatti, « essendo le pene soddisfattorie, come un freno al peccar di novo, e avendo l'efficacia di rendere i penitenti più cauti e vigilanti nell'avvenire... e di distruggere gli abiti viziosi con l'opposte azioni virtuose », come insegna il medesimo concilio [8]; l'eccessiva diminuzione di queste pene, vien quasi a far loro perdere questo vantaggio; e la stessa ragione di previ-

---

[6] Dante, *Purgatorio*, II, 95 [*N.d.A.*].

[7] *Sacrosancta Synodus... in his (indulgentiis) tamen concedendis moderationem, iuxta veterem et probatam in Ecclesia consuetudinem, adhiberi cupit; ne nimia facilitate ecclesiastica disciplina enervetur.* Sess. XXV. Decr. de Indulg. [*N.d.A.*].

[8] *Procul dubio enim magnopere a peccato revocant, et quasi freno quodam coërcent hae satisfactoriae poenae, cautioresque et vigilantiores in futurum poenitentes efficiunt... et vitiosos habitus male vivendo comparatos contrariis virtutum actionibus tollunt.* Sess. XIV, cap. VIII. De satisfactionis necessitate ac fructu [*N.d.A.*].

dente misericordia per cui sono imposte, non solo come espiazione, ma anche come rimedio e aiuto, consiglia la moderazione nel concederne la remissione.

Ma l'eccesso si trova egli negli esempi citati e accennati dall'autore? Non tocca a me a deciderlo, né importa qui il deciderlo, essendosi dimostrato come l'indulgenze s'accordino co' princìpi della moralità; che era appunto la questione.

Non sarà in vece fuor di proposito l'osservare un altro esempio d'accuse che si contradicono. Quella che s'è esaminata, cadeva sulla leggerezza delle penitenze imposte per soddisfare alla giustizia divina: accusa nella quale è supposto e l'obbligo che ne rimane al peccatore, anche riconciliato, e l'attitudine a ciò dell'opere penitenziali. Obbligo e attitudine, che furono, da' novatori citati sopra, e da Calvino principalmente, dichiarati una vana immaginazione, anzi *un'esecrabile bestemmia*[9], *un rapire a Cristo l'onore che Gli appartiene, d'esser Lui solo oblazione, espiazione, soddisfazione per i peccati*[10]. Rapir l'onore a Cristo, il dire che opere per sé morte, e patimenti sterili per l'eterna salute, possano, dalla sua gloriosa vittoria sopra il peccato, acquistar vita e virtù! Come se non fosse questo medesimo un confessar la sua infinita potenza, non meno che l'infinita sua bontà; o come se la Chiesa attribuisse a quell'opere e a que' patimenti altro valore che quello che hanno da Lui, *nel quale viviamo, nel quale meritiamo, nel quale soddisfacciamo*[11]! Come se non fosse un effetto, dirò così, naturale dell'accordo operato dalla Redenzione, tra la giustizia e la misericordia, il commettere la vendetta dell'offesa all'offensore medesimo, e far della punizione un sacrifizio volontario! E si veda come la verità strascini qualche volta verso di sé anche chi le volge risolutamente le spalle, e lo sforzi ad avvicinarsele, se non a riconoscerla intera qual è. Calvino medesimo, interpretando quel luogo di san Paolo[12]: *Do compimento nella mia carne a ciò che rimane de' patimenti*

---

[9] *Quod ergo suis satisfactionibus promereri se imaginantur reconciliationem cum Deo* (questo s'è già detto esser falso), *poenasque redimere ipsius iudicio debitas, execrabilem esse blasphemiam, fortiter, sicuti est, asseveramus.* Calv., *De necessitate reformandae Eccles.* [*N.d.A.*].

[10] *Quando ipse solus Agnus Dei, solus quoque oblatio est pro peccatis, solus expiatio, solus satisfactio... Honor ille quem sibi rapiunt qui Deum placare tentant suis compensationibus.* Id. Instit. III, IV, 26 [*N.d.A.*].

[11] *Ita non habet homo unde glorietur, sed omnis gloriatio nostra in Christo est; in quo vivimus, in quo meremur, in quo satisfacimus.* Conc. Trid. Sess. XIV, cap. 8 [*N.d.A.*].

[12] *Adimpleto ea, quae desunt passionum Christi, in carne mea.* Ad Coloss. I, 24 [*N.d.A.*].

di Cristo; dopo aver pronunziato che *ciò non si riferisce a espiazione né soddisfazione di sorte veruna, ma a que' patimenti coi quali conviene che i membri di Cristo, cioè i fedeli, siano provati, finché rimangono nella carne*, spiega così questo pensiero: *Dice* (san Paolo) *che ciò che rimane de' patimenti di Cristo, è il patire che fa di continuo ne' suoi membri, dopo aver patito una volta in sé stesso. Di tanto onore Cristo ci fa degni, da riguardar come suoi i nostri patimenti* [13]!

È Cristo che patisce ne' suoi membri; e questi patimenti rimangono sterili, e non hanno alcuna virtù d'espiare! Cristo si degna di riguardarli come suoi; e il Padre ne rigetta l'offerta, come ingiuriosa a Cristo! ed è un'*esecrabile bestemmia* il dire che, per questa e per questa sola ineffabile degnazione, possano essere uniti co' suoi, e partecipar così del loro merito infinito!

Del rimanente, anche quest'argomento de' novatori contro la dottrina cattolica non avrebbe forza che contro la loro, se n'avesse veruna. Infatti, *per mantenere intero e illibato a Cristo l'onore che gli appartiene* [14], dissero forse che la soddisfazione offerta da Lui alla giustizia divina, per i peccati, s'applichi da sé a tutti i peccatori? Non già; ma ai soli giustificati, e giustificati per la loro fede nella promessa. E, cosa strana! non avvertirono mai, in dispute così lunghe, e in tanta ripetizione dello stesso argomento, che il credere è un atto umano, né più né meno dell'operare [15], e che, col farne una condizione riguardo all'effetto, facevano anch'essi dipendere, per una parte, dall'uomo, cioè da ogni uomo in particolare, l'esser quella soddisfazione applicata a lui: che era la sola cosa in questione; giacché l'efficacia intrinseca, la perfezione, la pienezza, la sovrabbondanza di essa non fu mai messa in questione nella Chiesa; per l'insegnamento della quale, n'avevano, di certo, avuta cognizione essi medesimi, prima di trovarla nelle Scritture. Quella condizione, dico, rapirebbe davvero l'onore a Cristo, se l'onor di Cristo dovesse consistere, com'essi pretesero, nel non lasciar nulla a fare all'uomo, al

---

[13] *Dicit ergo* (Paulus) *hoc restare passionum Christi, quod in seipso semel passus, quotidie in membris suis patitur. Eo nos honore dignatur Christus, ut nostras afflictiones suas reputet ac ducat.* Instit. III, V, 4 [*N.d.A.*].

[14] *... ut integer et illibatus suus honor Christo servetur.* Ibid. IV, 27 [*N.d.A.*].

[15] È questa la vera chiave della risposta manzoniana a tutto il protestantesimo: la fede non è più pura (ancorché sia interiore) delle opere, perché anch'essa è « atto umano ». A meno che la purificazione non pretenda d'essere tanto « interiore » da regredire a puro nulla.

quale ha dato di *poter tutto in Lui*[16]. La Chiesa, lontana del pari e dall'insegnare una cosa simile, e dall'attribuire all'uomo alcun onore che abbia principio da lui, riconosce da Cristo ugualmente e la fede e il valore dell'opere; e lo glorifica e lo benedice d'aver, col suo onnipotente sacrifizio, rinnovato tutto l'uomo, e fatto che, siccome tutte le facoltà di questo avevano potuto servire alla disubbidienza e alla perdizione, così potessero tutte diventare istrumento di riparazione e di merito.

CAPITOLO XII

SULLE COSE CHE DECIDONO DELLA SALVEZZA E DELLA DANNAZIONE.

Le pouvoir attribué au repentir, aux cérémonies religieuses, aux indulgences, tout s'étoit réuni pour persuader au peuple que le salut ou la damnation éternelle dépendoient de l'absolution du prêtre, et ce fut encore peut-être là le coup le plus funeste porté à la morale. Le hasard, et non plus la vertu, fut appelé à décider du sort éternel de l'âme du moribond. L'homme le plus vertueux, celui dont la vie avoit été la plus pure, pouvoit être frappé de mort subite, au moment où la colère, la douleur, la surprise lui avoient arraché un de ces mots profanes, que l'habitude a rendus si communs, et que d'après les décisions de l'Église, on ne peut prononcer sans tomber en péché mortel; alors sa damnation étoit éternelle, parce qu'un prêtre ne s'étoit pas trouvé présent pour accepter sa pénitence, et lui ouvrir les portes du ciel. L'homme le plus pervers, le plus souillé de crimes, pouvoit au contraire éprouver un de ces retours momentanés à la vertu, qui ne sont pas étrangers aux coeurs les plus dépravés; il pouvoit faire une bonne confession, une bonne communion, une bonne mort, et être assuré du paradis. Pag. 417-418.

Queste obiezioni ricadono, la più parte, sulla dottrina che è stata difesa o spiegata nel Capitolo IX; al quale, per conseguenza, ci rimettiamo. Qui non si farà altro che ragionare sopra alcune supposizioni. L'opinione erronea, che la salvezza e la dannazione eterna dipendano dall'assoluzione del prete, è sconosciuta in Italia, dove si tiene, come in tutta la Chiesa,

---

[16] *Omnia possum in eo qui me confortat.* Ad Philip. IV, 13 [*N.d.A.*].

che la salvezza dipenda dalla misericordia di Dio e dai meriti di Gesù Cristo applicati all'anima che ha conservata l'innocenza acquistata nel battesimo, o che l'ha recuperata con la penitenza. L'autorità del prete d'assolvere da' peccati è tanto chiaramente fondata nelle parole del Vangelo, che ripeterle è attestarla a evidenza: *Saranno rimessi i peccati a chi li rimetterete, e saranno ritenuti a chi li riterrete*[1]. Ma nessuno ha mai inteso che dall'assoluzione dipenda la salvezza, in maniera che non possa sperarla chi è impossibilitato a ricevere quest'insigne benefizio. Oltre che l'uomo può conservare per tutta la vita l'innocenza, non commettendo alcuna di quelle colpe che lo rendono nemico a Dio (e quantunque il mondo non li discerna, non sono cessati i giusti che ci passano senza partecipare alle sue opere), la Chiesa insegna, e tutti i cattolici credono, che la penitenza a cui manca l'assoluzione, ma non il desiderio di essa, né la contrizione, è accetta a Dio. Dando ai ministri l'autorità d'assolvere, avrebb'Egli mai voluto rendere in certi casi impossibile il perdono? e i doni fatti alla Chiesa possono mai essere a scapito della sua onnipotenza e della sua misericordia? e perché si degna impiegare la mano dell'uomo, la sua *ne sarà accorciata, sicché Egli non possa salvare*[2] quelli che ha convertiti a sé?

Quando poi fosse nata questa falsa persuasione, essa non poteva certo venire dalla prima, né dalla terza delle ragioni qui addotte. Non dal *potere attribuito al pentimento*, perché questo potere renderebbe anzi meno necessaria l'assoluzione a un' anima già ritornata a Dio; non dal *potere attribuito all'indulgenze*, perché, come già s'è dovuto parlarne, nessuno attribuì mai ad esse quello di salvare dalla dannazione eterna. Quanto alle cerimonie religiose, non ne parlo, non sapendo a quali precisamente si voglia qui alludere.

La Chiesa è tanto lontana dal sospettare che *il caso, e non la virtù, possa decidere della sorte eterna dell'anima del moribondo*, che non conosce nemmeno questa parola *caso* (*hasard*). Non ripete dal caso né l'essere o no in istato di grazia, né il morire in un momento piuttosto che in un altro. Se l'uomo virtuoso cade in peccato, non è effetto del caso, ma della sua volontà pervertita; se more in peccato, è un terribile e giusto giudizio.

La Chiesa non suppone che alcun peccato mortale sia com-

XII. [1] *Quorum remiseritis peccata, remittuntur eis; et quorum retinueritis, retenta sunt.* Ioan. XX, 23 [*N.d.A.*].

[2] *Ecce non est abbreviata manus Domini, ut salvare nequeat.* Isai. LIX, 1 [*N.d.A.*].

patibile con la conservazione della virtù: quindi se il giusto diventa peccatore, è appunto la virtù, cioè l'avere abbandonata la virtù, che decide della sorte dell'anima sua. *La giustizia del giusto non lo libererà, in qualunque giorno pecchi*[3].

Ma non s'intende il vero spirito della Chiesa, non si dà nemmeno, mi pare, un'idea giusta della natura dell'uomo, se si suppone che decada così facilmente dalla giustizia realmente acquistata; se si vuol credere che la conseguenza naturale *della vita più pura* sia una morte impenitente e la dannazione eterna. Certo, il giusto può cadere: la Chiesa glielo rammenta, perché vegli e perché sia umile, perché tema e perché speri, perché è una verità. Se non potesse cadere, sarebbe questa una vita di prova? Se non potesse esser vinto, dove sarebbe il combattimento? Se non avesse in tutti i momenti bisogno dell'aiuto divino, che? non dovrebbe più pregare. Ma la Chiesa vuol levare al giusto la presunzione, non la fiducia. Come! essa che non parla a' peccatori che di conversione e di perdono, di penitenza e di consolazione, che rammemora loro i giorni felici che si passano nella casa del Padre, vorrebbe poi contristare gl'innocenti rappresentando il loro stato come uno stato senza fermezza e senza appoggio? La Chiesa, come già s'è dovuto osservare, non consiglia la speranza, ma la comanda. Dice a tutti *d'operar la salute con timore e tremore*[4]: ma dice anche che *Dio è fedele, e non permetterà che siano tentati oltre il loro potere*[5]; ma non cessa di ripetere ai giusti, *che chi ha principiata in loro l'opera bona, la perfezionerà fino al giorno di Cristo Gesù*[6].

Le decisioni della Chiesa, *che si cada in peccato mortale pronunziando certe parole profane che l'uso ha rese così comuni*, non sono qui citate, né io le conosco: e bisognerebbe conoscerle per ragionarne. La Chiesa è tanto guardinga in queste distinzioni di peccati, il suo linguaggio è così gastigato, che importerebbe molto di vedere come abbia potuto discendere a questi particolari e trattarli con l'autorità e con la dignità che le conviene. A ogni modo, il giusto della Chiesa, nutrito de' pensieri santi e generosi dell'altra vita, avvezzo a vincer gl'impeti sensuali d'ogni sorte, intento a regolare con la

---

[3] Ezech., loc. cit. [*N.d.A.*]. Cfr. cap. IX, n. 2.
[4] *Cum metu et tremore vestram salutem operamini.* Paul. ad Philip. II, 12 [*N.d.A.*].
[5] *Fidelis autem Deus est, qui non patietur vos tentari supra id quod potestis.* Paul. I ad Corinth. X, 13 [*N.d.A.*].
[6] *Confidens hoc ipsum, quia qui coepit in vobis opus bonum, perficiet usque in diem Christi Iesu.* Paul. ad Philip. I, 6 [*N.d.A.*].

ragione e con la prudenza ogni suo atto, il giusto della Chiesa *ha la guardia alla bocca*[7]. Ne' tempi di calma e di silenzio delle passioni, fortifica l'animo contro la collera, contro il dolore; prega affine d'esser sempre tanto presente a sé stesso, che non ci sia sorpresa per lui; se cade, ne prende argomento d'umiltà, e di nova e più istante preghiera. Io non so chi possa insegnare che una di *quelle parole profane* distrugga il regno di Dio in un'anima; è però certo che, dove Dio regna, il linguaggio è puro e misurato, e che la Chiesa non vuole educar gli uomini né far ciò che un'*abitudine* qualunque abbia reso *comune*, né a servirsi d'espressioni appassionate, senza sapienza, senza scopo e senza dignità.

Quanto poi al *ritorno momentaneo dell'uomo perverso alla virtù*, se n'è ragionato abbastanza, e forse troppo, nel Capitolo IX.

CAPITOLO XIII

SUI PRECETTI DELLA CHIESA.

Ce ne fut pas toute: l'Église plaça ses commandemens à côté de la grande table des vertus et des vices, dont la connoissance a été implantée dans notre coeur. Elle ne les appuya point par une sanction aussi redoutable que ceux de la Divinité, elle ne fit point dépendre le salut éternel de leur observation; et en même temps elle leur donna une puissance que ne purent jamais obtenir les lois de la morale. Le meurtrier, encore tout couvert du sang qu'il vient de verser, fait maigre avec dévotion, tout en méditant un nouvel assassinat... car plus chaque homme vicieux a été régulier à observer les commandemens de l'Église, plus il se sent dans son coeur dispensé de l'observation de cette morale céleste, à laquelle il faudroit sacrifier ses penchans dépravés... Pag. 419.

Esaminiamo brevemente le due asserzioni preliminari; quindi parleremo delle relazioni di questi precetti ecclesiastici [1] *con le leggi della morale*.

1°. La Chiesa pretende di non dare un precetto che non prescriva un'azione per sé virtuosa, che non sia un mezzo per

---

[7] *Pone, Domine, custodiam ori meo.* Ps. CXL, 3 [*N.d.A.*].

XIII. [1] È evidente che l'illustre autore non ha inteso di parlare puramente di quelli che, in senso stretto, e nel linguaggio catechistico, si chiamano *Comandamenti della Chiesa*; ma del complesso delle pratiche o comandate, o approvate da essa, e in questo senso li prenderemo anche noi [*N.d.A.*].

purificare, elevare, santificare l'animo, per adempire insomma la legge divina. Se questo si nega, bisogna addurre i precetti o viziosi o indifferenti della Chiesa; se si concede, che cosa si può dire dell'aver essa *messi i suoi precetti a fianco della gran tavola de' vizi e delle virtù*? Che gli ha messi nell'ordine che conveniva.

Che poi *la cognizione della gran tavola delle virtù e de' vizi sia inserita ne' nostri cori*, è una questione incidente in questo luogo e, del rimanente, posta in termini non abbastanza chiari, come è per lo più di quelle che sono espresse per mezzo di metafore. Presa nel senso più ovvio, una tal proposizione parrebbe voler dire che l'uomo abbia dalla natura (qualunque ne sia il mezzo e il modo) una cognizione lucida, intera, inalterabile, di ciò che sia virtù e di ciò che sia vizio. Ammessa la qual cosa, ogni dottrina soprannaturale e rivelata, su questa materia, sarebbe superflua e quindi falsa; e sarebbe quindi senza fondamento, come senza motivo, ogni precetto religioso: giacché, avendo ogn'uomo nel cor suo, quella *gran tavola*, a che pro, e con quale autorità, quelle medesime del Sinai? Ma una tale supposizione è apertamente rinnegata dal fatto, non meno che dalla rivelazione, come se n'è discorso a lungo in un capitolo antecedente. Se poi s'intende semplicemente, che ci sia nell'uomo, dotato com'è d'intelletto e di volontà, una potenza di discernere il bene e il male morale; potenza però non solo limitata di sua natura, ma (d'onde che ciò sia venuto) indebolita e guasta a segno, e di prender troppo spesso il male per bene, il bene per male, e d'attaccarsi al male, e rifuggire dal bene, anche conoscendoli, come il fatto pur troppo dimostra; e se si ammette insieme, che ci sia una religione istituita da Dio, appunto per dirigere e aiutar l'intelletto nel discernimento del bene e del male, e la volontà nella scelta; allora bisognerà dire che uno de' caratteri essenziali e indispensabili di questa religione dev'essere il promulgare dei comandamenti, e promulgarli con un'autorità soprannaturale, come la sua origine.

2°. E così ha fatto la Chiesa: ha muniti i suoi comandamenti della stessa sanzione che hanno i comandamenti di Dio, perché è da Dio essa medesima; e facendo altrimenti, diffiderebbe dell'autorità conferitale da Colui che disse: *Chi non ascolta la Chiesa sia riguardato come un pagano e un pubblicano*[2]. E cosa sarebbero de' comandamenti senza sanzione? o

---

[2] *Si autem Ecclesiam non audierit, sit tibi sicut ethnicus, et publicanus.* Matth. XVIII, 17 [*N.d.A.*].

qual altra sanzione si potrebbe dare a de' comandamenti che riguardano anche, anzi principalmente, la volontà? La Chiesa dunque fa dipendere, come s'è già detto altrove, la salvezza dall'osservanza de' suoi comandamenti, la trasgressione de' quali non può venire che da un core indocile e noncurante di quella vita, che è data a chi l'apprezza, a chi la sospira, a chi la cerca coi mezzi ordinati da Gesù Cristo[3]. Questa è la sua dottrina perpetua, tanto manifesta e universale, che ogni cattolico può darne testimonianza quando si sia.

Ma l'essenziale da esaminarsi è l'effetto attribuito a questi comandamenti, d'esser quasi un orribile supplimento alle leggi eterne della morale, una scusa per trasgredirle senza rimorso: questo è il punto di vista, e l'unico punto di vista dal quale sono osservati nel testo. Due cose sono qui da considerarsi: il fatto, e la dependenza di esso da' princìpi costitutivi della Chiesa.

Il fatto è una parte importantissima di statistica morale. Ora ecco quali sono, al parer mio, le massime da aversi di mira, e le ricerche da farsi, per venire alla cognizione di esso.

La religione non comanda che cose sante: credo questo punto fuori di controversia. Quindi la vera e intera fedeltà alla religione è incombinabile con qualunque delitto; quindi l'uomo che vuol essere vizioso, non potendo conciliare le sue azioni con la religione quale è, tende ad abbandonarla o ad alterarla, tende all'irreligione o alla superstizione. Nel primo caso, la sua avversione ai precetti che non vuol osservare lo porta a desiderare che siano mere finzioni umane; e la rabbia d'averli violati cambia qualche volta il desiderio in persuasione.

Ma può anche cadere in un'altra specie d'accecamento. Sa che il delitto lo esclude dalla parte de' giusti; ma non può lasciar di credere alla promessa, e non ci vorrebbe rinunziare; si sforza di dimenticare che *chi ha violato un precetto ha violata tutta la legge*[4], e vorrebbe esser fedele in quelle parti che non gl'impongono il sacrifizio della sua più forte passione. Sa ancora che è un atto di dovere l'eseguire certi comandamenti; e eseguendoli si persuade confusamente di non essere affatto fuori dell'ordine, e di tenere ancora un piede nella strada della salvezza: gli pare di non esser affatto abbandonato da Dio, poiché

---

[3] Non si dimentichi la distinzione tra le trasgressioni mortali e le veniali, la quale s'applica naturalmente a' comandamenti della Chiesa, come a quelli di Dio [N.d.A.].

[4] *Quicumque autem totam legem servaverit, offendat autem in uno, factus est omnium reus.* Iac. II, 10 [N.d.A.].

fa alcuni atti che Dio gli comanda. E l'oscuramento della sua mente può qualche volta arrivare al segno (poiché a che non va l'intelletto soggiogato dalle passioni?) che quegli atti, quantunque scompagnati dall'amore della giustizia, gli paiano una specie d'espiazione; e prenda per un sentimento di religione quello che non è altro che un'illusione volontaria dell'empietà.

Ora, per decidere se tra i delinquenti di mestiere in Italia sia più frequente il disprezzo della religione, o questa superstizione, ognuno vede quali ricerche converrebbe aver fatte: visitare le prigioni, vedere se coloro che ci stanno per gravi delitti nutrono sentimenti di rispetto per la Chiesa, o se ne parlano con derisione, chiederne a quelli che, per ufizio, gli esaminano e gli osservano, chiedere ai parrochi (qualora non si volesse averli per sospetti di parzialità) se coloro che si sono abbandonati al mal vivere si distinguevano nell'osservanza de' precetti ecclesiastici; prendere insomma le più esatte informazioni. Le quali non essendo io in caso di prendere, non posso che esprimere un'opinione, quella che mi son fatta, per la tendenza che abbiamo tutti a formarci un giudizio generale sui fatti d'uno stesso genere, quantunque le notizie ne abbiamo non siano né in quel numero, né di quella certezza che si richiederebbe a dimostrarne la verità. Sono dunque di parere, che, tra quelli che corrono in Italia la deplorabile carriera del delitto, ci sia, a' nostri giorni, poca o nessuna superstizione, e molta noncuranza, o ignoranza di tutte le cose della religione. E non basta a farmi rinunziare a questa opinione, che l'illustre autore abbia manifestata l'opposta; perché, per quanto peso abbia la sua autorità, una decisione sopra un complesso di fatti non si riceve se non con molte prove e con molti ragionamenti. So bene che molti stranieri fanno un'eccezione per l'Italia, adottando senza esame tutto ciò che le si possa attribuire, in fatto di superstizione; ma non sono persuaso della bontà di questo metodo. Non pretendo quindi di proporre agli altri la mia opinione, ma la sottopongo al giudizio di quelli che hanno potuto fare dell'osservazioni sufficienti su questo fatto.

Quantunque però qui non si tratti di difender l'Italia, ma la religione, non si può a meno di non protestar di passaggio contro l'interpretazione che potranno dare all'esempio addotto dall'autore quegli stranieri appunto che sono avvezzi a credere anche al di là del male che loro vien detto di questa povera Italia; e i quali, sentendo parlar d'assassini che mangiano di magro, potranno farsi subito l'idea che l'Italia sia piena d'uomini che vivano così tra il sicario e il certosino. Se mai, per un caso strano, questo libricciolo capitasse alle mani d'alcuno di loro, vedano se è troppa pretensione il chiedere che si facciano dell'altre ricerche, prima di formarsi una tale idea d'una nazione.

Ma, per venire alla relazione di questi fatti co' princìpi della Chiesa, l'impressione che, per l'onore della verità e della religione, importa soprattutto di distruggere, è quella che può nascere contro i precetti della Chiesa e contro il suo spirito, dal veder questi precetti presentati come in contrasto con le leggi della morale; dal veder messi insieme astinenza e assassinio, e (negli altri esempi, che ho creduto inutile di trascrivere) culto dell'immagini e libertinaggio, digiuno ecclesiastico e spergiuro, come se queste cose fossero in certo modo cause e effetti; dal veder supposta nel core dell'uomo vizioso quasi una progressione parallela di fedeltà ai precetti ecclesiastici, e di scelleratezza. No, non c'è alcuna connessione tra queste cose; sono idee e nomi repugnanti; non c'è lato per cui si tocchino, c'è tra di esse la distanza che separa il bene dal male. No, la Chiesa non ha mai proposti i suoi precetti in sostituzione delle leggi della morale: non si potevano ideare precetti che fossero più conducenti alla vera, all'intera, all'eterna morale: credersi dispensato da essa, osservando esteriormente alcuni di que' precetti, non può essere nella mente del cristiano che una demenza irreligiosa; e una demenza di questo genere dev'essere sempre stata rara.

Perché, altro è che degli uomini perversi, calpestando que' gravissimi comandamenti, da' quali dipende la conservazione del viver sociale, abbiano mantenuta una fedeltà esteriore a quelli che sono dati dalla Chiesa per facilitare l'adempimento d'ogni giustizia; altro è che questa fedeltà stessa gli abbia incoraggiti a calpestare i primi. Hanno osservata la parte più facile della legge; hanno commesse quelle sole colpe che non sapevano rifiutare alle loro inclinazioni corrotte; non hanno aggiunto il disprezzo d'alcuni precetti alla violazione degli altri, perché questo disprezzo non aveva per loro un'attrattiva bastante da farli diventar rei anche in questo: ecco tutta la storia del loro animo. Che se c'è pure l'*uomo vizioso che si senta dispensato dalla morale, quanto più è regolare nell'osservare i comandamenti della Chiesa*, si trovi nelle massime e ne' precetti della Chiesa il fondamento di questo suo sistema, s'indichi in essi il punto donde s'è mosso per arrivare a un tale delirio; si dica quali istituzioni potrebbero esser atte a ritenere nell'ordine una mente e un core, quali si suppongono a quest'uomo. *L'assassino mangia di magro con divozione!* Ah! quanto è lontano questo sentimento, che riunisce il sacrifizio e l'amore, dal core dove è risoluta la morte d'un fratello! *Egli mangia di magro!* Ma quando la Chiesa gli ha detto: sii temperante, rinunzia in certi giorni a certi cibi, per vincere la bassa inclinazione della gola, per mortificare il tuo corpo, gli ha poi soggiunto: e con questo tu potrai uccidere? O perché c'è chi vuol esser omicida, la Chiesa non comanderà a tutti d'esser astinenti? Non imporrà più delle penitenze, per timore d'incoraggire al peccato? Cosa importa che due comandamenti siano diversi, quando non si contradicono? È impossibile figurarsi una morale, una regola di vita, in cui non ci siano dell'obbligazioni di vario genere e di diversa importanza: la morale perfetta sarà quella in cui tutte l'obbligazioni vengano da un principio, siano dirette a un solo fine, e questo sia santissimo: e tale appunto è la morale della Chiesa.

È egli poi da credersi che questo fine la Chiesa non l'ottenga mai? Nel testo che osserviamo non è accennata che una delle possibili relazioni de' comandamenti ecclesiastici con la morale: l'osservanza di questi combinata con la persistenza nel delitto. Un complesso di discipline meditate, promulgate, venerate da una società come la Chiesa, non meriterebbe attenzione, se non per l'ubbidienza di qualche omicida, di qualche prostituta, di qualche spergiuro! I cattolici virtuosi non sono dunque osservatori de' comandamenti? O, se lo sono, una tale osservanza non avrà alcun effetto sulla loro condotta? Né l'astinenza, così efficace a liberar l'animo dalle tendenze sensuali; né il culto dell'immagini, che, per applicarlo alle cose celesti, si prevale della prepotenza stessa de' sensi, così forte per sé a sviarnelo; né l'ubbidienza volontaria e dignitosa che, facendo preferire ciò che è prescritto a ciò che si sceglierebbe, avvezza mirabilmente l'uomo a comandare a sé stesso, non produrrebbero mai gli effetti avuti in mira dal legislatore, e così connaturali a tali cagioni! Non ci sarebbe cattolico *che fosse più fedele a quella morale celeste alla quale si devono sacrificare l'inclinazioni corrotte, quanto più è regolare nell'osservare i comandamenti della Chiesa*! Ma il mondo stesso attesta che ce ne sono, se non altro col ridersi de' loro scrupoli; il mondo che li compatisce ugualmente per il timore che hanno di far danno a qualcheduno con un fatto o con una parola, di mancare a un piccolo dovere di carità, come per quello di far uso d'un cibo proibito.

Levate i comandamenti della Chiesa; avrete meno delitti? No, ma avrete meno sentimenti religiosi, meno opere independenti da impulsi e da fini temporali, e dirette all'ordine di perfezionamento per cui l'uomo è creato, a quell'ordine che avrà il suo compimento nell'altra vita, e verso il quale ognuno è tenuto d'avanzarsi nella presente. La storia è piena di scellerati ch'erano ben lontani dall'osservare questi comandamenti, e dal praticare alcun atto di pietà. Gli esempi che ci si trovano, d'una vita mescolata d'azioni perverse e d'atti di religione mossi da un sentimento qualunque, e non da fini umani, hanno una celebrità particolare. E con ragioni; perché l'unione di cose tanto contrarie, come perversità e pratiche cristiane, la durata d'un certo rispetto a quella religione, che non comanda se non il bene, in un core che sceglie di fare il male, è sempre una contradizione notabile, un tristo fenomeno di natura umana. Luigi XI onorava superstiziosamente, come dice il Bossuet [5], un'immagine della Madonna: chi non lo sa? Ma se Luigi XI, come, per furore di dominare, violò tante leggi divine e ecclesiastiche, d'umanità, di giustizia e di bona fede, fosse anche diventato trasgressore di tutte le leggi puramente ecclesiastiche, è da credere che sarebbe diventato migliore per questo? Avrebbe perduto un incoraggimento al male, o non forse un ultimo ritegno? Non avrebbe con ciò forse votato il suo core d'ogni sentimento di pietà, d'ordine, di suggezione, di fratellanza? Alcuni storici asseriscono che facesse avvelenare il duca di Guienne suo fratello; e si racconta che sia stato sentito chiederne perdono a quell'immagine. La qual cosa non proverebbe altro, se non che la vista d'un'immagine sacra risvegliava in lui il rimorso; ch'egli si trovava in quel momento trasportato alla contemplazione d'un ordine di cose, in cui l'ambizione, la ragione di stato, la sicurezza, l'offese ricevute, non scusano i delitti; che davanti all'immagine di quella Vergine, il di cui nome desta i sentimenti più teneri e più nobili, sentiva cos'è un fratricidio.

Se c'è, tra cento, qualche omicida che mangi di magro, ebbene è un uomo che spera ancora nella misericordia; avrà qualche misericordia nel core. È un resto di terrore de' giudizi di Dio, è un lato accessibile al pentimento, una rimembranza di virtù e di Cristianesimo. Lo sciagurato pensa qualche volta, che c'è un Dio di ricompense e di gastighi: se risparmia un supplichevole, se fa volontariamente qualche tregua a' suoi delitti, e soprattutto se un giorno ritorna alla virtù, è a questo pensiero che si dovrà attribuirlo.

Dobbiamo qui prevenire un'obiezione. La superstizione che fa confidare nell'adempimento di certi precetti, o nell'uso di

[5] *Abrégé de l'Histoire de France.* Liv. XII. Année 1472 [*N.d.A.*].

certe pratiche pie, come supplimento ad altri doveri essenziali, è un argomento frequentissimo di lagnanza e di rimprovero nell'istruzioni de' pastori cattolici: il male, si dirà, esiste dunque, e è molto comune.

Per sentire la gran differenza che passa tra il male che questi combattono, e quello di cui s'è parlato finora, bisogna distinguere due gradi o, per dir meglio, due generi di bontà: quella di cui si contenta il mondo, e quella voluta dal Vangelo, e predicata da' suoi ministri. Il mondo, per il suo interesse e per la sua tranquillità, vuole degli uomini che s'astengano dai delitti (senza rinunziare ad approvar quelli che possano giovare ad alcuni), e esercitino virtù utili temporalmente agli altri; il Vangelo vuol questo e il core. *Ce ne sont pas les désordres évités, qui font les chrétiens, ce sont les vertus de l'Évangile pratiquées; ce ne sont pas des moeurs irréprochables aux yeux des hommes, c'est l'esprit de Jésus-Christ crucifié* [6].

È contro la mancanza di questo spirito che declamano i preti cattolici, e contro la persuasione che possa esser supplito da pratiche esterne di religione; che vivendo per il mondo, e non si curando o non ricordandosi del fine soprannaturale che deve animare l'azioni del cristiano, s'abbia ragione di credersi tale per il semplice adempimento di certi precetti, i quali non hanno valore che dal core. Ma quelli a cui sono rivolti questi rimproveri, son uomini de quali il mondo non ha che dire; sono i migliori tra i suoi figli. E se la Chiesa non è contenta di loro, è perché mira a un ordine di santità che il mondo non conosce; è perché, non avendo altro interesse che la salute degli uomini, vuole le virtù che perfezionano chi le esercita, e non solamente quelle che sono utili a chi le predica. Non basta alla Chiesa che gli uomini non s'uccidano tra di loro; vuole che abbiano un core fraterno l'uno per l'altro, vuole che s'amino in Gesù Cristo: davanti ad essa nulla può supplire a questo sentimento; ogni atto di culto che venga da un core privo di carità è, a'suoi occhi, superstizioso e menzognero. Ma la superstizione che concilia l'omicidio e lo spergiuro con l'ubbidienza a' precetti, è una mostruosità che, ardirei dire, non ha bisogno d'esser combattuta.

Che se pure se ne incontrasse qualche esempio, quali riflessioni utili ci si potrebbero far sopra? qual sentimento dovrebbero ispirare i precetti della Chiesa, quand'anche li vedessimo scrupolosamente osservati dall'uomo più reo? Si può indicarlo

---

[6] Massillon, *Sermon du jeudi de la II semaine de Carême. Le mauvais riche* [*N.d.A.*].

con piena fiducia, perché c'è stato insegnato da chi non può errare. *Guai a voi, Scribi e Farisei ipocriti, che pagate la decima della menta e dell'aneto e del cumino, e avete trascurato il più essenziale della legge, la giustizia, e la misericordia, e la fede.* Così rimproverava il Figliuolo di Dio: e qual contrasto tra l'importanza de' precetti disprezzati e degli eseguiti! Ma si veda qual è l'insegnamento che dà a quegl'ingannati. Non mostra di disprezzare il piccolo comandamento (anzi lo scrupolo minuto nell'adempimento di esso) [7], quantunque lo metta a confronto di ciò che la legge ha di più grave: anzi, perché la considerazione della giustizia, della misericordia e della fede non faccia concepire noncuranza per quello; perché si veda che il male sta nella trasgressione e non nell'ubbidienza, che tutto ciò che è comandato è sacro, che tutto ciò che è pio è utile, aggiunge: *Queste cose bisognava fare, senza ometter quelle* [8].

CAPITOLO XIV

DELLA MALDICENZA [1].

La morale proprement dite n'a cependant jamais cessé d'être l'objet des prédications de l'Église; mais l'intérêt sacerdotal a corrompu dans l'Italie moderne tout ce qu'il a touché. La bienveillance mutuelle est le fondement des vertus sociales; le casuiste, la réduisant en précepte, a déclaré qu'on péchoit en disant du mal de son prochain; il a empêché chacun d'exprimer le juste jugement qui doit discerner la vertu du vice; il a imposé silence aux accens de la vérité; mais en accoutumant ainsi à ce que les mots n'exprimassent point la pensée, il n'a fait que redoubler la secrète défiance de chaque homme à l'égard de tous les autres. Pag. 419-420.

La dottrina che proibisce di dir male del prossimo, è tanto

---

[7] « La legge non ordinava di pagar la decima dell'erbe più minute. » Mons. Martini, in nota al passo citato [*N.d.A.*].

[8] *Vae vobis, Scribae et Pharisaei hypocritae, qui decimatis mentham et anethum et cyminum, et reliquistis quae graviora sunt legis, iudicium, et misericordiam, et fidem: haec oportuit facere, et illa non omittere.* Matth. XXIII, 23 [*N.d.A.*].

XIV. [1] Capitolo d'immensa importanza, non solo perché, essendo morale piuttosto che dogmatico, è tra i più felicemente riusciti, ma anche perché connette la maldicenza con l'abitudine, considerata benefica, della critica libera e spregiudicata.

manifestamente della Chiesa, che, in questo, i casisti che l'hanno professata, possono francamente chiamarla mallevadrice. Che se alla Chiesa si domandano le ragioni che l'hanno determinata a farne un precetto, risponderà che non l'ha fatto, ma l'ha ricevuto; che, oltre all'esser consentaneo a tutta la dottrina evangelica, questo precetto è intimato espressamente e spesso ne' due Testamenti. Eccone, per brevità, una sola prova: *Non v'ingannate... i maledici non possederanno il regno di Dio* [2].

Ma questa sentenza ha ella bisogno d'esser giustificata? E chi vorrebbe sostener la contraria?

Un carico le vien fatto qui; ed è che *impedisce a ciascheduno d'esprimere il giusto giudizio che deve discernere la virtù dal vizio; impone silenzio alla verità, e accresce la diffidenza tra gli uomini.* Ma l'illustre autore non vorrà certo che si consideri da un lato solo una questione complessa e multiforme. Quand'anche un precetto fosse d'ostacolo a qualche bene, è giusto di pesare tutti i suoi effetti, e di mettere in bilancia il male che previene; perché sarebbe troppo singolare che una proibizione, la quale ha per oggetto di portar gli uomini a risparmiarsi l'uno con l'altro, non fosse d'impedimento che a cose utili.

L'amore della verità, il desiderio di fare un giusto discernimento tra la virtù e il vizio, sono forse il motivo principale e comune che determina a dir male del prossimo? E l'effetto ordinario ne è forse di mettere la verità in chiaro, la virtù in onore, e il vizio in abbominazione?

Un semplice sguardo alla società ci convince subito del contrario, facendoci vedere i veri motivi, i veri caratteri e gli effetti comuni della maldicenza.

Perché, ne' discorsi oziosi degli uomini, dove la vanità di ciascheduno, che vorrebbe occupare gli altri di sé, trova un ostacolo nella vanità degli altri che tendono allo stesso fine; dove si combatte destramente, e qualche volta a forza aperta, per conquistare quell'attenzione che si vorrebbe così di rado accordare; perché riesce tanto facilmente a conciliarsela colui che, con le prime parole, annunzia che dirà male del prossimo? se non perché tante passioni se ne promettono un tristo sollievo? E quali passioni! È l'orgoglio, che tacitamente ci fa supporre la nostra superiorità nell'abbassamento degli altri, che ci consola de' nostri difetti col pensiero che altri n'abbiano de' simili o de' peggiori. Miserabile traviamento dell'uomo!

---

[2] *Nolite errare... neque maledici... regnum Dei non possidebunt.* I Corinth. VI, 9, 10 [*N.d.A.*].

Bramoso di perfezione, trascura gli aiuti che la religione gli offre a progredire verso la perfezione assoluta, per la quale è creato, e s'agita dietro una perfezione comparativa; anela, non a esser ottimo, ma a esser primo[3]; vuol paragonarsi, e non divenire. È l'invidia, inseparabile dall'orgoglio, l'invidia che si rallegra del male come la carità del bene, l'invidia che respira più liberamente quando una bella riputazione sia macchiata, quando si provi che c'è qualche virtù o qualche talento di meno. È l'odio, che ci rende tanto facili sulle prove del male: è l'interesse che fa odiare i concorrenti d'ogni genere. Tali e simili sono le passioni per le quali è così comune il dire e l'ascoltare il male: quelle passioni che spiegano in parte il brutto diletto che l'uomo prova nel ridere dell'uomo e nel condannarlo, e la logica indulgente e facile sulle prove del male, mentre spesso s'istituisce un giudizio così severo prima di credere una bona azione, o l'intenzione retta e pura d'una bona azione. Non c'è da maravigliarsi che la religione non sappia che fare di queste passioni, e di ciò che le mette in opera: materiali fradici e repugnanti a ogni connessione, come entrerebbero nell'edifizio d'amore e d'umiltà, di culto e di ragione, ch'essa vuol innalzare nel core di tutti gli uomini?

C'è nella maldicenza un carattere di viltà che la rende simile a una delazione segreta, e fa risaltare anche da questa parte la sua opposizione con lo spirito del Vangelo, che è tutto franchezza e dignità, che abbomina tutte le strade coperte, per le quali si nuoce senza esporsi; e che, ne' contrasti che si devono pur troppo avere con gli uomini per la difesa della giustizia, comanda per lo più una condotta che suppone coraggio. Il censurare gli assenti è le più volte senza pericolo di chi lo fa; sono colpi dati a chi non si può difendere; è non di rado un'adulazione, tanto più ignobile quanto più ingegnosa, verso chi ascolta. *Non parlerai male d'un sordo*[4], è una delle pietose e profonde prescrizioni mosaiche: e i moralisti cattolici che l'applicarono anche all'assente, hanno fatto vedere che entravano nel vero spirito d'una religione, la quale vuole che quando uno è costretto a opporsi, lo faccia conservando la carità, e fuggendo ogni bassa discortesia.

La maldicenza, si dice da molti, è una specie di censura che serve a tenere gli uomini nel dovere. Sì, come un tribu-

---

[3] È la morale sociale, resa compiuta nella società borghese e illuministica, per la quale ogni oggetto diviene in realtà un sistema di relazioni tra gli uomini.
[4] *Non maledices surdo*. Levit. XIX, 14 [*N.d.A.*].

nale composto di giudici interessati contro l'accusato, dove l'accusato non fosse né confrontato, né sentito, dove chi volesse prendere le sue difese fosse per lo più scoraggito e deriso, dove per lo più tutte le prove a carico fossero fatte bone; come un tal tribunale sarebbe adattato a diminuire i delitti. È una verità troppo facile a osservarsi, che si presta fede alle maldicenze sopra argomenti che, se s'avesse un interesse d'esaminarne il valore, non basterebbero a produrre nemmeno una piccola probabilità.

La maldicenza rende peggiore chi parla e chi ascolta, e per lo più anche chi n'è l'oggetto. Quando colpisce un innocente (e per quanto sia grande il numero de' falli, quello dell'accuse ingiuste è superiore di molto), qual tentazione non è questa per lui! Forse, percorrendo a stento la strada erta della probità, si proponeva per fine l'approvazione degli uomini, era pieno di quell'opinione, tanto volgare quanto falsa, che la virtù è sempre conosciuta e apprezzata: vedendola sconosciuta in sé, principia a credere che sia un nome vano; l'animo suo, nutrito dell'idee ilari e tranquille d'applauso e di concordia, principia a gustare l'amarezza dell'odio; allora l'instabile fondamento sul quale era stabilita la sua virtù, cede facilmente: felice lui, se questo in vece gli fa pensare che la lode degli uomini non è né una mercede sicura, né la mercede. Ah! se la diffidenza regna tra gli uomini, la facilità del dir male ne è una delle principali cagioni. Colui che ha visto un uomo stringer la mano a un altro, col sorriso dell'amicizia sulle labbra, e che lo sente poi farne strazio dietro le spalle, come non sarà portato a sospettare che in ogni espressione di stima e d'affetto possa esser nascosta un'insidia? La fiducia crescerebbe al contrario, e con essa la benevolenza e la pace, se la detrazione fosse proscritta: ognuno che, abbracciando un uomo, potesse star sicuro di non esser l'oggetto della sua censura e della sua derisione, lo farebbe naturalmente con un più puro e più libero senso di carità.

Si crede da molti, che la repugnanza a supporre il male nasca da eccessiva semplicità o da inesperienza; come se ci volesse una gran perspicacia a supporre che ogn'uomo, in ogni caso, scelga il partito più tristo. E, in vece, la disposizione a giudicare con indulgenza, a pesare l'accuse precipitate, e a compatire i falli reali, richiede l'abitudine della riflessione sui motivi complicatissimi che determinano a operare, sulla natura dell'uomo e sulla sua debolezza.

Quello a cui vien riferita la mormorazione fatta contro di lui (e i rapportatori sono la discendenza naturale de' maledici) ci vede spesso un'ingiustizia che lui solo può conoscere, ma della quale tutti possono, e quindi tutti devono, riconoscere il pericolo. Ha operato in circostanze delle quali lui solo abbraccia il complesso: il censore non se n'è fatto carico, ha giudicato nudamente un fatto con delle regole di cui non può giustamente misurare l'applicazione; forse biasima un uomo, solamente perché non ha fatto ciò che farebbe lui, forse perché non ha le sue stesse passioni. E quand'anche il censurato sia costretto a confessare a sé stesso che la maldicenza è affatto esente da calunnia, non ne è portato per lo più al ravvedimento, ma allo sdegno; non pensa a riformarsi, ma si volge a esaminare la condotta del suo detrattore, a cercare in quella un lato debole e aperto alla recriminazione: l'imparzialità è rara in tutti, ma più negli offesi. Così si stabilisce una miserabile guerra, una continua faccenda nell'esaminare e propalare i difetti altrui, che accresce la noncuranza de' propri [5].

Quando poi gl'interessi ci mettono a fronte l'uno dell'altro, qual maraviglia che l'ire e le percosse siano così pronte, che ci facciamo tanto male a vicenda? L'averne tanto pensato e tanto detto, ci ha preparati a ciò; siamo avvezzi a non perdonarci nel discorso, a godere dell'abbassamento altrui, a straziare quegli stessi coi quali non abbiamo contrasti; trattiamo gli sconosciuti come nemici: come mai ci troveremo tutt'a un tratto disposti alla carità e ai riguardi ne' momenti appunto che la cosa è più difficile, e richiede un animo che ci sia esercitato di lunga mano? Perciò la Chiesa, che vuol fratellanza, vuole anche uomini che non pensino il male, che ne gemano quando lo vedono, che parlino degli assenti con quella delicata attenzione che l'amor proprio ci fa ordinariamente usare verso i presenti. Per regolare l'azioni, frena le parole, e, per regolar queste, mette la guardia al core.

Si separano spesso e si condannano due specie di prescrizioni religiose, che si dovrebbero in vece mettere insieme e ammirare. Della prima specie è la preghiera continua, la custodia de' sensi, il combattimento perpetuo contro ogni attacco eccessivo alle cose mortali, il riferir tutto a Dio, la vigilanza sul primo manifestarsi d'ogni sentimento disordinato, e altre tali. Di queste si dice che sono miserie, vincoli che restringono l'a-

---

[5] È necessario dichiarare, oltre ciò che il Manzoni dice, che questi tratti morali sono anche tratti culturali ben precisi: è, per esempio, la dialettica politica, che la retorica moderna vuole « spietata » e « corrosiva », non sapendo evidentemente che cosa significhino questi termini.

nimo senza produrre alcun effetto importante, pratiche claustrali. Della seconda specie sono le prescrizioni dure, ma giuste e inappellabili, che in certi casi richiedono de' sacrifizi ai quali il senso repugna, de' sacrifizi che chiamiamo eroici, per dispensarci dall'esaminare se non siano doverosi. E a queste s'oppone che bisogna prendere gli uomini come sono, e non pretendere cose perfette da una natura debole. Ma la religione, appunto perché conosce la debolezza di questa natura che vuol raddrizzare, la munisce di soccorsi e di forza; appunto perché il combattimento è terribile, vuole che l'uomo ci si prepari in tutta la vita; appunto perché abbiamo un animo che una forte impressione basta a turbare, che l'importanza e l'urgenza d'una scelta confondono di più, mentre gli rendono più necessaria la calma; appunto perché l'abitudine esercita una specie di dominio sopra di noi, la religione impiega tutti i nostri momenti ad abituarci alla signoria di noi stessi, al predominio della ragione sulle passioni, alla serenità della mente. La religione è stata, fino ne' suoi primi tempi, e da' suoi primi apostoli, paragonata a una milizia. Applicando questa similitudine, si può dire che chi non vede o non sa apprezzare l'unità delle sue massime e delle sue discipline, fa come chi trovasse strano che i soldati s'addestrino ai movimenti della guerra, e ne sopportino le fatiche e le privazioni, quando non ci sono nemici.

Le filosofie puramente umane, richiedendo molto meno, sono molto più esigenti: non fanno nulla per educar l'animo al bene difficile, prescrivono solo azioni staccate, vogliono spesso il fine senza i mezzi: trattano gli uomini come reclute, alle quali non si parlasse che di pace e di divertimenti, e che si conducessero alla sprovvista contro de' nemici terribili. Ma il combattimento non si schiva col non pensarci; vengono i momenti del contrasto tra il dovere e l'utile, tra l'abitudine e la regola; e l'uomo si trova a fronte una potente inclinazione da da vincere, non avendo mai imparato a vincere le più fiacche. Sarà forse stato avvezzo a reprimerle per motivi d'interesse, per una prudenza mondana; ma ora l'interesse è appunto quello che lo mette alle prese con la coscienza. Gli è stata dipinta la strada della giustizia come piana e sparsa di fiori; gli è stato detto che non si trattava se non di scegliere tra i piaceri, e ora si trova tra il piacere e la giustizia, tra un gran dolore e una grand'iniquità [6]. La religione, che ha reso il suo allievo for-

---

[6] È uno di quei passi, ci sia consentito ricordarlo, dove la *Morale cattolica* ricorda da vicino i *Promessi Sposi*.

te contro i sensi, e guardingo contro le sorprese, la religione, che gli ha insegnato a chieder sempre de' soccorsi che non sono mai negati, gl'impone ora un grand'obbligo, ma l'ha messo in caso d'adempirlo; e avergli chiesto un gran sacrifizio, sarà un dono di più che gli avrà fatto. La religione, chiedendo all'uomo cose più perfette, chiede cose più facili [7]; vuole che arrivi a una grand'altezza, ma gli ha fatta la scala, ma l'ha condotto per mano: le filosofie umane, contentandosi che tocchi un punto molto meno elevato, pretendono spesso di più; pretendono un salto che non è della forza dell'uomo.

Credo di dover dichiarare che sono lontano dal pensare che l'illustre autore non veda gl'inconvenienti della maldicenza, e voglia quasi farne l'apologia; ma ho dovuto mostrare che è eminentemente evangelico e morale l'insegnamento della Chiesa, che *dir male del prossimo è peccato*.

Ma *il giusto giudizio che deve discernere la virtù dal vizio*, vuol forse impedirlo? No, certamente: vuol impedire le superbe, leggiere, ingiuste, inutili accuse, il giudizio dell'intenzioni, nelle quali Dio solo vede anche ciò che è sentito confusamente nel core stesso dove si formano; ma il testimonio dell'azioni, vuol regolarlo, non levarlo di mezzo; lo comanda anzi quasi in tutti i casi in cui non lo condanna, cioè quando non ci porti a darlo la voglia di deprimere o di disonorare, ma dovere d'ufizio o di carità; quando si tratti di preservare il prossimo dall'insidie de' maligni; quando insomma sia richiesto da giustizia e da utilità. Certo, in questi casi, è necessaria tutta la prudenza cristiana, ma la religione c'insegna i mezzi d'ottenerla. Con essa l'uomo può governarsi nelle difficili circostanze, nelle quali e il parlare e il tacere hanno qualche apparenza di male; in cui si deve opporsi a un maligno, e nello stesso tempo potersi render testimonianza di non esserci condotti da malignità. Il gemito dell'ipocrita che sparla di colui che odia, le proteste che fa d'essere addolorato de' difetti dell'uomo che denigra, di parlar per dovere, sono un doppio omaggio e alla condotta e a' sentimenti che la religione prescrive.

La Chiesa è tanto aliena dall'imporre silenzio *alla voce della verità*, quando sia mossa dalla carità; è tanto aliena dal trascurare alcun mezzo per cui gli uomini possano migliorarsi a vicenda, che condanna i rispetti umani. E quest'espressione medesima è sua; è una di quelle che il mondo non avrebbe saputo trovare, perché intende e accenna un obbligo e un motivo

---

[7] Più facili, perché più certe e più compiute.

soprannaturale di non tacer la verità in certi casi. Così ha prevenuto l'animo debole contro il terrore che la forza, che la moltitudine, che la derisione, che il possesso delle dottrine mondane, gli sogliono incutere; così ha resa libera la parola in bocca all'uomo retto. Essa ha anche comandata la correzione fraterna: mirabile tempra di parole, in cui, all'idea di correzione, che urta tanto il senso, è unita immediatamente l'idea di fraternità, che rammenta i fini d'amore, e la comune debolezza, e la disposizione a ricever la correzione in chi la fa agli altri. La Chiesa non impedisce alcuno de' vantaggi che possono venire dalla sincera e spassionata espressione della verità, e dal fondato e giusto discernimento tra la virtù e il vizio.

Mi si permetta di collocar qui una riflessione che è sottintesa in molti luoghi di questo scritto, e che sarà espressamente riprodotta e svolta in qualche altro. Ogni qual volta si crede trovare nella religione un ostacolo a qualche sentimento o a qualche azione o a qualche istituzione giusta e utile, generosa e tendente al miglioramento sociale, si troverà, esaminando bene, o che l'ostacolo non esiste, e la sua apparenza era nata dal non avere abbastanza osservata la religione; o che quella cosa non ha i caratteri e i fini ch'era parso alla prima. Oltre l'illusioni che possono venire dalla debolezza del nostro intendimento, c'è una continua tentazione d'ipocrisia, dirò così, verso noi medesimi, dalla quale non sono esenti gli animi più puri e desiderosi del bene; d'un'ipocrisia che associa subito l'idea d'un bene maggiore, l'idea d'un'inclinazione generosa ai desideri delle passioni predominanti: dimanieraché ognuno, chiamando a esame sé stesso, non può qualche volta esser certo dell'assoluta rettitudine de' fini che lo movono; non può discernere che parte ci abbia, o l'orgoglio o la prevenzione. Se allora condanniamo le regole della morale perché ci paiono più corte de' nostri ritrovati, serviamo a de' sentimenti riprovevoli che non confessiamo nemmeno a noi stessi, o che forse combattiamo in noi; ma che non s'estinguono interamente in questa vita.

S'osservi finalmente che, se l'aumento della diffidenza fosse un effetto della proibizione di parlar male, siccome questa proibizione è intimata in tutto il mondo cattolico[8], così ne verrebbe, o che la diffidenza n'è accresciuta pertutto, o che in Italia i precetti sono più osservati che altrove: la qual cosa sarebbe in vece un indizio d'un migliore stato morale. Io non so se

---

[8] V. per esempio il sermone di Massillon sulla maldicenza: è quello del lunedì della IV settimana [*N.d.A.*].

noi Italiani siamo più diffidenti degli altri Europei; so che ci lamentiamo di non esserlo abbastanza; so che (come, del resto, tutte l'altre nazioni) diciamo in vece di peccare di troppa credulità e bona fede. Se però la diffidenza fosse universale tra di noi, mi pare che converrebbe darne la colpa a tutt'altro che al non mormorare; giacché siamo lontani dall'aver perduta quest'abitudine.

CAPITOLO XV

SUI MOTIVI DELL'ELEMOSINA [1].

La charité est la vertu par excellence de l'Évangile; mais le casuiste a enseigné à donner au pauvre pour le bien de sa propre âme, et non pour soulager son semblable... Pag. 420.

Dare al povero per il bene dell'anima propria, non è suggerimento di casisti, ma insegnamento della Chiesa.

Escludere dall'elemosina il fine di sollevare il prossimo, è un raffinamento anti-cristiano, il quale non so se sia mai stato dottrinalmente insegnato da alcuno: ma credo che non ce ne sia vestigio in Italia.

Per ciò che riguarda il proporsi, in quella come in ogn'altra opera, il bene dell'anima propria, la Chiesa non fa altro che insegnare ciò che ha imparato dal suo Fondatore. E non c'è forse nel Vangelo verun altro precetto, al quale vada così spesso unita la promessa della ricompensa. Nel Vangelo, l'elemosina è un tesoro che uno s'ammassa nel cielo: è un amico che ci deve introdurre ne' padiglioni eterni; nel Vangelo, il regno è promesso ai benedetti del Padre, i quali avranno satollati, vestiti, ricoverati, visitati coloro, che il Re, nel giorno della manifestazione gloriosa, non sdegnerà di chiamare suoi fratelli[2], memore d'avere avute comuni con loro le privazioni e i pati-

---

XV. [1] Il capitolo passa rapidamente, da una questione apparentemente minuta, a sciogliere il nodo tra autonomia ed eteronomia della morale.
[2] *Si vis perfectus esse, vade, vende quae habes, et da pauperibus, et habebis thesaurum in coelo.* Matth. XIX, 21. *Facite vobis amicos de mammona iniquitatis, ut, cum defeceritis, recipiant vos in aeterna tabernacula.* Luc. XVI, 9. *Tunc dicet Rex his qui a dextris eius erunt: Venite, benedicti Patris mei, possidete paratum vobis regnum a constitutione mundi: esurivi enim, et dedistis mihi manducare; sitivi, et dedistis mihi bibere; hospes eram, et collegistis me; nudus, et coperuistis me; infirmus, et visitastis me; in carcere eram, et venistis ad me... quamdiu fecistis uni ex fratribus meis minimis, mihi fecistis.* Matth. XXV, 34 et seq. [N.d.A.].

menti, d'esser passato, anche lui, come uno sconosciuto, davanti agli sguardi distratti de' fortunati del mondo. Tutta la Scrittura parla così: *Non avrà bene chi non fa elemosina*[3]. Che più? le parole stesse che qui si danno come un insegnamento di casisti, sono quelle della Scrittura: *Il misericordioso fa del bene all'anima sua*[4].

Questo motivo va unito a tutti i comandamenti: la sanzione religiosa non si fonda che su di esso.

Dopo di ciò, non c'è bisogno certamente di giustificare, su questo punto, la dottrina della Chiesa. Non sarà però fuori di proposito l'osservare come una tale dottrina sia superiore bensì, ma insieme consentanea alla ragione, e quanto sia opposto ad essa il supporre che il motivo d'una ricompensa, di qualunque genere sia, possa, per sé, detrarre alla perfezione e al merito dell'azioni virtuose. Illusione, nella quale sono caduti anche degl'ingegni tutt'altro che volgari; e dalla quale, se è lecito il dirlo, è venuto il rimprovero fatto dall'illustre autore all'insegnamento cattolico sui motivi dell'elemosina.

La virtù, si dice, è tanto più pura, più nobile, più perfetta, quanto più è disinteressata. Sentenza verissima, quando alla parola « disinteresse » s'applichi un concetto giusto e preciso. Per disinteresse s'intende in astratto, e un poco in confuso, la disposizione a rinunziare a delle utilità. E cos'è che fa riguardare come bella questa disposizione, e come ignobile, o meno nobile, la disposizione contraria? In primo luogo, l'essere, in molti casi, un'utilità d'un uomo opposta a un'utilità d'un altro, o d'altri; dimanieraché il rinunziare a quella sia posporre un godimento privato alla benevolenza; sentimento più nobile, per consenso universale; anzi il solo de' due, al quale s'attribuisca questa qualità. L'altra cagione è il consenso divenuto comune dopo il Cristianesimo (quantunque più o meno avvertito e ragionato), che tutte l'utilità nelle quali è unicamente contemplato il godimento di chi le acquista, sono d'un prezzo inferiore a quello della virtù: donde viene che il non proporsi alcuna di esse, o in altri termini alcuna ricompensa, come motivo, nemmeno accessorio, d'un'azione virtuosa, è avere una giusta stima della virtù, e riconoscere col fatto, che essa è un motivo sufficiente, anzi soprabbondante, di qualunque azione. Ragioni vere, ma che non sono intrinseche all'idea stessa di ricompensa; e non si possono quindi applicare a ogni genere di ricompensa, se non per uno di que' sofismi che scappano co-

---

[3] *Non est enim ei bene qui assiduus est in malis, et eleemosynas non danti*. Eccl. XII, 3 [*N.d.A.*].

[4] *Benefacit animae suae vir misericors*. Prov. XI, 17 [*N.d.A.*].

sì facilmente nelle conclusioni precipitate. Considerata in astratto, l'idea di ricompensa non è altro che quella d'un bene dato al merito, cioè l'idea d'una cosa, non solo bona e giusta, ma la sola bona e giusta: nel caso, s'intende, d'un vero merito e d'una vera ricompensa. Si supponga quindi una ricompensa, contro la quale non militi né l'una né l'altra di quelle due ragioni; e il proporsela per motivo non potrà levar nulla alla nobiltà dell'azioni e de' sentimenti; il non proporsela (senza cercare ora come deva qualificarsi), non potrà meritare l'onorevole qualificazione di disinteresse.

Di questo genere appunto, anzi l'unica di questo genere, è la ricompensa di cui si tratta. Essendo infinita, non può essere da verun uomo ceduta a verun altro, come il goderla non può mai essere a scapito di verun altro. E non può nemmeno essere inferiore in dignità alla virtù, poiché non è altro che il più perfetto esercizio della virtù medesima.

Infatti, cosa intende il cristiano per *il bene dell'anima sua?* Riguardo all'altra vita, intende una felicità di perfezione, un riposo che consisterà nell'essere assolutamente nell'ordine, nell'amar Dio pienamente, nel non avere altra volontà che la sua, nell'esser privo d'ogni dolore, perché privo d'ogni inclinazione al male. *Beati*, disse la Sapienza incarnata, *quelli che hanno fame e sete della giustizia; perché saranno satollati*[5]: che è quanto dire: saranno eternamente giustissimi[6].

E riguardo alla vita presente, il cristiano intende una felicità di perfezionamento, che consiste nell'avanzarsi verso quell'ordine. Felicità non intera, certamente; ma la maggiore, come la più nobile, che si possa godere in questa vita; felicità che nasce da quella stessa *fame* e *sete*, accompagnata dalla speranza che conforta, e dalla carità che fa pregustare. Così la *pietà è utile a tutto, avendo con sé la promessa della vita presente e della futura*[7].

---

[5] Per questa ragione si chiamano spesso, indifferentemente, santi, o beati, quelli che possiedono la vita eterna [*N.d.A.*].

[6] La critica di Sismondi può essere ridotta all'autonomia morale kantiana, che consiste nell'imperativo categorico di fare il bene per il bene e senza speranza di premio. Ma, risponde Manzoni, il premio della beatitudine non è un premio qualsiasi né può esser considerato secondo le regole dei premi ordinari. La salvezza dell'anima non è altro se non la consonanza con l'ordine universale, che è la volontà di Dio. La salvezza non è la contropartita dell'azione, ma il fine dell'azione. Manzoni, come anche Bossuet, citato poi in nota, come anche Rosmini, non fa altro se non ricondurre all'esatta dimensione metafisica e teologica una questione degradata nel moralismo volgare.

[7] *Pietas autem ad omnia utilis est, promissionem habens vitae quae nunc est, et futurae.* I Tim. IV, 8 [*N.d.A.*].

Posto ciò, si dovrà dire che, in quelli a cui una tale ricompensa è stata annunziata, il non proporsela per motivo, non che aggiunger perfezione alla virtù, non può nascere che dal disprezzo di questa perfezione medesima, cioè dal gaudio celeste; il quale, per ripeter la cosa con parole e più autorevoli e migliori delle mie, *non è altro che il colmo, la soprabbondanza, la perfezione dell'amor di Dio* [8], val a dire della virtù che sovrasta a tutte, e le comprende tutte.

Che, tra i gentili, i quali non avevano cognizione di questo Bene, ma solo de' beni temporali, alcuni abbiano pensato che ogni ricompensa sia indegna della virtù, non c'è da maravigliarsene. È piuttosto una cosa degna d'osservazione, che, col solo lume naturale, siano arrivati a vedere la verità, sulla quale formarono questo loro errore. Nel confuso, tronco e, dirò così, acefalo concetto che avevano della virtù, videro, dico, una relazione speciale di questa con l'infinito; e ne dedussero che nessun bene finito poteva esser per essa materia di compensazione. E, dopo averla spogliata così d'ogni premio, dovendo però riconoscere che premio e virtù sono idee correlative, e che ciò che forma questa relazione tra di loro è l'idea di giustizia, troncarono il nodo col dire che la virtù è premio a sé stessa. Parole più vere del pensiero che esprimevano; perché, nella loro generalità, comprendono il concetto intero, e di virtù e di premio, che non era nella mente di chi le metteva insieme; cioè il concetto di quella virtù e di quel premio, che non si realizzano se non nell'altra vita, e per il possesso di Dio. Potrebbe bensì parer più strano, che, anche nella luce del Vangelo, alcuni abbiano potuto immaginarsi una maggior perfezione della virtù, e della virtù cristiana, nell'escludere da' suoi motivi ogni ricompensa. Ma l'ingegno umano può abusare delle verità rivelate, come di quelle che conosce naturalmente. Essendo l'annegazione, e il disprezzo de' piaceri, il precetto continuo, e lo spirito del Vangelo, s'è potuto voler estendere quest'annegazione anche alla vita futura, applicando, con un accecamento volontario, le qualità de' beni che Gesù Cristo c'insegna a disprezzare, al bene proposto da Gesù Cristo medesimo [9]. Una dottrina così opposta alla sua e, per necessità, alla

---

[8] *Non pas même sur les joies du Paradis, quoique ces joies du Paradis ne soient autre chose que le comble, la surabondance, la perfection de l'amour de Dieu!* Bossuet, *Instruction sur les états d'oraison*, III, 5; dove confuta la strana proposizione, che un'anima arrivata, nella vita presente, a un certo grado di perfezione, *est dans une si entière désappropriation, qu'elle ne sauroit plus arrêter un seul désir sur quoi que ce soit* [N.d.A.].

[9] L'autonomia della morale finisce col mettere sullo stesso piano i beni di questo mondo e i beni dell'altro.

retta ragione, fu, come doveva essere, condannata dalla Chiesa [10].

La ragione dice e, per dir così, sente che il desiderio della felicità è naturale all'uomo; la religione, nella quale (non sarà mai ripetuto abbastanza) la ragione trova il suo compimento, insegna che il desiderio della felicità eterna, inseparabile dalla santità, è un dovere [11]. All'amor di sé, che i sistemi di morale puramente umana si studiano, ora di combattere, ora di soddisfare, e sempre con mezzi insufficienti, la religione apre una strada verso l'infinito, nella quale può correre con l'illimi-

[10] Tale fu, come è noto, la dottrina sulla quale disputarono il Fénelon e il Bossuet. Il nome de' due gran contendenti ha attirata spesso l'attenzione de' loro posteri su questa controversia; e i giudizi che se ne fecero, sono molti e vari: il meno sensato di questi mi pare quello che la dichiara una questione frivola. Questa è l'idea che ne volle dare il Voltaire (*Siècle de Louis XIV*. Chap. XXXVIII, du Quiétisme). Certo, se ogni ricerca sulle ragioni di volere, e sui doveri, e sul modo di ridurre tutti i sentimenti dell'animo a un centro di verità, si riguarda come frivola, tale sarà anche questa, poiché è di quella categoria. Ma in quel caso, quale studio sarà importante all'uomo? I filosofi che vennero dopo il Voltaire continuarono a trattar questo punto di morale, benché in altri termini, e lo considerarono come fondamentale (v. tra gli altri *Woldemar* « par Jacobi, trad. de l'allemand par Ch. Wanderbourg », T. I, pag. 151 e seg.). Le controversie sulla relazione dell'interesse con la morale, sull'amore della virtù per sé stessa, si riducono, nella parte essenziale, a quella del Quietismo; a decidere, cioè, se il motivo della propria felicità deva entrare nelle determinazioni virtuose. Senonché, nelle dispute su questa materia, chiamate a torto filosofiche, nelle quali non si contempla che la vita presente, la questione è necessariamente piantata in falso: poiché, o c'è supposto tacitamente che non ci sia un'altra vita, o, ammettendola, almeno come possibile, non se ne fa caso: due modi di ragionare, de' quali non si saprebbe dire qual sia il più anti-filosofico. Nella disputa teologica di cui s'è fatto cenno, l'errore aveva qualcosa di più strano, appunto perché la questione era posta nella sua integrità. Quest'errore, confutato dal Bossuet con quella sua sapiente eloquenza, non tendeva niente meno che a mettere l'amore di Dio in opposizione con una legge necessaria dell'animo, qual è il desiderio della felicità, e a far posporre la perfezione possibile, e promessa, a una perfezione arbitraria e assurda. È inutile aggiungere che queste conseguenze erano ben lontane dall'intenzioni del Fénelon. La sua pronta e costante sommissione alla condanna delle sue proposizioni, l'altre sue opere, e tutta la sua vita sono una prova della sincerità con cui non cessò mai di protestare che non intendeva né di proporre, né d'accettare cosa alcuna che deviasse menomamente dalla fede della Chiesa [*N.d.A.*]. François de Salignac de La Mothe Fénelon (1651-1715), scrittore francese, oppose all'ortodossia e al potere assoluto il diritto di avvicinarsi a Dio senza intermediari e una critica dell'intolleranza. Furono queste le ragioni che lo opposero a Bossuet. Opere: *Massime dei Santi, Avventure di Telemaco, Trattato dell'esistenza e degli attributi di Dio*. Nella nota si allude pure al romanzo filosofico *Woldemar* (1779), del tedesco Friedrich Heinrich Jacobi (1743-1819), tradotto in francese nel 1796 da Charles Boudens de Vanderbourg.

[11] Diventa un dovere soltanto perché quella felicità è eterna.

tata sua forza, senza mai urtare il più piccolo dovere, senza offendere alcun nobile sentimento. Per questa strada, essa ha potuto condur l'uomo al massimo grado di vero disinteresse, e far che disprezzi i beni della terra, appunto *perché mira alla ricompensa*[12]. Essa ha potuto farlo rinunziare, non solo ai piaceri che sono direttamente dannosi agli altri, ma a molti ancora, che la morale del mondo, economa improvvidente, approva o permette. Perciò Gesù Cristo, dove appunto dà il motivo dell'elemosina, comanda non solo l'azione, ma il segreto; e levando la sanzione umana dell'amor della lode, ci sostituisce quella della vita futura. *Il tuo Padre, che vede nel segreto, te ne darà egli la ricompensa*[13]. Non vuol guarire l'avarizia con la vanità; non vuole che l'uomo si prenda nello stato presente le ricompense riservate all'altro, e colga, nella stagione in cui deve solo attendere a coltivarla, una messe che, recisa, s'inaridisce e non riempie la mano[14]; non vuol solamente de' poveri sollevati, ma degli animi liberi, illuminati e pazienti. Cos'importa, dice spesso il mondo, da che fine provengano l'azioni utili, purché ce ne siano molte? Domanda inconsiderata quanto si possa dire, e alla quale è troppo facile rispondere che importa di non distrarre gli uomini dal loro fine, di non ingannarli, di non avvezzarli all'amore di que' beni per i quali si troveranno un'altra volta in contrasto tra di loro; di que' beni che, goduti, accrescono bensì la sete di possederli, ma non la facoltà di moltiplicarli. Questa facoltà ammirabile non appartiene se non ai beni spirituali, che sono beni assolutamente veri, anche in questa vita, e perché partecipano del Bene sommo e infinito, e perché conducono a possederlo eternamente.

S'è fatto più volte alla morale cattolica un rimprovero opposto; cioè che non si faccia carico dell'amore di sé, quando prescrive l'annegazione, e l'amare il prossimo come sé stesso. Ma annegazione non vuol dire rinunzia alla felicità; vuol dire resistenza all'inclinazioni viziose nate in noi dal peccato, le quali ci allontanano dalla vera felicità. E in quanto al precetto d'amare il prossimo come sé stesso, ciò che ha potuto farlo pa-

---

[12] *Maiores divitias aestimans thesauro Aegyptiorum, improperium Christi: aspiciebat enim in remunerationem.* Paul. ad Hebr. XI, 26 [*N.d.A.*]. L'autonomia della morale, proprio perché esige una morale più «pura», lascia campo aperto alle volizioni del piacere e sancisce la dicotomia tra morale e piacere.

[13] *Ut sit eleemosyna tua in abscondito; et Pater tuus, qui videt in abscondito, reddet tibi.* Matth. VI, 4 [*N.d.A.*].

[14] *De quo non implevit manum suam qui metit.* Psal. CXXVIII, 7 [*N.d.A.*].

rere ad alcuni eccessivo, ineseguibile, contrario alla natura dell'uomo, non è altro che l'ignorare o lo sconoscere quel bene che si può volere agli altri come a sé, perché, essendo infinito, può riempir ciascheduno, senza esser mai né esaurito, né diminuito da alcuno. L'amor permanente, irresistibile, incondizionato di sé, è certamente una legge naturale d'ogni anima umana: non amar gli altri come sé, non è punto una conseguenza di questa legge, ma un'aggiunta arbitraria, fondata unicamente sulla supposizione, che non ci siano per l'uomo altri beni fuori di quelli, il possesso de' quali ha per condizione che gli altri ne siano privi. La religione, per chi vuole ascoltarla, ha levata di mezzo questa supposizione; e, con la sua scorta, è anche facile il riconoscere che amare il prossimo come sé stesso, non è altro che un precetto di stretta giustizia; perché la ragione di questi due amori è uguale, anzi la stessa. Qual è, infatti, la ragione d'amare, non l'uno o l'altro o alcuni de' nostri simili, ma il nostro prossimo, cioè ognuno de' nostri simili, indipendentemente da ogni nostra particolare inclinazione, da ogni sua particolare qualità, e da ogni suo merito verso di noi? Dove si può, dico, trovar la ragione di questo amore per tutti gli uomini, se non in ciò che è comune a tutti gli uomini, e insieme degno d'amore, cioè la natura umana medesima, l'essere nobilissimo di creatura intelligente, formata a immagine di Dio, e capace di conoscerlo, d'amarlo e di possederlo, val a dire d'un'altissima perfezione morale? Così il precetto divino, non che essere in opposizione col vero e giusto amore di noi medesimi, ce ne fa trovar la ragione nell'amor dovuto a tutti gli uomini: ragione, senza la quale questo invincibile amore di noi medesimi potrebbe parere nulla più che un cieco istinto. Se l'uomo avesse bisogno d'un insegnamento per amarsi, lo troverebbe sottinteso e implicito in questo precetto, che gl'impone d'amar l'umanità intera. Ne ha però bisogno, e quanto! per amarsi rettamente; e lo trova, come in tutti i precetti divini, così anche in questo, il quale, prescrivendogli d'amare il prossimo come sé stesso, gl'insegna a amar sé stesso come il prossimo, cioè a volere a sé quel bene che deve, e può ragionevolmente, volere agli altri: il bene sommo e assoluto, prima di tutto, e i beni finiti e temporali, in quanto possano esser mezzo a quello [15].

Ora, come mai da questa dottrina d'amore, di comunione e, dirò così, d'assimilazione tra gli uomini, potrebbe venire che

---

[15] Se l'uomo non volesse la propria salvezza, che è armonia con l'ordine dell'essere, non potrebbe nemmeno amare gli altri.

s'abbia a escludere dall'elemosina il motivo di *sollevare il suo simile*? Certo, non è impossibile che ciò sia entrato in qualche mente, come c'entrano tant'altre contradizioni; ma oso asserir di novo, che non fa parte dell'insegnamento religioso in Italia, e che il Segneri ha parlato di linguaggio comune di quest'insegnamento, quando ha detto che « due solamente sono alla fine le porte del cielo: l'una, quella del patire; e l'altra, quella del compatire ». I ministri del Vangelo, quando inculcano di soccorrere i poveri, rappresentano sempre l'angosce del loro stato; e, nella trascuranza di questo dovere, condannano espressamente la durezza e la crudeltà, come disposizioni ingiuste e anti-evangeliche.

Quando Gesù Cristo moltiplicò i pani, per satollare le turbe che, con tanta fiducia, correvano dietro alla parola, l'opera dell'onnipotenza fu preceduta da un ineffabile movimento di commiserazione nel core dell'Uomo-Dio. *Ho pietà di questo popolo, perché sono già tre giorni che non si distaccano da me, e non hanno niente da mangiare; e non voglio rimandarli digiuni, perché non svengano per la strada* [16]. La Chiesa ha ella potuto cessare un momento di proporre per modello i sentimenti di Gesù Cristo?

Bisognerebbe domandare a que' parrochi zelanti e misericordiosi i quali, girando per le case affollate dell'indigenza, e dopo aver soddisfatto, con lacrime di tenerezza e di consolazione, a degli estremi bisogni, ne trovano ancora de' novi, e non possono altro che mischiare le loro lacrime con quelle del povero, bisognerebbe domandar loro se, quando ricorrono al ricco per avere i mezzi di saziare la loro carità, non gli parlano che dell'anima sua, se non gli dipingono le miserie e i patimenti e i pericoli del bisognoso, e se quelli a cui sono rivolte preghiere così sante e così generose, le ascoltano con una fredda insensibilità; se l'immagine del dolore e della fame è esclusa da' sentimenti che li muovono a convertire in un mezzo di salute quelle ricchezze le quali sono così spesso un inciampo, un mezzo di piaceri che portano alla dimenticanza, e fino all'avversione per l'uomo che patisce.

San Carlo [17], che si spogliava per vestire i poveri, e che, vi-

---

[16] *Misereor turbae, quia triduo iam perseverant mecum, et non habent quod manducent; et dimittere eos ieiunos nolo, ne deficiant in via.* Matth. XV, 32 [*N.d.A.*].

[17] San Carlo Borromeo (Arona 1538 - Milano 1584), arcivescovo di Milano e cardinale, fu il principale collaboratore di Pio IV nel Concilio di Trento e fu il più zelante esecutore delle deliberazioni di esso. Combatté assiduamente i protestanti. A lui si debbono i tratti specifici

vendo tra gli appestati per dar loro ogni sorte di soccorso, non dimenticava che il suo pericolo; quel Girolamo Miani [18], che andava in cerca d'orfani pezzenti e sbandati, per nutrirli e per disciplinarli, con quella premura che metterebbe un ambizioso a diventar educatore del figlio d'un re, non pensavano dunque che all'anime loro? E l'intento di *sollevar i loro simili* non entrava per nulla in una vita tutta consacrata a loro [19]? L'uomo che vive lontano dallo spettacolo delle miserie, sparge qualche lacrima sentendole descrivere; e quelli che un'irrequieta carità spingeva a cercarle, a soccorrerle, ci avrebbero portato un core privo di compassione?

Certo, non occorre di far qui un'enumerazione degli atti di carità di cui è piena la storia del cattolicismo: ne scelgo uno solo, insigne per delicatezza di commiserazione; e lo scelgo perché, essendo recente, è un testimonio consolante dello spirito che c'è sempre vivo. Una donna che abbiamo veduta in mezzo a noi, e di cui ripeteremo il nome a' nostri figli, una donna cresciuta tra gli agi, ma avvezza da lungo tempo a privarsene, e a non vedere nelle ricchezze che un mezzo di sollevare i suoi simili, uscendo un giorno da una chiesa di campagna, dove aveva ascoltata un'istruzione sull'amore del prossimo, andò al casolare d'un'inferma, il di cui corpo era tutto schifezza e putredine; e non si contentò di renderle, com'era solita, que' servizi pur troppo penosi, coi quali anche il mercenario intende di fare un'opera di misericordia, ma trasportata da un soprabbondante impeto di carità, l'abbraccia, la bacia in viso, le si mette al fianco, divide il letto del dolore e dell'abbandono, e la chiama più e più volte col nome di sorella [20].

Ah! il pensiero di sollevare una creatura umana, non era certamente estraneo a que' nobili abbracciamenti. Mangiare il pane della liberalità altrui, ottener di che raddolcire i mali del corpo, e promulgare una vita di stenti, non è il solo bisogno dell'uomo sul quale pesa la miseria e l'infermità. Sente d'esser

---

della religiosità controriformistica, devota e zelante. Si prodigò per assistere la popolazione milanese durante la peste del 1576, dopo la quale scrisse il *Memoriale ai milanesi*. La sua opera fu continuata dal cugino, il cardinal Federico Borromeo (Milano 1564-1631), celebrato nei *Promessi Sposi*.
[18] Cioè San Girolamo Emiliani (1486-1537), veneziano, fondatore dell'ordine dei Somaschi.
[19] L'intento di salvare la propria anima non nega ma compie il naturale sentimento della compassione verso gli altri.
[20] *Vita della virtuosa matrona milanese Teresa Trotti Bentivogli Arconati*; pag. 82 [*N.d.A.*]. Ne sono autori i padri Mariano Fontana e Luigi Valdani.

chiamato anche lui a questo convito d'amore e di comunione sociale: la solitudine in cui è lasciato, il pensiero di far ribrezzo al suo simile, il riguardo con cui gli si avvicina quel medesimo che gli porge soccorso, il non veder mai un sorriso, è forse il più amaro de' suoi dolori. E il core che pensa a questi bisogni, e li soddisfa, che vince la repugnanza de' sensi, per veder solamente l'anima immortale che soffre e si purifica, è il più bel testimonio per le dottrine che l'hanno educato, è una prova che queste non mancano mai all'ispirazioni più ardenti e ingegnose della carità universale.

Donde è dunque potuta venire un'opinione così arbitraria e opposta al fatto, come quella che s'è esaminata nel presente capitolo? Se non m'inganno, da un'estensione affatto abusiva, anzi dall'alterazione manifesta di quell'insegnamento, non italiano, ma veramente cattolico, che il solo motivo di *sollevare il suo simile* non basta a render cristiana e santa l'elemosina, e a darle un merito soprannaturale. Mi servirò anche qui d'alcune parole del Segneri, che esprimono questo sentimento, senza contradire, né punto né poco, all'altre sue citate dianzi: « Se non che, avvertite che non basta a un vero limosiniere quella pietà naturale, con la quale si compatisce un uomo perch'egli è uomo. Fin qui sanno anche giungere gl'infedeli... Troppo più alto prende però la mira l'occhio d'un limosiniere fedele, qual noi cerchiamo. Non solo ha egli compassione del povero, ma gliel'ha per amor di Dio. Anticamente, sopra il fuoco che s'era acceso a bruciar la vittima, pioveva Iddio un altro fuoco più segnalato e più sacro che, giunto al primo, desse compimento più nobile al sacrifizio. Or figuratevi che così faccia la carità sopra quelle fiamme di compassion naturale, per sé lodevole: aggiunge ella anche altre fiamme d'amor cristiano, per cui si compisce l'olocausto in odore di soavità [21] ».

Ora, se quella falsa credenza ha avuta occasione da quest'insegnamento (e non saprei immaginarmi da cos'altro) basterà, se non è superfluo, l'osservare la differenza, anzi la diversità, che passa tra l'insegnare che l'elemosina dev'esser fatta, non solo per sollevare il suo simile, e *l'insegnare che non dev'esser fatta per sollevare il suo simile*. E d'altra parte, chi può non vedere quanto sia cosa giusta per sé, e independentemente da qualunque altro riguardo, il riferire ogni nostro sentimento verso qualunque creatura, all'Autore di tutte? Chi non riconosce in questo una condizione essenziale e universale del culto medesimo? giacché, quali nostri sentimenti si dovranno riferire a

[21] *Il Cristiano istruito*. Parte I. Ragionamento 18° [*N.d.A.*].

Dio, se non tutti? Che parte fargli? Quali cose amare per Lui, dependentemente da Lui, e relativamente a Lui, e quali altre per loro medesime, come nostro fine, come ultimo e unico termine del nostro affetto? È dunque verissimo che, per un insegnamento essenziale del Cristianesimo, depositario della vera nozione di Dio e delle creature, e non già per un ritrovato di casisti, l'intento di sollevare il suo similie si trova subordinato a un intento superiore. Ma è forse a scapito di quella *compassione naturale per sé lodevole*? Quando mai un bon sentimento qualunque ha potuto perdere la sua giusta attività, per esser collocato nel suo ordine? E nel caso presente, chi non vede quanto l'inclinazione naturale a sollevare il suo simile (naturale bensì, ma da quante inclinazioni opposte combattuta!) deva acquistar di forza, di prevalenza, d'universalità, dall'amarlo per Dio, e in Dio, come fatto a di Lui immagine, redento da Lui, come quello nel quale Egli ama d'abitare come in suo tempio? Perché, tale è la sublime estensione data dal Cristianesimo alla significazione di quel *simile*, così ristretta, e, per conseguenza, così poco efficace e feconda, nel solo senso naturale. In un animo dove regni veramente l'amor di Dio, non può aver luogo l'indifferenza per i patimenti del prossimo. *O Seigneur!* esclama il Bossuet, *si je vous aimois de toute ma force, de cet amour j'aimerois mon prochain comme moi-même. Mais je suis si insensible à ses maux, pendant que je suis si sensible au moindre des miens. Je suis si froid à le plaindre, si lent à le secourir, si foible à le consoler; en un mot, si indifférent dans ses biens et dans ses maux* [22]. Non è raro il trovar degli uomini che si lamentino d'esser troppo sensibili ai mali altrui. Tra questo querulo vanto di sentir troppo, e quell'umile confessione di non sentire abbastanza, qual è che annunzi una contentatura più difficile, e, per conseguenza, un principio più imperioso e più attivo?

CAPITOLO XVI

SULLA SOBRIETÀ E SULLE ASTINENZE, SULLA CONTINENZA E SULLA VERGINITÀ.

La sobriété, la continence sont des vertus domestiques qui conservent les facultés des individus, et assurent la paix des fa-

---

[22] *Méditations sur l'Évangile*; Sermon de Notre Seigneur sur la montagne, XLVIII jour [*N.d.A.*].

milles; le casuiste a mis à la place les maigres, les jeûnes, les vigiles, le voeux de virginité et de chasteté; et à côté de ces vertus monacales, la gourmandise et l'impudicité peuvent prendre racine dans les coeurs. Pag. 420.

L'istituzioni relative all'astinenza sono di quelle che il mondo s'è ingegnato a render ridicole; per cui molti di que' medesimi che le venerano in cor loro, parlano in loro difesa con timidi riguardi, non osano quasi adoprare i nomi propri, e lasciano credere che la ragione, rispettandole, non faccia altro che sottomettersi ciecamente a una sacra e incontrovertibile autorità. Ma chi cerca sinceramente la verità, invece di lasciarsi spaventare dal ridicolo, deve sottoporre a un libero esame il ridicolo stesso.

Quello di cui si tratta qui, ha una causa e un pretesto. La causa è l'avversione del mondo per la mortificazione del senso, e conseguentemente per tutto ciò che la prescrive, in una forma qualunque. Ma, per non allegar questa vera causa (che sarebbe un confessarsi schiavo del senso), il mondo procura di darsi a intendere che ciò che gli repugna in queste prescrizioni, è qualcosa di contrario alla ragione. E a questo fine, dimentica o finge di dimenticare il loro spirito e i loro motivi: che è certamente il mezzo più spiccio di farle comparire stravaganti. Non si vergognerà, per esempio, di continuar per de' secoli a domandare cos'importi a Dio, che gli uomini usino certi cibi, piuttosto che certi altri, e di mettere in campo altri argomenti di simil peso.

Ciò poi che dà un'occasione, o meglio un pretesto, di ridere di queste prescrizioni, è la maniera con cui sono eseguite da de' cattolici. Le Scritture e la tradizione rappresentano il digiuno come una disposizione di staccatezza e di privazioni volontarie, della quale, l'astenersi dal cibo, per un dato tempo, è una parte, un modo naturale, una conseguenza necessaria. In uomini affaccendati nella ricerca de' contenti mondani d'ogni genere, nemici d'ogni umiliazione e d'ogni patimento, questa sola parte di penitenza, eseguita farisaicamente, produce una dissonanza, nella quale il mondo trova quello che basta a lui per ridere, e del fatto e dell'istituzione insieme. L'astinenza poi da certi cibi in certi giorni, è anch'essa una specie di digiuno, un mezzo prescritto dalla Chiesa, per unire la penitenza e la privazione anche con l'uso necessario degli alimenti. Se alcuni hanno saputo convertirlo in un mezzo di raffinamento, certo che una mostra illusoria e, per dir così, una millanteria di penitenza, che si vede uscire tutt'a un tratto da una vita tutta di delizie e di passioni, presenta un contrasto strano tra l'intenzione della legge e lo spirito dell'ubbidienza, tra la difficoltà e il merito. E il mondo ne profitta per ridere anche della legge.

Ma, per levarne ogni occasione a chiunque voglia riflettere (giacché ci sono degli uomini i quali non lasciano più di ridere d'una cosa che hanno una volta concepita come ridicola), basta distaccar l'astinenze da quel complesso d'idee, nel quale fanno contradizione, e rimetterle in quello che loro è proprio, e nel quale furono collocate dalla legislazione religiosa. Basta osservarle insieme coi fini che la Chiesa ha avuti di mira nell'ordinarle; e insieme non dimenticare i casi ne' quali producono i loro effetti; allora, non solo svanirà il ridicolo, ma comparirà la bellezza, la sapienza e l'importanza di queste leggi.

La sobrietà, come ha detto benissimo l'illustre autore, *conserva le facoltà degl'individui*. Ma la religione non si contenta di quest'effetto, né di questa virtù, conosciuta anche da' gentili; e avendo fatti conoscere i mali profondi dell'uomo, ha dovuto proporzionare ad essi i rimedi. Ne' piaceri della gola che si possono conciliare con la sobrietà, vede una tendenza sensuale, che svia dalla vera destinazione; e dove non è ancor principiato il male, segna il pericolo. Prescrive l'astinenza come una precauzione indispensabile a chi deve sostenere il combattimento contro la legge delle membra; la prescrive come espiazione de' falli in cui l'umana debolezza fa cadere anche i migliori; la prescrive ancora per ragione di carità e giustizia; perché le privazioni de' fedeli devono servire a soddisfare ai bisogni altrui, e compartire così tra gli uomini le cose necessarie al vitto, e fare scomparire dalle società cristiane que' due tristi opposti, di profusione a cui manca la fame, e di fame a cui manca il pane.

Queste prescrizioni, essendo così necessarie all'uomo in tutti i tempi, hanno dovuto principiare con la promulgazione della religione; e così è infatti. Nel solo popolo che avesse una civilizzazione fondata sopra idee di giustizia universale, di dignità umana e di progresso nel bene, cioè sopra un culto legittimo, si trovano esse fino da' primi tempi del suo passaggio solenne dallo stato di schiavitù, dov'era ritenuto dalla prepotenza e dalla mala fede, allo stato di nazione; e la tradizione del digiuno discende da Mosè fino a' nostri giorni, come un rito di penitenza e un mezzo d'innalzar la mente al concetto delle cose di Dio, e di mantenersi fedeli alla sua legge.

Al tempo di Samuele, gl'Israeliti prevaricano; ma quando ritornano al Signore pentiti, quando cessano d'adorare le ricchezze della terra, e levano di mezzo a loro gli dei visibili degli stranieri, offrono olocausti al Signore, e digiunano [1].

L'idolatria era il culto della cupidigia, la festa de' godimenti terreni: per rompere l'abitudine della servitù de' sensi, per ritornare a Dio, bisognava principiare dalle privazioni volontarie. E quando i figli d'Israele ritornano dalla terra de' padroni stranieri, quando sono per rivedere Gerusalemme, il magnanimo Esdra loro condottiere li prepara al viaggio col digiuno e con la preghiera [2], per rifare così un popolo religioso e temperante, segregato dalle gioie tumultuose e servili delle genti.

Il digiuno accompagna senza interruzione il primo testamento; Giovanni, precursore del novo, l'osserva e lo predica; e Quello che fu l'aspettazione e il compimento dell'uno, il fondatore e la legge dell'altro, e la salute di tutti, Gesù Cristo, lo comanda, lo regola, ne leva l'ipocrita ruvidezza e la malinconica ostentazione, l'attornia d'immagini socievoli e consolanti [3], ne insegna lo spirito, e ne dà Lui stesso l'esempio. Certo, la Chiesa non ha bisogno d'altra autorità, per render ragione d'averlo conservato.

Gli Apostoli sono i primi a praticarlo. Il digiuno e la preghiera precedono l'imposizione delle mani, che conferì a Paolo la missione verso le genti [4]; e la religione, come disse il Massillon, nasce nel seno del digiuno e dell'astinenze [5]. D'allora in poi, dove si può segnare un tempo di sospensione o d'intervallo? La storia ecclesiastica ne attesta la continuità in tutti i tempi e in tutti i santi; e se si trova pur troppo qualche volta il letterale adempimento del digiuno, scompagnato da una vita cristiana, è impossibile trovare una vita cristiana scompagna-

---

XVI. [1] *Abstulerunt ergo filii Israël Baalim, et Astaroth, et servierunt Domino soli... et ieiunverunt in die illa.* I Reg. VIII, 4, 6. «*Astaroth, greges, sive divitiae; Baalim, idola, dominantes*». *Nominum interpretatio in Bibl.* iussu cler. gallic. edita. Paris, Vitré, 1652 [N.d.A.].

[2] *Et praedicavi ibi ieiunium iuxta fluvium Ahava, ut affligeremur coram Domino Deo nostro, et peteremus ab eo viam rectam nobis et filiis nostris, universaeque substantiae nostrae.* I Esdr. VIII, 21 [N.d.A.].

[3] *Cum autem ieiunatis, nolite fieri sicut hypocritae tristes: exterminant enim facies suas, ut appareant hominibus ieiunantes. Amen dico vobis, quia receperunt mercedem suam. Tu autem, cum ieiunas, unge caput tuum, et faciem tuam lava; ne videaris ab hominibus ieiunans, sed Patri tuo: et Pater tuus, qui videt in abscondito, reddet tibi.* Matth. VI, 16, 17, 18 [N.d.A.].

[4] *Tunc ieiunantes et orantes, imponentesque eis (Saulo et Barnabae) manus, dimiserunt illos.* Act. XIII, 3 [N.d.A.].

[5] *Sermon sur le jeûne.* È il primo della Quaresima [N.d.A.].

ta dal digiuno. I martiri e i re, i vescovi e i semplici fedeli eseguiscono e amano questa legge: essa si trova come in un posto naturale tra' cristiani. Fruttuoso, vescovo di Tarragona, rifiutò, andando al martirio, una bevanda che gli era offerta per confortarlo; la rifiutò, dicendo che non era passata l'ora del digiuno [6]. Chi non prova un sentimento di rispetto per una legge così rispettata, nel momento solenne del dolore, da un uomo che stava per dare una testimonianza di sangue alla verità? Chi non vede che questa legge medesima aveva contribuito a prepararlo al sacrifizio, e che per morire imitatore di Gesù Cristo, egli n'era vissuto imitatore?

Ma, prescindendo da questi esempi ammirabili, nelle circostanze più ordinarie d'un cristiano, il digiuno e l'astinenze si legano con ciò che la sua vita ha di più degno e di più puro. Si veda un uomo giusto, fedele a' suoi doveri, attivo nel bene, sofferente nelle disgrazie, fermo e non impaziente contro l'ingiustizia, tollerante e misericordioso; e si dica se le pratiche dell'astinenza non sono in armonia con una tale condotta. San Paolo paragona il cristiano all'atleta che, per guadagnare una corona corruttibile, era in tutto astinente [7]. L'agilità e il vigore che ne veniva al suo corpo, era tanto evidente, i mezzi erano così corrispondenti al fine, che a nessuno pareva irragionevole quel tenore di vita, nessuno se ne maravigliava; e noi, educati all'idee spirituali del Cristianesimo, non sapremo vedere la necessità e la bellezza di quell'istituzioni che tendono a render l'animo desto e forte contro l'inclinazioni del senso?

Questo è il punto di vista vero e importante dell'astinenze; questi sono i loro effetti naturali. E se il mondo non se n'avvede, è perché quelli che le praticano in spirito di fedeltà, si nascondono, e il mondo non si cura di ricercarli, e non fa per lo più attenzione all'astinenze, se non quando presentano un contrasto col resto della condotta.

Ci sono, anche nella Chiesa, dell'istituzioni transitorie, il fine delle quali è solamente di preparare e di condurre gli uomini d'un tempo o d'un luogo a un ordine più elevato; ce ne sono dell'altre, che la Chiesa mantiene stabilmente, perché affatto connaturali al suo ordine intrinseco e perpetuo. Esse attraversano delle generazioni ribelli o noncuranti, rimangono immobili in mezzo a un popolo dimentico o derisore, aspettando le generazioni ubbidienti e riflessive; perché sono fatte per

---

[6] Fleury, *Moeurs des Chrétiens.* IX. Jeûnes [*N.d.A.*].
[7] *Omnis autem, qui in agone contendit, ab omnibus se abstinet; et illi quidem, ut corruptibilem coronam accipiant; nos autem incorruptam.* I Cor. IX, 25 [*N.d.A.*].

tutti i tempi. Tali sono, non dico il digiuno, che è d'istituzione divina, ma la più parte delle leggi ecclesiastiche che ne prescrivono delle speciali applicazioni: tali sono, per esempio, le *vigilie*. Celebrare la commemorazione de' gran misteri, e degli avvenimenti ai quali dev'essere rivolta tutta la considerazione del cristiano, e prepararcisi con la penitenza e con le privazioni, è un'istituzione tanto essenzialmente cristiana, che si confonde con l'origine della religione, e non ha avuto un momento di sospensione.

L'astinenza da certi cibi è, come abbiamo detto, un'altra applicazione dello stesso principio. Se ci sono di quelli che combinano l'esecuzione materiale di questo precetto con l'intemperanza e con la gola; e se ci sono degli altri che prendono da ciò il pretesto di farsene beffe, la Chiesa non ha creduto per questo il dover abolire una memoria vivente dell'antica semplicità e dell'antico rigore, di dover cancellare ogni vestigio di penitenza, e levare a tanti suoi figli un mezzo d'esercitarla ubbidendo. Perché, non mancano de' ricchi che osservano sinceramente, e per spirito di penitenza, una legge di penitenza; e, tra i poveri, non sono mancati coloro che, forzati a una sobrietà che rendono nobile e volontaria con l'amarla, trovano il mezzo d'usar qualche maggior severità al loro corpo, ne' giorni in cui una particolare afflizione è prescritta dalla Chiesa. Essa li considera come il suo più bell'ornamento, e come i suoi figli prediletti.

Tutte queste pratiche non possono dirsi sostituite alla sobrietà: non ne dispensano; la suppongono invece, e ne sono un perfezionamento.

Lo stesso si dica de' voti di verginità e di castità, in relazione con la continenza. Come chiamarle una sostituzione a questa, se ne sono l'esercizio più eminente? È inutile dire che la verginità, lodata e consigliata da san Paolo [8], che ne diede l'esempio, lodata e disciplinata dai Padri, non è un'invenzione de' casisti.

Che se *l'impudicizia può metter radice ne' cori*, malgrado il voto di verginità, e la gola malgrado l'astinenze, vorrà dire che tanta è la corruttela dell'uomo, che i mezzi stessi proposti dall'Uomo-Dio non la estirpano totalmente; che sono bensì ar-

---

[8] *De virginibus autem praeceptum Domini non habeo; consilium autem do, tamquam misericordiam consecutus a Domino, ut sim fidelis. Existimo ergo hoc bonum esse propter instantem necessitatem, quoniam bonum est homini sic esse. Alligatus es uxori? noli quaerere solutionem. Solutus es ab uxore? noli quaerere uxorem.* I Cor. VII, 25, 26, 27 [N.d.A.].

mi per poter vincere, ma che non dispensano dal combattere:
ma chi potrà supporre che ci possano essere de' mezzi migliori? Opporre alla Chiesa, la quale consiglia o comanda l'esercizio più perfetto d'una virtù, che questo può qualche volta
essere scompagnato dal sentimento di quella virtù, non può,
per quello ch'io vedo, condurre ad alcuna utile conseguenza.
Perché quest'obiezione avesse forza, converrebbe poter asserire
che una religione la quale si limitasse a proporre la sobrietà
e la continenza, estirperebbe dal core degli uomini la radice
dell'inclinazioni contrarie.

CAPITOLO XVII

SULLA MODESTIA E SULLA UMILTÀ.

La modestie est la plus aimable des qualités de l'homme supérieur: elle n'exclut point un juste orgueil, qui lui sert d'appui contre ses propres foiblesses, et de consolation dans l'adversité; le casuiste y a substitué l'humilité, qui s'allie avec le mépris le plus insultant pour les autres. Pag. 420, 421.

Io non difenderò qui i casisti dall'accusa d'aver sostituita alla
modestia e, per dir così, inventata l'umiltà. Essa è tanto espressamente e ripetutamente comandata nelle Scritture, che
una simile proposizione non par che possa esser presa a rigor
di termini.

Esporrò in vece qualche osservazione sulla natura di queste
due virtù, affine di dimostrare che la modestia senza l'umiltà
o non esiste o non è virtù; e che chi loda la modestia, o pronunzia una parola senza senso, o rende omaggio alla verità della dottrina cattolica; perché gli atti e i sentimenti che s'intendono sotto il nome di modestia non hanno la loro ragione che
nell'umiltà, quale è proposta da questa dottrina.

Qui è necessario risalire a un principio generale della morale religiosa; in essa le virtù hanno per fondamento delle verità assolute e necessarie. Non credo che ci sia bisogno di giustificare questo principio. Si può, eccome! non farsene carico
né giudizi pratici, e anche nel fabbricare de' sistemi di morale; ma chi vorrebbe asserire formalmente che il bono possa
essere opposto al vero, o, ciò che non sarebbe meno strano, né
opposto, né conforme? Applicando ora alla modestia questo
principio, vedremo che questa, per esser virtù, deve avere
due condizioni: esser l'espressione d'un sentimento non finto

ma reale, e d'un sentimento fondato sopra una verità; dev'esser sincera e ragionata.

Cos'è la modestia? Non credo facile il dirlo. Per definire, s'intende per lo più specificare il senso unico e costante che gli uomini attribuiscono a una parola: ora, se gli uomini variano nell'applicazione d'una parola, come trasportare nella definizione un senso unico che non esiste ne' concetti? È celebre l'osservazione del Locke: che la più parte delle dispute filosofiche è venuta dalla diversa significazione attribuita alle stesse parole. *Sono pochi*, dice, *que' nomi d'idee complesse che due uomini adoprino a significare precisamente la stessa collezione d'idee* [1]. Questa maggiore o minor varietà di significato si trova più specialmente ne' vocaboli destinati a esprimere disposizioni morali.

È certo, nondimeno, che gli uomini s'intendono tra di loro, se non con precisione, almeno approssimativamente, quando adoprano o ascoltano alcuna di queste parole: non potrebbero anzi disputare, se non andassero d'accordo in qualche parte sul significato della parola che è l'oggetto, o piuttosto il mezzo necessario della loro disputa. Questo si spiega, se non m'inganno, osservando che ognuna di queste parole esprime un'idea riconosciuta per l'ordinario, quantunque più o meno distintamente, da ognuno; ma che, in troppi casi, ora l'uno, ora l'altro, ora molti, cessiamo di riconoscere, conservando però tenacemente la parola. E questo accade per più cagioni; ma forse la più attiva e la più frequente, è l'affetto a opinioni o a giudizi arbitrari, coi quali quell'idea non potrebbe accomodarsi; anzi li dovrebbe correggere, che è ciò che non vogliamo. Ora, ne' sentimenti, ne' pensieri, nell'azioni, nel contegno, a cui s'applica la parola modestia, l'idea predominante mi par che sia: confessione d'una maggiore o minor distanza dalla perfezione.

Posto ciò, l'uomo a cui si dà la lode di modesto, perché dimostra un sentimento della propria imperfezione, o è persuaso, o non lo è. Se non lo è, la sua è tanto lontana dall'esser virtù, che è anzi vizio; è finzione, ipocrisia. Che se è persuaso, o lo è con ragione, o no. In questo secondo caso, sarebbe ignoranza, inganno: ora, non è virtù quel sentimento che un esame più giudizioso, una maggior cognizione della verità, un aumento di lumi, ci farà abbandonare. Altrimenti bisognerebbe dire che ci siano delle virtù opposte alla verità; in altri termini, che

---

XVII. [1] *Essai sur l'entendement humain.* Livr. III, Chap. X. De l'abus des mots. § 22 [*N.d.A.*].

la virtù è un concetto falso. Se dunque, quando si loda la modestia d'uno, non si vuol dire che quest'uomo sia o un impostore, o uno sciocco, si dovrà dire che la modestia suppone la cognizione di sé stesso, e che nella cognizione di sé stesso l'uomo deve sempre trovar la ragione d'esser modesto. Ho detto sempre, perché altrimenti ci sarebbero de' casi in cui l'uomo potrebbe ragionevolmente avere il sentimento opposto a questa virtù. Anzi, quanto più uno diventasse virtuoso, dovrebbe esser meno modesto; giacché è certo che si sarebbe avvicinato alla perfezione; e così il miglioramento dell'animo condurrebbe logicamente alla perdita d'una virtù; il che è assurdo. Ora, questa ragione perpetua, e senza eccezione, d'esser modesti, si trova nella doppia idea che la rivelazione ci ha data di noi stessi, e sulla quale è fondato il precetto dell'umiltà, la quale non è altro che una cognizione di sé stesso. E questa idea è, che l'uomo è corrotto e inclinato al male, e che tutto ciò che ha di bene in sé, è un dono di Dio: dimanieraché ognuno può e deve, in ogni caso, dire a sé stesso: *Che hai tu, che non abbi ricevuto? e se l'hai ricevuto, perché te ne glorii, come se non l'avessi ricevuto?* [2].

Per questa sola ultima ragione, Gesù Cristo, quantunque perfetto, anzi perciò appunto, ha potuto essere sovranamente umile; perché conoscendo in eccellente grado sé stesso, e non essendo accessibile ad alcuna delle passioni che fanno errare l'uomo che giudica sé stesso, ha veduto in eccellente grado, che l'infinite perfezioni che aveva nella sua natura umana erano doti.

E per riguardo a tutti gli uomini, si darà un'idea chiara e ragionata della modestia, chiamandola l'espressione dell'umiltà, il contegno d'un uomo il quale riconosce d'esser soggetto all'errore e al traviamento, e riconosce ugualmente, che tutti i suoi pregi sono doni che può perdere per la sua debolezza e per la sua corruttela. Se non ci supponiamo quest'idea, la modestia è o scempiaggine o impostura: se ce la supponiamo, è ragione e virtù: con quest'idea si spiega l'uniformità del sentimento degli uomini in favore di essa; e questo sentimento diventa un raziocinio [3].

---

[2] *Quis enim te discernit? Quid autem habes, quod non accepisti? Si autem accepisti, quid gloriaris quasi non acceperis?* I Corinth. IV, 7 [*N.d.A.*]. Manzoni riconduce il precetto morale della modestia alle ragioni metafisiche o teologiche dell'umiltà, che consistono nella consapevolezza della caduta originale.

[3] Senza la credenza nel peccato originale la virtù della modestia non ha più senso.

Noi lodiamo l'uomo modesto, non solo perché, abbassandosi e tenendosi in un canto, lascia a noi un po' più di posto per elevarci e per comparire; non lo lodiamo solo come un concorrente che si ritira[4]. Certo, l'interesse delle nostre passioni ha una parte, che noi stessi non sappiamo sempre discernere, nelle nostre approvazioni e ne' nostri biasimi; ma ognuno, esaminandosi, trova in sé stesso una disposizione ad approvare, independente da quest'interesse, e fondata sulla bellezza di ciò che approva. Si potrebbe dimostrare con degli esempi la realtà di questa disposizione; ma ognuno la sente, è un fatto.

Non lodiamo la modestia solamente come una qualità rara e difficile: ci sono dell'abitudini perverse a cui pochi uomini arrivano, e non ci arrivano se non per gradi, e facendo violenza a sé stessi; e nessuno le approva.

Non lodiamo neppure la modestia solo perché riunisca questi due caratteri d'utilità e di difficoltà. Il Vecchio della montagna ricavava un vantaggio dalla credulità e dalla devozione dell'uomo pronto a buttarsi nel precipizio, a un suo cenno, e doveva riconoscere uno sforzo difficile in quest'ubbidienza; eppure non poteva trovar degno di stima quest'uomo, ch'egli conosceva meglio d'ogni altro come un miserabile zimbello della sua impostura.

Noi approviamo e lodiamo l'uomo modesto, perché, malgrado l'inclinazione fortissima d'ogn'uomo a stimarsi eccessivamente, è arrivato a fare un giudizio imparziale e vero di sé stesso; e perché è arrivato a farsi una legge di rendere alla verità questa testimonianza difficile e dolorosa. La modestia insomma piace come utilità e come difficoltà, ma prima di tutto come verità. Si ripassino pure tutti i concetti ragionevoli intorno alla modestia; tutti verranno a combinare con questo.

La modestia è una delle più amabili doti dell'uomo superiore. Verissimo; anzi s'osserva comunemente che la modestia cresce in proporzione della superiorità: e questo si spiega benissimo con l'idee della religione. La superiorità non è altro che un grande avanzamento nella cognizione e nell'amore del vero: la prima rende l'uomo umile, e il secondo lo rende modesto.

Quest'uomo teme le lodi e le sfugge: ma le lodi sono gradevoli, e non c'è ingiustizia apparente nel cercar d'ottenerle spontanee: eppure il suo contegno è approvato da tutti quelli

---

[4] Ciò altro non significa se non che la modestia non è una virtù sociale.

che apprezzano la virtù. Ciò accade perché quel contegno è ragionevole. L'uomo modesto vede che le lodi non gli ricordano che una parte di sé, e quella appunto che è già più inclinato a considerare e a ingrandire, mentre, per conoscersi bene, ha bisogno di considerare tutto sé stesso; vede che le lodi lo trasportano facilmente ad attribuire a sé ciò che è dono di Dio, a supporre in sé un'eccellenza sua propria, e quindi a ingannarsi deplorabilmente e colpevolmente. Perciò le sfugge, perciò nasconde le sue belle azioni, perciò conserva i suoi sentimenti più nobili nella custodia del suo core; avvertito appunto dallo studio sincero di sé medesimo, che tutto ciò che lo porta a farne mostra, è un desiderio superbo d'esser distinto, osservato, stimato, non quello che è, ma il meglio possibile.

Ma, se la verità e la carità lo richiedono, anche l'uomo modesto lascia apparire il bene che è in lui, e se ne rende testimonianza. Ne è uno splendido modello la condotta di san Paolo, quando l'utile del suo ministero l'obbliga a rivelare ai Corinti i magnifici doni di Dio. Costretto a parlare di ciò che lo può elevare agli occhi altrui, ne restituisce a Dio tutta la gloria, e confessa spontaneamente le miserie più umilianti in un apostolo, in cui la dignità della missione par che escluda l'idea, non solo della caduta, ma della tentazione. Nell'animo sublimato alla intelligenza delle *arcane parole che non è lecito a un uomo di proferire*[5], chi avrebbe ancora supposta viva la guerra dell'inclinazioni del senso? Egli stesso ne parla; egli discende dalle caste e alte visioni del terzo cielo, a mostrarsi nell'arena de' combattimenti carnali: costretto a rivelare il segreto del suo animo, lo rivela tutt'intero per esser tutto conosciuto[6].

Se la modestia è l'umiltà ridotta in pratica, non si può combinare con l'orgoglio, che è il contrario di questa; e non ci sarà alcun *giusto orgoglio*. L'uomo che si compiace di sé stesso, che non riconosce in sé quella *legge delle membra che contrasta alla legge della mente*[7], l'uomo che osa promettere a sé stesso, che, per la sua forza, sceglierà il bene nell'occasioni difficili, è miserabilmente ingannato e ingiusto; l'uomo che s'antepone agli altri è temerario: è parte, e si fa giudice. Che se, per un giusto orgoglio, s'intende riconoscere la verità del bene

---

[5] *Quoniam raptus est in Paradisum, et audivit arcana verba, quae non licet homini loqui.* II Corinth. XII, 4 [N.d.A.].

[6] *Et ne magnitudo revelationum extollat me, datus est mihi stimulus carnis meae, angelus Satanae, qui me colaphizet.* Ibid. 7 [N.d.A.].

[7] *Video autem aliam legem in membris meis, repugnantem legi mentis meae.* Rom. VII, 23 [N.d.A.].

che s'è fatto, senza attribuirlo a sé, e senza invanirsene, sarà questo un sentimento legittimo, anzi un sentimento doveroso; ma l'umiltà non l'esclude, ma è l'umiltà stessa, ma la condotta contraria è proscritta dalla morale cattolica come menzognera e superba; poiché chi crede che, facendo un giusto giudizio di sé, avrebbe di che gloriarsi, e che, per poter esser umile, abbia bisogno di contraffarsi, è un povero superbo; ma finalmente bisogna permetterci di chiamare questo sentimento altrimenti che orgoglio; non per cavillare su una parola, ma perché questa è consacrata a significare un sentimento falso e vizioso in tutti i suoi gradi. E poiché la condotta esterna può essere in molti casi la medesima in chi ha il sentimento dell'umiltà, e in chi non l'ha, importa di conservare il suo senso alla parola che è appunto destinata a specificare il sentimento. L'orgoglio non può dunque esser mai giusto; quindi non può mai essere, né un sostegno alla debolezza umana, né una consolazione nell'avversità.

Questi sono frutti dell'umiltà: è essa che ci sostiene contro la nostra debolezza, facendocela conoscere e ricordare ogni momento; è l'umiltà che ci porta a vegliare e a pregare Colui che comanda la virtù e che la dà; è essa che ci fa *alzar lo sguardo ai monti donde ci viene l'aiuto*[8]. E nelle avversità, le consolazioni sono per l'animo umile, che si riconosce degno di soffrire, e prova il senso di gioia che nasce dal consentire alla giustizia. Riandando i suoi falli, le avversità gli appariscono come correzioni d'un Dio che perdonerà, e non come colpi d'una cieca potenza; e cresce in dignità e in purezza, perché, a ogni dolore sofferto con rassegnazione, sente cancellarsi alcuna delle macchie che lo deformavano. Che più? arriva fino a amare l'avversità stesse, perché lo rendono *conforme all'immagine del Figliolo di Dio*[9]; e in vece di perdersi in vane e deboli querele, rende grazie in circostanze, nelle quali, se fosse abbandonato a sé stesso, non troverebbe che il gemito dell'abbattimento, o il grido della ribellione. Ma l'orgoglio! Quando Iddio *avrà umiliato il superbo come un ferito*[10], l'orgoglio sarà per lui un balsamo? A cosa può servire l'orgoglio nelle avversità, se non a farle odiare come ingiuste, a suscitare in noi perpetuamente un irrequieto e doloroso para-

---

[8] *Levavi oculos meos in montes, unde veniet auxilium mihi.* Ps. CXX, 1 [*N.d.A.*].

[9] *Quos praescivt, et praedestinavit conformes fieri imaginis Fillii sui.* Ad Rom. VIII, 29 [*N.d.A.*].

[10] *Tu humiliasti, sicut vulneratum, superbum.* Ps. LXXXVIII, 11 [*N.d.A.*].

gone tra quello che ci par di meritare e quello che ci tocca soffrire? Il punto di riposo per l'uomo, in questa vita, è nella concordia della sua volontà con la volontà di Dio sopra di lui; e chi n'è più lontano che l'orgoglioso, quando è percosso? L' orgoglio è garrulo nella sventura, quando trovi ascoltatori; s' agita e si consuma a dimostrar che le cose non dovrebbero essere come Dio l'ha volute: se si chiude in sé, il suo silenzio è amaro, sprezzante, imposto dal sentimento della propria impotenza, e perfino dal timore della commiserazione altrui. Quelle vantate consolazioni dell'uomo che, nell'avversità, afferma di trovare un compenso in sé, quando questo compenso non sia rassegnazione e speranza, non sono, per lo più, se non un artifizio dell'orgoglio stesso, che rifugge dal lasciar vedere uno stato d'abbattimento, che potrebb'essere un grato spettacolo all'orgoglio altrui. Dio sa quali siano queste consolazioni; e basta leggere le *Confessioni* dell'infelice Rousseau [11] per averne un'idea, per vedere quale sia lo stato d'un core che, ammalato d'orgoglio, cerca nell'orgoglio il suo rimedio. Nella solitudine, dove s'era promessa la pace, ritorna col pensiero sull'umiliazioni sofferte nella compagnia degli uomini, ne rammemora le più piccole circostanze. Colui che aveva parlato e scritto tanto sulla corruttela dell'uomo sociale, non aveva un animo preparato all'ingiustizia: quando n'è colpito, non se ne può dar pace. Si paragona con quelli che l'offesero, che lo trascurarono; si trova tanto dappiù di essi, e si rode pensando che questi appunto l'abbiano offeso o trascurato. Le parole, gli sguardi, il silenzio, tutto ripensa nell'amaritudine dell'anima sua: i patimenti del suo orgoglio si possono misurare dall' avversione che prova per coloro che l'hanno irritato: come li giudica, come li dipinge! Può esser certo d'aver comunicato all'animo di migliaia di lettori l'odio e il disprezzo che lo tormentano; e quando pare che si sia vendicato, esclama: *cela me passoit, et me passe encore* [12]. Eppure, se ci fu mai, secondo il

---

[11] Nell'edizione del '19 il giudizio su Rousseau era più ampio. Riporto dalla parte estromessa il giudizio che mi sembra più significativo: « Se nella ingiustizia di alcuni uomini egli avesse sentita la giustizia di Dio, quella avrebbe perduta la sua amarezza; ma egli pretende dagli uomini una perfetta equità, egli vuol riformare al tribunale della sua mente ogni giudizio altrui sopra di sé; e finalmente questa idea d'ingiustizia nutrita sempre col combatterla, diventa predominante, diventa unica, si applica a tutti gli uomini, è un verme che più non muore. Tutti gli sembrano occupati di lui, tutti sono suoi nemici, lo scopo del genere umano è di vederlo disonorato e infelice ». È notevole la somiglianza esistente tra questo ritratto e quello di Robespierre nel dialogo *Dell'invenzione*.

[12] *Confessions*, II Partie, Liv. IX [*N.d.A.*].

mondo, un giusto orgoglio; se un ingegno lodato anche dagli avversari; se una parola che si fa sentire pertutto dove c'è qualche coltura, una parola che agita, sorprende, comanda; se una fama che, levando alla folla degli scrittori anche il pensiero delle rivalità, soffoga in essi l'invidia, e la fa nascere in que' provetti, che credevano di non aver più altro a fare che incoraggire il merito nascente, senza timore di competenze; se l'esser, non solo mostrato a dito, ma spiato, appostato da una curiosità ammiratrice, ricercato, nella più umile fortuna, da quelli che sono ricercati per la loro fortuna, sono titoli d'un giusto orgoglio, chi n'ebbe di maggiori? E, tra tanti motivi, non dirò di consolazione, ma di trionfo, quali sono poi finalmente i suoi dolori? È un amico del mondo, che vuol fargli l'uomo addosso, e prescrivergli ciò che deva fare; è un altro che, protetto da lui altre volte, vuol parere il suo protettore, e gli leva il posto alla tavola d'un'altra amica dello stesso genere. Ah! certo, non bisogna usar parsimonia nel dispensare la compassione, né pesare sulla nostra bilancia i dolori degli altri: l'uomo che soffre, sa lui quello che soffre; e se è la debolezza dell'animo suo, che ingrandisce il male, questa debolezza, comune a tutti, è quella appunto che merita una maggior compassione. Ma, quando si pensa all'ingiustizie sofferte da' grandi del Cristianesimo; quando si pensa alle persecuzioni, alle calunnie, ai disprezzi di cui furono colmati i santi, e alla gioia con cui li sopportarono, alla sapienza con cui aspettarono la manifestazione della verità, senza pretenderla in questa vita, alla delizia che provavano a sfogarsi soli con Dio, e che i loro sfoghi erano azioni di grazie, e tutto ciò perché erano umili; allora si riconosce dove l'uomo possa trovar davvero un *sostegno contro la sua propria debolezza, e una consolazione nell'avversità*.

Ah! se nella vita che ci resta a percorrere, ci sono preparati de' passi difficili e dolorosi, se per noi s'avvicina il momento della prova, preghiamo che ci trovi nell'umiltà, che il nostro capo sia pronto a chinarsi sotto la mano di Dio, quando sia per passarci sopra.

Da ciò che s'è detto intorno all'umiltà viene di conseguenza che, se c'è sentimento che distrugga il disprezzo insultante per gli altri, è l'umiltà certamente. Il disprezzo nasce dal confronto di sé stesso con gli altri, e dalla preferenza data a sé stesso: ora, come mai questo sentimento potrà prender radice nel core educato a considerare e a deplorare le proprie miserie, a riconoscere da Dio ogni suo merito, a riconoscere che potrà trascorrere a ogni male, se Dio non lo rattiene?

CAPITOLO XVIII

SUL SEGRETO DELLA MORALE, SUI FEDELI SCRUPOLOSI E SUI DIRETTORI DI COSCIENZE.

La morale est devenue non-seulement leur science, mais leur secret (des docteurs dogmatiques). *Le dépôt en est tout entier entre les mains des confesseurs et des directeurs des consciences.* Pag. 421.

Se i confessori in Italia hanno fatto della morale un segreto, si sono dunque dimenticati che il Salvatore e Maestro di tutti aveva detto agli apostoli: *Dite in pieno giorno quello che io vi dico all'oscuro, e predicate sui tetti quello che v'è stato detto in un orecchio*[1]; si sono dimenticati che, negli ultimi momenti del suo soggiorno sulla terra, aveva rinnovato un tal precetto, con quelle solenni parole: *Istruite tutte le genti... insegnando loro d'osservare tutto quello ch'io v'ho comandato*[2].

Ma quali sono tra di noi i libri riservati ai soli *dottori dommatici*? Come si trasmettono essi questo segreto? Non ha detto poco sopra l'illustre autore, che *la morale proprement dite n'a pas cessé d'être l'objet des prédications de l'Église*? Di cosa parlano i parrochi dall'altare, di cosa parlano tutti i trattati di morale, che ognuno può consultare?

Le fidèle scrupuleux doit, en Italie, abdiquer la plus belle des facultés de l'homme, celle d'étudier et de connoître ses devoirs. Ivi.

Ma il clero in Italia non cessa di gridare contro la negligenza nell'istruirsi in quella legge sulla quale saremo giudicati; ma inculca ai parenti l'obbligo d'ammaestrare i loro figli in tutti i loro doveri; ma, lungi dal far abdicare ad alcuno la facoltà di conoscerli, intima a tutti, che essa diverrà la condanna di chi non avrà voluto usarla.

On lui recommande de s'interdire une pensée qui pourroit l'égarer, un orgueil humain qui pourroit le séduire. Ivi.

Chi vorrà discolpare su questo punto il clero italiano? Se così è, non resta a desiderare altro se non che sia sempre cosí, e che queste raccomandazioni siano universali, costanti, figlie della scienza e della carità, che il clero non abbia mai altro linguaggio; poiché è quello del Vangelo.

XVIII. [1] *Quod dico vobis in tenebris, dicite in lumine; et quod in aure auditis, praedicate super tecta.* Matth. X, 27 [N.d.A.].
[2] *Euntes ergo docete omnes gentes... docentes eos servare omnia quaecumque mandavi vobis.* Id. XXVIII, 19, 20 [N.d.A.].

Del resto, al fedele scrupoloso (intendendo questo termine nel suo stretto senso) si raccomanda in Italia, come altrove, d'interdirsi l'eccessive e lunghe considerazioni sopra ogni azione e sopra ogni pensiero, e di fermarsi sull'idee ilari e confortevoli di fiducia in Dio, e della sua misericordia.

Non sarà qui fuori di proposito l'osservare come questa malattia morale attesti nello stesso tempo, e la miseria dell'uomo, e la bellezza della religione.

Lo scrupoloso ci mette del suo l'incertezza, la trepidazione, la perturbazione, la diffidenza, disposizioni pur troppo naturali all'uomo, e che in alcuni sono predominanti a segno che governano, o piuttosto intralciano tutte le loro operazioni. Ma è una cosa molto notabile, che quell'angustia che l'avaro mette nella conservazione della roba, l'ambizioso nel mantenimento e nell'aumento della sua potenza, quella penosa e minuta sollecitudine che tanti hanno, per gli oggetti delle loro passioni, si eserciti da alcuni cristiani, intorno a che? all'adempimento de' loro doveri. La tendenza alla perfezione è tanto propria alla religione, che si manifesta perfino ne' traviamenti e nelle miserie dell'uomo che la professa. Un animo occupato dal timore di non essere giusto abbastanza, fino a perderne la tranquillità, potrebbe quasi parere un miracolo di virtù, se la religione stessa, tanto superiore al discernimento umano, non ci facesse vedere in quell'animo delle disposizioni contrarie alla fiducia, all'umiltà e alla libertà cristiana; se non ci desse l'idea d'una virtù da cui è escluso ogni movimento disordinato, e la quale, quanto più si perfeziona, tanto più si trova vicina alla calma e alla somma ragione.

Et toutes les fois qu'il rencontre un doute, toutes les fois que sa situation devient difficile, il doit recourir à son guide spirituel. Ainsi l'épreuve de l'adversité, qui est faite pour élever l'homme, l'asservit toujours davantage. Ivi.

Non c'è forse scoperta più amara all'orgoglio, che l'accorgersi d'essere stato, per troppa semplicità, un cieco istrumento d'un'astuta dominazione, d'avere ubbidito a de' voleri ambiziosi, credendo di seguire de' consigli salutari. A quest'idea, le passioni compagne dell'orgoglio si sollevano con tanto più di veemenza, in quanto trovano un appoggio nella ragione. Perché, è certo che Dio vuole che la mente si perfezioni nella considerazione de' suoi doveri, e nella libera scelta del bene; e l'uomo che si lascia rapire arbitrariamente il governo della sua volontà, rinunzia alla vigilanza delle sue azioni, delle quali non renderà meno conto per ciò. Il solo sospetto di questa debolezza può quindi portar l'uomo ai pensieri più inconsiderati, e fargli dire senza cagione, e a suo gran danno: *Spezziamo le loro catene, e buttiamoci d'addosso il loro giogo* [3]. Importa perciò sommamente di separare la voce dell'orgoglio da quella della ragione, perché unite non ci facciano forza, e d'esaminare tranquillamente quale deva essere, in questa parte, la condotta ragionevole e dignitosa d'un cristiano.

Si possono considerare nel sacerdozio due sorte d'autorità: quella che viene da Dio, e forma l'essenza della missione, l'autorità d'insegnare, di sciogliere e di legare; e un'altra autorità che può esser data volontariamente, in riguardo della prima, da questo e da quel fedele, a questo o a quel sacerdote, per una venerazione e per una fiducia speciale. In quanto alla prima, essa è essenziale al Cristianesimo: il sottomettercisi non è servitù, ma ragione e dignità. Non c'è atto di questa, che non sia un atto di servizio, in cui il sacerdote non comparisca come ministro d'un'autorità divina, alla quale è sottomesso anche lui, come tutti i fedeli; non ce n'è alcuno che offenda la nobiltà del cristiano.

Sì, noi, cioè tutti i cattolici, e laici e sacerdoti, principiando dal papa, c'inginocchiamo davanti a un sacerdote, gli raccontiamo le nostre colpe, ascoltiamo le sue correzioni e i suoi consigli, accettiamo le sue punizioni. Ma quando un sacerdote, fremendo in spirito della sua indegnità e dell'altezza delle sue funzioni, ha stese sul nostro capo le sue mani consacrate; quando, umiliato di trovarsi il dispensatore del Sangue dell'alleanza, stupito ogni volta di proferire le parole che danno la vita, peccatore ha assolto un peccatore, noi alzandoci da' suoi piedi, sentiamo di non aver commessa una viltà. C'eravamo forse stati a mendicare speranze terrene? Gli abbiamo forse parlato di lui? Abbiamo forse tollerata una positura umiliante per rialzarcene più superbi, per ottenere di primeggiare sui nostri fratelli? Non s'è trattato tra di noi, che d'una miseria comune a tutti, e d'una misericordia di cui abbiamo tutti bisogno. Siamo stati a' piedi d'un uomo che rappresentava Gesù Cristo, per deporre, se fosse possibile, tutto ciò che inclina l'animo alla bassezza, il giogo delle passioni, l'amore delle cose passeggiere del mondo, il timore de' suoi giudizi; ci siamo stati per acquistare la qualità di liberi, e di figlioli di Dio.

In quanto all'autorità del secondo genere, essa è fondata su un principio ragionevolissimo; ma può avere e ha pur troppo i suoi abusi. Per non giudicare precipitosamente in ciò, un cri-

---

[3] *Dirumpamus vincula eorum, et proiciamus a nobis iugum ipsorum.* Ps. II, 3 [*N.d.A.*].

stiano deve, a mio credere, non perder mai di vista due cose: una, che l'uomo può abusare delle cose più sante; l'altra, che il mondo suol dare il nome d'abuso anche alle cose più sante. Quando siamo tacciati di superstizione, di fanatismo, di dominazione, di servilità, riconosciamo pure che la taccia può pur troppo esser fondata; ma esaminiamo poi se lo sia, giacché queste parole sono spesso impiegate a qualificare l'azioni e i sentimenti che prescrive il Vangelo.

Ricorrere, per consiglio, alla sua guida spirituale, ne' casi dubbi, non è farsi schiavo dell'uomo; è fare un nobile esercizio della propria libertà. E è forse superfluo l'osservare che una tal massima e una tal pratica non sono punto particolari all'Italia, ma comuni ai cattolici di qualunque paese.

L'uomo che deve esser giudice in causa propria, e che desidera d'operare secondo la legge divina, non può a meno di non accorgersi che l'interesse e la prevenzione inceppano la libertà del suo giudizio; e è savio se ricorre a un consigliere, il quale, e per istituto e per ministero, deve aver meditata quella legge, e esser più capace d'applicarla imparzialmente; a un uomo che dev'esser nutrito di preghiera, e che, avvezzo alla contemplazione delle cose del cielo, e al sagrifizio di sé stesso, deve sapere, in particolar maniera, stimar le cose col peso del santuario.

Ma del consiglio che gli vien dato, è sempre giudice lui: la decisione dipende dal suo convincimento; tanto è vero, chè gli sarà chiesta ragione, non solo di questa, ma della scelta medesima del consigliere. E non s'è mai lasciato di predicare nella Chiesa, che *Se un cieco ne guida un altro, tutt'e due cadono nella fossa*[4].

Pur troppo, quelle due miserabili e opposte tendenze di servilità e di dominazione hanno radice l'una e l'altra nel nostro core indebolito dalla colpa. Pigri e irresoluti, buttiamo volentieri sugli altri il peso dell'anima nostra, e siamo facili a contentarci di tutto ciò che ci risparmia una deliberazione. E dall'altra parte, quando un uomo confidi in noi, rincorati dal suffragio, superbi d'estender il dominio della nostra piccola volontà, siamo subito tentati di servire a questa più che all'utilità degli altri, siamo tentati di dimenticare che l'uomo è nato a un ben più alto esercizio delle sue facoltà, che a signoreggiare le altrui. Queste debolezze della natura umana possono pur troppo produrre

---

[4] *Caecus si caeco ducatum praestet, ambo in foveam cadunt.* Matth. XV, 14 [*N.d.A.*].

degl'inconvenienti nell'uso del consiglio; e ciò dev'essere per tutti i cristiani un soggetto di confusione e di vigilanza. Ma abbandonare le guide che Dio ci ha date, ma buttar via *il sale della terra*[5], ma privarsi d'un aiuto necessario perché può aver con sé de' pericoli, ma non vedere altro che dominatori e che intriganti, tra tanti pastori zelanti e disinteressati, che tremano nel dare il consiglio, e che si riputerebbero stolti, se volessero usurpare un'autorità eccessiva, e esporsi con ciò a un giudizio spaventoso; lungi da noi questi pensieri che ci condurrebbero a rendere in parte inutile il ministero istituito per noi.

Et celui même qui a été vraiment et purement vertueux ne sauroit se rendre compte des règles qu'il s'est imposées. Ivi.

I precetti del Decalogo, le massime e lo spirito del Vangelo, le prescrizioni della Chiesa, ecco le regole che il cattolico virtuoso si propone, e delle quali può rendersi conto quando voglia.

CAPITOLO XIX

SULLE OBIEZIONI ALLA MORALE CATTOLICA DEDOTTE DAL CARATTERE DEGLI ITALIANI.

Aussi seroit-il impossible de dire à quel degré une fausse instruction religieuse a été funeste à la morale en Italie. Il n'y a pas en Europe un peuple qui soit plus constamment occupé de ses pratiques religieuses, qui y soit plus universellement fidèle. Il n'y en a pas un qui observe moins les devoirs et les vertus que prescrit ce christianisme auquel il paroît si attaché. Chacun y a appris non point à obéir à sa conscience, mais à ruser avec elle; chacun met ses passions à leur aise par le bénéfice des indulgences, par des réservations mentales, par le projet d'une pénitence, et l'espérance d'une prochaine absolution; et loin que la plus grande ferveur religieuse y soit une garantie de la probité, plus on y voit un homme scrupuleux dans ses pratiques de dévotion, plus on peut à bon droit concevoir contre lui de défiance. Pag. 421-422.

Ecco in poche parole una condanna tanto assoluta, quanto forte. Il popolo italiano è il meno fedele ai doveri e alle virtù del Cristianesimo, e quindi il peggior popolo d'Euro-

---

[5] *Vos estis sal terrae.* Matth. V, 13 [*N.d.A.*].

pa. E in esso i peggiori sono quelli che osservano più scrupolosamente le pratiche di divozione.

Come s'è accennato fino dal principio, non è nostra intenzione di confutare un tal giudizio, né di far l'apologia dell'Italia, e molto meno un'apologia comparativa: assunto d'un genere che richiede o piuttosto richiederebbe due condizioni, una delle quali difficilissima, per non dire impossibile, cioè la cognizione de' fatti necessaria al confronto; l'altra, difficile anch'essa non poco, se si deve argomentare da quello che si vede, cioè l'imparzialità necessaria al giudizio. Si potrebbe, con molto maggior facilità, e senza metterci nulla del nostro, opporre affermazioni a affermazioni, sentenze a sentenze, raccogliendo anche una piccola parte di quelle che da scrittori di ciascheduna parte d'Europa sono state pronunziate contro ciaschedun'altra. Qual è la qualità bassa, ridicola, scellerata, che non sia stata attribuita o all'una o all'altra, o anche a ognuna? Qual è il termine di disprezzo, la formula d'esecrazione, che non sia stata adoprata a un tal uso? Qual è il popolo d'Europa, che non sia stato qualche volta, e più d'una volta, chiamato il peggio d'Europa? Ma il cielo ci guardi dal rimestare una materia simile. Sono giudizi suggeriti dalle passioni; e tra queste, anche quando non è l'unica, ha sempre una bona parte l'orgoglio, che ci fa trovare la nostra esaltazione nell'abbassamento altrui: tanto sente, suo malgrado, il bisogno di cercar qualche aiuto al di fuori. Lasciamo questi giudizi, così vasti e così turbolenti per noi, e ne' quali siamo sempre giudici non abbastanza informati, e quasi sempre parte appassionata, lasciamoli a Quello che, conoscendo ogni cosa, e non avendo bisogno d'innalzarsi per mezzo de' paragoni, né d'accattar lustro da nessuna compagnia, *giudica i popoli nell'equità.* [1].

Del resto, il giudizio di cui si tratta qui specialmente, è espresso in termini tali, che l'accettarlo qual è sarebbe, di certo, oltrepassar l'intenzione dell'autore. Perché, di certo, dicendo che *in Italia ognuno ha imparato, non a ubbidire alla sua coscienza, ma a giocar d'astuzia con essa*; che *ognuno mette al largo le sue passioni col comodo dell'indulgenze, con delle restrizioni mentali, con de' progetti di penitenza, e con la speranza d'una prossima assoluzione*, non ha voluto dire ciò che dicono queste parole. Non ci sarebbe tra di noi uno solo che ubbidisca sinceramente alla sua coscienza! Nes-

XIX. [1] *Quoniam iudicas populos in aequitate.* Psalm. LXVI, 5 [*N.d.A.*].

suno di noi potrebbe sperare d'avere un amico virtuoso, d'esserlo lui medesimo! E le gioconde emozioni della stima e della fiducia, e la gioia che è dato all'uomo di provare, allorché, stringendo la mano dell'uomo, sente con sicurezza che un core risponde al suo, non sarebbe concessa a nessuno di noi! Nel passo medesimo che precede immediatamente quello che stiamo esaminando, si troverebbero, se ce ne fosse bisogno, parole che non permettono d'intendere, senza contradizione, quest'ultime nel loro significato proprio e naturale. Il dire che, tra i cattolici d'Italia, *anche l'uomo che è stato veramente e puramente virtuoso non saprebbe rendersi conto delle regole ehe s'è imposte*, è dire indirettamente, ma espressamente, che, anche in Italia, e tra i *fedeli scrupolosi* d'Italia, ci può essere, se Dio vuole, qualche uomo veramente e puramente virtuoso, e del quale, per conseguenza, sarebbe troppo strano che s'avesse ragione di diffidare in un grado speciale.

Ma ciò che importa non è di vedere qual sia, secondo una o un'altra opinione, lo stato morale dell'Italia, in paragone di quello degli altri popoli d'Europa. Ciò che importa o, possiam dire, ciò che importava, era di vedere se, di quel tanto o quanto male morale che c'è sicuramente in Italia, cioè anche in Italia, sia stata cagione un'influenza speciale della religione cattolica. Ora, in questo forse troppo lungo esame, abbiamo visto che, delle dottrine citate come cagione dell'asserito speciale pervertimento,

1.° alcune, veramente opposte alla morale, non hanno, né ebbero mai corso in Italia, nulla più che tra i cattolici dell'altre nazioni;

2.° altre, che furono e sono insegnate in Italia, lo furono e lo sono ugualmente in tutti i paesi cattolici, come parte essenziale di questa religione. E abbiamo veduto che queste sono consentanee al Vangelo, e, per natural conseguenza, consentanee insieme e superiori alla ragione. Sull'autorità della religione in punto di morale, sulla distinzione de' peccati in mortali e veniali, sulla dottrina e sulle forme della penitenza, sull'efficacia del pentimento, sulla forza e sulla sanzione de' comandamenti della Chiesa, sui motivi dell'elemosina, sull'astinenza, sull'umiltà, su tutti i punti in somma, ch'erano allegati come prova di differenza, l'esame ci ha fatto trovare unità di fede e d'insegnamento.

E torna qui a proposito il rammentare una cosa che s'è accennata da principio, cioè che, nel testo medesimo che abbiamo esaminato, la cagione di quello speciale pervertimento è attribuita, più d'una volta, non già a dottrine particolari all'Italia, ma alla Chiesa nominatamente. *La Chiesa*, è detto in quello, *s'impadronì della morale, come di cosa tutta sua, e sostituì l'autorità de' suoi decreti e le decisioni de' Padri ai lumi della ragione e della coscienza, lo studio de' casisti a quello della filosofia, un'abitudine servile al più nobile esercizio dello spirito. La Chiesa collocò i suoi precetti accanto alla gran tavola delle virtù e de' vizi... e diede loro un potere, che le leggi della morale non poterono ottener mai.* Accuse, delle quali, con poverissime forze, ma col potentissimo aiuto della verità, abbiamo cercato di far vedere l'insussistenza: ma che, anche senza essere esaminate, si manifestano da sé come incapaci di dimostrare l'effetto speciale e d'eccezione, ch'era proposto a dimostrare. Il resto poi della colpa è attribuito quasi sempre ai casisti; i quali non sono certamente la Chiesa, ma non sono nemmeno una classe d'uomini particolare all'Italia.

E in quanto agli abusi nell'applicazione della dottrina cattolica, che possono esistere in Italia, abbiamo visto che non vengono dall'insegnamento, poiché questo non è altro che l'insegnamento cattolico; il quale li denunzia e li combatte, e gli avrebbe levati di mezzo affatto e per sempre, se l'uomo non avesse il terribile potere d'alterare a sé stesso la verità, e di piegar le dottrine alle passioni. E abbiamo visto che, gli abusi, come vengono da queste cagioni, umane pur troppo e non italiane, così è stato e è necessario il denunziarli e il combatterli in altri paesi cattolici; e che il rimedio a questo, come a tutti i mali morali, è per tutti la cognizione della dottrina, e l'amore di essa, che è il mezzo sicuro d'intenderla rettamente.

APPENDICE AL CAPITOLO TERZO
DELLE OSSERVAZIONI SULLA MORALE CATTOLICA

DEL SISTEMA CHE FONDA LA MORALE SULL'UTILITÀ [1].

Nella prima edizione, si contenevano alcuni cenni intorno a questo sistema, per ciò che riguarda la sua applicazione, o piuttosto la sua applicabilità, alla pratica. Ma erano cenni rapidi e leggieri; e essendo questo il più accreditato tra i sistemi che vogliono distinta affatto, e separata per principio la morale dalla teologia, abbiamo creduto che non sarebbe fuori di proposito il farci sopra qualche osservazione più estesa. Ci limiteremo però, per quanto sarà possibile, a considerarlo da quell'aspetto solo; perché da una parte, il suo vizio più essenziale e più immediato, cioè l'assoluta mancanza di moralità è già stato messo da altri in piena luce; e dall'altra, il chiarirlo inapplicabile (logicamente, s'intende) è un'altra maniera di dimostrarlo falso.

Questo sistema pone che la vera utilità dell'individuo s'accorda sempre con l'utilità generale, dimanieraché l'uomo, giovando agli altri, procaccia il maggior utile a sé stesso. E da ciò vuol che si deva ricavare la regola morale delle deliberazioni umane. Il nostro assunto principale è d'esaminar se si possa. Supponiamo dunque, prescindendo da ogni altra considerazione, un uomo persuaso della verità di questo prin-

---

[1] Il titolo del capitolo III è: «Sulla distinzione di filosofia morale e di teologia». Il nesso tra il capitolo e l'appendice è il seguente: quando la morale pretende abbandonare la teologia e con essa i suoi fondamenti metafisici, è fatale che scelga come criterio l'utilità, degradando la carità a filantropia. Dell'avversione del Manzoni alla filantropia sono testimonianza anche i *Colloqui* del Borri. Sulle tesi manzoniane contenute in questo scritto abbiamo già detto nell'introduzione. Si può aggiungere che, prima di Bentham, già i casisti spagnoli, e in particolare il Molina, avevano esplorato il dominio del *probabile* piuttosto che quello del *possibile* (per la distinzione tra i due concetti si veda il mio *Filosofia delle parole e delle cose*, Milano, Rusconi, 1971), tanto che Molina è ritenuto oggi un precursore dei *futuribili*. Ma la novità di Bentham è questa: che pretende di enunciare un criterio.

cipio, e disposto sinceramente a uniformarcisi nella pratica; supponiamolo, dico, alla scelta d'un'azione, in una cosa dove sia interessata la moralità. Qual è il criterio che il sistema gli potrà somministrare per far questa scelta?

Fatto non già unico, ma notabile certamente! due criteri in vece d'uno, non dirò somministra, ma implica questo sistema. Dico due criteri d'uguale autorità, e independenti l'uno dall'altro; giacché, se l'interesse individuale s'accorda sempre con l'interesse generale, è evidente che trovarne uno è averli trovati l'uno e l'altro; e che, per conseguenza, farebbe una fatica assurdamente superflua chi, dopo essersi persuaso che l'azione intorno alla quale delibera sarà utile a lui, si mettesse, per assicurarsi della moralità di essa, a cercare se sarà utile anche agli altri, e viceversa. Ma quest'abbondanza apparente non è, né potrebb'esser altro, che una mancanza reale. Ogni duplicità non ha la sua ragione e la sua concordia, che in un'unità superiore, la quale in questo sistema manca affatto, anzi n'è esclusa; giacché, né esso pretende di dare, né avrebbe di che dare, una ragione per la quale l'utilità dell'individuo operante deva necessariamente accordarsi con l'utilità generale. Appunto perché non può somministrare un unico, supremo, assoluto criterio, come la ragione richiede, ne implica, come s'è detto dianzi, due d'ugual valore, cioè ugualmente congetturali; e ciò per effetto della loro comune natura. Cos'è infatti l'utilità avvenire, sia individuale, sia generale, riguardo alla cognizione umana, se non una cosa di mera congettura? Perché, non è essa punto una qualità che l'osservazione possa riconoscere come inerente, o no, all'azione da farsi, o da non farsi, alla quale il criterio dev'essere applicato; è un effetto che potrà venire, o non venire da quell'azione, dependentemente dall'operazione eventuale d'altre cagioni. E quindi, proporre l'utilità per criterio primario, anzi unico, della moralità dell'azioni umane, come fa quel sistema, è proporre un criterio, non dirò ingannevole, ma inapplicabile, tanto nell'una, che nell'altra maniera.

Che se, in una cosa tanto evidente, potesse parer necessaria una più particolare dimostrazione, si veda, di grazia, come mai un uomo qualunque possa giudicare anticipatamente con certezza, se una data azione sia per riuscire più utile che dannosa a lui medesimo; che, delle due ricerche, può parere, a prima vista, la meno difficile. Ha forse l'avvenire davanti a sé? Conosce gli effetti degli effetti, le circostanze independenti dalla sua azione, e che opereranno sopra di lui in conseguenza di quella? le determinazioni ch'essa potrà suggerire ad altri uomini, noti, ignoti a lui, a seconda di loro interessi, di loro opinioni, di loro capricci? Conosce il cambiamento possibile de' suoi sentimenti stessi? la durata della sua vita, da cui può dipendere che un'azione la quale, fino a un certo tempo, aveva portato utile, porti danno, e viceversa? Quale sarà la guida che possa condurlo al termine d'una tale ricerca?

L'esperienza, dicono.

Guida eccellente, senza dubbio, ma fin dove può arrivare essa medesima. L'autorità dell'esperienza, riguardo ai fatti contingenti avvenire, è fondata sulla supposizione tacita (che la riflessione poi dimostra ragionevolissima) d'un ordine che comprende ugualmente i fatti che sono stati e quelli che sono, e quelli che saranno; e del quale, per conseguenza, i primi, cioè quelli tra i primi, che possiamo conoscere, sono per noi una certa qual manifestazione limitata e parziale, e quindi un indizio de' futuri. Se poi anche il sistema deduca da quest'ordine l'autorità dell'esperienza, e se possa ammetterlo senza rinnegar sé medesimo; o su che altro fondi quell'autorità, e se ci sia altro su di che fondarla, non occorre qui di farne ricerca. Basta al nostro assunto quella verità innegabile, che dall'esperienza non si può ricavare, riguardo al futuro, nulla più che un indizio di maggiore o di minor probabilità. E l'esperienza medesima, facendosi, per dir così, passar davanti agli occhi tanti e tanti fatti prodotti da cagioni imprevedute e imprevedibili, attesterebbe, se ce ne fosse bisogno, che non si può da essa ricavare una regola certa dell'utile o del danno individuale che possa resultare da un'azione; e non occorre aggiungere: dell'utile e del danno generale. Anzi, a prima vista, come ho già accennato, questa seconda scoperta può parer la più difficile. Ma chi appena ci rifletta deve vedere che non si tratta qui di maggiore o minor difficoltà: sono due scoperte ugualmente impossibili. A far conoscere il futuro l'esperienza è inetta per chi non conosce il tutto, superflua per Chi lo conosce. All'uomo non basta; Dio non n'ha bisogno.

Ma, replicano, quando mai ci siamo noi sognati di chiedere e d'attribuir tanto alla previsione umana? Chi non sa che l'esperienza non può condurre alla cognizione assolutamente certa del futuro? che l'utile e il danno avvenire non possono esser altro che materia di probabilità? E appunto perché l'uomo non possiede l'onniscienza, deve contentarsi della semplice probabilità.

Se fossero veramente persuasi di ciò, non si vede come potrebbero credere che ci sia una scienza della morale: e lo credono però certamente, poiché dicono d'averne trovato il vero fondamento. Cosa sarebbe infatti una scienza fondata su un principio, e armata d'un criterio, volendo applicare il quale, non si trovasse a ogni immaginabile quesito altra risposta che: forse sì, e forse no? Cosa sarebbe, non dico una scienza, nell'applicazione della quale l'uomo potesse qualche volta rimaner dubbioso (ché questa è una condizione di tutte le scienze, o piuttosto dell'uomo); ma una che, al dubbio di chi ricorre ad essa, non potesse mai rispondere se non col dubbio? Per avere delle nozioni certe, non è punto necessaria l'onniscienza, basta l'intelligenza; anzi non ci sarebbe intelligenza senza di questo. E si noti che, nell'altre scienze, il dubbio, oltre all'essere solamente parziale, anzi per questo esser solamente parziale, è anche relativo al momento in cui viene espresso. « Finora » si dice in que' casi « non s'è potuto, su questo o su quel punto, arrivare ad altro che a dell'opinioni più o meno probabili. Delle nove e più attente osservazioni, una qualche accidentale e felice scoperta, una di quelle occhiate penetranti di qualche grand'ingegno, potranno sostituire all'opinioni una cognizione certa, da aggiungere a quelle che già la scienza possiede. » La sola scienza della morale avrebbe per sua condizione universale e perpetua la probabilità! val a dire, sarebbe condannata al dubbio su tutti i punti e per sempre! Ma se fosse tale, il chiamarla scienza non sarebbe altro che una contradizione. Il dubbio parziale e accidentale limita la scienza: il dubbio universale e necessario la nega.

Ma, come accennavo, non credono davvero loro medesimi che nella morale non ci sia altro che probabilità; e quando mettono in campo una così strana sentenza, non lo fanno già per esserci stati condotti da una serie d'osservazioni e di ragionamenti; ma perché è l'unica replica che possano fare a chi oppone al loro sistema la mancanza d'un criterio assoluto. Allegando da principio l'esperienza, non avevano pensato a esaminare la natura e i limiti della sua autorità. Tenendola per una bona guida, com'è tenuta universalmente, e com'è infatti, dentro que' limiti, supponevano gratuitamente e in confuso che dovesse bastare al loro intento. Quando poi si sentono opporre che l'esperienza non può somministrare altro che un criterio di probabilità, dicono che la probabilità sola deve bastare. È l'usanza dell'errore, darsi a intendere d'avere scelto il posto dov'è stato cacciato, e chiamare inutile o impossibile ciò che non può dare. Ma non ne sono veramente persuasi, nemmeno dopo averlo detto. E se paresse una temerità il voler così entrare nella mente degli altri, non c'è nulla di più facile che il far dichiarare la cosa a loro medesimi, e con risolutezza, anzi con emozione. Domando infatti a qualsisia di loro, se, per esempio, uccidere l'ospite addormentato, per impossessarsi del suo danaro, sia o non sia un'azione che cada sotto un giudizio della moralità. E sottintesa la risposta, che non può esser dubbia, ragiono così: O il criterio della morale non può farci arrivare che a un giudizio di mera probabilità; e si dovrà dire che uccidere l'ospite addormentato, per impossessarsi del suo danaro, è un'azione probabilmente, nulla più che probabilmente, contraria alla morale; e che, per conseguenza, c'è anche una probabilità, piccola quanto si vuole, ma una probabilità, che possa essere un'azione morale; o... Ma non mi lascia finire: non può sentire senza indegnazione enunciar come problematico un tale giudizio. Eppure, per avere il diritto d'enunciarlo assolutamente, il diritto di dire: no, non c'è, né ci può essere probabilità, né grande, né mezzana, né minima, che una tale azione sia conforme alla morale, non c'è altro mezzo che dire: l'utilità futura, essendo materia di mera probabilità, non può essere il criterio della morale. O rinunziare al sistema, o rinunziare all'indegnazione.

Ma, dicono ancora, cos'altro facciamo noi, che osservare i fatti, e fatti essenziali della natura umana, e esporli? Siamo forse noi che abbiamo suggerito agli uomini d'appetire l'utilità, e di procurarsela? Siamo noi che abbiamo inventata l'usanza di prenderla per motivo nella scelta dell'azioni, e di crederla un motivo legittimo e ragionevole? *È una condizione della natura umana il pensar, prima di tutto, al proprio interesse* [2]. Prendetela con la natura umana; prendetela col senso comune, che la nostra teoria non ha fatto altro che interpretare, riducendo i suoi giudizi uniformi e costanti a una sintesi precisa e fedele. Andate a dire a tutti gli uomini,

---

[2] Bentham, *Deontology, etc.* Deontologia, ovvero Scienza della moralità, etc. Part. I, Cap. I [*N.d.A.*]. Jeremy Bentham (1748-1832), filosofo inglese, teorico dell'utilitarismo, ossia di quella dottrina che pone a regola dell'agire lo scopo dell'utilità, definita come « il massimo piacere per il maggior numero di uomini ». Autore della *Introduzione ai princìpi della morale e della legislazione*, della *Difesa dell'usura*, della *Deontologia, o Scienza della morale* (pubblicata postuma nel 1834).

che il criterio di cui si servono perpetuamente per la scelta delle loro azioni, è immorale e antilogico.

Non ci vuol molto a scoprir qui un falso ragionamento fondato sull'alterazione d'un fatto. Altro è che l'utilità sia un motivo, cioè uno de' motivi per cui gli uomini si determinano nella scelta dell'azioni, altro è che sia, per tutti gli uomini, il motivo per eccellenza, l'unico motivo delle loro determinazioni. Non hanno osservato que' filosofi, o piuttosto sono riusciti a dimenticarsi (giacché è un'osservazione che non hanno potuto non fare migliaia di volte, e non solo sugli altri, ma sopra loro medesimi) che, per gli uomini che si propongono d'operar moralmente (e la questione, essendo sulla moralità, non contempla se non questi), l'utilità è bensì un motivo, ma un motivo subordinato e secondario; e che, lungi dall'essere presa per criterio in una questione di moralità, la suppone già sciolta, o che non ci sia neppure il bisogno d'esaminarla. È verissimo che, in molte, anzi in moltissime deliberazioni, anche questi uomini non considerano altro che l'utilità. Ma quando e perché? Quando si tratti di scegliere tra delle azioni, ognuna delle quali sia, riguardo alla moralità, conosciuta eleggibile [3], e conosciuta tale per un criterio affatto diverso, e che contempla, non gli effetti possibili e ignoti dell'azioni, ma la loro essenza medesima; cioè per la nozione della giustizia. Un galantomo che deliberi intorno al comprare una cosa qualunque, nelle circostanze che rendono legittima una tale azione, potrà bilanciar lungamente l'utile dell'acquisto e l'inconveniente della spesa, senza che gli venga neppure in mente che ci sia una moralità al mondo. Ma qual maraviglia che una considerazione non entri dov'è sottintesa? che la mente non cerchi in un'azione la qualità ch'era già associata ad essa? che la prudenza parli sola, quando la giustizia non ha che dire? Ecco dove l'esperienza è una bona guida: dove basta ciò che essa può far trovare, e che non si troverebbe senza il suo aiuto: cioè una maggiore probabilità. Ecco fin dove è tenuta tale dal senso comune, al quale, così a torto, s'appella il sistema. L'errore, inetto a scoprire, non ha che l'abilità d'alterare; e qui ha preso nel senso comune il metodo d'applicare il criterio dell'utilità e i dati dell'esperienza a una categoria, e categoria subordinata, di deliberazioni; e, per farne una cosa sua, e dargli una nuova forma apparente, non ha fatto altro

[3] Il criterio dell'utilità vale per la scelta di azioni che siano tutte egualmente morali.

che trasportarlo a tutte le deliberazioni; da un posto secondario, dove aveva la sua ragion d'essere, al primo, anzi a un unico posto, dove non n'ha veruna.

Ma oltre i casi, frequentissimi senza dubbio, ne' quali la considerazione della moralità non dà nell'occhio, perché sottintesa, ce ne sono, eccome! di quelli in cui entra esplicitamente, sia per riprovare un'azione come ingiusta, sia per esaminare se un'azione sia giusta o ingiusta, lecita o illecita. E in questi casi l'utilità, non che esser presa (s'intende sempre dagli uomini che si propongono d'operar moralmente) né per il solo, né per il preponderante criterio, non è nemmeno presa in considerazione.

So bene che i propugnatori del sistema dell'utilità dicono che questa è una mera illusione; che, in fatto, ciò che si considera, anche in que' casi, è l'utilità e il danno; e che le parole « giusto » e « ingiusto », quantunque presentino in apparenza e confusamente un altro significato, tornano in ultimo a quel medesimo: cioè che « giusto » non significa, in fondo, se non ciò che porta più utile che danno; e « ingiusto », ciò che, quando pure paresse avere, o avesse anche con sé una qualche utilità immediata, porta alla fine un danno superiore ad essa.

Ma questo è evidentemente sostituire all'esame del fatto un'induzione, e un'induzione, non dirò solamente forzata, ma opposta all'evidenza. Il fatto da esaminare, è se veramente gli uomini per « giusto » intendano più utile, e per « ingiusto » il contrario. Ma che dico, esaminare? e a chi verrebbe in mente che ce ne potesse esser bisogno, se a que' filosofi non fosse venuto in mente d'affermare una cosa simile? Come! Uno che non si curi o si curi poco della moralità, propone come utile un'azione a un altro, il quale non accetta il consiglio, dicendo che non la trova giusta; il primo, affine di persuaderlo, adduce novi argomenti d'utilità; l'altro ripete che non si tratta di questo, che lui non va a cercare se l'azione porterà utile o danno, che, per astenersene, gli basta che non sia giusta; e quest'uomo vuol dire: l'azione che mi proponete non è abbastanza utile? In verità, la cosa è tanto forte, che uno a cui riuscisse nova, avrebbe qualche ragione di domandare se c'è proprio stato qualcheduno che l'abbia detta espressamente, o se non siamo piuttosto noi che la facciamo dire al sistema, per via d'induzione. Eccola dunque detta espressamente dal Bentham, a proposito del giudizio dato da Aristide sul bel progetto di Temistocle, di dar foco alle navi de' Greci alleati d'Atene, che si trovavano riunite a Pagasa; e ciò affine di procurare agli Ateniesi il dominio sulla Grecia intera. *Quelli*, dice, *che dalla lettura degli* Ufizi *di Cicerone e de' libri de' moralisti platonici hanno ricavata una nozione confusa dell'*Utile*, come opposto all'*Onesto*, citano spesso il detto d'Aristide sul progetto che Temistocle volle rivelare a lui solo. Il progetto di Temistocle è utilissimo, disse Aristide all'adunanza del popolo ateniese, ma è ingiustissimo. Credono di veder qui un'opposizione manifesta tra l'utile e il giusto. Errore: non c'è altro che un bilancio di beni e di mali.* Ingiusto *è una parola che presenta il complesso di tutti i mali che derivano da uno stato di cose, nel quale gli uomini non possano più fidarsi gli uni degli altri. Aristide avrebbe potuto dire:* « *Il progetto di Temistocle sarebbe utile per un momento, e dannoso per de' secoli: quello che ci farebbe acquistare non è nulla in paragone di quello che ci farebbe perdere* »[4].

A questo segno poté una preoccupazione sistematica far travedere un uomo d'ingegno, e osservator diligente, quando voleva. Non s'avvide nemmeno che, essendo nella proposizione sulla quale argomentava, il progetto di Temistocle chiamato, non *utile* semplicemente, ma *utilissimo*, la sua interpretazione farebbe dire a Aristide: Il progetto di Temistocle è utilissimo, ma dannosissimo. E gli Ateniesi, per *utilissimo*, avrebbero dovuto intendere: *utile per un momento, e dannoso per de' secoli*! Che se, come accenna il Bentham, si vuol credere apocrifo il fatto, e considerarlo semplicemente come un esempio ipotetico, si può affermare senza esitazione, che a qualunque moltitudine avente una lingua, nella quale ci siano i vocaboli *utile* e *giusto*, fosse proposta la cosa in que' termini, intenderebbe che gli si vuol parlare di due qualità diverse. Per darsi a intendere che utilità e giustizia siano un concetto medesimo, con la sola differenza del più

---

[4] *Traités de Législation civile et pénale, extraits des manuscrits de J. Bentham*, par Ét. Dumont; *Principes de Législation*, Chap. V. Un altro scrittore celebre, e meritamente per più d'un titolo, G.B. Say, ripeté e fece sua quella strana interpretazione. *Essai sur le Principe de l'Utilité*, § I. Non si potrebbe poi attribuire se non a un grosso inganno della memoria, quel far *ricavare una nozione confusa dell'utile, come opposto all'onesto, dalla lettura degli* Ufizi *di Cicerone*, dove quel fatto non è citato che per cavarne la conseguenza contraria: *Maneat ergo, quod turpe sit, id numquam esse utile*. III, 12. E nella conclusione di quel terzo libro, in cui si tratta appunto delle relazioni dell'utile con l'onesto: *Utilitatem nullam esse docuimus, quae honestati esset contraria*, 35 [*N.d.A.*]. Jean Baptiste Say (1767-1832), francese, teorico dell'economia politica, fece conoscere Adamo Smith sul continente. Fu liberista convinto.

e del meno, ci vuole un lungo e ostinato studio di far parere a sé stesso ciò che non è, e di dimenticare ciò che è: studio, del quale una moltitudine non è capace. E si domanda, con qual ragione una moltitudine qualunque o, in altri termini, il senso comune ammetta e tenga ferma questa distinzione tra i due concetti d'utilità e di giustizia, la risposta è inclusa nella domanda: sono due concetti, come sono due vocaboli. Uno è il concetto d'una legge de' voleri e dell'azioni, fondata nella natura degli esseri[5]; l'altro è il concetto d'un'attitudine delle diverse cose a produrre degli stati piacevoli dell'animo. E siccome questi concetti s'applicano moltissime volte da tutti gli uomini, e le più di queste separatamente e ognuno da sé; siccome, dico, si può pensare, e si pensa effettivamente, alla giustizia d'un'azione, senza pensare né punto né poco alla sua utilità, e viceversa; così non c'è nulla per il comune degli uomini (come non c'è nulla di ragionevole per nessuno), che porti a dubitare della duplicità di que' concetti, a perder di vista una distinzione tanto manifesta e tanto costante, tra due oggetti del pensiero.

Ma se dicessimo che anche il Bentham l'intendeva in fondo come il popolo d'Atene e come ognuno; che concepiva anche lui la giustizia come un'essenza distinta dall'utilità, e avente de' suoi attributi propri, che non appartengono a questa, sarebbe ora una temerità davvero? Meno che mai, perché qui non c'è bisogno di presumere: ha detta la cosa lui medesimo in un momento di distrazione. Distrazione un po' forte, perché venuta subito dopo aver affermato il contrario; ma non c'è da meravigliarsi che uno sia distratto facilmente da ciò che non ha davvero nell'animo. In una nota al luogo citato dianzi, dopo aver detto che uno storico ha dimostrato falso l'aneddoto, aggunge: *Plutarco che voleva far onore agli Ateniesi, sarebbe stato impicciato bene a conciliare con questo nobile sentimento di giustizia la maggior parte della loro storia.*

Nobile sentimento di giustizia? Cosa salta fuori ora? Sentimento d'utilità, doveva dire, se non si trattava d'altro che d'*un bilancio di beni e di mali*. Ma allora cosa ci ha che fare la nobiltà del sentimento? Rifiutare un progetto che *farebbe perdere incomparabilmente più di ciò che farebbe acquistare*, è senza dubbio una determinazione giudiziosa; ma qual ragione di chiamarla nobile? Non voler comprare in grande una

---

[5] L'accento sull'ordine civile come ordine di natura e dell'essere è tipicamente rosminiano.

merce, quando si prevede che sia per rinviliare, l'avrebbe il
Bentham chiamato un nobile sentimento? E se la giustizia,
per chi non si lascia portar via dalle parole, ma ne indaga
l'intimo significato, non vuol dir altro che utilità, perché
applicare a una denominazione la qualità che non s'appliche-
rebbe all'altra? Singolare parola questa « giustizia », che, non
volendo dir nulla per sé, e non essendo altro che un mezzo
indiretto e improprio di significare una cosa, può ricevere un
titolo bellissimo, che al nome vero della cosa non starebbe
bene! un titolo che, in morale, non avrebbe significato veruno, non si sarebbe mai potuto pensare a applicarlo a nessun sentimento, a nessuna azione umana, se la giustizia non
fosse altro che utilità! Come si spiega un simile imbroglio?
L'abbiamo detto. Il Bentham credeva in fondo che la giustizia
ha un oggetto distinto dall'utilità, e che appunto per questo l'amore della giustizia è un sentimento nobile; e gli
scappò fuori ciò che aveva in fondo. *Habemus confitentem...
virum bonum.* È l'onesta natura e il senso retto dell'uomo,
che scacciati dalla trista forca del sistema, tornano indietro
di corsa [6].

Che se paresse a qualcheduno, che questo sia quasi un
cogliere un uomo in parole sfuggite senza considerazione,
e non richieste nemmeno dall'argomento, risponderemmo che
la contradizione che abbiamo notata, è bensì, riguardo al
Bentham, un fatto accidentale; giacché non c'era nulla che
lo costringesse a dire in una nota il contrario di ciò che voleva stabilire nel testo; ma è un fatto prodotto da una causa
permanente e fecondissima, cioè dall'opposizione dell'assunto con ciò che attesta l'intimo senso; un fatto, per conseguenza, che si riprodurrà necessariamente ogni volta che quell'assunto sia messo a fronte dell'intimo senso. E nulla di più facile,
diremo anche qui, che il farne la prova.

Supponiamo dunque che un uomo si proponga, nelle circostanze più favorevoli che si possano immaginare, d'impiegare un grosso capitale nel dissodare un suo terreno,
nel farci di gran piantagioni, e nel fabbricarci delle case,
per stabilirci delle famiglie miserabili e chiedenti lavoro, con
gli attrezzi e il bestiame necessario alla coltura; e che questo brav'uomo si rivolga a un seguace del sistema dell'utilità, e gli dica: « Credete voi che questo mio disegno sia
conforme alla morale? » Non è egli vero che il filosofo si

---

[6] *Naturam expellas furca, tamen usque recurret.* Horat. *I Epist.* X,
24 [*N.d.A.*].

mette a ridere d'un dubbio di questa sorte? Supponiamo ora che l'altro soggiunga: «Vorrei anche sapere se, mettendo a esecuzione questo disegno, procurerò un vantaggio a me e agli altri». Gli sarà risposto che, con quelle circostanze tanto favorevoli, e quando la cosa sia fatta a dovere, c'è tutto il fondamento di sperare un tal resultato. Ma se (è un apologo che facciamo) insiste e dice: «Vorrei che mi deste una sicurezza uguale a quella che mi avete data dianzi con quel ridere più significativo di qualunque parlare; perché mi preme, è vero, soprattutto di non fare una cosa che non sia conforme alla morale; ma mi preme anche molto di fare una cosa utile. Ridete, di grazia, anche di questo mio dubbio; e assicuratemi in questa maniera, che è assurdo il supporre la possibilità d'un resultato contrario»; cosa risponde il filosofo? Ha riconosciuta la distinzione tra l'utilità e la moralità; in due volte, è vero, ma l'ha riconosciuta: si sente ora di ritrattarsi? Rispondo arditamente di no. Come una repugnanza morale non gli permise poco fa d'ammettere che la morale non sia capace se non d'un criterio di probabilità, così una repugnanza logica non gli permette ora d'attribuire all'utilità un criterio di certezza. E questo è un riconoscer di novo, che la questione della moralità e quella dell'utilità sono due, non una sola espressa in diversi termini.

Allunghiamo un pochino l'apologo, e supponiamo che, compita l'impresa, e al momento di raccogliere i primi frutti, venga un terremoto e subissi ogni cosa, salvandosi il padrone a stento, di mezzo alle rovine. Ognuno chiamerà disgraziata un'impresa che, in vece dell'utile sperato, ha prodotto uno scapito effettivo: ci sarà alcuno che la chiami immorale? Eppure è il giudizio che ne dovrebbe portare chiunque fosse persuaso davvero che l'utilità è il criterio della morale, che *il merito e il demerito de' nostri sentimenti e delle nostre azioni non dipendono dalle loro cause, ma da' loro effetti*, per servirmi delle parole d'un celebre sostenitore di quella dottrina, smentita nobilmente dalla sua vita [7].

---

[7] De Tracy, *Élémens d'idéologie*, Tome V: *Seconde partie du Traité de la volonté: De nos sentimens et de nos passions, ou Morale*; Chap. I. E scambievolmente si dovrebbero, stando a quella massima, giudicare immuni da ogni immoralità altre azioni, delle quali si può ugualmente asserire con tutta sicurezza, che i sostenitori della massima porteranno un giudizio opposto. Vediamone anche qui la prova in un esempio. Un uomo ben diverso dal dissodatore di poco fa, si propone d'avvelenare due galantomini che gli danno noia; a uno dà effettivamente del veleno; all'altro, per uno sbaglio fortunato, amministra una sostanza innocua, o anche salutare. Ecco due effetti passabilmente di-

Dico forse troppo? Vediamo; perché non c'è dubbio che potrebbe benissimo esimersi dal proferire una così strana sentenza, dicendo in vece: «Non precipitiamo il nostro giudizio. Il sistema prescrive di dedurlo dagli effetti; e possiamo noi dire di conoscere gli effetti di quell'impresa? Ne conosciamo alcuni, i più immediati; ma *alcuni effetti* è forse lo stesso che *gli effetti*? Sappiamo noi quante sorte di consolazioni e di compensi potrà trovare quell'uomo? Non potrebbe dalla disgrazia medesima essere stimolato a tentar dell'altre imprese, e da successi più fortunati, dall'attività medesima impiegata a rifare il suo capitale, ricavar più soddisfazione, che non n'avrebbe avuta dal goderlo e dall'accrescerlo? Il piacere che può dar la ricchezza è forse necessariamente proporzionato alla quantità di essa? E in quanto a quelli che sono morti nella catastrofe, già è ciò che, o presto o tardi, gli doveva accadere; e chi può decidere se sia stato peggio o meglio per loro il morir quella volta piuttosto che un'altra, forse dopo malattie dolorosissime, forse in una qualche maniera più atroce? Riguardo poi a un interesse più generale, chi sa se l'esempio dato da quell'uomo, l'aver visto, anche per poco tante campagne floride dove prima non c'era che una sodaglia, non possa eccitare un'emulazione, la quale porti un aumento di produzione e di prosperità, da compensare, da sorpassar di molto il capitale ingoiato dal terremoto?» Non c'è dubbio, ripeto, che, con questi e con altri argomenti dello stesso genere, potrebbe sospendere il suo giudizio; ma a condizione di tenerlo sospeso per sempre. Potrebbe schivar lo sproposito; ma a condizione di riconoscere che il criterio proposto dal sistema è inapplicabile. Conclusione

---

versi: trovatemi l'uomo che, per mantenersi coerente alla massima, giudichi diversamente le due azioni, chiamando immorale la prima, e l'altra no. Applicata poi a' sentimenti, quella massima fa necessariamente la stessa riuscita, ma con qualcosa di specialmente strano, in quanto, potendo i sentimenti non produrre alcun effetto, la morale, in questo caso, non avrebbe nulla a dire intorno ad essi. Un uomo, in punto di morte, desidera in cor suo, con un odio disperato, la rovina d'un innocente; un altro, nello stesso stato, con una benevolenza pietosa, ne desidera la salvezza: dov'è, dirò ancora, il partigiano di quella dottrina, il quale dica, pensi, sogni, che que' due sentimenti, perché privi d'effetto, non possano esser chiamati né morali né immorali? [*N.d.A.*]. Antoine Louis Claude Destutt de Tracy (1754-1836), francese, autore degli *Elementi di ideologia*, in cinque tomi. Fu uno degli «ideologi» che il Manzoni conobbe e frequentò a Parigi nei salotti di Madame Helvétius e di Madame Condorcet. Egli riduceva ogni realtà alla coscienza, spiegando l'esistenza dei corpi esterni col sentimento di resistenza che essi provocano in noi.

alla quale s'arriva senza fatica, e quasi senza avvedersene, da qualunque parte si prenda a esaminarlo.

Dicendo però che Aristide, in quella sua famosa sentenza, intese manifestamente d'opporre il giusto all'utile, come cose che possano essere qualche volta inconciliabili, abbiamo forse voluto anche dire che avesse ragione d'intenderla così? Tutt'altro. Crediamo anzi col Bentham, ma per una ragione affatto diversa dalla sua, e della quale faremo un cenno tra poco, che una tale opinione non possa venire se non da *nozioni confuse* e dell'utile e del giusto. Dove Aristide, se il fatto è vero, l'intendeva bene, o dove, per andar più al sicuro, l'intese bene quella volta [8], fu nel rivendicare la ragione di criterio anteriore e supremo alla giustizia, lasciata fuori perversamente da Temistocle. Ma questa cosa bona, la fece male. Uno che avesse avute nozioni abbastanza chiare e del giusto e dell'utile, e, per conseguenza, della loro relazione necessaria, non avrebbe mai fatta quella strana concessione, che un progetto di quella sorte si potesse chiamare utilissimo. O avrebbe detto: La cosa che Temistocle vi dà per utilis-

---

[8] Se crediamo a un celebre moralista antico, citato da Plutarco, e a Plutarco medesimo, Aristide avrebbe professata e messa in pratica anche la massima opposta a quella che è sottintesa nel giudizio che diede del progetto di Temistocle. Ecco il passo di Plutarco nella vita d'Aristide, secondo la traduzione del Pompei: « Aristide fece poi giurar gli altri Greci intorno alle convenzioni dell'alleanza, ed egli stesso giurò a nome degli Ateniesi, e, fatte le imprecazioni contro chi violasse quel giuramento, gittò roventi masse di ferro nel mare. Ma in progresso di tempo, *costretti* venendo gli Ateniesi *dalla qualità degli affari* » (quale abuso di parole! gli affari che *costringono la volontà*) « ad usar un alquanto più autorevol dominio, esortò gli Ateniesi stessi a rivolgere tutto lo spergiuro sopra di lui medesimo, dove tornasse meglio governar le faccende in diversa maniera di quella che avean giurata. Teofrasto però, generalmente parlando di quest'uomo, dice che, quantunque egli in tutte le cose domestiche, e ne' particolari negozi de' cittadini, giusto fosse al maggior segno, pure negli affari pubblici molte cose faceva secondo la costituzione e le circostanze della patria sua, come se queste *esigessero che frequentemente usar si dovesse ingiustizia*. Conciossiaché raccontasi da quello scrittore, che, consultandosi intorno al trasportare i danari delle pubbliche contribuzioni da Delo ad Atene, ed essendo que' di Samo che ciò insinuavano, egli disse che la cosa non era veramente giusta, ma utile ». Ecco un *ma* che fa un ufizio ben diverso di quello dell'altra volta. E è veramente singolare che Plutarco, il quale riferisce nella *Vita* medesima, e il consiglio dato a proposito del progetto di Temistocle, e quest'altri due, non abbia avuto nulla a dire di una contradizione tanto enorme. E più singolare ancora, che da Plutarco in poi, si sia continuato a citare e a celebrare quel primo consiglio, come una prova della severa e segnalata moralità d'Aristide, e a chiamar anche costui, all'occorrenza, il giusto per antonomasia, come se la storia, vera o falsa, non riferisse di lui altro che quello [*N.d.A.*].

sima sarebbe ingiustissima; o fidandosi nella forza di questa seconda parola, nella repugnanza che gli uomini provano, per vergogna, anche quando non è per coscienza, a accettar la cosa quand'è chiamata col suo nome, si sarebbe contentato di cambiar la questione (come si deve fare con le questioni piantate in falso), e di dire semplicemente: Ciò che Temistocle propone sarebbe una grand'ingiustizia, o meglio, un'abbominevole scelleratezza.

Ma altro è il dire che, tra la giustizia e l'utilità, non ci possa essere una vera e definitiva opposizione; altro è il dire che siano una cosa sola, cioè che la giustizia non sia altro che utilità. La prima di queste proposizioni esprime una di quelle verità che, più o meno distintamente e fermamente riconosciute, fanno parte del senso comune; la seconda è, diremo anche qui, un'alterazione, una trasformazione di questa verità che il sistema ha presa dal senso comune: perché, col mezzo proposto da esso, non si sarebbe trovata in eterno.

Infatti, se si domanda al sistema come mai s'arrivi a conoscere che l'utilità è sempre d'accordo con la giustizia, o, per dirla con altri suoi termini, che l'azione utile al pubblico torna sempre utile al suo autore, e viceversa; se si domanda, dico, come s'arrivi a conoscere una tal cosa, con tanta certezza, da farne il fondamento e la regola della morale; il sistema risponde, come s'è visto, che ce l'insegna l'esperienza. Ma s'è anche visto che, dall'esperienza, per quanto sia vasta e oculata, non si può cavar nessuna conseguenza certa riguardo all'avvenire, e quindi nessuna regola per la scelta dell'azioni. E dopo di ciò, non è certamente necessario l'esaminare quale e quanta sia l'esperienza, sulla quale il sistema pretende fondare quello che chiama il suo principio. Ma, per vedere con qual leggerezza proceda in tutto, e per sua natural condizione; non sarà inutile l'osservare di quanto poco si contenti, anche dove sarebbe affatto insufficiente il molto, anzi tutto l'immaginabile di quel genere. Cos'è, dunque, l'esperienza posseduta, sia direttamente, sia per trasmissione, da quelli che credono di poterne ricavare una tal conclusione? e suppongo che siano gli uomini che ne possiedano il più. È la cognizione d'un piccolissimo numero d'azioni umane, relativamente a quelle che hanno avuto luogo nel mondo, e d'un numero de' loro effetti incomparabilmente minore; giacché chi non sa quanto numerosi, mediati, sparsi, lontani, eterogenei, possano esser gli effetti d'un'azione umana? effetti, de' quali una parte, Dio sa quanta e quale, non è ancora realizzata; giacché, come s'è accennato dianzi, chi potrebbe dire che sia compita e chiusa la serie degli effetti d'un'azione antica quanto si voglia? E con un tal mezzo sarebbero arrivati a scoprire una legge relativa a tutte l'azioni passate, presenti e possibili? Che! non avrebbero nemmeno potuto pensare a cercarla; perché il concludere dal particolare al generale, che è il paralogismo fondamentale del sistema, non sarebbe nemmeno un errore possibile, se l'uomo non avesse, per tutt'altro mezzo, l'idea del generale, che di là non potrebbe avere. Quella che pretendono d'aver ricavata dall'esperienza, è una verità che hanno trovata stabilita, e *ab immemorabili,* nel senso comune.

Il senso comune tiene infatti, che l'utilità non possa, in ultimo, trovarsi in opposizione con la giustizia. E lo tiene, non già per mezzo d'osservazioni che non potrebbero mai arrivare all'ultimo; ma per una deduzione immediata, ovvia e, direi quasi, inevitabile, dal concetto di giustizia. In questo concetto è compreso quello di retribuzione, cioè di ricompensa e di gastigo; e il concetto di giustizia si risolverebbe in una contradizione mostruosa, o, per dir meglio, non sarebbe pensabile, se la retribuzione dovesse compirsi alla rovescia, e dall'opera conforme alla giustizia venir definitivamente danno, che è quanto dire gastigo, al suo autore; e viceversa. Ma come poi, e con qual ragione, dal semplice concetto di questa retribuzione, il senso comune corre, con tanta fiducia, a concludere e a credere che deva realizzarsi nel fatto? Ciò avviene perché il concetto di giustizia si manifesta alla cognizione come necessario; e quindi non può entrare nel senso comune che cessi d'esser tale, riguardo alla realtà alla quale si riferisce, e si riferisce con uguale necessità; giacché si può ben pensare la giustizia senza farne alcuna speciale applicazione, ma non si potrebbe pensarla come priva d'ogni applicabilità. E non già che il comune degli uomini riconosca riflessamente, e pronunzi espressamente, che ciò che è necessario in un modo non può mai diventar contingente in nessun altro; ma, appreso una volta un concetto come necessario, continua naturalmente e senza studio, senza aver nemmeno bisogno del vocabolo, a riguardarlo come tale nell'applicazioni che gli avvenga di farne. Si domandi a un uomo privo di lettere, ma non di buon senso, per qual ragione non si potrebbe supporre una combinazione di cose, per la quale, in un dato caso, dall'operar rettamente potesse resultare un danno stabile e definitivo, e dall'operare iniquamente uno stabile e definitivo vantaggio. Risponderà probabilmente: non può essere, perché allora non ci sarebbe la giustizia. E sarà una risposta tanto concludente, quanto sarà stata irragionevole la domanda, domanda che sottintende non saprei dir quale di due cose ugualmente assurde: o che il concetto di giustizia non importi necessità; o che nella realtà possa avverarsi il contrario di ciò che è necessario per essenza.

Questo non vuol dire certamente, che tutti gli uomini abbiano sempre presente una tal verità; che essa sia sempre stata e sia sempre la regola de' loro giudizi; che sia stato un fenomeno straordinario il sentir un uomo chiamare ingiustissima e utilissima una cosa medesima. È, come tutte le verità morali, una verità esposta nella pratica alle passioni e all'incoerenze parziali e accidentali degli uomini. E non c'è quindi da meravigliarsi che i successi temporariamente prosperi di tante azioni ingiuste, e gli avversi di tante giuste, e anche eroiche, ci portino qualche volta a dubitare di questa verità, e fino a negarla iracondamente, dimenticando che, nell'idea di retribuzione, non c'è punto compreso che deva realizzarsi nel momento che può parere a noi. Ma è una di quelle verità che, esprimendo una relazione immediata e necessaria tra due oggetti de' più facilmente presenti a qualunque intelligenza, non lasciano a verun filosofo il carico né il tempo di ritrovarle, e non potrebbero esser perdute di vista dall'umanità, se non quando fossero da essa dimenticati gli oggetti medesimi. Finché i concetti di giustizia e d'utilità vivranno nelle menti degli uomini, il concetto della loro finale e necessaria concordia rimarrà, in mezzo a delle dimenticanze parziali, e a delle negazioni incostanti, perpetuo e prevalente nel senso comune.

E è di qui, che il sistema cava tutta la sua forza apparente; come, del resto, ogni errore dalla verità che altera. Appoggiati a questo sentimento universale, i partigiani del sistema dicono a' suoi oppositori: Alle corte; o questa parola «giustizia», che vi preme tanto, e levata la quale, vi pare che scomparisca ogni idea di moralità, significa qualcosa di definitivamente e necessariamente utile; e allora perché l'opponete all'utilità, proposta da noi per il vero criterio della morale? O credete che significhi qualcosa che possa in ultimo riuscire dannosa, e è per questo, che volete separarla dall'utilità; allora siete voi che levate di mezzo davvero la moralità, mettendola in contradizione con la natura umana; perché, se c'è una certezza al mondo, è questa, che l'uomo non può volere il suo proprio danno.

Ma la risposta è facile. Che la giustizia sia utile o, in altri termini, che la giustizia dell'azioni sia causa d'utilità ai loro autori, eccome lo crediamo! Ma appunto per questo, appunto perché non possiamo credere che la cosa e la sua qualità, che la causa e l'effetto, siano quel medesimo, non possiamo credere che la giustizia e l'utilità siano quel medesimo. E opponiamo la giustizia all'utilità, non come due cose inconciliabili; neppur per idea: l'opponiamo come la norma vera e razionale in questo caso, a una fuor di proposito. Non già che questa sia falsa in sé; che anzi è la vera e razionale norma della prudenza, la quale si contenta, e deve contentarsi d'una mera probabilità. Ma è una norma falsissima quando s'applichi alla moralità, la quale rimane una parola vota di senso, se non ha un criterio di certezza. Voi, supponendo affatto arbitrariamente, e solo perché il vostro sistema n'ha bisogno, che, per giustizia, non si possa intendere che, o l'utilità, o qualcosa di contrario ad essa, c'intimate di scegliere tra codesta supposta identità e codesta supposta opposizione. Ma noi passiamo in mezzo al vostro dilemma, col dire: né l'uno, né l'altro; anzi il contrario dell'uno e dell'altro, cioè distinzione e concordia. Distinzione, perché sono due nozioni; concordia, perché sono nozioni aventi tra di loro una relazione necessaria.

Ma a che parlare della cognizione d'una tal verità, quale gli uomini potevano averla dalla sola ragione? La concordia finale dell'utile col giusto, alla quale credevano in astratto, senza poterne vedere il modo, e come costretti solamente dalla forza di quell'essenze medesime; questa concordia è stata spiegata dalla rivelazione, la quale ha insegnato il come, per mezzo della vera giustizia, si possa arrivare alla perfetta felicità. E l'ha insegnato, non a qualche scola di filosofi, ma ai popoli interi: ha messa, in una nova maniera, questa verità nel senso comune; cioè in quella maniera unicamente sua, di render comunissime le cognizioni, rendendole elevatissime. Sicché il sistema, formato (o riformato, che qui è tutt'uno) nella *mirabile luce* [9] del Cristianesimo, ha trovata quella verità, non più sparsa e vagante, e come involuta, nel senso comune, ma espressa e ferma nell'insegnamento e, dirò così, nel senso comune cristiano. E, per appropriarsela, l'ha mutilata, staccandola dalla sua condizione essenziale. Ha levata dal conto la cifra della vita

---

[9] *Qui de tenebris vos vocavit in admirabile lumen suum*. Petr. I *Epist.* II, 2, 9 [*N.d.A.*].

futura; e il conto non torna più, o, per dir meglio, non c'è più il verso di raccoglierlo. Perciò, nelle false religioni medesime, la tradizione d'una vita futura, nella quale abbia luogo una finale e infallibile retribuzione, s'è conservata forse più di qualunque altra, quantunque diversamente alterata. Era abbracciata e, per dir così, tenuta stretta, in qualunque forma, come un aiuto potente al bisogno razionale di credere alla concordia dell'utilità con la giustizia [10]: aiuto potente, e quasi necessario contro la forza di tanti fatti, che, nel corso ristretto delle vicende mondiali, può parere che la smentiscano apertamente. Un esempio notabile ce ne presenta un filosofo dell'antichità, il quale certamente avrebbe potuto, al pari di chiunque altro, o più di qualunque altro, far di meno d'un tale aiuto, se ce ne fosse stato il mezzo: voglio dire il Socrate di Platone, nel *Gorgia*. Dopo avere, con quella sua soda e profonda argutezza, con quel mirabile giro d'argomenti verso delle conclusioni tanto irrepugnabili quanto impreviste, sostenuto successivamente contro tre avversari, che dall'ingiustizia non si può mai, in questo mondo, ricavare una vera utilità; e dopo averli ridotti, l'uno dopo l'altro, a non saper più cosa si dire, rimane sopra di sé, come non soddisfatto lui medesimo della sua vittoria, e aggiunge che *il discendere nelle tenebre con l'anima carica d'iniquità, è l'estremo de' mali*. E domandato all'ultimo interlocutore se ne vuol saper la ragione, e rispostogli di sì, prosegue: *Senti dunque, come si suol dire, una bellissima storia, la quale ho paura che a te parrà una favola; ma io la ho per una storia vera; e come tale te la racconto*. E passa a raccontare quella per noi poverissima favola in effetto, ma che a uno privo del lume della rivelazione poteva (direi quasi, con ragione, se ci fosse vera ragione fuori della verità) parer meglio che nulla; cioè quella di Minosse, Radamanto e Eaco. E lui medesimo esprime questo sentimento, soggiungendo: *Già, a te non pare altro che una novella da donnicciole, e non ne fai caso veruno: e non me ne maraviglierei se, a forza di cercare, si potesse trovar qualcosa di meglio e di più vero.*

Ho detto dianzi, che, levata dal conto la vita futura, non c'è il verso di raccoglierlo. E infatti, implica contradizione il voler far resultare la felicità, cioè uno stato identico e

---

[10] L'accordo tra utilità e giustizia si ristabilisce soltanto se per utilità si intende la salvezza dell'anima. Torna alla mente la formula « utile per iscopo » assegnata dal Manzoni all'arte nella lettera *Sul romanticismo* al marchese Cesare d'Azeglio.

permanente dell'animo, dal bilancio di momenti diversi e successivi dell'animo. Fingiamo anche, per fare una strana ipotesi, che un uomo potesse riconoscere e ragguagliare i momenti piacevoli e i momenti dolorosi d'una vita intera, e trovasse i primi superiori ai secondi, e di numero e d'intensità. Avrebbe da questo ragguaglio una quantità riunita, un residuo netto, di momenti piacevoli: ma questa riunione veduta dalla mente, alla quale i diversi e separati momenti possono esser presenti insieme come oggetti ideali, e quindi immuni dalle leggi del tempo; dalla mente, che in essi contempla l'unità dell'essenza, in quanto sono piacevoli, e li riferisce all'unità del soggetto in cui sono avvenuti in un modo molteplice; questa riunione, dico, non sarebbe punto esistita nella realtà di quella vita, composta in effetto di momenti successivi, e in parte eterogenei. Dove dunque potrebb'esser collocata la felicità d'una vita temporale, per quanto si volesse restringere, impiccolire, alterare in somma, il senso della parola «felicità»? Non nell'aggregato de' momenti piacevoli, che, in quanto aggregato, non è una realtà, ma relazioni vedute dalla mente; non in alcuno de' momenti reali, ognuno de' quali non sarebbe che una parte della felicità da trovarsi. La felicità non può esser realizzata fuorché in un presente il quale comprenda l'avvenire, in un momento senza fine, val a dire l'eternità. Senonché la religione può darci una specie di felicità anche in questa vita mortale, per mezzo d'una *speranza piena d'immortalità*[11]. Speranza che unifica, in certa maniera, in una contentezza medesima[12], i più diversi e opposti momenti, facendo vedere in tutti ugualmente un passo verso il Bene infinito; *speranza che non può illudere, perché congiunta con la carità infinita diffusa ne' cori*[13]; la quale, quel Bene medesimo che promette nell'avvenire, lo fa sentir nel presente, in una misura limitata bensì, e come per saggio, ma con un effetto che nessun sentimento avente un termine finito può contraffare[14]. Così la giustizia misericordiosa di Dio predomina anche nel tempo,

---

[11] *Et si coram hominibus tormenta passi sunt, spes illorum immortalitate plena est.* Sap. III, 4 [*N.d.A.*]. È la *felicità* presente che anticipa la *beatitudine* avvenire. È la stessa distinzione e lo stesso nesso che appaiono nella *Monarchia* di Dante.
[12] *Expectatio iustorum laetitia.* Prov. X, 28. *Spe gaudentes* Rom. XII, 12 [*N.d.A.*].
[13] *Spes autem non confundit; quia charitas Dei diffusa est in cordibus nostris per Spiritum Sanctum, qui datus est nobis.* Ibid. V, 5 [*N.d.A.*].
[14] *Pax Dei, quae exsuperat omnem sensum.* Philip. IV, 7 [*N.d.A.*].

dove non si compisce: perché, se è decreto di sapienza e di bontà, che la giustizia dell'uomo, non pura né perfetta in questa vita, soffra per mondarsi, e combatta per crescere, repugna che sia veramente infelice: repugna che l'aderire della volontà al Bene infinito comunicantesi all'anima, non partorisca un gaudio prevalente al dolore cagionato dalla privazione di qualunque altro bene[15]. *Cosa mirabile!* dice il Montesquieu; *la religione cristiana, la quale pare che non abbia altro oggetto se non la felicità dell'altra vita, ci rende felici anche in questa*[16]. Riflessione ingegnosa, senza dubbio; ma una riflessione più prolungata fa dire: Cosa naturale.

Ci si opporrà qui probabilmente, che il sistema non ha mai messa in campo la pretensione di procurare agli uomini una felicità perfetta e immune dai mali prodotti dalle necessità fisiche; che il suo assunto, molto più modesto, non è altro che di dirigere le loro determinazioni al fine di conseguire la massima utilità, in quanto possa dipender da loro; che, del rimanente, considerato in sé, cioè lasciando da una parte l'opinioni particolari che l'uno o l'altro de' suoi partigiani gli possa attaccare, non nega punto la possibilità d'una vita futura, nella quale l'opere fatte in questa ricevono un'altra retribuzione; e tanto non la nega, che non entra neppure in questa materia; che, per conseguenza, chi crede di dover ammettere, sia come opinione umana, sia come domma religioso, questa vita futura, il sistema glielo permette ampiamente.

Strana parola in un sistema filosofico, permettere! Dico, permettere ciò che è inconciliabile con esso. Ma è uno degli esempi tanto comuni di quell'incertezza, di quella diffidenza di sé, di quello scetticismo in somma, che, in tutte le dottrine morali che non tengon conto della rivelazione, si nasconde sotto il linguaggio più affermativo, e l'apparato più solenne della dimostrazione. La ragione, che non conosce tali condiscendenze, non permette che s'ammetta una vita futura, se non a patto di rifiutare il sistema. Infatti, ammettere una vita futura, nella quale l'azioni della vita presente siano e premiate e punite, è ammettere una legge morale, secondo la quale, e in virtù della quale, abbia luogo una tale retribuzione; e ammessa una tal legge, tutto il sistema

---

[15] *Sicut abundant passiones Christi in nobis, ita et per Christum abundat consolatio nostra.* II Corinth. I, 5. *Quasi tristes, semper autem gaudentes.* Ibid. VI, 10 [*N.d.A.*].
[16] *Esprit des lois.* Liv. XXIV, Chap. 3 [*N.d.A.*].

va a terra nel momento. Non è più un calcolo congetturale d'utili e di danni possibili nella vita presente, che s'abbia a prendere per criterio della morale: è quella legge. Ammettere la vita futura è riconoscere che l'utilità e il danno definitivo, da cui il sistema vuole che si ricavi la norma dell'operare, sono fuori della vita presente; e quindi, che c'è contradizione nel ragionare come se si trovassero in essa. È riconoscere che l'effetto più importante dell'azioni umane, riguardo ai loro autori, non ha luogo nel mondo presente; e quindi che è contradittorio un sistema, il quale, pretendendo fondarsi sul solo calcolo degli effetti, prescinde appunto dal più importante, anzi da quello che è importante in una maniera unica, poiché viene dopo tutti gli altri, e per non cessar mai. È dunque un'illusione il credere che un tal sistema possa conciliarsi con una tale credenza; e, volendo stare attaccato a quello, bisogna anche affermare che la vita futura non è altro che una falsa opinione. So bene, anche qui, che una tal conseguenza sarà rigettata con indegnazione dalla più parte de' seguaci del sistema. Ma non si può altro che dire anche qui: o rinunziare al sistema, o rinunziare all'indegnazione.

L'idea però della moralità, quale l'ha rivelata il Vangelo, è tale che nessun sistema di morale venuto dopo (meno forse quelli che negano apertamente la moralità stessa) non ha potuto lasciar di prenderne qualcosa. Osserviamo brevemente un tal effetto in questo sistema medesimo che si separa dalla morale del Vangelo in due punti così essenziali, come sono il principio e la sanzione.

I diversi sistemi morali de' filosofi del gentilesimo non proponevano, almeno direttamente, a chi li volesse adottare e seguire, altra felicità che la sua propria. La virtù degli stoici era in fondo egoista come la quiete degli epicurei, e la voluttà de' cirenaici. Il sistema di cui trattiamo, formato o riformato, come s'è detto, nella luce del Cristianesimo, al suono di quelle divine parole: *Amerai il tuo prossimo come te stesso* [17], e: *Fate agli altri ciò che volete che facciano a voi* [18], fu avvertito e come forzato a estendere a tutti gli uomini il vantaggio che quelli restringevano ai discepoli, e a proporre all'individuo il bene altrui come condizione del proprio. Questo miglioramento parziale, se si può chiamar

---

[17] *Diliges proximum tuum sicut teipsum.* Matth. XIX, 19 [*N.d.A.*].
[18] *Omnia quaecumque vultis ut faciant vobis homines, et vos facite illis.* Matth. VII, 12 [*N.d.A.*].

così, lungi dal dar consistenza al sistema, non può altro che farne risaltar più vivamente la contradizione intrinseca e incurabile.

Infatti, perché mai i suoi autori, dopo aver posto che l'utilità era il principio, la cagione sufficiente e unica della moralità (e senza di ciò, il sistema non sarebbe più, nemmeno in apparenza), non dissero poi, che ogni utilità, senza cercar di chi sia, è morale di sua natura, come doveva venir di conseguenza? È egli mai venuto in mente a nessuno di quelli che vedono la moralità nella giustizia, di dire che la giustizia è o morale, o no, secondo a chi vien fatta? Perché mai, dico, quegli autori distinsero, non due gradi, ma due generi d'utilità, una che non è punto morale da sé, cioè l'utilità dell'operante, e una che è necessaria per render morale la prima, cioè l'utilità generale? Dove trovavano nel loro principio la ragione, il pretesto, il permesso d'una tal distinzione? Non ci potevano trovar che il contrario; e questa distinzione la fecero perché credevano anch'essi una cosa che, fuori del Cristianesimo, poté esser messa in dubbio e anche negata, e da ingegni tutt'altro che volgari, ma che, dove regna il Cristianesimo, non è, direi quasi, possibile di non credere; cioè che dall'uomo qualcosa è dovuta agli altri uomini. E sta bene; ma era un confessare tacitamente, e senza avvedersene, che l'utilità, per esser morale, deve prender la moralità d'altronde, e da qualcosa d'anteriore e di superiore ad essa; e che, per conseguenza, non può essa medesima essere il principio, la causa, il criterio della moralità.

Non vogliamo qui certamente rifarci a domandare come mai un uomo possa conoscere (cioè prevedere) l'utilità generale, e la relazione di essa con l'utilità privata. Pare anzi, che i seguaci stessi del sistema abbiano trovata quell'espressione d'*utilità generale*, o troppo indeterminata, o troppo forte. Perché, se, per quelle parole, non s'aveva a intendere l'utilità di tutti gli uomini presenti e futuri, non si sapeva di quali uomini s'avesse a intendere; se di tutti, s'aveva a intender l'impossibile. Non saprei almeno vedere altra ragione dell'aver sostituito, come fecero dopo qualche tempo, all'utilità generale quella del maggior numero d'uomini possibile. A ogni modo, con questa trasformazione il sistema ha perduta in gran parte la sua apparenza di moralità; e l'impossibilità dell'applicazione (s'intende sempre logica) gli è rimasta, né più né meno.

E in quanto al primo: che il riguardo all'utilità altrui, a un'utilità diversa da quella dell'operante, sia ciò che dà al sistema un'apparenza di moralità, oltre che è una cosa evidente per sé, si può dedurre dalla confessione medesima de' suoi seguaci. Infatti, a chi gli nega una tal qualità, perché non è fondato che sull'interesse, rispondono gli ultimi, come rispondevano i primi: « Avreste ragione se il sistema non contemplasse che l'interesse di chi delibera sull'azione da farsi o no; ma attribuirgli questo solo intento, è un calunniarlo, mentre pone per condizione essenziale anche l'interesse degli altri ». Ora, chi sono quest'altri? Qual è la qualità che ha potuto determinare gli autori e i seguaci del sistema a farceli entrare? È evidente che, in quella tesi, è fatta astrazione da ogni qualità distintiva tra uomo e uomo, e non c'è contemplato altro che la qualità, o piuttosto l'essere d'uomo. E la formula « utilità generale », che nella sua indeterminatezza non comprende espressamente tutti gli uomini, ma non n'esclude espressamente nessuno, poteva far credere in confuso che quella condizione del riguardo dovuto a ogn'uomo come uomo, fosse mantenuta nel sistema. In vece, il dire che ciò che costituisce la moralità d'un'azione è il riguardo all'utilità del maggior numero d'uomini possibile, è dire che questo riguardo è dovuto ad essi, non in quanto son uomini, ma in quanto sono i più. È dire, per conseguenza, che ci sono degli uomini ai quali si può non aver riguardo di sorte veruna, e operar nondimeno moralmente, purché siano il minor numero [19].

So bene che non fu questa l'intenzione di quelli che modificarono la formula del sistema. Fu solamente di levarne una condizione manifestamente ineseguibile, quando ci si voglia trovare un senso chiaro. Videro, o piuttosto badarono (giacché è una di quelle cose, che non si può non vederle: si può bensì dimenticarle, principalmente nel fabbricare un sistema), badarono, dico, che l'utilità temporali, le sole che il sistema contempli, sono di tal natura, che, in moltissimi casi, non possono gli uni goderne, senza che gli altri ne rimangano privi; e che, per conseguenza, l'aver riguardo all'utilità di tutti gli uomini sarebbe una cosa impossibile. Credettero quindi di levar quella contradizione (che non era, del resto, la sola, né la principale), col sostituire all'utilità generale quella de' più. E chi si trova tra i meno? Suo danno. Potrà strillare, se gli porta sollievo; ma, qualunque sia il danno che ri-

---

[19] È la seconda parte della dimostrazione, quella che non considera più l'utilità come falso criterio, ma critica la singolare espressione *utilità del maggior numero*, quasi che da un criterio qualche uomo potesse essere escluso.

ceve, non potrà allegare alcun titolo per il quale, col farglielo soffrire, sia offesa la moralità. Anzi, se l'errore potesse esser consentaneo a sé stesso fino all'ultimo, è a quel paziente che, secondo il sistema, si potrebbe dire: Siete voi che offendete la moralità col bestemmiare un'azione, nella quale, con l'utilità del maggior numero unita a quella dell'operante, è realizzata la moralità medesima. Tali sono le conseguenze necessarie e immediate di quella formula; e le migliori intenzioni del mondo non faranno mai che si possa stabilire per unica condizione della moralità l'utile del maggior numero, senza escludere ogni e qualunque altro titolo. Che se ne viene ammesso uno qualunque, il principio è andato, e il sistema con esso. O piuttosto, quello di cui il sistema ha fatto il principio supremo della morale, rimane ciò che era, è e sarà, cioè una verità secondaria, condizionata, e nota, del resto, quanto si possa dire.

Infatti, chi dubita che il procurare l'utilità di quanti più uomini si possa, non sia un intento e un fatto conforme alla moralità? È una di quelle verità che non s'enunciano forse mai, appunto perché si sottintendono sempre. Ma si sottintende anche sempre, che questa utilità si procuri senza fare ingiustizia a nessun altro. Si suppone adempita la cognizione suprema della moralità; s'intende di lodare la beneficenza, non di verificare la moralità necessaria; s'intende che è una cosa morale, non che sia la morale. E con quella condizione, è messo interamente in salvo il riguardo dovuto a tutti gli uomini. Vuol forse dire che ogni uomo, per esser morale, deva esercitar la giustizia verso tutti gli uomini? Oh appunto! Una cosa simile non potrebbe mai entrare ne' pensieri d'un uomo, non che nel pensar comune degli uomini. Vuol dire che ogni uomo deve esercitare la giustizia verso di quelli, coi quali si trovi in relazioni tali, da dovere per necessità essere, verso di loro, o giusto o ingiusto, sia con azioni, sia con omissioni. E con questo, il riguardo dovuto a tutti è mantenuto interamente, come dicevamo; perché, essendo la giustizia una e assoluta (e non si potrebbe nemmeno pensare priva di questi attributi), non può in nessun caso trovarsi in opposizione con sé stessa; e implica contradizione, che, col dare a uno quanto è dovuto a lui, si possa sottrarre né punto né poco di ciò che sia, o sia mai per esser dovuto a degli altri: mentre l'utilità, essendo relativa, non repugna punto alla sua essenza, che ciò che è utile a uno torni in danno d'un altro, anzi di lui medesimo, in un altro momento. In un'azione utile, c'è dell'utilità; in un'azione, giusta, c'è la giustizia; direttamente e positivamente, riguardo a quelli che ci hanno un diritto; indirettamente e negativamente, riguardo a tutti gli altri, che non ce n'hanno veruno.

E perciò, quando si vuol lodare l'intento di procurare l'utilità d'altri uomini, non si dice, e non s'ha bisogno di dire, come fa il sistema, l'utilità del maggior numero possibile. Per il senso comune, quanti più sono gli uomini a cui uno vuol procurare utilità, tanto più il suo intento è lodevole; ma è lodevole, o molti o pochi che siano, e foss'anche uno solo. E non ci vorrebbe che un pazzo, per dire: prima di lodar quell'intento bisogna vedere se contempli la metà degli uomini, più uno almeno. Ma questa osservazione medesima sarebbe rigorosamente a proposito, chi la facesse a un partigiano del sistema così modificato, perché, secondo questo, da quella maggioranza numerica dipende, non già che l'intento sia più o meno bello, e l'azione più o meno utile, ma che sia o non sia morale. Risponderebbe forse, che questo è un rigore pedantesco, e che, dicendo il maggior numero, s'intende naturalmente a un di presso? Sarebbe un dir di novo, che la morale è una scienza di mera probabilità, cioè che non è una scienza, come s'è visto. E s'è visto anche, sia detto a onore de' seguaci del sistema, quanto sia facile il far loro disdire e detestare una tal proposizione. Non potrebbe, mi pare, rispondere se non che è un chieder l'impossibile: ed è appunto la seconda cosa che abbiamo accennata; cioè che, con questa trasformazione, il sistema è rimasto inapplicabile né più né meno. Il riconoscere l'interesse del maggior numero degli uomini non è punto più possibile che il riconoscere quello di tutti: anzi è la stessa cosa, con un'operazione di più; giacché, per riconoscere la maggior parte, è necessario separarla dal tutto, il che non si può fare senza averlo riconosciuto. Ma non c'è nemmeno bisogno di quest'argomento. L'impossibilità primitiva e intrinseca d'applicare il sistema, in questa come in quella, come in ogn'altra escogitabile forma, viene dal mettere che fa il suo criterio in un incognito; come abbiamo cercato di dimostrare, in diverse e forse troppe maniere.

Eppure, tanto l'affetto a un sistema può far travedere! uno de' vantaggi principali che gli utilitari attribuiscono al loro, è la facilità d'applicarlo, e d'applicarlo universalmente e concordemente. Sentiamo anche qui il più celebre, se non m'inganno, de' suoi autori, il Bentham.

« Partigiano » dice « del principio dell'utilità è quello che approva o disapprova un'azione privata o pubblica, in proporzione della tendenza di essa a produrre o dolori o piaceri; quello che adopra i termini *giusto, ingiusto, morale, immorale, bono, cattivo*, come termini collettivi che comprendono l'idee di certi dolori e di certi piaceri, senza dare a questi termini verun altro significato. E s'intende che queste parole, *dolore* e *piacere*, io le prendo nel loro significato volgare, senza inventar distinzioni arbitrarie per escludere certi piaceri, o per negar la realtà di certi dolori. Non sottigliezze, non metafisica; non c'è bisogno di consultare né Platone, né Aristotele. *Dolore* e *piacere* è ciò che ognuno sente come tale; il contadino come il principe, l'ignorante come il filosofo [20]. »

Cosa da non credersi, che un uomo d'ingegno e di studio, come fu quello, abbia potuto confondere, in una maniera tanto strana, il dolore e il piacere congetturato col dolore e col piacere sentito! Certo, per conoscere che quello che si sente è o dolore o piacere, non c'è bisogno né di Platone, né d'Aristotele. Ma per conoscere la somma de' dolori o de' piaceri che potranno venire in conseguenza d'un'azione, affine di poterla chiamar *giusta, morale, bona*, o il contrario, non basta né Platone, né Aristotele, né tutte le scole antiche, moderne e future, né l'umanità intera: la quale, del resto, non ha mai messa in campo una pretensione simile. Ha bensì sempre tenuto che la probabilità dell'utile o del danno che possa derivare da un'azione, sia materia e studio della prudenza: non ha mai pensato a fondarci sopra il criterio supremo della moralità.

È manifesto in quel raziocinio del Bentham quel paralogismo che consiste nell'addurre tutt'altro che ciò che può servire alla dimostrazione della tesi. Questa richiedeva che si dimostrasse la possibilità di riconoscere effetti futuri; e l'autore allega la facilità, grandissima senza dubbio, di riconoscere uno stato attuale del proprio animo.

Dove, in vece, trova tutto oscurità, è nell'idea dell'obbligazione: *oscurità, la quale*, dice, *non potrà esser dissipata che dalla luce dell'utilità*. Quale sia questa luce, se n'è parlato più che abbastanza; e in quanto a quell'oscurità, non ci sarà, credo, bisogno d'una lunga osservazione per scoprire nella prova che il Bentham intende di darne, un'altra evidente fallacia. Gioverà, per maggior chiarezza, riferire per intero il luogo dove tocca questo punto.

---

[20] *Traités de Législation civile et pénale, extraits des manuscrits de J. Bentham*, par Ét. Dumont; *Principes de Législation*, Chap. I [*N.d.A.*].

« Chiunque, in tutt'altra occasione, dicesse: "È così, perché lo dico io", a nessuno parrebbe che avesse concluso gran cosa; ma, nella questione intorno alla norma della morale, si sono scritti di gran libri, ne' quali non si fa altro, dal principio alla fine. Tutta l'efficacia di questi libri, e il credere che provino qualcosa, non ha altro fondamento, che la presunzione dello scrittore, e la deferenza implicita de' lettori. Con una dose sufficiente di ciò, si può far passare ogni cosa. Da questo arrogarsi un'autorità è nata la parola obbligazione, dal verbo latino *obligo* (legare); e tale è la nuvola di nebbiosa oscurità, in cui è ravvolta questa parola, che, per dissiparla, si sono scritti de' volumi intieri. L'oscurità rimane nondimeno fitta come prima; e non potrà esser dissipata, che col farci entrare la luce dell'utilità, co' suoi dolori e co' suoi piaceri, e con le sanzioni e i motivi che ne derivano [21]. »

In verità, ci volle anche qui tutta la prepotenza d'un sistema, per far cadere così un uomo tutt'altro che volgare in quell'errore volgarissimo, di fermar l'attenzione sopra alcuni fatti che escono dell'ordinario, e perciò danno più nell'occhio, senza farsi caso d'altri fatti innumerabili, che costituiscono appunto l'ordinario, e de' quali si deve intendere, quando si dice collettivamente: il fatto. Guardò fisso alle ricerche e alle dispute d'alcuni dotti intorno all'obbligazione, agl'*intieri volumi* scritti su quella materia; non badò ai milioni e milioni di consensi che hanno luogo ogni giorno nell'applicazione di quella parola, cioè del concetto che esprime; ai milioni e milioni di casi, ne' quali dicendo uno: c'è obbligazione di fare o di non fare una tal cosa, gli altri ripetono: c'è obbligazione; non già perché l'ha detto quello, ma perché l'avrebbero detto loro ugualmente. Non badò ai casi, anche più frequenti, ne' quali quel concetto è sottinteso da chi sente, come da chi parla. Che su quell'applicazione medesima nascano anche de' dubbi e de' dispareri, chi lo potrebbe o lo vorrebbe negare? Ma quest'incertezza di qualche volta, quest'oscurità parziale e occasionale nell'applicazione del concetto ai fatti, o al da farsi, è forse una condizione speciale del concetto d'obbligazione? No davvero: è la condizione dell'uomo nell'applicazione di qualunque concetto. Non si saprebbe da dove prenderne a preferenza le prove, appunto perché ce n'è pertutto; se non che ce ne somministrano una affatto a proposito i concetti del dolore e del piacere, messi in campo

---

[21] *Deontology, etc.* Deontologia, ovvero della Scienza Morale, etc. Parte I, Cap. I [*N.d.A.*].

dal Bentham. Certo, sono concetti chiari quanto si possa dire, e per tutti gli uomini ugualmente. Ma cos'accade poi nell'applicazione? Lo stesso per l'appunto, che in quella del concetto d'obbligazione: cioè che c'è un numero grandissimo d'effetti che gli uomini chiamano concordemente o piacevoli o dolorosi; ce ne sono alcuni, dove altri trovano piacere, altri dolore. *Dolore e piacere è ciò che ognuno sente come tale*; ma non sempre ognuno sente o dolore o piacere per le stesse cagioni. E del pari, obbligazione è ciò che ognuno intende come tale, quantunque non in tutti i casi ognuno intenda ugualmente che c'è obbligazione. E questi dispareri attestano, non meno de' consensi, che l'idea è intesa da tutti. Infatti, come mai si potrebbe discordare sul quando uno sia o non sia moralmente obbligato, se non s'avesse in comune l'idea d'obbligazione morale? Cosa non sa trovare la mala fede, per scapolare da un'obbligazione incomoda? Interpretazioni stiracchiate, falsi titoli d'eccezione, vane ragioni d'equità, impossibilità immaginarie, pretese obbligazioni opposte e prevalenti, e che so io? Ma non credo che a nessuno de' più sottili maestri di quell'arte sia mai venuto in mente di dire: « Voi mi parlate d'obbligazione: cosa vuol dire obbligazione? Si tratta di moralità; e se c'è una materia nella quale importi aprir gli occhi, è questa sopra tutte. Come volete che un galantuomo par mio si regoli, in una tale materia, sull'autorità d'un termine *involto in una nuvola di nebbiosa oscurità*? Esaminiamo il caso alla *luce dell'utilità*; e quando m'avrete fatto vedere, non con l'autorità d'assiomi dottorali, ma con argomenti speciali e concludenti per questo caso, che il far io ciò che chiedete sarà confacente prima di tutto all'utile generale, o del maggior numero possibile, come vi piace, e poi anche al mio, com'è giusto, sarò prontissimo a compiacervi ». Al contrario, con quell'altre gretole che vanno cercando, confessano e attestano, se ce ne fosse bisogno, che anche loro intendono a maraviglia cosa voglia dire obbligazione.

Ecco come questa parola è oscura per il comune degli uomini. Ma quand'anche si voglia non contar questi per niente, e non considerar altro che gli autori e gli studiosi de' *volumi intieri* che trattano dell'obbligazione, se ne potrà forse inferire quella pretesa oscurità? Niente di più. Infatti, le ricerche e le dispute di que' volumi s'aggirano, o anch'esse sull'applicazione, cioè su alcune applicazioni del principio di obbligazione, o sulla ragione fondamentale di essa; non già sulla sua essenza medesima, la quale è, all'opposto, il dato necessario delle questioni sull'applicazione, come abbiamo già osservato, e non meno di quelle che riguardano la ragione fondamentale. Non si fanno ricerche e dispute sul perché e sul come l'uomo possa esser moralmente obbligato, se non in quanto s'ha in comune il concetto d'obbligazione morale: è una condizione indispensabile per i dotti, come per gl'ignoranti. Dire che il dubbio o il dissenso intorno a questo perché, provano che non s'ha dell'obbligazione un concetto abbastanza chiaro, sarebbe quanto il dire che l'uomo non possa conoscer chiaramente, e posseder con certezza, e con legittima certezza, se non le verità delle quali abbia trovata e riconosciuta esplicitamente la ragione fondamentale. Il che implicherebbe una contradizione manifesta; giacché l'uomo così fatto avrebbe a essere capace d'un'altissima riflessione, e incapace di cognizioni sulle quali poterla esercitare. I libri sull'obbligazione, allegati dal Bentham, non provano l'oscurità di questo concetto, più di quello che i libri i quali trattano della natura e delle cagioni del piacere provino l'oscurità di quest'altro: libri, ne' quali ci potranno ugualmente essere delle sottigliezze; della metafisica poi ce ne sarà, di sicuro, in tutti. Che se, con un argomento derivato da quella filosofia sulla quale è fondato anche il sistema morale dal Bentham, ci si dicesse che il paragone non quadra, perché il vocabolo piacere esprime il concetto d'una cosa che si sente, e quindi è chiaro di necessità; risponderemmo che la chiarezza de' vocaboli non dipende dal significare oggetti d'una specie più che d'un'altra, ma dal significar degli oggetti, cioè degl'intelligibili di loro natura. E il Bentham, adoprando, in uno de' passi citati dianzi, il vocabolo *principio* (per non citarne che uno il quale non può dar luogo a controversia), confidava di certo, e con tutta la ragione, che sarebbe inteso; quantunque un *principio* non sia una cosa che si possa sentire più d'un'obbligazione [22].

Non possiamo qui lasciar di fare qualche osservazione anche sull'origine attribuita dal Bentham al concetto d'obbligazione morale, con quella proposizione già citata: « Da questo arrogarsi un'autorità è nata la parola *obbligazione*, dal verbo latino *obligo* ». E perché questa proposizione s'intenda meglio, gioverà citare anche un passo che la precede quasi immediatamente, e al quale essa si riferisce.

« Per disgrazia gli uomini si mettono a discutere delle que-

---

[22] Il discorso sopra le sensazioni (come il piacere) è, al pari di tutti i discorsi umani, un discorso ideale, e non può vantare perciò un maggior realismo.

stioni molto importanti, già determinati a scioglierle in un dato senso. Hanno, per dir così preso l'impegno con sé stessi di trovar che certi fatti saranno giusti, e cert'altri ingiusti. Ma il principio dell'utilità non permette questo sentenziar perentorio, e richiede che, prima di chiamar riprovevoli de' fatti, si dimostri che tornino a scapito della felicità degli uomini. Una tale ricerca non fa per l'istruttore dommatico; quindi egli non vorrà aver che fare col principio dell'utilità. N'avrà in vece un altro adattato ai fatti suoi. Dirà con un'asseveranza che basti: Io pronunzio che queste cose non sono giuste; *ergo* non sono giuste [23]. »

Quale argomento adduce il Bentham, per dimostrare che da questo *arrogarsi un'autorità* di sentenziare sulla giustizia o sull'ingiustizia di certe cose, sia nata la parola *obbligazione*, cioè sia entrato nelle menti il concetto d'obbligazione morale? Nessuno: lo dà per un fatto. È lui medesimo che, in questo caso, viene a dire: è così perché io dico che è così. Eppure, se c'è qualcosa che abbia bisogno di prove, è certamente un fatto (lasciamo da una parte l'entità speciale di questo, che riguarderebbe un concetto così importante, così comune e così causale), è, dico, un fatto asserito per la prima volta da uno che sicuramente non ne fu testimone, e non ne potrebbe citar nessuno, né vivo, né morto; giacché dove si trovano documenti o tradizioni d'un'epoca, in cui gli uomini non avessero il concetto dell'obbligazione morale?

In mancanza d'ogni prova di questo genere, ha almeno il Bentham tentato di dimostrare la necessità logica di quella supposta origine? Neppure; anzi si può credere che, se avesse intrapresa una tale ricerca, avrebbe messa quella supposizione da una parte; perché si sarebbe dovuto accorgere che implicava contradizione.

Infatti, come mai, dall'aver sentiti degli uomini affermare, con quanta prosopopea si voglia, che le tali e le tali cose non erano giuste, avrebbero degli altri uomini, ligi quanto si voglia all'autorità di quelli, potuto inferire che c'era obbligazione di non farle, se non avessero veduta o creduta vedere, se par meglio, una relazione tra la giustizia e l'obbligazione morale? Che un dottorone, per un'autorità conferitasi da sé medesimo, dica: Io pronunzio che queste cose non sono giuste; *ergo* non sono giuste; e degli uomini di testa debole ripetano docilmente: *ergo* non sono giuste; ci vedo un effetto possibilissimo del concorso di quelle due cause, pre-

[23] Ibid. [*N.d.A.*].

sunzione degli uni, e deferenza degli altri. Ma perché quest'altri vadano avanti e dicano: *ergo* c'è obbligazione di non farle, è proprio necessario l'intervento d'un'altra causa, cioè del concetto d'obbligazione morale, di cui quest'*ergo* è un'applicazione, e di cui i dottoroni non avevano neppur fatto cenno. La deferenza, quando non è regolata dalla ragione, può produrre de' miserabili, e anche de' perniziosissimi effetti; ma non degli effetti per i quali si richiede un'altra causa. E il Bentham (sia detto col riguardo dovuto al suo ingegno, ma con la libertà necessaria alla ricerca del vero) ha voluto far nascere il concetto dall'applicazione del concetto medesimo; che è quanto dire, l'istrumento dall'operazione, la possibilità dal fatto, la causa dall'effetto.

Che il vocabolo obbligazione, in senso morale, sia un traslato del verbo latino *obligo*, non ne può nascer dubbio. Ma perché un traslato ottenga il suo effetto, che è di far pensare una cosa col nominarne un'altra, bisogna assolutamente che gli elementi necessari a costituire il novo concetto, o si trovino indicati nell'espressione adoprata a quest'intento, o la mente gli abbia d'altronde. Ora il vocabolo *legare* non esprime che un'operazione e sottintende, non solo qualcosa a cui quest'operazione si faccia, ma qualcosa che la faccia. E quindi nessuna mente potrebbe mai passare, per mezzo d'un tal vocabolo, a ideare l'effetto morale che s'intende per obbligazione, se non avesse l'idea di qualcosa che possa produrre quest'effetto nell'ordine della moralità. È evidente che l'autorità non è quest'idea, come suppone il Bentham. L'autorità, in quanto autorità, non fa altro che attestare: è una ragione estrinseca al concetto che pronunzia: potrà farlo accettare, a diritto o a torto, senza prove e senza dimostrazione; ma non può entrare a costituirlo. Se un *dottore dommatico* qualunque, col solo mezzo dell'*Ipse dixit*, e senza trovare preparato nelle menti l'elemento causale e necessario del concetto d'obbligazione, avesse detto addirittura: « Io pronunzio che siete obbligati a fare, o a non fare », avrebbe predicato nel deserto: non sarebbe stato creduto, perché non sarebbe stato inteso; e non sarebbe stato inteso, per mancanza di materia intelligibile. Il vocabolo *obbligazione*, non trovando nelle menti il mezzo indispensabile per esser trasferito a un significato morale, non avrebbe destato in esse altro che il suo concetto proprio d'un legar materiale. Ma che dico? quest'ipotesi stessa è assurda: come mai sarebbe arrivato lui medesimo al concetto d'obbligazione morale, per imporlo agli altri, senza una causa relativa ad esso, e distinta e affatto diversa dalla sua persona? E si veda: l'autore stesso, mentre vuol far nascere, e immediatamente, quel concetto dall'autorità del dottore, gli fa dire: *Io pronunzio che queste cose non sono giuste.* Ci mette di mezzo, senza avvedersene, l'idea della giustizia; e con questo, viene, per una di quelle, direi quasi, insidie della verità, a riconoscere implicitamente quella che, come passiamo a osservar brevemente, è la vera generazione logica del concetto d'obbligazione.

È un fatto, tanto manifesto quanto universale, che gli uomini applicano a un genere di cose l'idea di giustizia, e, per conseguenza, a un altro genere opposto l'idea negativa d'ingiustizia; e ciò per una speciale convenienza che trovano nell'une, e per una speciale repugnanza che trovano nell'altre. Trovano, per esempio, quella speciale convenienza, un naturale incontro, un affarsi e un comporsi tranquillamente di cose, nel mantenere i patti, nel rendere il deposito, nel rispettare la vita, la persona e la roba altrui, nel ricompensare il merito, e simili. Trovano quella speciale repugnanza e contradizione di cose nell'affermare ciò che si sa non esser vero, nel far suo l'altrui, o per forza o per arte, nel contraccambiare un benefizio con un'offesa, e simili. Quando poi tali cose si considerano in relazione col potere che l'uomo ha di farle o di non farle, di volerle o di rifiutarle, con atti del suo libero arbitrio, allora ciò che, riguardo all'intelletto, era semplicemente verità, cognizione, prende naturalmente, riguardo a quell'altra facoltà, la forma di legge. Ed ecco come. L'operazione alla quale l'uomo è eccitato in que' casi, è quella di scegliere. E tra quali cose? Tra una conosciuta dall'intelletto come giusta, e un'altra come ingiusta. Ora, c'è contradizione nel dire che una cosa la quale si manifesta all'intelletto come repugnante, possa diventar conveniente riguardo alla volontà; in altri termini, che una cosa muti la sua essenza, passando dall'esser semplicemente conosciuta, a essere appetita. Rimane dunque che, delle due determinazioni, tra le quali l'uomo è messo in que' casi, una sola può esser retta, quella cioè che è consentanea alla giustizia.

Ed è appunto questo esser l'uomo ridotto a non si poter determinar giustamente, che in una sola maniera; questo essere aperta alla rettitudine una sola delle due strade aperte al libero arbitrio; questo trovarsi la volontà soggetta a un comando, a un divieto, che può essere trasgredito col fatto, ma che ha in sé una ragione assoluta; è questo, dico, che s'intende significare col termine d'obbligazione morale, o con quello di dovere, o con qualunque altro vocabolo, o forma verbale s'adoperi a significare il concetto medesimo [24]. Ho detto, qualunque forma verbale, perché a significare un concetto, o (per non andar senza bisogno nelle generali) a significar quello di cui si tratta, non è punto necessario un vocabolo che ne rappresenti l'essenza direttamente e in astratto, e sia, per dir così, il suo nome proprio. Questo può esser nato molto tardi, da un'osservazione più avanzata, e per opera, sia de' filosofi, sia della filosofia che lavora secretamente anche nelle teste degli uomini che non ne fanno professione. È un vocabolo utile senza dubbio, ma, come dico, non necessario; e n'è la prova, che anche in lingue, dove pure c'è, e ce n'è più d'uno, si continua, in moltissimi casi, a esprimere il concetto, senza ricorrere a questi. Così è comune a diverse, e probabilmente a molte di queste lingue, il dire che una cosa non si può fare, per significare che non è lecita. E, certo, non si vuol dire che non si possa assolutamente, in nessuna maniera; anzi si dice in opposizione al potere che l'uomo ha di farla in effetto: si vuol dire che non si può farla, e operar rettamente. Così, di chi abbia a scegliere tra due o più partiti diversi o anche opposti, ma nessuno de' quali sia opposto alla giustizia, si dice che è libero di prendere quello che più gli piace. E si vuol forse dire che l'uomo sia libero solamente in que' casi? Tutt'altro: si vuol dire che, in que' casi, non è legato dalla giustizia a non poter prendere rettamente che un partito solo. Così si dice che la giustizia vuole, esige, richiede, prescrive, comanda, permette o non permette, e simili: tutte locuzioni che equivalgono al dire: c'è obbligazione di fare, o di non fare.

Questa è la ragione semplicissima, per cui il concetto d'obbligazione morale è pensato, significato, inteso pertutto dove s'intende che ci sono delle cose giuste e delle cose ingiuste; cioè pertutto dove ci son uomini. È un concetto che deriva da quello di giustizia; e non già, come in altri casi, da lontano, e per una lunga serie di concetti intermedi, dimanieraché potesse rimaner latente per un tempo indefinito, e finché venisse un qualche gran pensatore che, di deduzione in deduzione, arrivasse a cavarnelo; ma ne deriva immediatamente e, dirò così, ne scappa fuori da sé. Qual uomo ha potuto dire: non sono cose giuste, o sentir queste parole intendendole, senza trovarci dentro subito, che si deve non farle?

Ma anche qui il Bentham non tarda a contradirsi, e nella

---

[24] V. Rosmini, *Filosofia del Diritto; Sistema morale*, Sez. I, VII [*N.d.A.*]

stessa maniera che abbiamo osservata l'altra volta; cioè rinnegando implicitamente, per la forza del bon senso e del senso morale, ciò che aveva affermato per esser fedele al sistema. Poche righe dopo il passo che s'è esaminato ora, dice: *Far risaltare la connessione tra l'interesse e il dovere, in tutte l'occorrenze della vita privata degli uomini, è il nostro assunto. Quanto più addentro s'esaminerà il soggetto, tanto più manifesta apparirà la concordia tra l'interesse e il dovere.*

Ecco dunque quell'*obbligazione* (giacché per *dovere* non si può qui intendere che la stessa cosa; e anche il Bentham fa vedere d'intenderla così, poiché usa promiscuamente i due vocaboli)[25], quel termine *involto in una nuvola di nebbiosa oscurità*, eccolo, tutt'a un tratto, diventato chiaro quanto mai si possa desiderare; giacché, per poter riconoscere una connessione, una concordia manifesta tra due concetti, bisogna di necessità che siano chiari tutt'e due. Con un concetto tutto nuvole e nebbia non ci può essere né concordia, né contrasto, né nulla. Ma lasciamo pure da una parte l'*obbligazione*, atteniamoci alla parola *dovere*; e vediamo che strane contradizioni, riguardo al sistema, escano dall'averlo ammesso, come fa il Bentham in quella proposizione, qualunque sia poi il posto che gli ha dato.

Quella proposizione implica necessariamente che il concetto del dovere sia, non solo chiaro, ma noto independentemente dal sistema; il quale, per cercar la moralità, non si serve punto di esso, anzi lo esclude, e non si serve, non parla d'altro, che dell'interesse. Quindi, per trovar la concordia del dovere con questo, bisogna aver già d'altronde la cognizione del dovere. E se, *quanto più s'esamini*, cioè quanto più chiunque esamini *addentro il soggetto*, tanto più *gli appare manifesta una tal concordia*, bisogna che la cognizione del dovere sia affatto comune.

Quella proposizione implica ancora, che il concetto del dovere contenga la verità; altrimenti, come potrebbe trovarsi d'accordo con l'interesse, che è posto dal sistema come la suprema verità morale?

[25] Subito dopo gli argomenti contro l'idea d'obbligazione, che abbiamo esaminati, aggiunge: *È infatti una cosa affatto inutile il parlar di doveri; il vocabolo stesso ha in sé qualcosa di disaggradevole e di repulsivo: e per quanto ci si parli sopra, non diventerà mai regola di condotta.* È evidente che qui *dovere* sottentra come sinonimo a *obbligazione*. Questo vocabolo « dovere » si trova anche nel titolo dell'opera che citiamo: *Deontologia, ovvero Scienza della morale: in cui è dimostrata e esemplificata l'armonia del dovere con l'interesse proprio*, etc. [N.d.A.].

Ora, chi dice *dovere*, dice una ragione di fare o di non fare: se si sottrae al vocabolo questo significato, non gliene rimane veruno. E dice di più una ragione morale; giacché, levato da quest'ordine d'idee, il vocabolo perde ugualmente ogni significazione.

Avremo dunque, mettendo insieme quella proposizione col sistema, una ragione morale del fare e del non fare, chiara, nota, vera, e alla quale non si deve ricorrere per la scelta del fare e del non fare, in ciò che riguarda la moralità. Riguardo a questa s'ha a prendere una tutt'altra norma, quella dell'interesse: il dovere non c'è, che per trovarsi d'accordo con esso. La sua essenza è di prescrivere; e, tanto secondo il Bentham, quanto secondo la ragion delle cose, prescrive sempre ciò che è a proposito: secondo la ragion delle cose, perché è un'applicazione diretta della giustizia, principio supremo della morale; secondo il Bentham, perché concorda sempre con l'interesse, principio supremo della morale; e con tutto ciò, non s'ha a far caso nessuno delle sue prescrizioni. È una verità che non può essere applicata alla sua propria materia, una regola di condotta (cos'altro sarebbe?) che *non potrà mai esser regola di condotta*.

In queste o simili contradizioni sono caduti necessariamente tutti gli altri scrittori che, ponendo per principio della morale l'utilità, non hanno poi potuto a meno di non dare un posto qualunque a de' vocaboli esprimenti qualcheduna di quell'idee che appartengono davvero all'essenza della moralità. Tali idee, che tra di loro formano un bellissimo e pacatissimo ordine, trasportate in un ordine artifiziale e apparente di tutt'altre idee, ci portano uno scompiglio, una confusione stranissima; divengono inquiete, perturbatrici, in qualunque posto si mettano, perché è della loro natura di volere il tutto. Vediamone un altro solo esempio.

Chiunque ammette il principio dell'utilità, dice un altro celebre scrittore, *ammette anche il principio del giusto e dell'ingiusto* [26].

Ecco, come dicevamo, ciò che accadde naturalmente, nel progresso della discussione, a chi pone per principio d'una scienza ciò che non lo è: ammetterne anche un altro, o degli altri; che è un contradire insieme e a sé stesso e alle leggi della ragione. Per principio s'intende una verità che includa virtualmente un ordine, un complesso di verità relativamente secondarie, che si possano cavar da essa, come conseguenze.

---

[26] J.B. Say, *Essai sur le principe de l'utilité*, § I [*N.d.A.*].

Ogni principio quindi contempla un tutto, e comprende una serie intiera di conseguenze (quali e quante siano poi quelle che se ne ricavano in fatto); e c'è contradizione nel dire che due verità diverse possano essere insieme princìpi d'una scienza, cioè subordinare a sé tutte, e riguardo al numero, e riguardo all'essenza, le medesime conseguenze; giacché, appunto per essere verità diverse, deve ciascheduna includerne delle sue proprie, non già opposte, ma diverse da quelle dell'altra.

So bene che alcuni negano che tutte le conseguenze d'un principio siano vere nell'applicazione, quanto il principio medesimo; e dicono che non ci sono princìpi senza eccezione. Ma una così strana sentenza non ha altro fondamento, o piuttosto non ha altra origine, che il ricavare il concetto della cosa dall'abuso di essa. Può accadere (e se accade!) che uno o alcuni o molti diano il nome e la forma apparente di principio a una massima più generale, più comprensiva di quello che la verità richieda e permetta. E che tali massime patiscano dell'eccezioni, non c'è dubbio. Ma su cosa cadono quest'eccezioni? Su un principio? Neppur per idea: cadono su una massima predicata arbitrariamente, e a torto, come un principio. E farebbe, di certo, un'opera molto utile chi prendesse a esaminare di proposito quella sentenza, e a metterne in chiaro partitamente e alla distesa l'erroneità. Ma per dimostrarne la fallacia radicale (e il nostro argomento non richiede di più) possono bastare poche parole. Si domanda dunque, se l'eccezioni che, secondo alcuni, patisce in pratica ogni principio, cadano su tutte le sue conseguenze, o sopra una parte solamente. Non potranno dire che sopra tutte; giacché allora sarebbe negazione d'ogni principio, non sarebbero eccezioni a ogni principio. Se dunque non cadono che sopra una parte, ne viene di necessaria conseguenza, che, fatte tutte l'eccezioni, rimanga qualcosa che non patisce eccezione. E questo è appunto il principio, assoluto di sua natura, nella sua sfera legittima. Ammettere e adoprare il vocabolo, e negar questo attributo al concetto, è quanto dire che c'è verità nel predicare d'una totalità di cose ciò che non sia vero se non d'una parte di esse.

Il preservativo naturale contro questo errore, che renderebbe impossibile il ragionamento, e che, non potendo far tanto, riesce però a perturbarlo, e non di rado con incalcolabili conseguenze, sarebbe d'osservare, prima di proporre o d'accettare una massima, se abbia veramente quella ragione così generale che è espressa ne' suoi termini. Ma ciò che impedisce di far uso, come si dovrebbe e si potrebbe, di questo preservativo, è che torna comodo alle volte di proporre o d'accettare come principio una sentenza dalla quale si possano cavare delle conseguenze che premono: sia poi, o non sia, ne' limiti del vero, non importa. Quando poi vengono avanti degli altri che, avendo presa la sentenza più sul serio, richiedono che se ne cavino dell'altre conseguenze che non piacciano ai primi, come si fa? Rinnegare il *principio*, non conviene, perché se n'ha bisogno per mantenere quelle tante, per amore delle quali s'era proposto o accettato. Si dice dunque: « Il principio? è sacrosanto: non crediate che vogliamo ritrattarlo. Ma badate che ogni principio patisce le sue eccezioni: non ci sono princìpi assoluti. Voi volete andar troppo avanti con la logica; e la logica conduce all'assurdo ».

Senza dubbio, quando si prendono le mosse dall'assurdo. È il vizio naturale della logica, di condurre avanti l'uomo nella strada che ha preso lui.

E dove si troverà poi una regola per riconoscere fin dove le conseguenze d'un principio siano altrettante verità, e da quel punto in là diventino assurdi? È il bon senso, dicono, che la fa trovare ne' diversi casi. Ma se il bon senso è in lite con la logica, di quale istrumento si potrà servire, per ragionarle contro? E che obbligo può avere il bon senso di prestare il suo aiuto, in un'occorrenza di questa sorte? È forse lui che ha suggerito di proporre o d'accettare una proposizione battezzata col nome di principio prima d'esaminare quali siano le sue conseguenze logiche? Abiurare la logica (giacché mutilarla è abiurarla), per servire al comodo o alla precipitazione d'alcuni, è un sacrifizio che il bon senso non può assolutamente fare.

Ora, per tornare al punto speciale in questione, essendo impossibile il subordinare in fatto uno stesso intiero ordine d'idee e d'azioni a due princìpi, quand'anche fossero due verità; dev'esser anche troppo facile che chi ha detto di volerlo fare, dica il contrario in un altro momento. Così è avvenuto nel caso presente. Nello stesso scritto, e nello stesso paragrafo, l'autore citato dice espressamente: *Il solo principio dell'utilità prescrive e proibisce* (di credere e d'operare), *perché ne deve resultare o del bene o del male*. Credeva, in quel momento, all'esigenza della logica, ma insieme all'esigenza del sistema, il quale non ha la sua forma apparente e il suo *nomen habes quod vivas*[27], se non da una tale esclu-

---

[27] Ioan. *Apoc.* III, 1 [*N.d.A.*].

sività. E per far credere a sé stesso di poter mettere insieme due cose tanto contrarie, fu ridotto a attribuire espressamente la forza di prescrivere o di proibire all'utilità, la quale può bensì essere un motivo di fare o di non fare, ma non contiene nella sua essenza nulla, nulla affatto d'imperativo; e a negar virtualmente quella forza alla giustizia, la quale, o prescrive e proibisce davvero, o è una parola senza senso, e quindi da non ammettersi, né sola, né in compagnia.

Quando il bene prodotto diventa la preda di chi non ci ha alcun diritto, prosegue lo stesso autore, applicando alla morale il linguaggio dell'economia politica, *è prodotta un'ingiustizia; ora, ogni ingiustizia è un male* (qui nel senso di danno), *prima per chi ne patisce, e poi per la società, perché disanima dal fare il bene, è contraria a ciò che aumenta la somma de' beni, e insieme aumenta la somma de' mali.*

Diritto? Ecco un'altra di quelle parole che il sistema non può accogliere impunemente. Certo, il diritto ha per oggetto o, dirò così, per materia un bene; ma non è, né dalla natura, 'né dalla quantità di questo bene, che nasca il diritto: tanto che, per servirci delle parole stesse dell'autore, un bene medesimo, che per uno è materia di diritto, non è, per un altro, che una *preda*. Il diritto, per conseguenza, porta con sé, dovunque e in qualunque maniera sia introdotto, una ragione sua propria che non lascia luogo a verun'altra; giacché, o è anch'esso un vocabolo senza forza, e perché metterlo in campo? o ha una forza, e è quella di prescrivere. E fatto questo, non rimane più ad altro nulla da fare.

Ogni ingiustizia è un male. Senza dubbio; ma quando si sa questo, che bisogno c'è di cercare un'altra norma per giudicare e per regolarsi, riguardo all'azioni dov'è interessata la giustizia? Che bisogno c'è di buttarsi nell'avvenire, per indovinare l'utilità o il danno che verrà da un'azione, quando c'è un mezzo di saperlo, cioè il suo esser giusta o ingiusta? Con questa concessione, che non è, certo, esorbitante, e che era anzi naturalissima dalla parte d'un uomo onorato come fu l'autore che citiamo, viene a riconoscere, che, quand'anche l'utilità fosse quella che costituisse la moralità dell'azioni (il che non si vuol, certo, concedere), il criterio della moralità di esse si dovrebbe prendere dall'idea della giustizia. Tanta, e così rigogliosa e rinascente è la forza de' vocaboli che rappresentano de' veri princìpi, e de' princìpi altissimi, come questo!

Non voglio dire che producano necessariamente e sempre un tale effetto. In un altro luogo di quel medesimo *Saggio sul principio dell'utilità*, l'autore dice solamente che, tanto nelle cose pubbliche, quanto nelle private, *l'onesto è quello che c'è di più utile*; e che, se si può citar qualche caso in cui un'azione contraria alla giustizia sia riuscita in profitto del suo autore, o de' suoi autori, se ne può citare dieci volte tanti del contrario. E da questo conclude che *bisogna governarsi secondo il successo più probabile, cioè più sicuro e costante, malgrado alcuni esempi contrari*. Qui non concede, è vero, ma si contradice. E tra l'*ogni* e *la più parte*, non ci corre una di quelle differenze che si possano trascurare, perché non cadono nell'essenza della cosa. Non è differenza, è opposizione. E dove? Nel dato fondamentale del sistema.

E non è egli, diciamolo pure, una cosa deplorabile il vedere scrittori e celebri e benemeriti per altri titoli, condannati a questo perpetuo *Exclusit revocat*[28]? a eliminare virtualmente la giustizia e il dovere, per servire al sistema; e a riammetterli, in una maniera qualunque, per ubbidire al bon senso e al senso morale? a posarsi, ora sulla probabilità, perché il sistema non può dar altro; ora sulla certezza, perché la cosa ne richiede una?

E per liberarsi da tali contradizioni, quale studio, qual fatica, quale sforzo s'ha egli a fare, finalmente? Nient'altro che scotere il giogo pesante, ma posticcio e fragile, d'un sistema arbitrario; lasciar, per amore, la giustizia al suo luogo, in vece d'esser ridotti a dargliene uno per forza; lasciare al suo luogo la prudenza, in vece di collocarla in un'altezza solitaria, dove non si riesce a mantenerla; non darsi a credere, in somma, d'aver costruito un edifizio novo con lo spostar due cose tanto vecchie.

E avremmo finito; ma non ci pare inutile il prevenire un'obiezione, o un'osservazione, se si vuole, che potrebbe venirci da tutt'altra parte. Essendo già morti da qualche tempo i più celebri sostenitori del sistema, e sopite d'allora in poi le controversie che aveva fatte nascere, potrà dir qualcheduno, che è una questione oramai antiquata, e che non ci era quindi nessuna opportunità di rimetterla in campo. E potrà probabilmente aggiungere che sono venuti in campo tutt'altri sistemi; i quali non parlano, in vece, che di giustizia sociale; ma d'una giustizia nova, inaudita, portentosa, in ciò che pretende, come in ciò che promette[29]. Sistemi, dirà, che

---

[28] Terent. *Eun.* I, I, 4 [*N.d.A.*].
[29] I sistemi socialisti. Il Manzoni non parlò mai di essi ma sicuramente conosceva il *Saggio sul comunismo e socialismo* del Rosmini, pubblicato nel 1849. Più avanti Manzoni sembra sussumere anche

hanno fatto andare in obblivione quello, intorno al quale abbiamo spese tante parole, come il sollevarsi della burrasca fa scomparire l'onda leggiera del bel tempo.

A questo si potrebbe, prima di tutto, rispondere che il non esser più, da qualche o da molto tempo, una dottrina argomento di trattati e di controversie, è tutt'altro che un indizio sicuro dell'esser, né cessata né indebolita la sua efficacia pratica. Può anzi indicare il contrario, cioè che abbia ottenuto il suo effetto. Quando la materia messa nella caldaia del tintore ha preso il colore bene, la tinta si lascia andar via. E non già (come abbiamo accennato altrove, e come, del resto, nessuno ignora) che questa sia una dottrina affatto nova. Anzi, come errore pratico, è il più antico di quanti siano entrati nel mondo. *Sarete come Dei* [30], è il primo consiglio d'utilità che sia stato opposto a una regola, e regola suprema, di giustizia, qual è l'ubbidienza della creatura al Creatore; come il più spaventoso di quanti ne vennero in conseguenza, fu quell'altro: *Torna conto a voi che un uomo moia per il popolo* [31]. L'utilità pubblica fu sempre un pretesto per violar la giustizia; essendo, come abbiamo anche accennato, il mezzo più spiccio di sostituire a una questione in cui non si troverebbero che argomenti contrari, e d'immediata riprovazione, un'altra dove ce n'è per una parte e per l'altra; e argomenti, i quali, a chi non riflette e, per conseguenza, non distingue, possono parer validi, perché, in un altr'ordine di cose, hanno un loro valore. Fu, come s'è visto, l'espediente adoprato da Temistocle, ma non inventato da lui. E anche speculativamente, la dottrina che fa derivare la morale dall'utilità, era stata enunciata più d'una volta, ma o con asciutte sentenze, o con applicazioni limitate e parziali [32]. Quello che ci fu di novo, fu il ridurla a sistema,

---

questi sistemi nella categoria di quelli che privilegiano l'utilità collettiva sopra la morale individuale.

[30] *Eritis sicut dii.* Genes. III, 5 [*N.d.A.*].

[31] *Vos nescitis quidquam, nec cogitatis quia expedit vobis ut unus moriatur homo pro populo.* Ioan. XI, 49, 50 [*N.d.A.*].

[32] Tra gli scrittori che presero l'utilità per norma suprema de' loro giudizi nelle cose politiche, toccò al Machiavelli il tristo privilegio di dare il suo nome, in più d'una lingua, a una tale dottrina, anzi a una sola e speciale applicazione di essa; giacché i vocaboli derivati da quel nome furono destinati a significare esclusivamente l'uso della perfidia e, a un bisogno, della crudeltà, al fine di procurare l'utilità o d'uno o d'alcuni, o di molti. Il giudizio implicito in que' vocaboli non è vero che in parte. Il Machiavelli non voleva l'ingiustizia, sia astuta, sia violenta, come un mezzo né unico, né primario, ai fini proposti. Voleva l'utilità, e la voleva o con la giustizia, o con l'ingiustizia, secondo

con un metodo chiamato e creduto da molti scientifico, e con un'apparenza, quantunque superficiale e incostante, d'unità e d'universalità. E chi sa dire quanta autorità possa, non solo dare, ma mantenere a un sistema l'essere sostenuto da degli scrittori, l'autorità de' quali, in altri argomenti, s'è stabilita e si mantiene per bonissime ragioni?

gli pareva che richiedessero i diversi casi. E non si può dubitare che il suo animo non fosse inclinato a preferire la prima. Senza ricorrere al testimone della sua condotta, e come politico, e come privato, la cosa appare da' suoi scritti medesimi: poiché, se nel lodare o nel consigliare l'ingiustizia, è sottile; nel maledirla, e nel lodare e consigliare il contrario, è anche eloquente e qualche volta affettuoso. Ne è un bel saggio il capitolo X del libro I de' *Discorsi sulle Deche di T. Livio*, che ha per titolo: «Quanto sono laudabili i fondatori d'una repubblica o d'un regno, tanto quelli d'una tirannide sono vituperabili». Più lontana dal vero, per tutti i versi, fu certamente l'opinione d'alcuni, i quali non videro delle massime inique, che in una sola opera del Machiavelli, cioè nel *Principe*; e per giustificarne l'autore, dissero che in quel libro non s'era proposto d'esporre i suoi veri sentimenti, ma di dare de' consigli pessimi a' dominatori della sua repubblica, per farli cadere in un precipizio. Da una parte, la scusa sarebbe troppo peggiore del fallo. Strana maniera di purificare un insegnamento perverso, il farlo diventare anche un'impostura e un agguato! E strana retribuzione quella che dovesse portar rovina e infamia ai discepoli, lode e trionfo al maestro! Dall'altra parte, basta scorrere i *Discorsi sulle Deche*, per trovarci non di rado lodata e consigliata l'ingiustizia supposta utile. Così, dopo avere, nel Cap. XXI del libro III, mostrato con vari esempi, e segnatamente con quello di Scipione, quanto possano tornar utili, nelle cose di Stato, « gli atti d'umanità, di pietà, di castità, di liberalità », passa l'autore, nel capitolo seguente, a cercare come mai Annibale abbia potuto, « con modi tutti contrari, cioè con violenza, crudeltà, rapina e ogni ragione d'infedeltà, fare il medesimo effetto in Italia che aveva fatto Scipione in Spagna »; e trova che l'una e l'altra di queste due condotte ha i suoi vantaggi e i suoi inconvenienti; e conchiude, « come non importa molto in qual modo un capitano si proceda, purché in esso sia virtù grande che condisca bene l'uno e l'altro modo di vivere; perché, com'è detto, nell'uno e nell'altro è difetto e pericolo, quando da una virtù straordinaria non sia corretto ». E chi non sapesse che, per virtù, il Machiavelli intende abilità e forza d'animo, non saprebbe raccapezzarsi come la virtù abbia a condire la violenza e quell'altre cose simili. E per citarne un altro esempio solo, nel Cap. XIII del libro II vuol dimostrare che « la fraude fu sempre necessaria ad usare a coloro che da piccoli principi vogliono a sublimi gradi salire; la quale è meno vituperabile, quanto è più coperta ». E qui, se non m'inganno, si vede il perché nel *Principe*, dedicato a Lorenzo de' Medici, che era appunto in un tal caso (e la dedica lo accenna), la *fraude* abbia molta più parte che ne' *Discorsi*. Un così brutto mescuglio negli scritti d'un così grande ingegno non venne da altro che dall'aver lui messa l'utilità al posto supremo che appartiene alla giustizia. E quante mirabili cose non si sono come offuscate da una troppo diversa compagnia! Quanta sagacità nel discernere e nel connettere le cagioni degli avvenimenti, nel vedere la concordanza o il contrasto tra gl'intenti degli uomini e la forza delle cose! Quanti consigli nobilmente avvedu-

Che se si dovesse (cosa, per fortuna, non richiesta in una questione accessoria) venire alle prove di fatto, noi crediamo che ci mancherebbe tutt'altro che la materia. Non so se ci sia mai stata un'epoca piena, quanto la presente, di fatti grandi e gravi, sia per questa o per quella nazione, sia per una parte più vasta dell'umanità; ma credo che, senza incontrar contradizione, si possa affermare che non ce ne fu alcuna in cui i fatti d'un tal genere siano stati come in questa preceduti, mossi, spinti, attraversati, modificati, seguiti da dibattimenti pubblici, o da libri e scritti d'ogni genere, ragionamenti, storie, relazioni storiche, memorie, come le chiamano, diatribe, apologie e va discorrendo. Mai la parte della società, che legge e che scrive, non ebbe, come in quest'epoca, il campo e la voglia di far conoscere la sua maniera, cioè le sue maniere di pensare su un tal proposito. Ognuno può quindi, in quella farragine di documenti, o anche semplicemente nelle sue rimembranze, o nelle cose del momento, osservare se sia stato e sia, o raro o frequente il caso di sentire proposta l'utilità (presunta, non si dimentichi) come l'unica e independente ragione della bontà delle risoluzioni da prendersi; raro o frequente il caso, che all'obiezioni o ai lamenti fondati (bene o male, non importa) sul principio della giustizia e del diritto, si sia creduto e si creda di rispondere categoricamente e trionfalmente col dire che il danno sarebbe di pochi, e l'utilità d'un numero molto maggiore.

Ma un altro argomento da non trascurarsi, e da potersi anch'esso accennar brevemente, ce lo somministrano que' sistemi medesimi che ci potrebbero essere opposti da qualcheduno.

Cosa sono essi infatti, se non una nova fase del sistema utilitario, nove applicazioni di quel così detto principio? Parlano, è vero, di giustizia [33]; ma cosa intendono poi per giu-

ti, quanti umani e generosi intenti, in tutti quegli scritti, ogni volta che la giustizia c'è, o rettamente predicata, o semplicemente sottintesa! E che mirabile e feconda unità non si sarebbe formata ne' concetti di quella mente, se quello della giustizia ci avesse sempre tenuto, o nell'una o nell'altra maniera, il suo posto! [*N.d.A.*]. *Il Machiavelli non voleva l'ingiustizia... Voleva l'utilità*: il Machiavelli identificava l'utilità con la tranquillità e stabilità dello Stato; *Più lontana dal vero... per farli cadere in un precipizio*: è la tesi del Boccalini, ripresa poi dal Foscolo.

[33] L'opera del Godwin, che fu, se non m'inganno, la prima di questo genere, tra le moderne, che abbia avuta celebrità, porta quella parola nel titolo medesimo: *Inquiry concerning political justice, etc.* Ricerche intorno alla giustizia politica, e alla sua influenza sulla felicità.

stizia? Null'altro che il godimento de' beni temporali ugualmente diviso. Ora, anche i primi utilitari erano pronti a permetter che s'usasse questa parola, a usarla loro medesimi, purché non gli si desse altro significato che quello d'utilità, o anche d'un non so che altro, se si voleva, ma d'un non so che, il quale non avesse alcuna ragione sua propria, e non la potesse ricavare se non dall'utilità o dal danno che possa esser cagionato dall'azioni umane. Senonché, quelli tra di loro che trattarono materie, sia di legislazione, sia d'economia politica, sia d'altri rami della scienza sociale, furono, come accade spesso ne' primi passi, ben lontani dall'applicare alla totalità di ciascheduna di quelle materie il principio sul quale pretendevano che dovessero esser fondate. Ammisero *a priori*, e senza badarci (perché della parola avevano orrore), un certo stato della società, certi princìpi di diritto pubblico e privato, ricevuti ugualmente e dalla scienza e dalla credenza comune; e a tutto ciò subordinarono, nella maggior parte de' casi, le loro ricerche intorno all'utilità. E questa loro infedeltà al sistema spiega, sia detto incidentemente, il come più d'uno di loro abbia potuto trovare, in questa e in quella materia, delle regole molto giudiziose, degli espedienti molto vantaggiosi, rimettere nel loro vero punto molte questioni, e combattere vittoriosamente degli errori accreditati, e dominanti nella pratica. Cercavano l'utilità; ma, in que' casi, la cercavano nell'ordine di cose secondario, dov'è ragionevole il cercarla; applicavano l'esperienza, l'osservazione de' fatti, ma ne' limiti della sua vera autorità. Quando poi, da tali verità secondarie, volevano salire a quelle più alte e più complessive, che si chiamano princìpi, trovavano la strada chiusa da un muro che s'erano lasciati alzare dietro le spalle, cioè da una filosofia, al dominio della quale s'erano assoggettati, e che li faceva voltare per luoghi senza strada, e correre a dell'apparenze chiamate arbitrariamente e contradittoriamente princìpi, senza poter nemmeno rimanerci poi di piè fermo.

Gli autori de' nuovi sistemi, trovando eccellente quello ch'era stato chiamato il principio dell'utilità; o (che è lo stesso, se non di più) prendendo le mosse da quello, senza neppur pensare che si devano, né che si possano prender d'altronde, videro quanto fosse inadeguata l'applicazione che n'avevan fatta i loro antecessori. « A noi » dissero a que-

---

Londra, 1793 [*N.d.A.*]. William Godwin (1756-1836), inglese. Filosofo radicale e utopista, scrisse, oltre all'opera citata, il romanzo *Caleb Williams*, esponendovi le stesse tesi. Ebbe influenza su Shelley.

sti, o fu come se dicessero, « a noi a far fruttare il gran principio che predicate e mettete in cima di tutto, senza intenderne il senso profondo, l'esigenza e la potenza. Utilità, avete detto; e avete spiegato benissimo che utilità, in ultimo, non significa altro che piacere, godimento, sia fisico, sia morale. Egregiamente. Godimento dunque (in questa vita, s'intende), ma per tutti e davvero, come richiede il principio. E cos'avete fatto finora voi altri economisti e legisti, per realizzarne l'intento? Vi siete balloccati intorno a dell'istituzioni secondarie e parziali, che ne suppongono delle primarie e generali, e di queste avete ammessa a credenza la necessità e la ragionevolezza, per l'autorità del fatto materiale e di consuetudini e d'opinioni formate e stabilite, da un pezzo senza dubbio, ma quando il gran principio non era apparso nella sua piena luce, e nemmeno entrato nella scienza. Avete cercato qual sia la maggior somma d'utilità, che si possa ottenere, date certe istituzioni; in vece di cercare, come richiedeva il principio, quali siano l'istituzioni adattate a produrre la maggior somma d'utilità per tutti. E dopo di ciò, avete lasciato all'individuo l'incarico di combinare il suo utile proprio con quello degli altri. Era un dire a alcuni: Voi, ai quali l'istituzioni sociali assicurano, per privilegio, una gran quantità di godimenti, sacrificate al vostro interesse ben inteso un di più che una cupidigia poco accorta potrebbe farvi desiderare. Era un dire a moltissimi: Voi altri poi, che l'istituzioni sociali privano di tanti e tanti di que' godimenti, il vostro interesse ben inteso vuole che vi contentiate de' pochi che vi concedono; perché quell'istituzioni sono congegnate in maniera da farvi capitar peggio, se non ve ne contentate. È egli codesto un applicare sinceramente e logicamente il principio dell'utilità alla società umana? All'istituzioni, dunque, dev'esser commessa la grande impresa, non agl'individui, che, nella società come è stata accomodata, viene a dire alcuni che non vogliono, e moltissimi che non possono; a delle nove istituzioni, che costringano gli uni, e soddisfacciano gli altri. E siamo qui noi a proporle. »

Come le proposte siano state concordi, ognuno lo sa: e si poteva prevedere; giacché, quanto più si tenta d'applicar fedelmente e in grande un falso principio, tanto più si va lontano dal poterlo fare nella stessa maniera.

Alcuni di questi scrittori hanno negata, senza tergiversare, anzi con sdegno, la vita futura. E fu anche questo un processo logico, come s'è toccato sopra, nell'applicazione del principio dell'utilità. Proporla per regola e per fine di tutte l'azioni umane, e restringerla in fatto al godimento de' beni temporali, lasciando poi in sospeso se, al di là della vita presente, ci siano per l'uomo altri beni e altri mali, è un contrasto troppo evidente tra la franchezza delle conclusioni e l'esitazione delle premesse. È lo stesso che se uno vi presentasse come definitiva una somma raccolta appiè d'una pagina d'un libro di conti, senza saperVi dire se sia o non sia l'ultima pagina. Che alcuni riescano, dirò così, a sonnecchiare fino alla fine in una tale indecisione, può darsi benissimo; ma tenerci tutti gli altri, no. E col moltiplicarsi il numero de' seguaci d'una dottrina che mette il tutto nell'utilità, e tutta l'utilità nella vita presente, dovevano, quasi di necessità, uscirne quelli che ci aggiungessero, come un postulato indispensabile, che il conto finisce con la morte.

Che se, finalmente, alcuno dicesse che sono questioni divenute antiquate anche queste, essendo tali novi sistemi stati tutt'a un tratto sepolti nel silenzio; risponderemmo in genere, che, quand'anche non dovessero più vivere altro che nella storia (e hanno fatto abbastanza per questo), non è mai superfluo il ricercare l'origine d'opinioni che abbiano trovati de' seguaci, tanto d'aver tentato di passare nella realtà e in una vastissima realtà; e risponderemmo in specie, che molto meno ci pare superfluo il dare occasione a tanti che trovano pure strani que' sistemi, d'esaminare più a fondo di quello che abbiamo saputo far noi, se non nascano direttamente e quasi inevitabilmente da una dottrina, che forse trovano molto sensata. Quel silenzio è venuto da un fatto; e i fatti non ottengono una vittoria finale, non solo sulla verità, ma nemmeno sull'errore, quando la più alta cagione di esso rimane viva e invulnerata nelle menti; e tanto più se inavvertita. I princìpi veri e i falsi princìpi sono ugualmente fecondi; senonché col dedurre dai primi, s'aggiunge; col dedurre dagli altri, si muta; e, appunto perché non si riesce mai a farne un'applicazione che soddisfaccia la logica, si continua, finché conservano quella falsa autorità, a tentarne delle nove applicazioni, sia col fantasticare delle nove forme d'errore, sia col rimetterne in campo, a tempo più opportuno, di quelle che da altri si credevano sepolte per sempre.

SULLA
MORALE CATTOLICA
SECONDA PARTE
[1819-1820]

AVVISO

L'autore è ben lontano dal pretendere che nei discorsi seguenti sia sviluppata la materia che è annunziata nei titoli rispettivi. Oltre le idee che egli non ha trovate, e che ha ommesse per ignoranza, ha ommesse scientemente tutte quelle che erano già state dette, quando la serie del ragionamento non richiedesse di includervele. Si ponno quindi considerare questi discorsi come una picciola appendice alle opere che trattano i medesimi argomenti, o, se si ama meglio, come una collezione di frammenti.

SULLA MORALE CATTOLICA
SECONDA PARTE

I

DEGLI ABUSI E DELLE SUPERSTIZIONI.

Due cose io ho avute principalmente di mira nelle osservazioni precedenti: l'una di porre in salvo la morale della Chiesa cattolica da ogni eccezione, di provare che ella è perfetta, e che tutti i mali morali fuori ed entro la Chiesa vengono dall'ignorarla, dal non seguirla, dall'interpretarla a rovescio. L'altra che nelle accuse di fatto che si danno alla disciplina pratica dei cattolici, conviene andar guardinghi prima di creder tutto, perché molte sono dettate da spirito di parte, e ricevute inconsideratamente per un falso spirito d'imparzialità, quasiché per essere imparziale si dovesse stare a tutto ciò che si ode di contrario alla propria causa. Molte di queste accuse sono esagerate, molte sono assolutamente false, molte, benché vere, sono ingiuste nelle conseguenze perché si attribuiscono ai soli cattolici, molte nascono dal desiderio di trovare guasti tutti i frutti per condannar l'albero e gittarlo al fuoco. Ma siccome a questo secondo articolo, cioè alla parte apologetica del fatto, si può dare più estensione ch'io non abbia inteso dargli, mi trovo in debito di spiegare più distesamente le idee generali ch'io possa avere su questo proposito, per oppormi alle conseguenze false, al mio parere, che si potrebbero dedurre da quanto io ho detto.

V'è in tutti gli uomini una inclinazione a giustificare sé stessi fondata sul desiderio che ognuno ha della perfezione. Non volendo noi per lo più fare il meglio perché ripugnante alle nostre passioni, e non volendo rinunziare alla idea di essere quali dobbiamo, ci appoggiamo ad ogni pretesto per lusingarci che siamo tali. E siccome dalle verità stesse che dovrebbero condurci al miglioramento, si cavano questi pretesti, così uno dei più comuni per farci essere contenti di noi si è quello di essere nella vera religione.

Che un individuo appartenga ad una società che ha il

deposito della vera ed eterna morale [1], ad una società che
ha i mezzi per condurre alla salute, è una condizione di probabilità favorevole per la bontà di quell'individuo; ma fondare su questa condizione sola la lusinga di esser buono, è
una illusione che parrebbe impossibile in un uomo ragionevole se l'esperienza non la dimostrasse comune. Il giudizio
sopra di sé stesso ognuno di noi deve fondarlo soltanto sulla conformità e difformità nei nostri sentimenti e delle nostre azioni colla legge. Pare impossibile che si dimentichi:
eppure è troppo spesso così. Gli Ebrei segregati dalle genti,
protetti visibilmente da Dio, soli liberi dell'abbominevole
gioco della idolatria sotto al quale s'incurvava vergognosamente tutto il genere umano, il solo popolo che avesse idea
della unità di Dio, dogma che poscia apparve così grande,
così semplice e così ragionevole alle nazioni intere ed ai
sommi ingegni, quando fu diffuso dagli Ebrei dopo la venuta
della luce del mondo, aventi una legge divina, un rito divino, e un tempio, il solo della terra dove si adorasse il vero
Dio, ripetevano le parole del profeta: *Non fecit taliter omni
nationi*; giammai azioni di grazie non furono più giuste, né
ebbero un oggetto più importante. Ma troppo spesso gli stessi Ebrei, invece di esaminare se la loro riconoscenza era sincera e predominante, cioè se si manifestava colle opere, cavarono da questi doni di Dio una falsa fiducia che fu loro
tanto rinfacciata dai magnanimi e santi loro profeti. « Non
ponete fidanza in quelle false parole: il tempio del Signore,
il tempio del Signore, il tempio è del Signore »: ecco il grido di Geremia (Cap. VII, 4, 5, 6, 7, 8) per disingannare
coloro che dall'essere nel popolo dei veri adoratori arguivano di essere veri adoratori; ecco come gli richiamava all'esame di loro medesimi perché giudicassero se erano tali.
« Perciocché se voi rivolgerete al bene i vostri costumi ed i
vostri affetti; se renderete giustizia fra uomo e uomo; se
non farete torto al forestiero ed al pupillo ed alla vedova,
e non ispargerete in questo luogo il sangue innocente, e
non anderete dietro agli dei stranieri per vostra sciagura; Io
abiterò con voi in questo luogo, nella terra che io diedi ai
padri vostri per secoli e secoli. Ma voi ponete fidanza sopra
bugiarde parole che a voi non gioveranno. » Questa illusione

I. [1] Nella prima parte il Manzoni ha difeso l'Italia dall'accusa di
esser stata moralmente e civilmente corrotta dal cattolicesimo. Ora gli
tocca dire che nessuna nazione è privilegiata davanti a Dio, e prosegue condannando la prudenza di coloro che vorrebbero non denunciate
le superstizioni del popolo cattolico.

che pur troppo dura, e che durerà finché gli uomini non saranno perfetti come la legge, io non intendo favorirla in nulla. Se il libro di cui ho creduto dovere confutare tutto ciò che condanna la dottrina della Chiesa, e tutto ciò che, al parer mio, condanna a torto la condotta dei cattolici, se questo libro può fare in alcune parti una impressione salutare sopra alcuno, voglio dire far pensare alcuno sopra di sé, fargli risovvenire che taluno dei rimproveri di che il libro è pieno possano esser giusti per lui, e porlo in pensiero di correggersi, io non voglio distruggere questa impressione.

Uno dei più gravi sintomi di degenerazione tanto in un uomo come in una società è l'esser contenti del suo stato morale, il non trovar nulla da togliere, nulla da perfezionare. Gli abusi che si giustificano con un pretesto religioso, ma che in realtà si sostengono per fini temporali, io non intendo in nulla difenderli, protesto anzi di bramare ardentemente che sieno sempre più conosciuti, e condannati da quegli stessi a cui potessero sembrare utili, e ai quali non sono utili certamente, poiché anch'essi debbono un giorno morire. Che vi sieno di questi abusi è pur troppo innegabile, e una prova che si riconoscono, si vede nel risponder che si fa agli oppugnatori della religione che essi hanno il torto di condannare la religione per gli abusi: la quale risposta sarà sempre concludentissima, e, benché tanto ripetuta, si dovrà sempre ripeterla, finché gli oppugnatori cadranno nello stesso errore. Ma pur troppo alcuni di quelli che in monte confessano l'esistenza degli abusi, non sanno poi trovarne un solo, quando si venga a specificarli: difendono tutto ciò che esiste, e se si domandasse loro di citare un solo abuso non lo saprebbero forse rinvenire. Io so che questa riservatezza si chiama per lo più prudenza cristiana, so che lo è talvolta, so che molti risparmiano gli abusi, che dico, gli difendono, non per amore di essi, ma per rispetto alla religione. Ma il primo carattere della prudenza cristiana è di non andar mai contra la verità, ma la sua norma non è altro che l'applicazione della legge di Dio e dello spirito del Vangelo a tutti i casi possibili. Ma siamo in tempi in cui sarebbe somma follia il credere che gli abusi possano passare inosservati, e correggersi senza scandalo, esser tolti senza che il mondo si sia accorto che abbiano esistito. Non si può più sperare che il mondo, imitando la carità dei due figli benedetti di Noè, getti il pallio sui mali della Chiesa. Egli ne ride e ne trionfa, egli scopre gli abusi, i libri ne sono pieni da un secolo, egli gli esagera, gli inventa, non vede altro nella Chiesa, e se gli si nega di riconoscere gli abusi reali, egli non tace per questo, ma si crede autorizzato a supporre abusi in tutto, egli dà questo nome alle cose più sacre, la religione stessa è un abuso per lui. Egli rinfaccia gli abusi come una prova decisiva contro la religione, e pare che supponga che la fede dei cattolici non regga che per la loro ignoranza degli abusi stessi. Ma se i cattolici fossero i primi ad abbandonargli per quello da cui dipende, e tutti gli altri a deplorarli, se dicessero questi altamente: noi sappiamo questi mali, ma la nostra credenza è fondata sopra ragioni troppo superiori, perché la vista di questi mali possa farla vacillare, io credo che il mondo sarebbe costretto ad essere più riservato, io credo che molti, veggendo come si può conoscere gli abusi ed essere cristiani, avrebbero una falsa scusa di meno. Osservazione importante. Quelli che hanno autorità nella Chiesa possono impedire talvolta e in qualche luogo che si parli contro gli abusi: ma non ponno impedire che gli uomini se ne scandalizzino e rinuncino alla religione. Ora questo è il vero male da evitarsi.

Ho detto tutto questo non per fare il dottore nella Chiesa, troppo sentendo come questo uficio non mi convenga per nessun verso; ma siccome è lecito anche al minimo dei cristiani il difendere la Chiesa quando è attaccata, siccome a questa difesa è troppo facile dare più estensione che non si debba, così ho creduto ridurre l'apologia ai suoi termini più precisi.

Tutto questo si applica pure alle superstizioni. Pur troppo la Chiesa è accusata delle superstizioni che essa condanna, pur troppo si esagerano le superstizioni che regnano in alcuni cattolici, mentre si tace sulle superstizioni che dominano fra i non cattolici o fra tanti increduli, o almeno non se ne tira argomento contro la loro credenza: pur troppo [si chiamano superstizioni] i dogmi più sacri, quelli a cui sottomettere la propria ragione i santi e grandi uomini di diciotto secoli stimarono il più alto uficio della ragione. Ma pur troppo anche vi ha delle superstizioni; e molte sussistono, oltre i motivi generali, per alcune regole di falsa prudenza che conducono a risparmiarle talvolta quegli stessi che dovrebbero combatterle. V'ha chi difende e loda il silenzio su certe superstizioni col pericolo che, essendo esse nelle menti del popolo tanto collegate coi princìpi religiosi, non si possa sterparle senza sradicare in quelle menti la fede stessa. Ma quanti motivi di pusillanimità possono nascondersi sotto questo pretesto! Quanto è facile trovare ragioni per dimostrare dannose e imprudenti quelle cose per cui bisogna sottoporsi al pericolo del biasimo ingiusto! Questo pretesto mi sembra non solo falso, ma ingiurioso alla religione, come se la religione non trovasse nella parte più vera dell'animo nostro una corrispondenza per appoggiarvisi, e convenisse porla sopra fondamenti falsi: come se ogni superstizione non avesse un principio di opposizione e di incompatibilità colla religione, giacché la superstizione non è altro che sostituire i princìpi arbitrari, e carnali, a quello che è rivelato: ogni superstizione è una illusione per essere irreligioso coll'apparenza della fede. La religione ha due avversari, che sono pure avversari fra loro, cioè l'incredulità e la superstizione. Questa è combattuta dall'altra, e siccome le sue basi sono false, così col raziocinio semplice si possono abbattere, e allora chi non ha saputo discernere la superstizione dalla religione corre il rischio di abbandonare l'una e l'altra. Perché si deve lasciare nell'animo di un cattolico una opinione erronea, sulla quale un impugnatore della religione possa avere il vantaggio sopra di lui, e metterlo dalla parte del torto? Giacché, bisogna qui pure ripeterlo, non è da credere che il mondo voglia lasciarle passare in silenzio. Iddio però non ha permesso che le voci contro la superstizione si levassero solo nel campo degli avversari della religione: uomini piissimi le hanno svelate e combattute per zelo, e basti nominare il dotto Muratori [2] (*Della regolata divozione dei cristiani*). Né si deve negare la dovuta lode ai molti che tuttodì alzano la voce contro esse.

Ma mi sembra che la guerra dovrebbe esser più viva e perpetua nel seno del cattolicismo, che il disinganno non dovrebbe venire che dai ministri della verità, da quelli che, combattendo un errore, vi sostituiscono una verità di fede, e non un altro errore più dannoso. Se fosse lecito ad un uomo, che nella Chiesa è peggio che nulla, il rivolgersi a quelli che sono maestri, io direi a coloro che pascono il gregge cristiano, e lo direi colla umiltà e colla confusione con cui deve parlare l'uomo inutile a quelli che portano il peso del giorno

---

[2] Lodovico Antonio Muratori (Vignola 1672 - Modena 1750), storico, erudito, letterato italiano, Sacerdote, si impegnò a promuovere una religione tollerante e già « illuministica ». Letterato, definì la poesia come attività fantastica, regolata però dalla ragione. È famoso soprattutto come erudito, per la sua raccolta *Rerum Italicarum scriptores*, e per le sue opere storiche *Antiquitates Italicae Medii Aevi* e *Annali d'Italia*. Il Manzoni non mancò di portare tributo anche a questa attività muratoriana nel *Discorso sopra alcuni punti della storia longobardica in Italia*.

e del caldo: guardatevi intorno, interrogate la fede di molti del popolo, vedete se la speranza non è posta talvolta in quelle cose da cui non viene la salute, se le tradizioni volgari, se le favole animali non sono talvolta sostituite alle cose più gravi della legge; voi che spregiate i clamori del mondo, voi che combattete le sue false massime, vedete se talvolta il vostro silenzio non lascia i semplici in errori indegni della sapienza cristiana, vedete se non convenga combatterli direttamente e infaticabilmente. Questi errori svaniranno, ma v'è troppo a temere che in tante parti del mondo cattolico non isvanisca con essi anche la fede. Rimondate voi stessi l'albero dai rami secchi e infruttuosi prima che l'uomo inimico possa porvi il ferro della distruzione.

La situazione di chi, professando altamente la religione cattolica, confessa nello stesso tempo e condanna gli abusi e le superstizioni è la più esposta a tutte le inimicizie, e la più lontana dagli applausi; e questa considerazione deve portare sempre più gli amici della verità a porsi in questa situazione, come la più sicura e la più gloriosa dinnanzi a Dio. Le parti che tengono opinioni estreme hanno soventi vincoli di fratellanza pur troppo più forti che non quelli che legano i pochi e non arruolati difensori del vero: e mancare di questi appoggi dev'essere per loro un grande argomento di consolazione e di speranza. Altronde, come è già stato detto, i partiti estremi hanno vicendevolmente qualche indulgenza, e l'odio più costante e più vivo è per quelli che stanno nel mezzo. Coloro che amano gli abusi, temono meno gli uomini che si dichiarano nemici della fede, perché questi non ponno avere autorità alcuna presso i fedeli; ma quelli che danno loro ombra, quelli che li vorrebbero screditare, sono coloro che, stando fermi al fondamento, biasimano che vi si fabbrichi sopra fieno e stoppie (I Corinth. III, 12 et seq.), perché questo è l'edifizio che a loro piace, e non possono opporre a chi lo vorrebbe abbattere ch'egli rigetti il fondamento. L'ira poi dei nemici della fede è assai più rimessa verso i partigiani degli abusi, perché veggono in essi una prova che a loro par concludente contro la religione, un argomento di scherno e di biasimo, un pretesto perpetuo alla incredulità; ma quelli contro cui si mostrano più esacerbati, sono gli uomini che deplorando gli abusi dicono nello stesso tempo e provano col fatto che si può conoscerli ed esser fedele, e che tentando di toglierli tentano di togliere loro di mano l'arme di cui fanno più uso. Quindi contro di questi si rivolgono gli uni e gli altri, e credono di scoraggiarli, e di proferire la loro condanna, mentre rendono loro la più gloriosa testimonianza, dicendo cioè che essi scontentano tutti i partiti. Felici se essi amano e gli uni e gli altri, se, posti in una posizione così difficile, sentono che non ci si possono sostenere che coll'aiuto di Dio, se dai contrasti che soffrono cavano argomento di speranza e non di orgoglio, se li sopportano come pene meritate pei loro falli, se persuasi di sopportarli per la verità tremano pensando quanto sieno indegni di un tale incarico, se non rivolgono un occhio di desiderio e di invidia agli applausi del mondo, se non li spregiano per un sentimento di superbia, se non desiderano la confusione dei loro avversari di ogni genere, ma la loro concordia, aspettando con ogni pazienza i momenti del Signore.

II

DELLA OPPOSIZIONE DELLA RELIGIONE
COLLO SPIRITO DEL SECOLO.

Una accusa che si fa comunemente ai nostri giorni alla religione cattolica, è ch'ella sia in opposizione collo spirito del secolo. Questa accusa può in un senso essere dalla religione ricevuta come un elogio: se per spirito del secolo s'intende la tendenza violenta ad alcune cose transitorie come beni da ricercarsi per sé, l'amore e l'odio insomma delle creature non diretto ai fini voluti da Dio, la religione si protesta, come sempre si è protestata, nemica di questo spirito; e quando venisse a far tregua con esso, allora si potrebbe trovarla in contraddizione e diffidare di essa. Guai alla Chiesa se ella facesse un giorno pace col mondo! se desistesse dalla guerra che il Vangelo ha intimata, e che ha lasciata alla Chiesa come la sua occupazione e il suo dovere; ma questo timore non può mai esser fondato, perché l'espressa parola di Gesù Cristo assicura il contrario.

Ma, si risponde, lo spirito del secolo presente non è altro che il complesso di molte verità utili e generose, presentite già da alcuni uomini grandi, diffuse di poi, e divenute il patrimonio di tutti i popoli colti, verità, il legame ed il punto centrale delle quali, non osservato nemmeno da quei sommi che le promulgarono, è stato sentito ai nostri tempi, è divenuto il fondo, per dir così, della opinione pubblica, e distingue questa epoca sommamente ragionevole. Ora questo spirito che onora la ragione umana meno ancora per la sua evidenza che per la sua bellezza, non è secondato dalla religione cattolica, anzi molte volte essa vi si oppone; e quando siamo a questo punto non bisogna stupirsi, se l'intelletto si volge da quella parte dove sta la dimostrazione, e la coscienza della dignità umana. Perché se voi trovate ardita o erronea una proposizione che sia il risultato delle riflessioni degli uomini i più illuminati d'una generazione, se tremate ad ogni esame che si istituisca, non dovete poi lagnarvi se si dirà che la vostra religione è nemica del pensiero, e che essa non vuole che il sacrificio del raziocinio ad una cieca sommissione: e dovreste esser convinti che su questa non è più da far conto. Che se la religione non è realmente opposta a queste verità, perché suscitate voi alla nostra fede un nemico che essa non avrebbe senza di voi? E se credete di poter provare che lo spirito della Chiesa è veramente opposto a quello del secolo, l'evidenza stessa della vostra tesi dovrebbe determinarvi a non sostenerla, perché il secolo è disposto a conservare il suo spirito ad ogni costo.

Questo mi sembra a un dipresso il sugo dei rimproveri che si fanno in questo genere alla morale della Chiesa cattolica. L'obbiezione è semplice, ma è impossibile che la risposta lo sia: perché deve aggirarsi su molte e varie cose, e fare assai distinzioni e nello spirito del secolo e in quello della Chiesa, e nel modo di manifestarsi dell'uno e dell'altro.

Uno dei caratteri dello spirito predominante di tutti i secoli è una certa persuasione di alcune idee che degenera in tirannia di opinione, che condanna chi lo contraddice, a passare per ignorante o per male intenzionato, dal che nasce un timore che impedisce a molti di esporre i loro dubbi, ed a moltissimi di concepirne. Questa tirannia è, come tutte le altre, precipitosa, impaziente di ogni obbiezione e di ogni esame, vaga di parlare, e nemica di ascoltare, e di dare spiegazioni; come tutte le altre, essa non vorrebbe dar campo alle risposte perché, come tutte le altre, è in dubbio di quella sua autorità che pure vorrebbe far riconoscere da tutti e fare ammettere come fondata sulla ragione senza lasciarla vagliare dal ragionamento. Eppure in tutte le discussioni è necessaria la calma, la pazienza, la libertà; eppure bisogna esaminar tutto, ed anche lo spirito del secolo.

Senza entrare a discutere tutti i punti nei quali si pretende, a ragione o a torto, che lo spirito della Chiesa contrasti a quello del secolo, io esporrò di seguito alcuni princìpi, i quali, a quello che mi sembra, deggiono essere gli elementi logici di ogni questione di questo genere.

I princìpi sono questi:
Una generazione può avere la più forte persuasione di sentir rettamente, ed essere in errore. In questo caso non è da stupirsi se i princìpi della religione saranno in opposizione collo spirito di questa generazione. Nelle opinioni di una generazione vi può essere del vero e del falso. Essa può cavare conseguenze storte da princìpi retti, o stabilire princìpi storti per dedurne delle conseguenze che sono verità, e che verrebbero logicamente da altri princìpi che essa non vuol riconoscere per qualche prevenzione. In questo caso la religione si opporrà alla parte falsa, e sarà d'accordo colla vera.

Una generazione può esagerare i princìpi giusti, estendere la loro importanza oltre la verità: la religione, riconoscendo i princìpi giusti, e rivendicandoli come suoi, si opporrà alla esagerazione.

Una generazione può sostenere dei princìpi giusti per motivi di passione e con passione. La religione riconoscerà pure i princìpi, e condannerà le passioni.

Una generazione può conoscere assai poco la religione, e non amarla, e travisare i suoi dogmi e le sue massime, e creare una opposizione chimerica con altre massime vere.

Finalmente alcuni di quelli che difendono la religione possono o per ignoranza o per fini particolari sconoscere lo spirito della religione, presentare come conseguenza della sua dottrina il loro spirito particolare, e creare essi una opposizione chimerica.

Se questi princìpi si avessero presenti quando ci si affaccia un caso in cui ci sembri che la ragione del secolo sia in contrasto colla ragione eterna della fede, la ricerca sarebbe più lunga e più difficile sì, ma si potrebbe avere un po' più di fiducia nel giudizio che si porterebbe con queste precauzioni, e il giudizio sarebbe in molti casi che l'opposizione non esiste, e dove si trovasse si vedrebbe che l'errore è dalla parte del mondo, che non fa che disdirsi, che passare dall'entusiasmo al disprezzo, che confessarsi fallibile nel passato, pretendendo poi di essere riconosciuto infallibile ad ogni nuovo sentimento che adotta, e che la verità è con quella religione che, diciotto secoli sono, disse al mondo: *Io non mi cangerò mai*; e che non è mai cangiata. Mi sia lecito di ripetere ad uno ad uno questi princìpi per avvalorarli con qualche esempio e con qualche spiegazione.

I. «Una generazione può avere la più forte persuasione di sentir rettamente, ed essere in errore. In questo caso non è da stupirsi se i princìpi della religione saranno in opposizione collo spirito di questa generazione. »

Per ridurre la questione ai suoi termini precisi, ed evitare ogni equivoco, s'intenda che la parola *secolo* si adopera in vari sensi; talvolta significa la pluralità di coloro che si occupano di scrivere e di parlare di princìpi generali e di interessi comuni; ognun sa che finora la massa delle nazioni rimane o nella ignoranza o nella indifferenza e talvolta nella avversione di questi princìpi. Talvolta però vi partecipa. Ho detto poi la pluralità degli altri perché in ogni secolo vi sono proteste e riclami di alcuni contro lo spirito predominante, proteste che possono venire o da ostinazione di pregiudizi o d'interessi contro la verità, o da tranquilla e indipendente ragione che rigetti opinioni false e fanatiche [1]. Mi sembra necessario fare questa distinzione perché la parola spirito del secolo è adoperata indifferentemente e quando si tratti di quasi tutta Europa, o di una nazione, o di una gran parte di essa, o di alcune classe di varie nazioni, concordi fra di loro, e discordi ognuna dagli altri suoi nazionali, o d'una setta nazionale. Ora in tutte queste società diverse può entrare l'errore, ed esservi sostenuto come un principio. Chi lo nega? mi si dirà: nessuno lo nega, ma non basta riconoscere la massima, bisogna ricordarsene al momento di applicarla, nel tempo in cui la adesione universale ad una opinione, o la franchezza di alcuni in sostenerla, diventa senza che ce ne accorgiamo il principale o l'unico argomento per farcela ricevere. L'errore è spesso opposto all'errore, e non è raro di vedere gli uomini di una età, predicando una massima falsa, deplorare la cecità dei loro avi che tenevano l'altro estremo, enumerare le circostanze per cui essi poterono ingannarsi così grossolanamente, e non vedere ch'essi sono da circostanze simili tratti e tenuti nell'inganno contrario. Chi nei tempi chiamati i bei tempi della repubblica romana avesse detto che la guerra fatta per comandare ad altri popoli è una crudele pazzia, come sarebbe stato udito? Chi avesse detto agli Spartani: gl'Iloti hanno gli stessi diritti alla libertà ed alle leggi che avete voi; l'esser vinto o figlio di un vinto non gli toglie; il fine della società non può essere altro che procurare a tutti gli stessi vantaggi; la parola giustizia non ha senso se non si applica a tutti gli uomini; quando voi ubbriacate gli schiavi

II. [1] Il senso del ragionamento manzoniano è il seguente: atteso che la religione non può non essere in contrasto col secolo, non è però da confondere la sua opposizione con altre opposizioni di diverso genere, che possono anche essere false e superstiziose.

per far abborrire l'intemperanza ai vostri figli, l'azione vostra è di assai più brutto esempio che non quella di cui volete ispirar loro il disprezzo, perché pervertire gli uomini a disegno è cosa più vile che l'ubbriacarsi; chi avesse parlato così sarebbe stato stimato degno di risposta? E se alla metà del secolo decimosettimo in Francia fossero state proposte quelle opinioni che ora vi sono quasi universalmente proclamate, sarebbero state accolte non come rivelazioni imprudenti di verità ardite, ma come paradossi volgari, come sogni di intelletto ineducato, progetti appena buoni per una società di mercanti. E se un secolo ha avuto un'alta e ferma idea della eccellenza del suo spirito, è quello sicuramente. Queste idee predominanti in un'epoca si chiamano di *moda*[2], vocabolo che dovrebbe per sé renderle sospette, perché significa: essere determinato a seguire un sentimento o un uso dall'autorità, escluso l'esame. Quando alcuna di esse si trova contraria alla religione, la tentazione è forte per molti: a pochi è dato di volere e potere uscire, per dir così, dall'atmosfera generale delle idee, e trasportarsi in un campo più tranquillo e sereno, per consultare più la ragione propria che le mille voci concordi su un oggetto, e pesare quello che quasi tutti gli altri affermano. Due classi di persone schivano questa tentazione o la superano: quelli cioè che senza molta coltura, con un cuore illuminato dalla fede sono fermi in essa, e diffidando di sé stessi, temono ogni pensiero che possa esser contrario a ciò che essi sentono essere principalmente e incontrastabilmente vero; e quelli che accoppiando all'amore per la legge divina la ragionata ammirazione di essa, che conoscendo l'immutabilità delle verità rivelate e la mutabilità dei cervelli umani, considerano attentamente queste opinioni opposte alla religione, finché trovino dove sta l'errore di esse. I primi talvolta si tengono per una certa timidità in una ignoranza utile perché esclude le idee false come le vere: talvolta rigettano fatti certi e dottrine fondate perché, veggendo che da esse si derivano conseguenze irreligiose, le stimano false, mentre l'errore non è che nelle conseguenze. Rigettando il vero e il falso, essi cadono nell'errore opposto dei loro avversari, che ricevono l'uno e l'altro, ma l'errore di quelli è di poca importanza perché non è contro le verità essenziali: è una applicazione mal fatta della regola certa di prescrizione, ma l'effetto di escludere gli errori in fatto di fede essi l'ottengono. Intendo che l'errore è di poca importanza nei privati

---

[2] Interessante il giudizio negativo che il Manzoni dà del termine *moda*. È da rilevare che il Rosmini, nella *Psicologia*, fu meno rigoroso.

che tacciono, non già in coloro che possono influire sulle idee o sulla manifestazione delle idee altrui: questi sono obbligati a studiare, e ad ascoltare.

Una di queste opinioni predominanti e contrarie alla religione fu quella tanto in voga per tutta almeno la metà del secolo scorso, sul celibato lodato e comandato dalla Chiesa. L'aumento della popolazione era tenuto come un indizio e una cagione così certa e così universale di prosperità, che tutto ciò che tendeva a limitarlo in qualche parte era considerato cosa dannosa, improvvida e barbara; e questi caratteri si davano per conseguenza al consiglio ed alla legge della Chiesa. Ben è vero che alcuni scrittori e singolarmente Giammaria Ortes[3] si opposero alla esagerazione di questo principio, ma le opere di questo autore erano in pochissime mani, nelle altre l'argomento non era trattato compiutamente. Di più, ai tratti sparsi qua e là in favore d'una opinione conforme alla religione, se venivano da uomini noti per pensare cristiano non si dava generalmente retta, si consideravano come pregiudizi della loro professione; se venivano da uomini che avessero riputazione di filosofi, si supponevano sacrifici fatti per politica alla opinione dominante nel popolo. A parte, adunque, qualche eccezione, si può dire che il sentimento di una classe d'uomini riputatissimi aveva portata l'esagerazione fino a sostenere che la popolazione non poteva essere mai eccessiva, e che il celibato era sempre antisociale, quasi un delitto. Che san Paolo avesse lodata la verginità, che la Chiesa dai primi tempi avesse interdette le nozze ai suoi ministri, si attribuiva al non avere essa saputo indovinare il perfezionamento delle idee in questo proposito, ad un sistema temporario e locale, anzi da questa sua istituzione si cavava argomento della falsità della religione. Questa opinione cominciava ad essere predicata con manco ardore, come suole accadere, quando finalmente un economista inglese, il Dr. Malthus[4], trattò la questione a fondo, e con un ampio corredo di fatti e di osservazioni. E contro le grida di tanti scrit-

---

[3] Giammaria Ortes (1713-1790), economista veneziano. La sua opera presenta molte affinità con quella degli economisti inglesi contemporanei (Stewart, Malthus). Criticò il mercantilismo e fu fautore del libero scambio. Le sue opere maggiori sono: *Dell'economia nazionale* e *Riflessioni sulla popolazione delle nazioni per rapporto all'economia nazionale*.

[4] Thomas Robert Malthus (1766-1834), economista inglese. Pastore anglicano, fu influenzato dall'opera di Smith, Hume, Wallace, e pubblicò nel 1798 il *Saggio sul principio della popolazione*, nel quale sosteneva che, senza eventi funesti o ritegno morale, la popolazione tende ad aumentare in modo maggiore che non le sussistenze.

tori egli poté stabilire alcuni princìpi tanto evidenti che all'udirli si vede che la sola tradizione continua e persistente di una dottrina fanatica aveva potuto farli dimenticare: che la popolazione potrebbe crescere indefinitamente, ma non le sussistenze necessarie a conservarla; che quando l'equilibrio fra queste e quella sia tolto è forza che si ristabilisca; che i mezzi infallibili con che l'equilibrio si ristabilisce sono sempre grandi e violenti mali; che è utile e saggio il prevenire la necessità di questi mezzi; che non v'è altro modo di prevenirli che mantenere più che si può l'equilibrio: ma come mantenerlo fra una potenza indefinita, ed una molto circoscritta? determinando quella a non spiegarsi tutta, a proporzionarsi all'altra che le è necessaria. Fra i mezzi leciti ed utili e ragionevoli, pare che il celibato dovrebb'essere uno de' più conducenti a questo scopo: l'Autore non si serve di questo vocabolo condannato presso i suoi, ma lo definisce e vi applica un'altra denominazione: *Parmi les obstacles privatifs, l'abstinence du mariage jointe a la chasteté est ce que j'appelle contrainte morale* (Tom. I, pag. 21, Trad. de Mr. Prévost). Il che è appuntino il celibato lodato dalla Chiesa, e proposto a quelli che sentono di esservi chiamati: senonché, oltre le ragioni di prudenza e di ragionevolezza e di dignità morale addotte da quel profondo ed accurato scrittore, la Chiesa vi include quelle di un particolare perfezionamento di sacrifizio delle inclinazioni proprie, di staccatezza dagli oggetti terreni, idee che essa associa a tutti i suoi consigli, perché non può mai dimenticare in ogni sua istituzione quello che ha proposto ai suoi figli come fondamento di esse: che sono veri beni quelli soli che conducono ai beni eterni.

L'opinione che il celibato, con qualunque limite e restrizione, sia una istituzione antisociale e sempre dannosa, opinione alla quale è stato dato l'ultimo colpo nel nuovo Prospetto delle Scienze Economiche, è ora, a quello ch'io stimo, quasi del tutto abbandonata. Intanto quanti uomini hanno portata nel sepolcro la persuasione che la morale cattolica era viziosa e falsa perché lodava il celibato [5]!

---

[5] Tutto il ragionamento è di enorme rilevanza alla luce di tutto ciò che oggi si chiama ecologia. Ed è importante notare come l'opinione del Manzoni differisca da quella ufficiale oggi (1976) nella Chiesa. È anche importante però notare come egli suggerisca, per il controllo demografico, soltanto due mezzi, che sono il celibato e l'astinenza. In realtà il Manzoni, lodando le virtù promosse dalla religione cristiana, osserva che esse hanno anche risultati correlativamente buoni sul piano mondano, contro quanto talora la scienza ufficiale mondana vorrebbe affermare.

Quegli i quali hanno considerate le vicende delle opinioni umane troveranno altri esempi di questa fede prestata a cose riconosciute false dappoi; quegli che hanno fatto studi nelle scienze fisiche, ne troveranno in esse, poiché da esse in tutti i tempi si son cavate obbiezioni contro la fede. Una di esse è ricordata da quel Pascal che fu tanto incontrastabilmente un grand'uomo che nessuno di quelli che combatteranno le sue idee profferì il suo nome senza ammirazione: *Combien les lunettes nous ont découvert d'astres, qui n'étoient point pour nos philosophes d'auparavant. On attaquoit hardiment l'Écriture sur ce qu'on y trouve en tant d'endroits du grand nombre des étoiles: il n'y en a que mille vingt-deux, disait-on; nous le savons* (Pascal, *Pens. Chrét.*, pag. 59). Se in questi casi la Chiesa avesse, per una supposizione impossibile, ceduto alle grida ed alla autorità di tanti uomini colti, se avesse confessato di non aver tutto preveduto quando accettò i consigli di un Maestro infallibile, se si fosse ritrattata, questa generazione presente non avrebbe ogni ragione di tacciarla di servilità, di precipitazione e di incostanza? Ma questi rimproveri non potranno toccarla mai: ella è paziente perché le è promesso che nulla sulla terra le sopravviverà; ella lascia scorrere le opinioni, sicura che tutte quelle che le sono contrarie svaniranno; e noi che passiamo sulla terra, noi che esaminando noi stessi troviamo nei nostri pensieri stessi tanta successione di certezza e di disinganno, abbandoneremo noi quella guida che non ha mai ingannato nessuno? e [potendo nelle cose essenziali avere il giudizio certo di tutti i secoli] vorremo farci così schiavi del nostro da non riflettere ch'esso ci travia ogni qual volta si allontana da quella società, con cui Cristo starà fino alla consumazione di tutti?

II. « Nelle opinioni d'un secolo vi può essere del vero e del falso: esso può cavare conseguenze storte da princìpi retti, o stabilire princìpi storti per dedurne conseguenze che sono verità, e che verrebbero logicamente da altri princìpi che esso non vuol riconoscere per qualche prevenzione. In questo caso la religione si opporrà alla parte falsa e sarà d'accordo colla vera. »

Ora il mondo generalmente non si appaga di queste concessioni parziali. L'uomo è sistematico per natura: egli tiene al complesso delle sue opinioni più che ad ognuna di esse in particolare, ed ama meno la verità particolare che crede vedere in ciascuna di esse, che il risultato di tutte, che risguarda particolarmente come l'opera della sua riflessione. Per conseguenza di questa disposizione egli sarà avverso ad ogni potenza intellettuale che pretenda far distinzioni in queste sue opinioni, e preferirà di difenderle tutte, combattendola come parte avversaria, che riceverne la sentenza come da giudice. L'imparzialità stessa di chi sceglie fra le nostre opinioni facendo le parti del vero e del falso, la ponderatezza, la superiorità di ragione che questo suppone, ripugna al nostro senso, e ci determina talvolta a sostenerle tutte piuttosto che a ricevere un nuovo giudizio da un'altra autorità. Perché questo è un riconoscer che noi abbiamo comparate ed osservate molte idee senza far poi un giusto discernimento fra esse. Quando invece noi vogliamo supporre che quella autorità ci sia in tutto avversa, abbiamo il vantaggio di difendere contro essa anche la parte vera delle nostre opinioni, e si rigetta sovra di essa confusamente l'accusa di opposizione a verità incontrastabili. Questa avversione alle distinzioni si mostra sempre in quelli che tengono opinioni esagerate e sistematiche: si vede talvolta le due parti opposte manifestare una certa stima l'una dell'altra: ognuno loda dell'avversario ben pronunziato la fermezza, la congruenza ai suoi princìpi, l'ostinazione stessa: loda insomma quella parte in cui gli somiglia. Quegli invece che si frappone e dice: tu hai ragione in questo e tu in quello, e avete ambedue torto in altre cose, quegli è maltrattato dall'uno e dall'altro; e può esser contento, se non ne riporta altro titolo che di visionario e di fanatico.

Questa è una delle ragioni, a mio credere, per le quali siamo così pronti a credere una serie di idee tutte contrarie allo spirito di religione, mentre converrebbe ad una paragonarle con essa. Eppure come questa mescolanza di vero e di falso può facilmente esistere in tutte le idee degli uomini, facilmente si trova poi anche nel complesso di quelle che formano ciò che si chiama lo spirito di un secolo, perché facilmente appunto vi entra quello spirito che la Chiesa ha sempre condannato, perché si oppone al Vangelo.

Ma si dirà: quand'anche si venga alla discussione parziale di ogni opinione, non si concorderà però per questo: perché alcune di esse saranno false secondo il Vangelo, e il mondo le riterrà per vere, cosicché l'opposizione si troverà essere reale. Certamente essa esisterà sempre poiché il mondo non vuole riconoscere la bellezza e la verità di tutto il sistema di morale cristiana. Ma questa distinzione produrrà il vantaggio di mostrare chiaramente i veri punti di opposizione, ed allora ogni intelletto sincero potrà scegliere. Si vedrà allora per quali massime la religione condanni una tal cosa, come queste massime sieno riconosciute, in tanti altri casi, incontrastabili ed ammirabili dal mondo stesso, come esse sieno legate con tutto il suo sistema, come non si possa negarne l'applicazione senza distruggere altre verità riconosciute dal mondo. Si vedrà che quello che nello spirito d'un secolo la religione chiama falso, lo ha chiamato falso sempre, e che il secolo stesso lo ha riconosciuto falso in altri, perché non avea gli stessi pregiudizi. Si vedrà che la opposizione della Chiesa non nasce dal non aver essa prevedute certe massime, o dall'essere essa troppo semplice, o poco filosofica per adottarle, ma che ad ognuno di questi princìpi che essa condanna, contrappone sempre un principio più alto, più perfetto, più eroico, più universale, più liberale. Il mondo non converrà colla Chiesa nel discernimento fra i suoi sentimenti, ma si vedrà perché non voglia convenire. Questo è quello che desidera la Chiesa, la quale, avendo la verità con sé, non ha bisogno d'altro che di essere ben conosciuta.

Sarebbe argomento contenzioso e complicatissimo l'osservare lo spirito dei nostri tempi con questa intenzione di discernere quello che concordi colla religione e quello che vi si opponga; facciamo brevemente questo discernimento in uno spirito che ha durato a lungo, si è diffuso in moltissime parti, e ha portata al più alto punto la persuasione della esclusiva eccellenza e ragionevolezza propria: lo spirito cavalleresco. Lasciamo da parte la questione se esso sia mai stato realmente applicato alla condotta reale della vita, o se (come a ragione, a parer mio, afferma il Sig. Simonde) la cavalleria pratica, per dir così, sia una invenzione quasi assolutamente poetica, un nuovo secol d'oro che ogni età ha supposto in un'altra età più antica (*Littérature du Midi*, Tom. I, Cap. III, pag. 90). Lo spirito, nel senso di cui ora si parla, deve risultare non dalle azioni, ma dalle massime di un'epoca, perché questo spirito teorico e precettivo è appunto quello che si contrappone alla religione. Ora egli è vero che nel medio evo è stata generalmente ricevuta una serie di massime che si può chiamare spirito cavalleresco; e questo spirito si trova nelle istituzioni, nei giuramenti dei cavalieri, quando erano adottati, nelle ragioni della lode e del biasimo dato alle azioni contemporanee, e nelle ragioni con cui si giudicavano le azioni storiche nei caratteri veri o finti degli uomini proposti come esemplari, nelle adulazioni fatte ai potenti inventando fatti o interpretandoli secondo le intenzioni generalmente supposte lodevoli, nella adulazione dei potenti stessi all'opinione generale, nel professare i princìpi di questa opinione e nell'ostentare o fingere nelle loro opere una conformità a questi princìpi. È cosa universalmente ricevuta che fra i princìpi del medio evo erano questi dei principali: sommissione e venerazione alla Fede Cristiana, fedeltà nel mantenere la parola data, rispetto alle donne, protezione dei pupilli e delle vedove e dei deboli in generale contra la forza ingiusta, amore della gloria e delle distinzioni, l'onore riposto nel vendicare le ingiurie, e la infamia nel sopportarle pazientemente, onore esclusivo della professione delle armi, bassezza di quasi tutte le altre, e specialmente della agricoltura e del commercio, dignità dei nobili nel sentire e mantenere la loro superiorità sugli ignobili chiamati villani, viltà nel rinunciare ad essa e confondersi con loro, viltà nel dipendere dalle leggi, e nel riconoscere altra autorità che de' suoi pari. È manifesto che questo spirito si compone di sentimenti e di idee in parte conformi, in parte avverse alla dottrina evangelica. L'uomo che a quei tempi parlava contra il Vangelo era considerato non solo un empio, ma un vile, e (contraddizione singolare!) l'uomo che coll'autorità del Vangelo tanto riconosciuta condannava certe massime ricevute, era pure un vile e un dappoco. È facile però il vedere da che più alti princìpi venga la pazienza e il perdono comandato dal Vangelo, che non la vendetta voluta dallo spirito cavalleresco. Poiché secondo il Vangelo, e la ragione non può disdirlo, l'onore [6] non consiste nella opinione altrui, ma nei sentimenti e nelle azioni proprie, la distruzione di chi ha voluto torre l'onore ad uno non cambia in nulla le cose reali per cui questi è degno o non degno di onore; è disposizione nobile, ragionevole ed energica il vincere l'orgoglio, e l'ira: il giudizio falso contra di noi non è un male, la forza e le armi non sono un paragone del vero. È ingiusto il farsi giudice in causa propria, e le leggi sono appunto necessarie perché escludono il sentimento particolare dell'offesa dalla retribuzione. Questi ed altri princìpi eterni della religione contra l'esagerazione del sentimento dell'onore dei secoli bassi sono più universali e più belli certo di quelli su cui era fondato il pregiudizio, e per una conseguenza della loro verità sono eminentemente utili anche alla società. Se quel codice di onore si fosse per-

---

[6] È questa la parola per la quale Manzoni, cattolico « liberale » (almeno questa volta), condanna la commistione di sacro e profano nell'etica cavalleresca. E ci si ricorda del punto d'onore, sia pur secentisticamente degenerato, nei *Promessi Sposi*. Analoghi sono i ragionamenti, svolti altrove dal Manzoni, contro la guerra: è questa la linea netta che lo separa dai reazionari e dai legittimisti.

petuato, se si fosse spinto ed applicato in tutte le sue conseguenze, non vi dovrebbero essere né tribunali, né leggi, né civilizzazione di sorta. Gli altri pregiudizi sulla diseguaglianza, sulla sommissione all'ordine sociale, non hanno nemmeno bisogno di essere confutati, gli interessi e le passioni del maggior numero hanno aiutata la ragione a sentirne il falso.

Ognuno può con ponderazione e spassionatezza fare questa disamina dello spirito di altri secoli, e trovati i punti di opposizione, cercare i princìpi su cui è fondata l'una e l'altra dottrina, e scegliere.

Per quanto una opinione sia vera, vi avrà sempre chi non la vorrà riconoscere o per ostinazione o per interesse. Quelli che sono persuasi di essa si sentono portati al disprezzo, all'odio, al furore contro gl'impugnatori; e siccome noi abbiamo sempre bisogno d'un bel principio per giustificare le nostre passioni, questi sentimenti si considerano come conseguenze dell'amore di verità; ricercando però quello che la religione prescrive, troviamo che il precetto di conservare la carità non ammette eccezioni: sopprimere i ribollimenti del disprezzo, contenersi dal mostrare nelle parole il sentimento profondo che abbiamo della dappocaggine di chi dissente da noi, cercare di persuaderli con pazienza e con fermezza, ed amarli, quando anche si disperi di farlo, sono prescrizioni che sembrano tanto amare al senso corrotto, che si spezzano piuttosto tutte le tavole della legge che riconoscer questa. Eppure quando la consideriamo in astratto, non possiamo a meno di non confessarla bella e sapiente, e sola conforme alla debolezza dei nostri giudizi; perché anche chi si inganna, si fonda sulla persuasione propria, e se non si ammette una regola comune di condotta per chi s'inganna e per chi ha ragione, se è lecito rompere la carità a chi sostiene il vero, chi avrà più carità, se tutti credono di sostenerlo? E noi stessi, quando gli avversari nostri ci lasciano contro noi trasportare alla passione, ne facciamo loro rimprovero, e ricordiamo loro che la verità è tranquilla, e pretendiamo che si sottopongano a quel giogo, che diciamo insopportabile quando ci si voglia porre sulle nostre spalle.

Un'altra parte di falso che le passioni mischiano a sistemi veri per sé, per cui gli fanno trovare in opposizione colla religione, è la ammirazione eccessiva, gli affetti troppo estesi, il principio per cui si pretende dover questi sistemi essere abbracciati. Noi siamo tanto desiderosi della felicità e tanto avversi alla via che il Vangelo ci segna per giungervi, che preferiamo di figurarcela ora in una, ora in un'altra cosa creata; l'illusione non dura, è vero, ma è però sovente piena. Quando siamo presi dalla bellezza di una idea, quando l'entusiasmo degli altri accresce, e giustifica il nostro, quando gli sforzi per realizzarla cominciano a dare probabilità di felice successo, allora tutto ciò che non seconda la pienezza ed universalità di questo nostro amore ci sembra meschino, ci spiace, lo allontaniamo da noi, lo escludiamo dai nostri pensieri. Ora la religione ha posti certi termini inamovibili, contro cui vanno ad urtare queste passioni che non si vogliono contenere fra quelli. L'affetto a qualunque cosa temporale, come a fine, è proscritto dal Vangelo. Chi lo ha dato agli uomini ha pensato a tutti i secoli, ha preveduto ogni entusiasmo ed ogni disinganno, sapeva che nulla ci può render felici in questa terra, e ce ne ha ammoniti sempre. Tutto ciò che non è preparazione alla vita futura, tutto ciò che ci può far dimenticare che siamo in cammino, tutto ciò che prendiamo per dimora stabile, è vanità ed errore. La religione introduce in ogni giudizio nostro intorno alle cose temporali l'idea della instabilità, della sproporzione coi nostri desideri, e col nostro fine, della necessità di abbandonarle, e questa idea appunto noi vorremmo escludere da quelle che ci rapiscono. Questo è uno dei motivi per cui nelle grandi commozioni la religione è più dimenticata e più contraddetta per lo più che nei tempi ordinari. Eppure quelle cose stesse si rivolgono sempre in modo, che col tempo noi la ricaviamo da quelle cose medesime, essa diventa come un riposo dopo le agitazioni: la religione non vuole che condurci alla saviezza e alla moderazione senza dolori inutili, che portarci per tranquilla riflessione a quella ragionevolezza a cui giungeremmo per la stanchezza e per una specie di disperazione [7]. E si noti che l'amore a certe verità diretto dalla religione è non solo più moderato, ma più costante, anzi per così dire immutabile, in quanto è attaccato ad un principio immutabile.

È stato molto e bene parlato dei pessimi effetti delle passioni nei grandi avvenimenti politici, ma uno non è stato,

---

[7] Profonda osservazione morale, nella quale è reso esplicito che la religione attende l'uomo nel momento in cui la tregua o la disfatta mondana potrebbero portarlo a una ragionevolezza che è lecito definire scettica perché ispirata da « stanchezza o per una specie di disperazione ». La religione cambia di segno a questi momenti, e tutta l'opera creativa del Manzoni è lì per testimoniarlo.

ch'io creda, osservato. Gli uomini che abbracciano un sistema per passione veggiono in quello una bellezza e una perfezione al di là del vero, e se ne promettono effetti esagerati ed impossibili. Questo stato di mente non può durare, e, oltre la mutabilità naturale dell'uomo, i fatti stessi tendono a cambiarlo, succedendo sempre o minori d'assai, o contrari alla aspettazione. Accade quindi pur troppo sovente che si passi da questo eccesso a quello di spregiare tutto quello che si era troppo idolatrato, e che dall'errore dell'entusiasmo si passi ad un altro meno nobile, che si creda disinganno, e perfezione di ragione. In questo caso le passioni sono dannose e nella loro veemenza, e nel raffreddamento medesimo. È facile veder questo effetto nel più grande avvenimento dei nostri giorni, la rivoluzione francese.

Se all'incontro la religione moderasse sempre la tendenza nostra verso qualunque idea, non si andrebbe fino a quel punto ove è impossibile dimorare, e dal quale è troppo difficile ritrocedere soltanto fino alla verità. Né hanno mancato ai nostri giorni esempi di questo genere: uomini i quali non hanno voluto subordinare l'eternità al tempo, né supporre mai che vi potessero essere né epoche né cose alle quali non si potesse applicare la regola infallibile del Vangelo. Alcuni di essi vissero abbastanza per veder cadere gli eccessi che avevano combattuti, per vedere stabiliti in fatto e in massima gli eccessi contrari, e per essere tacciati di caparbietà e di esagerazione, come lo erano stati di corte vedute e di pusillanimità.

Si appongono spesso alla religione, da coloro che non l'amano, princìpi e conseguenze che essa non tiene. Non si è detto tante volte che la religione consiglia ed ama l'ignoranza! *Sicut blasphemamur et sicut aiunt quidam nos dicere* (ad Rom. III. 8). Che comanda di credere a ciò che sentiamo contrario alla ragione! Supposti questi princìpi alla religione, non era difficile provare che essa era in opposizione col senso comune, e con quello che lo spirito di ogni secolo ha di ragionevole. Ma basta aprire il Vangelo per vedere come queste ed altre simili supposizioni sieno espressamente contrarie a tutta la rivelazione.

Alcuni finalmente di quelli che onorano e difendono la religione cadono nello stesso errore di attribuirle o per ignoranza o per fini particolari massime che essa non ha, la pongono così in opposizione collo spirito di un secolo in punti dove questa opposizione non esiste [8].

Se noi ci fondiamo su queste autorità per disistimare la religione abbiamo certamente il torto. Poiché a che serve il declamare contro la credulità, predicare l'esame, se in un punto di tanta importanza ce ne rimettiamo poi alla asserzione di persone il giudizio delle quali vale sì poco presso di noi in altri argomenti? Non sarebbe questo il caso di esaminare? Certo la religione ha molte massime che sembrano meschine al mondo, perciò ella è detta follia, ma basta considerarle per iscorgervi la più profonda sapienza, per vedere che non sono follia al senso corrotto dell'uomo se non perché vengono da un punto di perfezione al quale egli non può solo salire nello stato suo di decadimento.

Il vero punto di discernimento è che le massime evangeliche non sono follia che supponendo tutto finito nella vita mortale. Questo stesso senso però non può a meno di non provare una certa ammirazione per esse. Ma quando si ode proporre una massima veramente *picciola* e falsa come derivata dalla religione; prima di credere che essa ne venga, bisogna ricordarsi che serie di uomini grandi ha impiegata la contemplazione di tutta la vita a considerare e ad ammirare la religione di Cristo; e come dallo studio di essa ricavarono motivi per trovarla sempre più grande e ragionevole. Non già che l'autorità di essi ci debba portare a crederla tale senza conoscerla, ma deve farci diffidare di tutto ciò che la rappresenta come meschina e bassa, deve portarci ad esaminarla da noi come facevano essi.

Se però la pietra d'inciampo posta in sulla via non iscusa colui che cadde, perché poteva o schifarla o gettarla dal suo cammino, non si deve lasciare di osservare quanto gran male sia il porre pietre d'inciampo. Ora questo fanno, forse senza avvedersene, forse credendo invece far bene, molti che nello spirito di un secolo pretendono condannare, con argomenti religiosi, opinioni non solo innocenti, ma ragionevoli, ma generose, opinioni le opposte delle quali sono talvolta assurde. Dal che, mi sembra che ai nostri giorni sia necessario guardarsi più che non sia stato mai, giacché, non giova dissimularlo, il più comune rimprovero che si fa oggidì alla religione si è che essa conduca a sentimenti bassi, volgari. Gli oppugnatori di essa parlano come se la filosofia mondana fosse salita ad una sfera di pensieri più elevata, più pura, più cele-

---

[8] Vedi per ciò il II capitolo e quanto detto in nota.

ste che non quella a cui il Vangelo ha portata la mente umana [9]. Ah! quanto questo inganno è più grande e più pericoloso, tanto più deve essere lo studio per non dare alcun pretesto ad alcuno per cadervi.

I partiti in minorità non avendo la forza ricorrono alla giustizia, e questo è avvenuto spesso ai filosofi: essi hanno dette verità utili ed importanti: e sono stati male avvisati quelli che hanno voluto tutto confutare. Conveniva separare il vero dal falso; e se il vero era stato tacciuto, conveniva confessarlo e subire l'umiliazione di averlo tacciuto: non rigettare le verità per confutare. Quando il mondo ha riconosciuta una idea vera e magnanima, lungi dal contrastargliela, bisogna rivendicarla al Vangelo, mostrare che essa vi si trova, ricordargli che se avesse ascoltato il Vangelo, l'avrebbe riconosciuta dal giorno in cui esso fu promulgato. « Poiché tutto quello che è vero, tutto quello che è puro, tutto quello che è giusto, tutto quello che è santo, tutto quello che rende amabili, tutto quello che fa buon nome, se qualche virtù, se qualche lode di disciplina, tutto è in quel libro divino » (Paolo ai Filippensi, C. IV, 8).

Bisogna mostrare al mondo che anzi quello che la religione può condannare in quelle idee è tutto ciò che non è abbastanza ragionevole, né abbastanza universale, né abbastanza disinteressato. Se il mondo vuol pur sempre rigettare la dottrina di Gesù Cristo, la rigetti come follia, ma non mai come bassezza. La follia che consiste nel disprezzare le cose temporali di cui gli uomini sono più bramosi, nel sacrificare l'utile al vero, nell'affrontare i dolori e gli spregi per esso, è la follia dei martiri e dei padri, è il patrimonio eterno della Chiesa, e nessun cristiano deve soffrir mai che nemmeno per un momento il mondo possa vantarsi di avergliela rapita.

Ma, odo rispondere, si dovrà forse adottare ogni sentimento fanatico ed esaltato che sia in voga, si dovrà correre dietro ad ogni idea profana che il mondo inventi, e metta in adorazione?

Dio liberi. Ma mi sia lecito di fare osservare a molti uomini di rettissime intenzioni, che i pregiudizi sono pure profani perché non vengono dalla verità, che esaminando le loro opinioni, essi ne troveranno molte che non vengono che da abitudine, forse da interesse, e da princìpi affatto estranei

---

[9] Chi sono questi *oppugnatori*? Gli idealisti, i romantici (soprattutto tedeschi), i fautori della morale autonoma kantiana, i protestanti liberali, gli uomini come il Sismondi.

al Vangelo, e che si sostengono come conseguenze di esso; e che nessuna idea morale è straniera al Vangelo: ogni verità morale è di sua natura una verità religiosa. La noncuranza stessa e l'ignoranza dello spirito del secolo da parte di tutti quelli che nella Chiesa sono destinati ad insegnare, sarebbe di gravissimo nocumento. Non già che essi debbano essere diretti da quello, ma dovrebbero anzi dirigerlo, raddrizzarlo, e dove sia duopo confutarlo con cognizione di causa, e con superiorità di ragione, non condannarlo in monte, né abbandonarlo a sé stesso, giacché in questo secondo caso essi lasciano il bell'uficio di maestri a cui sono destinati, e nel primo mostrandosi o parziali, o non informati, perdono l'autorità indispensabile per essere ascoltati e persuadere.

Mi sembra che molti apologisti della religione nel secolo scorso sieno caduti nell'inconveniente di confutar tutto. I partiti che sono in minorità, non avendo la forza, invocano la giustizia, ed è quasi impossibile che da essi non vengano idee utili e generose. Gli scrittori francesi del secolo scorso che si chiamarono filosofi scrissero cose irreligiose superficiali e false, e cose utili vere e nuove. Alcune idee di Voltaire sull'amministrazione, alcuni princìpi di alta politica di Montesquieu, alcuni metodi di educazione e soprattutto alcune censure delle massime correnti sull'educazione in Rousseau, sono di tale evidenza che hanno trionfato di ogni opposizione, e bisogna render loro giustizia, ma questa giustizia sarebbe stato bello che fosse stata loro resa immediatamente, e da quelli che confutavano il falso de' loro scritti [10].

Rousseau, parlando nelle sue confessioni della risposta ch'egli fece al libro del re Stanislao contro il celebre *Discorso sulle Lettere*, si vanta di aver saputo nella critica del re distinguere i passi che erano scritti da lui, e quelli che appartenevano al P. de Ménou gesuita che aveva aiutato il re nel lavoro, e di aver fatto man bassa sulle frasi che gli parvero essere del P. Ménou: *tombant sans ménagement sur toutes les phrases jésuitiques, je relevai chemin faisant un anachronisme que je crus ne pouvoir venir que du révérend.* Gli apologisti dovevano porre ogni studio a fare un discernimento più

---

[10] Son ben lontano dall'apporre questa mancanza a tutti i difensori della religione. E in particolare questa imparzialità e gentilezza è da lodarsi nell'ingegnoso, dotto e zelante Guénée autore del libro immortale che ha per titolo: *Lettres de quelques Juifs Portugais* etc. *à M. de Voltaire* [*N.d.A.*]. È l'atteggiamento ambivalente del Manzoni nei confronti dell'illuminismo: pronto a riconoscerne il buono sul piano pratico, soprattutto; pronto a confutarne i princìpi e le conclusioni, quando esse siano antireligiose e antimetafisiche.

importante e più generoso nelle opere dei filosofi, separare cioè diligentemente il vero dal falso, e *tombant sans ménagement* su questo, rendere al vero gli omaggi che gli son sempre dovuti. Era un dovere di giustizia e di riconoscenza, ed era anche un mezzo per mostrare che l'imparzialità e la gentilezza e l'amore della verità sono naturalmente uniti alla religione. Si sarebbe veduto allora che non era [lo spirito di] partito che moveva a combattere l'errore; e le verità riconosciute in quelli scrittori non darebbero autorità ai loro concetti in fatto di religione.

Un'altra attenzione era pur necessaria, e non si è sempre usata, a quel che mi pare, ed era l'estrema delicatezza che si doveva porre in opera riguardo alle persone. La religione ebbe per una gran parte del secolo XVIII la forza con sé: gli oppositori posero quindi in opera ogni astuzia per attaccarla senza esporsi a rischio di persecuzioni: quindi il rispetto espresso per la fede in otto o dieci frasi di libri tutti destinati a combatterla, quindi il modo indiretto di stabilire massime anti-evangeliche senza nominare il Vangelo, protestando sempre di stare entro i limiti di una filosofia umana. Il veleno era nascosto in quei libri, mostrarlo era mettersi a rischio di fare il delatore, si dovea quindi usare una gran diligenza, una nobile astuzia per illuminare i fedeli, per impedire il trionfo dell'errore senza manifestare la malizia dell'errante. Ma pur troppo l'effetto della forza è tanto contagioso, che è troppo difficile che l'uomo, che può ricorrere ad essa per atterrire il suo avversario, non se ne valga. Questa attenzione era tanto più necessaria che lo stato di depressione in cui talvolta si trovarono i nemici della religione e la potenza dei suoi difensori era una tentazione per gli animi gentili a valutar più gli argomenti di quelli, e a chiudere gli orecchi alle difese. Quando Monsig. di Beaumont, Arcivescovo di Parigi, Duca di Saint Cloud, Pari di Francia, Commendatore dell'Ordine dello Spirito Santo, ecc., pubblicava una Pastorale contro G.G. Rousseau cittadino di Ginevra, povero, infermo, fuggitivo e proscritto, che effetto non dovevano fare nell'opinione pubblica i riclami non solo, ma gli argomenti di quest'ultimo, quali si fossero! M'ingannerò, ma credo che quando la religione fu spogliata in Francia dello splendore esterno, quando non ebbe altra forza che quella di Gesù Cristo, poté parlar più alto, e fu più ascoltata [11]; e almeno

---

[11] È l'opinione che porterà poi il Manzoni ad approvare la soppressione del potere temporale dei papi.

coloro che sono disposti a pigliare le parti degli oppressi, ebbero contro di essa un pregiudizio di meno: il linguaggio de' suoi difensori ebbe tosto i caratteri gloriosi di quei primi che la professarono, quando il confessarla non portava che l'obbrobrio della croce.

Mi sembra che tre classi d'uomini abbiano (benché con gran differenza) avuto il torto e fatto danno alle idee della religione: 1° Quelli che unirono cose diverse; 2° Quelli che attaccarono tutto il complesso; 3° Quegli che sostennero e lodarono tutto. Scrittori ai quali non si può negare l'ingegno senza sciocchezza, né la retta intenzione senza calunnia, hanno giustificate, vantate, considerate come effetto di sapienza profonda cose che venivano da corruttela e da cattiva amministrazione, hanno riproposte cose di tempi andati che a quei tempi erano detestate pubblicamente come abusi da uomini venerati allora, venerati adesso, e venerabili sempre [12].

Benché sia facile l'intendere che gli esempi renderebbero più interessante, ed ecciterebbero l'attenzione, molte ragioni ci obbligano ad astenerci dal moltiplicarli. Non si deve sempre pretendere che uno dica molto, basta che non dica nulla di cui non sia convinto. Del resto il lettore che non ha cominciata la sua lettura in questo libricciuolo saprà facilmente dove trovare gli esempi importanti delle verità e degli errori. Da lungo tempo, se è lecito usare di questa similitudine, la letteratura originale è in un sol luogo; là bisogna cercare i grandi argomenti e i grandi modelli, le grandi bellezze e i grandi difetti, e spesso si trovano in un sol uomo e in un sol libro. Tutto il resto è imitazione, commento, o critica.

Si ricordino che l'avversione del mondo alla religione si appiglia ad ogni pretesto, e quindi bisogna usare la più gran delicatezza, porre il più attento studio a non dare pretesti contro la religione: ora uno dei più forti è quello che quelli che la predicano, resistono a verità riconosciute, e vi resistono per motivi di religione. Certo gli uomini sono obbligati a conoscere la legge, a distinguerla dalle aggiunte che vi fanno gli uomini, ma perché render loro più difficile quest'obbligo, perché non portarsi invece nel punto dove si uniscono la ragione e la religione, per mostrare a quelli che cercano il vero dove deggiano fermarsi? La prevenzione, l'ostinazione, il fanatismo, l'impazienza dell'esame sono spesse volte le armi con cui si combatte la religione, bisogna che non si possano trovare mai nelle mani di chi la difende; bisogna ras-

---

[12] Il passo di Bonald e di Massillon [N.d.A.].

sicurare quelli che sono affezionati ad una idea vera e generosa, che la religione non gli domanderà mai di rinunziarvi. Ah, i sacrifici ch'ella esige non sono mai di questo genere. « Ma si dovrà esporsi alla disapprovazione di taluno, di cui converrà combattere gli interessi e i pregiudizi. » Eh quando mai simili scuse furono ricevute nella Chiesa? « Si dovrà per questo stare al fatto delle opinioni correnti, ingolfarsi in istudi profani, mischiarsi alle discussioni degli uomini senza sposare le loro passioni, senza lasciarsi strascinare dal loro entusiasmo. » Eh! i promulgatori della religione non hanno essi operato a questo modo? non si son fatti tutto a tutti per guadagnar tutti a Cristo? Tutto bisogna intraprendere, sottoporsi a tutto, piuttosto che lasciare prevalere l'opinione che la religione sia contraria ad una verità morale, piuttosto che permettere che i figli del secolo si vantino di essere in nulla (intendo sempre delle scienze morali) più illuminati che gli allievi di Cristo. Quando si vogliono opporre agli increduli i buoni effetti della religione, non si enumerano forse le istituzioni e le idee grandi e utili trovate o divolgate da uomini religiosi e dal clero in ispecie? Perché dunque non ricordarsi che quegli stessi trovarono degli ostacoli allora? perché porne dinnanzi a quelli che gli imitano? Si sono anche troppo vantati i servizi resi dagli ecclesiastici alle scienze esatte; servizi che non possono rendere che togliendo al loro ministero una parte di quelle cure che tutte gli hanno promesse. E non si è forse abbastanza reso giustizia ai vantaggi resi da ecclesiastici alle idee morali. Per citare un esempio solo, non si potrebbe forse asserire che la moderna politica è stata fondata da Fénelon in un libro [13], che pel cattivo gusto dominante nel suo secolo (sia detto con buona licenza) è rivestito di forme gentilesche, ma il cui fondo è in tante parti cristiano? Ah non si lascino mai gli ecclesiastici antivenire nell'esporre una idea conforme alla vera dignità dell'uomo, e soprattutto alla umanità, al rispetto per la vita e pei dolori del prossimo. Si esamini, si studi, si combatta il falso, non dico si conceda, ma si predichi, si stabilisca il vero; il mondo non si raddrizzerà, ma voi avrete fatto il vostro dovere, ma gli animi retti non avranno più pretesti per non ascoltarvi, ma ad ogni opposizione dello spirito del secolo con quello della religione risulterà, non solo che la Chiesa ha sempre ragione, ma che hanno sempre ragione quelli che si gloriano di tenere e di diffondere gli insegnamenti della Chiesa.

[13] Il libro è il romanzo *Les aventures de Télémaque*.

III

SE LA RELIGIONE CONDUCA ALLA SERVILITÀ.

Questa è una delle tacce che più frequentemente le si danno ai nostri giorni. Strana taccia alla Chiesa dei martiri! Lascio da parte che le fu data tante volte la taccia di portare alla sedizione, che questi due rimproveri contraddittòri le sono stati talvolta fatti dagli stessi uomini, perché questi la trovarono in diverse occasioni sempre in opposizione ai loro desideri ingiusti. Aspiranti al potere chiamarono servile quella religione che condannava i mezzi violenti e illegali [1], per cui volevano impadronirsene, giunti al potere chiamarono indocile quella religione che insegnava che bisogna obbedire a Dio più che agli uomini. Accusando doppiamente la religione questi l'hanno giustificata da tutti gli eccessi. Lascio da parte che una religione che insegna a sprezzare quelle cose di cui gli uomini si valgono per farsi servi gli altri, tende a mantenere ognuno nella libertà e franchezza d'animo necessaria ad ognuno per fare il suo dovere. Ma questa taccia di servilità le vien data perché non si esaminano tutte le sue prescrizioni: basta leggere le Scritture e raccogliere tutto quello che in esse è prescritto, comparare tutte le istruzioni relative alla politica, per vedere che tutte hanno per fine la giustizia, la pace, l'ordine, la moderazione e la magnanimità, la pazienza e il coraggio, e nessuna la servilità. Si consideri tutta la legge cristiana, e risulterà anzi che l'adempimento di molti precetti è incompatibile con essa. Pietro e Giovanni risposero al Sinedrio, che intimava loro di non parlare né insegnare nel nome di Gesù: *Se sia giusto dinnanzi a Dio l'ubbidire piuttosto a voi che a Dio, giudicatelo voi* (Atti, C. IV, 19). Si rifletta quanti sono questi casi in cui il comandamento degli uomini è opposto a quello di Dio. È proibita dalla legge di Dio ogni cooperazione volontaria all'ingiustizia; ma nei casi difficili in cui bisogna disubbidire a Dio o agli uomini, ci sembra di essere disobbligati da questa proibizione, si cita la necessità, si contrappone la prudenza. Dimodoché pur troppo vogliamo il coraggio soltanto quando è necessario per secondare un'impresa, per tentare un vantaggio, ma soffrir soli, soffrire tranquillamente, e col solo con-

---

III. [1] Ne è esempio la Rivoluzione francese, sulla quale il Manzoni scrisse un saggio rimasto incompiuto, paragonandola alla seconda guerra d'Indipendenza: questa legittima, quella illegittima.

forto di soffrire per la giustizia, e senza applauso, ci sembra quasi una virtù chimerica, tanto siamo affezionati alla terra! Ma riconosciamo almeno che la religione non porta alla servilità, che essa anzi vuole il coraggio il più raro, il più tranquillo, e che non porta ordinariamente pericoli che a colui che lo mostra; riconosciamo che la servilità è tutta di quella prudenza umana che la religione esclude da tutte le cose dove il dovere è chiaro. L'adulazione è, secondo la legge di Dio, un peccato (se non altro come menzogna), e chi non sa quanti sofismi ha inventato il mondo per giustificarla?

Il mondo giustifica talvolta le cagioni che producono i mali e gli aggravano, e colla gravità dei mali giustifica poi le violenze o le perfidie commesse per liberarsene[2]. Quando Lorenzino de' Medici palpava e assecondava empiamente e vilmente il Duca Alessandro, adduceva in iscusa che era utile l'ingannarlo: infame scusa! e quando poi lo ebbe empiamente e vilmente scannato, si vantò di aver liberata la patria. La religione non ammette ragionamenti contro il precetto, perché il precetto è eterno e universale; chi lo ha posto ha preveduto tutti i casi possibili, e le ragioni che si inventano contro esso non possono essere che ingiuste. I casi straordinari sono anzi quelli in cui bisogna aver più presente la legge, perché appunto gli interessi e le passioni sono più forti allora.

Ma si oppone: se si volesse stare a questi princìpi, che si potrebbe mai fare? Ah! questi princìpi non si seguono, ma intanto che cosa si fa? Ma intanto gli uomini ottengono il fine che si propongono? o non hanno invece per lo più tutti i mali, senza la consolazione di aver fatto il loro dovere?

Insomma quegli che dicono che la religione favorisce il potere ingiusto e violento, si figurino questo potere cinto da uomini religiosi, e pensino se non troverà [esso] ostacoli da tutte le parti. Poiché ad ogni ingiustizia che comanda, troverà una ripulsa; quando interrogherà per avere una approvazione, sentirà invece una verità. Ma, si dice: figurarsi una moltitudine d'uomini che segua fedelmente queste regole, è un sogno. Sia pur così; ma si confessi che questo rimprovero non può stare con l'altro, perché o la dottrina è efficace, opererà effetti conformi al suo spirito, o non lo è, come si accusa di render gli uomini servili? ma si confessi che l'unica censura che si fa alla morale della Chiesa, è ch'ella sia troppo bella e sublime, perché si possa sperare che noi, feccia

---

[2] È la già notata condanna manzoniana del machiavellismo.

d'Adamo, siamo tutti per seguirla; si confessi che di tutti i motivi che si ponno inventare per sostituirle un'altra dottrina morale, il più frivolo e assurdo è quello che essa non provegga abbastanza alla dignità umana. Bisogna giudicare una dottrina dalle sue prescrizioni e dagli effetti che produrrebbe se fosse universalmente tenuta: opporre ad una dottrina provata ottima, che gli uomini non la tengono universalmente, che serve? purché non si possa provare che dovrebbero seguirne un'altra. Non serve ad altro che a confermare la verità di questa dottrina, nella quale la frequente trasgressione di essa è tante volte predetta. Basti che se gli uomini si diportassero secondo essa, ne verrebbe il migliore ordine possibile, basti che potrebbero farlo, basti che non lo fanno per motivi che essi stessi condannano, quando si vogliono ridurre ad un principio generale.

A questo si replicherà ciò che è stato ripetuto in tanti scritti, che, essendo appunto il mondo diviso in buoni ed in tristi, la religione assicura il trionfo di questi togliendo ai buoni molti mezzi per combatterli. In questa obbiezione sta il vero punto di opposizione tra la morale del mondo e quella del Vangelo. Il mondo in ultimo propone per fine dell'uomo il conseguimento di alcuni vantaggi temporali; il Vangelo invece, ponendo il premio nell'altra vita, non dà a questa altro scopo che l'adempimento della legge. Ora da Adamo in poi si è sempre veduto che alcuni uomini, sorpassando la legge, hanno procurati a sé molti vantaggi, e ne hanno privati gli altri. A questi talvolta è tolta ogni speranza di ricuperarli, talvolta lo possono con mezzi comandati o consentiti dalla legge divina, talvolta lo potrebbero passando essi pure sopra la legge. Quando si è a questo, la questione si riduce a vedere se non vi siano certe leggi alle quali bisogna sacrificare ogni vantaggio temporale. Fatta la tesi a questo modo, non vi sarà alcuno che non confessi esservene taluna. Se si domanda per esempio se la vita sia da conservarsi a spese dell'onore, tutti gli uomini, son per dire, risponderanno di no. E così si dica di molti altri vantaggi ai quali ognuno converrà doversi rinunciare piuttosto che produrre gravissimi mali. È manifesto adunque che anche il mondo ammette in astratto il principio su cui è fondata la morale della Chiesa, che comanda di patire piuttosto che farsi colpevole. Se le cose che la Chiesa non permette, nemmeno per conservare i propri diritti, sono colpe, essa non farà che applicare un principio vero e riconosciuto. L'utile o il danno non deve stare sulla bilancia quando si voglia pesare la giustizia o l'ingiustizia d'una azione. Chi può sostenere che esista un sistema, in cui si combini sempre l'utile temporale col giusto? Regola generale: tutte le cose che sono contrarie ad una legge riconosciuta, e che si vogliono permesse come eccezioni a questa regola, sono illecite. Col sistema delle eccezioni motivate sul calcolo della utilità, si distrugge ogni idea di morale[3]. Non si deve però lasciare di riflettere che queste infrazioni fatte per un principio di diritto e di virtù (oltreché nessuno può assicurarsi della purità delle sue intenzioni quando si regola pel proprio vantaggio contra la legge), queste infrazioni, dico, sono per lo più non rimedio ai mali esistenti, ma nuovi gravissimi mali, e l'ammetterle in principio sarebbe un togliere ogni forza ai princìpi di morale per cui si mantiene qualche ordine su questa terra. Se per esempio si ammettesse che è lecito il mentire al mentitore, ne verrebbe che la verità non si troverebbe più nemmeno sulle labbra degli uomini onesti. Se riconosciamo che il complesso della morale evangelica porterebbe al miglior ordine, abbiamo tutto il torto nel non volerla noi seguire nella parte che tocca a noi. Se una porzione d'uomini l'abbandona, imitandoli noi non facciamo che allontanare di più quest'ordine. Se quelli che la lodano, che dicono di desiderare di vederla posta in pratica, non sono i primi a seguirla, certo il suo stabilimento sarà sempre un sogno. E se si vede che i motivi che i migliori adducono per francarsi da essa, si riducono a un solo, cioè che nello stato reale della società questo costerebbe troppo, non si potrà cavare la conseguenza, che uomini che temono tanto ogni svantaggio temporale non hanno diritto di parlare di dignità morale, e non è da stupirsi che sieno ben lontani dal sentire quanta ve ne sia in una dottrina tutta fondata sul sacrificio temporale di ciascheduno?

Conchiudiamo che ogni potere ingiusto, per far male agli uomini, ha bisogno di cooperatori che rinuncino ad obbedire alla legge divina, e quindi l'inesecuzione di essa è la condizione più essenziale perché esso possa agire. E che la legge divina predica a tutti gli uomini la giustizia, e se a quelli che la vogliono seguire non propone in molti casi che la pazienza, propone il solo mezzo ch'essi abbiano per la loro felicità, perché tutti gli altri, facendoli rei, li fanno per conseguenza abbietti ed infelici.

[3] È qui, come anche altrove, la prova che prima di conoscere il Rosmini e prima di scrivere l'*Appendice al cap. III della Morale* il Manzoni era già arrivato a questa importante conclusione.

E si osservi da ultimo che considerare la pazienza come una virtù che porti alla debolezza, è un considerarla molto leggermente, perché questa virtù, educando l'animo a superare i mali, lo rende più forte ad affrontarli quando sia necessario per la giustizia; mentre l'insofferenza che trasporta l'uomo alla violenza lo fa poi condiscendente quando vi sia un mezzo di sfuggire i mali, sacrificando il dovere.

Forse si opporrà a queste ragioni che nella Chiesa molti adulatori insegnarono la servilità, e pretesero di consecrarla coll'insegnamento delle Scritture. Pur troppo, ma io m'appello a tutti quelli che sostengono una causa giusta e generosa, e domando loro: sareste voi contenti che la vostra causa fosse giudicata dalle opinioni o esagerate, o interessate, o fanatiche di alcuni che pretendono difendere la vostra stessa causa? E quando i vostri avversari vi oppongono queste opinioni e questi eccessi, non riclamate voi contro questo giudizio, non dite voi che è dai vostri princìpi che bisogna giudicarvi? E perché giudicherete la religione dalle mire degli adulatori? Essi hanno detto ai potenti che la religione era loro utile perché favoriva ogni esercizio della loro potenza[4], mentre dovevano dire ai potenti: che la religione è loro utile perché gli può guidare alla salute, perché posti nella situazione la più pericolosa hanno più d'ogni altro bisogno di guida e di soccorso, perché, oltre la miseria loro propria, la bassezza degli altri cospira ad ingannargli e a perderli.

Tutti siamo pur troppo inclinati a considerare ogni cosa come un mezzo ai desideri nostri temporali, e i potenti hanno pur troppo una tentazione più forte di tutti a questo; quella potenza che tanti esaltano, che tanti invidiano, sembra al più di essi una cosa di tanta importanza che tutto le diventa accessorio, e la religione stessa, cioè la cosa più principale che l'uomo possa concepire, si subordina talvolta nelle loro idee a questo loro idolo. Non è da stupirsi quindi, se adulatori gli abbiano secondati in ciò, se abbiano detto e ripetuto a pochi uomini che sono al pari degli altri strumenti nella mano di Dio, che tutto era per loro, se quella religione che è istituita pel perfezionamento di tutti, per lo stabilimento delle verità morali, per la vittoria dello spirito sulla carne, essi hanno voluto far credere che fosse destinata principalmente a far godere alcuni uomini più tranquillamente di un potere che finisce al sepolcro. Non bisogna stupirsene,

---

[4] Viene qui condannata l'idea della religione come *instrumentum regni*, che è propriamente una forma di paganesimo.

ma bisogna esaminare se la religione secondi queste interpretazioni, se quelli che le hanno fatte, rappresentassero sinceramente lo spirito della religione. Se si trova che essi non presentassero mai che alcune parti separate dal gran sistema cristiano, che scelsero per parlarne i tempi in cui queste dottrine potessero portare vantaggi senza pericolo, in cui non incontrassero la contraddizione che di quegli che non possono nulla, che evidentemente rappresentassero la religione come secondaria agli interessi temporali, sarà evidente che non devono essere considerati come i suoi interpreti. Ma perché in grazia di questi dimenticheremo noi la lunga successione di cristiani coraggiosi che seppero non solo astenersi dalla adulazione, ma dire il vero con pericolo? Perché dimenticheremo quei tempi in cui l'adulazione non era più una speculazione di alcuni cortigiani, ma l'entusiasmo di nazioni intere, e nei quali è forza cercare delle prediche e dei libri di pietà per rinvenire una prova di coraggio, per sentire che l'idea della dignità umana non era del tutto perduta?

IV

SE IL CLERO ABBIA PERDUTA LA SUPERIORITÀ
DI LUMI NELLA MORALE.

Dando una occhiata ai primi tempi del Cristianesimo, una delle cose che colpisce più nei cominciamenti di quell'epoca divina, si è la immensa superiorità di lumi nelle idee morali degli Apostoli su tutti i popoli a cui essi andavano a portare quella luce che si è diffusa per essi nel mondo, quella luce da cui vengono tutti i raggi di verità di cui il mondo si fa ora bello, per cui si pretende tanto illuminato da non aver più bisogno di ascoltare i loro successori, che dico! la dottrina eterna che essi predicarono. Si veda S. Paolo dinnanzi all'Areopago, si veda, nel principio della sua Epistola ai Romani, e in ogni altro luogo dov'egli mostra la vanità, e l'insussistenza, e l'irragionevolezza della dottrina etnica; si veda da che alta sfera egli parla; come abbraccia tutto il sistema d'errore per atterrarlo, come scorge in esso i punti principali di assurdità, e di contraddizione, che viste generali per condannare, che grandi princìpi per stabilire la dottrina ch'egli vuole sostituire, che è certo di sostituire al gentilesimo. Questa superiorità della dottrina cristiana alla etnica non è messa in dubbio da alcuno; chi la volesse negare tenti un poco, non dico di persuadere, ma di persuadersi di alcuno di quei sistemi anteriori o contemporanei al Cristianesimo: si parla dei loro autori come di uomini grandi, si è parlato anche pur troppo degli Apostoli come di uomini da nulla, ma si risusciti una di quelle dottrine che essi hanno abbattute, si trovi una società che la addotti [1].

È ammesso quasi universalmente che questa superiorità di lumi del corpo dei ministri della Chiesa abbia esistito non solo nei primi tempi del Vangelo, ma anche in molte altre epoche posteriori, nelle quali si conviene che i preti furono, come si dice, alla testa della civilizzazione morale delle nazioni. Ma io affermerò contro l'opinione di molti un fatto, il quale ecciterà senza dubbio le risa di molti: siccome però colle risa sono per lo più accolte tanto le grandi verità quanto i grandi errori, non lascerò per questo di parlarne per quelli che amano più di esaminare che di ridere, pregando chi si compiace di leggere, di attendere al preciso senso della mia proposizione, e a tutte le condizioni con cui è esposta. Dico adunque che chi ammette il Vangelo, deve riconoscere che i preti non hanno mai perduta questa superiorità di lumi nella morale, che il corpo dei preti insegnanti in chiesa è stato sempre ed è più che mai la parte più dotta, più illuminata, più ragionatrice delle nazioni. Ho detto: chi ammette il Vangelo, perché chi lo nega, non riconoscerà questa superiorità in nessun tempo, e con questi bisogna pigliare la questione da più alto, e cominciare a stabilire la divinità della rivelazione. Il che non è nel mio argomento, ed è stato mirabilmente fatto da altri.

Il numero degli scrittori che impugnano direttamente il Vangelo, che lo considerano come una favola, è diminuito d'assai ai nostri giorni [2]: gli avversari più noti della religione cattolica ricevono il Vangelo, professano una alta venerazione per esso, e gli argomenti tanto ribattuti e portati in trionfo nel secolo scorso per abbattere la rivelazione, gli riguardano come sbalzi d'ingegno superficiale, incapace di internarsi in una serie di idee morali, di animo non abbastanza serio ed amico del bello, di mente che stima contrario al senso comune

---

IV. [1] Le dottrine secondo le quali l'elemento etnico, per esempio la razza, è elemento di superiorità, sono state risuscitate, come ognun sa, tra il secolo scorso e il nostro.
[2] Manzoni, in questo come in altri passi, riconosce qualche merito alla reazione spiritualistica del romanticismo, senza però essere né romantico né idealista; egli ne accentuerà, negli anni a venire, il distacco.

tutto ciò che non ha in ogni sua parte una evidenza fisica, tutto ciò che per persuadere la ragione esigge che la ragione vi si fermi a considerarlo con tranquillità, e con serietà.

Vediamo ora che voglia dire credere al Vangelo. Essendo esso un libro rivelato da Dio, un libro che si dà per tale, che assicura di essere infallibile, credere ad esso vuol dire credere a tutto ciò che è rivelato in esso. Bisogna assolutamente che il Vangelo sia ispirato da Dio, o finzione umana: nel primo caso è forza riceverlo tutto, perché Dio non può ispirare un menomo errore. Chi venera il Vangelo dovrà dunque dire che il Vangelo è ispirato da Dio, e allora il punto di massima ragione, il punto più certo, più elevato dell'umano intelletto sarà il concordare col Vangelo: l'uomo sarà ragionevole e illuminato in proporzione della sua fede.

Ora perciò il corpo dei ministri della Chiesa è il più ragionevole ed illuminato perché è il solo che predichi e insegni tutto il Vangelo. Mi sembra che la conseguenza sia logicamente innegabile, non resta che a provare il fatto. Dovendo questa prova dedursi da una grande quantità di fatti, è impossibile portarvi la stessa evidenza; ma io spero che ogni animo spassionato, quando voglia esaminare da sé quello che io non posso che accennare, avrà la più piena persuasione della verità di esso.

È difficile leggere il Nuovo Testamento senza essere colpito da un carattere fra i tanti singolari di quel libro divino: l'unità della dottrina che risulta dai dogmi e dai precetti in un modo meraviglioso. Tutto è legato, tutto è corrispondente, tutto è desunto da princìpi d'un solo genere. La morale vi è fondata sul dogma, il che fa che il sentimento è unito al raziocinio, che è il solo mezzo per dare alla morale tutta l'autorità di che ha bisogno per persuadere gli uomini. Un sentimento non ragionato piacerà per la sua bellezza, ma non resisterà agli argomenti contrari, desunti dal raziocinio, perché vi è nell'uomo una forza che lo costringe a discredere e ad abbandonare tutto ciò che è falso. Non è nel Nuovo Testamento comandato un sentimento di amore e di odio, senza che si trovi un dogma per cui questo sentimento si dimostra ragionevole. Lodare la morale evangelica senza credere il dogma, non è altro che ricevere conseguenze senza ammettere i princìpi. Perché, a cagion d'esempio, l'obbligo di perdonare in ogni caso e di amare i nemici sia ragionevole, conviene che il danno e l'ingiuria ricevuta non sieno un un male; e questo dogma rivelato dal Vangelo è il fondamento del precetto.

Ora questo sistema di parti inseparabili, domando io, dove si sostiene, dove si predica tutto intiero se non nelle chiese, da quale società se non dai preti? Nei libri di morale filosofica forse? o nei discorsi degli uomini? Basta fare attenzione un momento agli uni e agli altri, e aprire il Vangelo, per essere obbligati a confessare che sono due sistemi affatto diversi, che chi non avesse altronde cognizione del Vangelo, è impossibile che ne ricevesse idea dal più gran numero di quei libri e di quei discorsi. Gli omaggi al Vangelo che si trovano nella maggior parte dei libri filosofici (si sottintendono sempre alcune poche e debite eccezioni) sono in aperta contraddizione collo spirito del Vangelo, e quei libri sono d'altronde pieni di asserzioni opposte letteralmente ai dettami del Codice che lodano. Perché lo lodano in quanto lo considerano conducente a certi loro fini, a cui lo vogliono subordinato: il Vangelo come un mezzo, il Vangelo che non si può più concepire se non è l'unico fine. Questi elogi si possono ridurre in gran parte ad un discorso di questa sorte: « Non si può negare che tu, o religione di Cristo, non sii stata e non sii di molta utilità in questo mondo. Tu insegni, e comandi, la pazienza a quelli che sono privati di tanti vantaggi della vita; e chi sa come andrebbe il mondo se essi si accordassero un giorno a non essere più pazienti? Tu comandi di restituire a colui che nessuno può sospettare di aver rapito l'altrui, la tua voce si fa sentire dove non giunge il braccio della legge. Nei tempi di rozzezza, tu hai raddolciti i costumi, tu hai create istituzioni di misericordia, tu hai dato ad alcuni uno zelo, un eroismo di carità inconcepibile a chi non conosce i tuoi impulsi e le tue promesse, e la società ti deve esser grata di questo. Tu hai conservate le lettere nel tempo della barbarie, e se noi leggiamo Cicerone e Virgilio, questo è uno dei tuoi più bei benefici. Tu hai promosse le arti: qual genio senza di te avrebbe potuto immaginare nella pittura l'ideale della bellezza e della santità? quale altra religione avrebbe dati i soggetti di tanti capi d'opera? V'è in noi una disposizione fantastica che ci porta a desiderare e a rappresentarci qualche cosa al di là del tempo che conosciamo e della terra che abitiamo, e tu accontenti questa disposizione, e lusinghi così la mente quando gli oggetti terreni fanno poca impressione sopra di essa. Tu diminuisci i mali degl'infelici: tu arricchisci l'animo degli sventurati con un tesoro inesauribile di cui tu hai la chiave, colla speranza; e gli altri devono tanto più lodarti di ciò, ché la speranza che consola gli affitti non toglie nulla a quelli che sono nella gioia. Altronde chi può mai tenersi certo di esser sempre avventurato? la prosperità, la salute, la gioventù, la ricchezza sono beni che devono certamente abbandonare, quelli che li posseggono; e chi può assicurarsi che la sua vita non duri più di essi? In questo caso ognuno deve contare sulle tue consolazioni, ed è sempre dolce il pensare che quando si sieno perduti, tu ci puoi ricordare che erano vanità, e che l'uomo è creato per un'altra felicità ».

A questo mi pare che la religione risponda: « O uomini troppo attaccati alla terra: certo da me vengono questi effetti che voi dite, perché tutto quello che viene da me deve condurre all'ordinato ed al bello; ma voi, col lodarmi di questi benefìci, date a divedere di non conoscermi e di non amarmi, perché dimenticate il primo e solo importante che io posso e voglio farvi, ed è quello di condurvi al fine beato per cui siete creati, di farvi simili a quei santi che voi lodate, di tendervi un mezzo di quei perfezionamenti che voi ammirate. Voi mi approvate negli altri, e non volete che quei soli beni che io posso farvi per mezzo della fede altrui, ma il vero bene che io voglio farvi è quello di dar la fede a voi ».

Io so bene che non tutti gli scrittori di filosofia morale si sono fermati a questa ammirazione del Cristianesimo che non vede nella eternità che un mezzo per il tempo, che subordina l'opera di Dio ai disegni degli uomini; so anzi che molti di essi si sono elevati al disopra di questi sistemi e gl'hanno eloquentemente combattuti. Rousseau non ha quasi lasciato opera dove non si trovi qualche omaggio alla rivelazione, nato non dalla considerazione di alcuni vantaggi temporali, ma da ammirazione profonda della sua bellezza, e della sua conformità colla parte più nobile e più vera della natura umana. E ai nostri giorni uno dei più splendidi intelletti che si sieno in ogni tempo occupati nella contemplazione dell'uomo, che abbiano portata negli scritti la parte più intima, più sottile, più spirituale del pensiero, Madama di Staël, come non si è ella sollevata sopra questi calcoli, come non ha ella forzato quei ragionatori che credevano di riposare alle mete del raziocinio, a levarsi, a ripigliare il cammino, e a correre per campi nemmeno immaginati da essi, per cercare una ragione ben superiore a quella di cui si erano accontentati [3]. Cito due scrittori, e dei più noti, ma chi non

---

[3] Non è dunque l'irrazionalità, che viene opposta alla razionalità, ma una razionalità diversa.

sa che queste idee si trovano ora in cento libri? Ma in questi pure la contraddizione di esaltare il Vangelo, e di non predicarne che una parte, è sensibile quanto negli altri, senonché quelli lo propongono come un mezzo di utilità, e questi come un mezzo di entusiasmo. Si apra il Vangelo, e si confronti con quegli scritti eloquenti: e si vedrà come nel Vangelo essi hanno fatto una scelta, come hanno coltivato qua e là un grano del seme della parola, e come ne lascian tanto perire soffocato fra i sassi e le spine. Io leggo bene che la croyance *religieuse est le centre des idées, et la philosophie consiste à trouver l'interprétation raisonnée des vérités divines* (*Allemagne*, Tomo III, pag. 31), io veggio l'ammirazione per le Scritture come a pensieri ispirati dalla Divinità, fonte di ogni intelletto, ma lo spirito delle Scritture, ma il fine che vi è proposto, ma i mezzi che esse comandano di porre in opera, ma il principio per giudicare della moralità di ogni azione, ma i pensieri predominanti ai quali tutto è diretto nelle Scritture, questo è quello che io cerco invano in questi libri. Il punto cardinale del Cristianesimo: andare a Dio per mezzo della Umanità di Gesù Cristo.

Che la sola cosa necessaria è di salvare l'anima sua, che dobbiamo renderci conformi alla immagine di Gesù Cristo, che non possiamo fare alcun bene senza la Sua grazia, che bisogna operare la sua salute con timore e tremore, che la Fede è necessaria per piacere a Dio: queste verità fondamentali della rivelazione, queste a cui Paolo e Pietro, e Gesù Cristo stesso riducono tutti i loro insegnamenti, si trovano esse in questi libri? Ah queste idee sono di quelle che Dio ha nascosto ai prudenti e ai sapienti, bisogna farsi piccoli per intenderle; ma se non le poniamo in cima ai nostri sistemi morali, l'omaggio che rendiamo al Vangelo è un contraddizione. E che? sentiremo che il Vangelo è un libro superiore all'intelletto umano, che è un dono di Dio, e vorremo poi fare le parti dei doni di Dio, e riceverne quello solo, che concorda con altri sistemi? Non è quindi da farsi meraviglia se in questi libri si trovino poi contraddizioni, se il Vangelo tanto lodato in una pagina, sia dimenticato affatto in un'altra, e in punti in cui tutto dovrebbe decidersi colla sua autorità, quando si sia ammessa una volta, se alle volte la contraddizione è tanto rapida che le idee opposte si succedono immediatamente. Cito fra mille un passaggio della stessa opera per tanti capi immortale: *Ne faut-il pas pour admirer l'Apollon sentir en soi-même un genre de fierté qui foule aux pieds tous les serpens de la terre? Ne faut-il pas être Chrétien pour pénétrer la physionomie des Vierges de Raphaël, et de S. Jérôme du Dominiquin?* (*Allemagne*, Tomo III, pag. 405). Bisogna dunque poter farsi un entusiasmo pagano, e un entusiasmo cristiano secondo gli oggetti che si presentano? E si può esser cristiano, quando il sentimento della propria miseria, della carità universale, e della unica speranza in Gesù Cristo, morto per tutti gli uomini, non vinca nell'animo nostro a riguardo di ogni nostro fratello, per quanto la condotta sua possa parere a noi ed essere abbietta e perversa? Io so che questo è l'improperio di Cristo. Ma bisogna confessarlo e glorificarsi in questo solo, o non citare il Vangelo.

Ho detto che le istruzioni e lo spirito di esso non sono fedelmente conservati, né in generale nei libri di morale filosofica, né nei discorsi degli uomini. Anche per questa seconda parte nulla è più facile che convincersene. Basta qui pure ascoltare, aprire il Vangelo, e confrontare. Chi volesse ridurre ogni discorso morale ai princìpi evangelici, passerebbe per un ipocrita o per un fanatico, almeno per un bigotto, e per un incivile. Poiché il mondo ha fatto quasi una regola di buona creanza della esclusione della religione dalle considerazioni morali sui fatti particolari, e si vede nell'inconcepibile e strano proverbio: *non bisogna entrare in sagrestia*, proverbio che si opporrebbe a chi pretendesse di considerare le cose morali dal solo lato vero e importante da quegli stessi che dicono in astratto esser questo il solo lato importante. Supponiamo che si parli di onori e di dignità, che da una parte si pretenda che i pericoli, i dispiaceri, le agitazioni, il timore di perdere, la noia, l'aumento dei desideri superano i beni che quelle arrecano, che altri sostenga che i beni superano i mali, che in questa questione entri uno che dica: Il punto importante è di vedere se le dignità e gli onori rendono più o meno facile la salute eterna, in che casi e con che condizioni possano condurre o allontanare da questo fine? quest'uomo non farà ridere per la sua semplicità? Non si dirà che ogni cosa ha il suo tempo, che è assurdo fare da predicatore in società? La quale proposizione stessa svela da sé la contraddizione e l'assurdità che contiene, perché viene a concedere che quelle cose dette nell'istruzione ecclesiastica sieno vere: ora nulla è più assurdo che il pretendere che una massima riconosciuta vera non si debba poi applicare al caso per cui è fatta, mentre la sua verità non consiste anzi che nel potere essere applicata. Fra gente colta che cerchi cagione di rallegrarsi, chi ricordasse la beata speranza, chi dicesse che il vero soggetto di gioia è che siamo stati redenti da Gesù Cristo si crederebbe fargli grazia a crederlo un pedante. È inutile moltiplicare esempi per un fatto troppo chiaro, che le idee evangeliche sono escluse quasi del tutto dai discorsi degli uomini, che non è lecito che parlarne qualche volta generalissimamente purché non si faccia mai applicazione, eccetto alcuni casi, p. e. di afflizione, nei quali, dopo sperimentati inutili i rimedi umani, non si stima sconveniente ricorrere a considerazioni di un genere superiore.

L'uomo che leggendo il Vangelo sente nel suo cuore la divinità di esso, che confuso ed afflitto di scoprire nel suo senso una contrarietà ad esso, vorrebbe almeno essere animato dal giudizio concorde degli uomini, che cerca invano questa testimonianza nei libri e nelle conversazioni degli uomini, e se ne duole, entri in un giorno festivo nella povera chiesa di un villaggio. Gli uditori rozzi, non esercitati certo a discussioni metafisiche, stanno però aspettando una voce che parli loro di quello che è più importante nell'uomo il più colto come nel più ignorante, dell'anima, del fine per cui siamo creati, della moralità delle azioni, della Divinità. Il prete interrompe il rito e si volge alla turba che aspetta il pane della parola. Sia egli un nobile ingegno ridotto ad esercitare le più nobili funzioni lontano dagli sguardi del mondo, e alla sola presenza di Dio, e di alcuni animi semplici, o sia rozzo egli pure, sia divorato dallo zelo della salute de' suoi fratelli, pieno della sublimità della legge che insegna, e esempio di fedeltà ad essa, o eserciti pur troppo con animo mercenario, e impaziente, il più alto dei ministeri; sia egli un vecchio disingannato dalle speranze del secolo, e desideroso dei riposi immortali, o un giovane che soffoca sotto la croce le passioni, e che passa, nell'insegnare e nel predicare la sapienza e la moderazione, gli anni dell'impeto e dei desideri; sia egli compreso della dignità di cristiano e di sacerdote, o pur troppo un uomo compiacente ai fortunati del secolo; qualunque egli sia, non importa, ascoltiamolo. Egli ha ripetute alcune di quelle parole che diciotto secoli fa portarono la luce nel mondo, un miracolo di beneficenza e di compassione dell'Uomo-Dio, una istruzione alle turbe, un rimprovero agli ipocriti e ai superbi, una parabola di consolazione o di un salutare spavento. Egli interpreta le parole divine, e le adatta ai bisogni del suo popolo, egli conforma ogni suo suggerimento a tutta la legge di Gesù Cristo, egli non dimezza i precetti, non transigge col mondo, chiama vanità, vanità tutto ciò che nella Scrittura è chiamato vanità, egli riduce tutto ad un principio, non si vergogna di nulla, la persuasione è sulla sua fronte; sa che predica dei paradossi, e non gli mitiga in nessuna parte, sa che gli uomini si regolano per altri motivi, e predica questi soli, e chiama tutti gli altri falsi e meschini, egli predica tutta la follia della Croce. O sommi filosofi! voi avete scoperte nel Vangelo perfezioni recondite e sublimi che quest'uomo non vi sospetta forse nemmeno, voi avete più ingegno, e più cognizioni, ma quest'uomo ha più logica di voi. Egli intende il Vangelo come è scritto, egli ha sentito che la ragione che riconosce la divinità di una legge, non ha altro a fare che anteporla ad ogni altro concetto, che insegnarla tutta. L'uomo che ama la religione, si consola nel vedere che la predizione di Cristo non è mancata, che il Vangelo si predica sempre, che quegli a cui Gesù Cristo gli ha detto di ascoltare, sono i più conseguenti e i più illuminati degli uomini, quando si tratti di quelle cose nelle quali è prescritto di ascoltarli. Io so che il prete che spiega le parole di vita, non è infallibile, che talvolta le passioni e gli errori suonano anche dall'altare, ma non voglio già sostenere che non si predichi mai altro che il Vangelo, dico solo che nella Chiesa soltanto si predica tutto il Vangelo. Miserabile contraddizione dell'uomo! Il prete stesso uscito di chiesa, misto ai figliuoli del secolo, partecipe delle loro passioni, talvolta il prete stesso contraddice a sé stesso, e applica i princìpi anticristiani del mondo alle azioni, assume il linguaggio generale intorno ai beni e ai mali, e dice talvolta beati, dove il Vangelo dice guai! e viceversa. Contraddizione miserabile, ma che serve a far più ammirare la mano di Dio nell'insegnamento generale e costante per bocca anche di uomini, su cui non suonerebbero le massime del Vangelo, se Dio non ve le ponesse, se l'imposizione delle mani non gli segregasse dalla cattedra dei derisori, e dalla congregazione dei malignanti. Il gran Massillon stesso, nel suo discorso di ringraziamento all'Accademia, parla come il mondo che ha condannato sì eloquentemente, e adopera le parole esprimenti idee della prima importanza in un senso tutto opposto a quello che hanno nei suoi sermoni.

Quando poi si pensa che questa dottrina, che non si ode intiera che nell'insegnamento ecclesiastico, è quella che ha abbattuto gli idoli per tutto il mondo, quella che ha soggiogata la sapienza Greca e l'orgoglio Romano, la dottrina che ha realizzato in migliaia di migliaia d'uomini un complesso di virtù che sembrava chimerico, quella dottrina che è stata per una lunga serie di secoli professata da uomini di alto ingegno, di animo pacato, e di ottima disciplina, quella dottrina che ha resistito a tanti attacchi dalla filosofia, la dottrina di un libro, al quale gli uomini colti e pensatori si vergognano di essere tenuti avversi o indifferenti, si può a buon diritto conchiudere che la primazia dei lumi è presso coloro che la mantengono viva, e la diffondono colla predicazione universale.

Un penseur allemand a dit qu'il n'y avoit point d'autre philosophie que la religion chrétienne (Allemagne, T. III, pag. 216). E che? vi vogliono tante meditazioni per giungere a scoprire che avendo Dio rivelato agli uomini tutte le principali verità della morale, non devono gli uomini dar fede ad altro? Questa dottrina s'insegna dagli Apostoli in poi, gli uomini i più rozzi la tengono fra i cattolici, i fanciulli la ricevono colle prime istruzioni.

V

DI ALCUNI CARATTERI PARTICOLARI DELLA MORALE CRISTIANA IN RELAZIONE SPECIALMENTE COLLE ISTITUZIONI SOCIALI PRIMARIE.

. . . .

Vediamone un esempio proposto da Helvetius (*Discours*, II, Chap. XV, dove vuol dimostrare che i rimedi proposti da molti moralisti non producono che effetti parziali); esso fa benissimo al caso: *La médisance est sans doute un vice, mais c'est un vice nécessaire;* [*parce qu'en tout pays où les citoyens n'auront point de part au maniement des affaires publiques, ces citoyens, peu intéressés à s'instruire, doivent croupir dans une honteuse paresse. Or s'il est, dans ce pays, de mode et d'usage de se jetter dans le monde, et du bon air d'y parler beaucoup, l'ignorant, ne pouvant parler des choses, doit nécessairement parler des personnes. Tout panégirique est ennuyeux et toute satyre agréable: sous peine d'être ennuyeux, l'ignorant est donc forcé d'être médisant. On ne peut donc détruire ce vice sans anéantir la cause qui le produit, sans arracher les citoyens à la paresse, et, par conséquent, sans changer la forme du gouvernement*].

Chi con queste ragioni volesse sconsigliare un moralista cristiano dal predicare contro la maldicenza sarebbe molto simile a chi dopo una battaglia dicesse ad un chirurgo militare: Perché attendete voi a rimediare le ferite particolari di quei soldati? le ferite sono una conseguenza necessaria delle guerre, togliete le guerre dal mondo, distruggete l'ambizione dei prìncipi, le passioni di tutti gli uomini, altrimenti voi non fate nulla.

Ognun vede ciò che il chirurgo potrebbe rispondere. Ma il moralista cristiano ha ragioni ancor più estese per provare la ragionevolezza e l'utilità dei mezzi ch'egli pone in opera per combattere la maldicenza; egli potrebbe rispondere: Voi mi fate osservare una causa generale della maldicenza alla quale io non aveva mai pensato, ora io non esaminerò s'ella sia o non sia causa; quello però che posso assicurarvi si è che non è la sola: e ve lo assicuro perché io ne conosco molte altre sulle quali ho meditato. Il solo rimedio che voi vorreste, che voi volete è incerto, difficile, complicato, e incompleto. Cangiare la forma del governo: è presto detto: ma a chi farei io questa proposizione? a quelli che tengono il governo? credete voi che gli persuaderei? ai governati? io non parlo dei rischi personali che ci potrebbero essere nel farlo: nessuno deve saper più d'un moralista cristiano che questa non è una obbiezione, ma io vi domando se nella vostra coscienza voi vorreste rispondere delle conseguenze di questa proposizione.

Voi volete che per ottenere un effetto io faccia agire una causa complessa che ne produrrebbe mille, la più parte dei quali io non posso prevedere: perché non vi sembra più ragionevole che io mi serva di mezzi diretti, e dei quali conosco le conseguenze, mezzi che so fin dove possono operare? Ma la vera ragione per cui non posso adottare questo rimedio è ch'io non lo credo un rimedio efficace, e ciò per la ragione ch'io vi diceva, cioè ch'ei non potrebbe in ogni caso togliere di mezzo che una causa, lasciando intatte tutte le altre che portano gli uomini a dir male. Volete ch'io ve lo enumeri? no, sarebbe una predica, e voi le potete trovare spiegate in cento libri. Vi farò invece osservare un fatto, che mostra ad evidenza che queste altre cause esistono, poiché operano anche dove è tolta quella di cui voi parlate. Credete voi che i ministri che hanno tanto a parlare degli affari di Stato non dicano mai male del prossimo? Credete voi che fra gli Ateniesi non vi fosse la maldicenza? Eppure non si può dire che non avessero parte al maneggio degli affari pubblici. Ma questo esempio è troppo difficile a verificarsi: ho inteso dire che presso una nazione moderna, dove i cittadini si occupano assai di affari pubblici, e sono tutt'altro che dediti alla pigrizia, non solo sussiste la maldicenza, ma è stata portata fino nei giornali, tanta è ivi la smania di parlare delle persone: altrove la storia dei fatti particolari non esce dal crocchio dei vicini e de' conoscenti, o al più dalle mura della città; ivi si diffonde per tutta la nazione. Ora supponete un moralista che volesse predicare a questa nazione contro la maldicenza, che potrà mai dire? E vi pare che si tolga una causa che non esiste? Egli dovrà cercare nella natura dell'uomo le cagioni della maldicenza, e nella religione le ragioni per determinare gli uomini a fuggirla: e questo è ciò che faccio io. Bisogna in fine venire a questo sistema, perché è il solo con cui si possa diminuire la forza delle cause perpetue. Non mi opponete che queste ragioni operano solo parzialmente, perché, che importa ciò, purché sieno le vere ragioni? Questo vorrà dire che i mali dell'umanità sono così gravi, che anche i veri rimedi non guariscono tutti gli uomini, ma non già che si debba per questo abbandonare i veri rimedi.

Del resto potete osservare (e questo è della più grande importanza) che i rimedi della religione tendono a produrre gli effetti più generali che si possono immaginare, perché non correggono un vizio, che migliorando tutto l'uomo morale, a differenza di tanti mezzi da voi proposti nel vostro libro, i quali talvolta lasciano intatto il principio di corruttela, e talvolta tendono manifestamente a diffonderne e ad accrescerne l'attività. Di qui si vede quanto ragionevolmente vuole Helvetius (Liv. II, Chap. XVI) che si riconoscano i moralisti che egli chiama ipocriti, dalla indifferenza con cui riguardano i vizi distruttori degli imperi, all'impeto con cui danno addosso ai vizi particolari. Come se il fine della morale fosse di conservare gli imperi, e non di perfezionare gli uomini, come se il parlare ad ognuno dei suoi propri mali non fosse il miglior mezzo di correggere tutta la massa degli uomini, come se non si dovessero porre in opera i mezzi possibili per rimediare ad alcuni mali sotto il pretesto che vi sono altri mali più generali. Coloro che avendo a parlare dei vizi che distruggono gl'imperi ne parlano con indifferenza, o che trattando della distruzione degl'imperi dissimulano i vizi che ne sono cagione, fanno male se per ignoranza, peggio poi se è per adulare i potenti o i pregiudizi dei loro contemporanei. Ma lasciare da parte i grandi effetti politici di alcuni vizi, e restringersi ad insegnare agli uomini a vincere le passioni e ad esser buoni e giusti, non è ipocrisia, è un uficio nobile non meno che salutare, è filosofia più profonda. Rintracciare l'occasione di certi vizi e di certe virtù nella direzione data dalle cause politiche ad una nazione, è una ricerca fondata che ha prodotte belle e importanti scoperte, le quali hanno finito e finiranno col distruggere molte istituzioni cattive: ma supporre in una o più di queste cause tutta la moralità degli uomini, immaginarsi che, tolto quell'inciampo che si ha sotto gli occhi, tutta la via diverrà piana, è dimenticare affatto la natura dell'uomo.

La facoltà di operare sugli uomini indipendentemente dalle relazioni politiche, mi sembra uno dei più bei caratteri di sapienza e di perpetuità della religione. I sistemi politici sono tutti complicati, e il sostenerli e l'attaccarli è impresa nella quale entrano troppo facilmente mezzi onesti e viziosi, e gli effetti che ne vengono sono e misti di bene e di male, e per lo più incalcolabili da quelli stessi che gli vogliono produrre. La vera religione doveva essere una guida all'uomo per operare rettamente in qualunque tempo e in qualunque sistema; essa deve dare mezzi per cui l'uomo che vuole esser giusto, lo possa essere, benché gli altri si ostinino a non esserlo, benché esistano cause che lo porterebbero al male: giacché queste cause non si possono togliere. Essa ha scelto di agire direttamente sopra l'animo di ognuno che la vuole ascoltare, perché questa azione è la sola che sia pronta, sicura, perpetua, ed universale. E si osservi che questa azione, mentre è indipendente dalle cause politiche, influisce però in bene sopra di esse, perché, portando gli uomini alla giustizia ogniqualvolta essa sarà ascoltata, cangerà anche le istituzioni quando sieno dannose. Su che è dunque fondato il rimprovero di Elvezio, che pretende che i precetti di moderazione raccomandati da moralisti, com'egli dice, declamatori e senza spirito, ponno essere utili a qualche particolare, ma rovinerebbero le nazioni che li adottassero? Certo, se tutte li adottassero, non sarebbero rovinate, perché, essendo tutte moderate, l'energia della difesa non farebbe più di bisogno. Ma, si dirà, appunto perché le altre non sono moderate, quella che volesse esserlo soccomberebbe. Questa supposizione è stata molto ripetuta, ma è ella provata? Consta veramente che una nazione moderata e giusta sarebbe meno energica delle altre? Consta che non si possa essere atti alla difesa se non esercitandosi alla offesa? Mi sembra che la storia provi tutto l'opposto. Ma, si dirà da ultimo, questa perfezione è una chimera. Ma la felicità fondata sullo sviluppo delle passioni è ella una realtà? Dove sono le memorie del contento nato dalla violenza? Vediamo nella storia l'inutile pentimento e le lagrime senza consolazione andar dietro alla moderazione ed alla giustizia? Son desse che si trovano ingannate dagli eventi? Son desse che ottenuto il loro intento diventano più inquiete e crucciose? La prima è una chimera per la renitenza degli uomini che potrebbero e non vogliono adottarla: la seconda è una chimera per la natura stessa delle cose.

Le leggi hanno un inconveniente necessario, ed è: che non possono creare un dovere senza far nascere un corrispondente diritto: bisogna quindi che per ottenere il loro effetto armino l'uomo contra l'uomo. La religione impone dei doveri ad una parte, senza dar diritti all'altra [1]; comanda p. es. al ricco di dare il superfluo, senza conferire al povero il diritto di ripeterlo, comanda all'offeso di perdonare, senza che l'offensore possa pretendere il perdono. Da questa differenza consegue che la religione può prescrivere alcune cose bellissime ed utilissime che non possono prescrivere le leggi, perché i diritti che conferirebbero con ciò sarebbero cagione di gravissimi mali, e la legge ne sarebbe inapplicabile, o distruttiva.

La legge non deve parlare che quando abbia una quasi certezza di farsi obbedire: deve dunque avere la forza con sé: e, in quanto impone cose che non si farebbero spontaneamente, essa non comanda che ai più deboli; la voce della religione è sempre viva: essa parla ai più forti, a cui nessuna autorità umana potrebbe comandare, senza opprimerli od esserne oppressa; cioè senza disordini.

Le leggi, supponendole fatte con rette intenzioni, tendono alla giustizia ed alla tranquillità: due fini difficilissimi a conciliarsi, e sono quindi forzate di sacrificare il più sovente la prima alla seconda; la religione tende a condurre tranquillamente alla giustizia perché determina a fare dei passi verso di essa quelli che non possono trovare ostacoli a questo nell'altra parte, che anzi non ne ricevono che benedizioni: determina a cedere volontariamente.

V. [1] È il principio di *obbligazione*, di cui ha già parlato nella prima parte della *Morale*.

VI

LA RELIGIONE È NECESSARIA PER IL POPOLO.

Quegli che hanno scritta e contornata in tanti modi questa sentenza, hanno fatta alla religione una più larga testimonianza di quello che pensavano. Poiché hanno detto che v'è qualche cosa di necessario che i loro sistemi non saprebbero dare: e allora a che servono mai? hanno detto che i loro sistemi sarebbero dannosi se fossero universali, e che la loro divulgazione sarebbe pessima. Del resto questa asserzione mi sembra includere un falso supposto, cioè che i dotti e i potenti e i ricchi, quegli insomma che si intendono esclusi quando si dice *popolo*, non abbiano bisogno della religione. Se fra il popolo vi ha qualche miscredente, non si può supporre ragionevolmente ch'egli dirà: La religione è necessaria pei potenti, e pei dotti e pei ricchi? Questi riguardano la religione come necessaria nel popolo perch'egli si accontenti dello stato attuale, e quell'altro la vorrebbe in essi per determinarli ad avvicinarsi alla giustizia.

Il tempo e il progresso dei lumi hanno distrutte istituzioni orribilmente ingiuste, ma nello stesso tempo erano mezzi di conservare la società: tale è la schiavitù degli antichi. Non si può considerare un momento la storia senza vedere che, tolta quella, il moto della macchina sociale è divenuto più complicato: poiché niente rende le questioni politiche più semplici che il silenzio forzato di molti: una parte è contenta dell'ordine delle cose, e l'altra, non può opporvisi: nulla di più quieto. Allora l'influenza della religione è divenuta tanto più necessaria, quanto le tendenze a rompere l'ordine erano meno contenute. Ma allora appunto lo stesso progresso di lumi rendeva impossibile la durata delle assurde religioni esistenti. Ma vi voleva una religione che comandasse la moderazione agli uni e la pazienza agli altri, e sopratutto una religione che potesse persuadere gl'intelletti i più rozzi e i più raffinati, la religione cristiana. Essa diventa necessaria in proporzione del progresso dei lumi. Dico necessaria alla società, non perché io creda ch'ella debba essere un mezzo: nessuna idea mi sembra più falsa di questa; ma per mostrare la sapienza della religione proporzionata a tutti gli stadi della società che è fatta per la religione.

[ALTRO INIZIO DEL CAPITOLO VI]

La religione è necessaria per il popolo! Che omaggio rendono senza saperlo alla religione quelli che fanno questa confessione. Con ciò vengono a dire che è necessario, perché vi sia qualche ordine in questo mondo, che gli uomini abbiano certi princìpi di disinteresse, di forza d'animo, di superiorità alle passioni, di moderazione, di sacrificio, e che questi princìpi necessari il raziocinio non li può dare, che i loro sistemi non li sanno istillare, che questi sistemi per conseguenza sarebbero dannosi se fossero universali: e che pregiudizio di falsità per una idea morale non è mai il dire che la sua divulgazione sarebbe pessima. E se questa filosofia non sa dare appunto quello che è necessario, a che servirà ella mai? Del resto questa confessione nasce anche da un doppio errore, cioè dal credere che i dotti e i ricchi non abbiano bisogno della religione per loro medesimi, e che senz'essa esercitino tutte le virtù sociali. Ah! se quegli che si chiamano popolo adottassero un giorno la filosofia miscredente, che Dio non voglia, quanto è da credere che direbbero anch'essi: La religione è necessaria pei dotti e pei ricchi. Nella bocca dei primi questo significa: è necessaria una fede che persuada ai più che è loro utile di accontentarsi della ineguale divisione dei beni della vita. In bocca agli altri verrebbe a dire: è necessaria una fede che persuada ai pochi, che è loro utile di dividere più equabilmente questi beni.

Che distanza da questa dottrina a quella di chi disse: « Predicate sui tetti », e: « Io venni a portare il fuoco sulla terra, e che altro bramo fuorché s'accenda? » Immaginiamo degli uomini che lascino la patria europea, che intraprendano lunghissime navigazioni, che affrontino popoli selvaggi, che si espongano a perire nei deserti per bocca delle fiere, straziati da uomini feroci, per la speranza di adunarli, di farsi ascoltare da essi, e di predicar loro che il piacere temporale è e deve essere il fine delle nostre azioni!

Gli uomini si sono perfezionati abbandonando molte istituzioni che erano ingiustizie, e freno, come la schiavitù: a misura del loro incivilimento la religione è divenuta più necessaria, la religione diventa necessaria a proporzione dei lumi.

VII

DEGLI ODI NAZIONALI.

I tratti coi quali è dipinto il carattere morale degl'Italiani moderni nel Cap. CXXVII della *Storia delle Repubbliche Italiane*, sono tali che è difficile ad un Italiano l'esaminarli spassionatamente, e considerare con tranquillità se quello sarebbe mai il vero ritratto della nazione di cui egli è parte.

Imponendo però silenzio, a quello che mi sembra, ad ogni parzialità nazionale, mi è sembrato che questa pittura fosse ingiusta. Ma io non ho creduto di ribattere le accuse fatte a questa infelice Italia che nella parte dove la causa di essa era necessariamente collegata con quella della religione. Questo argomento è già stato mille volte discusso, e quando una questione va troppo in lungo, quando da una parte e dall'altra si ripetono sempre le stesse ragioni senza riguardo alle ragioni opposte, si può esser certi che le passioni se ne sono impadronite, e allora i ragionamenti servono ben poco. Ma la persuasione appunto che le passioni abbiano la maggior parte in questi giudizi che si profferiscono sulle nazioni, mi ha condotto a fare alcune riflessioni generali sopra di essi, e a considerarli dal lato della morale religiosa.

Benché però queste riflessioni sieno fatte all'occasione dell'opera suaccennata, esse sono affatto generali: non vi è ad essa alcuna allusione indiretta; se mi occorrerà di citarla in qualche particolare, io lo farò espressamente con quella stessa lealtà, e con quei riguardi, che spero ogni lettore avrà riconosciuti nelle osservazioni precedenti.

Accade a molte massime di essere derise come triviali e troppo note quando si annunziano in astratto, e di essere poi tacciate di stravaganti e di raffinate quando si vogliono applicare ad un caso particolare: una tal sorte è da temersi per queste, ma forse qualche ingegno imparziale le degnerà di alcuna attenzione per l'intenzione retta e pacifica, e per lo spirito cosmopolita cioè cristiano, con cui mi sembra che sieno dettate.

Togliete da una serie qualunque di idee morali la sanzione religiosa, l'ordine ne è distrutto immediatamente, tutto diviene confusione e incertezza. Le verità morali della più alta importanza diventano un oggetto di discussione, i sentimenti dei quali il cuore non vorrebbe mai dubitare, che si tengono come il nobile patrimonio dell'uomo, quei sentimenti che ogni uomo pretende che gli altri suppongano in lui, a segno che il mettere in forse se uno gli professi è una ingiuria, diventano una ipotesi: gli uomini gli riconoscono allora a vicenda come una finzione convenuta, come una parte di educazione, come una tradizione ricevuta, ma spingete il ragionamento, cercate il fondamento, e non lo troverete.

L'assenza dei princìpi religiosi, dannosa in tutto, lo è grandemente nei rapporti reciproci fra le nazioni. La fratellanza universale degli uomini è una bella rivelazione del Cristianesimo. Sono diciotto secoli che nel bollore degli orgogli e delle avversioni nazionali san Paolo (Paul. ad Coloss. III, 11) invitava tutti a rivestirsi dell'uomo nuovo, dove non è Gentile né Giudeo, circonciso e incirconciso, Barbaro e Scita, servo e libero, ma tutto ed in tutti Cristo. La comune miseria e la comune speranza, un solo Salvatore per tutti, ed una patria immortale per tutti, sono idee che dovrebbero opprimere le rivalità e gli odi che, risguardando ai loro effetti ed alle loro cagioni, e alla durata delle vite che occupano, sarebbero ridicoli, se ogni traviamento di uno spirito creato ad immagine di Dio non fosse sempre un oggetto tristo e serio, se tutto quello che separa l'uomo dall'uomo non fosse sempre una grave sventura.

L'uomo riferisce tutto a sé stesso, e se ama qualche cosa, l'ama in relazione a quell'amore ch'egli ha per sé, e che vorrebbe che tutti avessero per lui. Queste sono verità molto volgari, ma che bisogna ripetere sovente perché questo stesso amore primitivo che regola le nostre azioni ci porta a dimenticarci che esso è il mobile di esse, e noi vorremmo potere assegnare tutt'altra ragione di quelle. Ma l'uomo sente nello stesso tempo la sua debolezza, e disperando della stima e della potenza esclusiva, entra in società coi suoi simili; allora l'amor proprio di molti si bilancia e si contempera. Ma in questa società non si sacrifica pur troppo che il meno possibile di questo amore esclusivo di stima e di potenza, e quindi viene che gli uomini lo trasportano ad un corpo, ad una società particolare, non lo estendendo ordinariamente che a quelli con cui si hanno comuni l'interesse e l'orgoglio. Un altro segno di miseria e di debolezza che l'uomo ravvisa in sé, è quello che gli sembra che l'eccellenza propria cresca col confronto, dimodoché quanto più gli altri si abbassano, tanto più egli si eleva ai suoi occhi e gli altrui. L'uomo dunque, trasportando alla società di cui fa parte questa sua disposizione, consente a riconoscere, anche senza esame, dei pregi in questa società, purché lo splendore di essa riverberi sopra di lui; giacché quando uno parla con orgoglio della sua nazione, che vuol dire quel *noi* ch'egli fa suonare tant'alto, che significa se non vi s'intende l'*io*? E questa disposizione è tanto universalmente riconosciuta che la parzialità per la sua nazione è una ingiustizia che non fa stupore[1], si sta in guardia contro i ragionamenti di uno che difende o esalta la sua patria, ma appena gli si appone a biasimo il farlo a spese della verità, si chiama un bel difetto.

Ma quell'altro sentimento che, facendosi diffidare del nostro merito assoluto, ci porta a deprimere l'altrui, noi lo trasportiamo pure in queste affezioni patrie, e siamo pronti a credere, a divolgare e a sostenere ciò che torni in biasimo delle altre nazioni. E in questo è pur facile il trovare nell'amor patrio l'amor proprio, se si osservi che quando poi uno si paragona coi suoi concittadini, non ravvisa in essi quelle perfezioni che suole vantare come ereditarie nella sua patria, e che questa solidarietà di stima è sempre più ferma quando vi sia il confronto con altre nazioni.

Questa è l'origine della maggior parte dei giudizi sfavorevoli che si fanno delle altre nazioni, e della facilità con cui sono ricevuti.

VIII

DELLE CONTROVERSIE FRA I CATTOLICI.

V'ha delle controversie inevitabili: condannarle tutte sarebbe lo stesso che dire che allorquando un errore si manifesti, bisogna permettergli di diffondersi senza combatterlo. Se non si disputasse che contro l'errore, quale cristiano potrebbe condannare una guerra sì necessaria, desiderare che si deponessero le armi della fede, che si venisse nella Chiesa ad una pace che non sarebbe l'opera della giustizia e della verità? Ma perché dunque gli uomini i più zelanti della gloria della Chiesa gemono su queste controversie, le considerano come una delle piaghe più crudeli, come uno scandalo a quegli che sono fuori, e dai quali importa aver buona testimonianza? Perché per lo più il fine dei combattenti non è di porre in salvo le verità cattoliche, ma di combattere. Io so bene quanti uomini veramente amici della Chiesa e cogli scritti, e colla voce abbiano piante e svergognate queste empie dissensioni, ma se una voce debole e senza autorità, ma sincera può ac-

---

VII. [1] È il motivo per cui il Manzoni non è nazionalista, e nemmeno giobertiano.

crescere alcun poco l'orrore contro di esse, se il ricordare lo scandalo, e le derisioni dei nemici della Chiesa, se il mostrarne l'assurdità e la malafede può rallentare in qualche parte le animosità, risparmiare qualche ingiuria, ammorzare un sentimento di odio, togliere da questo vergognoso campo di battaglia un solo soldato di Cristo, io stimo che ogni pacifico e sommesso figlio della Chiesa debba intendere ad un'opera sì utile. Ben è vero che a torto i nemici della Chiesa pigliano scandalo di ciò, che a torto essi dicono: cominciate dall'intendervi fra di voi, e allora vi ascolteremo; mentre nelle cose dove tutti i cattolici vanno d'accordo, e sono le essenziali, non si curano però d'ascoltargli: non pensano che se essi volessero riconoscere la verità della religione, la gioia di tutti i cattolici sospenderebbe le dissensioni intestine, che l'azione di grazie sarebbe unanime, e che tutti i cuori si aprirebbero per stringerli nella carità di Cristo. Questo è vero: perché è vero che contro la religione non vi ponno essere che pretesti; ma tocca ai cattolici il darne? Certo non bisogna sacrificare la verità a nessuna cosa, nemmeno alla pace; ma qui non si tratta di sacrificare che l'odio, che la temerità, che la leggerezza; non fa nemmeno bisogno di un altro scopo per determinarci a questo sacrifizio. Ma quale sarà il criterio per distinguere tra le dispute sostenute per la difesa del vero e quelle che si fomentano per lo sfogo delle passioni? Dire che non si deve nelle dispute cercare altro che il vero, escluderne le prevenzioni, gl'interessi particolari, l'ostinazione è ripetere un principio del quale tutti convengono, ma dal quale tutti pretendono di non dipartirsi. Volete voi provare ad un uomo contenzioso ch'egli non tiene le parti della verità, voi entrate nella disputa, voi vi fate parte, egli può dirne altrettanto a voi. Vi ha però alcuni princìpi semplici ed incontrastabili, ma troppo dimenticati, che applicati ad ogni caso confonderebbero quelli che perturbassero la pace della Chiesa: perché essi sarebbero costretti di confessare la verità di questi princìpi, ed essi hanno questo vantaggio che, quando uno se ne diparte, si può provargli che se ne è dipartito. Uno dei quali princìpi è questo: che non si debba disputare se non si conosce il punto della questione, le opinioni dell'avversario, l'errore e la verità. Supponiamo che prima di risolversi, a contendere, ognuno esaminasse sé stesso sopra questa condizione, che ad essa si richiamassero per preliminare tutti quelli che contendono che accusano che condannano, non è egli vero che novantanove centesimi di quelli che pigliano parte alle dispute dovrebbero ritirarsi?

Che se volessero ostinarsi a combattere, non sarebbero essi giudicati? chi conterebbe più il loro voto? chi oserebbe averli per ausiliari? Lo zelo, la persuasione, l'amore della verità si possono ostentare da chi non li sente in cuore, ma la scienza non si finge, e quando si pretende da chi decide su di una questione, da chi condanna altamente e con risolutezza il suo fratello, che esponga chiaramente l'opinione erronea di colui che condanna, la domanda è tanto ragionevole che non è possibile rigettarla, è tanto chiara che non è possibile eluderla.

Si riduca così il numero dei contendenti a quelli che sanno dove stia la diversità, a quelli che per le proposizioni espresse dai loro avversari, conoscono le opinioni di essi, o che si credono in caso di dedurle dai princìpi manifestati da loro; gli altri, se pure hanno voglia di disputare, attendano ad informarsi e a studiare, o si accontentino di pregare per gli uni e per gli altri, e chi dubiterà che le dispute non diminuiscano di quantità, di intensità e di durata? Chi dubiterà che la verità non possa più facilmente manifestarsi, quando si diminuisca il fracasso e l'urto delle passioni? Chi dubiterà che la moltitudine dei fedeli concorde nelle cose necessarie, e muta sulle dubbie che non ha esaminate, intenta a benedire e non a maledire, non presentasse uno spettacolo più dignitoso, più consolante, che non sia quello di uomini che uscendo dallo stesso tempio, che sperando nella stessa misericordia, che confessando la stessa miseria, si lacerano e si riprovano, senza saper perché? È raro che due persone di contrario parere si fermino nella quistione, cerchino pazientemente d'illuminarsi a vicenda, non sostituiscano le passioni agli argomenti; e che sarà quando le dispute saranno trattate da molti che non vi portano altro che le passioni, senza un solo argomento? Quindi tanti cuori che, non amando, rimangono nella morte, e non lo sanno; quindi le maldicenze senza rimorsi, quindi i giudizi sulle persone senza fondamento. Ma si dirà: la carità obbliga forse a consentire alle persone che errano nella fede? Dio liberi: la carità obbliga ad amarli, a compatirli, a pregare per loro e a dissentire da loro; ma l'errore sta appunto nel condannare quelli di cui non si conosce la fede; invece di denunziargli al giudizio altrui, avvicinatevi a loro, interrogategli, e vedrete forse che invece di gridare contro di essi, non vi resta che a piangere sopra di voi. Ma, si dirà ancora, la Chiesa non ha ella usato sempre di segnalare non solo gli errori, ma le persone? Sì, la Chiesa, perché ha l'autorità di farlo, perché ha il dovere di farlo, perché ha i mezzi di accertarsi della verità, perché gli pone in opera. Ma voi non avete alcuna di queste condizioni, e questo è il vero punto di errore; voi credete di poter fare quello che compete alla Chiesa, di condannare gli erranti, e più ancora, perché voi credete di poterlo fare senza quelle formalità indispensabili, che la Chiesa stima essenziali all'esercizio della sua autorità sui suoi figli, prescindere dalle quali essa stimerebbe un dispotismo incompatibile colla legge stessa dalla quale il giudizio le è confidato. Essa ha avuta sempre questa cura di condannare gli errori, e di non segnalare le persone che quando fosse richiesto dalla giustizia e dalla necessità. Per questo essa ha sempre stimato necessario che contasse per vie legali, che la persona sosteneva l'errore, quindi ha sempre poste in opera le persuasioni perché lo abbandonasse, e, riuscendo queste inutili, essa con gemito e quasi a forza ha dovuto dire ai fedeli: non ascoltate quella persona perché la sua dottrina è opposta al testimonio della Chiesa. Quando p. e. la Chiesa anatemizzò Nestorio citato al Concilio e ostinato, ogni cattolico ha saputo quali erano gli errori di Nestorio, quali le verità cattoliche ch'egli impugnava: Nestorio aveva subìto un giudizio, era colpito da una sentenza, aveva tutti i caratteri di essere rigettato dalla Chiesa, ogni cattolico condannandolo non faceva che applicare il giudizio della Chiesa. Ma voi, voi fate il giudizio, e lo applicate, voi portate la sentenza senza autorità, e senza processo, voi credete forse secondare le intenzioni della Chiesa, ma chi ve le ha rivelate, chi vi ha costituito giudice? Se lo foste, dovreste temere che un odio secreto non facesse pendere la bilancia nelle vostre mani: e voi non siete giudice, e siete pieno di odio, e non temete? La Chiesa è tratta quasi dalla necessità a condannare i suoi figli, vi si riduce da ultimo, e piangendo, e voi cominciate dal condannare i vostri fratelli, e lo fate con ilarità e con indifferenza. Se vi si domandasse quali sono le prove che avete ch'egli erri, forse non potreste dir altro se non che: io l'ho inteso dire. Quando si pensa che questa è la sola risposta che noi porteremo alla interrogazione del Giudice infallibile, non so perché non tremiamo.

Ma gli uomini a cui sta a cuore la giustizia e la carità, perché si accontentano di questa risposta, perché non si credono obbligati, non dico a difendere il fratello che è condannato dinnanzi a loro, ma a domandare con che diritto, con che prova è condannato? Chi sa quale scoraggiamento non porti talvolta nell'animo dell'innocente l'udire un suono di riprovazione contro di lui non meritato? E perché servire a scoraggiare gl'innocenti? Perche non ricordarsi che la causa del fratello assente, che non ode e che non può rispondere, è confidata all'uomo che pretende ricevere un giorno il premio della giustizia? Essere testimonio tranquillo e volontario di un giudizio illegittimo e ingiusto, potrebbe essere lo stesso che divenirne complice. Non osare di rendere testimonianza all'uomo giusto è una debolezza anticristiana, è certo un dimenticarsi della fratellanza, e del coraggio cristiano. Così, per servire ad alcune passioni, si eludono tante cure che la Chiesa ha poste in opera acciocché dalle controversie ne venisse edificazione, più che scandalo, acciocché la verità trionfasse senza danno della carità. Essa ha prescritto l'esame, lo ha confidato a persone rivestite della sua autorità; essa ha voluto che l'errore si opprimesse col testimonio costante ed uniforme della Chiesa, e le forme stesse gravi, ponderate, placide e dignitose che essa impiega in questo giudizio, escludessero ogni idea di contesa. A questo le passioni sostituiscono un cicaleccio di accuse senza motivi, d'improbazioni, di declamazioni senza risultato qualunque.

V'ha di quelli che prendono parte alle dispute per amore del vero, che, combattendo i loro avversari, si guardano dall'interpretare odiosamente le loro intenzioni, dallo spargere dubbi temerari sulla loro fede, ma quanto è raro ch'essi pure non dieno scandalo ai credenti e ai miscredenti per l'acrimonia delle loro contenzioni! Quante volte lo scoprire errori nei loro avversari, invece di essere una cagione di dolore, diventa per essi una buona ventura! Quante volte non fanno essi vedere che il contendere coi fratelli, quand'anche sia necessario, è sempre un'opera piena di pericoli! Noi forziamo l'ingegno per cercare la soluzione delle cose astruse, mentre le idee più importanti sono rivelate manifestamente, mentre l'amore così chiaramente prescritto è così facile a risvegliarsi nel cuore.

Vi fu mai un tempo in cui fosse più necessario che la società cristiana si mostri ordinata e concorde come una schiera di prodi che combattono per una nobile causa, e che la conoscono? Vi fu mai un tempo in cui fosse più necessario che le tende d'Israello e i padiglioni di Giacobbe appariscano belli a coloro che salgono sulla cima del Phogor per maledirli? Ah possa questo avvenire! possano le maledizioni cangiarsi in benedizioni sulle loro labbra non solo, ma nei loro cuori, non solo per la gloria d'Israello, ma per la salute loro, ma dimodoché essi entrino in quel campo dove tutti sono accolti, in quel campo che non deve avere altri nemici che le passioni.

« AVVISO » PER LA TRADUZIONE DE
L'*ESSAI SUR L'INDIFFÉRENCE
EN MATIÈRE DE RELIGION*
DELL'ABATE LAMENNAIS

Il Manzoni ebbe grande stima del Lamennais, almeno prima che l'opera di questo fosse condannata dalla Chiesa. Non lo conobbe mai personalmente. Questo « Avviso », scritto nel 1819 per la traduzione del saggio *Della indifferenza in materia di religione*, ha fatto pensare a taluno che l'anonimo traduttore dal francese fosse il Manzoni stesso: ma l'ipotesi resta fortemente improbabile. Merita un cenno la storia dei rapporti tra Lamennais e Rosmini. Il Lamennais aveva chiesto al Rosmini, durante un incontro, di iniziare una corrispondenza su questioni filosofiche e teologiche. La proposta fu puntualmente accolta dal Rosmini, ma il Lamennais rispose, per la verità incoerentemente, di non poter continuare quel rapporto. Più tardi il Rosmini deplorò la renitenza del Lamennais ad accettare i richiami della Chiesa.

Félicité Robert de Lamennais (1782-1854), sacerdote e scrittore francese, fu, insieme a Montalembert e a Lacordaire, rappresentante di un cattolicesimo democratico e premodernista. Sostenne le proprie idee con la battagliera pubblicistica del giornale *L'Avenir*, fondato nel 1830. Oltre all'opera già citata, merita menzione *Paroles d'un croyant* (1833), che sancì il suo allontanamento dalla Chiesa. È da rilevare che il Rosmini, pur approvando in parte il liberalismo del Lamennais, non ne riconosceva le estreme conclusioni e soprattutto non poteva approvare i modi con cui il programma di rinnovamento fu condotto.

Della Indifferenza in materia di Religione. Traduzione dal francese. Tomo I. Parte I. Milano, dalla Stamperia di Giacomo Pirola, 1819.

AVVISO SU QUESTA EDIZIONE ITALIANA.

È per l'Editore un dovere, di rispetto verso l'Autore, e di sincerità verso chi legge, l'avvertire che nella presente Traduzione si sono omessi alcuni passi del Testo, i quali riguardano le cose politiche, e segnatamente quelle di Francia. I motivi che lo hanno determinato a pigliarsi questa libertà sono: che il fine per cui si pubblica questa Traduzione è unicamente di servire alla religione; che gli stralci fatti non nuocono al nesso dei ragionamenti, e la catena eterna delle verità religiose e morali non ha bisogno di tenersi per mezzo di anelli stranieri; che avendo la religione nelle passioni tanti nemici naturali, e, per dir così, necessari, è cosa utile il separare la sua causa da quistioni d'un altro genere; e che finalmente è conforme allo spirito ed allo scopo di quest'Opera l'allontanare tutto ciò che sa di partito, e delle tristi contese del mondo. Accennando questi motivi, l'Editore non pretende certo di censurare la condotta di un Autore che ammira, ma di render ragione della sua.

Egli si lusinga che la curiosità del Pubblico Italiano sarà eccitata per questa Traduzione dal successo che ottenne in Francia l'Opera originale, successo attestato dalle molteplici edizioni che ne furono fatte a brevi intervalli.

Una lettura anche rapida di essa basta a render ragione del numero crescente de' suoi lettori, e a far sentire i pregi che la distinguono. Non si vuole qui prevenire il giudizio di chi non la conosce, enumerandoli, ma di rendere giustizia ad un uomo benemerito accennandone alcuni che colpiscono a prima vista: una meditazione profonda e sostenuta; una cognizione piena e sicura dello stato delle diverse quistioni che vi sono agitate; una grande sincerità nell'esporre le obbiezioni in tutta la loro forza, e nelle risposte una potenza che giustifica la fiducia con cui sono presentate; una grand'arte nel riprodurre quelle che sono già conosciute, vestendole per lo più d'una formola breve, sugosa, vivace che dà loro l'aria della novità, e per così dire rammenta senza ripetere; una erudizione così sobria e così opportuna, e che ne suppone una così vasta; quella rara logica che non solo svela i sofismi espressi dagli avversari, ma svolgendo le conseguenze inevitabili dei loro princìpi, ne fa uscire quelli che vi sono nascosti, e rende così completo un sistema per mostrarne tutto il difetto; lo stile che naturalmente tien dietro a tutte queste qualità; finalmente, e sopra tutto, un amore ardente del vero, un desiderio del bene, una rettitudine di fini, che possono talvolta in uno Scrittore tener luogo di talenti; e quando poi si trovano insieme con essi, danno alle Opere, che ne risultano, un carattere che ferma l'attenzione degli ingegni i più svogliati e i più prevenuti.

LETTERA
A
VICTOR COUSIN
[1829-1830]

Manzoni aveva conosciuto Cousin nel '19, a Parigi, stabilendo con lui un'amicizia rinsaldata da un soggiorno del Cousin a Milano e destinata a durare, malgrado i crescenti dissensi, sempre. La presente lettera, forse non mai spedita, è documento di tali dissensi, che il Manzoni aveva già maturato per conto suo, ma che la lettura degli Opuscoli del Rosmini portò a compimento. Rosmini accusava Cousin di confusione tra sistema platonico e sistema cristiano nella misura in cui il Cousin postula una rivelazione naturale, una ispirazione oggettiva, impersonale, senza riflessione, disgiunta dalla rivelazione cristiana.

Victor Cousin (1792-1867), francese, fu il massimo rappresentante dell'eclettismo spiritualistico. Occupò importanti cariche pubbliche sotto la monarchia di Luigi Filippo, quali il ministero della Pubblica Istruzione. Per il Cousin tutti i sistemi filosofici si possono ridurre a quattro: sensismo, idealismo, dogmatismo, misticismo. Il compito dell'eclettismo è quello di mettere in luce, nel logico succedersi di questi sistemi, l'elemento spiritualistico.

L'opera teoretica più originale è *Du Vrai, du Bien et du Beau* (1837). Ma il Cousin fu anche, o soprattutto, storico della filosofia, come il suo metodo eclettico pretendeva. E si raccomandano tra gli altri i suoi studi su Platone, che Manzoni conosceva, su Aristotele, su Pascal, su Kant. Occasione della lettera fu però la lettura del *Cours de philosophie moderne*, pubblicato nel '29, l'anno stesso in cui la lettera fu scritta o almeno incominciata.

Diamo, in questa edizione, anche le Appendici e i frammenti, di particolare importanza.

LETTERA A VICTOR COUSIN

Milan, 12 novembre 1829.

Il y a deux parties dans votre lettre du 17 août, cher ami: l'une, à laquelle j'aurais dû répondre plus tôt; l'autre, à laquelle, avec un peu plus de judiciaire, je ne devrais répondre jamais, ou ne répondre autre chose, si non que je ne sais pas répondre. Vous savez, cher homme, ce que vous m'avez demandé: un jugement de votre jugement d'une *fière* époque de la philosophie, dans ses rapports avec la philosophie toute entière. Je ne vous dis pas que cela soit trop, que vous ayez donné au sujet une étendue arbitraire, *messa troppa carne a fuoco*, comme nous disons; je ne vous dis pas non plus qu'il ne soit pas bon d'avoir l'avis des gens: mais encore faut-il voir à qui l'on s'adresse. Or vous savez bien aussi à qui vous vous êtes adressé cette fois: vous savez que je suis un élève de rhétorique qui ai écouté, quelque fois et en passant, à la porte de la salle de philosophie [1], vous savez que, je ne dis pas pour répondre d'une manière satisfaisante à la question che vous me faites, mais pour en parler un peu pertinemment, il me faudrait quelques mois d'étude spéciale de votre *Cours*, précedés de quelques années d'étude de la bagatelle que vous y passez en revue. Est-ce à dire toutefois que je n'aie rien à dire sur ce que j'ai eu le bonheur de lire jusqu'à présent de votre *Cours*? Ah qu'il s'en faut, mon ami! Je ne me souviens guères d'avoir lu de livre qui m'ait fait penser autant de commentaires dans ma tête, sur lequel j'aie autant jasé toutes les fois que l'occasion s'en présentait, et sur lequel je sois aussi prêt à jaser chaque fois que l'occasion s'en présente. Mais de tirer de tout ce fatras une réponse à la diablesse de question que vous faites, je vous en défierai,

---

[1] È da notare che il Manzoni, nonostante i suoi costanti e assidui studi filosofici, ostentò sempre, anche col Rosmini, di non professarsi filosofo.

quand même je pourrais vous le présenter tout ensemble. Ainsi je ne puis pas vous donner ce que vous me demandez: si vous êtes assez bon pour vouloir quelque chose de ce que je puis vous donner, je serai assez hardi ou assez nigaud pour vous en donner. Je dis quelque chose, car si j'allais essayer de vous donner le tout, vous crieriez bientôt *parce, precor, precor*; vous qui demandez un volume. Je vous présenterai quelques échantillons détachés, déchirés même des idées que vos leçons ont fait naître en moi, je les choisirai au hasard, prenant de préférence ce qui me paraîtra avoir l'air de vouloir bien se laisser écrire, ce qui m'offrira un petit bout saisissable.

Mais avant tout, car je ne sais où ceci va m'entraîner, deux mots sur la partie de votre lettre à laquelle il m'est bien facile de répondre. Je vous remercie de la visite aussi agréable qu'honorable que vous m'avez procurée. J'ai reçu M.r Saint-Marc Girardin comme un inconnu; et c'est vous qui en avez été la cause en n'écrivant qu'une partie de son nom, que j'ai depuis retrouvé tout entier dans la Gazette de Milan à la rubrique des arrivées et des départs. Mais si, à cause de ce quiproquo, je n'ai pu lui témoigner une ancienne estime, il aura vu, j'espère, celle qu'il m'inspirait. Veuillez, je vous prie, lui dire un mot du souvenir plein de regret que m'a laissé cette apparition si courte qu'il a fait chez moi, avec son aimable compagnon de voyage.

Maintenant, avant d'entrer dans la terrible matière, il faut que je fasse mes conditions: ou plutôt vous les connaissez déjà; car elles sont la conséquence nécessaire de la déclaration que j'ai faite au commencement. Je suis un ignorant; je ne me crois donc pas en devoir de savoir au juste ce que je dis; et je veux en même temps parler avec une certaine assurance, d'abord pour jouir des avantages de ma qualité, et puis pour ne pas m'entortiller dans des à-peu-près et des peut-être. C'est vous qui voulez que je parle: *la botte dà del vino ch'ell'ha*: buvez, sans faire la grimace, le vin que vous aurez tiré. Je ne réponds pas plus de mes raisonnemens que de mon français. Vous n'aurez de moi rien de complet, ni rien de lié: ni un tout, ni des parties. Surtout ne vous attendez pas à de l'ordre... Je songe pourtant qu'il en faut partout, et que l'on peut en faire à volonté. Je partage donc mon sermon en deux points: admiration et contradiction. Je traiterai le premier à genoux, le second, debout, et les mains sur les hanches. J'entre en matière.

Par où, mon ami? Par quelque chose qui ne soit pas un

commencement, quand ce ne serait que pour éviter cet ordre naturel dans lequel je ne saurais ici faire deux pas. Je vous parlerai donc d'abord d'une des plus fortes impressions qu'ait produit en moi votre théorie historique de la marche de l'esprit humain: son extraordinaire applicabilité. Applicabilité immédiate d'abord, qui fait non seulement que l'on adopte souvent les applications que vous faites vous-même, mais qui fait souvent aussi [que] l'on range le peu qu'on sait (je parle pour moi) dans les classes que vous avez établies, qui fait que l'on retrouve dans ses connaissances antérieures des preuves à ajouter à celles que vous donnez; et qui fait, par cela même, que ces connaissances acquièrent un dégré de clarté, de certitude et d'importance dont elles étaient bien loin. Applicabilité ensuite plus éloignée, plus étendue, par laquelle on ramène à vos classifications, on s'explique par vos principes, on réunit avec vos liens des faits autrefois observés, des faits appartenant en apparence à un ordre de choses tout autre, des faits, qui, certes, ont une dépendance de vos généralités, mais une dépendance si lointaine, que l'on ne peut la découvrir sans être forcé de reconnaître à ces généralités une grande portée. Il m'est arrivé après avoir lu un des endroits (je suis fâché de ne pas le retrouver pour vous l'indiquer) où vous représentez l'esprit humain révolté contre des synthèses vieillies dans la domination, s'essayant à reprendre par l'analyse la matière que celles-là avaient voulu expliquer et régler, et procédant dans cette opération avec un mélange de hardiesse et d'incertitude, abusant de la nouvelle methode par la *précipitation* des conséquences, retombant dans l'ancienne sans s'en apercevoir, et profitant de la disposition de l'ancienne pour la combattre avec des armes dont elle lui reprochait de se servir, etc., il m'est arrivé, disje, d'être obligé de suspendre la lecture, pour faire, ou plutôt pour laisser se faire dans ma tête l'application de ce que je venais de lire, à tel livre italien de littérature publié vers la moitié du siècle passé, livre dont on se souvient rarement à présent, mais qui fut, à son apparition, un grand objet de scandale et d'admiration, et auquel j'avais pensé souvent, où j'admirais moi-même un singulier mélange de bon et de mauvais, et dont j'avais été fort embarassé de donner l'explication, c'est-à-dire l'histoire. Je la trouvais toute faite, je la trouvais involontairement: *mutato nomine, de illo fabula narrabatur*. Autre fait; car toutes les fois qu'un exemple se présentera pour expliquer ma pensée, je m'en fierai plus à lui qu'aux raisonnemens. J'avais dans ma tête et dans mon coeur, comme on dit, un singulier *odi et amo* pour cette école qui veut réduire la morale à l'intérêt, ou plutôt qui veut tirer la morale de l'intérêt [2]. D'un côté je la voyais acharnée à m'enlever un mot, dit-elle; mais quel mot! celui qui me vient le premier à la bouche, celui que j'entends le premier, toutes les fois qu'il s'agit d'apprécier un acte de la volonté humaine; ce mot encore plus souvent sous-entendu, qu'il n'est employé; que l'on retrouve dans les lieux, dans tous les tems où la connaissance peut atteindre; ce mot dont on se sert pour approuver tout ce que l'on veut approuver, pour flétrir tout ce que l'on veut flétrir, tant on est sûr qu'il est entendu par tout le monde! ce mot que l'on oppose à tout, avec l'assurance qu'il est victorieux de tout, lorsqu'il est légitimement appliqué; ce mot dont on part dans les disputes, avec l'assurance qu'il est admis par tout adversaire; la justice! ce mot, sans lequel on ne saurait comment s'entendre, pourquoi on s'est entendu jusqu'à présent, avec lequel s'en iraient tant d'autres, dont l'abjuration paraîtrait également une espèce d'abjuration de l'humanité: devoir, conscience, etc. Et, chose étrange, chose impatientante, ou plutôt chose douloureuse, en nous enlevant le mot, cette école prétend nous laisser la chose, ou plutôt nous la rendre en meilleure forme, elle prétend arriver à l'endroit d'où tous les honnêtes gens ont accoutumé de partir; elle prétend être une vérité qui se trouve toujours d'accord avec une certaine erreur; c'est un principe rationnel qui a peur de ne pas se rencontrer dans les conséquences avec un principe déraisonnable. C'eût été déjà assez pour se défier du principe et de sa raison; mais lorsque j'examinais le chemin par lequel il prétendait me conduire, j'étais d'abord et je demeurais toujours plus convaincu de l'impossibilité d'arriver; je trouvais que c'était se moquer que de proposer pour règle des jugemens et de la conduite telle chose que l'utilité. L'utilité de celui qui agit, et de tout le monde! Voilà une bagatelle à vérifier dans toutes les suites des action passées, pour les juger légitimement, selon cette doctrine; voilà une bagatelle encore plus forte à déviner dans les suites de ce à quoi l'on

---

[2] Assai prima di scrivere l'Appendice al cap. III della *Morale*, il Manzoni aveva già formulato una sommaria critica dei sistemi che fondano la morale sopra l'utilità, e ne sono testimonianza certi frammenti espunti dalla *Morale* del '19. Nelle pagine che seguono egli la approfondisce, e ne riconosce debito al *Corso* del Cousin, dove però, in ossequio ai princìpi dell'eclettismo, e si potrebbe dire dello storicismo, vengono piuttosto messi in rilievo i meriti di quelle scuole.

se résoudra. Bref, je me croyais plus qu'autorisé à rejeter la doctrine de cette école, sans l'écouter davantage. Mais, de l'autre côté, ce n'était pas chose facile de ne pas l'écouter; c'était même chose insensée. Car, toutes les fois que je l'écoutais, que je la suivais dans les applications qu'elle a fait de ce même principe aux sciences les plus importantes, à l'economie politique, exemple, à la jurisprudence, je devais reconnaître que ne pas vouloir l'écouter ce serait ne pas vouloir connaître. Que de faits observés! et que d'observations justes! Quel détail long, suivi, lié des conséquences de telle action, de telle prescription! Que de bons jugemens, et que de bons avis! Ce qu'il y a même de choquant (pour me servir du mot le plus doux) dans ce principe d'utilité, de jouissance, on ne s'en aperçoit presque plus dans l'application que ces gens en font; car où placent-ils presque toujours ce plaisir la plus part? dans l'activité, dans la fidélité à ses engagemens, dans le plaisir fait aux autres, dans la bienfaisance enfin et dans la bienveillance; cet égoïsme, cet épicuréisme qui semblerait devoir découler du principe comme de sa source, on le trouvera plus volontiers dans les écrits de ceux qui le repoussent que dans les écrits qui veulent l'établir. Or, voulez vous savoir quel était pour moi le résultat de toutes ces réflexions opposées?' c'était de m'écrier: c'est singulier!: ces mots par lesquels on conclut si souvent, tandis qu'ils devraient être le signal de l'ouverture de la discussion. Non seulement je ne venais pas à bout de juger d'un seul jugement cette doctrine, mais je n'y songeais même pas.

J'y ai songé après que la chose s'est trouvée faite et ce fut en vous lisant: c'est grâce à vous que toutes ces contradictions qui étaient l'obstacle à la formation de mon jugement, en sont devenues les éléments. J'ai vu par vous comment une philosophie systématiquement, exclusivement analytique, et qui a établi ou qui suppose *a priori qu'il n'y a pas dans la conscience* un seul phénomène qui ne soit *réductible* à la sensation, est amenée nécessairement, si elle ne veut pas douter d'elle même, à nier toutes *les notions qu'elle ne peut réduire à des élémens sensibles.* Voilà, me suis-je dit, pourquoi cette école ne veut pas de la justice, du devoir, etc. J'ai vu, également par vous, comment une philosophie qui prend une partie pour le tout, peut exploiter admirablement cette partie, comment elle peut avoir *sa vérité, son utilité, sa grandeur.* Voilà, me suis-je dit encore, pourquoi cette école parle souvent si bien de l'utile qu'elle a voulu chercher et qu'elle pouvait réellement trouver jusqu'à un certain point par sa méthode: voilà comment elle a travaillé pour la justice qu'elle rejette, ou pour mieux dire qu'elle ne veut pas nommer, car au fond, elle tient à la chose: d'où part-elle? d'où tire-t-elle cette règle qu'il faut chercher l'utilité de tout le monde? Pourquoi après avoir fait quelques pas dans sa voie d'analyse se hâte-t-elle de dire qu'elle est arrivée à découvrir, à démontrer que telle chose est utile à tout le monde, et qu'il faut que tout le monde soit d'accord à la vouloir? Parce qu'elle le savait d'avance qu'elle était désirable; elle croyait la chose parce qu'elle la savait juste. Voilà pour mon *odi* et pour mon *amo* tout ensemble. Tout ceci est bien maigre, bien tronqué, même inexact en apparence, et vous m'en saurez gré, car vous voyez certainement combien je pourrais m'étendre sur ce sujet, par combien d'endroits je pourrais ramener un jugement unique sur cette doctrine à votre enseignement. Mais ma modération ne serait qu'illusoire si après avoir étranglé ce que j'aurais à vous dire sur cette application de votre doctrine, j'en entamais d'autres semblables sur des sujets différens. Car je vous assure que j'aurais bien à dire sur cette applicabilité de votre doctrine; et en verité je ne saurais pas si vos leçons sont plus importantes pour ce que l'on y apprend directement de tout-à-fait nouveau, ou pour le moyen que l'on y trouve d'arranger ce que l'on avait déjà observé: on avait sur telle et telle autre matière une cohue d'idées dans sa tête; on s'en fait un régiment. Je sors donc de ce sujet, et j'en sors d'autant plus facilement que je me trouve naturellement amené à vous parler d'une autre impression également forte qui m'est restée de vos doctrines: c'est celle de leur extraordinaire généralité. C'est encore une chose qui vous distingue éminemment, lorsque vous avez raison (voyez vous ici paraître un petit bout d'oreille de la seconde partie?) de presque tous ceux qui ont raison: c'est que vous l'avez dans un champ extraordinairement vaste, sur une grande quantité de points à la fois. Il en est qui déduisent raisonnablement, ingénieusement telle morale, telles institutions, etc., de telle philosophie; qui font naître telle philosophie de telles circonstances intellectuelles, politiques, physiques même; qui ramènent un effet, quelques effets à une cause qui ne paraît pas du tout prochaine, et que l'on trouve véritable. Vous, les causes des autres sont pour vous des effets communs de causes bien plus vastes, les genres des autres deviennent, dans votre ensemble, des espèces. Ils font voir que tel individu, que tels individus appartiennent à telle famille; chez vous cette famille même est placée dans une classe immense, à laquelle d'autres familles appartiennent et par les mêmes raisons on est rappelé à l'ensemble par les détails quelquefois les moins remarquables, comme l'on songe à tout plein de détails lorsqu'on examine un principe général. On peut ne pas être de votre avis sur tel argument spécial, sur tel jugement d'une époque, d'un système, d'un homme, mais si l'on croit ce que vous en affirmez, on croit ensemble bien davantage, on croit tout plein de choses sur d'autres époques etc., semblables à celle-là, ou tout-à-fait différentes, sur d'autres sujets qui ne sont qu'indiqués par vous et dans d'autres endroits, ou qui ne sont pas même indiqués nulle part. Mais cette généralité s'étend bien au delà; elle est d'une applicabilité bien plus étendue que l'application que vous en faites. Mais ne retournerais-je pas par hasard et sans m'en apercevoir au chapitre de l'*applicabilité* dont je croyais être sorti pour toujours? Ce serait tant pis, ou tant mieux; car si un lecteur qui n'est pas philosophe, en croyant observer une philosophie sous différentes faces, se trouve ramené à un point de vue unique qu'il n'avait pas prévu d'avance, c'est un préjugé qui n'est pas défavorable du tout. Or, puisque j'ai dû une fois faire cette remarque, et que mon attention est réveillée là-dessus, je soupçonne que ce même lien qui réunit peut-être les deux impressions dont je vous ai parlé, s'étende aussi à une autre dont j'allais vous parler, et à laquelle non plus je ne soupçonnais, certes, aucune liaison avec les autres. Je voulais donc vous parler de l'impartialité qui règne dans votre manière d'observer la philosophie et de narrer les philosophies. On serait presque tenté de ne pas vous en faire un mérite; tant elle est chez vous naturelle, on dirait presque involontaire, tant, dans votre plan, elle est obbligatoire, je dirais presque intéressée; mais c'est justement ce qui constitue votre plus grand mérite sur ce sujet. Je ne suis pas même satisfait du nom dont je dois me servir pour qualifier cette qualité; car les idées que l'usage le plus fréquent a associées à ce nom d'impartialité sont bien loin de celles que l'on a en vous l'appliquant. Il y a, ce me semble, deux dégrés, ou plutôt deux genres d'impartialité. L'une qui consiste à accorder à ses adversaires quelque chose de ce qu'ils prétendent expressément, à reconnaître quelques vérités, que l'on plante-là tout-de-suite après, croyant en avoir assez fait par ce grand effort, et comme s'il y eût des vérités qui ne fussent bonnes qu'à reconnaître; ou si l'on croit devoir s'en occuper encore, c'est pour prévenir toutes les conséquences qu'on pourrait en tirer, pour empêcher le mal qui pourrait en dériver, comme s'il y avait des vérités qui ne fussent fécondes qu'en erreurs. Et cette pauvre impartialité, oh misère humaine! est encore rare; mais elle est commune en comparaison de celle dont je veux parler, qui est la vôtre (je ne dis pas toujours; et j'aurai même à vous parler d'un endroit qui me semble faire étrangement exception); mais qui est habituellement la vôtre. Vous n'accordez rien à ceux que dans tel moment on pourrait regarder comme vos adversaires; car vous ne songez pas que ce qui a été dit de vrai puisse jamais être contre la chose pour la quelle on doit être; vous les louez et les remerciez. Vous en dites un *bien* dont ils ne se vantaient pas, dont souvent ils ne s'avisaient pas; et ce *bien* de leurs doctrines est trouvé par le même principe qui en découvre le mal; vous n'êtes pas embarrassé de ce que vous devez faire de *leurs* vérités, car vous avez déjà préparé la place pour les mettre en honneur; ce serait quand on vous empêcherait de les reconnaître que vous seriez embarrassé; car votre philosophie en serait mutilée, elle y perdrait plus que la leur. Vous n'avouez jamais, vous dites; vous observez, vous mentionnez, vous tenez compte. Ce que des hommes accoutumés à ne voir dans les choses que ce qu'elles ont d'usuel, pourraient appeler des aveux, ne sont que des actes de prise de possession. Lorsque après avoir dit: (p. 145) « il y a plus de trois mille ans que ce système existe; il y a plus de trois mille ans qu'on lui fait les mêmes objections » vous vous hâtez d'ajouter « qu'il y a trois mille ans aussi qu'il rend les plus précieux services au genre humain en étudiant un ordre de faits etc. », on voit bien que cet empressement ne vient pas principalement de la crainte d'être injuste; mais de la crainte que l'on ne prenne pour votre pensée ce qui n'en est qu'une partie, que l'on ne s'arrête à une vérité, qui, envisagée comme toute la vérité sur ce sujet, serait pour ainsi dire une erreur. Cette impartialité est d'autant plus haute qu'elle est plus facile; car d'où vient sa facilité si non de ce qu'elle est placée loin, au dessus de ce qui fait obstacle à l'impartialité? Il est beau de vaincre des répugnances systématiques; il est plus beau d'aimer la vérité, et de s'y fier au point de ne pas avoir de ces répugnances à vaincre. Elle est d'un effet d'autant plus sûr et d'autant plus durable qu'elle est moins sujette aux regrets et aux dédits: ce qu'elle admet, elle en fait son bien; reprendre, pour elle, ce serait perdre: *opus iustitiae pax*. Elle est de plus l'impartialité la plus expansive, si j'ose m'exprimer ainsi. Je ne dis pas, à Dieu ne plaise, que vous l'ayez inventée: je ne nie pas non plus, que les circonstances soient extraordinairement favorables à son règne, et que les esprits y soient extraordinairement disposés, qu'il y en ait quelque part beaucoup, et partout plus que jamais; ainsi je ne me chargerai sûrement pas de démêler jusqu'à quel point vos leçons sont plutôt une cause qu'un effet de cette disposition; mais je vois bien clairement qu'elles en sont tout ensemble un effet extraordinairement signalé, et une cause extraordinairement puissante [3].

Y avait-il beaucoup de monde aux leçons de M. Cousin? Ont-elles beaucoup de lecteurs? C'est la seule chose dont je m'informerais (si l'on pouvait l'ignorer ou en douter), pour être assuré de leur efficacité sur ce point. Après vous avoir suivi sur ces hauteurs d'où l'on discerne la vérité mêlée aux erreurs, et leur donnant même cette vie passagère qu'ils ont et cette force qu'ils exercent, il faudrait un effort, et un de ces efforts que l'on ne fait pas, pour descendre, et prendre une place, ou reprendre une ancienne place dans le champ étroit des systèmes. On a été trop content de s'expliquer dans cette position tant de choses auparavant si obscures, si contradictoires, pour ne pas s'y tenir; on y a trop goûté le plaisir calme et élevé, on a même trop gagné la tentation d'être juge, pour redevenir plaideur obstiné et chicaneur; on s'y est trop dégoûté de cette manière de juger par laquelle on peut voir une folie complète dans un exercice sérieux, étendu, durable de l'intelligence humaine, pour y revenir, ou pour la prendre.

Mais d'où vient cette efficacité de votre philosophie en ce point comme en tant d'autres? pourquoi est on entraîné, forcé d'être impartial avec vous, si ce n'est parce qu'on a été forcé d'adopter des points-de-vue élevés, généraux, très compréhensifs, dont vous avez tiré vous-même votre impartialité? Vous avez la bonté de me demander si votre division et votre classification des différens systèmes de philosophie n'est pas arbitraire comme tant d'autres. J'avoue que je serais charmé de pouvoir vous répondre catégoriquement là-dessus. Ce que je puis vous dire c'est que, à en juger par moi, je trouve que rien qu'à la simple exposition de ce système général de divi-

---

[3] Le pagine che precedono, come si sarà notato, sono un elogio del metodo eclettico del Cousin, ovvero dell'imparzialità con la quale bisogna considerare ogni filosofia. Ma tale elogio è anche una scusa anticipata per le critiche che il Manzoni si appresta a rivolgergli, e nasconde però un sottile dissenso anche dal metodo eclettico, molto attento a lumeggiare le verità, troppo poco a investigare l'errore.

sion des systèmes philosophyques, on sent, on voit, pour ainsi dire, ses propres souvenirs, les idées, les corollaires qu'on avait dans la tête se ranger autour de ce système; ce que je puis vous dire encore, c'est qu'il me semble qu'après avoir vu le développement et les applications que vous faites de ce système, la juxtaposition que vous en faites avec tant d'histoire de la philosophie, avec un si vaste et étendu exercice de l'intelligence, après avoir fait avec un tel essai de ce système, on ne peut plus s'en défaire: dans ce que l'on a observé avec vous, dans ce qu'on l'observe soi-même dans la suite, on ne peut plus faire abstraction de ces différentes classes, de leurs rapports entre elles, etc. On a acquis un coup-d'œil dont on se servira infailliblement; on sait où il faut regarder; on trouve, ou au moins l'on cherche une *centaine*, passez-moi cette figure italienne, à tout écheveau de philosophie que l'on prend en main. On voudrait être gros Jean comme devant, qu'on ne le pourrait pas.

On ne pourra s'occuper d'aucune philosophie, sans chercher à la ranger dans une de vos grandes classes, sans chercher à y découvrir, sans y entrevoir même laquelle des grandes tendances que vous avez observées y prédomine [4]. Je suppose que des hommes érudits et méditatifs pourront ne pas être d'accord avec vous sur la distribution de quelques places: car celui qui s'attache à observer une partie est souvent fort dans cette même partie contre celui qui en traite plusieurs ensemble; on pourra tirer telle philosophie, tel philosophe de la classe où vous l'avez mis; mais ce sera pour le placer dans une autre de vos classes: je conçois qu'on transporte des meubles, mais je ne conçois pas qu'on change la disposition des appartemens.

Ce que je pense pour la classification, je le pense aussi pour des relations très importantes entre les classes mêmes et pour leur rapport avec les conditions générales de l'humanité. Que l'on examine même le plus superficiellement et comme je pourrais le faire, deux philosophies contemporaines, et qui se présentent comme tout-à-fait ennemies, tout-à-fait opposées, on ne peut pas ne pas supposer d'avance qu'il y a entre elles une grande homogénéité, une grande consanguinité, pour ainsi dire, que l'on n'aurait pas même soupçonnée autrefois; on sera porté à l'y chercher, ou à l'y de-

---

[4] Esse, come abbiamo visto, sono quattro: sensismo, idealismo, dogmatismo, misticismo.

viner, pour peu que l'on prenne d'intérêt à ces mêmes philosophies.

J'aurais bien des choses à vous dire encore sur cette inévitabilité, car je ne saurais comment m'exprimer autrement, de votre manière de voir l'histoire de la philosophie qui est un autre caractère de votre enseignement qui m'ait le plus frappé; j'en aurais bien à vous dire sur d'autres; mais, mon ami, je suis fatigué d'être à genous. Je coupe donc court à cette première partie; et je vais même la résumer, puisque je vois, bien contre mon attente, que cela peut se faire; car tout cela s'est lié sous ma plume, je ne sais comment, et les pièces que je croyais détachées dans ma tête se sont cousues ensemble à mesure que je les plaçais l'une à côté de l'autre.

Quant au résultat, si vous étiez homme à vous réjouir des suffrages, sans examiner d'où ils viennent et avec quoi ils viennent, vous devriez avoir lieu d'en être bien content. Car, dire qu'une histoire, ou une méthode d'histoire, ou un essai d'histoire, comme vous voudrez, s'exerçant sur une immense généralité de faits, les divise, les range, les subordonne, les lie; dire que les moyens, les règles dont elle se sert pour cela, sont tels qu'on les trouve excellens pour comprendre d'autres faits, pour résoudre d'autres problèmes qui en apparence seraient en dehors de cette histoire; dire qu'elle se propose de chercher presque toujours ce qu'il pourrait y avoir de bon dans tous les exercices ardens et persévérans, dans toutes les manifestations éclatantes de la pensée humaine; et qu'elle fait cela de manière à en propager le goût, le besoin, l'habitude, à entrainer l'imitation par l'assentiment; dire enfin que l'efficacité qu'on y a observé dans ce cas particulier, n'est aussi qu'une espèce d'une efficacité bien plus vaste; que le regard philosophique de celui qui l'a connue en a pris l'habitude de se porter de soi sur les points saillans indiquées par elle, et de suivre ses directions; c'est dire qu'elle exerce une grande force sur les esprits, et qu'elle tient cette force d'une grande vérité qui est en elle: c'est dire qu'elle a, à un très haut dégré, de ce vieux et de cet universel qui est le vrai, et de ce nouveau et de ce particulier qui en vient et qui fait le grand; c'est dire qu'elle doit exercer dans le règne de l'intelligence humaine une grande influence, et y faire beaucoup de bien. Voilà ce que je me trouve avoir dit, moi qui ne voulais rien dire, et (quel dommage que ce soit moi et que cela ne compte rien) c'est bien ce que je pense. Je sens bien que cela signifie rien; mais heureusement je pense cela en grande compagnie; ainsi mon suffrage qui par lui-même par ses motifs ne compterait rien, compte quelque chose en faisant nombre; ce sont deux mains de plus qui claquent, et y sont pour leur part à faire le brouhaha.

Mais je pense aussi autre chose: et me voilà arrivé tout naturellement à ma seconde partie. C'est ici, mon ami, que je suis encore plus vivement frappé de la difficulté de ma tâche, ou plutôt de l'étrangeté de mon entreprise. Je voulais recommencer à en rire; mais je ne puis. La disproportion entre mes forces et le sujet, m'avait d'abord paru quelque chose de bien plaisant; mais, à mesure que j'ai avancé, j'ai dû sentir qu'il pouvait bien y avoir là une raison de me taire, mais pas le plus petit mot pour rire; j'ai dû m'apercevoir que je parlais tout de bon, et que je n'aurais pu parler autrement; et qu'ainsi ce parti que j'avais pris d'abord de me moquer d'avance de ce que j'allais dire, qui m'avait semblé un bon moyen d'échapper à cette responsabilité qui pèse sur toute parole, une espèce de désaveu éventuel et commode de ce qui aurait pu vous paraître par trop singulier, n'était qu'un contresens ridicule lui-même. Et pourtant ce m'était une contenance: evouez que ce n'est pas pour moi une petite affaire d'en trouver une autre: et cela au moment de vous attaquer. Car, tout de bon, je vais vous attaquer; moi!

Une histoire de la philosophie suppose une philosophie exposée, ou simplement indiquée; proposée expressément ou sous-entendue, il faut qu'elle y soit: s'il n'y en a pas une, il y en aura plusieurs, il y aura, pour mieux dire, des lambeaux de plusieurs. Car, comment raconter, comment classer des systèmes, sans les juger? et comment les juger sans les comparer à un type préexistant dans l'esprit, à des vérités, préconnues ou pressenties, à ce qu'on croit des vérités [5]? Je suis si persuadé de cela, que je croyais l'avoir trouvé; et c'est de là que je voulais partir pour vous présenter mes difficultés. Ce n'est qu'en vous relisant que je vois que c'est de vous que je dois avoir appris cela, puisque cela y est dit et répété. Je crois aussi que c'est de la lecture de ce *Cours* même, peut-être aussi de quelque autre livre, mais de celui-là particulièrement, et plus particulièrement des premières pages de la 3.eme leçon 1828, que m'était resté, *nescio qua in parte*

---

[5] È questo il punto dal quale parte la critica vera e propria del Manzoni, che sottintende altresì una critica dell'eclettismo. Quando, dopo aver rilevato il buono esistente in tutte le filosofie, il Cousin viene a formulare la propria, non gli resta se non un « residuo » (la parola è mia) estremamente vago e indeterminato, che egli chiama ispirazione o rivelazione.

mentis meae, un théorème bien plus général que je croyais né dans ma tête parce qu'il y avait paru à la suite de longues réflexions, et qu'il semblait en sortir: qui est que non seulement tout ce qu'on peut dire sur l'histoire de la philosophie, mais tout ce qu'on peut dire sur un sujet quelconque suppose une philosophie; parce que dans tout ce qu'on dit sur un sujet quelconque on sous-entend quelque chose qui en est le fondement, la condition essentielle; on le sous-entend soi-même, et on le suppose, même, sans s'en rendre compte, sous-entendu par les autres; parce que l'étude de la philosophie n'est autre chose, n'est rien moins que l'étude de ces sous-entendus si peu étudiés et si continuellement, si inévitablement employés.

Mais il ne s'agit pas ici de débrouiller dans ma tête ce que vous y avez mis d'avec ce qui pouvait y être auparavant: et également ce me serait chose impossible: il s'agit de vous indiquer ce qu'elle n'a pas voulu recevoir, et de vous indiquer en même temps *il come e il perché.* Or c'est précisément et principalement sur des points essentiels de votre philosophie que mon esprit n'a pu, et ne peut adopter vos idées: à tel point que j'ai dû en venir à me demander à moi-même s'il n'y avait pas de la contradiction dans mon fait, et comment je pouvais persister dans une si vive et si humble admiration d'une grande partie de l'histoire, en récusant avec tant de résolution une grande partie de la philosophie qui en est la base et la règle. Avant de vous dire ce que je me suis répondu, je dois enfin vous présenter quelques unes de ces objections.

Je dis des objections; car je crois que ce ne sera à-peu-près que cela. Tenter d'édifier est plus beau que tenter de détruire, sans doute; mais ce n'est pas, dans un tel sujet, l'affaire d'une lettre; ce n'est pas surtout une entreprise *meis aequa viribus*: je ne me propose donc que d'impugner. Si pourtant sous ma logique, sous mes *nego* et mes *distinguo,* vous croyiez apercevoir des arrière-pensées d'affirmations tenant à une doctrine positive sur les points que je discute, vous pourriez fort bien rencontrer juste; car il y a réellement de ces arrière-pensées. Mais je vous demande que les raisons que vous croiriez avoir contre ce que je puis penser et ne dis point, n'influent pas sur le jugement de ce que j'aurai dit. Mon intention est d'employer une logique qui soit aussi la vôtre, de ne partir que de points sur lesquels je puisse supposer d'avance que nous sommes d'accord. Jugez-moi sur cela et d'après cela; et s'il vous arrive quelquefois de dire: *je vois où il voudrait aller*; que ce ne soit que pour observer plus rigoureusement si j'ai le droit d'aller jusqu'où je vais.

Vous adressant mes contradictions à vous-même, je n'ai pas besoin d'y mettre un ordre manifeste, et qui puisse être indiqué d'avance. Quelque question que j'aborde, de quelque côté que je l'aborde, vous voyez immédiatement où je suis, et vous pouvez juger, si en vous attaquant par ce côté, je tiens, ou non, compte de l'ensemble. Si dans ces contradictions il y aura une liaison, une progression logique, elle se retrouvera à la fin.

Je choisis donc pour texte un endroit où je trouve une ouverture commode pour entrer en matière.

« Comme, dans l'intuition spontanée de la raison, il n'y a rien de volontaire, ni par conséquent de personnel, comme les vérités que la raison nous découvre ne viennent pas de nous, il semble qu'on peut se croire jusqu'à un certain point le droit de les imposer aux autres, puisqu'elles ne sont pas notre ouvrage, et que nous-mêmes nous nous inclinons devant elles, comme venant d'en haut; au lieu que la réflexion étant toute personnelle, il serait trop inique et absurde d'imposer aux autres le fruit d'opérations qui nous sont propres. Nul ne réfléchit pour un autre, et alors même que la réflexion d'un homme adopte les résultats de la réflexion d'un autre homme, elle ne les adopte qu'après se les être appropriés, et les avoir rendus siens. Ainsi le caractère éminent de l'inspiration, savoir l'impersonnalité, renferme le principe de l'autorité, et le caractère de la réflexion, la personnalité, renferme le principe de l'indépendance » (*Cours* de 1829, pp. 45-46) [6].

Là-dessus j'ai à vous dire d'abord qu'il me semble que la raison tirée de ce que vous appelez les caractères de la spontanéité et de la réflexion, l'impersonnalité et la personnalité, ne peut servir en aucune manière à établir ni les deux principes opposés que vous donnez à chacune d'elles, ni aucune des différences que vous prétendez établir entre elles.

J'admets, sans y regarder de plus près, qu'il est inique et absurde d'imposer aux autres ce qui est personnel. Quand j'aurai admis aussi que la réflexion est toute personnelle, cela

---

[6] È da rilevare il liberalismo ideologico del Cousin. Egli rifiuta la riflessione, difesa invece dal Manzoni, perché gli sembra imporre qualcosa agli altri.

ne me fait rien, ni à la question: car, quoi que je doive entendre ici par *imposer,* je vois toujours bien clairement que ce n'est pas la réflexion qu'il puisse jamais être question d'imposer. Ce n'est pas de l'opération elle-même, c'est du produit, des résultats de la réflexion qu'il s'agit.

Or, ces résultats sont-ils nécessairement personnels? ne le sont-ils pas? Voilà la question.

Car, s'ils ne le sont pas, votre raison tirée de la personnalité ne leur est pas applicable; la différence sur laquelle vous aviez prétendu établir les deux principes de l'autorité et de l'indépendance, s'évanouit; et ces deux principes ne sont plus que des conséquences de ce qui n'est pas.

Si, au contraire, les résultats de la réflexion sont nécessairement personnels, il s'ensuivra qu'il est inique et absurde de les imposer; mais il s'ensuivra encore autre chose.

Il s'ensuivra tout simplement que l'on ne peut, par la réflexion, obtenir aucune vérité. Car rien n'est moins personnel que la vérité. « Qui a jamais dit: ma vérité? votre vérité? » (1828, leç. 6.ᵉ, p. 18).

Et ce n'est pas ici un contraste symétrique de phrases choisies pour le produire, ce n'est pas une opposition verbale, extérieure, accidentelle: ce sont deux parties de votre doctrine réellement opposées et dont l'opposition se manifeste davantage à mesure qu'on les retourne et qu'on les rapproche par plus de côtés.

Pourquoi, en effet, semble-t-il, selon vous, que l'on puisse se croire, jusqu'à un certain point, le droit d'imposer aux autres les vérités que la raison nous découvre dans l'intuition spontanée?

Parce qu'elles ne viennent pas de nous, parce qu'elles ne sont pas notre ouvrage.

Or qu'est-ce que la réflexion cherche? que prétend elle, en tout cas, avoir trouvé? qu'entendrait-elle proposer, imposer, aux autres intelligences? Quelque chose qui vînt d'elle, par hasard? Eh mon Dieu non: elle ne crée rien: elle cherche tout bonnement ce qui est déjà dans l'intuition, quelque chose qui ne vient pas de nous, qui n'est pas notre ouvrage, des vérités, en un mot.

Peut-elle en venir à ses fins? Lui est-il donné d'obtenir quelque chose de tel? Il est ridicule de vous faire une pareille question; il est ridicule même de dire que votre réponse est dans le titre même de votre livre. Mais je n'ai pas besoin de me prévaloir de cela; le oui et le non me sont indifférens: ils me fournissent même les termes du dilemme, que je vous ai déjà opposé, et que je retrouve à tuot bout de cette question. Ou la réflexion peut trouver ce qu'elle cherche, c'est-à-dire quelque chose qui ne vienne pas de nous, des vérités, et alors on doit pouvoir se croire, à l'égard de ce résultat, tout ce qu'on peut se croire à l'égard des vérités que la raison nous découvre dans l'intuition spontanée [7]. Ou la réflexion, parce qu'elle est toute personnelle, ne peut rien obtenir d'impersonnel, c'est-à-dire, ne peut découvrir aucune vérité; et alors, que devient le philosophie, qui est la réflexion?

Mais je serai bien plus fort en vous faisant parler vous-même tout du long:

« Comme il n'y a pas plus dans la réflexion que dans la spontanéité, dans l'analyse que dans la synthèse primitive, les catégories, dans leur forme ultérieure, développée, scientifique, ne contiennent rien de plus que l'inspiration. Et comment avez-vous obtenu les catégories? ... Par l'analyse, c'est-à-dire par la réflexion. Or, encore une fois, la réflexion a pour élément nécessaire la volonté, et la volonté c'est la personnalité, c'est vous-même. Les catégories obtenus par la réflexion ont donc l'air, par leur rapport à la réflexion, à la volonté et à la personnalité, d'être personnelles ... »

Mais « si Kant [8], sous sa profonde analyse, avait vu la source de toute analyse, si sous la réflexion il avait vu le fait primitif et certain de l'affirmation pure, il aurait vu ... que les vérités qui nous sont ainsi données, sont des vérités absolues, subjectives, j'en conviens, par leur rapport au moi dans le phénomène total de la conscience, mais objectives en ce qu'elles en sont indépendantes ... La raison n'a aucun caractère de personnalité et de liberté ... » (1828, leç. 6.ᵉ, pp. 15-17).

N'est-ce pas là avoir renversé d'avance les fondemens de

---

[7] La riflessione, se non fa altro che accogliere i dati dell'intuizione spontanea, non può essere iniqua.

[8] Emanuele Kant (1724-1804), tedesco, stabilì nelle sue tre Critiche (*Critica della ragion pura, Critica della ragion pratica, Critica del giudizio*) i fondamenti di ogni nuovo filosofare, raccogliendo ad un tempo i risultati di tutta la speculazione moderna postcartesiana. Affermò che la ragione, con le sue categorie soggettive ma oggettivamente vincolanti, può conoscere soltanto i fenomeni o apparenze, mentre il noumeno, o cosa in sé, resta inconoscibile. Così l'esistenza di Dio e dell'anima sono postulati della ragion pratica, o esigenze morali, ma non sono dimostrabili. Manzoni accennò qua e là all'opera di Kant, criticandolo, soprattutto secondo le indicazioni del Rosmini.

cette distinction que vous avez voulu ensuite établir dans l'endroit que j'examine? N'est-ce pas avoir prévenu directement, écarté expressément toute illation de la personnalité de la réflexion aux résultats de la réflexion? Et n'aviez-vous pas dénoncé vous-même la conséquence nécessaire d'une telle façon d'argumenter, en disant que « après avoir commencé par un peu d'idéalisme, Kant aboutit au scepticisme »?

Certes, il y aboutit; mais il m'est évident que vous y aboutissez vous-même, et par le même chemin; non pas au scepticisme universel (au moins directement), mais au scepticisme dans tout ce qui vient par la réflexion, c'est-à-dire au scepticisme en philosophie. Car si, d'un côté, rien n'est moins personnel que la raison; si, de l'autre côté, de ce que la réflexion est toute personnelle il s'ensuit que le fruit de ses opérations diffère des vérités que la raison nous découvre dans l'intuition spontanée, et en diffère justement en ce qu'il ne peut participer aux droits que ces vérités possèdent comme ne venant pas de nous; si la personnalité de l'opération se communique aux résultats, y demeure, y compte, il s'ensuit aussi, ou plutôt il est dit que la réflexion ne peut aboutir à rien de rationnel, à aucune vérité.

Je vois combien cela jure avec l'intention principale de votre système; mais je trouve curieux d'employer l'instrument qui m'est fourni par vous, à l'usage même pour lequel vous l'avez forgé; à démontrer le scepticisme dans la doctrine d'un philosophe qui ne veut pas être sceptique [9]. Au reste, je vous dis franchement que je ne puis pas être étonné de voir le scepticisme poindre de tout côté dans une philosophie, qui, après avoir placé l'aperception de la vérité, et la foi absolue dans un moment, dans une forme de la pensée, se déclare indépendante de ce moment, de cette forme; que de le voir se montrer plus à découvert lorsque cette indépendance est appliquée, mise en jeu, surtout lorsqu'il s'agit de l'établir. Ainsi, sans sortir à présent de mon texte, et de la question spéciale que j'ai entamée, je puis observer que le scepticisme est tellement inhérent au principe de la philosophie que vous voulez établir ici, que toutes vos paroles le recèlent; votre style est sceptique ici en ce qui regarde la réflexion.

---

[9] Lo scetticismo deriverebbe dal fatto che senza riflessione non può concepirsi filosofia mentre la riflessione, per Cousin, sarebbe soggettiva.

Quel nom donnez-vous, en effet, à ce qui sera, selon vous, la matière de l'autorité, à ce *qu'on peut se croire, jusqu'a un certain point, le droit d'imposer aux autres?*

Vous appelez cela tout rondement des vérités: *les vérités que la raison nous découvre.*

Et comment appelez-vous ce qui sera la matière de la philosophie, ce qu'*il serait trop inique et absurde d'imposer à d'autres?*

Le fruit, les résultats de la réflexion [10].

Quoi! vous n'avez pas d'autres nom à leur donner? Aux *vérités* de l'intuition vous opposez les *résultats* de la réflexion, c'est-à-dire quelque chose d'aussi général, d'aussi indifférent que possible, quelque chose qui ne specifie, qui n'exclut pas plus la vérité que l'erreur. Vous n'allez pas plus loin, tandis que plus loin est la question: car je sais bien que ce qu'on obtient par la réflexion est un résultat; mais tant que je ne sais que cela, je ne puis rien en inférer; je ne puis voir comment ce qu'on pourrait se croire jusqu'à un certain point le droit de faire avec des vérités, il serait inique et absurde de le faire avec ce dont on ne me dit autre chose, si non que c'est un résultat.

Et ce n'est pas, ici non plus, une chicane sur les mots que je vous fais: les mots sur lesquels je vous fais mon objection ont bien sûrement l'inconvénient capital de laisser en blanc ce qu'il s'agit de décider: or, je prétends que vous ne pouviez, que vous ne pouvez en employer d'autres qui échappent à cet inconvénient, et qui touchent au vif de la question, sans faire disparaître, sans nier la différence sur laquelle vous établissez les deux principes. Essayez de dire: *la réflexion étant toute personnelle, il serait trop évidemment inique et absurde d'imposer à d'autres* les vérités que nous pouvons obtenir par elle. On vous remontrerait tout de suite que, si ce sont des vérités, c'est la raison qui nous les découvre, elle ne viennent pas de nous, elles entrainent tous les droits que la vérité peut entrainer. On vous dirait que si ces vérités *obtenues par la réflexion ont l'air, par leur rapport à la réflexion, à la volonté et la personnalité, d'être personnelles*, il ne faut pas se laisser tromper à cet *air*, au point de leur attribuer les effets d'une personnalité qu'elles n'ont pas, qu'elles ne peuvent pas avoir, par cela même qu'elles sont des vérités.

---

[10] È evidente, in questo luogo, che Cousin si contraddice da sé.

Mais que dis-je: on vous remontrerait? ce mot même de *vérités* employé à cette place vous aurait averti, avant tous, que vous opposiez la chose même à la chose même: l'iniquité et l'absurdité appliquées au désir, à la prétention que la vérité soit crue etc.

Aussi voyez quel fondement demeure à l'autorité, que devient cette autorité (je dis celle que vous voulez établir comme un principe) lorsque, en l'examinant, on se tient attentif à cette question que vous écartez: le fruit de la réflexion peut-il être la vérité?

Si je cherche ce que vous entendez par autorité, je ne trouve si non qu'elle serait identique à un droit d'une intelligence d'imposer des idées aux autres intelligences. J'aurais bien des explications à vous demander sur le sens du mot *imposer* et sur autre chose, s'il s'agissait de nous entendre sur l'essence et les opérations de l'autorité; mais je n'examine que les fondemens que vous lui donnez; je cherche à qui vous attribuez ce droit, à qui vous le refusez, et pourquoi.

Vous l'attribuez à l'inspiration, vous le refusez à la réflexion; et vous vous fondez pour cela sur une différence que vous marquez entre ces deux momens de la pensée.

Avant de peser cette différence, avant d'apprécier les effets, et pour les apprécier avec connaissance entière, je m'attache donc à observer ce qu'il y a d'égal entre ces deux momens, et dont votre rédaction chercherait à me distraire.

Il y a (c'est-à-dire qu'il peut y avoir) des deux côtés croyance, certitude. Vous devez bien affirmer cela pour la réflexion comme pour l'inspiration, à moins que de condamner la première à un doute perpétuel, au scepticisme de fait.

Et quand je dis certitude, j'entends une certitude légitime; ce que vous devez aussi affirmer, à moins que de condamner la réflexion à ne pouvoir sortir du doute que pour entrer dans l'illusion, dans le mensonge, à moins que d'établir contre la philosophie un scepticisme de droit.

Avec une telle égalité dans ce qui est le plus essentiel, le seul essentiel même, voyons à présent quelle est la différence que vous marquez entre ces deux momens, entre leurs résultats, la différence dont vous partez pour leur assigner deux principes opposés, pour attribuer à l'un et pour refuser à l'autre un droit d'imposer.

C'est une différence d'opération, de génération, si vous voulez. Elle consiste en ce que, dans un cas, l'on est certain après réflexion, dans l'autre, on est certain sans avoir réfléchi.

Quoi! Celle-là, et pas d'autre? Celle-là et pas d'autre, au moins que je voie.

Quoi! ce serait de cela que naîtrait un droit? un droit d'une intelligence sur les autres intelligences? Quoi! l'autorité, quoi qu'elle soit, serait fondée sur cela? Ce seraient-là ses titres? Ce serait-là son cachet? Je conçois à présent que vous soyez si soigneux d'écarter son intervention, son jugement des débats de la philosophie: je ne conçois pas que vous en vouliez de cette autorité, que vous l'admettiez quelque part que ce soit. Quoi! un homme se croirait le droit de m'imposer des idées, par la raison qu'il y croirait lui, et qu'il n'y aurait pas réfléchi? Qu'on appelle l'autorité un joug avilissant pour la raison, je le trouve bon, si l'autorité est cela; c'est un joug que je crois avoir, je ne dis pas le droit, mais le devoir de rejeter. J'ose même croire que personne n'a jamais prétendu à un tel droit, n'a jamais prétendu exercer une telle autorité. « L'homme » dites vous « appelle révélation l'affirmation primitive. Le genre humain a-t-il tort? » (1828, 6.ᵉ leç., p. 12).

Je suis encore de ceux qui croient que, si le genre humain pouvait avoir tort, personne ne pourrait avoir raison: mais je vous déclare que je ne lui ai jamais entendu dire pareille chose; je déclare que vous êtes le premier à qui je l'entends dire. Peut-être quelqu'un l'a-t-il dit avant vous, et c'est comme ignorant en philosophie que je ne le sais pas. Mais qu'est ce que j'ignore alors? Des opinions particulières à coup sûr. Car, ayant tant de fois entendu, tant de fois lu ce mot de révélation [11], et toujours dans un sens tout à fait différent de celui que vous lui attribuez, il serait par trop singulier que je ne me fusse jamais rencontré qu'avec des exceptions, avec gens qui ne penseraient pas comme le genre humain. Je ne puis croire cela; et en entendant par révélation toute autre chose que ce que vous appelez affirmation primitive, je crois fermement être avec le genre humain contre vous; peut-être contre un certain nombre d'hommes, contre une école qui, en prenant les mots du genre humain, prétendrait qu'il a dû dire par eux autre chose que ce qu'il a voulu dire. En ceci vous pouvez bien prendre le genre humain à partie, mais non à témoin.

C'est donc par une nécessité spéciale de la position où

---

[11] In senso ben diverso: quello della rivelazione religiosa.

vous vous étiez mis, c'est par une contrainte que vous imposait votre système, que vous avez dû employer ici les mots indifférens et insignificatifs de *fruit,* de *résultat;* c'est parce que tout autre mot qui eût exprimé leur qualité essentielle, aurait de lui-même ôté toute force à la raison de la personnalité et de l'impersonnalité sur laquelle vous vous fondez pour établir les deux principes opposés, et faisant disparaître toute différence essentielle entre le produit de l'inspiration et celui de la réflexion n'aurait laissé à la première qu'une circostance qui assurément n'est pas de nature à lui mériter le privilège, quel qu'il soit, que vous lui accordez.

Mais ces mots qui veulent seulement ne pas dire que par le moyen de la réflexion on peut obtenir la vérité, ces mots, si on les arrête, si on les presse, si on les sécoue, disent le contraire; ils nient implicitement ce qu'ils dissimulent, ils nient que ce qu'ils indiquent puisse être la vérité. Ils le nient, parce que, n'indiquant la chose que par une circonstance extérieure, par son moyen d'être ou d'apparaître, et non par son essence, ils vous permettent d'attribuer à la chose même le caractère du moyen, c'est à dire la personnalité; ils le nient par cela seul qu'ils ne l'affirment pas; puisque, se trouvant, eux qui comprennent également, et d'une manière éventuelle et potentielle, le *oui* et le *non,* se trouvant, dis-je, dans un raisonnement où les concomitances et le conséquences nécessaires du *oui* sont expressément repoussées, c'est la seule signification du *non* qui leur reste.

Ainsi il me semble que ce n'est qu'en reniant la philosophie que vous pouvez établir l'autorité sur la base que vous lui donnez.

Mais moi, qui vous accuse, avec une témérité insupportable peut-être, de vous être laissé fourvoyer par des mots, ne me suis-je pas rendu coupable moi-même d'une véritable infidélité, en citant les vôtres? Car, j'ai dit que vous aviez attribué à l'inspiration *un droit d'imposer*; et pourtant voici tout ce que vous aviez dit au sujet de ce droit: « Comme dans l'intuition spontanée de la raison il n'y a rien de volontaire, ni par conséquent de personnel, comme les vérités que la raison nous découvre ne viennent pas de nous, il semble qu'on peut se croire jusqu'à un certain point le droit de les imposer aux autres ». J'ai donc traduit *il semble* par *il est ainsi.*

Il est vrai; mais mon excuse va être une nouvelle témérité: car je prétends que je ne pouvais combattre ni saisir le raisonnement par lequel vous établissez les deux principes opposés, l'autorité et l'indépendance, qu'en supposant l'affirmation là où vous ne proférez que le doute; je prétends en conséquence que vous m'aviez autorisé à faire cette supposition. En effet, vous refusez bien explicitement à la réflexion ce *droit d'imposer*; c'est dans la privation de ce droit que vous trouvez la différence entre la réflexion et l'inspiration; différence de laquelle vous partez pour leur assigner deux principes opposés; je ne pouvais donc comprendre l'autorité que comme une chose à laquelle ce droit serait inhérent.

Et je tire de là une nouvelle conclusion contre le principe de l'autorité, tel que vous l'établissez; c'est qu'il ne découle pas même des prémisses dont vous le faites dériver. Je vais transcrire encore, pour mieux motiver ma proposition sur le passage même: « Comme, dans l'intuition spontanée de la raison il n'y a rien de volontaire, ni par conséquent de personnel, comme les vérités que la raison nous découvre ne viennent pas de nous ... » Je suis attentif pour voir ce que vous déduirez de là: « il semble qu'on peut se cirore jusqu'à un certain point le droit de les imposer aux autres ».

Soit; mais qu'en conclûrez vous?

« Ainsi le caractère éminent de l'inspiration renferme le principe de l'autorité. »

Ainsi? C'est-a-dire que la raison, le fondement, l'explication de cet énoncé se trouve dans la proposition antécédente. Or qu'y a-t-il dans la proposition antécédente? Un peut-être, une apparence, une probabilité, si vous voulez. Il semble! Mais il faut aller plus loin, pour atteindre le terrain sur lequel on puisse établir un principe. Il n'est pas même dit à qui cela semble. Est-ce à d'autres qu'à vous? Que puis-je conclure d'un tel fait? et pourquoi d'une manière de voir de je ne sais qui pourrat-il dériver un principe pour moi? Est-ce à vous qu'il semble? Mais alors, décidez vous, si vous voulez établir quelque chose d'aussi décidé qu'un principe. Ce droit, que, en fait, on peut se croire, est-on fondé à se le croire? Dérive-t-il en effet de ce que dans l'intuition spontanée il n'y ait rien de volontaire? Dites oui: j'aurai alors tout plein de questions à vous faire; je discuterai alors cette base de votre principe; mais je trouve qu'il manque de base tant que vous vous bornez à dire qu'il semble qu'on puisse se croire ce droit. Et *jusqu'à un certain point* encore: voilà une incertitude sur l'étendue du principe ajoutée à l'incertitude de sa réalité. Vous me faites partir d'un fait qui ne peut être qu'absolu, sans plus ni moins, sans dégrés, tel que la non-intervention de la volonté; vous voulez me faire arriver de là à un principe également absolu; et vous me faites passer par un *medium* indeterminé et vague! Qu'est-ce à dire *jusqu'à un certain point*? Est-ce que la condition de l'impersonnalité, cette condition si puissante, qui nous autorise à rapporter à Dieu même ce qui nous est donné avec elle (1828, leç. 6.ᵉ, p. 12), ne vaudrait pas partout? qu'il y aurait des points au delà desquels elle perdrait son efficacité, son droit? Alors pourquoi, comment vaudrait-elle en deçà de ces points, elle qui ne peut avoir qu'une efficacité générale, absolue, identique? Mais je m'éloignerais trop de la question, si je suivais celles qui se pressent ici en foule; peut-être reviendront elles à une meilleure place, et en laissant de côté la consideration accessoire dans celle-ci, de l'indétermination du principe, j'insiste sur ce que, n'étant établi que sur l'énoncé d'une opinion possible, il n'est pas réellement établi; sur ce que le caractère éminent de l'inspiration, savoir l'impersonnalité, n'entrainant que l'apparence que l'on puisse se croire un droit, peut bien renfermer une apparence, mais à coup sûr ne renferme pas un principe.

J'allais vous faire une objection du même genre contre la déduction du principe de l'indépendance; mais puisque je vois que j'ai pu parler quelque temps sur l'autorité toute seule, quoique elle soit si enchevêtrée, par son opposition même, avec l'indépendance, je me tiens à cette division; j'acheverai d'abord de vous dire ce que j'ai sur le coeur contre l'autorité telle quell'est proposée dans votre système; et je me dègonflerai après sur l'indépendance.

J'ai examiné cette autorité dans ses fondemens: j'ai voulu prouver qu'on ne pouvait, par la raison tirée de l'impersonnalité, l'attribuer à la spontanéité, et la dénier à la réflexion, sans établir le scepticisme dans tout ce qui vient de la réflexion, c'est-à-dire, selon vous, dans la philosophie elle-même; j'ai prétendu encore que, par une conséquence nécessaire de cette position entre deux écueils, tandis que d'un côté vos paroles, et vos réticences mêmes vont à ce scepticisme, pour peu qu'on les pousse en ligne droite, de l'autre, ne reconnaissant pas positivement à la spontanéité le droit que vous présentez comme identique à l'autorité, vous n'établissez pas réellement cette autorité que vous lui attribuez comme son principe.

Je vais à présent examiner ce même principe dans son action; et vous exposer quelques inconveniens, ou pour mieux dire des impossibilités absolues que, indépendamment de son défaut d'origine, il me semble voir dans son application.

Et d'abord cette autorité qui, pour tenir, quelque part que ce soit, la place légitime que vous lui assignez (« je parle du principe de l'autorité, non dans les matières de la foi et dans le domaine de la théologie, où l'autorité a sa place légitime »; 1829, p. 62), doit être reconnaissable, ne l'est point du tout. Pour réduire la question dans ces termes précis, il faut déclarer d'abord qu'il n'est question ici que d'une autorité qui s'exerce par l'homme sur l'homme. Mais quels sont les hommes qui possèdent l'autorité? C'est ce que cherchent et déterminent ceux qui l'admettent, c'est ce que prétendent être une recherche absurde ceux qui la nient. Mais les uns et les autres s'accordent à entendre par autorité quelque chose qui rend croyable le témoignage de quelqu'un parce que c'est le sien. C'est là l'idée commune de l'autorité; et par idée commune j'entends celle que tous, défendans et opposans, s'accordent à regarder comme le sujet de la question. Toutes les fois que l'on a entendu et que l'on entend dire: Dieu a parlé; l'Eglise l'a défini; le genre humain l'atteste; ou bien: Aristote l'enseigne; c'est un précepte d'Horace; Pline le dit expressément; ou bien encore: c'est moi qui vous le dis; vous pouvez m'en croire: tout le monde s'est accordé et s'accorde à reconnaître dans un tel langage l'application du principe de l'autorité. C'est toujours, dans les plus grandes choses, comme dans les plus petites, dans l'application la plus logique, comme dans la plus inconséquente, dans la plus légitime, comme dans la plus arbitraire, la parole de quelqu'un donnée come raison péremptoire, que l'on entend par autorité. Sitôt que celui qui avait cité cette parole, se prête, s'avoue obligé à démontrer, par toute autre raison et en oubliant l'auteur, qu'elle contient la vérité, il est censé avoir renoncé à l'autorité, pour entrer dans le raisonnement [12].

---

[12] L'idea di autorità è indisgiungibile da quella di persona, mentre il Cousin si studia di renderla impersonale per « nulla importe agli altri ».

Ipse dixit: c'est-là le mot de l'autorité: que l'on ait expressément reconnu, que l'on soit prêt à reconnaître pour infaillible cet *ipse* que l'on cite, ou que l'on n'y ait pas songé, et que, poussé à bout, on se trouve contraint de dire non; que l'on soit ou non fondé a reconnaître cette infaillibilité: ce que j'entendais par application légitime et par application arbitraire; que cet *ipse* soit un ou plusieurs ou tous; que ce soit quelqu'un que l'on regarde comme dépositaire assuré et comme fidèle témoin de la vérité, ou la source de la vérité même: car dans l'application même la plus étendue ou plutôt dans l'application primitive du principe, c'est encore l'idée de personne, c'est « Lui » qui l'a dit.

Or c'est ici, il me semble, que vous vous séparez de tout le monde: ce que je n'observe pourtant que pour marquer ce que votre idée a de nouveau et de particulier, afin de la mieux observer au moyen de la comparaison. Elle diffère donc de l'idée commune en ce que celle-ci voit l'autorité dans les personnes, vous la placez dans une circonstance intérieure d'un acte intérieur. Or l'idée commune remplit parfaitement la condition essentielle dont il est ici question: que l'autorité soi reconnaissable. Cette idée est par là parfaitement conséquente avec elle-même; car se proposant (pour l'admettre ou pour la nier, c'est égal) une parole croyable par elle-même, et indépendamment de l'évidence de la chose signifiée à l'égard des raisons appelées à croire, elle a dû vouloir et elle a voulu une désignation des personnes dont la parole aurait une telle valeur; se proposant un témoignage qui devrait emporter la certitude, et cela dans un monde où l'on sait bien qu'il y a des témoignages trompeurs, elle a dû entendre et elle a entendu que les témoins seraient indiqués d'avance: c'était le seul moyen que cette idée avait de se rendre réalisable, pour ainsi dire; c'était le seul moyen que l'on eût de la retrouver dans le fait, pour la soutenir ou pour la combattre, pour la reconnaître ou pour la récuser.

Vous, au contraire, vous qui pourtant entendez, avec tout le monde, par autorité: parole croyable par elle-même et sans démonstration de ce qu'elle annonce (car on ne peut donner aucun autre sens au mot *imposer,* et c'est le seul sens au reste par lequel on puisse comprendre l'opposition que vous établissez entre l'autorité et l'examen); vous qui par conséquent vous êtes mis expressément dans la nécessité, où vous seriez d'ailleurs par la nature de la chose, de spécifier les marques auxquelles cette parole privilégiée puisse être reconnue entre toutes les paroles: vous n'adoptez pas la marque de la personne qui est dans l'idée commune: et quelle autre marque substituez vous à celle-là? Aucune, j'ose le dire; ce qui fait que l'idée de l'autorité que vous proposez, manque d'une condition tout-à-fait essentielle à la réalisation de cette idée: que l'autorité ait un moyen d'être reconnue.

« L'inspiration, fille de l'âme et du ciel, parle d'en haut avec une autorité absolue; elle ne demande pas l'attention, elle commande la foi » (1829, p. 44). Voilà bien l'autorité s'exerçant, se réalisant ou voulant se réaliser dans la pratique. Mais à quelle condition et à quelles enseignes? Quand et pourquoi devra-t-on, pourra-t-on lui accorder cette foi qu'elle commande?

« Il est certain que nous n'avons foi qu'a ce qui n'est pas nous, et que toute autorité qui doit régner sur nous, doit être impersonnelle » (1828, leç. 6.e, p. 14).

Ainsi l'autorité est pour vous dans l'inspiration, et y est par la raison et à condition de l'impersonnalité. Or quel moyen, je ne dis pas de voir, mais de chercher même si cette condition est remplie, si ce qui veut régner sur vous est impersonnel, si la parole qui commande n'est pas préméditée, si elle exprime vraiment une aperception primitive antérieure à toute réflexion?

Y a-t-il peut-être dans cette parole même quelque chose qui y révèle une telle condition? Vous ne dites pas cela, et je suis loin de vous attribuer une proposition si arbitraire et si en opposition avec tant de faits reconnus et avec ceux-là même que vous posez. Faudrait-il croire à celui qui déclarerait que ce qu'il dit lui vient d'en haut, qu'il n'y a rien de volontaire dans son fait; et serait-ce là, le moyen de reconnaître l'inspiration et en elle l'autorité? Autre question folle; que vous n'avez certainement pas posée, et qu'il serait trop ridicule de discuter. Aussi ne suis-je allé chercher ces absurdités que pour me rendre bien compte qu'il n'y a aucun moyen de reconnaître ce caractère d'impersonnalité qui ferait l'autorité. Ainsi l'inspiration commande la foi: mais sans qu'il y ait moyen de savoir si c'est bien elle qui commande; ainsi l'autorité doit régner sur nous: mais sans qu'il y ait moyen de voir où se trouve cette condition qui fait l'autorité. Voilà à quoi se réduit dans la réalité pratique votre idée de l'autorité.

Il me semble à present voir par un nouveau côté pourquoi, assez généralement, si je ne me trompe (et pour ne pas risquer de me tromper), dans l'endroit même où vous prétendez établir le principe de l'autorité, vous ne songez à chercher et à montrer le sentiment de cette autorité, que dans celui qui l'exerce: « Comme les vérités que la raison nous découvre (dans l'intuition spontanée) ne viennent pas de nous, il semble qu'on peut se croire jusqu'à un certain point le droit de les imposer aux autres » dites vous; et pourtant, ce fait d'imposer devant s'accomplir par le concours de deux intelligences, ce droit devant être exercé par l'une et subi par l'autre, il était, ce me semble, au moins également nécessaire d'établir et de motiver la croyance de ce droit dans l'intelligence qui doit le subir, que dans celle qui doit l'exercer. Mais c'est que pour l'établir, *jusqu'à un certain point*, dans celle-ci, vous pouviez au moins supposer et vous avez en effet explicitement supposé une certaine conscience, une vue intérieure de l'accomplissement de la condition qui constitue le droit: et, par conséquent, la raison de se croire le droit; c'est dans cette intelligence même que l'acte s'est consommé; elle était bien là; il y a apparence au moins qu'elle puisse se témoigner à elle-même ce qui s'est passé en elle, et se rendre compte si c'est sans qu'elle l'ait voulu, que ces vérités lui ont été découvertes, et si par conséquent elle peut se croire le droit de les imposer aux autres [13].

Au lieu que, pour croire ce droit à un autre, il n'y a aucun motif possible, réel ni apparent, puisque ce droit dépend d'un fait intérieur, individuel qui ne pourrait être connu que par la conscience, et qu'on n'a de conscience que pour soi.

Mais il me semble aussi voir une nouvelle raison de ce que, même à cette intelligence, que vous supposez dans le cas d'exercer l'autorité, vous n'attribuez pas affirmativement la croyance absolue de la possession du droit qui constitue l'autorité: « il semble qu'on peut se croire jusqu'à un certain point le droit de les attribuer aux autres ». C'est que cette conscience, cette vue intérieure du fait dont découlerait le droit, c'est-à-dire de l'impersonnalité, cette conscience, on

---

[13] L'autorità che nulla vuole imporre agli altri deve dimorare all'interno dell'intelligenza di ciascuno; ma Manzoni ha già rilevato che essa non può essere riconoscibile perché non può comunicarsi alla riflessione.

peut bien la supposer en passant et pour en tirer des demi-conséquences, mais il est impossible de l'établir; c'est que cette conscience (indépendamment de ce qui résulterait sur elle de l'examen de la chose en elle-même) est dans votre système, dans l'état de choses que vous faites, chose impossible et contradictoire. Quand j'aurai prouvé cela, je pourrai en tirer la conséquence que, dans ce système, il est autant impossible de reconnaître l'autorité dans soi que dans autrui: et pour le prouver, je n'ai qu'à citer. Car, comment une intelligence où le moi n'est pas encore séparé du non-moi (1828, leç. 6.ᵉ, p. 15) pourrait-elle rapporter à Dieu les vérités qui la dominent? (1828, leç. 6.ᵉ, p. 12). Comment pourrait-elle songer à d'autres à qui il serait juste de les imposer? (1829, p. 46). Comment dans un état, dans un moment de l'intelligence où aucun jugement négatif n'a lieu (leç. 6.ᵉ, p. 7, fragm. philos. p. 340), pourrait-on se dire que ces vérités ne sont pas notre ouvrage?

Vous voyez que je pourrai bien multiplier les questions et les citations; mais il me semble que celles-ci suffisent pour prouver qu'il y aurait contradiction flagrante à affirmer une telle croyance dans un tel état. Et il me semble pourtant que vous êtes tombé dans la contradiction en en affirmant la possibilité. Car, si d'un côté cet *il semble* que j'ai tant cité, est trop peu pour établir le principe de l'autorité; il est trop pour la chose même, puisque l'on peut et l'on doit dire: il est évident que l'intelligence dans le moment de l'inspiration ne peut se croire à aucun point ni le droit d'imposer des vérités aux autres, ni quoi que ce soit.

Je dis dans le moment de l'inspiration; car je dois croire que c'est bien dans ce moment que vous placez la possibilité de se croire le droit d'imposer aux autres les vérités qu'on a aperçues par elle. Si, pour éviter la contradiction, je voulais me figurer que c'est dans la raison qui se connaît, dans l'intelligence où le moi est séparé du non-moi que vous placez cette croyance conjecturale, vous ne le permettriez pas. Car cette distinction, cette connaissance c'est l'oeuvre de la réflexion: la volonté serait intervenue; ce serait la réflexion toute personnelle qui produirait et commanderait la foi pour un fait dont elle serait le juge et le témoin; ce serait par suite d'une opération toute volontaire que l'autorité se serait reconnue.

Mais il y a plus: outre la nécessité et l'impossibilité de reconnaître la condition de la spontanéité dans autrui et dans soi; il y a encore nécessité et impossibilité de reconnaître, même dans la véritable manifestation de la spontanéité, la spontanéité véritable. Voilà ce qu'il me semble voir dans le passage que je viens de citer à une autre fin. Je reprends de plus haut:

« L'inspiration commande la foi; aussi ne parle-t-elle pas un langage terrestre: toutes ses paroles sont des hymnes ».

Mais ces paroles qu'expriment-elles, que proposent-elles, que veulent-elles imposer [14]?

Le voici: « l'inspiration ne va pas toute seule: l'exercice de la raison est nécessairement accompagné de celui des sens, de l'imagination et du coeur, qui se mêlent aux intuitions primitives, aux illuminations immédiates de la foi et les teignent de leur couler » (1829, p. 44).

Ah ah! sans chercher ce que tout cela est, quel est précisément le produit de l'exercice des sens, de l'imagination, et du coeur, s'il est personnel ou impersonnel; si par conséquent, en supposant le premier cas, la personnalité se mêle à l'opération primitive de la raison dont vous la déclarez exclue, et si en supposant le second il y a autre chose d'impersonnel que l'inspiration à laquelle vous assignez exclusivement l'impersonnalité, sans chercher ce que c'est qu'accompagner, se mêler, teindre, si les sens, l'imagination, le coeur mêlent des pensées à part à celles de l'inspiration, et ce que pourraient être ces pensées qui ne seraient, selon vous, ni spontanées ni réfléchies, et comment ils peuvent accompagner, se mêler, teindre une pensée par autre chose que des pensées, sans dis-je chercher tout cela, il me suffit que vous déclarez vous même que cela est autre chose que l'inspiration; autre chose que les vérités venant d'en haut, par lesquelles seulement l'inspiration commande la foi. Il s'ensuit donc que dans ce tout, à propos de quoi la foi est commandée, il n'y a qu'une partie à qui la foi soit dûe. Et pourtant il faut pouvoir reconnaître, discerner cette partie, ce qui vient d'en haut, ce que l'on peut, ce que l'on doit rapporter à Dieu, la vérité, la révélation, l'inspiration toute seule; il le faut dis-je évidemment pour que la foi retrouve son objet, et ne s'égare pas dans un autre, pour que l'autorité se réalise, obtienne son effet, et n'en produise pas un autre qu'elle ne veut pas. Voilà pour la nécessité de distinguer dans le tableau confus et complexe de l'opération primitive ce qu'il y a de vrai; quant à l'impossibilité de faire cette distinction, dans le mo-

---

[14] È già accennata l'ultima parte della confutazione: che l'ispirazione non può avere nemmeno un linguaggio.

ment de la spontanéité, je n'aurais qu'à citer encore ce que vous dites, que c'est l'oeuvre d'un autre moment.

Mais je ne puis quitter ce passage sans y remarquer encore combien il y a de contradiction à supposer seulement la possibilité de la croyance à un droit d'imposer, dans le moment de l'inspiration.

Je transcris plus au long: « Après que la raison s'est développée d'une manière toute spontanée sans se connaître, en même temps que l'imagination et la sensibilité, c'est un fait, MM.^{rs}, qu'un jour elle revient sur elle-même, et se distingue de toutes les autres facultés auxquelles elle avait d'abord été mêlée. Or, en s'en distinguant, elle se connaît: dans le tableau complexe et confus de l'opération primitive, elle discerne les traits qui lui sont propres, et elle s'aperçoit que tout ce qu'il y a de vrai dans ce tableau lui appartient. Elle acquiert ainsi peu à peu de la confiance en elle-même, et, au lieu de se laisser dominer et envelopper par les autres facultés, elle s'en sépare de plus en plus, elle les juge, les soumet à sa surveillance et à son contrôle. Puis, s'interrogeant plus profondément encore, elle se demande quelle elle est, quelle est sa nature, quelles sont ses lois, quelle est la portée de ces lois, quelles sont leurs limites, quelles sont leurs applications légitimes. Telle est l'oeuvre de la réflexion ».

Et c'est avant tout cela qu'il semble qu'on peut se croire un droit! C'est avant tout cela qu'il semble qu'on peut se dire: il n'y a dans mon fait rien de volontaire, les vérités que la raison me découvre, ne viennent pas de moi, elles ne sont pas mon ouvrage, je m'incline moi-même devant elles, comme venant d'en haut; j'ai donc jusqu'à un certain point le droit de les imposer aux autres! Oui, avant tout cela; à moins que de dire que c'est à la suite de la réflexion que l'on fait une telle découverte, que c'est sur *l'autorité* de la réflexion que l'on se rend ce témoignage.

Je ne puis à moins ici, quoique je sache quels charmes a une digression dans un verbiage, que de vous marquer la ressemblance frappante qu'il me semble voir entre la marche que vous suivez dans cet endroit et celle d'un de vos confrères. C'est encore vous qui m'avez fourni matière à ce rapprochement: et c'est dans la 11.me leçon de 1829, p. 459.

« Descartes recherche quel est le point de départ fixe et certain sur lequel peut s'appuyer la philosophie. Il se trouve que la pensée peut tout mettre en question, tout, excepté elle-même. En effet, quand on douterait de toutes choses, on ne pourrait au moins douter qu'on doute: or, douter c'est penser; d'où il suit qu'on ne peut douter qu'on pense, et que la pensée ne peut se renier elle-même, car elle ne le ferait qu'avec elle-même. Là est un cercle dont il est impossible au scepticisme de sortir; là est donc le point de départ ferme et certain cherché par Descartes; et comme la pensée nous est donnée dans la conscience, voilà la conscience prise comme le point de départ et le théâtre de toute recherche philosophique.

« Suivez bien les conséquences que renferme ce principe. Je pense, et puisque je ne peux douter que je pense, je ne peux douter que je suis, en tant que je pense. Ainsi je pense, donc je suis, et l'existence m'est donnée dans la pensée. Première conséquence; voici la seconde:

« Quel est le caractère de la pensée? c'est d'être invisible, intangible, impondérable, inétendue, simple. Or, si de l'attribut au sujet la conclusion est bonne ... »

C'est ici que je m'arrête; car il ne serait pas de la plus parfaite convenance, même ayant une bonne observation à faire, de dire: c'est ici que je vous arrête vous et Descartes; c'est donc ici que je m'arrête, et dis: quoi? qu'est-ce? il y a de bonnes et de mauvaises conclusions? Voilà bien du nouveau: ou, pour mieux dire, voilà bien du vieux, qui n'a que faire dans cette argumentation, justement par ce que c'est vieux et que tout le vieux en est exclu. Et puis il y a encore des sujets et des attributs? D'où diantre cela est-il sorti? Quoi donc! Il se trouvait tout-à-l'heure que la pensée peut tout mettre en question; tout, excepté elle-même; et la voilà qui arrive avec rien moins qu'une logique toute faite, qu'elle ne songe pas même à mettre en question, qu'elle affirme, qu'elle atteste, qu'elle applique avec une bonne foi et une distraction admirables; la voilà qui croit imperturbablement des généralités telles que le sujet et l'attribut puisqu'elle s'en fait l'application spéciale à elle-même. Quoi! dis-je: Sont-ce là les conditions que Descartes avait faites avec le scepticisme? Il prétendait le faire convenir d'une chose, d'une seule chose, et de n'affirmer par conséquent que ce qui s'ensuivrait rigoureusement de celle-là: et dès le second pas, pour faire même ce second pas, il suppose comme établi quelque autre chose, une foule de choses dont on n'a parlé le moins du monde: cette pensée qui jusqu'alors ne croyait qu'à elle-même, il la fait raisonner comme si elle croyait à la logique. Je sais bien qu'elle y croit la pensée, celle du sceptique, comme celle de Descartes; elle y croit puisqu'elle argumente,

elle y croit puisqu'elle prétend trouver et donner des raisons
pour ne rien croire; mais c'est bien là l'illusion profonde,
c'est là l'inconcevable erreur (sauf respect) du raisonnement
que vous reproduisez: l'erreur de croire se réduire à une
seule certitude, à une certitude spéciale et concrète, pour tirer tout de celle-là, tandis que l'on en a dans sa poche tout
plein d'autres, dont on fera usage au premier moment, et
des certitudes tellement certitudes, qu'on les supposera, implicitement même, tant elles sont intimes, à celui que l'on
veut convaincre, tout comme on les sent en soi-même; l'erreur d'accepter ou de poser une question sans résultat comme sans fondement: car, si la pensée pouvait tout mettre
en question, tout, excepté elle-même, jamais elle ne pourrait
atteindre à aucune autre certitude; cette certitude seule de-
meurerait en elle perpétuellement seule, perpétuellement
stérile, par la raison toute simple que l'on ne va d'une certitude à une autre que par un moyen; et, pour que ce
moyen conduise à la certitude, il faut qu'il ne puisse pas
être mis en question lui-même [15]. Aussi est-ce par un *ergo*,
que Descartes prétend aller de la certitude de la pensée à la
certitude de l'existence, à l'idée même de l'existence! or cet
ergo ne suppose rien moins qu'un ensemble de croyances,
un corps entier de doctrines, une science, dont il est l'application; cette science on ne la fait pas dériver du *cogito* (on
aurait bien de la peine, sitôt, sans détours et du premier
bond): elle devrait donc pouvoir être mise en question avec
le tout dont elle fait partie, puisque le *cogito* seul en est
excepté. Et pourtant on la suppose tellement hors de question qu'on s'en sert, sans même songer à prouver qu'on a
raison de s'en servir. Ainsi, au lieu de dire que c'est dès le
second pas que les croyances arrivent d'en dehors du *cogito*,
j'aurais pu et dû dire que c'est dès le premier; mais c'est que
dans le second je trouvais le sujet et l'attribut qui me don-
nait plus beau jeu que l'*ergo*, qui en est gros pourtant. Question d'ailleurs aussi singulière par rapport à ceux contre qui
elle est posée, c'est-à-dire les sceptiques, que fausse en elle-
même. Car au lieu de dire aux sceptiques, comme Sganarelle
et comme le genre humain: Hé, que diable! vous vous mo-
quez; au lieu de leur dire: tant que vous viendrez avec des
syllogismes démontrer que rien n'est certain, je verrai tou-

---

[15] Cartesio, arguisce Manzoni, potrebbe sì fermarsi all'intuizione
primitiva del pensiero, ma non passare alle altre: ciò significa credere
ai « mezzi » del pensiero, che non si sono dimostrati: per esempio, il
passare dal pensiero al pensiero dell'esistenza.

jours que vous avez foi au syllogisme: venez avec autre chose, nous verrons s'il y a lieu à discuter; en attendant on n'a rien à répondre à ceux qui se mettent en contradiction avec eux-mêmes, si non qu'ils sont en contradiction avec eux-mêmes: rien autre, dis-je, si on ne veut pas être pris pour dupe, et il ne faut pas l'être; et c'est une des vérités dont à coup sûr vous êtes bien persuadé: au lieu de cela on accepte sérieusement ce déni de croyance, on reconnaît légitime ce doute universel, hors un point, un seul point; c'est par là qu'on croit tenir les sceptiques, et les pousser au pied du mur; et quand on les tient bien de cette manière, on tombe sur eux, avec quoi? avec un mot, un fier mot en effet, mais qui suppose une quantité de ces croyances que l'on a cru qu'ils reniaient tout de bon, qu'on a même consenti à renier avec eux [16].

Mais à qui est-ce que je chante cela? À vous, qui (1829, leç. 4.ᵉ) avez si bien fait valoir cet argument contre le scepticisme, et démontré par là la contradiction radicale de cette doctrine, contradiction qui éclate immédiatement dans ce titre même de doctrine, dans le nom même de scepticisme, s'il refusait le titre? À vous, qui dans cette même leçon 6.ᵉ de 1828, autour de laquelle je sais bien moi comme je sue, aviez dit: « penser, c'est savoir qu'on pense, c'est se fier à sa pensée c'est se fier au principe de la pensée, c'est croire à ce principe, c'est croire à l'existence de ce principe »?

Eh bien, oui, je crois pouvoir vous chanter cela, lorsque je vous entends répéter complaisamment, reproduire sans observations ce raisonnement de Descartes, où le scepticisme est accepté, professé, avec une exception il est vrai, mais c'est-à-dire le scepticisme, moins la généralité d'où vient toute sa force apparente, ce qui le fait paraître un principe, avec une exception dont le philosophe ne peut rien faire sans le secours de tout plein d'autres choses, qu'il n'avait pas songé à excepter; lorsque, dis-je, je vous entends reproduire sans observations ce raisonnement où la pensée est supposée pouvoir tout mettre en question, tout, excepté elle-même, c'est-à-dire le principe de la pensée aussi, qui certes est autre chose que la pensée elle-même. Mais que dis-je sans observations? Je me trouve bien plus de raison de vous dire à vous toutes mes raisons contre Descartes, lorsque je pense que, avant d'exposer le commencement de sa doctrine, vous avez

---

[16] Questa parola è evidentemente il termine *ergo* del sillogismo *cogito ergo sum*.

dit qu'il « débute par les préceptes les plus sages qui n'appartiennent à aucune école, et qui sont l'âme de la philosophie moderne toute entière »; lorsque, ces premiers principes exposés, et au moment d'en réfuter des conséquences, vous dites encore qu'il « a fait preuve d'un bon sens et d'une profondeur admirable en tirant immédiatement ces deux convictions (de l'existence de l'âme et de l'existence de Dieu) des données primitives de la pensée »; comme s'il les tirait réellement de ces données primitives qu'il a faites, et telles qu'il les a faites, comme si de ces données on pouvait tirer quelque chose, comme si ces données n'étaient pas en contradiction flagrante avec la réalité, et en contradiction nécessaire avec tout ce que voudra en tirer celui qui les a inventées.

Je vous traite, il semble, un peu sans façon l'un et l'autre; on dirait que j'oublie de qui et à qui je parle, et qui je suis moi qui parle; mais songez donc que j'ai raison, et que c'est cela qui m'enivre.

J'ai raison contre tous les deux, dis-je; car (et c'est-là que je devais en venir), qu'est-ce qui vous fait fermer les yeux dans cet endroit sur la singulière conduite de Descartes? C'est que Descartes avait fait en cela comme vous. Tout comme vous, après avoir partagé l'homme comme il lui semblait, après lui avoir ôté ce dont il s'était imaginé qu'il aurait pu se passer, et après lui avoir laissé ou donné quelque chose comme un germe à en tirer tout le reste, il a dû, aussitôt qu'il a voulu le faire agir, lui rendre ce qui devenait nécessaire, ou, pour mieux dire, se servir de ce qu'il trouvait en lui; il a dû reprendre l'homme tout entier, l'homme tel qu'il est, l'homme fils de l'homme, élève de l'homme, l'homme qui avec une seule certitude ne se dit pas plus *ergo*, qu'il ne se croit un droit avant d'avoir rien distingué. Tout comme vous, ayant posé une intelligence dépourvue des conditions nécessaires du raisonnement, pour faire naître ces conditions de l'action de cette intelligence même ainsi faite, il a dû les lui rendre, les lui supposer même, pour la faire agir; car, comment peut-on faire agir une intelligence, qu'en la faisant raisonner? et comment la faire raisonner, qu'avec les conditions du raisonnement? Il a dû, comme vous, substituer l'homme au fantôme; comme vous il a dû donner à sa statue tous les sens à la fois, ou, pour mieux dire, il a dû lui supposer le sens commun, aussitôt qu'il a voulu lui faire mettre en oeuvre la portion d'intelligence, qu'il lui avait plu de lui donner toute seule. Et ne vous déplaise de la statue; au fond, c'est aussi un moment, un premier moment; et, pour vous parler aussi franchement que je me parle et que vous aimez qu'on vous parle, le *cogito* tout seul, l'odorat tout seul, l'aperception pure sont à mes yeux trois moyens du même genre pour arriver à des buts tout-à-fait semblables. C'est toujours un homme moindre, c'est-à-dire différent de celui que l'homme connaît par la conscience et par l'expérience, imaginé pour rendre raison de l'homme tel que l'homme le connaît: ce sont toujours hypothèses ou inductions, pour expliquer l'intelligence, indépendamment des faits les plus importans, les plus manifestes, les plus constans, pour tirer toute cette intelligence d'une parcelle, d'un exercice unique de l'intelligence par des développemens, par des *intus-créations* pour ainsi dire, par des voies enfin, dont ni l'histoire ni la conscience ne donnent le plus petit témoignage ni le plus léger indice; pour expliquer, dis-je, chaque intelligence par des raisons tirées d'elle seule, sans tenir compte de ce que toute intelligence reçoit des autres, sans tenir aucun compte d'un tel fait que vous devriez pourtant prendre en considération comme une difficulté, si vous n'en voulez pas comme explication; puisqu'il est toujours là pour montrer l'homme apprenant des autres ce que vous voulez absolument lui faire trouver à lui tout seul, recevant d'autres hommes, et par un moyen que, non seulement il n'a pas fait, et qu'il ne pourrait pas faire, mais dont il ne pourrait pas même se servir s'il était seul, ce que vous voulez absolument faire pousser dans ce petit coin d'intelligence que le système lui laisse ou lui départit. Et c'est toujours la même nécessité de prendre hors de ce coin les moyens indispensables pour en tirer quelque chose.

Je reviens à la question; et j'y reviens, non pour ajouter d'autres raisons à celles que je vous ai exposées, car il y en a bien assez, sinon pour la conviction, au moins pour la patience; mais j'y reviens pour la résumer, pour les rappeler, ce que cette longue digression a rendu nécessaire. Ma thèse était donc que l'autorité, telle que vous la faites, manquerait d'une condition essentielle à l'autorité, qui est de pouvoir être reconnue. J'ai observé d'abord que, séparé en cela de tout le monde, qui voit l'autorité dans les personnes, vous la placez dans la condition intérieure d'un acte, et que cette condition est tout-à-fait impossible à vérifier. De là j'ai passé à démontrer qu'une telle autorité ne serait pas plus reconnaissable pour celui-là même qui en serait nanti, parce que la spontanéité, qui est cette condition, exclut, d'après votre doctrine, le discernement indispensable pour faire cette reconnaissance. J'ai observé de plus que, le produit de la spontanéité étant, toujours selon vous, nécessairement et singulièrement mêlé, il était encore impossible de discerner dans ce produit ce qui était inspiration de ce qui ne l'était pas, et par conséquent ce qui était de ce qui n'était pas matière à autorité. J'ai trouvé ensuite, et par application des observations antérieures, que, lorsque vous avez voulu une fois réaliser, pour ainsi dire, le sentiment de l'autorité, et le donner au moins à l'intelligence appelée à exercer cette autorité, vous avez dû tomber en contradiction; et j'ai remarqué enfin, par digression et par surplus, que cette contradiction ressemblait singulièrement, dans ses motifs et dans sa cause, à celle où un de vos devanciers me paraît être également tombé.

Ainsi, nul moyen de discerner l'autorité, première impossibilité dans l'application pratique du principe.

Je trouve en second lieu que tout exercice de l'autorité est rendu également impossible, et de plus inutile, par cette identité de la spontanéité dans la race humaine (1828, 6.ᵉ, p. 19), qui est encore un des points fondamentaux de votre système.

Cette identité est si positivement affirmée dans les paroles mêmes avec lesquelles je viens de l'indiquer, et qui sont les vôtres, et dans d'autres non moins expresses, que pour démontrer cette autre thèse, je n'aurais, ce semble, qu'à prendre d'abord pour mineure quelqu'une de vos phrases qui contiennent cette affirmation, par exemple: *l'aperception pure, la foi spontanée appartient à tous* (ibid.); à établir ensuite cette majeure niaise à force d'être évidente: *il ne peut y avoir ni moyen ni motif d'imposer à quelqu'un ce qui appartient à tous;* la conséquence arriverait d'elle-même: *donc il est également impossible et inutile d'imposer les vérités qui nous sont découvertes dans l'aperception pure,* donc, au lieu qu'on puisse se croise le droit de les imposer aux autres par la raison qu'elles ne sont pas notre ouvrage, on ne peut, en aucune manière, se croire le droit de les imposer à qui que ce soit, puisqu'elles ne manquent à personne; donc, bien loin que le caractère éminent de l'inspiration puisse renfermer le principe de l'autorité, un autre caractère de l'inspiration, l'identité, l'universalité, exclut au contraire toute autorité, en rendant son action aussi impossible et aussi inutile, qu'il est inutile et impossible de faire ce qui est fait.

Voilà, dis-je, le raisonnement que, du premier moment, il m'a paru qu'on pouvait tirer de cette identité si résolument affirmée par vous; mais, comme vous parlez aussi de différences qui se trouveraient dans cette même spontanéité, de quelque plus ou moins qu'elle pourrait admettre, je me demande si ce raisonnement ne porterait peut-être pas à faux, en ce que (et c'est là toute sa force) on y prend dans un sens absolu ce à quoi vous auriez apporté des modifications.

Mais d'abord en quel autre sens peut-on le prendre? Identité est un mot qui ne souffre pas différentes explications, un mot sur lequel on ne peut revenir que pour le rétracter, auquel il ne reste aucun sens dès qu'on lui ôterait le sens absolu qui est le sien. Si je demande à qui que ce soit ce qu'il entend par identité, il me répondra qu'il entend ce qui n'admet point de différences. Ce qui en admet en petit nombre ou de peu importantes, on l'appelle autrement. Or, après vous avoir entendu dire: *l'identité de la spontanéité dans la race humaine, avec l'identité de la foi absolue qu'elle engendre* (1828, 6, 19), ne suis-je pas bien et dûment et définitivement autorisé à repousser l'énonciation même de *différences* dans cette même spontanéité, dans cette même foi? Renoncez à l'identité, et je suis prêt à vous entendre sur les différences [17]. Dites que ce que vous aviez d'abord appelé identité, n'est au bout du compte qu'une grande ressemblance; ce mot là supportera les différences, ou, pour mieux dire, il les exigera: avec ce mot là plus de contradiction, mais aussi il faudra refaire le système. Mais, encore une fois, maintenir le mot d'identité, parce qu'il est nécessaire à votre système, et le mot de différences, parce qu'il vous devient nécessaire à son tour, cela ne se peut pas. Ainsi, l'objection étant qu'il ne peut y avoir matière à imposer là où il y a identité, des différences quelconques ne peuvent jamais être un moyen de la résoudre, puisque leur énoncé même est une contradiction. Et il en arrive dans ce cas comme dans tous les systèmes, lorsque quelque difficulté force à une transaction et à sortir de l'absolu où l'on s'était établi: le système est entamé, et la difficulté demeure intacte.

Mais de plus, quand vous n'auriez pas proféré le mot identité qui révèle la contradiction, elle ne se trouverait pas moins dans les choses, je dis dans les choses telles que vous les avez établies. Car, pour ne prendre qu'un texte entre plusieurs, « qu'y a-t-il dans cette intuition primitive? tout ce qui sera plus tard dans la réflexion » (1828, leç. 6.ᵉ, p.

---

[17] L'ispirazione è irriconoscibile anche perché è indifferenziata.

10). Or entre tout et tout il ne peut certainement y avoir de différence.

De sorte que, sans même examiner ce que vous dites de ces différences, il me semble que j'ai le droit de les récuser, comme étant en contradiction explicite et en contradiction logique avec le sujet où il faudrait les admettre, et que j'ai, par conséquent, le droit de persister dans mon raisonnement. Pour que j'y renonce, il faut que vous abjuriez l'identité de la spontanéité, et la spontanéité elle-même, c'est-à-dire le principe et la matière même de l'autorité, et le système tout entier.

Mais l'examen de ce que vous dites de ces différences me fournit le sujet d'autres observations, que je dois vous présenter. Je trouve donc d'abord que, après avoir positivement affirmé ces différences, vous les révoquez en doute de la manière la plus explicite, vous les niez même implicitement, mais sans retour.

Je vais en donner la preuve, non sans y ajouter quelque réflexion.

« Dans la spontanéité il y a à peine quelque différence d'homme à homme », dites-vous, pag. 19.

« La spontanéité n'admet guère de différence essentielle », dites-vous encore, pag. 23.

Et à la même page, vous dites: « Il n'y a pas de différence dans l'aperception de la vérité, ou bien les différences sont peu importantes ».

Pas de différences, ou bien des différences peu importantes? A part même l'inconciliabilité de cette proposition avec les précédentes, est-ce égal que cela? Peu ou point? Choisirons-nous au hasard? Ou nous passerons-nous de décision sur un tel point? Ce n'est pas tout un pourtant; car s'il y en a beaucoup ou peu, essentielles ou non, n'importe, l'identité est flambée, et que devient la spontanéité? S'il n'y en a point; point de matière à imposer, point de motif ni de moyen d'exercer l'autorité.

Je cherche pourquoi vous avez, en cet endroit, exprimé un doute si nouveau sur l'existence de ces différences (grâce pour les cacophonies) dans la spontanéité; pourquoi, à côté de la proposition qui les affirme, vous avez placé la proposition qui les nie: et je trouve, ou au moins il me semble de voir que c'est parce que vous veniez effectivement de les nier. C'est avec vos paroles que je dois le démontrer; mais pour que la démonstration soit un peu cossue, il me faut les reprendre d'un peu plus haut, pas plus haut pourtant que la page antécédente.

Là, après avoir proclamé « l'unité des idées fondamentales qui dérivent du développement le plus immédiat de la raison », vous venez à dire:

« Cependant sous cette unité sont des différences; il y a dans le genre humain, de siècle à siècle, de peuple à peuple, d'individu à individu, des différences manifestes. Il ne faut pas les nier, il faut les comprendre, et *rechercher d'où elles viennent.* D'où peuvent-elles venir? *d'une seule cause.* La raison se développe de deux manières: ou spontanément, ou réflexivement. Spontanéité ou réflexion... il n'y a pas d'autre forme de la pensée. Or, nous avons vu que la spontanéité n'admet guère de différences essentielles ».

Vu? J'ai vu que vous affirmez quelque chose qui ressemble à cela; pas davantage. Mais ce n'est pas cela que je poursuis à présent; continuons:

« Reste donc que les différences frappantes qui se voient dans l'espèce humaine, naissent de la réflexion. Une analyse sérieuse de la réflexion change cette induction en un fait certain ».

Eh bien, je soutiens que de cette analyse, je dis de celle que vous donnez vous-même, il résulte, non que la spontanéité n'admette guère de différences essentielles, mais qu'elle n'en admet d'aucune sorte; non que les différences frappantes, mais que toutes les différences qui se voient dans l'espèce humaine, naissent de la réflexion.

Pour le démontrer, je n'ai qu'à transcrire quelques lignes de plus.

« À quelle condition, Messieurs, réfléchissez-vous? à la condition de la mémoire. À quelle condition y a-t-il mémoire? à la condition du temps, c'est-à-dire de la succession. La réflexion ne considère les élémens de la pensée que successivement, et non à la fois. Si elle les considère successivement, elle les considère, pour un moment au moins, isolément; et comme chacun de ces élémens est important en lui-même, l'effet qu'il produit sur la réflexion peut être tel que la réflexion prenne cet élément particulier du phénomène complexe de la pensée, pour la pensée entière et le phénomène total. C'est là le péril de la réflexion; c'est dans cette possibilité que gît la possibilité de l'erreur, et dans cette possibilité de l'erreur que réside la possibilité de la différence. »

Est-ce clair que cela? est-ce positif? est-ce péremptoire? Point de différence que dans l'erreur; point d'erreur que dans la vue d'un élément particulier; point de vue d'un élément particulier que dans la réflexion; donc point de différence que dans la réflexion. Voilà pourquoi le premier mot qui vous échappe après ceux-là est: « il n'y a pas de différence dans l'aperception de la vérité ». C'est la conséquence elle-même qui vient de fait où son droit l'appelle. Cependant, comme cette conséquence est en contradiction ouverte avec vos assertions antécédentes, vous la reprenez immédiatement, vous la remettez en question en ajoutant: « ou bien les différences sont peu importantes ». Vous la remettez en question, mais à la charge de vous mettre en opposition avec l'analyse dont venait cette conséquence, à la charge de placer le doute, l'indécision, le oui et le non dans un point cardinal de votre système. Vous la rétractez en quelque façon, pour revenir à votre première proposition; mais voyez quelle condamnation terrible vous prononcez vous-même contre cette proposition immédiatement après l'avoir reproduite: « C'est dans l'erreur essentiellement mobile et diverse que peut être la différence, et l'erreur naît d'une vue incomplète et partielle des choses ».

Vous voyez; si dans l'aperception de la vérité il y a des différences — importantes ou non, les adjectifs ne font rien ici —; si dans l'aperception de la vérité il y a différence, il peut, il doit y avoir erreur dans cette aperception, cette aperception est une vue incomplète et partielle des choses, ou, pour mieux dire, il n'y a plus d'aperception de la vérité, plus de spontanéité; puisque la spontanéité n'est que par vues et autant qu'elle serait au contraire une vue de vérité, une vue complète et universelle des choses.

Et le passage que je viens d'examiner, n'est pas le seul d'où l'on puisse faire sortir la négation logique et nécessaire de toute différence quelconque dans la spontanéité! Par exemple, elle résulte cette négation non moins rigoureusement, matériellement même, de la réunion des deux propositions suivantes:

« La seule différence de l'individu à l'individu est le plus ou moins de clarté dans la manière de se rendre compte de ces élémens » (1828, leç. 5.e, p. 41). « J'appelle spontanéité ... ce pouvoir que la raison a de saisir d'abord la vérité, de la comprendre et de l'admettre, sans s'en demander et s'en rendre compte » (leç. 6.e, pp. 14-15).

Certes, ce que vous entendez ici par vérité étant ce que vous entendez là par élémens, et la reconniassance, l'observation de la vérité, ou, pour ne pas m'enferrer dans des paroles de ma façon, lorsque j'ai si beau jeu avec les vôtres, le *s'en rendre compte* étant toute la différence, et se trouvant exclu de la spontanéité, la différence, de quelque nature et en quelque mesure qu'on la veuille, ne peut avoir lieu dans la spontanéité.

Faut-il une déclaration encore plus expresse, encore plus formelle? Je la trouve dans cette même leçon 5.ᵉ, à la page qui précède celle que je viens de citer. « L'identité de la conscience constitue l'identité de la connaissance humaine ... Les trois termes de la conscience y forment une synthèse primitive, plus ou moins confuse. Souvent l'homme s'y arrête, et c'est le cas la plupart des hommes: quelquefois il en sort, il ajoute l'analyse à cette synthèse primitive, la développe par la réflexion ... et alors qu'arrive-t-il? L'homme sait mieux ce qu'il savait déjà. Toute *la différence possible* de l'homme à l'homme est là. »

La main sur la conscience, dites-moi si je ne suis pas autorisé à maintenir mon premier raisonnement, si je n'ai pas le droit de m'appuyer sur votre témoignage pour récuser toute espèce de différence que vous voudriez établir dans la spontanéité.

Ensuite, si, en mettant de côté les hésitations et les inconciliabilités que je viens d'observer dans ce que vous dites de ces différences, je n'examine que ce que vous en dites affirmativement, je n'y puis trouver rien, non seulement de démontré, mais de positif, de concret, rien après tout qui soit convenable à l'usage auquel ces différences seraient nécessaires, je veux dire à l'exercice de l'autorité. Car en quoi consisteraient-elles ces différences? Dans un plus ou moins de confusion de la synthèse primitive (5.ᵉ, p. 40), dans plus ou moins de facilité de la pensée à se faire jour, dans plus ou moins d'éclat, d'énergie (6.ᵉ, p. 19). Tout cela n'est ni assez déterminé, ni assez clair, il s'en faut de beaucoup. Je ne vous dirai pas que cela ressemble fort, mais je vous demanderai à vous-même en quoi cela ne ressemble pas à l'idée que vous donnez de la différence qu'établit entre les hommes la réflexion, par ces mots que j'ai déjà transcrits tout-à-l'heure: « L'homme sait mieux ce qu'il savait déjà ». Si je traduisais par ces mots *savoir mieux*, avec lesquels vous indiquez la différence naissant de la réflexion, tous ces *plus ou moins* par lesquels vous indiquez une différence dans la spontanéité, trouverait-on, trouveriez-vous que ce fût abuser des mots? Et pourtant rien, rien au monde dans votre système doit se ressembler moins que ces deux sortes de différences, différence entre réflexion et spontanéité, et différence dans la spontanéité même. Il y va du tout; car, si la réflexion survenant dans la spontanéité n'y fait que quelque chose de pareil à ce qui s'y faisait avant elle, toute la distinction entre les deux momens, tout ce qui s'ensuit, toute la machine enfin tombe en même temps. Encore une fois, je ne prétends pas tirer de ce rapprochement et de la ressemblance de ces expressions un avantage définitif, et des conclusions péremptoires; mais je crois pouvoir dire que les expressions par lesquelles vous voulez donner une idée des différences possibles dans la spontanéité, expressions déjà point du tout claires, incompréhensibles même, à la place où elles sont employées, ayant encore l'inconvénient de paraître synonimes avec d'autres qui, dans le système, doivent signifier quelque chose de tout-à-fait opposé, il devient d'autant plus urgent (même en ne prenant la question que dans ce point unique où je l'ai réduite) de vous expliquer d'avantage. Je vais m'expliquer d'avantage moi-même, sur ce que je viens de dire que ces expressions ne sont pas claires, incompréhensibles même, car je ne voudrais pas avoir l'air d'un chicaneur.

Certes ce n'est pas moi qui prétendrai que *plus ou moins de confusion* soient des mots qui ne présentent aucun sens. Parlez-moi de confusion; je vous entendrai toujours à demi-mot; et je sens si bien ce que c'est, que je serais fort embarrassé à le rendre. Et lorsque vous parlez de facilité à se faire jour, d'éclat, d'énergie et cela à propos de la pensée, je ne prétends pas non plus avoir le droit de ne rien comprendre. Grâce au ciel, comme disait le pharisien, je ne suis pas de ces gens, on peut presque dire d'autrefois, qui prétendaient qu'il faut toujours et tout définir; sans songer qu'il faudra bien arriver à des mots indéfinissables, ou définir toute sa vie, sans venir à bout de rien définir. On pourrait bien dans quelque cas souhaiter des paroles qui allassent plus droit au fait, que celles en question; mais enfin ce n'est pas vous qui ayez forgé celles-là, ce n'est pas vous qui les *transférez* et les appliquez le premier à la pensée; cela est dèjà fait: c'est la langue, ce sont les gens; et certes ils y comprennent quelque chose lorsqu'ils les prononcent ou qu'ils les entendent prononcer.

Oui, ils s'en servent, ils les appliquent ces expressions: à quoi donc? Je viens de le dire: à la pensée. Mais encore, à quelle pensée? A la pensée comme elle est, comme on l'entend, comme on se la connaît: voilà pourquoi on les comprend. C'est lorsqu'on les voit appliquées, non plus à la pensée, mais à un *moment* de la pensée, à un moment dont vous prétendez établir la réalité, non sur aucun témoignage de la conscience humaine, mais sur des inductions logiques, à un moment que personne ne connaît, et qui, selon vous-même (1828, leç. 6.ᵉ, p. 9), *n'est plus et ne peut plus revenir*, à un moment dont on n'a d'idée que par la définition que vous en donnez, c'est alors que ces expressions deviennent incompréhensibles.

Car songez donc que si l'on conçoit ce que veut dire plus ou moins de confusion dans la pensée, c'est parce qu'on y admet la distinction; ou, pour ne rien changer à vos paroles, songez que *synthèse plus ou moins confuse* ne sont paroles intelligibles, qu'en tant qu'elles sont synonymes de synthèse plus ou moins distincte, que *plus confuse* ne signifie rien, s'il ne signifie moins distincte, et *vice-versa*; et dites-moi si l'on n'a pas le droit de ne pas comprendre ce que serait une synthèse plus ou moins confuse dans un moment de la pensée où la pensée *croit à tout sans rien distinguer* (1828, leç. 6.ᵉ, p. 28).

De même, si l'on trouve un sens à *plus ou moins de facilité de la pensée à se faire jour,* c'est qu'on sous-entend: entre autres pensées, c'est que l'on entend telle pensée, la pensée à propos, la bonne dans la circonstance, c'est-à-dire une du nombre indéfini de pensées qui peuvent naître dans l'esprit de l'homme selon le nombre indéfini de sujets sur lesquels la pensée peut s'exercer. Si l'on s'entend lorsqu'on parle de plus ou moins d'éclat, d'énergie dans la pensée, c'est encore que l'on songe, non seulement à cette variété indéfinie de pensées que l'on a sur des sujets différens, mais aussi aux différences indéfinies qui peuvent exister et qui existent en effet entre des pensées ayant entre elles des points de ressemblance, d'identité même, entre des pensées qui conçoivent et représentent, non pas la même chose, mais tel ou tel autre côté, plus ou moins de côtés de la même chose. Je sens, non pas autant que vous, mais assez vivement, combien ce que je dis est loin de la précision et de la profondeur qui serait nécessaire pour rendre compte du sens intime des métaphores en question; mais je crois que cela suffit pour indiquer comment nous autres bonnes gens, nous y en trouvons assez pour les employer. Et comme dans le négatif la profondeur n'est pas requise et la précision est plus facile et plus assurée, je me bornerai à dire que, à quoi que nous songeons en parlant de plus ou moins d'éclat, d'énergie dans la pensée, certes nous ne songeons nullement, le moins du monde à entendre là par pensée une pensée universelle, seule de son genre, ayant pour sujet le tout sans distinction, à une première pensée, à un développement primitif de la pensée, à une manifestation de la pensée, anterieure à toute réflexion. Expressions rélatives et comparatives, on les emploie à exprimer des rélations que l'on observe en effet et des comparaisons que l'on fait réellement: transportées et appliquées à un absolu, à un unique que l'on ne connaît, on n'y comprend plus rien, si ce n'est une contradiction manifeste.

Car c'est là qu'il faut toujours tomber; on a beau se proposer d'exclure ce point d'une partie de l'argumentation; [comment trouver] le moyen de ne pas conclure à la contradiction à chaque pas, lorsqu'on analyse une doctrine où il s'agit de placer des différences dans l'identité, du plus et du moins dans le tout, de mettre ensemble « des natures plus ou moins heureusement douées, dans lesquelles la pensée se fait jour plus facilement et l'inspiration se manifeste avec plus d'éclat », avec « une raison égale (sous sa forme instinctive et spontanée) à elle-même dans toutes les générations de l'humanité, et dans tous les individus dont ces diverses générations se composent »?

Je ne dois pourtant pas conclure, sans faire mention de quelque autre chose que vous dites sur les différences qui pourraient avoir lieu dans la spontanéité. Ces différences, quelles qu'elles puissent être (et j'ai fait voir que vous ne les faites pas être, et qu'elles ne peuvent pas être) ces différences, selon vous, après tout ne seraient pas frappantes, ne seraient guère essentielles, seraient peu importantes (pp. 23-24).

Voilà donc à quoi se réduirait l'autorité! Au commencement je la trouvais tyrannique, je trouvais ses prétentions, je ne dis pas exorbitantes, mais tout-à-fait illégitimes; à présent je les trouve si légères que je serais presque disposé à les lui accorder sans examiner la valeur de son droit, s'il s'agissait de quelque chose qui dépendît de moi. Ce droit qu'on pourrait se croire d'imposer aux autres les vérités qui nous viennent d'en haut, n'aurait dans tuos les cas objet que quelque chose qui n'est guère essentiel. « Celui qui possède à un plus haut degré que ses semblables le don merveilleux de l'inspiration », et qui, pour cela, « passe à leurs yeux pour le confident et l'interprète de Dieu » (p. 13), n'aurait qu'à leur apprendre quelque chose de non frappant, de peu important, à moins qu'il ne voulût leur apprendre ce qu'ils savent déjà aussi bien que lui!

« Voilà l'origine sacrée des prophéties, des pontificats, des cultes »! (*ibid.*). Voilà en effet ce qu'elle serait dans votre système, si dans ce système elle était possible; mais (et à present je conclus en me résumant) il est impossible de rien apprendre là où tout est identique. Identique; qualité que vous attribuez dans les termes les plus affirmatifs à la spontanéité; qualité, qui, sans votre affirmation, s'appliquerait d'elle-même au *tout* dont vous faites l'objet de la spontanéité; qualité que vous prétendez, il est vrai, accorder avec des différences; mais ces différences vous les révoquez en doute, elles sont niées implicitement par d'autres principes de votre système, vous les niez vous-même assez explicitement, vous ne les spécifiez, ni ne les qualifiez en aucune manière: quand vous les affirmeriez constamment, quand vous les démontreriez et les spécifieriez (ah l'euphonie!) à ne rien laisser à désirer, elles nieraient l'identité, elles ne pourraient s'accorder avec elle. Tant que vous ne la nierez (s'ensuive ce qui pourra) aussi expressément que vous l'avez affirmée, je devrai dire: identité de la spontanéité, second inconvénient, seconde impossibilité dans l'exercice de l'autorité.

Je trouve la troisième, qui sera la dernière (car, comme on dit, il faut savoir se borner), dans l'instrument nécessaire et indispensable pour cet exercice. Je dis qu'il y a contradiction, incompatibilité absolue entre la matière et l'instrument de l'autorité. Et d'abord, je m'en vais essayer de démontrer cette contradiction, sans sortir des données de votre système. Quel est en effet l'instrument de l'autorité? avec quoi peut-on imposer des vérités aux autres?

Belle demande: avec la parole, avec les langues, avec des mots. « Quand l'homme pressé par l'aperception vive et rapide de la vérité ... tente de produire au-dehors ce qui se passe en lui, et de l'exprimer par des mots, il ne peut l'exprimer que par des mots qui ont le même caractère ... la langue de l'inspiration est la poésie ... » (1828, 6.e, p. 13). Mais est-il besoin de citer?

Et que s'agit-il d'exprimer avec ces mots? Le voici: « l'affirmation absolue de la vérité sans réflexion » (p. 13), « une affirmation sans négation » (p. 10).

Or je dis que cela implique. Car, voilà d'abord des mots; ces mots expriment; jusque-là je n'ai rien à dire:

les mots expriment en effet; ils expriment, quoi? tous la même chose?

Allons donc; est-ce là une question? Oui; on se fait de ces questions-là, et de plus saugrenues, lorsqu'on est en train de réfuter: et l'on y répond encore, qui plus est. Ainsi, je réponds: non, les mots n'expriment pas tous la même chose; je vais même le prouver, l'expliquer, car cela m'est nécessaire. Tant s'en faut que les mots expriment tous la même chose, qu'ils ne sont des mots, on ne les nomme ainsi au pluriel, qu'en tant qu'ils expriment des choses différentes: en d'autres termes, chaque mot n'est un mot que parce qu'il exprime quelque chose qu'un autre n'exprime pas. S'il y a dans une langue deux ou plusieurs mots qui expriment exactement la même chose, on les appelle synonymes [18], et on ne regarde ces synonymes comme des mots divers, comme plusieurs mots, qu'à l'égard de la diversité de la forme extérieure: en disant qu'une langue est un composé de mots, ce n'est pas à ceux là que l'on songe, on les exclut au contraire implicitement, et des millions de synonymes ne seraient pas plus une langue, qu'un seul mot ne pourrait l'être. S'il y a donc un mot qui puisse exprimer ce que vous placez dans l'aperception primitive, ce que vous appelez « tout ce qui sera plus tard dans la réflexion », ce mot-là est et sera perpétuellement seul de son métier, de sa signification: tous les autres mots existants et possibles dans toutes les langues existantes et possibles, représenteront des parties, si vous voulez, de ce que celui-là représente, mais toujours et par cela même, ce seront des mots différents de lui, comme il sont différents entre eux.

Plusieurs mots représentant donc nécessairement différentes choses, il s'ensuit qu'on n'emploie des mots, qu'a la condition d'avoir remarqué, de vouloir exprimer des différences dans les choses, dans le tout, si vous aimez mieux. Or, à quelle condition, remarque-t-on, conçoit-on des différences? Ici c'est bien vous qui allez répondre. À la condition de la réflexion. Donc toute langue, par cela que c'est un composé de mots, suppose la réflexion; donc des mots ne peuvent exprimer que le résultat de la réflexion; donc ils ne peuvent exprimer « l'affirmation absolue de la véri-

---

[18] L'identità dell'ispirazione spontanea potrebbe essere espressa soltanto da un linguaggio sinonimico, cioè da un non-linguaggio. Le parole sanciscono infatti la differenza perché hanno significati differenti. È l'impossibilità di esprimere l'ispirazione, della quale abbiamo già accennato.

té sans réflexion »; donc « la langue de l'inspiration » est une contradiction manifeste; ou, pour parler plus exactement, ce que vous appelez inspiration, intuition, spontanéité, aperception primitive, ne peut, d'après votre propre doctrine, avoir une langue.

Que si je pouvais trouver que vous l'eussiez affirmé vous-même en propres termes, que vous eussiez opposé expressément les *langues* à l'inspiration, et démontré l'incompatibilité de ces deux choses en démontrant dans les langues (et en l'y démontrant comme essentielle) une qualité que vous excluez essentiellement de l'inspiration, la qualité qui distinguerait justement la réflexion de l'inspiration, vous sentez bien, que, dans ma passion de vous opposer à vous-même, ce me serait une trop bonne fortune pour la négliger. Or ne puis-je pas dire d'avoir trouvé mon fait dans le passage que je vais transcrire?

« Aujourd'hui, dans l'intelligence développée, dans les langues, qui sont ce que les a faites l'intelligence, le fini suppose l'infini, comme l'infini le fini: le contraire appelle le contraire ... », pag. 6, et à la suivante: « la négation essayée et convaincue d'impuissance est le caractère propre du phénomène, tel qu'il se manifeste aujourd'hui dans la conscience ». N'est-ce pas dire que, nommément en ce qui regarde les trois termes de la conscience, et qui est, selon vous, l'objet de l'inspiration, les langues ne peuvent affirmer qu'en niant en même temps, et que par conséquent elles ne peuvent rendre en aucune manière l'inspiration, que vous allez définir « une affirmation sans négation », et que vous définissez ainsi pour l'opposer justement à cette intelligence développée, à laquelle vous donnez les langues, comme pour déclarer que non seulement elles sont ses interprètes, son instrument naturel, mais qu'elles ne peuvent être un instrument que pour elle? Je pense que c'est vraiment dire cela.

M'objecterait-on que, dans ce passage, vous ne parlez pas des langues en général et dans un sens absolu? que ce mot *aujourd'hui* s'applique aux langues tout comme à l'intelligence, et se trouve là pour restreindre ce que vous dites des langues aux langues développées à un certain dégré? que ces autres mots: « voilà comme aujourd'hui se passent les choses; mais se sont-elles toujours ainsi passées? » indiquent un état de la parole, une période où les langues n'auraient pas été assujetties à la nécessité que vous observez dans leur état actuel?

Je répondrais hardiment que cette interprétation n'est pas soutenable. J'admets (et certes cela n'a pas besoin d'être admis par moi) différents dégrés de développement dans les langues: oui, mais dans les langues, c'est-à-dire dans quelque chose qui ait les conditions nécessaires pour être une langue; mais dans ces conditions point de dégrés: on les a, ou l'on ne les a pas; on est (il me faut absolument en revenir là) ou l'on n'est point une langue. Or, on n'est langue qu'à condition d'avoir des mots; on n'est mot qu'a condiction de nommer; on ne nomme quoi que ce soit, qu'à condition de supposer non seulement son contraire, s'il en a, mais autre chose qui n'est pas ce que l'on nomme. Nommer, c'est choisir, c'est distinguer, c'est exclure: c'est, pour en parler à votre manière (qui est ma foi la bonne, et dont, certainement, je ne me serais pas avisé sans vous), c'est nier l'identité avec ce qu'on nomme, et en même temps, et par cela même, affirmer l'existence d'autre chose qu'on ne nomme pas. Il y a un *etcetera* dans chaque mot, dans tous les mots possibles, dans le mot *tout*, comme dans le mot *partie*, puisque celui-là ne suppose pas moins la conception de celui-ci, que celui-ci de celui-là. Que dis-je, un mot suppose autre chose que ce qu'il nomme? ne suppose-t-il pas d'autres choses nommées, ne suppose-t-il pas d'autres mots? Car, conçoit-on un mot, sans qu'il y en ait? Un mot sans une langue, ou une langue d'un mot? Un mot tout seul? Le fait spécial d'un mot, sans le fait général de la parole? Ou la parole étant un fait spécial?... Ah! j'oubliais que l'on a cru le concevoir; mais je n'ai pas besoin à présent d'aller jusque-là. C'est de *mots*, c'est de *langues* que vous parlez: cela (et c'est vous qui m'avez bien aidé à le démontrer), cela suppose, cela représente nécessairement conception distincte, exclusion, négation.

Ainsi, veut-on deux momens de la pensée, que l'on appellera l'un spontanéité, inspiration, l'autre réflexion? Je ne conteste pas cela à présent... peut-être le conteste-je plus que je ne le pense moi-même; mais c'est égal, je ne songe pas à le contester: je conteste seulement au premier la faculté de parler. Veut-on que le fini ait été dans la conscience sans y représenter le contraire de l'infini, je ne disputerai pas sur cela à présent: si j'avais à le faire, je commencerais par demander pourquoi et comment... mais encore une fois, il ne s'agit pas de cela à présent: qu'il y ait été, ou qu'il y soit, comme on voudra; mais qu'il y soit resté, qu'il y reste toujours. Pour passer en cet état dans la langue, je lui refuse le passeport: nier l'infini, ou pour mieux dire, nier qu'il est l'infini, est sa condition pour être un mot. C'est la condition de tout: que tout ait été dans la conscience compénétré, identifié, affirmé sans négation; il n'a pu être dans la langue qu'au moyen de mots dont chacun, en disant ce qu'il a à dire, dit de plus: mes confrères disent autre chose.

Mais fallait-il tant ergoter, tant vous citer et vous commenter vous-même pour prouver, quoi? que les langues sont essentiellement ...

APPENDICI E APPUNTI RELATIVI ALLA LETTERA A VICTOR COUSIN

APPENDICE A

« ... puissions constituer les vérités que la raison nous découvre » par la réflexion, comme par l'inspiration « c'est notre honneur, notre gloire de pouvoir en participer. »

N'est-ce pas là avoir ruiné d'avance cette distinction que vous établissez dans l'endroit que j'examine, entre vérité et vérité, entre des vérités dont les unes seraient venues par l'inspiration, et dont les autres seraient obtenues par la réflexions?

N'est-ce pas avoir écarté toute raison tirée de la personnalité, en montrant qu'il ne peut y en avoir dans ce dont il s'agit ici, c'est-à-dire dans le résultat, dans le fruit de la réflexion si ce fruit est la vérité, bien entendu. « Rien n'est moins personnel que la raison » aviez-vous dit. Et d'où avez-vous pu partir pour prétendre ensuite que « la réflexion étant toute personelle, il serait trop inique et absurde d'imposer aux autres le fruit d'opérations qui nous sont propres? » Ce *fruit* est-ce la vérité? est-ce quelque chose qui soit découvert par la raison? Alors, qu'importe ce qu'il peut y avoir de personnel dans la manière de l'obtenir, puisqu'il n'est pas personnel, lui même? Est-ce autre chose que la vérité? alors il ne faut l'imposer, bien sûr, mais il ne faut pas le garder non plus, il faut le jeter aux chiens, mais pour une raison toute autre que celle de l'opération par laquelle on l'aurait obtenu.

« Après avoir commencé par un peu d'idéalisme, Kant » aviez-vous dit encore « aboutit au scepticisme. »

Je trouve que l'on y aboutirait tout-de-même, et par le même chemin, en vous suivant sur le terrain de la distinction dont il s'agit; il n'y aurait de certitude que dans l'intuition, c'est-à-dire dans la confusion: il n'y en aurait point dans la réflexion, c'est-à-dire dans la philosophie.

Car, si d'un côté rien n'est moins personnel que la raison, si, de l'autre, la réflexion est *personnelle* de telle façon que le *fruit* de ses opérations diffère pour cela *des vérités que la raison nous découvre dans l'intuition*, et qui ne viennent pas de nous, et en diffère dans cette qualité que celles-ci ont de ne pas venir de nous; si la *personnalité* des opérations se communique au résultat, au fruit, s'y retrouve, il s'ensuit, ou plutôt il est dit que la réflexion ne peut aboutir à rien de rationnel, à aucune vérité. Je vois combien cela jure avec vos intentions, avec vos autres doctrines, mais je ne puis pas ne pas voir que cela découle pourtant de celle que vous exposez ici; je ne puis pas ne pas vous voir sur la même sellette où vous avez mis Kant: la compagnie vous convient si bien, que je ne suis pas étonné de la place. Oui; il me semble que je puis en toute assurance tirer de ce que vous dites contre lui ce dilemme contre vous. Ou les résultats de la réflexion, malgré l'air, malgré le caractère de subjectivité qu'ils ont dans la réflexion, peuvent avoir une objectivité légitime et véritable; et alors ils sont objectifs comme tout ce qui l'est: car il n'y a qu'une manière de l'être, alors ils ont toutes les qualités, ils entrainent toutes les conséquences de l'objectivité [1]; alors, à propos de quoi venez-vous exciper à leur égard d'une subjectivité qui n'est pas en eux, qui leur est extérieure? Ou ces résultats gardent ce caractère de subjectivité qu'ils ont dans la réflexion, et alors point de vérité dans les résultats de la réflexion, scepticisme dans la philosophie. Il me semble même que je puis vous presser davantage, et vous opposer encore plus directement à vous-même. Car vous employez ici, pour exprimer votre propre pensée, la même formule dont vous vous étiez servi dans l'autre endroit pour exprimer et dénoncer la conséquence cachée dans la doctrine de Kant sur les catégories, conséquence dans laquelle le scepticisme se montre à découvert. Là *(Cours de 1828, leç. 6.ᵉ, p. 17)* vous aviez dit: « Kant, après avoir arraché au sensualisme les catégories, leur a laissé ce caractère de subjectivité qu'elles ont dans la réflexion. Or, si elles sont purement subjectives, personnelles, vous n'avez pas le *droit* de les transporter hors de vous, hors du sujet pour lequel elles sont faites ». Ici, en accordant (avec des hésitations et des limitations qui n'intéressent en rien la que-

---

A. [1] La critica rivolta qui a Kant è la seguente: se le categorie dell'intelligenza sono oggettivamente vincolanti, non si vede perché esse debbano esser dette soggettive. Se invece esse sono soggettive, allora si cade veramente nello scetticismo.

stion actuelle) le *droit* d'imposer aux autres les vérités venues par l'intuition, vous refusez bien résolument ce même droit pour les résultats de la réflexion.

Or il est évident que le *droit* que vous reprochez à Kant de nier, et le droit que vous niez vous-même, c'est la même chose. Ce qui constitue le droit de *transporter hors de soi*, et le droit d'*imposer* aux autres, n'est qu'une seule et même chose, l'objectivité [2]. Entre croire, et prétendre que ce que nous croyons doive être cru par les autres, il n'y a qu'une différence matérielle, qui n'a rien à faire ici: il n'y a dans le second qu'un acte de plus, mais la raison, la pensée de cet acte est renfermée dans le premier: car nous ne croyons nous-mêmes une chose qu'autant que nous sommes persuadés qu'il y a une raison absolue, universelle, impersonnelle de la croire. D'où il s'ensuit que, s'il est évidemment inique et absurde d'imposer aux autres le fruit d'opérations qui nous sont propres, il est également inique et absurde de le garder pour soi, de se l'imposer à soi-même [3]; c'est s'arrêter volontairement à la subjectivité. Car, sûrement, en parlant du droit d'imposer, vous n'entendez qu'un droit rationnel, et ce n'est que d'une indépendance rationnelle que vous voulez parler, et qu'il peut être question.

Je ne puis pas à moins d'observer encore que ce scepticisme découle si nécessairement de la doctrine que vous établissez ici, que votre rédaction même en indique la pensée; votre style est sceptique dans cet endroit. Aux *vérités* que la raison nous découvre dans l'intuition spontanée, vous opposez le *fruit*, les *résultats* de la réflexion; c'est-à-dire quelque chose d'aussi général que possible, quelque chose qui embrasse la vérité et l'erreur: vous n'avez pas osé aller plus loin dans le positif, tandis que plus loin était la question: vous avez indiqué, qualifié la chose par son origine, ou plutôt par son moyen d'apparaître, tandis que c'est de l'es-

---

[2] Punto assolutamente capitale: è vero che Kant, affermando le categorie esser soggettive (benché oggettivamente vincolanti), è costretto a negare che la « cosa in sé » possa essere conosciuta e non può neanche decidere se il mondo esterno esista, ma Cousin, che gli rimprovera questo esito « scettico », cade nello stesso vizio. Infatti egli nega alla riflessione, cioè alla filosofia, il diritto di imporre qualcosa agli altri: ma la verità esterna al soggetto e il diritto di « imporla » agli altri sono poi sempre la stessa cosa, negata dall'idealismo: l'oggettività.

[3] Ed ecco tratte le conseguenze assurde del solipsismo: se non si può nulla imporre agli altri, non si può nemmeno imporre qualcosa a sé.

sence de la chose même que dépend le droit qui peut y être attaché: vous n'avez pas appliqué aux résultats de la réflexion le mot de *vérités* que vous aviez appliqué aux résultats de l'inspiration, parce que ce mot vous aurait averti que vous opposiez la chose même à la chose même; ce mot vous aurait averti que vous n'aviez aucune raison, pour établir une différence entre deux choses égales dans votre système, ou plutôt identiques. Ce que vous dites ensuite pour marquer de plus en plus cette différence dont vous avez besoin, me paraît pécher par le même endroit, et retomber sous les mêmes objections.

« Nul » dites-vous « ne réfléchit pour un autre. »

D'accord; mais nul non plus n'est inspiré pour un autre: il s'agit, dans l'un et dans l'autre cas, de transmettre, de proposer, d'imposer, si vous voulez, des vérités ou des idées que l'on croit vraies; et qui, si elles le sont, seront aussi également impersonnelles, « et alors même que la réflexion d'un homme adopte les résultats de la réflexion d'un autre homme, elle ne les adopte, qu'après se les être appropriés, et les avoir rendus siens ».

Et tout-de-même, alors que l'inspiration d'un homme, ou sa raison, ou ce que vous voudrez, adopte les résultats, les déclarations, ce que vous voudrez encore, de l'inspiration d'un autre homme, elle ne les adopte qu'après se les être appropriés et les avoir rendus siens [4].

Et qu'est-ce que se les approprier, les rendre siens? Ce n'est et ce ne peut être que la même chose dans l'un et dans l'autre cas; c'est reconnaître l'universalité, la rationnalité, l'impersonnalité de ce qui lui est proposé comme vérité; c'est voir, c'est avouer que ce qui lui est proposé, quoiqu'il ait été dans une autre tête avant que dans la sienne, ne vient pas de cette tête, ne lui appartient pas plus qu'à toute autre intelligence, n'est enfin qu'une vérité.

Ainsi, voilà le principe de l'autorité ruiné; mais l'aviez-vous établi? j'ose dire que vous l'aviez affirmé, mais non établi; car d'où vous le faites venir, il n'en vient pas. Je n'ai rien à établir; je ne fai qu'examiner ce que vous établissez; et en parlant de religion je n'entends toujours que les idées que vous avez associées à ce mot.

J'ai dit mes raison contre les faits et les argumens dont vous tirez comme conséquence ce principe, que « le carac-

---

[4] È come se Manzoni dicesse: tra le leggi della riflessione e quelle dell'ispirazione non c'è alcuna differenza; non si vede perché si debba concedere a questa ciò che si nega a quella.

tère éminent de l'inspiration, savoir l'impersonnalité, renferme le principe de l'autorité, et le caractère de la réflexion, la personnalité, renferme le principe de l'indépendance ». C'est avoir ruiné, autant qu'il est en moi, la conséquence même. Mais j'ai encore, sur la conséquence même considérée dans ses rapports avec l'argumentation dont vous la tirez, deux observations à vous présenter.

Comment de ce qui est douteux et restreint peut-on rien tirer de si affermatif et de si général? Je puis m'expliquer mal; mais j'ai la conviction que ce n'est pas une querelle sur les mots que je vous fais-là. Car, si les mots sur lesquels porte ma difficulté sont indifférens; si vous n'aviez pas besoin de ce vague et de ce restreint, pourquoi, voulant aboutir à affirmer que le caractère éminent de l'inspiration renferme l'autorité, pourquoi, ayant dit comme les vérités que la raison nous découvre ne viennent pas de nous; n'avez-vous pas dit, ainsi que l'exigeait la concordance logique matérielle des deux termes: on a le droit de les imposer aux autres? Ou bien consentiriez-vous à ce changement de rédaction?

Ne pouvant interpréter votre intention là-dessus, et voulant me former et vous exprimer une opinion raisonnée sur ce point essentiel de votre doctrine, je ne puis que faire successivement les deux suppositions, et rechercher ce qui résulterait de l'une et de l'autre.

Si vous persistiez à dire que de ce que les vérités que la raison nous découvre (dans l'intuition spontanée) ne viennent pas de nous, il s'ensuit simplement qu'il semble qu'on peut se croire jusqu'à un certain point le droit de les imposer aux autres; je ne pourrais que persister à dire de mon côté qu'il n'y en a pas assez pour établir que le caractère éminent de l'inspiration renferme le principe de l'autorité. Et je prétendrais en même temps que, justement parce que pour établir ce principe vous aviez besoin d'affirmer positivement l'existence positive du droit, cette existence positive que vous persisteriez à ne vouloir pas affirmer en termes explicites, se trouve affirmée implicitement dans les autres termes dont vous vous servez.

Dire, en effet, que le caractère éminent de l'inspiration renferme le principe de l'autorité; représenter cette autorité comme identique à un droit qu'on pourrait se croire d'imposer aux autres ce qui nous viendrait par l'inspiration, c'est affirmer que ce droit abstrait existe, est quelque chose de réel, ou que l'autorité même, cette autorité dont vous établissez ici le principe, n'est qu'une illusion.

Que si je suppose que, reconnaissant la légitimité de ma réclamation, vous soyez prêt à établir positivement ce droit, alors la discussion change prodigieusement de nature et d'importance. Tant que j'ai pu supposer que vous ne parliez qu'historiquement, et même d'une manière plus inductive que positive, d'un droit que l'on peut se croire, que l'on a pu se croire, je n'avais pas besoin de grands éclaircissemens là-dessus. Des idées historiques j'en ai comme tout le monde sur ce point-là: je ne suis pas embarassé à trouver des personnages, des sociétés, des époques, dont les discours, les actes, les doctrines, s'expliquent par la croyance, par la prétention à un droit d'imposer des idées; j'entends alors, ou je crois entendre assez ce que vous voulez dire par ces mots. Mais s'il s'agit d'un droit réel à reconnaître, je m'arrête; je demande à y voir plus clair; je veux savoir au juste ce qu'est ce droit que je devrais reconnaître positivement à l'intuition spontanée; ce que je dois entendre par cet *imposer*, que je devrais reconnaître pour l'action légitime et indispensable de ce droit: je veux savoir sur quoi ce droit est fondé, d'où il vient. Que dois-je donc entendre au juste par ce *droit d'imposer*? Comme vous ne le dites ni ici, ni ailleurs, et comme ces mots par eux-mêmes ne me représentent que des idées tout-à-fait indéterminées, il faut que je voye si je puis trouver la nature de ce droit et de son action, dans l'origine que vous lui attribuez; si en examinant d'où il vient, je puis découvrir ce qu'il est.

D'où naît-il donc, ce droit? sur quoi est-il fondé?

Le droit d'imposer aux autres les vérités que la raison nous découvre dans l'intuition spontanée, naîtrait, selon vous, de ce que ces vérités ne viennent pas de nous, qu'elles ne sont pas notre ouvrage, que nous-mêmes nous nous inclinons devant elles comme venant d'en haut.

Si quelque chose qu'on puisse appeler *droit d'imposer aux autres* naît de cela, ce droit ne peut, selon vous, en aucune manière être un droit spécial des vérités que la raison nous découvre dans l'intuition spontanée, puisque, encore selon vous, aucune vérité ne vient de nous, aucune n'est notre ouvrage, toutes nous viennent du même endroit. Tout est égal ici; il y a des deux côtés conviction que l'on tient la vérité, certitude; oui, certitude des deux côtés, à moins que, la déniant aux résultats de la réflexion, vous ne vouliez, encore une fois, condamner la philosophie au scepticisme.

Je n'ai point à chercher à présent comment de la certitude peut naître un droit d'imposer aux autres ce dont on est certain soi-même, car ce n'est pas d'un droit commun à toutes les vérités qu'il s'agit ici; et quand je l'aurais admis, reconnu, bien compris, j'en serais encore à vous demander d'où viendrait ce droit que vous attribueriez exclusivement à telles vérités.

Y a-t-il entre celle-ci et les autres quelque différence de laquelle on puisse dériver ce droit?

Oui; il y a une différence d'operation. Elle consiste en cela, que dans un cas on est certain après réflexion; dans l'autre on est certain sans avoir réfléchi. Quoi! ce serait de cela que naîtrait un droit? Un droit sur les autres intelligences? Quoi! l'autorité serait cela?

Je conçois à présent que vouz n'ayez pas établi positivement ce droit quelqu'il soit; puisque vous n'aviez pour l'établir qu'un tel fondement [5]. Je conçois que vous n'ayez pas intimé aux hommes de le reconnaître chez ceux qui pourraient le mettre en avant, que vous ayez seulement affirmé que quelqu'un pourrait bien se le croire: certes on peut croire cela et du plus fort encore. Je conçois que vous soyez si soigneux d'écarter l'intervention, le jugement de l'autorité des débats de la philosophie; je ne conçois pas que vous en vouliez, que vous l'admettiez quelque part. Moi qui veux de l'autorité partout, qui crois qu'elle doit être le guide comme elle est la vie de toute intelligence privée, moi qui pense que l'examen, ce noble exercice de l'intelligence, part inévitablement de l'autorité, et doit aboutir raisonnablement à l'autorité; eh bien, je la repousse de partout si elle est cela. Quoi! un homme se croirait le droit de m'imposer des idées par la raison qu'il y croirait lui, et qu'il n'y aurait par réflechi!

Qu'on appelle l'autorité un joug avilissant pour l'individu, je le trouve bon, si l'autorité est cela: c'est un joug que je crois avoir, je ne dis pas le droit, mais le devoir de rejeter. J'ose même croire que personne n'a jamais prétendu à un tel droit, n'a jamais prétendu rien imposer en raison d'une telle autorité. « L'homme ... » dites-vous (1828, 6.ᵉ, leç., p. 12) « appelle révélation l'affirmation primitive. Le genre humain a-t-il tort? »

---

[5] Manzoni osserva che le leggi della sola ispirazione non possono includere il diritto di autorità, che dovrebbe essere incluso nell'impersonalità e oggettività dell'ispirazione.

Le genre humain (j'affirme ici sans preuves; mais vous voyez ce qu'il en faudrait; et ce n'est qu'à une affirmation sans preuves que je réponds), le genre humain n'a jamais entendu par révélation ce que vous appelez ici affirmation primitive.

Je devrais vous demander quel serait le moyen de distinguer si celui qui veut imposer des idées aux autres est vraiment dans son droit, si c'est vraiment de l'inspiration pure qu'il nous propose; quel moyen il aurait lui-même de s'en assurer, de se rendre témoignage que dans ce qu'il annonce il n'y a rien de prémédité, que c'est bien l'affirmation primitive, que cela a précédé toute réflexion. Je ne vois pas quel moyen aurait pour cela une raison qui ne *se connaît* pas encore (page 44 à la fin), qui ne se connaîtra que par la réflexion (page suivante); et je ne comprends pas plus comment, sans se connaître, elle puisse se croire un droit. La croyance à ce droit, l'idée même de ce droit vous la faites vous-même arriver à la suite d'un raisonnement, par le moyen d'une induction (comme etc. ... il semble qu'on peut se croire etc.).

Je devrais vous demander comment on s'y prendrait pour imposer aux autres ces *vérités qui nous sont primitivement données*; lorsque ces vérités sont un *tableau dont le caractère est la confusion*? Qu'est-ce qu'imposer la confusion? Et qu'est-ce qu'un droit exercé, réclamé, cru, c'est-à-dire distinctement aperçu, là où il n'y a encore aucune distinction?

Je devrais vous demander quel serait l'instrument dont on pourrait, dont on aurait pu se servir pour imposer ces idées aux autres. Sans savoir au juste ce que je dois entendre ici par *imposer*, je sais qu'une condition essentielle pour imposer des idées doit être de les proposer. Or les mots, les formules qui doivent signifier les vérités *primitivement données*, les vérités venues d'en haut, où les prend-il celui qui veut imposer ces vérités aux autres? Les invente-t-il ces mots? crée-t-il le langage, bon Dieu? Supposons-le: mais que fera-t-il avec ces mots qui ne sont qu'à lui? Comment pourra lui servir pour imposer des idées aux autres un moyen qui manque de la condition essentielle qui est d'être déjà connu de ces autres? Ou bien ces mots sont-ils déjà faits? et par conséquent les connaît-il pour les avoir reçus lui même? Ou bien encore les forme-t-il par analogie, en les dérivant d'autres mots d'une langue qui lui set commune avec ceux à qui il veut imposer ces idées? Dans le premier cas, il a reçu lui aussi ces vérités avec les mots; elles ne lui sont pas venues d'en haut à lui esprit isolé ici-bas. Dans le second, il les a déduites ces vérités, elles ne lui ont pas été révélées dans l'intuition spontanée, par aperception pure, par inspiration immédiate. Je ne puis comprendre que ce soit la raison et la raison seule (1828, leç. 6.ᵉ, p. 14) *qui en se développant nous révèle les vérités qu'elle nous impose immédiatement*, du moment que vous voulez que ces vérités puissent s'imposer; à moins que vous ne disiez que la même raison, ou ce que vous voudrez, révèle en même temps, comunique à ceux à qui nous coudrons les imposer, la connaissance, la valeur des signes dont nous nous servirons pour cela.

Et alors nous voilà dans la même condition; ceux à qui on voudrait imposer ces vérités, les connaissent aussi bien que celui qui le voudrait. (Je vais revenir sur cela, car vous établissez, il me semble, d'une autre manière aussi cette égalité entre deux parties, dont l'une cependant doit donner et l'autre recevoir.)

En attendant je pousse l'argumentation tirée du langage, au risque de me répéter, et de retourner un seul argument de plusieurs manières: c'est le seul moyen que j'ai de m'expliquer. J'examine donc ce que vous dites du langage particulier de l'inspiration (pag. 13): « l'homme transporté par l'inspiration ... ne peut s'exprimer que par des mots qui ont le même caractère que le phénomène qu'ils essayent de rendre ». Par des mots? c'est bon; il y a donc des mots: il y a un langage: et cependant vous appelerez tout-à-l'heure ces mots la parole primitive. « La forme nécessaire, la langue de l'inspiration est la poésie, et la parole primitive est un hymne. »

Hymne, soit; mais, si le but d'un hymne est d'imposer des idées, si par conséquent son moyen indispensable est d'être compris, l'himne est dans la même condition que toute autre forme du langage; il faut qu'il emploie des élémens préexistans communs; l'hymne, tout aussi bien qu'un chapitre d'économie politique, suppose une parole établie, au lieu d'être lui-même la parole primitive [6].

---

[6] Si passa ormai, esplicitamente, a un secondo punto, che è quello del linguaggio, anzi dell'origine delle lingue. L'ispirazione, sia pure poetica, ha bisogno di parole: come sono nate? Manzoni formula più avanti la tesi, ritrovabile anche nei suoi scritti linguistici, di una lingua nata con l'uomo nel momento della Creazione, non potendosi concepire un'umanità che, priva di linguaggio, a poco a poco lo crei: infatti per inventare parole che abbiano un senso occorrono, prima, altre parole. È una critica del sensismo, simile a quella che aveva rivolto a Locke in una nota della *Morale*: la mente senza idee è nulla.

La parole primitive! Ah, voilà bien la question primitive! Voilà de fiers mots; des mots que l'on ne peut voir ensemble, sans demander des explications et des preuves, sans demander quel est au juste le fait que l'on prétend établir par ces mots, et sur quoi l'on se fonde pour l'établir.

Car c'est bien d'une hypothèse que vous partez ici. Comme tous ceux qui ont voulu inventer inductivement une origine du langage, vous supposez d'abord un fait qu'aucune expérience, qu'aucun témoignage n'atteste: une société d'hommes n'ayant pas la parole. Où avez-vous vu cela? Qui a dit l'avoir vu? Est-ce peut-être un de ces fait évidens de soi-même, qui n'ont pas besoin de preuves positives, dont la preuve est dans ce qui nous est connu de notre nature? Quoi! il serait évident de soi-même que des hommes, des hommes venus on ne nous dit pas comment, ont dû être un temps sans langage! Ainsi, pour affirmer un fait, vous en supposez implicitement et nécessairement un autre, dont la supposition est loin de pouvoir servir de fondement à quoi que ce soit.

Le fait que vous affirmez est que parmi ces hommes la parole a commencé. Comment a-t-elle commencé? Je n'ai aucune idée de pareille chose: tout ce que je connais de la parole, ne me donne au contraire que des idées de continuation: ce sont toujours des hommes transmettant à des enfants le langage qu'ils ont eux-même reçu.

Comment la parole a-t-elle commencé? Je le demande non pour avoir un éclaircissement que je ne crois pas possible d'après vos données; mais pour vous marquer la contradiction que je trouve dans ces mêmes données.

Comment, entre des hommes, n'ayant aucun langage quelqu'un a-t-il pu faire de la poésie, des hymnes, dire quoi que ce soit? Comment ce quoi que ce soit aurait-il été compris? J'en reviens toujours là: la parole, avec l'origine que vous lui donnez, par cela seul qu'elle serait primitive, ne pourrait être comprise; par cela même qu'elle ne pourrait être comprise, elle ne pourrait être formée.

« Cherchez » dites-vous (*ibid.*, p. 21) « dans l'histoire des langues, des sociétés, et dans toute époque reculée, et vous n'y trouverez rien qui soit antérieur à son élément lyrique, aux hymnes, aux litanies. »

Je suppose qu'il en est ainsi; mais ne rien trouver d'antérieur à une chose ne sert aucunement à prouver que cette chose ait dû, ait pu commencer d'elle-même et de telle manière.

Il ne s'agit pas de ce qu'on peut trouver; mais de ce qui a pu être: le manque de documens n'autorise pas à établir un fait répugnant, ne résout pas la contradiction qui est dans la chose même. Si les hymnes sont la plus ancienne forme de la parole dont nous ayons connaissance, il n'en est pas moins évident qu'avant les hymnes il y avait la parole; puisque encore une fois les hymnes ne peuvent être débités, ni composées sans la parole.

Je devrais vous demander enfin (me voici à la difficulté que je vous annoncée tout-à-l'heure) à quoi bon, comment même imposer à quelqu'un ce qui est identique dans tous; car, et je choisis un texte entre plusieurs: « toute conception primitive est une aperception spontanée ... Là est l'identité du genre humain » (pag. 21).

Je pourrais concevoir la prétention à un droit d'imposer des idées là où vous admettez de la différence entre homme et homme, c'est-à-dire dans le domaine de la réflexion, c'est-à-dire là justement où vous ne voulez de ce droit en aucun manière.

« La réflexion étant toute personnelle, » dites-vous « il serait trop inique et absurde d'imposer aux autres le fruit d'opérations qui nous sont propres. »

Je laisse de côté l'iniquité et l'absurdité; mais j'observe qu'il y a ici une condition essentielle de la possibilité; qui est que ce que l'on voudrait imposer, manque à ceux à qui on veut l'imposer. Mais où il y a identité, il ne peut y avoir ni droit, ni motif, ni possibilité de rien imposer.

Vous dites, il est vrai (*ibid*., p. 22), que « sous cette unité sont des différences ». Je vous suis, pour voir si dans ce que vous direz de ces différences, il y aurait quelque chose qui pût m'autoriser à les regarder comme la matière à imposer; et quelque chose qui en même temps fît disparaître la contradiction que je crois trouver d'abord entre identité de la spontanéité, et différences dans la spontanéité. Je trouve d'abord que les différences ne viennent que d'une seule cause: d'un double développement de la raison; ce qui devrait me faire croire que, selon vous, les différences ne commencent absolument qu'avec la réflexion. Vous ajoutez pourtant: « nous avons vu que la spontanéité n'admet guère de différences essentielles ».

Elle en admet donc: ici j'apprends seulement, ou l'on me rappelle incidemment qu'elles ne sont pas essentielles; dans la ligne qui suit je vois qu'elles ne sont pas frappantes.

Ce n'est pas ce qui me faut; je remonte donc à l'endroit

auquel vous vous en référez. C'est, je crois, à la page 19: « La réflexion, le doute, le scepticisme apartiennent à quelques hommes; l'aperception pure, la foi spontanée apartiennent à tous ... Dans la spontanéité il y a à peine quelque différence d'homme à homme. Sans doute il y a des natures plus ou moins heureusement douées, dans lesquelles la pensée se fait jour plus facilement, et l'inspiration se manifeste avec plus d'éclat; mais enfin, avec plus ou moins d'énergie, la pensée se développe spontanément dans tous les êtres pensans, et c'est l'identité de la spontanéité, dans la race humaine, avec *l'identité de la foi absolue qu'elle engendre*, qui constituent l'identité du genre humain ».

Eh bien; me voilà encore plus loin du compte: car premièrement je ne trouve rien ici de positif sur la nature de ces différences: c'est seulement quelque différence, c'est plus ou moins d'éclat, d'énergie; et pourtant il me faut du plus positif puor me faire une idée de quelque chose que l'on puisse imposer. Mais de plus, ces différences, quelle qu'elles soient, je les trouve ici-même expressément exclues de la matière où il faut absolument des différences pour qu'il y ait possibilité de l'imposer. Permettez moi de résumer ici et de mettre en présence vos affirmations diverses sur se sujet.

Qu'est-ce qu'on peut se croire le droit d'imposer?

Les vérités que la raison nous découvre dans l'intuition spontanée (1829, pp. 45-46).

Or, quel est le produit de l'intuition spontanée? Qu'est-ce que la spontanéité engendre?

La foi absolue.

Cette foi absolue est-elle différente dans les différents sujets?

Non: elle est identique.

Donc, ou il s'agit d'imposer ce qui est identique, ou il n'y a rien à imposer; il s'agit d'imposer ce qui est identique, ou ce à quoi on ne donnerait pas soi-même une foi absolue.

J'ai beau me tourner pour trouver dans d'autres passages, dans l'ensemble de votre doctrine le moyen de dissiper cette contradiction; elle m'apparaît partout. Si vous n'aviez pas affirmé, espressément ici, l'identité de la foi absolue engendrée par la spontanéité, je ne pourrais également concevoir des différences qui pussent servir de matière à imposer entre intuition primitive et intuition primitive lorsque dans l'intuition primitive il y a « tout ce qui sera plus tard dans la réflexion » (pag. 10), à d'autres conditions à la vérité, mais ces conditions qui constituent la différence entre la spontanéité et la réflexion, n'en peuvent pas établir entre spontanéité et spontanéité; puisqu'elles n'y sont point. Je ne pourrais concevoir des différences d'homme à homme dans le fait qui consiste à « croire à tout sans rien distinguer » (pag. 28); car au moment où l'on distingue, c'est l'autre fait qui survient: ce sont là les condictions de la réflexion; c'est la raison qui revient sur elle même (1829, p. 45) [7].

Si, en laissant de côté pour un moment cette autre contradiction entre l'identité que vous affirmez directement et indirectement, et les différences que vous affirmez aussi, je veux me faire une idée de ces différences, sauf à voir après comment je pourrai les concilier avec l'identité; je ne trouve sur elle que des idées négatives; même des affirmations dubitative; je les trouve presque affirmées et niées en même temps. « Il n'y a pas de différence » dites-vous (pag. 23) « dans l'aperception de la verité, ou bien les différences sont peu importantes. »

Pas de différence, ou bien des différences peu importantes? Est-ce égal que cela? Quoi! vous ne décidez pas si l'aperception de la vérité est absolument identique de sa nature, ou si elle admet des différences? Vous laissez à choisir entre deux propositions comme celles-là?

Voilà donc à quoi se réduirait l'autorité. Tout-à-l'heure je la trouvais tyrannique, je trouvais ses prétentions exorbitantes, et tout-à-fait illégitimes; à présent elles me semblent, je l'oserai dire, oiseuses, inconcluantes, incertaines. Le droit auquel prétendrait celui qui exercerait l'autorité, ne serait que le droit d'imposer aux autres hommes ce qu'ils ont déjà de commun avec lui, ou bien quelque chose de non essentiel, quelque chose de peu important. « Celui qui possède à un plus haut dégré que ses semblables le don merveilleux de l'inspiration, et qui passe à leurs yeux pour le confident et l'interprète de Dieu », celui-là, en supposant qu'on puisse établir des dégrés dans l'absolue identique, n'aurait à leur apprendre, dans le sujet pour lequel il passe pour le confident et l'interprète de Dieu, que quelque chose de non essentiel, de peu important! Voilà l'origine sacrée des prophéties, des pontificats, des cultes?

---

[7] Se i dati dell'ispirazione sono identici e primitivi per tutti gli uomini, non c'è bisogno di preoccuparsi di una « imposizione » che non esiste. Se essi trapassano poi nella riflessione, dovrebbero mantenere le stesse condizioni.

APPENDICE B

Je cherche à me rendre compte de votre opinion sur les *formes de la religion*[1] (leç. 5.ᵉ, pp. 20-21), à voir ce que je dois en faire, selon vous: je vous avoue que je ne puis sortir du vague, sans entrer dans la contradiction. *Laissons*, dites-vous, *à la religion la forme qui lui est inhérente.*

Laissons m'arrête d'abord; car ce mot est bien loin de m'indiquer clairement et exclusivement une opération de l'intelligence: à mesure que j'avance, je le comprends encore moins. Je sens bien ce que c'est qu'admettre, que nier, que douter, que ne pas comprendre: hors de ces quatre choses-là, je ne vois rien que l'on puisse faire d'une idée qui nous soit proposée. Or, puisque *laisser* ne me représente nullement une cinquième opération de l'esprit qui m'aurait été inconnue, il faut pour lui donner un sens déterminé, que je cherche laquelle de ces opérations connue il pourrait ici représenter; mais je ne peux essayer de lui en appliquer aucune sans trouver dans ce passage même des propositions qui répugnent à cette application.

Pourquoi votre philosophie laisse-t-elle à la religion la forme qui lui est inhérente? Parce que cette philosophie à *le droit, comme le devoir, de ne rien comprendre, de ne rien admettre qu'en tant que vrai en soi, et sous la forme de l'idée*. C'est donc à dire que la forme de la religion n'est pas propre à rien exprimer *en tant que vrai en soi et sous la forme de l'idée*.

Après cela, *laisser* me paraît ne pouvoir signifier autre chose que non-admettre: aussi cette même philosophie déclare-t-elle que sa forme est différente de celle de la religion. Or que fait-on en philosophie de ce que l'on n'admet pas? Et pourquoi ne l'admet-on pas? Encore une fois ce ne peut-être que parce qu'on le trouve faux, ou douteux, ou obscur. Mais ici rien de tout cela; puisque la philosophie a pour la forme de la religion *le plus profond respect*. Certes la philosophie n'a et ne peut avoir de respect que pour la vérité: le respect renferme l'adhésion, comme l'adhésion renferme la compréhension. Mais que signifierait *laisser* ce qu'on au-

---

B. [1] In questa Appendice, e in alcuni luoghi che ad essa seguono, Manzoni critica la concezione di Cousin intorno alla religione. Per Cousin la « forma » della religione è secondaria rispetto alla sostanza, e la sostanza sarebbe « la filosofia della specie umana »; Manzoni rileva che la forma è essenziale alla religione e che la religione è irriducibile a filosofia.

rait compris être vrai? Et que signifie respecter ce dont on ne sait que faire? respecter une forme qui n'est pas propre à produire ce qu'elle se propose, et ce que l'on se propose? Si la forme de la religion n'est pas propre à faire *rien comprendre, rien admettre en tant que vrai en soi*; si la philosophie qui n'a que cela à faire, est obligée de *laisser* cette forme et d'en prendre une autre; d'où part-elle pour respecter celle qu'elle laisse? Pour la respecter elle doit la comprendre : et comme elle ne comprend rien qu'en tant que vrai en soi, elle devrait comprendre, en tant que vrai en soi, cette forme de la religion qu'elle laisse, par la raison qu'elle n'est pas propre à faire rien comprendre en tant que vrai en soi.

C'est une puérilité, dites-vous, *là où il y a identité de contenu, d'insister hostilement sur la différence de la forme.* D'abord il m'est impossible de comprendre ce que c'est qu'identité de contenu avec différence de forme : puisque ce n'est que par la forme que le contenu se manifeste : si les deux formes présentent le même sens, il ne peut y avoir entre elles qu'une différence matérielle dont il n'est pas question ici, mais elles ne sont pas différentes dans le sens de la question; si elles ne présentent pas le même sens, il y a à deux *contenus* différens. Mais quand j'aurais compris cela, je n'en serais pas plus avancé dans l'objet de ma recherche : car ce que je veux savoir c'est ce que je dois faire, ce que je dois juger de la forme de la religion.

La religion, continuez-vous, *est la philosophie de l'espèce humaine.* Entendons-nous : y a-t-il deux philosophies? Jusqu'à présent vous ne m'avez parlé que d'une; et vous m'en avez parlé comme de la seule : vous n'auriez pu en parler autrement. Or est-ce de celle là que vous entendez ici? La philosophie de l'espèce humaine, est-elle la philosophie? Dans ce cas elle ne peut rien comprendre, rien admettre qu'en tant que vrai en soi, et sous la forme de l'idée. Elle n'a à faire de la forme de la religion que ce que la philosophie en fait, la *laisser.* Ou voulez-vous parler d'une autre philosophie? Qu'est-elle? il m'est impossible d'en avoir aucune idée, sinon qu'elle doit être fausse si celle que vous avez appelée la philosophie est vrai. Quoi! vous avez consacré un nom à une chose; vous vous êtes attaché à la bien définir, à la bien expliquer; vous lui avez assigné des lois, vous lui avez attribué des opérations; et vous venez à présent donner ce même nom à ce qui ne reconnaîtrait pas ces lois, à ce qui ferait des opérations non seulement différentes, mais opposées! Vous trouvez bon que l'espèce humaine prenne (et garde en conséquence) quelque chose que vous *laissez*, que vous laissez parce que la philosophie vous y oblige, cette philosophie qui ne crée aucune vérité, mais qui les reconnaît, et, certes, n'en laisse aucune qu'elle ait reconnue; et cette conduite de prendre ce que vous laissez, vous l'appelez encore philosophie; une philosophie qui n'aurait ni le *droit*, ni le *devoir* de la philosophie!

Vous avez dit: *Un petit nombre va plus loin*. Entendons-nous encore: car *aller plus loin* ne présente pas un sens déterminé. Est-ce en ajoutant aux formes reçues par l'espèce humaine, que ce petit nombre va plus loin? Dans ce cas il a admis ce que l'espèce humaine admet; il n'a rien laissé. Est-ce en n'admettant pas quelque chose de ce qu'elle admet; mais alors il ne va pas plus loin; il vient d'autre part.

« Mais en considérant l'identité essentielle de la religion et de la philosophie, ce petit nombre entoure de vénération la religion ... »

Je comprends fort bien le sentiment que vous attribuez ici au petit nombre, en supposant que *entourer de vénération* signifie *vénérer*. Je conçois fort bien que l'on vénère ce que l'on trouverait identique aux résultats de la science qui aurait le droit de ne rien comprendre, de ne rien admettre qu'en tant que vrai en soi.

« ... et ses formes. »

Pourquoi donc? Il n'y a plus ici la raison de l'*identité*, puisque *la forme de la religion et la forme de la philosophie sont différentes*. Y a-t-il une autre raison par laquelle le petit nombre doive avoir un seul et même sentiment pour la religion qu'il trouve identique à la philosophie, et pour les formes qu'il laisse? Vous ne dites pas cette raison, et je ne la vois pas. Je vois seulement la difficulté de concilier, de comprendre même l'identité des deux choses et la différence des deux formes.

Car enfin cette forme de la religion, justement parce qu'elle est différente de celle de la philosophie, même parce qu'elle est une forme, dit quelque chose: si elle ne disait rien, si une forme pouvait ne rien dire, il ne s'agirait plus pour elle de respect ni de rien. Au reste n'affirmez-vous pas expressément qu'elle dit quelque chose? Oui, vous l'affirmez (pag. 17): « croire, c'est comprendre en quelque dégré. La foi, quelle que soit sa forme, quel que soit son objet, vulgaire ou sublime, la foi ne peut pas être autre chose, que le consentement de la raison, à ce que la raison comprende comme vrai ». Or ce pour quoi la forme de la religion demande le consentement de la raison, est une vérité ou une erreur. Si c'est une vérité, qu'est-ce que la philosophie qui n'en veut pas, qui en prend une différente sur le même sujet? La philosophie qui ne compte pas cette vérité avec les autres, qui ne la comprend pas, qui ne l'admet pas? Si c'est une erreur, qu'est-ce que la philosophie qui ne sait pas la renier? qui n'a pour elle que du respect? Si c'est une erreur, comment la philosophie qui n'admet que la vérité, est-elle identique à la religion qui ne s'exprime que par cette forme? Lorsque vous dites (page 19) que sous cette forme sont des idées qui peuvent être abordées et comprises en elles-mêmes, qu'entendez-vous? Qu'est-ce que *sous*? N'y a-t-il dans cette forme que ces idées que la philosophie comprend? Mais alors en quoi cette forme est-elle différente de la sienne? Y en a-t-il d'autres? Bon: que dit la philosophie de celles-ci? Les comprend-elle ou ne les comprend-elle pas? Pourquoi, encore une fois, les respecte-t-elle si elle ne les comprend pas? Pourquoi n'a-t-elle rien à dire sur elles, si elle les comprend?

Mais en ne comprenant pas moi-même comment cela peut s'arranger, je crois comprendre pourquoi vous avez employé, ici l'expression indirecte et vague, *entourer de vénération*; tandis qu'en parlant tout-de-suite après de la religion seulement, vous vous servez du mot *révérer et révérer sincèrement*. (Je sens bien ce qu'il y a de téméraire de ma part à chercher à vos paroles une raison autre que celle que vous y avez vue vous-même; mais je crois l'y trouver plutôt que je ne la cherche; et vous m'avez appris que l'on peut en user ainsi avec les grands-hommes sans leur manquer; vous m'avez appris même que c'est la seule bonne manière de profiter de leur génie et d'être leur disciple.) C'est que *révérer* ou tel autre terme semblable, en supposant plus clairement l'adhésion, aurait cadré fort bien avec ce que vous affirmez de la religion, mais nullement avec ce que vous affirmez de ses formes; c'est que, voulant exprimer un seul et même sentiment sur deux choses, qui en effet n'en doivent produire qu'un seul, mais voulant en même temps conserver le droit de porter sur elles deux décisions contraires, vous avez été obligé d'éviter le mot qui en suppose une seule; et d'en prendre d'autres qui à la vérité n'expriment pas ce que l'on sent ni pour ce que l'on admet, ni pour ce que l'on rejette; mais qui ne répugnent pas ouvertement ni à l'un ni à l'autre de ces deux sentiments.

« Et il ne la révère pas par une sorte d'indulgence philosophique qui serait fort déplacée. »

Voyez-vous? Vous voilà obligé de prévenir une interprétation qui serait tout-à-fait étrange, si vous n'y aviez donné lieu. A qui pourrait jamais passer par la tête que la philosophie eut de l'indulgence à propos d'idées? Elle ne connaît que des vérités et des erreurs; et ce sentiment ne convient pas plus aux unes qu'aux autres. Révérer par indulgence! Faire acte du plus profond abaissement devant ce que l'on aurait élevé soi-même, par un acte de bon plaisir! Une indulgence philosophique! La *réflexion qui ne crée rien, et ne peut rien créer* reconnaître de la manière la plus décidée et la plus solennelle quelque chose dans la conscience par un motif tout autre que de l'y avoir trouvé! Certes, cela est étrange: mais vous avez pu sentir le besoin d'empêcher que l'on ne vous prêtât de telles idées, parce qu'en effet on est tenté de supposer quelque chose d'arbitraire, une sorte de *je le veux bien* dans une vénération pour la religion dont on laisse les formes, c'est-à-dire ce par quoi elle s'annonce, elle se fait connaître, par quoi elle est dans l'intelligence; parce qu'en effet révérer autre chose que ce qui est exprimé par la forme *inhérente et nécessaire* de la religion, c'est, dans la façon commune d'entendre, révérer autre chose que la religion. Pour moi, je vous avoue que je ne peux l'entendre autrement, et je ne vois pas que vous *répétiez* ce qu'ont dit avant vous les plus grands docteurs de l'Église, Saint Thomas, etc. « Ces grands hommes » poursuivez-vous « ont tenté une explication des mystères, entre autres du mystère de la très-sainte Trinité; donc ce mystère tout saint et sacré qu'il était à leurs propres yeux, contenait des idées qu'il était possible de dégager *de leur forme*. » Ces gens-là admettaient avant tout les idées exprimées par la forme, ils n'auraient pas compris ce que c'était que de la laisser, c'est dans la forme même qu'ils tentaient d'expliquer. Ces gens-là, je n'ai jamais lu, ou je ne me souviens pas de ce qu'ils ont dit sur la Trinité; mais j'affirme qu'ils n'ont jamais rien dit qui ressemble à ce que vous dites, que cette forme est *empruntée* aux relations humaines les plus intimes et les plus touchantes.

« Il la révère sincèrement parce qu'elle est la forme de la vérité en soi. »

Pardon, si j'ai l'air de vous taquiner sur les mots; mais s'il est permis d'éprouver et de chercher à comprendre la pensée d'un auteur en rassemblant ce qu'il a dit en deux différents endroits, et en substituant à un terme la définition qu'il en donne lui même, cette forme de la religion que la philosophie laisse, selon vous, serait, selon vous, la forme de la forme de la vérité en soi.

Que si je résume et compare tous les sentiments que vous attribuez à la philosophie sur ce sujet, je trouve en somme que pour la religion elle la révère, les formes elle les lui laisse et les respecte; la religion et ses formes ensemble, elle les entoure de vénération.

Certes, ce n'est pas là votre langage habituel; ce n'est pas par de telles expressions que se manifeste un sentiment clair, ferme, revenant toujours au même, de quel côté qu'on le retourne. J'en trouverais des preuves par tout, j'en trouve, sans bouger, dans ma propre expérience, au sujet de cette même cinquième leçon.

Si je devais vous exprimer de toutes les manières l'impression qui m'est restée et qui me reste de ce que vous dites sur les trois termes inséparables de toute conception dans notre intelligence, je crois que j'épuiserais le peu de français qui est à ma disposition, sans que le mot de respect me vînt à l'esprit. C'est de la persuasion, de l'adhésion, c'est encore et mieux une reconnaissance de la conformité de ce que vous dites avec ce que je retrouve dans mes idées en les observant d'après votre observation; c'est un *oui, c'est cela*, très décidé; et si je voulais passer, de mon sentiment pour l'idée, à exprimer mon sentiment pour celui qui me l'a présentée (je suis bien aise de me remettre à genoux un instant après toutes les insolences que je viens de vous dire, et en train comme je le suis de vous en dire autant et plus) je trouverais tout-de-suite le mot d'admiration; car on ne s'entend pas souvent dire comme cela son secret et le secret de tout le monde. Mais si je ne songe pas à *respecter* de telles choses, je suis encore plus loin de songer à les *laisser*; il y a d'autres idées dans votre *Cours* (par exemple celle-ci même sur la forme de la religion) auxquelles ce mot ne me paraîtrait disconvenir autant; mais pour celles-là même il ne me passe pas par la tête de l'employer lorsque je veux exprimer mon sentiment sur elles; je dis que je n'en suis persuadé, qu'elles ne me plaisent pas, si vous voulez; je les nie, je les récuse. Qu'est-ce qui me détermine dans ces cas à employer tels mots plutôt que tels autres? C'est, il me semble, que *respect* et *laisser* sont mots secondaires, subséquens, pour ainsi dire, qui supposent un sentiment antérieur, un point décidé, et que c'est ici justement ce sentiment primitif et direct qu'il s'agit d'exprimer; c'est le point même qu'il s'agit de décider: ces mots-là ne répondent pas à la question; ils la laissent en blanc, et en même temps ils la supposent résolue, puisque ils vous proposent quelque chose à faire qui ne peut avoir sa raison, son pourquoi que dans la solution même de la question; mais ils proposent quelque chose de si vague, de si peu de conséquence, de si peu décidé et de si peu décisif, que l'on ne sent pas avant que de se déterminer la nécessité d'avoir la solution sur laquelle doit être motivée l'acceptation ou le rejet de ce qui est proposé. Laisser quelque chose sans la récuser, respecter quelque chose sans l'admettre, ce sont des résolutions qui au fond n'engagent à rien. Rien ne paraît compromis; mais rien n'est décidé; tout paraît en sureté; mais ce tout embrasse le pour et le contre. Ah que ce n'est pas là votre éclectisme puissant, assuré, victorieux, toujours prêt à répondre aux objections que l'on voudrait lui faire, et qui se tait parce qu'il sait que les pensées qui viendront après l'avoir écouté ne seront que des confirmations et des continuations de ce qu'il a dit. Essayez un peu vous-même d'étendre, d'appliquer, de retourner cette doctrine sur l'office de la philosophie dans les formes de la religion. Vous ne pourriez sortir de ces formules que vous avez dû employer, sans troubler cette paix momentanée que vous avez faite entre des idées ennemies. Je sais bien qu'il vous arrive dans des occasions bien différentes d'employer des mots auxquels vous ne renonceriez pas pour tout au monde, auxquels vous n'en trouveriez aucun à substituer; mais alors ce sont justement les mots les plus décidés, les plus précis, les plus exigeants: ici ce sont les plus incertains, les plus vagues, les plus déclinatoires.

APPENDICE C

[L'ORIGINE DELLE RELIGIONI]

Que voyez-vous dans le berceau de la Grèce? des religions venues de l'Orient, qui se répandent sur le territoire etc. (voyez au recto du feuillet suivant). Berceau? qu'entendez-vous par *berceau*? Commencement? voyons-nous, voyez-vous un commencement? Non: vous appelez *berceau* ce au-delà, plus haut de quoi vous ne voyez rien: vous donnez ensuite une efficace *objective* à un mot qui n'a qu'une force *subjective*. Qu'entendez-vous par Grèce à son *berceau*? Le territoire, ou des habitans? Si c'était le territoire, cela ne menerait à rien, car c'est de l'homme qu'il est ici question. Si vous entendez des hommes habitans déjà la Grèce qui reçoivent des religions de l'Orient, ces hommes qu'étaient-ils avant de les recevoir? Leur intelligence ne s'était-elle pas *éveillée?* Que est-ce que l'intelligence avant de s'éveiller? On leur a apporté de dehors l'action spontanée de la raison dans sa plus grande énergie (pag. 44) le premier développement de l'intelligence? (*ibid.*). Et la raison qui s'applique sans avoir voulu s'appliquer, par la force suprême qui est en elle, ne se serait pas appliquée chez eux, mais aurait attendu, etc. (pag. 55). Le Christianisme est le complément de toutes les religions antérieures ... n'est pas moins que le résumé ... (Un résumé d'inspirations?)[1]. Suivre ce que l'auteur dit (pag. 45) de la *raison qui revient sur elle-même, et se distingue*, etc. *Or, en se distinguant elle se connaît*, etc. *Telle est l'oeuvre de la réflexion*. Or, je vous demande si cette *réflexion*, etc., n'a pas de part dans un *résumé*. La religion serait donc un sujet pour la philosophie, au lieu d'être étrangère à celle-ci. Ensuite, comment avez-vous pu faire pour vous convaincre que le Christianisme *réunit en lui ce qu'il y a de vrai, de saint, de sage*, etc., *qu'il élève l'âme vers le ciel*, etc., *et lui enseigne son oeuvre, ses devoirs? qu'elle donne* un prix infini à l'humanité, que dans le Christianisme la *dignité de l'humanité* est confondue *avec la sainteté de la religion*, etc.? Certes vous ne l'avez pu, selon vous, *si non après que votre raison s'est demandé quelle elle est, quelle est sa nature*, etc. Car comment auriez vous découvert les rapports du Christianisme avec l'humanité, sans l'avoir connue dans ce qu'elle est? etc. Or cette demande et par suite cette connaissance n'est l'oeuvre de la réflexion. C'est donc par le moyen de la réflexion que vous connaissez la religion, par la philosophie que vous connaissez et jugez le Christianisme. Vous établissez vous-même des rapports entre ces deux choses que vous voulez séparer.

L'Orient est le berceau de la civilisation et de la philosophie... d'où vient-il?... L'histoire n'en dit rien... il faut bien... que la critique aboutisse à des races primitives et à un ordre de choses qui n'a plus ses racines dans un état antérieur et qui n'est explicable que par la nature humaine.

C. [1] In questa Appendice, come poi più chiaramente in un frammento che segue, Manzoni critica la concezione storicistica secondo la quale il cristianesimo riassumerebbe il meglio delle religioni precedenti e la filosofia rivelerebbe la sostanza del cristianesimo.

L'Orient est donc pour nous le point de départ... C'est évidemment conclure du subjectif à l'objectif. Il est *pour nous*, mais s'ensuit-il qu'il le soit *pour lui*? Et pour nous que peut-il être raisonnablement sinon ce qu'il est *pour lui*? Lui n'a plus ses racines dans un état antérieur? Est-ce qu'il ne les a plus réellement, ou est-ce que nous ne les trouvons pas? S'il ne les a plus réellement, pour en être assuré, il faudra que je le conçoive, que je le voye comme existant indépendamment d'un état antérieur, il faudra qu'il m'apparaisse avec les conditions de commencement. Or m'avez vous montré quelque chose de semblable; certes je puis dire hardiment: le moins du monde. Si c'est que nous ne trouvons pas ses racines, comment pouvons-nous partir de notre ignorance pour dénaturer la chose dont nous avons à parler? Comment pourrions-nous dire: ne voyant pas une condition essentielle de la chose, je supposerai que cette condition n'y existe pas, et je raisonnerai sur la chose en conséquence? Aussi le fait dont vous vous servez par comparaison pour justifier votre méthode, en démontre-t-il plus clairement le vice à mes yeux. Comme dans le raisonnement, dites-vous, il faut toujours arriver à des principes qui ne sont point explicables par des principes antérieurs, de même en histoire il faut bien que la critique aboutisse à des races primitives et à un ordre de choses, etc. Dans le raisonnement...

APPENDICE D

[LO SCETTICISMO]

Ce qui est dit de l'utilité des systèmes (pag. 165 et suiv.) est fondé sur la supposition que l'esprit humain ne puisse s'opposer avec la force nécessaire à une erreur qui lui est présentée, qu'en prenant cette force dans une autre erreur: ce qui est tout-à-fait arbitraire. « Gardez-vous bien de ruiner le scepticisme. » Pourquoi donc?: « car il est pour tout dogmatisme un adversaire indispensable ». Pourquoi encore? « S'il n'y avait pas dans l'humanité des gens qui sont forcées, etc. Il est bon qu'on soit toujours forcé de prendre garde à soi; il est bon que nous sachions nous autres faiseurs de systèmes, que nous travaillons sous l'oeil et sous le contrôle du scepticisme qui nous demandera compte des bases, des procédés, des résultats de notre travail, et qui d'un souffle renversera tout notre édifice, s'il n'est appuyé sur la réalité, et sur une méthode sévère. »

C'est-à-dire: il est bon qu'il y ait du doute: il est bon que les hommes ne croyent pas tout homme sur sa parole; qui le niera jamais? Mais est-ce qu'il n'y a du doute dans ce monde, qu'à condition du scepticisme [1]? Est-ce qu'on ne peut puiser un doute raisonnable que dans un système absurde et contradictoire? C'est le doute légitime qui renversera, ou qui sera l'occasion de renverser votre édifice si, etc.; le scepticisme ne renversera rien, puisqu'il ne peut pas se tenir debout lui-même: ou, tant qu'il est debout il le renversera même s'il est appuyé, etc., puisqu'il n'admet pas de réalité...

D. [1] Manzoni critica a questo punto l'eclettismo di Cousin per proporre ragioni che soggiacciono allo sviluppo delle filosofie ma che in esse trovano anche la loro degenerazione.

APPUNTI

... mysticisme; qui mène à l'absurde comme les systèmes tirés du sensualisme, de l'idéalisme, du scepticisme même. Celui-là vous le déclarez donc mauvais. L'autre expédient vous le déclarez mauvais aussi, il n'y en a donc pas. Ne me dites pas que vous en avez un *in manica*; car je vous demanderai pourquoi vous avez dit qu'il n'y en a que deux. Ceci a l'air d'une chicane; mais cela dépend de l'expression: la rendre plus exacte.

165. « Quels sont les mérites de ces quatre systèmes [1]? Quelle est leur utilité? Messieurs, leur utilité est immense. Je ne sais si, après cette leçon, je paraîtrai un homme fort entêté d'aucun de ces quatre systèmes, mais toujours est-il que je ne voudrais pour rien au monde, quand je le pourrais, en retrancher un seul; car il sont tous et presque également utiles » (1829, p. 165).

Vous les retranchez tous autant qu'il dépend de vous et, après ce que vous avez dit d'un chacun, vous devez conclure, ou que vous vous êtes trompé en les jugeant, ou que la raison humaine peut et doit les juger comme vous et par conséquent les abandonner, ou que vous avez une raison à vous de laquelle on ne peut pas conclure à la raison commune. Vous dites qu'ils sont d'« une utilité immense »: qu'est-ce que cela fait si on les trouve faux, s'ils sont démontrés faux? nous ne pouvons pas adopter une idée en vue de sa seule utilité; il faut que nous la croyons vraie. Vous qui démontrez les avantages que la philosophie, que la raison humaine retire de chacun de ces systèmes, les croyez-vous tous, en croyez un seul? Non; vous appréciez cependant ces avanta-

---

[1] Sensismo, idealismo, dogmatismo, misticismo, secondo la partizione del Cousin.

ges, vous les voulez, vous les croyez donc possibles, indépendamment de ces systèmes que vous ne croyez pas. « Détruisez le sensualisme, » dites-vous « vous ôtez le système qui seul peut inspirer et nourrir le goût ardent des recherches physiques etc. » Seul? quoi! sans un système faux plus de goût des recherches physiques etc.[2]? Vous voulez les réduire et non pas les détruire: qu'est-ce? examiner, trouver, dire, avec soin, conscience, exactitude, les faits de l'âme humaine en tout ce qui a rapport au sens, est-ce simplement réduire le sensualisme: est-ce réduire un système? est-ce que les faits des sens n'ont de réalité qu'en tant qu'ils ont été classés dans ce système, qu'autant qu'il s'en est emparé? etc. Cela s'applique à tout le reste. Encore une fois ce n'est pas une question de mots. « Ôtez l'idéalisme, » dites-vous « même avec ses chimères, et soyez sûrs que l'étude et la connaissance spéciale de la pensée humaine et de ses lois en souffrira. »

p. 170: « la philosophie est la vraie lumière de l'histoire de la philosophie », et un peu plus haut: « Sa tâche est de n'oublier aucun des grands systèmes que l'esprit humain a produits, et de les comprendre en les rapportant à leur principe, savoir, l'esprit humain, cet esprit que chacun de nous porte tout entier en lui-même ». Porte-t-il en chacun de nous les mêmes jugements? Si cela n'est pas qu'est-ce que rapporter une chose à l'esprit humain. Et d'abord quel besoin de les rapporter à l'esprit humain? Est-ce qu'ils n'y ont pas dejà été rapportés? Ils en viennent. L'esprit humain n'était-il pas tout entier dans chacun de ceux qui ont fait ou qui ont adopté l'un ou l'autre de ces quatre systèmes? Ils ne le comprenaient pas tout entier, parce qu'ils n'en observaient qu'une partie. Ceci ne répondait pas et n'allait pas répondre au texte. Il faudra plutôt le prendre par ceci: ce principe auquel vous vous rapportez ne donne pas les même résultats par le moyen des différens individus. Vous ne pouvez donc le trouver que dans ce qu'il a de commun, dans ses réproductions identiques dans des individus différens: en consultant l'esprit humain d'un individu, le vôtre, vous ne savez pas si sa réponse, sa décision ne sera pas en opposition avec celle d'un autre esprit humain, qui sera aussi l'esprit humain tout entier. Vous ne pouvez donc consulter

---

[2] È esattamente la stessa critica che vale per l'Appendice D, contro lo scetticismo.

utilement que l'esprit humain qui ne se contredit pas, c'est-à-dire celui dont vous voyez l'homogénéité, l'identité: il faut donc vous adresser au témoignage: c'est la doctrine même que vous décriez.

(NB. pour mettre à sa place.) Vous voulez, pag. 167, que « le mysticisme soit là pour revendiquer les droits sacrés de l'inspiration, de l'enthousiasme, de la foi, et des vérités primitives qui ne donnent ni la sensation ni l'abstraction, ni le raisonnement et, entendons-nous bien, je parle ici de la foi libre », etc. (voir ce qui est effacé ci-derrière). Or, ces droits que vous appelez sacrés ne sont sacrés, ne sont des droits qu'en tant qu'ils veulent, qu'ils donnent une manifestation de la vérité; vous n'appeleriez pas sacrée l'erreur, vous n'en constitueriez point un droit [3].

Je ne vous demande point à présent comment vous faites pour savoir qu'il y a des vérités primitives que ne donnent etc. je ne veux que m'expliquer ce que vous me présentez. Vous dites que le mysticisme a des droits sacrés, vous supposez donc qu'il trouve et annonce des vérités par ses moyens propres: eh bien comment ces droits s'exercent-ils? comment sont-ils mis en action? comment ces vérités sont elles annoncées? comment le mysticisme fait-il quelque chose? par le moyen des mystiques sans doute.

Car, c'est ce qui vous distingue, lorsque vous avez raison, de ceux qui ont raison sur le même sujet ou sur un semblable: ils déduisent raisonnablement, ingénieusement telle morale, telles institutions, telle littérature de telle philosophie, c'est-à-dire de telle école philosophique à laquelle cette morale etc. tient en effet plus particulièrement, qui en est la cause prochaine; vous rattachez les effets à des causes bien autrement vastes et générales, les causes des autres sont des effets pour vous, vous vous rattachez à un bien plus vaste ensemble la chose qu'ils rattachent à une autre; en y rattachant cette autre même, et plusieurs autres encore de la même importance, ils font voir que tel individu appartient à telle famille; vous, que l'individu et la famille appartiennent à une classe bien plus grande, à laquelle d'autres familles appartiennent également, et par les mêmes raisons: on ne peut songer à la classe où vous avez mis telle chose

---

[3] Ancora una critica all'eclettismo del Cousin: se ogni sistema ha le sue ragioni, queste ragioni dovranno poi essere espresse nel modo giusto e non già attraverso sistemi che si escludono e si combattono.

sans songer à la place qu'occupe cette classe dans un ordre bien plus étendu: on ne peut penser à rien de ce que vous avez observé, sans y contempler des rapports avec cet ordre, et sans observer une quantité de rapports avec non seulement beaucoup de specialités, mais de généralités secondaires. Lorsqu'on est de votre avis, que l'on croit ce que vous affirmez de tel système, on croit ensemble beaucoup davantage; on croit tout plein de choses d'autres systèmes opposés à celui-là, mais coexistants dans le tems, dès systèmes séparés de celui-là par de grands intervalles de temps et d'espace, mais analogue par le principe etc.

p. 119: « il [le dix-huitième siècle] a négligé ou proscrit la synthèse, et n'a gardé que l'analyse ». (L'a-t-il réellement fait? le pouvait-il faire?) Et quelques lignes après: « il n'y a pas tant à blâmer le dix-huitième siècle d'avoir ajourné la synthèse ». N'y est pas au contraire arrivé trop vite? N'est-ce pas une synthèse précipitée, pour me servir de votre expression que « son axiome, que toute idée vient des sens »: et tant d'autres? N'est-elle pas cette philosophie toute remplie de *donc*, qui deviennent des *puisque*? vous l'avez dit vous-même dans cette admirable 4.eme leçon, pag. 142.

Après avoir dit: « Telles et telles de nos connaissances, et, si l'on veut, beaucoup de nos connaissances dérivent de la sensation, donc la sensation constitue et explique un ordre considérable de phénomènes », la réflexion dans sa faiblesse dit: « Toutes nos connaissances, toutes les idées dérivent de la sensation, et il n'y a pas dans la conscience un seul phénomène qui ne soit réductible à cette origine ».

La philosophie sensiste a fait comme les autres, ou comme plusieures autres: elle a d'abord appliqué l'analyse à l'examen des systèmes qu'elle voulait abattre et, les ayant trouvés défectueux en ce qu'ils etaient synthétiques, elle en a déduit que c'est par l'analyse sensiste que l'on parvient à connaître: ce qui est déjà une synthèse; ensuite, appliquant l'analyse aux choses, elle s'est hantée de tirer des inductions synthétiques très vastes de la petite analyse qu'elle avait faite.

pp. 116-117: « Ce n'était pas la peine de commencer par rejeter toute la science des écoles, par rejeter l'existence de Dieu, par rejeter l'existence du monde, par n'admettre sa propre existence que sur la seule autorité de sa pensée, pour douter un instant après de l'autorité de cette même pensée et en appeler à la véracité divine ». Et puis ce paralogisme renferme une hypothèse; car qu'est-ce qu'en appeler, en matière de philosophie, à la véracité divine? Je suis tout-à-fait loin de soutenir le raisonnement de Descartes; même vous verrez que je suis au bout opposé [4]; je ne fais que répondre à votre question. C'est fort bien fait, en faisant une application rigoureuse de vos principes, de s'en appeler en matière de philosophie et en toute matière à la véracité divine, si la véracité divine est dans la religion dans la spontanéité: car les vérités sont là; la réflexion ne fait que les démêler: or si cette opération, par le moyen de la composition et de la décomposition, me donne la véracité divine, j'ai trouvé la vérité distincte là où seulement je pouvais la trouver, car la réflexion ne crée rien. Descartes a trouvé la véracité divine en argumentant, c'est bon selon vous, c'est la réflexion qui a démêlé la spontanéité.

p. 137: « ou enfin la réflexion s'émancipe entièrement, sort des liens de toute autorité, et cherche la vérité en ne s'appuyant que sur elle-même; et alors, mais alors seulement, naît la philosophie ». Qu'est-ce que s'émanciper? Qu'est-ce que l'autorité ici? la spontanéité de l'individu, ou des traditions d'une autre spontanéité? le second cas est contradictoire; pour le premier, sortir des liens de toute autorité, qu'est-ce? Sortir de l'endroit où sont exclusivement les vérités qu'il s'agit de découvrir (plus bas dans la même page). « Ne s'appuyant que sur elle-même »; qu'est-ce encore que *s'appuyer*?

Examen: c'est une opération perpétuelle, sans fin, renaissante si elle n'aboutit pas à la certitude: ainsi la philosophie serait un cercle vicieux. L'examen suppose un but, une issue, des preuves péremptoires, lesquelles ne peuvent être fournies par l'examen même, sans peine encore de cercle vicieux. On cherche, quoi? à chercher toujours? ou l'on trouve, quoi? des choses à chercher? évidemment il faut que l'examen s'éteigne en quelque chose qui était son but; et cela qu'est-ce? quand on me dira ce que c'est, je demanderai si ce n'est pas là le principe de la philosophie. Si l'on trouve, ce que l'on a trouvé, en quoi l'on se repose, voilà le principe de la philosophie.

La philosophie est indépendante de l'autorité. Accordé

---

[4] È la famosa critica che si trova nel testo della *Lettre*.

por un instant; mais de quoi est-elle donc dépendante? Qu'est-ce qui peut lui donner ce qu'elle cherche, c'est-à-dire la vérité? S'il n'y a rien, voilà la philosophie réduite à être une mauvaise plaisanterie: s'il y a quelque chose, voilà le principe de la philosophie [5].

La réflexion ne crée rien: bon: elle ne fait que démêler ce qu'il y a dans la spontanéité: bon encore: mais qui lui atteste qu'elle a bien démêlé? la spontanéité même? voilà la philosophie tombée sous l'autorité; rien? voilà la philosophie réduite au scepticisme.

N'est-il pas évident qu'une philosophie qui est indépendante de tout autre principe, et qui n'a pas en elle-même le principe de la certitude, est déshéritée de la certitude?

« C'est l'âge d'or, c'est l'Éden que la poésie et la religion placent au début de l'histoire, image vive et sacrée du développement spontané de la raison dans son énergie native, antérieurement à son développement réflechi »; 1828, leç. 7.ᵉ, p. 11.

Antérieurement peut donner ici l'occasion de faire une demande essentielle. Après le développement réflechi, y a-t-il encore développement spontané? Le oui et le non sont également incombinables avec le système.

Ce qui se passa et doit se passer dans le premier fait de votre intelligence, dans ce temps qui n'est plus et ne peut plus revènir.

Tome I [1828], 2.ᵉ leç., p. 38: « heureuse [la philosophie] de voir les masses, le peuple, c'est-à-dire à peu près le genre humain tout entier, entre les bras du christianisme, elle se contente de lui tendre doucement la main, et de l'aider à s'élever plus haut encore ».

Tome II, p. 56: « toute vraie philosophie est en germe dans les mystères chrétiens ».

« Toute vérité, c'est-à-dire tous les rapports de l'homme et du monde à Dieu sont déposés, je le crois, dans les symboles sacrées de la religion »; leç. 1.ᵉ [1828], p. 23.

Tome II, p. 54: « Le christianisme, la dernière religion qui ait paru sur la terre, est aussi et de beaucoup la plus

---

[5] L'esame ha senso se termina nell'autorità e se parte dalla verità. La verità è precisamente quell'autorità della riflessione, cioè della filosofia, che Cousin nega.

parfaite. Le christianisme est le complément de toutes les religions antérieures, le dernier résultat des mouvemens religieux du monde ».

La religion est donc susceptible d'accroissement; qu'est-ce? est-ce quelque chose de nouveau ajouté aux autres religions? Mais « toute vérité » etc. Voyez ci-dessus. Ou est-ce de la réflexion, de la décomposition simplement? mais alors ce serait de la philosophie selon vous et non de la religion [6].

Leç. 5ème [1828], p. 20.
(Mots n'ayant pas un sens déterminé, et ne donnant ensemble, dans quelque sens qu'on le prenne, qu'un sens contradictoire):
« Laissons à la religion la forme qui lui est inhérente: elle trouvera toujours ici le respect le plus profond et le plus vrai ».

Laissons: Je ne comprends pas le sens de ce mot dans ce cas. Je me rends compte de ce qu'elle fait en admettant, en niant, en doutant, en ne comprenant pas: qu'est-ce que laisser? Admet-elle la forme de la religion? Non. Et pourquoi? Parce que c'est *son droit comme son devoir ... de ne rien comprendre, de ne rien admettre qu'en tant que vrai en soi, et sous la forme de l'idée*. Le nie-t-elle donc? Non plus: au contraire elle a pour cette forme un respect profond et vrai. Elle a du respect pour quelque chose qu'elle ne peut admettre, ni comprendre? qu'elle doit même ne pas admettre, ne pas comprendre? Elle respecte quelque chose qui n'est pas *vrai en soi* pour elle?

Leç. 5ème, pp. 20 et 21.
Je cherche à me rendre compte de ce que vous dites des formes de la religion: à voir comment on peut *les laisser* et *les respecter*: d'abord ces mots, ne me présentent aucun sens déterminé; de quelque façon que je les entende, en ...

---

[6] La critica di Manzoni in questo luogo, è diretta contro lo storicismo: contro quelle filosofie della storia, che, non diversamente da quella del Cousin, dichiarano « rispetto » per la religione ma a condizione di collocarla in un primo momento della vita dello spirito. L'opinione, poi, secondo la quale il cristianesimo sarebbe la religione più matura è fatta propria da certe correnti del protestantesimo e del cattolicesimo a noi contemporaneo.

Leç. 5eme [1828], pp. 20, 21.

« Laissons à la religion la *forme* qui lui est inhérente: elle trouvera toujours ici le respect le plus profond et le plus vrai ... Or le droit comme le devoir de la philosophie est, sous la réserve du plus profond respect pour les formes religieuses, de ne rien comprendre, de ne rien *admettre* qu'en tant que vrai en soi et sous la forme d'idée. La forme de la religion et la forme de la philosophie, disons-le nettement, sont différentes » etc. Voyez le reste de la page.

Ce n'est pas du tout une puérilité que de chercher à se rendre raison de ces idées que vous voulez faire passer ensemble, à voir si elles se tiennent réellement. Or de ces mots: *laissons, respect, ne rien comprendre*, quelques uns me semblent ne renfermer aucun sens déterminé, tous dans tous les sens me semblent donner des sens contradictoires.

Laissons: comment la philosophie peut-elle s'y prendre pour laisser quelque chose à qui que ce soit? Je sais ce que c'est que admettre, nier, douter, ne pas comprendre: qu'est-ce que *laisser*? Admet-elle la forme de la religion? Point du tout. Et pourquoi? parce que c'est son droit comme son devoir de ne rien comprendre, de ne rien admettre qu'en tant que vrai en soi, et sous la forme de l'idée [7].

Tom. I, leç. 6.e [1828], p. 21: « là est l'identité du genre humain », spontanéité est réflexion; p. 23: « synthèse primitive et obscure, ou analyse claire » (n'est-ce pas en d'autres termes l'ordre de foi et l'ordre de conception?); p. 26; « prenez les choses par le bon côté, Messieurs » (d'abord ces mots pour faire opposition aux mots hostiles contre le faux scepticisme: et puis observer tout le passage pour la conformité de la doctrine avec celle du sens commun).

Tom. I, p. 56: « ou il fallait que sur la base même du christianisme s'élevât une philosophie qui, quel que fût le fond de ses principes, eût une parfaite indépendance ».

Indépendance de la vérité qu'est-ce que cela signifie? Si la base est *vraie*, comment, pourquoi s'en rendre indépendant? Or, vous ne dites pas qu'elle soit fausse.

---

[7] Ripete una critica già fatta sulla concezione di Cousin intorno alla religione: non ha senso parlare di « rispetto » per la religione e nemmeno di « lasciarle la sua forma ». Importa invece dire se la religione, nella sua forma, è vera.

p. 75: « Qu'était-ce, Messieurs, qu'en finir avec le moyen âge en philosophie? C'était détruire, en matière philosophique, le principe de l'autorité et réserver la théologie dans son domaine propre » (L'âme serait-elle hors du domaine de la théologie?).

p. 116: « Le raisonnement de Descartes était donc un paralogisme; et puis ce paralogisme renfermait une hypothèse; car qu'est-ce qu'en appeler, en matière de philosophie, à la véracité divine? enfin, cette hypothèse porte un caractère semi-théologique, et voilà encore dans la philosophie le *Deus ex machina* » (pourquoi la philosophie exclut-elle la théologie? est-ce que celle-ci n'a rien à dire sur ce qui est le sujet de la philosophie? Cela n'est pas. Est-ce que la théologie est nécessairement fausse? Mais vous ne l'avez ni prouvé, ni même affirmé. Exclure de la philosophie une manière de voir, qui peut mener à la vérité, n'est-ce pas imposer à la philosophie une règle, non seulement systhématique, mais évidemment fausse. Cette réflexion ne porte que sur les mots cités. Contre Bacon, vous avez raison).

pp. 129-130: « Décrier le passé et ses devanciers, c'est décrier l'histoire de la science que l'on cultive, c'est décrier soi-même ses propres travaux, ou c'est prétendre que jusqu'ici tous les siècles se sont trompés, il est vrai, mais que le siècle est enfin venu auquel il est réservé de découvrir la vérité. Présomption et folie: ce qu'un homme n'a pas entrevu restera éternellement inaccessible aux regards de tout autre homme ».

(Cela vous est applicable [8]. V. p. 54: « Le christianisme si peu étudié, si peu compris, n'est pas moins que le résumé des deux grands systèmes religieux qui ont regné tour-à-tour dans l'Orient et dans la Grèce ».)

p. 137: depuis l'alinéa: « J'espère avoir établi cette importante vérité, que la religion est le berceau de la philosophie », et particulièrement: « ou enfin la réflexion s'émancipe entièrement, sort des liens de toute autorité, et cherche la vérité en ne s'appuyant que sur elle-même, et alors, mais alors seulement, naît la philosophie » (que signifie: s'émancipe? commence-t-elle, finit-elle par se trou-

---

[8] Sì perché anche la concezione di Cousin intorno alla religione, postulante il cristianesimo come religione matura, è storicistica.

ver en contradiction avec la religion? Alors, l'une ou l'autre ont tort [9]. Sinon, qu'entendez-vous par son émancipation? Cherche-t-elle, trouve-t-elle des choses sur lesquelles la religion n'aie de pour ou de contre? Alors, qu'est-ce que la lutte dont vous parlez ailleurs? Et même on ne pourrait pas dire dans un tel cas, qu'elle s'émancipe: à moins que la religion défendit de rien examiner, rien de rien: alors vous devriez dire qu'elle est absurde, elle c'est-à-dire toute religion, car vous parlez de toutes).

p. 158: « D'abord on peut renoncer à la réflexion, à l'indépendance, à la philosophie, et rentrer dans le cercle de la théologie. C'est ce qui arrive quelque fois; à la bonne heure; bien que l'inconséquence soit visible; car il implique que les objections du scepticisme, ne soient pas aussi valables contre un système religieux que contre un système philosophique ». (Ici tout plein de suppositions.) (NB. L'auteur paraît confondre ici ce passage du scepticisme à la théologie, avec celui de Huet, pag. 486. Celui-là part du scepticisme dogmatique: il se fonde sur le scepticisme; ceux-ci partent de son absurdité.) D'abord qu'en partant de la théologie on ne puisse plus faire usage de la réflexion; lorsqu'au contraire la première est une matière inépuisable, pour la seconde vous ne dites pas que les données de la théologie soient fausses, ce qui est pourtant le noeud de la question; car si elles sont vraies, elles sont donc applicables à tous les faits ou au moins à d'autres faits de l'humanité, à tous ceux qui sont en relation avec ces données; et voilà pour la réflexion, de la matière et une direction en même temps. « Il implique que les objections du scepticisme, qui portent contre tout système, ne soient pas aussi valables contre un système religieux que contre un système philosophique. »

Oui, mais vous ne dites cela que parce que vous supposez le cas où l'on n'ait pour rentrer dans celui de la théologie (NB. à la page suivante) d'autres raisons que le scepticisme, sa force contre les autres systèmes, et sa faiblesse par rapport à lui-même. Ceci est d'abord trop général et ne suppose qu'un mode là où il y en a plusieurs: le scepticisme peut n'être que l'occasion d'examiner la théolo-

---

[9] È lo stadio successivo all'affermazione del cristianesimo come religione matura: dopo di esso viene la filosofia che è ancora più matura. Ne nasce una contraddizione: se la filosofia si emancipa contraddicendo la religione, l'una o l'altra è falsa; se, emancipandosi, non la contraddice, ci si chiede che cosa di nuovo ha portato l'emancipazione.

gie, et cela même suppose autre chose que le scepticisme, quelque chose même d'opposé au scepticisme, cela suppose qu'on croit qu'il y a des vérités, puisqu'on se tourne vers une doctrine qui fait profession d'en enseigner, on fera remarquer l'injustice et la colère là où il est parlé d'un faux scepticisme. Le titre de sceptique ne convient en aucune manière à la doctrine que vous voulez signifier par ces mots-là : car le scepticisme *inclut* nécessairement le tout, c'est le doute universel : or cette doctrine proclame au contraire la certitude comme chose non seulement possible à l'intelligence, mais qui lui est essentielle, qui lui est vitale : et cette certitude elle la place dans la raison (bien loin d'avoir pris parti d'avance contre elle) : elle en fait la raison le siège, et le témoin en même temps : seulement c'est dans la raison de l'humanité et non pas dans celle d'un homme : en quoi elle a raison selon vous et selon tout le monde, car ni vous ni personne ne prétend que toute raison individuelle ne puisse se tromper : mais si cela était, toutes les intelligences seraient d'accord, il n'y aurait pas différentes certitudes sur le même objet : cela n'est pas, il s'en faut ma foi : mais encore si cela était, si cela pouvait être, cette doctrine n'aurait-elle pas raison de même? Oui, puisque toutes ces raisons infaillibles et par conséquent concordantes seraient cette même raison de l'humanité, que l'on avait plus que jamais le droit de regarder comme un sûr témoin de la vérité. Ensuite vous parlez avec colère : je ne reconnais plus là l'adversaire vigoureux mais calme du sensualisme, je ne retrouve pas le sentiment qui a dicté ces belles paroles de la pag. 79.

p. 137 : « ou la réflexion se développe, mais seulement dans la mesure nécessaire pour régulariser et ordonner les croyances religieuses ... » Mais c'est tout ce qu'elle peut faire selon vous, puisqu'elle ne crée rien etc. Voyez dans la même page.

p. 141 : « Si cette philosophie prétendait seulement *expliquer* par la sensation un grand nombre de nos idées et des phénomènes de la conscience, cette *explication* serait fort admissible ».

Est-ce une explication? Comment la sensation explique-t-elle le désir? N'y a-t-il pas là une action indépendante de la sensation et de l'object en ce qu'elle peut naître et ne pas naître après la sensation? Tout homme jouissant de la vue aura la sensation du bijou que vous lui montrez: c'est une suite nécessaire de l'objet présenté; mais le désir, non. Or si le désir etc. était le produit du *seul* fait etc., il serait nécessaire, s'il était nécessaire, il serait universel.

p. 141: « ... vous obtiendrez avec les sciences physiques une certaine science de l'humanité, une philosophie qui a sa vérité, son utilité, sa grandeur ».

Bon pour *exemplifier* mon impression d'*impartialité* [10]. Impartialité qui adopte une partie de ce que les adversaires affirment, restant dans la question posée par eux, impartialité vulgaire, premier dégré: impartialité qui change la question, qui donne une belle place à la doctrine des adversaires, non par complaisance, ni par une reconnaissance forcée par eux de quelques détails, mais parce que on a déjà créé la place: qui en dit un *bien* dont eux-mêmes ne se vantaient pas, dont ils n'avaient pas d'idée, qui leur était inconnu ainsi qu'à leurs contradicteurs; et ce *bien* est trouvé par le même principe qui découvre le mal de cette doctrine; le jugement qu'on en porte est une application d'une méthode déjà énoncée de façon que le bien qu'on en dit ne peut jamais paraître une concession: c'est de soi qu'on tire la louange, on ne pourrait la refuser, sans endommager sa propre méthode, sa propre philosophie.

L'histoire de la philosophie sensiste dans la quatrième leçon est un modèle de ce second genre d'impartialité. Le sentiment qu'on éprouve en la suivant est un mélange d'admiration et de commisération pour la philosophie *racontée*.

p. 145: « Il y a plus de trois mille ans que ce système existe; il y a plus de trois mille ans qu'on lui fait les mêmes objections; il y a trois mille ans qu'il n'y peut répondre; mais je me hâte d'ajouter qu'il y a trois mille ans aussi qu'il rend les plus précieux services au genre humain ».

Le *je me hâte* ce n'est pas simplement un principe de bonne foi, de justice qui vous le fait dire; ce n'est pas par égard pour cette philosophie que vous vous hâtez etc., c'est le besoin de tout dire jour être vrai, car vous avez trouvé la vérité dans ce tout; en taisant ce qui fait honneur à la philosophie que vous jugez, vous feriez plus de tort à votre méthode qu'à elle-même: c'est cette impartia-

---

[10] Altra critica dell'ambiguità necessariamente inerente al metodo eclettico.

lité obligée qui est grande, qui est haute, qui est instructive, qui est utilement *vantagieuse*.

En vous voyant reconnaître ce qu'il y a de vrai, de bon dans le système, dans un système que vous n'adoptez pas, on se sent porté à ne vous trouver point de mérite, parce qu'on sent que vous ne faites aucun sacrifice: et c'est ce qui fait votre plus grand mérite. Puisque je ne me suis pas interdit de me détourner un peu pour dire ce qui se présente a mon esprit sans tenir nécessairement à l'argument, je vous dirai que j'ai observé quelque fois (car certes cela ne peut arriver souvent) qu'on ne savait pas apprécier cette espèce d'impartialité dans quelques livres: on qualifiera p.e. d'*aveux* telles propositions d'un auteur qui paraissent en opposition avec sa thèse, parce qu'on ne veut concevoir sa thèse que comme le *factum* d'une doctrine convenue, et l'on ne songe pas que les écrivains d'une certaine portée *n'avouent* jamais, ils disent, ils observent, ils mentionnent, ils tiennent compte. Leur conclusion, leur systèse est le résultat de tous les faits relatifs à l'argument qu'ils ont pu observer: ce qui paraît être contraire est un élément tout comme ce qui est ou paraît favorable: ce qu'on appelle *aveu* est là pour modifier la synthèse, pour contribuer à la former; ce n'est pas une chose qu'il accorde à personne, c'est une chose dont il s'empare, dont il fait sa propriété, pour la mettre à sa place, pour completer, redresser, légitimer sa thèse.

p. 144: « Ainsi, dans la philosophie de la sensation, pas d'unité pour rapprocher et combiner les variétés de la sensation, les comparer et les juger ».

Cette nécessité où la philosophie sensiste se trouve de nier ce qui est indécomposable, qu'elle ne peut réduire à des élémens purement sensibles, est la cause de la negation de la *justice* par les *utilitaires*. Exemple à citer de l'applicabilité de la méthode historique suivie ou plutôt trouvée par C.

p. 163: « ... et l'on passe de la révélation rationnelle aux révélations directes et personnelles » (c'est à propos du mysticisme).

Or, comment distinguer ces deux genres de révélations? si ce n'est par un jugement extérieur, c'est-à-dire par le témoignage d'autrui?

p. 167 : « Il faut donc que le mysticisme soit là pour revendiquer les droits sacrés de l'inspiration, de l'enthousiasme, de la foi, et des vérites primitives que ne donnent ni la sensation, ni l'abstraction, ni le raisonnement; et entendons-nous bien, Messieurs, je parle de la foi libre, sans aucune autorité que celle de la nature humaine; nous ne sommes pas ici en théologie, mais en philosophie ».

Collationnons cela avec ce que vous dites ailleurs de l'autorité et de la théologie. Vous dites, pag. 62 : « l'esprit humain au seizième siècle était au fond un esprit d'indépendance : par conséquent il avait pour adversaire l'esprit opposé, le principe de l'autorité : et entendez-moi bien, je parle du principe de l'autorité, non dans les matières de la foi et dans le domaine de la théologie, où l'autorité a sa place légitime, mais dans le domaine de la philosophie, où doit régner la libre réflexion ».

Je ne puis pas à moins que de trouver contradiction ouverte entre ces deux passages, et cette contradiction n'est pas un résultat des mots, elle est dans les choses, c'est cette contradiction nécessaire il me semble entre nos conséquences, puisqu'elle est entre vos principes. Car là vous me donnez une foi libre, sans aucune autorité que celle de la raison humaine, vous n'êtes pas en théologie, mais en philosophie : ici la foi est du domaine de la théologie, et l'autorité y a sa place légitime. Ce n'est pas certes de la même foi que vous parlez dans les deux endroits. Dans l'un la théologie a une autorité sur la foi, dans l'autre la foi n'a d'autre autorité que celle de la raison humaine. Il y a donc deux *fois* : vous ne m'en avez jamais rien dit.

Au fond la théologie que vous mettez ici et ailleurs en contradiction avec la philosophie, que vous séparez tout-à-fait de la philosophie, en la prenant selon l'idée que vous en donnez ne serait-elle même qu'une philosophie. Car la philosophie n'est selon vous que la réflexion, et la théologie est réflexion aussi. Voyez ce que vous en dites pag. 137 : « ou la religion retient la philosophie en elle, et une fois immobile enchaîne la réflexion, et alors il n'y a pas de philosophie » ni de théologie non plus; car elle va venir avec la condition de la réflexion : « ou la réflexion se développe, mais seulement dans la mesure nécessaire pour régulariser et ordonner les croyances religieuses, et présider à leur exposition et à leur enseignement, et alors il y a de la théologie ».

Vous établissez ici différens degrés, différentes applications de la réflexion, vous appelez le premier théologie, le deuxième philosophie, mais cela n'est que relatif, et quand ce serait clair et fondé, cela ne pourrait pas le concilier avec cette distinction absolue que vous faites ailleurs et bien souvent entre spontanéité, ou foi, ou inspiration, et réflexion ou philosophie, entre les deux momens: il n'y a que ceux deux-là: la théologie ne peut appartenir qu'à l'un ou à l'autre; ici vous la donnez explicitement au second: quand ce ne serait pas explicitement ici, ce serait une conséquence de ce que vous dites ailleurs sur ce premier moment, où tout est, et tout est confus; or la théologie n'embrasse pas tout, et n'est pas nécessairement confuse; quand elle ne ferait que choisir entre les vues spontanées, coexistantes etc. ce serait déjà une opération analytique, une oeuvre de second moment. C'est donc une philosophie que vous excluez comme illégitime du domaine de la philosophie, c'est une réflexion à qui vous refusez les droits de la réflexion, droits que vous étiez forcé de lui reconnaître cependant: car après l'avoir nommée, après l'avoir reconnue pour une chose qui n'est pas absurde par elle-même, il faut bien qu'elle fasse quelque chose etc. [11].

p. 341: « or la théologie n'est pas notre sujet: notre sujet est la philosophie ». La théologie n'est pas votre sujet; la théologie est réflexion, la réflexion est philosophie, donc la philosophie n'est pas votre sujet.

p. 489: « il se jette entre les bras de la foi, et de la foi la plus orthodoxe; car celle-là enseigne et promet avec autorité ce que Pascal veut espérer sans crainte ».

La foi enseigne donc, promet même, ce qui est le sujet de la philosophie, de la réflexion. La foi enseigne bien, promet légitimement ou non: si elle enseigne bien, pourquoi trouvez-vous étrange que l'on recoure à elle? pourquoi la déclarez-vous un juge illégitime dans ces mêmes matières? Si elle enseigne mal, de quoi la louez-vous? Pourquoi la respectez-vous? Vous lui assignez une place sans jamais la montrer clairement; or non seulement je ne trouve pas cette place d'après vos indications, mais il m'est évident qu'on ne peut la trouver dans l'état de choses que vous avez fait.

[11] In questo frammento è meglio dichiarata la critica che Manzoni rivolge al Cousin intorno ai rapporti tra filosofia e teologia: nel sistema di Cousin la teologia viene mantenuta illegittimamente e sostanzialmente soppiantata dalla filosofia.

INTRODUCTION

Vous donnez au terme religion quelque fois le sens le plus général, le plus compréhensif; d'autres fois le sens spécial, d'un telle religion. Si je me trompe redressez-moi, car jusqu'à présent lorsque je trouve le mot religion tout-court, je ne puis entendre par là que toutes les religions existantes ou ayant existé. Or cette distinction était d'une grande importance à faire, elle était essentielle. Car comme selon vous la religion est la spontanéité (p. 46), comme l'inspiration ne se prémédite pas... et la raison s'applique par la force suprême qui est en elle, comme les vérités que la raison nous découvre ne viennent pas de nous (p. 45).

INTRODUCTION

... En effet, si j'avais affaire à un de ces philosophes qui prétendent que l'on ne connaît aucune vérité par la religion, qui nient la religion, je ne pourrais raisonnablement lui parler de religion, sans l'avoir établie, prouvée; mais comme vous employez ce mot pour désigner quelque chose qui contient des vérités, même toute vérité, il me suffit d'examiner et de comparer ce que vous affirmez de la religion. Or en ne sortant jamais de vos assertions, si ce n'est pour recourir à des axiomes incontestés et incontestables, je trouve d'abord que vous attribuez au mot religion un sens absolument contradictoire, et en suite que vous attribuez à la religion des fontions et des limites également contradictoires.
Directions fécondes (pag. 99).

Autorité et examen: c'est à dire spontanéité et réflexion: religion et philosophie: voir là où il établit l'autorité comme principe dominant dans le moyen âge; dans la philosophie. Mais le péripatétisme qui était autorité était-il un résultat de la spontanéité? Vous dites, pag. 103: « En effet, il faut passer par dessus la scolastique, quand il s'agit de méthode et d'analyse. La scolastique empruntait à l'autorité ses principes et ses conséquences ... À la rigueur, la scolastique n'appartient pas à la philosophie proprement dite ». Quoi! le péripatétisme n'était pas de la philosophie?

p. 62: « ... et entendez-moi bien, je parle du principe de l'autorité, non dans les matières de la foi et dans le domaine de la théologie, où l'autorité a sa place légitime, mais dans le domaine de la philosophie, où doit régner la libre réflexion ».

Mais si la réflexion libre ou non ne peut que démêler, discerner ce que la foi, la théologie, la religion, la spontanéité, l'inspiration donnent, selon vous, ou pour mieux dire ont déjà donné à la raison, comment l'autorité de ces choses-là peut-elle être opposée à la réflexion, comment peut-elle en être exclue? Si la réflexion ne doit pour ainsi dire que proclamer ce que la foi recèle, la foi n'est-elle pas la seule autorité recevable lorsqu'il s'agit de décider si la réflexion rencontre juste, puisque c'est sur la foi, des objets de la foi, du domaine de la foi que la réflexion s'occupe? Quoi? la réflexion dit: voilà ce que dit la foi, et la foi ne serait pas admise à témoigner, à dire: c'est cela, ce n'est pas cela [12]?

... c'est dans cette doctrine que j'ai retrouvé, ou plutôt c'est par cette doctrine que j'ai senti se raffermir en moi cette foi dans la raison, foi que l'on ne peut avoir qu'autant que l'on croit à l'infaillibilité de la raison.

Or placer cette infaillibilité dans la raison de l'individu, c'est ce que personne ne veut, ce à quoi contredit le témoignage de tous les individus, c'est ce que, à chaque instant, partout contredirait la discorde même entre les individus, c'est enfin ce qui ne peut même être proposé. Il est même ridicule d'en parler, de supposer un moment que le raisonnement puisse conduire à un tel résultat. On a l'air niais, en venant dire que deux hommes qui affirment le contraire ne peuvent pas avoir raison tous deux. Mais à qui la faute? qu'est-ce qui force à en venir là? N'est-ce pas la contradiction que l'on fait à cette doctrine, ne sont-ce pas ceux qui veulent que l'on croye à la raison, qui veulent par conséquent qu'elle soit infaillible, et qui dénient cette infaillibilité à la raison commune, font une nécessité de prouver qu'elle ne peut pas être ailleurs, d'essayer de la mettre dans toute autre place, pour montrer qu'elle ne peut pas y être, que l'on ne peut même l'y concevoir?

---

[12] Ancora sulla contraddittoria benché « rispettosa » nozione di religione e teologia in Cousin: come è possibile che la filosofia operi sulla teologia, senza contraddirla, se comincia con l'eliminare da sé l'autorità e la fede? È, ancora una volta, una critica dello storicismo.

DELL'INVENZIONE
DIALOGO
[1850]

> *Quod alicui adesse et abesse potest,*
> *esse aliquid dabunt?*
> Plato, in *Sophista*

Il Manzoni diede, in questo dialogo, la sua risposta definitiva ai problemi dell'estetica, quali era andato meditando per decenni e quali infine aveva già affrontato nel *Discorso sul romanzo storico*. Quest'ultimo, cominciato dapprima come lettera al Goethe, risolse i rapporti tra vero storico e verosimile estetico in modo che non a tutti parve, e che in effetti può non apparire, soddisfacente: decretando la superiorità del vero storico e separandolo dal vero estetico.

In questo dialogo, che non presenta abbozzi, appunti e varianti come la seconda parte della *Morale* e come la *Lettre* al Cousin, ma che è intero e compiuto, e che fu pubblicato dall'autore stesso in una edizione delle opere varie, il Manzoni offre una soluzione più matura, anche sotto l'influenza ormai ferma e stabilita del Rosmini. L'arte è obiettiva perché rappresenta non già il reale in sé ma l'idea, che deriva da Dio e che finalmente è in Dio. La traduzione della frase platonica, posta in exergo, è: «Ciò che può esser presente in qualcuno e al tempo stesso mancare, concederanno che è qualcosa?» *Primo* è l'autore stesso; *Secondo* un interlocutore immaginario.

DELL'INVENZIONE

DIALOGO

Andato stamani da un mio giovine amico, per far quattro chiacchiere, lo trovai che disputava con un suo coetaneo e amico di confidenza; come anch'io, per quanto lo permette la differenza dell'età, posso dirmi amico di confidenza di tutt'e due. Noto questa particolarità, affinché il tono del dialogo non paia strano, come sarebbe certamente tra persone di semplice conoscenza. Entrando, sentii che il padrone di casa diceva: « No, no; non vo avanti, se non si scioglie questo nodo ».

« Miracolo! » diss'io: « e su cosa si disputa questa volta? »

« Mera questione di parole » mi rispose l'altro: « si parlava d'arti; e mi scappò detto che il poeta, e più in generale l'artista, crea. Lui, con un viso serio, tentenna la testa; come se ci fosse bisogno di negare ciò che nessuno ha voluto dire. È una maniera di parlare, che corre senza contrasto. Sicuro che, se uno la prende a rigor di termine, non c'è il verso di sostenerla; e potete credere che non mi son fatto pregare a ritrattarla. Ma lui che, da quando s'è messo a legger libri di filosofia, cerca sempre il pelo nell'ovo, non è contento, come avete potuto sentire. »

« Giudicate voi » disse il primo, rivolgendosi a me, anche lui ... Ma qui, *ne Inquam et Inquit saepius interponeretur* [1], li metterò in scena addirittura, serbando a questo il nome di *Primo*, che m'è uscito occasionalmente dalla penna, e dando, per analogia, all'altro quello di *Secondo*: ché guai a me se mettessi in piazza i loro nomi veri.

PRIMO

Giudicate voi. Per qualificare l'operazione propria dell'ar-

---

[1] « Per non interporre troppo spesso *dico* e *disse* » (Cicerone, *De amicitia*, V, 2).

tista, mi dà una parola che, certamente, non se ne saprebbe immaginare una più efficace. Il male è che non fa al caso; e lui, non c'è che dire, l'ha ritrattata subito. Ma intanto ha promossa una questione interessantissima; e poi me la vuol lasciare in aria. Mette in campo: cosa faccia l'artista; e vuole ch'io mi contenti, quando m'ha detto cosa non fa. No, davvero: non posso andar avanti a ragionare su quell'operazione, se non so che sorte d'operazione sia. Voglio prima sapere cosa fa propriamente l'artista. Vi pare una questione di parole?

SECONDO

Ebbene; dirò che inventa. A questa ci trovate eccezione?

PRIMO

Se l'aveste adoprata nel discorso, in vece di quello sciagurato *creare*, passava benissimo; ma ora non serve più. È una parola che indica senza spiegare. Vale bensì a distinguere un'operazione da dell'altre, ma non a specificare in cosa consista: che è quello che cerchiamo ora. Per esempio, chi dice che il poeta differisce dallo storico, in quanto deve inventare, dice quanto basta a quell'intento[2]; ma mi lascia ancora da cercare cosa fa il poeta, quando inventa ... Vediamo, però: è una parola derivata; e delle volte, non sempre, né ordinariamente, ma delle volte, l'intento di queste si vede più spiegato e più deciso, guardando quelle da cui sono derivate. Infatti: *Inventare* è un derivato da *Inventum*, o un frequentativo d'*Invenire*. Ecco: se mi volete dire espressamente che l'artista trova, sono contento; perché c'è sottinteso, e sottinteso necessariamente, che l'oggetto era, prima che lui ci facesse sopra la sua operazione.

SECONDO

Come, era? Ciò che ha inventato lui, per la prima volta, era? Mettiamo un fiore di capriccio, un fiore che non è mai esistito *in rerum natura*, e che un pittore inventa, per collocarlo in un ornato. Era?

PRIMO

Il fiore no; ma qui si tratta d'idee.

[2] Il Manzoni l'aveva già fatto nel *Discorso sul romanzo storico* (1828-45).

SECONDO

Già; e così l'intendo. Quell'idea che, prima di lui, non era venuta in mente a nessuno...

PRIMO

State all'erta; perché, col dire che gli è venuta in mente, mi fate pensare che non vengono se non le cose che sono.

SECONDO

Siamo qui noi, con quell'attaccarsi alle parole.

PRIMO

Se m'indicate un altro manico per afferrar le vostre idee.

SECONDO

Dirò dunque: quel fiore ideato, immaginato, escogitato, fantasticato da lui... Ci vuole una gran fatica con voi a trovar delle parole che non vadano soggette a processo. Cosa ridete ora, quello dal viso serio di dianzi?

PRIMO

Rido appunto della fatica che dovete fare a trovar delle parole di mezzo tra due opposti che non ammettono mezzo veruno. V'ho avvertito di stare all'erta, perché il linguaggio è pieno di trappole per chi sostiene la vostra tesi. Cosa volete? gli uomini sottintendono che l'idee sono, e fanno delle locuzioni analoghe a quello che sottintendono. Ma andate avanti.

SECONDO

Vo avanti, sicuro; senza lasciarmi sviare dai vostri cavilli. Quel fiore ideato da lui per la prima volta, ho da dire che era già? *Non ego*.

PRIMO

Pare di sì, poiché non vi sentite di dire che l'ha creato lui.

SECONDO

Volete che la concluda in una parola? Sappiatemi dire dov'era, e vi concederò che era.

PRIMO

Oh! che non vi pare abbastanza una questione alla volta (e intralciata, secondo voi), che volete intralciarla di più con un'altra? Vediamo prima se era; se troviamo che no, si risparmia l'altra questione; nell'altro caso, chi sa che, dopo, non ci riesca più facile di scioglierla? A ogni modo, non c'è niente come metter sull'arcolaio una matassa sola alla volta.

SECONDO

Ebbene, dimostrate voi che quell'idea era.

PRIMO

Son qui a tentarne la prova, se voi altri m'aiutate.

SECONDO

Per me, non mi sento disposto che a contradirvi.

PRIMO

È una maniera, anche codesta, d'aiutare uno che cerchi la verità. E voi, che non dite nulla, da che parte siete?

« M'avete fatto giudice » rispos'io: « devo stare a sentire fino alla fine, per non pregiudicare la sentenza. »

PRIMO

Vedete che bel pretesto, per non metterci la sua parte. Ora, poiché il difensore della tesi son io, bisogna che mi permettiate di prenderla per il mio verso. Io intendo d'andar per la strada corta; ma dovrà esser curva, poiché ci avete messa in mezzo una montagna da girare. Sicché non mi richiamate alla questione, quando vi paia che non ci arrivi subito. Se alla fine rimarrò fuori del seminato, allora, per ricattarvi della vostra tolleranza, mi fischierete.

SECONDO

Senza misericordia.

PRIMO

È giusto. Ditemi dunque, nemico mio carissimo; vi par egli impossibile che due artisti, uno a levante, l'altro a ponente, senza saper nulla l'uno dell'altro, inventino (adopro la parola neutrale) uno stesso, stessissimo fiore, senza la più piccola differenza?

SECONDO

Moralmente, dico subito che la cosa mi pare impossibile.

PRIMO

Per l'amor del cielo, non c'impicciamo con avverbi che cambino il senso del termine principale. Non si tratta qui della probabilità che potrebbe determinare uno a fare o a non fare una scommessa. Si tratta di pura possibilità. Non c'è che una maniera d'essere impossibile: l'implicar contradizione. Vi domando se dal fatto d'avere un artista ideato un tal fiore, nasce in tutti gli altri uomini l'impossibilità d'idearlo tale quale.

SECONDO

Prendendo la cosa così a rigore, non oserei dirlo; ma cosa volete? ci trovo una difficoltà insuperabile a ammettere che sia possibile.

PRIMO

Allora bisogna analizzare la difficoltà; perché, o la troviamo insuperabile davvero, e dovrò darmi vinto; o troviamo che è una difficoltà apparente, e bisognerà lasciarla da una parte, e badare che non ricomparisca sott'altra forma. Vediamo dunque: se dicessi che que' due fiori possono somigliarsi in qualche parte, cioè essere in alcune parti lo stesso, vi farebbe difficoltà ugualmente?

SECONDO

Non me ne farebbe punto.

PRIMO

Anzi sarebbe strano il dire che due cose inventate da due soggetti dovessero esser diverse in ogni minima parte. Non è vero?

SECONDO

Verissimo.

PRIMO

Per comodo del ragionamento, dividiamo astrattamente questi fiori in un numero di parti: venti, per esempio. Se dico che tre di queste parti potranno esser le stesse ne' due fiori, ci trovate repugnanza?

SECONDO

No.

PRIMO

Ora, questo potere le tre parti esser le stesse, vi par che nasca da una possibilità particolare a quelle?

SECONDO

Non si potrebbe dire.

PRIMO

Infatti, noi non abbiamo attribuito nulla di proprio ad alcuna di esse; non le conosciamo che come parti, e non abbiamo alcun motivo razionale per negare dell'una ciò che affermeremmo dell'altra. Resta dunque che questa possibilità sia in tutte ugualmente. Ora, se questa possibilità è in ciascheduna parte, ne viene direttamente la possibilità che il tutto de' due fiori sia lo stesso.

SECONDO

Ma qui è appunto la difficoltà: il tutto.

PRIMO

Che difficoltà è codesta, della quale non potete addurre i motivi? E sapete perché? Perché è una difficoltà che non viene dalla cosa, ma dal vostro modo di prenderla. Viene dall'applicar che fate, senza accorgervene, de' calcoli di probabilità a una questione di mera possibilità. E ve lo posso dire senza riguardi, perché sono stato un pezzo anch'io in quella mota; e ce ne volle di molta a farmene uscire. Via, un'altra stratta, e son certo che n'uscirete più presto di quello che ho fatto io. Se alle tre parti che m'avete concesse, vi chiedo d'aggiungerne una quarta, che ragione potete trovare per dirmi di no? Ci ha lo stesso diritto dell'altre tre. Così vi strascino fino alla diciannovesima inclusavi, parendo sempre che la difficoltà cresca, ma parendo, non altro. All'ultima poi, *quivi le strida*[3]; lì è lo sforzo, il gran salto, perché è quella che deve compire il miracolo. Ma che sforzo? che salto? che miracolo? È una parte come l'altre; e questo esser la ventesima, e venir per l'ultima, non è una sua qualità, una condizione della sua natura; è un numero che ci abbiamo attaccato noi, senza pensar con questo di differenziarla punto dall'altre. Guardatela in sé: non c'è nulla in essa che vi dica che ne sono già passate diciannove: non ci vedete altro che la stessa possibilità, intrinseca, inerente, inseparabile. Tanto è vero, che la posso cambiarvela in mano, dire che mi pento d'averla tenuta per l'ultima, trasportarla tra quelle prime tre, che m'avete concesse, e mettere una di queste all'ultimo posto, senza che voi possiate trovarci a ridire. Dunque, aver provato che il fiore inventato dai due artisti può esser lo stesso in ciascheduna parte, è aver provato che può esser lo stesso nel tutto. Quantunque, non c'era nemmen bisogno di prova, giacché, in fondo, me l'avete concesso alla prima. Dicendomi che la cosa vi pareva moralmente impossibile, che altro volevate dire, se non che vi pareva sommamente difficile a realizzarsi? E difficile, in qualunque grado, vuol sempre dire possibile.

SECONDO

E volete concludere?...

PRIMO

Che è sciolta la questione principale.

SECONDO

Non vedo tanto, io.

PRIMO

Siamo tra un possibile e un impossibile; cosa volete di più? I nostri due artisti hanno, cioè possono avere, che qui è tutt'uno, una stessa idea d'un fiore d'invenzione. Questa idea o era o non era prima che nessuno di loro l'avesse. Se era, l'hanno, per averla trovata tutt'e due: ecco la cosa possibile. Se vogliamo dire che non era, dovremo dire che l'hanno fatta loro: ecco la cosa impossibile. Ché qui non ci

[3] Dante, *Inferno*, V, 35.

metterete distinzione veruna per dire impossibile che una stessa e sola cosa sia fatta da due, tutta da ciascheduno.

SECONDO

Adagio. Qui c'è un equivoco.

PRIMO

Ah! un equivoco. Ecco se non lo fate anche voi il processo alle parole. E non lo dico per lamentarmene: così va fatto. Ma dov'è l'equivoco?

SECONDO

Altro è dire: una stessa cosa; altro è dire: una cosa sola; e voi ne fate un tutt'uno. Ma se vi domando, per esempio, quanto vi costa questo libro, e mi dite cinque franchi; e io vi rispondo che l'ho avuto anch'io per lo stesso prezzo; non vuol dire che i cinque franchi che avete pagati voi, e i cinque franchi che ho pagati io, siano una cosa sola.

PRIMO

I vostri cinque franchi materiali, e i miei materiali ugualmente, no di certo; ma l'idea del prezzo è di certo una sola. E anche l'idea di cinque franchi: tanto è vero, che voi avete potuto pagarli con un pezzo da cinque franchi, e io con cinque pezzi da un franco; eppure e voi dicendo questa parola, e io sentendola, abbiamo avuta la stessa, cioè una sola idea, perché in essa era fatta astrazione da quella differenza.

SECONDO

Mi pare che la cosa si possa veder meglio nel primo esempio. Ecco: suppongo che i due artisti hanno eseguito ognuno il suo disegno; e che i due lavori sono riusciti perfettamente simili come erano simili le due idee. Ce li presentano; e noi guardando l'uno e l'altro esclamiamo: Pare impossibile! proprio la stessa cosa, senza la differenza d'un punto. Vogliamo dire che sono un oggetto solo?

PRIMO

Siamo ancora lì. L'opere materiali in cui è realizzata l'idea, sono due; ma l'idea è una. E volete vedere ancora più chiaramente questa differenza? Ne butto uno nel foco: potete dire che quello che è bruciato, e quello che è intatto, siano uno solo? Fate un poco uno scherzo di questa sorte all'idea.

SECONDO

Glielo fo benissimo. Suppongo che, prima di risolversi a metterla in un disegno materiale, uno degli artisti se la sia dimenticata, mentre l'altro l'ha ritenuta benissimo. Potete dire che quella che là non c'è più, e qui c'è ancora, sia un'idea sola?

PRIMO

Non solo posso, ma devo dire che quella che è stata dimenticata là, e è ritenuta qui, è un'idea sola. Vi par egli che esser dimenticato equivalga a non esserci più? So, e ne ringrazio Dio e voi, che mi volete bene, e che, per conseguenza, vi rammentate spesso di me, anche da lontano; ma avrei a star fresco se, ogni volta che v'esco di mente, fosse come esser buttato nel foco. Badate: io posso dir con voi: l'idea del fiore non è più là; ma è ancora qui. Potete voi dire: il disegno è bruciato là nel cammino, ed è ancora qui intatto? Suppongo che all'artista dimenticatore l'idea ritorna in mente; e dico: è quella; anzi l'ho già detto nell'enunciato medesimo della supposizione. Potete bensì supporre anche voi, che l'autore del disegno stato bruciato, ne faccia uno novo, e affatto simile; ma potete dire: è quello?... Però, sì; lo potete dire; ma appunto questo poterlo è una chiarissima e fortissima prova della verità che impugnate. Di grazia, statemi attento qui particolarmente; anzi statemi al pelo, per vedere se dico una cosa vera, e se ne cavo una conseguenza giusta. La cosa che voglio dire è questa. Voi potete enunciare quel doppio fatto in due maniere diversissime, anzi affatto opposte, facendo però intendere la stessa cosa, senza che ne nasca la più piccola ambiguità. Potete dire, come ho detto io dianzi: il disegno è stato bruciato; ma l'autore ne ha fatto un altro affatto simile. E allora voi usate le parole nel senso proprio; chiamate due ciò che è due. Ma potete anche dire: il disegno è stato bruciato; ma l'autore l'ha rifatto. E all'autore che ve lo fa vedere, potete dire: ma bravo! son proprio contento di vederlo ancora quel disegno, che mi sapeva tanto male che fosse perito: è quello, non c'è che dire. Allora, però, parlate figuratamente, poiché date un nome che importa unità a due cose distinte: una che fu, l'altra che è. E non glielo date già per sbaglio, né per volontà d'ingannare, poiché nel discorso medesimo affermate questa duplicità, dimanieraché, nel termine medesimo di cui vi servite per chiamarle uno, c'è implicito il paragone dell'una con l'altra. Vi par vero tutto questo?

SECONDO

Non ci trovo che ridire, e aspetto la conseguenza.

PRIMO

Cos'è, ditemi dunque, che vi dà il diritto, cos'è che vi mette in mente, cos'è che vi rende capace di dare il nome d'uno a due cose? Cos'è, se non l'unità, l'identità dell'idea realizzata in tutt'e due? Unità tanto connaturale all'idea, che l'attestate col linguaggio medesimo di cui volete servirvi per negarla; e tanto propria dell'idea, che la trasferite a due cose materiali, senza riguardo, senza paura, come senza pericolo d'esser franteso, e che qualcheduno creda che prendiate davvero più cose per una. Cos'è, se non questa, l'*uni tertio*, che vi fa dire *sunt eadem inter se*? Cos'è che vi fa dire, del distrutto e del sano: è lo stesso? e ve lo fa dire nell'atto medesimo che gli opponete l'uno all'altro, se non l'idea che è la stessa, val a dire una, indistruttibile, incorruttibile, immutabile?

SECONDO

Ero lì per darvi ragione; ma con questa nova pretensione dell'immutabilità...

PRIMO

Pretensione, la chiamate?

SECONDO

E che pretensione! Perché vi pare d'aver acquistato terreno (e fino a un certo segno, non dico che non sia vero), credete di poter far passare qualunque paradosso. Come! una idea la quale non è altro che il resultato d'una serie di mutazioni, giacché posso supporre benissimo che l'artista non abbia ideato alla prima il fiore in quella forma della quale è rimasto contento; ma che ci sia arrivato dopo diversi tentativi, dopo diverse prove...

PRIMO

Anzi, fate benissimo a supporre così.

SECONDO

Dunque!

PRIMO

Dunque?

SECONDO

Dunque l'artista ha concepito alla prima il fiore in una maniera; poi non n'è stato contento, e ha detto: bisogna mutar qui; poi ha trovato che bisognava mutar là; s'è fermato finalmente perché ha voluto, perché l'idea gli è piaciuta in quella forma. E quell'idea mutata e rimutata le cento volte, è diventata tutt'a un tratto immutabile?

PRIMO

Badate che voi non fate altro che moltiplicare la vostra affermazione. Avevate detto che la mutazione dell'idea è possibile; ora dite che è avvenuta molte volte; ma non dimostrate qui il fatto, più di quello che n'aveste dimostrata la possibilità. Che l'artista abbia fatto una sequela d'operazioni, non c'è dubbio; ma che con queste operazioni abbia mutata l'idea, è ciò che dovete tentar di dimostrare.

SECONDO

Ma non è evidente?

PRIMO

Come volete che sia evidente ciò che è impossibile? Fate così: non c'è niente come l'esperimentare. Provate voi a fare una di queste operazioni; e poi dimostratemi che avete mutata l'idea [4].

SECONDO

Mi pare che non ci sia nulla di più facile. Ecco: sono io l'artista; mi piaceva il fiore come l'avevo ideato, ma, ripensandoci, trovo che c'è una foglia che non fa bon effetto; e gliela levo.

PRIMO

E vi pare d'aver mutata l'idea?

[4] L'artista, correggendo l'opera, non ha cambiato idea, ma si è piuttosto approssimato all'idea.

SECONDO

No?

PRIMO

Vi dico che bisogna dimostrarmelo. E come fate a dimostrarmi che, dopo codesta operazione, l'idea non è più quella?

SECONDO

Oh bella! confrontandola con l'idea di prima.

PRIMO

Con l'idea di prima? C'è dunque ancora l'idea di prima?

SECONDO

... Che me l'aveste fatta?

PRIMO

C'è, tale quale, a capello, a un puntino, poiché ve ne servite per dimostrare che quell'altra è diversa.

SECONDO

Quando vi dico che me l'avete fatta.

PRIMO

Certo, se vi fosse riuscito di levarle quella fogliuzza, il gioco era fatto; l'idea era bell'e mutata. Ma come si fa a levare una foglia a un'idea, quando l'idee non hanno foglie?

SECONDO

Ma se vi dico che non insisto.

PRIMO

Tutta la vostra operazione, riguardo a quell'idea, fu di rimovere il pensiero da essa, per rivolgerlo a un'altra. Avete mutato idea; non avete mutata l'idea.

SECONDO

Volete finirla?

PRIMO

Non già che tutte quelle mutazioni non siano possibili. Sono possibilissime, ma nelle cose. Il male è che l'idee non sono cose. Tutto lo scandolo viene di lì.

SECONDO

Ho inteso, ho inteso, ho inteso.

PRIMO

Videbimus infra. Lo so io, e per mia propria esperienza, come v'ho già detto, lo so io, certe verità troppo evidenti, quante volte bisogna credere d'averle intese, prima d'intenderle davvero; quanto ci voglia a imparare ciò che si sa di più; chi non ci sia arrivato da sé.

SECONDO

Codesto è un mistero che mi spiegherete poi.

PRIMO

Si spiegherà da sé, se non vi secca d'andare avanti.

SECONDO

Anzi, ci ho preso gusto. Son io ora, che voglio andare avanti, o piuttosto tornare indietro, per rivedere i conti. Sono stato un sempliciotto io a lasciarmi mettere tra quel dilemma: o creare, o trovare. Sicuro che, una volta lì, tra il dire o uno sproposito enorme, o ciò che volete voi, avete fatto di me a modo vostro. Dovevo dire, e lo dico ora, che l'artista né crea, né trova, ma mette insieme, compone.

PRIMO

L'idea?

SECONDO

Perché no?

PRIMO

Perché l'idee sono semplici.

SECONDO

Qui poi ho il fatto per me. Potrebbe l'artista ideare il

suo fiore, se non avesse mai visto fiori, o almeno se non avesse mai visto né forme corporee, né colori?

PRIMO

No di certo; ma, di novo, non intralciamo la questione con altre questioni, tutt'altro che estranee, ma non necessarie. Vediamo il fatto che fa per voi.

SECONDO

Viene appunto di lì. Per aver visto forme e colori, e in ispecie per aver visto fiori, il nostro artista può prendere da un fiore reale la forma, per esempio, de' petali del suo fiore, da un altro il colore, da un altro la disposizione, e così del rimanente. Non voglio dire che prenda ogni cosa da fiori reali. Potrà anche inventare una forma di petali, di foglie, che non sia quella di nessun petalo, di nessuna foglia reale. E allora vedo bene anch'io, che fa un'operazione diversa. Ma cosa fa? Deduce il verosimile dal vero; imita la natura, senza copiarla. E dedurre, imitare, non è né creare, né trovare.

PRIMO

Non sarà meglio che vediamo una cosa alla volta?

SECONDO

Così l'intendo. E dunque, al comporre cosa ci avete a dire?

PRIMO

Che bisogna venire all'esperimento, come nella storia delle mutazioni di dianzi.

SECONDO

All'esperimento? Ma il poco che ho detto io ora (e vedete quanto ci si potrebbe aggiungere) non è l'esperimento medesimo?

PRIMO

Ci manca la verificazione, niente meno. Ditemi, di grazia: non è egli vero che ciò che è composto si deve poter decomporlo? e che, decomposto che sia, non è più nella forma di prima?

SECONDO

Verissimo.

PRIMO

Ecco dunque ciò che ci vuole per render compito l'esperimento: decomporre. E lì v'aspetto.

SECONDO

Non so cosa vogliate dire con codesto *veto* così tracotante. Levo al fiore ideale, a una a una, le parti con cui era stato composto: che non l'ho decomposto?

PRIMO

Avete fatto un bel servizio, per vincere il vostro puntiglio. Quel povero artista, dopo tanto studio, dopo tante prove, e tutto per avere un disegno da eseguire, è bell'e servito. Come farà ora, che l'idea con la quale sola poteva eseguirlo, non c'è più, perché gliel'avete fatta in pezzi?

SECONDO

Ma era dunque un'altra insidia?

PRIMO

Sono le care insidie della verità. E insidie proprio nel senso primitivo della parola; perché la verità, quando si vuole scacciarla fuori dalla mente, ci s'appiatta, *insidet*, finché venga l'occasione di saltar fuori. Ma sempre per far del bene: come vedete che ha fatto ora, col mantenere a quel povero artista la sua idea, indecomposta e indecomponibile, come dianzi immutata e immutabile.

SECONDO

Prima che mi ci cogliate un'altra volta!

PRIMO

Ogni volta che in un'idea vorrete trovare le condizioni delle cose reali, siate pur certo che ci rimarrete colto. Sicché dipende da voi. Il tutto sta nell'intendere che l'idee non sono cose. Ma, come sapete, il peggio passo che sia è sempre quello dell'uscio. Lo so per esperienza, vi dico. Intanto potete convincervi che quella vostra osservazione:

« l'artista non avrebbe potuto ideare il suo fiore, se non avesse mai visto fiori, o almeno forme corporee », non conclude nulla: al nostro proposito speciale, s'intende; ché, alla teoria della cognizione, eccome conclude! Ma al nostro proposito speciale non conclude, perché noi non cerchiamo quali siano gli antecedenti necessari affinché l'artista potesse ottener l'idea di quel fiore possibile; cercavamo se questa avesse avuto origine da un'operazione dell'artista, e, in questo momento, da una sua composizione. E l'esperimento ci ha detto di no.

SECONDO

Però, dicendo « fiore possibile » supponiamo che potrebbe esistere realmente. E allora non sarebbe composto?

PRIMO

E che perciò? Vorreste forse dire che l'idea di esso sarebbe meno semplice? Siamo ancora al di qua dell'uscio. Non è per essere idea d'un meramente possibile o d'un reale, d'un semplice o d'un composto, che l'idea è semplice; è per essere idea. Il botanico che decompone realmente un fiore reale, per acquistarne un'idea più compita; e accompagna, anzi dirige col pensiero la sua operazione materiale, sarebbe accomodato bene se, volendo paragonare la nova e più ricca idea con l'anteriore, questa non la trovasse più, perché fosse stata fatta in pezzi, e sparpagliata qua e là, insieme col fiore reale. Eh via! ingrato che siete. In vece di negare all'idea i suoi innegabili attributi, dovreste ringraziarla inginocchioni, che, rimanendovi presente, nella sua immortale semplicità, vi dia il mezzo, l'unico mezzo di riconoscere, in tanti pezzetti di materia, le parti d'un tutto che non è più. Anzi l'unico mezzo per poter dire a voi stesso: ho notomizzato un fiore.

SECONDO

Ma allora ci sarebbero idee semplici di cose composte.

PRIMO

S'intende.

SECONDO

E non c'è contradizione?

PRIMO

Contradizione nel fatto? Le cose materiali sono composte: tant'è vero, che si decompongono. L'idee sono semplici: tant'è vero, che, quando vi siete immaginato d'aver decomposta un'idea, trovate di non aver fatto nulla. Noi abbiamo idee di cose materiali. Potete negare nessuna di queste proposizioni?

SECONDO

E come si può conciliarle?

PRIMO

Bella questione e, anch'essa, non estranea, ma neppure necessaria alla nostra. Tutte le soluzioni, chi ci stia sopra, dopo essersene servito all'intento per cui le cercava, conducono a de' novi problemi, fino a quelle altissime che, trovate da intelletti privilegiati, li lasciano, dirò così, appiedi d'un mistero incomprensibile e innegabile, lieti del vero veduto, lieti non meno di confessare un vero infinito. E questo esser costretti a spezzare lo scibile in tante questioni; questo vedere come tante verità nella verità che è una, e in tutte vedere la mancanza, e insieme la possibilità, anzi la necessità d'un compimento; questo spingerci, lasciatemi dire ancora, che fa ognuna di queste verità verso dell'altre; questo ignorare, che pullula dal sapere, questa curiosità che nasce dalla scoperta, come è l'effetto naturale della nostra limitazione, è anche il mezzo per cui arriviamo a riconoscere quell'unità che non possiamo abbracciare. Sicché tanto meglio se queste nostre chiacchiere vi lasciano la curiosità di conoscere più di quello che richiede la nostra questione, e soprattutto, di quello che potrei dirvi io. Vuol dire che studieremo filosofia insieme. Intanto dobbiamo osservare se le soluzioni richieste dall'argomento, anche lasciandoci delle curiosità, non ci lasciano però alcun dubbio; dobbiamo assicurarci che i fatti siano certi e provanti, senza curarci per ora come si possano, anzi neppure se si possano spiegare; e arrivar così, per una strada angusta ma sicura, alla soluzione finale della nostra questione. Cercavamo e cerchiamo cosa fa l'artista quando inventa: e abbiam visto subito, che l'oggetto della sua operazione era un'idea; e quindi, che, per conoscere la qualità dell'operazione, bisognava, prima di tutto, esaminare se l'idea, oggetto e termine di essa, era anteriore ad essa, o no. Non volendo dir di sì, e non volendo neppur dire che l'idea sia creata dall'artista, voi avete proposti diversi modi d'operazione, coi quali vi pare che si possano schivare que' due punti opposti. Il modo che s'è discusso in questo momento, era che l'artista avesse composta l'idea. Io credo d'aver dimostrato col fatto, che ciò è impossibile. Se non avete argomenti per abbattere questa dimostrazione, possiamo passare a discutere un altro de' modi proposti da voi. Avete detto che l'artista può anche dedurre il suo fiore ideale da de' fiori reali, o da altre cose corporee. Questione che confina anch'essa con molt'altre e tutte belle questioni; ma che si può anche considerare separatamente, e restringerla ne' limiti convenienti al progresso della nostra discussione. E lo fo col domandarvi se nell'idea dell'artista c'è di più che nelle cose da cui la dite dedotta.

SECONDO

Di certo: altrimenti non si potrebbe chiamare invenzione.

PRIMO

Ottimamente; ma allora vi domando se questo dipiù o era, e l'artista non ha fatto altro che trovarlo; o non era, e l'ha creato lui.

SECONDO

Ma quando si dice dedurre, non s'intende ricavare una cosa da un'altra?

PRIMO

Intendere che si ricavi una cosa di dove non è? Codesto, mai. Perché, badate: non v'ho domandato se da una cosa reale si possa ricavare l'idea della cosa medesima. Anzi v'è potuto parere, contro la mia intenzione, che questo lo dessi per inteso, poiché vi domandavo solamente se, nell'idea dell'artista, c'era di più. Ma ho parlato così *ad hominem*, e per arrivar subito, e senza inciampi, a un dipiù che non poteste negare, che doveste riconoscere e porre voi medesimo. Via, volete dunque dirmi se questo dipiù, l'artista lo trova o lo crea?

SECONDO

E vedo che mi metterete in campo un argomento dello stesso genere, anche sull'imitare.

PRIMO

Sicuramente. Vi domanderò se, nell'idea imitatrice, c'è qualcosa di diverso dalla cosa imitata; e questo diverso, dove l'artista lo prenda.

SECONDO

Dunque non si potrà più dire ragionevolmente, che uno deduce, che uno imita?

PRIMO

Si potrà dire benissimo, purché non s'intenda di dire un impossibile.

SECONDO

E cos'è il possibile in questi casi?

PRIMO

Il fatto: volete di più? È o non è un fatto, che la nostra mente passa dalla contemplazione d'un'idea alla contemplazione d'un'altra?

SECONDO

Senza dubbio.

PRIMO

Ora, questo è ciò che accade in quello che avete chiamato mutare, in quello che avete chiamato comporre, in quello che chiamate dedurre e imitare. C'è altro in tutto questo, che successioni d'idee? E se poteste dubitarne, la prova è subito fatta. Osservate, sorprendete, dirò così, qualsisia di queste operazioni, in qualsisia momento; e troverete che s'esercita attorno a un'idea. Idea che potete, a piacer vostro, levar dalla serie, e considerarla in sé e da sé, indipendentemente dall'altre. In quanto al mutare, già l'abbiamo visto. In quanto al comporre, il gambo che il nostro artista ha pensato, mettiamo, per la prima cosa, nell'ideare il suo fiore, è o non è un'idea? Una foglia che ha pensata, per attaccarla idealmente a quel gambo, è o non è un'altra idea? Quel gambo, con aggiunta quella foglia, è o non è una terza idea? E via discorrendo. Ognuna lo è tanto, che ho potuto parlarvi d'ognuna separatamente; e ci siamo intesi ogni volta. E in quanto al dedurre e all'imitare, ci trovate voi altro, nel caso dell'invenzione artistica, se non un continuo avvicendarsi d'idee di cose reali, e d'idee di meri possibili? Sicuro, che anche questi fatti devono far nascere delle curiosità.

SECONDO

E più che curiosità; poiché si tratta di vedere come mai possa non esserci contradizione, per esempio, in codesto esser l'idea d'un gambo, l'idea d'una foglia, eccetera, comprese nell'idea d'un fiore, rimanendo quelle altrettante idee, e rimanendo questa un'idea sola. In verità, è un po' forte.

PRIMO

Perché dunque la dite?

SECONDO

Come, la dico?

PRIMO

Con le parole di cui vi servite per negarla. Non avete voi detto ora: l'idea d'un gambo, l'idea d'una foglia, l'idea d'un fiore? E non siete con ciò venuto a dire che quelle sono comprese in questa, e che nondimeno e quelle e questa sono altrettante idee? Vedete voi dov'è la vera contradizione? È tra un atto primo, e un'operazione successiva della vostra mente; tra il vostro linguaggio e i vostri argomenti. Nominate l'idee come idee (fate altrimenti, se potete), e poi ne ragionate come di cose. Supponete tacitamente, ma perpetuamente, nel semplice, le condizioni del composto, e vi pare strano che n'esca qualcosa di strano; che è anzi un effetto naturalissimo. Ma già, è il passo dell'uscio: so quanto è costato anche a me. Intanto vi ripeto che non si tratta qui punto di spiegare tutto ciò che possa, nel nostro discorso, cadere di spiegabile. Avreste un bell'interprete. Sicché, in quanto alla curiosità che passa la questione, vi dirò, per un dipiù, e perché siamo amici, che e codesto che vi fa difficoltà e, insieme con esso, dell'altro molto, è stato mirabilmente spiegato. In quanto alla questione poi, e come avversario, vi ripeto che mi basta, e vi deve bastare, l'irrepugnabilità de' fatti, e l'evidenza delle conclusioni. Anzi, ora che ci bado, quest'ultimi fatti, non c'era neppur bisogno di farne menzione; giacché, avendovi io domandato di dove potesse esser venuto il dipiù e il diverso che è nell'idea dell'artista, la nostra questione era ridotta ai minimi termini, o piuttosto a uno de' molti suoi minimi termini. M'ero lasciato condurre anch'io dalla vostra curiosità in alto mare, lontano dalla riva che dobbiamo costeggiare, *in piccioletta barca*, e con un piloto par mio. Orsù; non vi par egli che si possa finalmente concludere? Gira e rigira, prova e riprova, ci siamo sempre trovati, e ci troviamo ancora, al punto di prima, al monologo di Hamlet: « Essere o non essere: tale è la questione ». Che è appunto il pettine a cui vengono in ultimo tutti i nodi. O l'idea era prima dell'operazione o dell'operazioni dell'artista, o non era[5]. Tutte queste operazioni che si sono ripassate, non le abbiamo potute considerare che in due maniere: o come mezzi di produrre, di far essere l'idea; e siamo sempre riusciti all'assurdo, repugnando a questo la natura dell'idea. O le abbiamo considerate come mezzi di render presente alla mente un'idea, e, per conseguenza, un'idea che era; e allora il resultato è stato conforme alla natura dell'idea, come all'efficacia dell'operazioni. O una creazione impossibile, o un possibilissimo ritrovamento. Vi pare di potervi decidere? O avete altri argomenti?

SECONDO

Altri argomenti non ce n'ho; ma...

PRIMO

Ma che?

SECONDO

Ve l'ho a dire?

PRIMO

Sicuro, poiché la pensate.

SECONDO

Se tutto questo non foss'altro che de' giocherelli di logica?

PRIMO

Oh diamine! Che la logica fosse un gioco! Che la ragione

---

[5] È, questa conclusione, opposta all'empirismo e al sensismo moderni, già criticati nella *Morale*.

non avesse un istrumento per discernere il vero dal falso! Che l'uno fosse un'illusione come l'altro!

SECONDO

Alto là! cosa mi fate dire? Non ho detto punto che la logica sia un gioco: ho detto, bensì, che con la logica si fanno de' giocherelli.

PRIMO

Ah! volete dunque dire che la logica somministra degli argomenti sodi, efficaci, i quali, applicati alla verità, la fanno apparir più distinta e splendida; e, applicati all'errore, lo fanno svanire.

SECONDO

V'ho dato motivo di credere che volessi dire il contrario?

PRIMO

E perché dunque non vi servite di questi argomenti, per fare in pezzi i miei giocherelli? V'assicuro che, se fosse come dite, mi fareste un gran servizio a farmi conoscere il mio inganno, perché non ho inteso punto di giocare, io. E voi medesimo, mi pare che la prendeste sul serio, finché credevate d'avere argomenti da convincermi. Se a cercar nell'idee ciò che è proprio dell'idee, paiono giocherelli, la colpa, lasciatevelo ripetere, è di chi vorrebbe trovarci ciò che è proprio delle cose reali. State a vedere che i fatti dell'idee non saranno fatti come gli altri, da doversi riconoscere quando non si possano negare. Eh via! è una scappatoia molto comune; ma non è degna di voi. O dimostrate che l'artista ha potuto aver l'idea del fiore, senza che questa fosse, e senza averla fatta lui; o dite una volta che era.

SECONDO

Ebbene, ve lo concedo. Ma bisogna assolutamente che ve ne dica insieme un'altra. E vi spiegherà quella che v'ha tanto scandalizzato. Ve lo concedo; ma non so neppur io cosa v'abbia concesso. Mi pare d'aver sottoscritto un bianco[6], col coltello alla gola. Ecco perché ho detto che mi paiono giocherelli. Mi son trovato circuito, sono stato cacciato

[6] Una cambiale in bianco.

di luogo in luogo, spinto... a che? A una conclusione che
non intendevo, e che non intendo. Quando dico ch'io sono,
oh perbacco! so quello che dico. Quando dico che voi altri siete, che queste seggiole, questo tavolino, questi libri, sono; so
ancora quello che dico. E vengano pure certi filosofi per dimostrarmi che è una mia illusione [7]. Senza rispondere ai
loro argomenti, dico: sia pure un'illusione; è un'illusione
che ho. Ma quando ho detto: l'idea era; cos'ho detto?
Cos'è quest'essere diverso dall'essere che tutti intendono?
Basta; se volevate farmelo dire, l'ho detto. Siete contento?
Ora m'avrete a dire, secondo i nostri patti, dov'era l'idea
prima che fosse presente all'artista. Chi sa che lì ci si veda
un po' più chiaro!

PRIMO

Per quanto mi riguarda me, come non sarei contento?
Più di darmela vinta! È voi, che non so come lo possiate
essere. Non poter negare una cosa, e non volerla concedere davvero! Vi fermate in un cattivo posto.

SECONDO

E non me ne fate uscire. È inutile: quello che non intendo, non l'intendo. Orsù ditemi dov'era questa benedetta idea.

PRIMO

Costì poi, tocca a voi a mettermi per la strada.

SECONDO

Per qual ragione, a me?

PRIMO

Non siete voi quello che, subito, al principio del nostro
discorso, trovavate tanto strano il dire che l'idea del fiore
era, prima che l'artista l'avesse inventata? Non era su quel
prima, che cadevano le vostre esclamazioni? Mi pare che, con
questo, veniste a dire implicitamente che, dopo l'invenzione
dell'artista, l'idea ci doveva essere.

---

[7] I filosofi dell'idealismo soggettivo, come Berkeley. La risposta di
Manzoni: *è un'illusione che ho*, è paradossale soltanto in apparenza;
infatti quale vera percezione potrà ridurmi a credere che la mia percezione non conosce le cose così come sono?

SECONDO

Sono cose curiose davvero. Un momento fa ho detto, e non mi ridico ora, che non intendevo punto che l'idea fosse; e ora devo riconoscere che, in quelle mie parole, c'era proprio implicita quest'affermazione.

PRIMO

E il riconoscer voi medesimo un tal contrasto, è un'alzata di piede per fare il passo dell'uscio. Chi sa che, una mattina, non troviate d'averlo fatto, quando meno ci pensavate? Ma questo sia detto tra parentesi, perché ora siamo nell'altra questione. Vo dunque avanti, e aggiungo: non siete voi quello che m'avete detto, in altri termini, ma in sostanza m'avete detto che, se sapevo che l'idea del fiore era prima d'essere inventata dall'artista, dovevo anche saper dire dov'era?

SECONDO

Vero anche questo. Vedete che sono di bona fede.

PRIMO

Dunque anche voi dovete ora sapermi dire dov'è, dopo che l'artista l'ha inventata. E non sarà questo un mettermi per la strada? Quando avremo colta l'idea in un dato luogo, potremo forse ricavarne un qualche indizio per conoscere dove bazzichi, che sorte di luoghi frequenti, e arrivar così a scoprire dov'era prima.

SECONDO

Curiose le cose, e curioso voi. Non è però meno vero che, per non essere in contradizione con me stesso, qualcosa devo dire. E, per fortuna, la ho la cosa da dire, tanto per uscirne. Anzi l'ho già detta; e voi, non che ribatterla, mi volevate prendere in parola. E l'avete detta anche voi più d'una volta, in diverse forme, nel corso del ragionamento. Dirò dunque che, dopo l'invenzione dell'artista, l'idea del fiore è in mente all'artista. Vediamo se ora ci avete che dire.

PRIMO

Tutt'altro. Solamente è una cosa che ha bisogno d'essere spiegata un po' più. In mente, è benissimo detto; è quello che dicono tutti; ma è molto indeterminato. Se, per esempio, voi giraste in cerca di questo nostro amico, che sta qui attento, e non vuol mai dir la sua, e se, incontrandomi invece me, mi domandaste se so dove sia; e vi rispondessi che è in questo mondo, vi darei soddisfazione? Vi rammenterete forse quell'ode di Pindaro (avrebbe a essere la decima delle olimpiache), che principia a un di presso così: Fatemi trovare in qual parte della mia mente sia scritto il figlio d'Archestrato, vincitore in Olimpia; perché mi sono dimenticato che gli dovevo un inno. Lo stesso dico io a voi.

SECONDO

Cosa volete dire?

PRIMO

Voglio sapere in qual parte della mente dell'artista si trovi quell'idea del fiore: se molto addentro, o anche nel mezzo, ovvero vicino alla superficie; se in alto o in basso, a destra o a sinistra...

SECONDO

Che domande dell'altro mondo sono codeste?

PRIMO

Eh! caro voi, quando si tratta di trovare un luogo, bisogna pure determinarlo. Ho dunque bisogno di sapere, anche, se nella mente dell'artista quell'idea occupa uno spazio quadrato, o tondo, o di che altra figura; se ci sta per lungo o per traverso...

SECONDO

E non saranno giocherelli, codesti?

PRIMO

Saranno o verità o spropositi. E vi par poco importante l'esser verità o sproposito in una materia importante, come è quella della cognizione umana, e di ciò che le vien dietro?

SECONDO

Ma sapete bene che, quando si dice che una cosa è nella mente d'uno, s'intende che c'è in un certo modo.

PRIMO

Che non è quello de' corpi?

SECONDO

No di certo.

PRIMO

Vedete se, con questi giocherelli, non si va avanti? Abbiamo escluso un modo d'esser l'idea nella mente; e abbiamo così ristretto non poco il campo della ricerca. Ora bisogna esaminare qualche altro modo; e, se lo troviamo conveniente, abbiamo quello che si cercava in questo momento; se no, ci rimarrà sempre tanto meno da cercare. Vorrei dunque sapere se l'idea del fiore, quando è nella mente dell'artista, sa di esserci; se si compiace quando conosca d'essere in una bella mente, in una mente nobile; se conosce l'altre idee che ci si possono trovare; se si paragona con esse; se...

SECONDO

Un'altra.

PRIMO

Volete dire che non c'è neppure nel modo degli esseri intelligenti.

SECONDO

State a vedere che ci sarà bisogno di dirlo.

PRIMO

Nel modo degli animali puramente senzienti, non occorre parlarne?

SECONDO

Non occorre di dire che non occorre.

PRIMO

Né come materia insensata, né come bruto, né come uomo, né come puro spirito: in somma, in nessun modo di nessun essere reale. Ma se è nella mente, in qualche modo ci dev'essere. In che modo c'è, dunque?

SECONDO

In un modo suo: ecco cosa si risponde a codeste domande. Se siete contento, anderà bene; se no, troverete voi qualcosa di meglio.

PRIMO

Se sono contento! Cosa potevo desiderar di più? Chi l'avrebbe detto che l'avreste fatto così presto il passo dell'uscio? L'idea è in un modo suo: ecco la soluzione di tutte le vostre difficoltà; ecco, per dirvela chiara e tonda, la fine di tutte le vostre contradizioni. Erano strane, sapete? Guardatevi indietro, appunto per non ritornar mai più indietro: guardate se non v'eravate fermato in un cattivo posto davvero. Eravate tra l'avere ammesso che l'idea è immutabile, che l'idea è semplice, e il non poter ammettere risolutamente e davvero, che l'idea è. Ora, ciò che non è, lo chiamiamo il niente. E quindi, se l'idea poteva anche non essere, voi potevate aver ammesso un niente semplice, un niente immutabile. Ma che parlo di ciò che avete ammesso? Non dicevate voi, di vostro, che il fiore ideale era stato escogitato, immaginato, composto, e che so io? dall'artista. Rimanevate dunque in un dubbio che si possa escogitare, immaginare, comporre il niente. Ma che parlo di ciò che potete aver detto qui, in questi pochi momenti? Quante volte, in vostra vita, non avete detto: un'idea nova, un'idea sottile, profonda, applicabile, utile, eccetera, eccetera! E allora avreste detto: un niente novo, un niente sottile, utile, eccetera, eccetera! Quando dite: l'idea è bella, ma non sarà così facile a realizzarsi, direste che può esser solamente difficile realizzare il niente! Con quelle parole: l'idea è bella, voi affermate, o volere o non volere, l'essere di quell'idea, e insieme le attribuite una qualità. Cosa fate, cosa potete far di più, quando parlate d'una cosa reale qualunque, che affermarne l'essere, e, se il caso lo porta, attribuirle delle qualità? Cosa fareste di più, dicendo che l'acqua di questa boccia è fluida, che è diafana, che è pesante? Ma, dicevate, questo essere dell'idea, non l'intendo. Lo credo, finché, per arrivare a intenderlo, cercavate in esso i caratteri della realtà. Come intenderlo in una forma che non è la sua? S'io vi dicessi: « questo fenomeno che voi chiamate acqua, un altro fenomeno, che si chiama calorico, me lo disfà, me lo trasmuta in una tutt'altra specie, che si chiama vapore; dimanieraché ciò che dicevate chiamandolo acqua, o non era la verità, o, ciò che torna al medesimo, era una verità che poteva cessare d'esser verità; e volete ch'io dica che quest'acqua è? Un essere di questa sorte, non l'intendo: dirò, fin che volete, che è un'apparenza, ma niente di più. L'idea che sopravvive impassibile a quella mutazione e a tutte le mutazioni possibili; l'idea identica, che fa dare lo stesso nome d'acqua e a questa e a tant'altre apparenze dello stesso genere, delle quali mille periscono, mentre mille altre si formano, quella so cosa dico, quando dico che è»; se, Dio liberi! vi parlassi così, cosa mi rispondereste? O idealista perfido, mi direste, dunque perché nella cosa non trovi i caratteri dell'idea, mi vuoi negare l'esistenza della cosa? Dal guardar fissamente e esclusivamente un lato d'un triangolo, tu ricavi la bella conseguenza che quel lato solo è. E non t'accorgi che, negando, e con tutta la ragione, alla realtà que' caratteri dell'idea, gliene attribuisci degli altri, diversi, opposti ma ugualmente positivi? Non vedi che, appunto perché quest'altri caratteri non appartengono all'idea, e nondimeno tu li conosci, poiché te ne fai degli argomenti, bisogna che ci sia qualcosa che non è l'idea, e per di cui mezzo tu sei arrivato a conoscerli? Come questo qualcosa concorra a farti arrivare a una tal conoscenza, certo non lo saprai in eterno, se principii dal negarne l'esistenza, senz'altro esame, e per la sola ragione, che non esiste in quella forma, che ti sei prefisso dover essere l'unica forma dell'ente. Ma chi t'obbliga a prefiggerti che l'ente deva avere un'unica forma? Così mi potreste dire, e avreste ragione; come ho ragione di dire io a voi: chi v'obbligava, o allora perfido, a supporre che l'ente non abbia altra forma che quella della realtà? Ché tutto tutto il vostro resistere all'evidenza, e anche dopo averla riconosciuta, non aveva altra cagione, che questa negativa e gratuita supposizione. E con quelle domande che vi parevano giocherelli, io non facevo altro che tirarla all'aperto, e presentarvela nella sua manifesta falsità, per costringervi a repudiarla. Questa, e non altro, vi faceva *disintendere*, in quel momento, e in parole, ciò che voi medesimo intendete sempre, e in fatto. E quando dico voi, voglio dir noi tutti, quanti siamo, e quanti furono, e quanti saranno, uomini creati a immagine e similitudine di Dio. E se ne volete la prova non avete altro che a esaminare un ragionamento qualunque, fatto o potuto farsi, in qualunque tempo, da qualsisia uomo. Voi vedete, per esempio, un contadino (giovine o vecchio, sveglio o ottuso d'ingegno, in questo è tutt'uno), lo vedete mentre, in una bella giornata di primavera sta contemplando un suo campo di grano, verde, tallito, rigoglioso; e gli domandate cosa pensa. « Penso » risponde « che, se il Signore tien lontane le disgrazie, questo campo m'ha a dare tante misure di grano. » Domandategli allora se quel grano a cui pensa, lo vede, lo tocca, lo potrebbe misurare, potrebbe farvelo vedere a voi. Si mette a ridere, perché non sa immaginarsi altro, se non che vogliate canzonare. Dopo che, con quel ridere, v'avrà data la più chiara risposta che sia possibile, ditegli: dunque voi non pensavate niente. Gli pare strana, almeno quanto la prima, e si mette a rider di novo. E cosa vuol dir questo? Che quel contadino sa benissimo, quantunque non sappia di saperlo, che l'idea del grano non è nel modo del grano reale, ma è. Sa anche di più (e lo sa necessariamente, perché, come potrebbero star da sé due cognizioni, non aventi per oggetto altro che due diversi modi?); sa che il grano pensato e il grano veduto, val a dire, in genere, ciò che è presente alla sua intelligenza, e ciò che opera sul suo sentimento, è lo stesso identico essere, sotto le due diverse forme, dell'idea e della realtà. Infatti, andate a trovarlo sull'aia, quando ha davanti a sé, ridotto in un bel mucchio, il grano raccolto da quel campo; e vi dirà, senza aspettare che l'interroghiate: eccolo lì, per bontà del Signore, quel grano a cui pensavo là nel campo: se ne rammenta? Donde nasca poi, che queste verità così comuni a tutti gli uomini, così sottintese, anzi indirettamente espresse in tutti i nostri raziocini; donde nasca, dico, che, quando una filosofia osservatrice e veramente esperimentale le cava fuori dal tesoro comune dell'intelligenza, e separandole, liberandole, dirò così, dall'uso pratico e continuo che ne facciamo, le presenta staccate e svelate, per farle riconoscere esplicitamente; insorgano tante difficoltà, tante repugnanze: è una questione che vi leggo negli occhi, che vi vedo aleggiar sulle labbra; ma è una di quelle che dobbiamo per ora lasciar da una parte. La soluzione la troveremo poi, insieme con molte altre, molto più importanti, studiando insieme. Intanto, abbiamo riconosciuta e messa in sicuro la verità, che serve al nostro assunto. L'inventare non è altro che un vero trovare; perché il frutto dell'invenzione è un'idea, o un complesso d'idee; e l'idee non si fanno, ma sono, e sono in un modo loro. L'avete detto voi. Non vi venisse in mente di tornare indietro. Guai a voi, vedete!

SECONDO

Se dicessi che penso su questo punto come pensavo prima... in verità pensavo ben poco, anzi non saprei dire neppur io cosa pensassi per l'appunto... non sarei sincero. Vedo però, che sono cose che, per intenderne una bene, bisogna intenderne insieme dell'altre molte.

PRIMO

Bravo! si studierà insieme.

SECONDO

Ma intanto osservo una cosa: che siamo ricaduti, senza avvedercene, nella prima questione: se non è anche questo un tiro che m'avete fatto. Si doveva cercare dov'era l'idea; e s'è tornati a discorrere se era o non era.

PRIMO

Perché non se n'era discorso abbastanza a suo tempo. Avevate fatta una concessione, attaccandoci una protesta; pareva che diceste: *Iuravi lingua, mentem iniuratam gero.* Bisognava, o rifare, ma davvero, il primo passo, o andare senza veder dove.

SECONDO

Non ci ho che dire; ma vi resta ora da sciogliere la seconda questione, la quale è ancora intatta. M'avete bensì fatto dire che l'idea, dopo che l'artista è riuscito a inventarla, è nella sua mente; ma non era questo che si cercava. Si cercava dove potesse essere prima di venire in mente, né a quell'artista, né a nessuno.

PRIMO

Appunto. Codesto me l'avete a dire in latino.

SECONDO

Sapere che, quando parlate di filosofia, siete più curioso del solito? Perché io, anche questo? e perché in latino?

PRIMO

Me l'avete a dir voi, perché è una cosa che avete detta cento volte; e me l'avete a dire in latino, perché l'avete sempre detta in latino. Per esempio, pochi giorni fa, quando uno vi domandò se aveste conosciuto un tale, voi rispondeste: quando morì, io ero... ero ancora...

SECONDO

Ah! *in mente Dei*[8], volete dire.

PRIMO

Per l'appunto. E se l'avete detto allora, e tant'altre volte, per occasione, perché non lo direte ora, che l'argomento lo richiede espressamente? Infatti, col solo vedere che l'idea è nella mente dell'artista, ma c'è in un modo totalmente diverso dal modo che sono le cose reali, abbiamo visto che l'idea non può essere se non in una mente; e che, quanto è assurdo il dire che il pensato sia niente, altrettanto assurdo e contraddittorio *in terminis*, sarebbe il dire che il pensato sia da sé, senza un pensante. Dunque, per trovare dove l'idea era, prima di venire in mente a uno di noi, che siamo, e una volta non eravamo, e potevamo non esser mai, bisogna risalire a Quello che era, che è, che sarà, *in principio, nunc et semper*. E vedete che non sono verità comuni. Questa che noi diciamo proverbialmente in latino, la possiamo far dire in volgare, quando ci piaccia, all'uomo più illetterato, purché gliela domandiamo in meniera che possa intendere. Anzi, non riusciremo forse a fargliela dire, appunto perché, non solo la conosce, ma non crede che possa essere sconosciuta. Domandiamo infatti a quell'indotto e sapiente contadino di poco fa se Dio sapeva tutto ciò che sarebbe venuto in mente a ciaschedun uomo, e se lo sapeva senza che ci sia stato un momento in cui abbia principiato a saperlo: gli pare anche questa una domanda fatta per celia, come quella che suppone il dubbio intorno a una cosa indubitabile. E così, o rispondendo, o non degnandosi di rispondere, v'ha detto che un'idea qualunque, prima di venire in mente a un uomo qualunque, era *ab aeterno* in mente di Dio. Vi par egli che sia sciolta anche la seconda questione?

SECONDO

Come l'altra, cioè a rigore, con una dialettica avara, che dà all'argomento ciò che strettamente gli va, senza un quattrino di più, vi dico sinceramente che la trovo sciolta. Ma

[8] Una volta stabilito che l'artista non inventa ma rinviene, e che non rinviene la realtà ma l'idea, si decide l'ultima questione speculativa del dialogo: dove l'idea sia. Essa è nella mente di Dio e non semplicemente in quella dell'artista, perché ciò che è ritrovato e non inventato di sana pianta (ciò che è impossibile) ha bisogno di un primo vero da cui nascere.

vedete anche voi, e meglio di me, non dico quante difficoltà, per non farmi dar sulla voce, ma quanti problemi saltino fuori. Tutte queste idee...

PRIMO

Basta, basta, caro mio. Vedo che voi andate avanti a chiedermi un libro, e un libro, che sarei il più ameno ciarlatano del mondo, se vi dicessi d'essere in caso di farlo. Ma, per fortuna, è fatto. Eccolo lì: Rosmini, *Ideologia e Logica*, volume quarto. Lì troverete le risposte ai quesiti che, per la mia parte, sono contentissimo d'avervi tirato a fare; e vedrete, di più, che anche il poco che ho detto, e che del resto bastava al nostro argomento, non è roba mia. *Ille finis Appio alienae personae ferendae*[9]. Vedrete donde mi veniva quella sicurezza che v'è parsa, e vi doveva parere, insolita e un po' strana; quel farmi un divertimento delle vostre obiezioni, quel lasciarvi correre, vedendo il passo dove avreste inciampato. Era un vantaggio accattato, e che deve cessare. Avete a leggere; lo richiedo, lo voglio: come amico, ho il diritto di non rimanervi superiore, quando Dio non m'ha fatto tale. E v'avverto che quel volume ha un inconveniente prezioso, che è di non poter esser letto senza quelli che lo precedono. In quanto poi al leggere quelli che seguono, e sono un'esposizione e un'applicazione sempre più vasta, e sempre mirabilmente consentanea, dello stesso principio; e in quanto all'aspettare, con una santa impazienza, gli altri che, spero in Dio, seguiranno, è una cosa che verrà da sé, se il primo leggere sarà stato, come dev'essere, studiare. E vi posso predire ugualmente, che questo studio vi farà trovare un interesse affatto novo, e una nova inaspettata facilitazione nell'esame de' diversi e più celebri sistemi filosofici. Ché, vedendoli interrogati, dirò così, a uno a uno, intorno a una stessa e primaria questione; esaminati sotto i più vari aspetti, ma con un solo e supremo criterio, sarete e guidati continuamente dall'unità dell'osservazione, e continuamente eccitati dall'unità dello scopo; e vi troverete spesso, con gioconda sorpresa, innalzati a giudicare ciò che prima poteva parervi arduo ad intendere. Vedrete allora, più chiaramente che mai, la doppia cagione della sorte, strana a prima vista, di que' sistemi; cioè d'essere e riguardati, la più parte, come insigni e rari monumenti dell'ingegno

[9] Tito Livio, *Annales*, III, 36, 1 : « Quella fu la fine per Appio di poter presentare una maschera al posto suo ».

umano, e abbandonati. Ché l'applicazione di quel criterio medesimo vi farà, da una parte, conoscere in un modo novo, e per impensate relazioni, l'evidenza, l'importanza, l'elevatezza di tante verità messe in luce nella più parte di que' sistemi e apprezzar così, con una più fondata ammirazione, l'acume e il vigore degli ingegni che seppero arrivare ad esse, per strade o sconosciute, o anche opposte a quelle che si seguivano al loro tempo; e vi farà, dall'altra parte, riconoscere nell'assunto speciale di ciascheduno di que' sistemi, o la negazione implicita e, più o meno, remota, o, ciò che in ultimo torna al medesimo, la trascuranza o il riconoscimento inadeguato e incostante d'una verità suprema. Cagioni che fanno andar a terra i sistemi fondati sopra un principio arbitrario, anche senza essere distintamente conosciute; giacché ogni principio arbitrario o, per parlar più precisamente, ogni placito arbitrario in forma di principio, include bensì una serie indefinita di conseguenze, ma una serie più o meno limitata di conseguenze speciose; dimanieraché si fa scorgere per quello che è, per mezzo del falso manifesto de' resultati, anche prima che venga chi sappia scoprire il falso latente dell'origine. E in quanto ad alcuni sistemi che non sono de' meno celebri, quantunque siano i meno ingegnosi, e che dovettero il loro trionfo temporario all'esser venuti dopo un progressivo decadimento della filosofia, e all'aver trovate le menti indifese; e l'arte principale de' quali consistette, non tanto nel trovare soluzioni speciose ai sommi problemi della scienza, quanto nel lasciarli da una parte; non vi riuscirà meno interessante, né meno istruttivo spettacolo il veder come questa filosofia, osservando dall'alto il loro *cammin vago* [10], li richiama ogni momento a que' problemi medesimi, e pare che dica a ciascheduno, come Opi al poco valente uccisore della forte, ma sbadata Camilla:

Cur ... diversus abis? huc dirige gressum,
Huc periture veni [11].

Vi nascerà egli il sospetto che anche questo sistema, sotto un'apparenza (che sarebbe straordinaria davvero, se non fosse altro che un'apparenza) d'universalità e di connessione, nasconda un suo vizio capitale? L'autore medesimo v'avrà

---

[10] Dante, *Purgatorio*, XIX, 22. Il metodo, attribuito al Rosmini in questo splendido elogio, è esattamente quello del Manzoni.
[11] Virgilio, *Eneide*, XI, 855-56: « Perché cambi direzione? Qui volgi i tuoi passi, qui vieni a morire ».

indicati i mezzi più pronti e più sicuri, per coglierlo in fallo; e v'avrà singolarmente addestrato a servirvene. Fate con lui ciò che l'avrete visto fare con gli altri. Vedete se potete trovare qualcosa d'anteriore a ciò che pone per primo, qualcosa di fuori di ciò che pone per universale, qualche possibilità di dubbio contro ciò che stabilisce per fondamento d'ogni certezza [12]; vedete se il criterio col quale ha resa manifesta la deficienza degli altri sistemi, lo applica rigorosamente al suo; se dà risposte chiare, dirette, adequate, alle domande che ha fatte ad essi inutilmente. Quelli che dà per fatti comuni dello spirito umano, e sui quali si fonda, non glieli passate, se non dopo esservi accertato che siano fatti davvero; e per accertarvene, non avete bisogno che di guardar bene al di dentro di voi medesimo. State attenti, a ogni novo passo che vuol farvi fare, se non assume qualcosa di più di quello che abbiate già dovuto riconoscere. Badate se qualcosa che abbia affermato in un luogo dove gli tornava bene, non trascuri o non schivi di farsene carico, dove gli darebbe noia. Volgete in somma contro di lui quella critica vigilante e inesorabile, della quale v'ha dati esempi così ripetuti e così variati: esempi insigni particolarmente in quella parte più elevata e più difficile della critica, che consiste nello scoprire l'omissioni [13]. Ma se l'esperimento non fa altro che rendervi più manifesta la verità della dottrina, *congaude veritati* [14].

SECONDO

E non vi fa specie che una tale filosofia sia ancora lontana dall'essere generalmente ricevuta, anzi non vada acquistando, se non lentamente, passo passo, quella celebrità che parrebbe esserle dovuta, se non altro, per la grandiosità dell'assunto, e per la corrispondente vastità del lavoro?

PRIMO

Credo anzi, che parrà una cosa naturalissima anche a voi, quando, conoscendola, avrete potuto osservare le difficoltà speciali che oppone essa medesima a' suoi progressi e alla sua diffusione. In verità, ha delle pretensioni un po' singolari. Richiede, prima di tutto, una gran libertà d'intelletto, un

---

[12] È l'idea dell'Essere.
[13] È anche il metodo del Manzoni, come abbiamo rilevato nella prefazione.
[14] San Paolo, I ad Corinthios, 13, 6.

fermo proposito d'osservare le cose quali sono in sé, e indipendentemente da ogni abitudine non ragionata, da ogni opinione troppo docilmente ricevuta. E pensate quanto strana deva parere quella parola: « siate liberi », a uomini che si credono tali per eccellenza [15]. Rispondono sdegnosamente: *Nemini servivimus unquam*; e voltano le spalle. Quelle abitudini poi, e quelle opinioni fanno trovare un'oscurità apparente nelle cose più chiare per sé, e perfino della stranezza nelle più certe, comuni e necessarie. Si dice: non intendo; si dice: non me lo farà credere; e addio quella filosofia.

SECONDO

De me / Fabula narratur [16].

PRIMO

E di me e di molti e poi molti. Un'altra legge durissima che questa filosofia vi vuole imporre, è quella d'andar rilenti nel concludere. V'invita a osservare, cioè a percorrere una serie d'osservazioni, ognuna delle quali vi dà bensì un resultato, ma ristretto e scarso, relativamente alla vastità del problema proposto: un resultato da tenersi in serbo, per servire più tardi e insieme con degli altri, che bisognerà procacciarsi con altre e altre osservazioni. Vedete bene che una filosofia la quale pretende di tener fermo il *dunque* in un campo angusto, ad aspettare che si facciano chi sa quante operazioni nelle quali lui non ha parte (quel *dunque*, non solo così impaziente di nascere, ma così smanioso di correr lontano, per portar subito più roba a casa, e arricchir la mente in un momento), vedete bene che una tale filosofia risica molto di stancar presto, e di quel genere di stanchezza che non si cura col riposo, perché non nasce dalla fatica, ma dall'apprensione della fatica. Un'altra condizione vuole imporvi, gravosa anche questa, anzi quasi ineseguibile per chi non abbia adempite quell'altre due: e è di stare in proposito. Non v'ha chiesto nulla per favore, non v'ha pregati di passarle nessuna supposizione, non ha preteso che le sue premesse potessero avere altro titolo per es-

---

[15] I liberali, gli illuministi, i liberi pensatori, gli « spiriti forti » rispondono: « Non abbiamo mai servito nessuno » (Vangelo di Giovanni, 8, 33).
[16] Parafrasi di Orazio che dice: « De te fabula narratur », « la favola parla di te » (*Satire*, I, 1, 69-70).

sere accettate, che la loro evidenza. Ma, riguardo alle conseguenze che ne deduce, non vuol lasciarvi altra libertà, quando non vi sentiate d'accettarle, che o di rinnegare ciò che avete ammesso come evidente, o di convincere erronea la deduzione. Ora, questo esser messi continuamente tra un sì e un [...] una suggezione insopportabile. Si gradirebbe oggi una verità, ma rimanendo liberi (ché questo s'intende spessissimo in fatto per libertà) di gradire domani una *verità* opposta. Non vi siete certamente dimenticati la risposta che diede un tale a quel nostro amico: Lei ha ragione, ma io sono di diverso parere. E fu certamente strano quel dire la cosa così apertamente; ma il dirla in perifrasi è un fatto de' più comuni. Non si parla ogni giorno di diritti opposti, di doveri opposti? che è appunto quanto dire, verità opposte. Non si dice ogni giorno, che la logica conduce all'assurdo? val a dire che, in ogni ragionamento, la stessa identica qualità può, secondo torni meglio, esser presa per argomento o del vero o del falso; che ciò che s'è adoprato per convincere, si può quando conviene, allegare come un motivo di non esser convinto; che il raziocinio è un lume che uno può accendere, quando vuole obbligar gli altri a vedere, e può soffiarci sopra, quando non vuol più veder lui. E d'ostacoli di simil genere, che una tale filosofia o avrebbe potuti incontrare in qualunque tempo, o deve incontrar particolarmente nel nostro (ostacoli però, che, superati una volta, si cambiano in aiuti), n'osserveremo più altri, studiandola insieme.

SECONDO

Voi battete sempre lì. È un pezzo che tentate di tirarmi su questa materia; ma io ho saputo finora tenermi sempre alla larga. Ora che, in un momento di distrazione, v'ho dato un dito, avete presa tutta la mano, e non volete più lasciarmi andare. Sapete però, che ho degli altri studi avviati.

PRIMO

Degli altri? Che ci sono degli studi che si possano chiamare altri riguardo alla filosofia? e i nostri principalmente?

SECONDO

In fondo, credo che abbiate ragione. Ma se sapete com'io la godevo senza fatica questa filosofia. Sentivo parlare ogni tanto d'uno scrivere e d'un disputare che si fa, da qualche tempo, in Italia, su questa materia; sentivo pronunziare nomi italiani, e di gente viva, col predicato di filosofi; vedevo, nelle vetrine de' librai, de' titoli di libri filosofici nati qui; e mi rallegravo gratis al pensare che questa nostra povera cara Italia si fosse finalmente alzata anch'essa a dir la sua su questa faccenda, uscendo da quel lungo sonno, che ci veniva con una così superba compassione rinfacciato dagli stranieri.

PRIMO

E che ci fosse ragione di compatirci, non c'è dubbio; ma c'era poi chi l'avesse, questa ragione? Certo, il non fare è una trista cosa; ma non viene da ciò, che ogni fare sia qualcosa di meglio [17]; e se quello è degno di compassione, non vedo che possa esser degno d'invidia il far qualcosa che poi si deva disfare. Ora, qual è che rimanga in piedi (giacché io non voglio parlare che d'effetti noti a tutti, e che si possono conoscere senza esser dotti in filosofia: le cagioni sapete dove le avremo a studiare insieme), qual è, dico, che rimanga in piedi, de' sistemi filosofici fabbricati altrove, mentre qui si dormiva? E lasciamo pure da una parte, che il sonno non ci fu mai universale. Quella filosofia che, nata in una parte d'Europa, e allevata in un'altra, la signoreggiò quasi tutta per una gran parte del secolo passato, dov'è ora [18]? Voglio dire, chi è più che la professi, che la continui, che la sostenga, come corpo di dottrina? ché, in quanto al rimanerne nelle menti delle conseguenze staccate, ma fisse e attive; e in quanto all'esserne entrate anche in altri sistemi, in apparenza molto diversi, è un'altra cosa [19]. Gli effetti delle filosofie che hanno avuto un vasto e lungo impero, sono come gli atti di Cesare, i quali sapete quanto, e per quanto tempo, furono fatti valere, dopo che Cesare ebbe toccati que' ventitré colpi, appiedi della statua di Pompeo. Conseguenze, però, che non serbano e vita e autorità, se non in quanto non sono riconosciute come conseguenze di quella filosofia stata repudiata, e repudiata espressamente, scientemente, costantemente, dopo una lunga resistenza. E una tale maniera di sopravvivere a sé stessa, non

---

[17] Passo importantissimo: Manzoni difende la minorità della filosofia italiana come atteggiamento di saggezza nel non ripetere le assurdità del sensismo e dell'idealismo.
[18] L'empirismo inglese (Locke) e il sensismo francese (Condillac).
[19] Manzoni considera le conseguenze delle filosofie: dove esse vanno a parare.

è certamente, né gloriosa per una filosofia, né vantaggiosa al mondo. Dopo di essa, per lasciare da una parte alcuni sistemi intermedi, che ebbero e fama e seguaci, ma sparsi, e non mai in tal numero da formare scole solenni, sorse in un'altra parte d'Europa un'altra filosofia [20], la quale, rimasta per qualche tempo inosservata, la riempì poi in un momento, se non di sé, del suo nome. Ma appena principiava qualcheduno a studiarla, fuori del paese dov'era nata, che già, in quello, tra i primi discepoli, era sorto un novo maestro, il quale, proponendosi da principio di continuarla e d'ampliarla, la rifece, e fondò una nova scola. E da questa non tardò a uscire un novo maestro, per essere, poco tempo dopo, soverchiato anche lui da un discepolo, ribelle, che si fece capo d'un'altra scola [21]; dimanieraché gli uni dopo gli altri, come le spighe e le vacche del sogno di Faraone, *devorantes*, se mi rammento bene le parole del testo, *priorum pulchritudinem, nullum saturitatis dedere vestigium* [22]. Ché, torno a dire, io non parlo se non di resultati noti, come può parlare di regni caduti anche chi non s'intenda punto di politica. Cos'hanno pescato, domando, *per totam noctem laborantes*, mentre qui si dormiva? cos'è rimasto di tanta attività di ricerche, di tanto dispendio di meditazioni? Quattro nomi, e non una dottrina; una grand'ammirazione della potenza dell'ingegno umano, e insieme una gran diffidenza [23]... diciamolo pure, un vero disprezzo per i suoi ritrovati più strepitosi, nella materia più importante, cioè intorno al principio d'ogni nostra cognizione; un'opinione, sempre precipitata e temeraria, sia che nasca da studi tornati vani, o dalla semplice fama di tanti inutili sforzi, un'opinione funesta, quanto abietta, che, quanto più quest'ingegno s'innalza, per veder molto, tanto più gli oggetti gli svaniscono davanti; quanto più si profonda, per cercare i fondamenti del sapere, tanto più s'inabissa in un vòto; che non può uscire da errori volgari, se non per smarrirsi in illusioni scientifiche. E qui, oh che consolante differenza troverete nello studio che vi propongo! E potete ben pensare che, dicendo: consolante, intendo una cosa che non appaghi il desiderio, se non soddisfacendo la ragione. Qui sentirete, a ogni passo,

---

[20] L'idealismo tedesco.
[21] È il succedersi di Kant, Fichte, Hegel, Schelling.
[22] « Divorando la bellezza dei precedenti, non lasciarono alcun vestigio di maturità » (Genesi, XLI, 7 e 21).
[23] Potenza nell'immaginare, diffidenza nell'oggettività, e soprattutto nell'oggettività dell'Essere.

rassodarvisi il terreno sotto i piedi [24]; qui il salire vi procaccerà un vedere tanto più fermo, quanto più esteso; qui, condotti sempre dall'osservazione, richiamati sempre alla vostra propria testimonianza, troverete alla fine, nelle formole più astruse al primo sguardo, il sunto di ciò che ognuno o crede abitualmente, o abitualmente sottintende. Ché uno de' grandi effetti di questa filosofia è appunto di mantenere e di rivendicare all'umanità il possesso di quelle verità che sono come il suo natural patrimonio, contro de' sistemi, i quali, se non riescono a levarle affatto nemmeno dalle menti de' loro seguaci, fanno che ci rimangano come contradizioni. Qui vi rallegrerete di sentire un vero rispetto per l'intelligenza umana, una fondata fiducia nella ragione umana, riconoscendo bensì come l'una e l'altra sia limitata nella cognizione della verità, ma sentendovi sicuri che non sono, né possono essere, condannate a errori fatali; anzi ricavando questa sicurezza anche da quel riconoscimento: giacché i limiti attestano il possesso, col circoscriverlo. Un vero e alto rispetto, dico, per l'intelligenza e per la ragione comune, impresse da una bontà onnipotente, in tutti gli uomini; e in paragone delle quali, la superiorità degl'ingegni più elevati è come l'altezze de' monti in paragone della profondità della terra. E non c'è scapito se, scemando un poco l'ammirazione per alcuni, cresce la stima per tutti [25].

SECONDO

V'avrò a chiedere una spiegazione; ma ora andate avanti.

PRIMO

Dite pure: già è tutto un discorrere. Sulla nostra questione, mi pare che siamo rimasti d'accordo. Ma avendo, per risolverla, dovuto ricorrere a una filosofia, ci siamo trovati...

SECONDO

Così a caso, senza premeditazione, senza avvedercene nessuno di noi; non è vero? Chi non vi conoscesse!

PRIMO

Mi fate ridere. Ci siamo, dico, trovati a dover pure toccare una parola di questa filosofia. Ma è un parlarne dal

---

[24] Perché la filosofia del Rosmini non contraddice il senso comune, che pretende esservi una oggettività fuori della mente umana.
[25] Critica della nozione di « genio », romantica e idealistica.

di fuori, come vedete. È un chiacchierare che fo intorno all'assunto e al metodo di essa, e gli effetti che mi pare che se ne devano sperare; ben lontano dalla pretensione d'esporvela, e volendo solamente farvi nascere il desiderio di conoscerla da voi. Sicché non c'è in queste chiacchiere nessun ordine obbligatorio; e si può quindi, senza inconveniente, saltare da quella parte che par meglio.

SECONDO

No, no: *utere sorte tua* [26]; dite ora ciò che avete fissato di dire. La spiegazione verrà con comodo.

PRIMO

Io dirò in vece: *utor permisso* [27]. Ma tiratemi per il mantello, se vi piace che n'abusi. Aggiungo dunque che, col rivendicare il possesso delle verità universalmente note, viene naturalmente un altro eccellente effetto: la manifestazione di verità recondite. Non si può difendere (bene, s'intende) il dominio del senso comune, senza estendere in proporzione quello della filosofia. La verità non si salva che per mezzo della conquista. E l'errore porta indirettamente questa utilità, che, cercando nelle cose aspetti novi, provoca le menti savie a osservar più in là, e dà occasione, anzi necessità di scoprire. È come una pietra dove inciampa e cade chi va avanti alla cieca; e per chi sa alzare il piede, diventa scalino. Aggiungo, anzi ho già accennata un'altra soddisfazione d'un genere analogo: quella di trovare in questo sistema rimesse in onore, e messe a posto tante verità che sono sparse nell'opere de' più illustri e gravi filosofi di tutti i tempi [28]. E, da una parte, vi parrà singolare il vedere come, da quell'opere più famose che lette, e anche da altre o meno famose, o quasi affatto dimenticate, sia l'autore andato raccogliendo i luoghi dove qualcosa detta da lui si trovi già espressa, o accennata, o leggermente presentita, e li metta davanti al lettore; quasi volesse levare, per quanto è possibile, al suo sistema il merito della novità. Ma quanto più n'è levata anche l'apparenza di quella novità tracotante e giustamente sospetta, che pretende rifar da capo il lavoro della mente umana, tanto più ci risplende la novità soda

---

[26] « Approfitta della tua occasione »; Virgilio, *Eneide*, XIII, 932.
[27] « Mi valgo di ciò che mi è concesso »; Orazio, *Epistole*, II, 1, 45.
[28] È la sfumatura di necessario eclettismo, presente in una filosofia tradizionale come quella del Rosmini, che non si propone di essere originale, ma vera.

e felice, che viene dal portarlo molto avanti. E questo medesimo ordinare a un unico scopo le cose trovate sparsamente da vari è una novità delle più utili: non dico delle più facili. Un altro effetto consolantissimo dello studio di questa filosofia, è il trovare in essa la scienza d'accordo con tutto ciò che si può pensare di più retto, di più nobile, di più benevolo. So bene che ci sono molti i quali domandano cos'abbiano a fare le aspirazioni del core con le deduzioni della fredda ragione, i bei sentimenti con la verità rigorosa. Ma la soddisfazione vi verrà appunto dal trovare in questa filosofia la più concludente e definitiva risposta a una tale superficialissima domanda, che, in ultimo, si riduce a quest'altra: cos'ha a fare l'anima umana con l'anima umana, l'Essere con sé medesimo?... Ma, poiché non mi fermate voi, bisogna che m'imponga la discrezione da me. Vediamo dunque se la spiegazione che desiderate è tale che ve la possa dar io.

SECONDO

Avete parlato di fiducia nella ragione, d'un gran rispetto per l'intelligenza umana. Se dicono invece, che questa filosofia pretende d'annullare la ragione, di non lasciare all'intelligenza altro lume che l'autorità della fede. Anzi dovete sapere anche voi, che questa è una cagione che tiene lontani molti, non solo dallo studiare questa filosofia, ma dall'informarsene, dall'aprire un libro che ne tratti [29].

PRIMO

È vero: non ci pensavo; ma come volete che non ci siano di quelli che lo dicono? è il contrario appunto di quello che è. Nessuna filosofia è più aliena da un tale errore stranissimo, che fa di Dio quasi un artefice inesperto, il quale, per aggiungere un novo lume alla sua immagine, impressa, per dono ineffabile, nell'uomo, avesse bisogno di cancellarla; errore che fa del cristiano quasi una nova, anzi un'inconcepibile specie d'animale puramente senziente, al quale venisse, non si sa come, aggiunta la fede. Sicuro, che è una filosofia *naturaliter christiana*, come disse profondamente Tertulliano, dell'anima umana. Sicuro che, dopo aver percorso liberamente e cautamente (che in fondo è lo stesso) il campo dell'osservazione e del ragionamento, si trova, per dir così,

---

[29] È la critica che vale, a posteriori, nei confronti di molti, come Croce.

accostata alla fede, e vede negl'insegnamenti, e ne' misteri medesimi di questa il compimento e il perfezionamento de' suoi resultati razionali. Non che la ragione potesse mai arrivar da sé a conoscer que' misteri; non che, anche dopo essere stata sollevata dalla rivelazione a conoscerli, possa arrivare a comprenderli; ma n'intende abbastanza (mi servo della bella distinzione ricavata da questa filosofia medesima) per vedere che le sono superiori, non opposti, e che è quindi assurdo il negarli; n'intende abbastanza per trovare in essi la spiegazione di tanti suoi propri misteri: come è del sole, che non si lascia guardare, ma fa vedere. Non che, dico, le più elevate e sicure speculazioni della filosofia possano mai produrre la sommissione dell'intelletto alla fede; che sarebbe un levar di mezzo questa sommissione medesima; cioè non sarebbe altro che una grossolanissima contradizione. Ma, siccome i falsi concetti, i sistemi arbitrari intorno alla natura dell'uomo, e ai più alti oggetti della sua cognizione, possono opporre, e oppongono in effetto, degli ostacoli speciali a questa sommissione (giacché, essendo la verità una, ciò che è contrario ad essa nell'ordine naturale, viene ad esserlo anche nell'ordine soprannaturale, quando l'oggetto è il medesimo), così una filosofia attenta a riconoscere in qualunque oggetto ciò che è, senza metterci nulla di suo, può, sostituendo de' concetti veri ai falsi, rimovere quegli ostacoli speciali; dimanieraché, scomparsa l'immaginaria repugnanza della ragione con la fede, non rimangono se non le repugnanze che Dio solo può farci vincere: quelle del senso e dell'orgoglio. In questa maniera la filosofia di cui parliamo è una filosofia cristiana; ma vi par egli che sia a scapito della ragione? E che? si vorrebbe forse, che, per esser razionale, per rimaner libera, una filosofia dovesse pronunziare o ammettere *a priori*, che tra la ragione e la fede c'è repugnanza? cioè, o che l'intelligenza dell'uomo è illimitata, o che è limitata la verità? Questo sì, che sarebbe anti-razionale, anti-filosofico, per non dir altro. Questa sì, che sarebbe servitù, e una tristissima servitù. Le tengano dietro, passo a passo, a questa filosofia; e quando trovino che o sciolga o tronchi con l'autorità della fede questioni filosofiche, dicano pure che cessa d'esser filosofica. Ma sarebbe una ricerca vana; e è più spiccio, per gli uni l'affermare, per gli altri il ripetere. E non voglio dire però, che una scienza ignara della rivelazione sarebbe potuta arrivare tanto in là, e abbracciare un così vasto e ordinato complesso; ma qual maraviglia che, venendo la ragione e la fede da un solo Principio, quella riceva lume e vigore da questa, anche per andare avanti nella sua propria strada? È il caso opposto, e insieme perfettamente consentaneo, a quello che ho accennato dianzi. Come gli errori scientifici possono, nella mente dell'uomo, essere ostacoli alla fede; così le verità rivelate possono essere aiuti per la scienza; poiché, facendo conoscer le cose nelle loro relazioni con l'ordine soprannaturale, le fanno necessariamente conoscer di più; e quindi la scienza può procedere da un noto più vasto alle ricerche e alle scoperte sue proprie. Ora, l'accrescere le forze d'una facoltà, è forse snaturarla? Il somministrarle novi mezzi, è forse un distruggerla? E una cosa perduta di notte, non è forse più quella, quando si sia ritrovata di giorno? E la dimostrazione lascia forse d'essere l'istrumento proprio e legittimo della filosofia, quando la mente sia stata aiutata a trovarla da qualcosa di superiore alla filosofia? Quando, per esempio, que' due filosofi, il vescovo d'Ippona e il frate d'Aquino [30], osservano, e pretendono di dimostrare che, in ogni creatura, si trova una rappresentazione della Trinità (nelle ragionevoli, per modo d'immagine e di somiglianza; in tutte, per delle indicazioni della Causa creatrice, inerenti in esse); quando il filosofo roveretano [31], dietro un'osservazione più generale e più immediata, della natura medesima dell'Essere, osservazione, per conseguenza, feconda di più vasta e varia applicazione, pretende di dimostrare che l'Essere è essenzialmente uno e trino; cos'importa, relativamente al valore scientifico dell'osservazione, che questa sia stata indicata, suggerita dalla rivelazione? Forse che le qualità intrinseche delle creature, e la natura essenziale dell'Essere, non sono materia della filosofia, oggetto della ragione? Si dimostri (vorrei vedere con quali argomenti) che quegli uomini, in vece d'osservare, hanno immaginato; che hanno posto nelle creature, e nell'Essere in genere, quello che non c'è; e s'avrà ragione di rigettar le loro dottrine. Ma escluderle *a priori*, come estranee alla filosofia; ma opporre al ritrovato la cagione divinamente benefica che diede avvio e mezzo alla ricerca, è (dico sempre riguardo alla mera ragione dialettica) ciò che sarebbe l'opporre alle scoperte scientifiche del Galileo e del Newton la lampada che oscillò davanti al primo, e la mela che cadde davanti al secondo [32]. E quando, dall'avere esaminata la teoria rosminiana della scienza morale, teoria connes-

---

[30] Sant'Agostino e San Tommaso.
[31] Il Rosmini.
[32] Il ragionamento del Manzoni è il seguente: l'autorità della Rivelazione non dev'essere una « pregiudiziale » che induca a non esami-

sa indivisibilmente con l'intero sistema, avrete a concludere che è rigorosamente conforme alla ragione l'amar Dio sopra ogni cosa, e il prossimo come sé medesimo, cosa detrarrà alla forza filosofica de' ragionamenti, e alla legittimità della conclusione, il riflettere che la filosofia non illuminata dalla rivelazione, filosofia capace bensì di discernere molte verità morali, e di riunirle in teorie giuste e vere, quantunque incomplete, non sarebbe però potuta salire fino a queste verità così principali? Potete voi dire che, nel riconoscere ciò che non avrebbe potuto conoscer da sé, la ragione non faccia un'operazione sua propria? E ora voi indovinate sicuramente, che uno degli effetti di questa filosofia, de' quali v'avrei parlato, se non avessi temuto di riuscirvi indiscreto; anzi l'effetto più consolante e più importante, è appunto questo di cui le si fa così stranamente un'obiezione.

SECONDO

Peccato che venga in un cattivo momento, questa filosofia. Avete parlato d'ostacoli che deve incontrare; ma ho paura che abbiate lasciato fuori il più forte: l'orrore o, se vi par meglio, il compatimento della generazione presente per le speculazioni metafisiche. Pensate un poco, se ci fosse qui della gente a sentire, come direbbero: possibile che ci siano ancora di quelli che hanno del tempo da buttar via in queste astrazioni? Anzi non so neppure se vi saresste sentito il coraggio o, se vi par meglio, la voglia di parlare. E davvero, in un tanto conflitto d'opinioni, di voleri e d'azioni intorno a delle realtà così gravi, così vaste, così incalzanti; che gli uomini vogliano prendersela calda per l'entità dell'idee, e per le forme dell'Essere, sarebbe, se non pretender troppo, certamente troppo sperare. Non mi fate quegli occhi di filosofo sdegnato; ché ora non parlo in mio nome. Intendo anch'io, così per aria, che in una tal maniera di pensare, c'è molto del superficiale. Ma cosa volete? è molto comune e molto fissa. E credo che il vostro autore e quelli che, innamorati della sua filosofia, cercano, con novi scritti, di diffonderla, avranno a dire per un pezzo ancora: *Cecinimus vobis, et non saltastis; lamentavimus, et non planxistis* [33].

nare nemmeno certe filosofie. Le filosofie vanno esaminate in quanto filosofie; soltanto se si scopre che in esse qualcosa non va, si potrà discutere l'indebito ausilio richiesto a un'autorità superiore.

[33] « Abbiamo cantato per voi, e non avete danzato; abbiamo lamentato, e non vi siete uniti al lamento » (Vangelo di Matteo, XI, 17).

Superficiale, è benissimo detto; ma non basta. Dite, falsa e cieca in sommo grado. In ultimo, significa appunto questo: gli effetti sono di tanta importanza, di tanto rischio, di tanta estensione, che bisogna essere cervelli oziosi, per occuparsi delle cagioni. Se ci fu mai un'epoca in cui le speculazioni metafisiche siano state produttrici d'avvenimenti, e di che avvenimenti! è questa, della quale siamo, dirò al mezzo? o al principio? Dio solo lo sa; certo, non alla fine. Per non parlar del momento presente, vedete la prima rivoluzione francese. Ne prendo il primo esempio che mi s'affaccia alla mente: quello d'un uomo eternamente celebre, non già per delle qualità straordinarie, ma per la parte tristemente e terribilmente principale, che fece in un periodo di quella rivoluzione: Robespierre [34]. Giudicato dalla posterità, dirò così, immediata e contemporanea, per null'altro che un mostro di crudeltà e d'ambizione, non si tardò a vedere che quel giudizio, come accade spesso de' primi, era troppo semplice; che quelle due parole non bastavano a spiegare un tal complesso d'intenti e d'azioni; che, nel mostro, c'era anche del mistero. Non si poté non riconoscere in quell'uomo una persuasione, independente da ogni suo interesse esclusivo e individuale, della possibilità d'un novo, straordinario, e rapido perfezionamento e nella condizione e nello stato morale dell'umanità [35]; e un ardore tanto vivo e ostinato a raggiunger quello scopo, quanto la persuasione era ferma. E di più, la probità privata, la noncuranza delle ricchezze e de' piaceri, la gravità e la semplicità de' costumi, non sono cose che s'accordino facilmente con un'indole naturalmente perversa e portata al male per genio del male; né che possano attribuirsi a un'ipocrisia dell'ambizione, quando, com'era il caso, non abbiano aspettato a comparire nel momento che all'ambizione s'apriva un campo inaspettato anche alle più ardite aspettative. Ma un'astrazione filosofica, una speculazione metafisica, che dominava i pensieri e le deliberazioni di

[34] Massimiliano Robespierre (1758-1794), il capo dei giacobini al tempo della Convenzione e del Terrore, rimase, come molti altri rivoluzionari, vittima della macchina rivoluzionaria che aveva contribuito a mettere in moto. La splendida illustrazione della sua personalità, quale ci offre il Manzoni, è anche un'illustrazione del giacobinismo perenne. Vuole significare che se non si dà credito alla metafisica nasce l'utopia, la quale dai suoi iniziali intendimenti di felicità e di giustizia finisce per capovolgersi nel terrore e nell'oppressione.

[35] Viene qui svelata la chiave ad un tempo dell'illuminismo e del giacobinismo: la negazione del peccato originale.

quell'infelice, spiega, se non m'inganno, il mistero, e concilia le contradizioni. Aveva imparato da Giangiacomo Rousseau, degli scritti del quale era ammiratore appassionato, e lettore indefesso, fino a tenerne qualche volume sul tavolino, anche nella maggior furia degli affari e de' pericoli; aveva, dico, imparato che l'uomo nasce bono, senza alcuna inclinazione viziosa; e che la sola cagione del male che fa e del male che soffre, sono le viziose istituzioni sociali. È vero che il catechismo gli aveva insegnato il contrario, e che glielo poteva insegnare l'esperienza. Ma il catechismo, via, non occorre parlarne; e l'esperienza, tutt'altro che disprezzata in parole, anzi esaltata, raccomandata, prescritta, era, in fatto, da quelli che non si curavano del catechismo, contata e consultata quanto il catechismo, e ne' casi appunto dove il bisogno era maggiore; cioè dove si trattava di verificare de' fatti posti come assiomi fondamentali, con affermazioni tanto sicure, quanto nude, con de' *sic volo, sic iubeo*. Sul fondamento dunque di quell'assioma, era fermamente persuaso che, levate di mezzo l'istituzioni artifiziali, unico impedimento alla bontà e alla felicità degli uomini, e sostituite a queste dell'altre conformi alle tendenze sempre rette, e ai precetti semplici, chiari, e per sé facili, della natura (parola tanto più efficace, quanto meno spiegata), il mondo si cambierebbe in un paradiso terrestre. La quale idea, non è punto strano che nascesse in menti che non credevano il domma del peccato originale; come non bisogna maravigliarsi se la vediamo ripullulare sotto diverse forme [36]. Ché, i dommi si possono bensì discredere; ma c'è un'altra, dirò così, rivelazione del Cristianesimo, la quale non è così facile a rinnegarsi né a dimenticarsi da chi ha respirata l'aria del Cristianesimo: voglio dire particolarmente una cognizione e della natura dell'uomo e di ciò che riguarda il suo fine, molto più sincera e più vasta, e la quale, acquistata che sia, vien mantenuta e confermata ogni momento dalla testimonianza dell'intimo senso. È la rivelazione che ci ha sollevati a conoscere con chiarezza che l'uomo è capace d'una somma e, relativamente, compita perfezione intellettuale e morale, e d'una felicità uguale, come conveniente, a quella; e quando non si vuol credere alla rivelazione che insegna nello stesso tempo come l'uomo sia stato realmente costituito in un tale stato, come ne sia decaduto, come possa avviarcisi di novo, dove arrivare a ripossederlo, e più sublime; qual maraviglia che si vadano so-

---

[36] Nei sistemi socialisti.

gnando altri modi, e fantasticando altri mezzi di soddisfare un desiderio così potente e, in sé, altamente ragionevole? L'errore non è intorno al diritto, ma intorno al fatto; la chimera è ne' modi e ne' mezzi, non nel fine; e il fine è bensì deformato, avvilito, spostato, ma non inventato: né si potrebbe inventare, se non fosse. E quelli che, non ricevendo il domma, rigettano anche la chimera, voglio dire tutte le diverse forme d'una tale chimera, non riescono a tenersi in questo stato di mezzo, se non col tristissimo aiuto dello scetticismo o speculativo o pratico[37]: cioè, o col rimanere in dubbio se l'uomo sia o non sia ordinato a una vera perfezione, e a una piena felicità; o col non pensarci. Quando poi, con de' ragionamenti dai quali questa questione è lasciata fuori, si confidano di poter levar dal mondo quelle chimere, non riflettono che l'errore non si vince se non con la verità che esso nega o altera. La fede in una veramente perfetta felicità serbata a un'altra vita, non lasciava luogo a de' sogni d'una perfetta felicità nella vita presente: questa stessa fede è la sola che possa levarli di mezzo. E dico una felicità veramente perfetta, come quella che è prodotta dal pieno e sicuro possesso d'un Bene corrispondente alle nostre facoltà, perché infinitamente superiore ad esse; le quali, conosciamo bensì che sono limitate, ma senza poterne trovare i limiti; e mentre le sentiamo incapaci, a un gran pezzo, e per ogni verso, d'abbracciare, nel nostro stato presente, tutti gli oggetti finiti, sentiamo insieme, che quando gli avessero potuti esaurire, rimarrebbero ancora capaci e desiderose di novi oggetti; dimanieraché il finito, che per esse è così troppo, non sarebbe mai abbastanza. Felicità veramente perfetta, ripeto, perché prodotta dall'intendere, dal sentire, dall'amare questo Bene infinito, con tutte le forze dell'intelligenza, del sentimento, dell'amore, cioè dal più retto e intenso e tranquillo e continuo esercizio di queste potenze; per mezzo delle quali sole abbiamo pure quella scarsa misura di godimento che possiamo ricevere, nella vita presente, da qualsisia oggetto. Ché così il più rozzo cristiano intende la beatitudine eterna, quantunque non lo sappia esprimer così. Con delle teorie d'un meno male, non si soffogano, come non s'appagano, le aspirazioni, anche false e disordinate, a un bene compito. E quelli che, prendendo qua e là dagl'indivisibili in-

---

[37] Sono gli scettici in senso liberale, che affermano che ci si debba accontentare della buona e ordinaria amministrazione, perché il mondo è sempre stato imperfetto e non c'è niente da fare.

segnamenti del Cristianesimo ciò che a loro par meglio, propongono la rassegnazione senza la speranza [38], non si maraviglino di trovarsi a fronte chi predica la speranza senza rassegnazione [39]. Utopie insensate, dicono; e non s'avvedono che è un'utopia insensata anche il pensare che l'umanità possa acquietarsi nel dubbio. Non basta aver che fare con degli avversari che abbiano torto: bisogna aver ragione. Stringersi nelle spalle quando s'arriva alle questioni primarie, non è la maniera di terminare quelle che ne dipendono. La vittoria definitiva e salutare, Dio sa a qual tempo serbata, e con quali nove e forse più gravi vicende di mezzo, sarà quella della verità sugli uni e sugli altri, sul falso e sul nulla [40]. Fino allora continueranno a potersi applicare agli uni e agli altri quelle parole d'Isaia: *Declinabit ad dexteram, et esuriet; et comedet ad sinistram, et non saturabitur* [41]; e quell'altre non meno a proposito: *Inite consilium, et dissipabitur; loquimini verbum, et non fiet* [42]. Ma vedete un poco come questo benedetto presente, quando non si prende per tema, si ficca nel discorso, come digressione. Torniamo a quel terribile e deplorabile discepolo del Rousseau. Persuaso, come ho detto, che delle istituzioni fossero l'unico ostacolo a uno stato perfetto della società, e dell'altre istituzioni il mezzo per arrivarci, adoprò il potere che la singolarità de' tempi gli aveva messo in mano, a rimover l'ostacolo, e ad effettuare il mezzo. Ma sulle istituzioni da distruggersi, e su quelle da sostituirsi, non è così facile che tutti, né che moltissimi vadano d'accordo, principalmente quando queste devano esser miracolose; sicché, in ultimo, chi metteva impedimento a quello stato perfetto erano degli uomini. Questi uomini però erano pochi, in paragone dell'umanità, alla quale si doveva procurare un bene così supremo e, per sé, così facile a realizzarsi; erano perversi, poiché s'opponevano a questo bene: bisognava assolutamente levarli di mezzo, perché la natura potesse riprendere il suo benefico impero, e la virtù e la felicità regnare sulla terra senza contrasto. Ecco ciò che poté far perder l'orrore della carnificina a un uomo, il quale nulla indica che n'avesse l'abbominevole genio che si manifestò

---

[38] Sono i liberali in senso scettico.
[39] Sono gli utopisti.
[40] Il falso è degli utopisti, il nulla è degli scettici.
[41] « Si volgerà a destra, e avrà fame; mangerà a sinistra, e non sarà saziato » (Isaia, IX, 20).
[42] « Prendete una decisione, e sarà resa vana; dite una parola, e non si compirà » (Isaia, VIII, 10).

in tanti de' suoi satelliti e de' suoi rivali. Che, nel progresso di quelle feroci vicende, le nemicizie divenute furibonde, e le paure crescenti in proporzione delle nemicizie, concorressero a diminuire in lui quell'orrore, chi ne può dubitare? Le passioni e gl'interessi personali riescono troppo spesso a attaccarsi, più o meno, anche agl'intenti più retti e ragionevoli per ogni verso: pensiamo poi a uno di quella sorte! Ma il movente primitivo e primario della funesta e sventurata attività di quell'uomo, non si può trovarlo che in una fede cieca a un arbitrario placito filosofico. E quel Rousseau medesimo, così sdegnoso, in parole, d'assoggettarsi alla filosofia che dominava al suo tempo, e il quale pretendeva di ricavare i suoi precetti pratici dalla natura, senza nessuno di mezzo, sarebbe una cosa curiosa l'osservare di dove gli abbia ricavati davvero in gran parte, e i più straordinari e impreveduti. Quello, per esempio, che al fanciullo non si deva propor nulla da credere, che non possa verificar da sé, e, finché non abbia finiti i dieci anni, non parlargli neppur di Dio [43], come mai sarebbe venuto in mente a un uomo di questo mondo, se prima non fosse stato insegnato che tutte le cognizioni e, per conseguenza, tutte le verità nascono dalle sensazioni? Ammesso ciò, più o meno avvertitamente, un tal precetto non era altro che il messo naturale di schivare a quell'età inesperta i pericoli dell'inganno, e di lasciarla arrivare alla verità per la strada giusta. Non era originalità, era coerenza. È vero che, per essere affatto coerente, si sarebbe dovuto estendere l'applicazione a tutte l'età, a tutti i casi, a tutto il commercio d'idee tra gli uomini, e dire che dalla parola non si può ricavare altro di vero che il suono materiale; giacché è tutto ciò che la sensazione ne possa ricavare [44]. Ma si sa che l'errore non vive, quel tanto che può vivere, se non a forza di moderazione, di saviezza, di sapersi guardare dall'insidie della logica, che con quel suo andar diritto (traditora)!, conduce all'assurdo; e per vendicarsi di non essere stata consultata quando si trattava d'esaminare il supposto principio prima d'accettarlo, entra per forza a cavar le conseguenze, e si diverte a farne uscire le più alte cose del mondo. E il Rousseau, per quanto fosse un capo ardito, aveva però il giudizio necessario per non abbandonarsi affatto alla logica, in un affare avviato senza di essa. Bastava bene, anche per

---

[43] È, questo, un tratto della pedagogia dell'*Emilio* di Rousseau.
[44] È una critica simile a quella rivolta al Cousin: per non prevaricare sugli altri, non si dovrebbe nemmeno parlare.

lui, l'essersi lasciato trascinare fin là. Ma vedete di novo! Questa volta fu per andare in un passato più lontano, che sono uscito di strada. Non mi mettete in conto quest'esempio, e permettetemi di citarne un altro dell'epoca a cui avevo promesso di restringermi. *La petite morale tue la grande*, disse il Mirabeau [45]; e lo disse, non già per buttar là una sentenza speculativa, ma come una norma e una giustificazione applicabile ai gran fatti pubblici ne' quali fu anche lui *pars magna*. E chi non vede la forza pratica d'una massima di questa sorte? Certo, per i tristi di mestiere è superflua, o di poco uso; ma questi non potrebbero far gran cosa, se dovessero far tutto da sé, e non avessero l'aiuto delle coscienze erronee. E, per ingannar le coscienze, qual cosa più efficace d'una massima che, non solo leva al male la qualità di male, ma lo trasforma in un meglio? che fa della trasgressione un atto sapiente, della violazione del diritto un'opera bona? Quello, però, che può parere strano a chi appena ci rifletta, è che una proposizione così repugnante al senso comune, e i termini della quale fanno a' cozzi tra di loro, sia potuta non parere strana a ognuno. La morale, che è una legge, e, come legge, è essenzialmente assoluta e una, divisa in due parti, una delle quali distrugge l'altra! Una morale piccola, e che perciò cessa d'essere obbligatoria, anzi dev'essere disubbidita; e alla quale nello stesso tempo, si lascia, si mantiene questo nome di morale, che include essenzialmente l'idea d'obbligazione, e non avrebbe nessun significato suo proprio senza di essa! Anzi bisogna lasciarglielo per forza, e non se ne troverebbe uno da sostituirgli; giacché, cosa può essere la morale applicata a cose di minore importanza, se non la morale? Dimanieraché a queste due parole, « piccola morale », si fa significare una cosa che è e non è obbligatoria! Davvero, a considerare il fatto separatamente, non si saprebbe intendere come mai una così pazza logomachia si fosse potuta formare in una mente, non che esser ricevuta da molte. Ma, anche qui, il fatto diventa piano, data che sia una dottrina che riduca la giustizia all'utilità, e faccia di questa il principio della morale; poiché, essendo così levata di mezzo l'idea d'obbligazione, e l'idea corrispondente di divieto, le quali non sono punto incluse nell'idea d'utilità; rimanendo

---

[45] Honoré Gabriel Riqueti, conte di Mirabeau (1749-1791), tentò, senza riuscirci, di conciliare rivoluzione e monarchia. Fu famosissimo come oratore politico. La frase citata significa che la necessità politica sopprime la legge morale: Manzoni colloca questa persuasione nell'ambito dei sofismi dell'utilitarismo.

questa il solo motivo e la sola regola della scelta delle deliberazioni; avendo essa differenti gradi; è affatto ragionevole il sacrificare il minore al maggiore. A delle menti preparate da una tale dottrina, quella proposizione non riusciva singolare, che per l'argutezza della forma; e dall'antitesi stessa acquistava un'apparenza d'osservazione più profonda. Dire che è ben fatto il posporre un piccolo dovere a un gran vantaggio, avrebbe urtato: sarebbe stato un contradire troppo direttamente al linguaggio comune, nel quale il posporre ogni cosa al dovere è così abitualmente espresso, in forma ora di precetto, ora di lode, ora di vanto, secondo il caso. Con quella dottrina la contradizione era schivata: il dovere non era posposto a nulla, non poteva più soffrire confronto veruno, perché non c'era più. Rimaneva solamente la morale, cioè una parola senza senso, ma che faceva le viste d'affermare rispettosamente ciò che negava logicamente. Ora, una tale dottrina, non nova, di certo (ché, senza andar più indietro, è d'Orazio quel verso:

Atque ipsa utilitas, iusti prope mater et aequi [46]),

era stata, da poco tempo, rimessa in luce e in credito, sotto nova forma, e con novi argomenti, come sapete, da un libro intitolato: *Dello spirito* [47]; libro che era un discendente naturale e immediato d'un altro, intitolato: *Saggio sull'intelletto umano* [48]. Mi pare che la sorgente fosse abbastanza metafisica.

SECONDO

Non c'è che dire.

PRIMO

Dunque, giacché parlo bene, lasciatemi citare anche un fatto di quell'epoca medesima, nel quale quella trista dottrina si vede applicata in un modo terribile, e da un uomo che, in punto d'onestà, aveva una riputazione ben diversa da quella dell'autore dell'arguta proposizione. L'uomo era il Vergniaud [49], e il fatto è raccontato nelle Memorie d'uno

[46] « Anche l'utilità, quasi madre del giusto e dell'equo » (Orazio, *Satire*, I, 3, 98).
[47] Opera di Helvétius.
[48] Opera di Locke.
[49] Pierre Victurnien Vergniaud (1753-1793), girondino, fu fatto ghigliottinare insieme a Robespierre. Il « girondino proscritto » cui si accenna subito dopo è forse Louvet de Couvray, morto nel 1797.

de' Girondini proscritti, del quale non mi rammento il nome. Costui, in uno di que' giorni che durò la votazione sull'ultima sorte di Luigi XVI, s'era trovato, in casa di Madama Roland [50], con quel celebre deputato, che non aveva dato ancora il suo voto, e che, esponendo anticipatamente il suo sentimento, parlò con un'eloquenza straordinaria, anche in lui, contro il voto di morte, dichiarandolo segnatamente contrario al diritto; e si congedò poi per andare alla Convenzione, atteso che non poteva star molto a venire il suo turno. L'altro ci andò qualche momento dopo, ansioso di sentir di novo quegli argomenti espressi con quella facondia, e col dipiù che le doveva dare il contatto, dirò così, immediato della cosa. Arrivò che l'uomo saliva alla ringhiera, o ci s'era appena affacciato. È tutto orecchi; e la parola che sente uscire da quella bocca è: *La mort*. Costernato, atterrito, ancora più che maravigliato, va a aspettarlo, se non mi rammento male, appiedi della ringhiera; lo ferma e, col viso e con gli atti più che con le parole, gli chiede conto del come abbia potuto dare a sé stesso quella spaventosa mentita. Se quello avesse risposto che, alla vista del pericolo che poteva correre ubbidendo alla sua coscienza, gli era mancato il core, ci sarebbe certamente da deplorare un fatto, pur troppo non raro, di debolezza colpevole e vergognosa. Ma la risposta che diede rivela un principio di male più terribile, perché ben più fecondo e comunicabile, come quello che ha sede nelle menti; e più insidioso, perché può operare indipendentemente da passioni personali, e quindi parer superiore a quelle. Rispose, a un di presso, ché non mi rammento i termini precisi, ma sono sicuro del senso: « Ho visto alzarsi davanti a me la fantasima della guerra civile; e non ho creduto che la vita d'un uomo potesse esser messa in bilancia con la salute d'un popolo ». Era uno che, riconoscendo d'avere operato contro coscienza, non credeva di fare una confessione, ma di proporre un esempio; uno che credeva d'essersi, con la sua tranquilla, antivedente e sovrana ragione, sollevato al di sopra... oh miserabile nostra superbia! al di sopra del diritto! Era la gran morale che ammazzava la piccola. Come la guerra civile sia stata schivata [51], non ci pensiamo: il torto non è nell'aver previsto male, ma nel

---

[50] Manon Philipon (1754-1793), moglie di Jean Marie Roland de La Platière, e ispiratrice di molti girondini, finì ghigliottinata insieme al marito e ai compagni.
[51] L'errore è sempre quello dell'utilitarismo, che si fonda su una previsione del futuro che spesso viene smentita.

sostituire a una legge eterna la previsione umana. Anzi, mi dimenticavo che non si tratta ora neppure di torto o di ragione, ma solamente dell'importanza della filosofia riguardo agli avvenimenti umani, in quanto dipendono dalle deliberazioni degli uomini. Era, dirò dunque, un uomo, non volgare, certamente, e tutt'altro che tristo, che, dopo aver parlato in quella maniera, s'era deciso a sentenziare in quell'altra, e sulla vita d'un altr'uomo, perché regnava una teoria morale, messa in trono da una teoria metafisica.

SECONDO

Regnava, dite? Ché, non è in vigore quella teoria? Anzi, non è forse stata, in tempi più vicini a noi, esposta più scientificamente, e particolarizzata più simmetricamente, in altri libri poco meno celebri di que' due, e attualmente più letti?

PRIMO

Eccome! ma gli è che, in fatto di filosofia, molto più che in fatto d'amore, con bona pace di Messer Francesco [52],

Piaga, per allentar d'arco, non sana.

Ed è appunto per questo che l'essere quella teoria metafisica abbandonata come falsa, e messa oramai tra l'anticaglie, non basta. Per levarne di mezzo le conseguenze, ci vuole una vera, o piuttosto la vera teoria metafisica, quella del fatto, che metta fuori e stabilisca dell'altre conseguenze, opposte a quelle, incompatibili con quelle. Ma che dico, metta fuori? Si tratta qui forse di scoperte? C'è egli bisogno di dimostrare, d'insegnare alla massima parte degli uomini, che la giustizia è una cosa diversa dall'utilità, e independente da essa? Quando Aristide disse al popolo ateniese che il progetto comunicatogli all'orecchio da Temistocle era utile, ma non giusto, fu inteso da tutti: sarebbe stato inteso ugualmente da qualunque moltitudine, in qualunque tempo [53]. E sapete perché? Perché l'intelletto intuisce l'idea di giustizia e l'idea d'utilità, come aventi ognuna una sua essenza, una verità sua propria, e quindi come distinte, come inconfusibili, come due. La moltitudine, poi

---

[52] Francesco Petrarca. Il verso è in *Rime sparse*, XC, 14.
[53] È l'esempio già citato nell'Appendice al cap. III della *Morale* e in note alla *Morale* stessa.

Che apprese a creder nel Figliuol del fabro [54],

sa, o piuttosto queste tante e così varie moltitudini sanno di più (e lo dicono a ogni occasione, non in termini, ma implicitamente) che quelle due verità, quantunque distinte, si trovano, appunto perché verità, riunite in una verità comune e suprema; sanno che, per conseguenza, non possono trovarsi in contradizione tra di loro; e riguarderebbero come stoltezza, non meno che come empietà, il pensare che la giustizia possa essere veramente e finalmente dannosa, l'ingiustizia veramente e finalmente utile. E sanno ancora che, non solo queste due verità distinte sono legate tra di loro, ma una di esse dipende dall'altra, cioè che l'utilità non può derivare se non dalla giustizia. Ma sanno insieme, che questa riunione finale non si compisce se non in un ordine universalissimo, il quale abbraccia la serie intera e il nesso di tutti gli effetti che sono e saranno prodotti da ogni azione e da ogni avvenimento, e comprende il tempo e l'eternità. E dico che lo sanno, perché quest'ordine ha un nome che ripetono e che applicano a proposito, ogni momento: la Provvidenza [55]. Sanno ugualmente, e non potrebbero non saperlo, che quest'ordine passa immensamente la nostra cognizione e le nostre previsioni; e sono quindi lontane le mille miglia dall'immaginarsi che, in un incognito di questa sorte, in un complesso di futuri, che per noi è un caos di possibili, si possa cercare né l'unica né la principale e eminente regola delle deliberazioni umane. Sanno che questa regola principale e eminente è data loro con la legge naturale, e con la legge divina che ne è il compimento da Quello a Cui nulla è incognito, perché tutto è da Lui. E quindi, insieme a quell'ordine universalissimo, anzi in esso, ogni più rozzo cristiano vede, per quanto gli è necessario di vedere, un altro ordine particolare, relativo a lui, e del quale egli è subordinatamente il fine: ordine ugualmente misterioso e oscuro, anche per lui, ne' suoi nessi e ne' suoi modi; ma chiaro per la parte che tocca a lui a prenderci, perché illuminato da quella regola, seguendo la quale (e sa che Dio gliene darà il discernimento sicuro e la forza, se la chiede sinceramente) sarà giusto e quindi felice. Sa che *Opus iusti ad vitam* [56], per quanto la strada che

---

[54] Verso di Giovanni Torti (1774-1852) nel poemetto *Scetticismo e religione*.
[55] La concordia di utilità e giustizia si compie soltanto nell'eterno dell'aldilà.
[56] Proverbi, X, 16: « Il dovere del giusto per la vita ».

conduce dall'uno all'altro sia scabrosa, e possa parer tortuosa, e spesso anche rivolta al termine opposto. Dove poi quella regola cessa d'essere direttamente applicabile, cioè ne' casi in cui essa non gli dà né un comando, né un divieto, lì trova da applicare la regola secondaria e congetturale degli effetti possibili e più o meno probabili, più o meno desiderabili. Regola incerta e fallibile, ma ristretta a cose dove lo sbaglio non gli può mai esser cagione d'un danno finale; dove, attraversando una riuscita infelice, continua la sua strada verso la felicità, quando sia stato guidato da una retta intenzione, e da quella prudenza, che ha certamente diversi gradi ne' diversi ingegni, ma che non si scompagna mai dall'intenzione veramente retta, anzi ne fa parte. A tale sapienza l'uomo è stato sollevato dalla rivelazione! E qual differenza da questo rozzo cristiano a quel Bruto che, al termine forzato della sua attività, esclama: O virtù, tu non sei che un nome vano! Certo, se la virtù ha per condizione l'indovinare tutti gli effetti dell'azioni umane, è un nome vano quanto la cabala. Certo, è un nome vano quella virtù che, deliberando se sia ben fatto il buttarsi addosso a un uomo, in figura d'amici, con de' memoriali in una mano, e de' pugnali sotto la toga, per levarlo dal mondo, non ascolta quel *no* eterno, risoluto, sonoro, che la coscienza pronunzia, anche non interrogata; ma decide in vece, che quell'azione è non solo lecita, ma santa, perché è il mezzo di riavere de' veri consoli, de' veri tribuni, de' veri comizi, un vero senato. E come gli hanno avuti! Certo, la virtù è un nome vano, se la sua verità dipende dall'esito della battaglia di Filippi. Qual distanza, dico, dall'uomo che distrugge con una sentenza la virtù, idolo di tutta la sua vita, perché una tal virtù era infatti un idolo, al rozzo cristiano, il quale, non riuscendogli un bene che s'era proposto, sa che il bene non è perduto, ma convertito in un meglio! E appunto perché le moltitudini cristiane intendono così bene che la giustizia è essenzialmente utile, sono anche più lontane dall'immaginarsi che sia l'utilità medesima. Solo alcuni uomini, anche dopo tanti secoli di Cristianesimo, prendendo le mosse, non da verità intuite, ma da supposizioni sistematiche, e avvezzandosi così a figurarsi di vedere ciò che non è, hanno potuto, fino a un certo segno, non vedere ciò che è, e che risplende al loro intelletto, come a quello di tutti gli uomini. Dico, fino a un certo segno; perché quell'idea possono bensì combatterla nel loro intelletto, ma con patto che ci rimanga; e le parole « giusto » e « dovere » si può sfidarli a cancellarle, non dico dal vocabolario comune, ma dal loro. E non è questa stessa una manifestazione solenne del potere della filosofia sui fatti umani? Mettere degli uomini, e uomini della parte più istrutta dell'umanità, cioè di quella che, o direttamente o indirettamente, o col comando o con la persuasione, finisce a governare il rimanente, metterli, dico, in contradizione, non solo col sentimento generale, ma col loro proprio! E intorno a che? intorno alla regola preponderante e suprema delle deliberazioni umane: niente meno. E aggiungete, potere una filosofia esercitar questo impero, anche dopo essere stata dichiarata morta, e quando è creduta sepolta. Ma, cosa singolare! se ci fosse qui a sentire qualcheduno di quelli che accennavate dianzi, di quelli ai quali pare una bizzarria dello spirito umano, una cosa da gente che viva nelle nuvole, il poter prendersela calda per delle questioni filosofiche, in tempi di così grandi e pressanti vicende; sapete cosa direbbe ora? Direbbe: « Che novità vecchie viene a raccontare costui? Chi non lo sa, e chi non lo ripete, che il movente principale degli avvenimenti dell'epoca presente è stata la filosofia? È la gran lode che le danno gli uni, il gran biasimo che le danno gli altri, val a dire il fatto che riconoscono tutti. Bisogna dire che viva nelle nuvole costui ». E il poter trovarsi insieme in una mente due giudizi così repugnanti nasce dal dare al vocabolo « filosofia » due significati diversi, e tutt'e due tronchi e confusi. La filosofia, come, dietro l'indicazioni di qualche autore vecchio e bono, fu definita, con una formola precisa, da quello che presto chiameremo il nostro, è la scienza delle ragioni ultime. Definizione, come si vede subito, intera veramente e distinta, e che raccoglie e unifica le speciali applicazioni che il discorso comune fa di quel vocabolo. Infatti, l'assegnare a un concetto qualunque una ragione più o meno remota e non ancora osservata, e che si manifesta come applicabile ad altri concetti, de' quali viene così a formare una classe, non è egli quel modo d'operare della mente, che si chiama da tutti filosofico? E non è egli evidente, che una ragione qualunque non ha il suo intero e sicuro valore, che dall'essere definitiva? Ma l'intelletto umano non può, per la sua limitazione, vedere, né molti particolari nelle cose, né molte relazioni tra di esse, se non prendendo poche di queste cose per volta, e riducendole a delle ragioni che non sono ultime, se non riguardo a quel complesso speciale. Ragioni che possono esser fondate, perché effettivamente, quantunque tacitamente, connesse e concordi con delle ragioni superiori e veramente ultime; e possono essere arbitrarie e false, perché opposte a queste, nella stessa maniera. Ora, è all'una o all'altra, o a una moltitudine indeterminata e fortuita di quelle ragioni condizionate, e secondarie, dependenti, anche quando siano vere, che gli uomini accennati danno il nome di filosofia, perché subordina, o davvero o in apparenza, a una ragione comune, o fondata o arbitraria, un certo numero di concetti; pratica, perché questi concetti sono più immediatamente applicabili ai fatti materiali. Ed è in vece la ricerca delle ragioni ultime, che essi chiamano filosofia in un senso di riprovazione, o almeno di compassione, per il motivo contrario, cioè perché non ci si vede quell'applicabilità immediata. È come chi ridesse del primo anello della catena a cui è attaccata l'ancora, perché l'ancora non è attaccata ad esso. Cosa se ne fa di questa metafisica? dicono: a cosa serve? A cosa? A cercare i fondamenti delle teorie, sulla fede delle quali si fa; a esaminare ciò ch'esse suppongono; a guardare ciò che danno per veduto; a cimentare, col paragone della filosofia, se sono filosofiche davvero; a mettere in luce e alla prova la metafisica latente e sottintesa, della quale sono conseguenze, più o meno mediate, più o meno conosciute per tali... Volevo finire, e sarebbe ora; ma cosa volete? mi s'affaccia, anzi mi trovo tra' piedi un esempio così a proposito, del metter capo che fanno a quell'ultime ragioni le cose più disparate; che non posso lasciarlo andare. E è questa nostra discussione medesima. Dal disputare sull'invenzione artistica, siamo riusciti a parlare della giustizia. E, certo, non paiono, né sono argomenti de' più vicini tra di loro: eppure, in ultimo, è sempre la stessa questione.

SECONDO

Ancora dell'insidie? e contro un povero nemico, che ormai ha rese l'armi? Ditelo addirittura, che è una conclusione preparata e condotta da voi, *ut illuc redeat, unde discessit, oratio* [57].

PRIMO

Questa volta no, davvero; e mi dispiacerebbe proprio, che credeste effetto d'un mio artifizio ciò che è un incontro naturale e spontaneo della verità con la verità. La nostra questione era: se un oggetto qualunque ideato da un artista fos-

---

[57] « Affinché il discorso ritorni al punto di partenza »: probabilmente una parafrasi da Cicerone, *De oratore*, XXXVIII, 157.

se un prodotto della sua operazione, una creatura della sua mente, o avesse un essere suo proprio, anteriore ad essa, indipendente da essa. E s'è trovato che quell'oggetto qualunque, non per alcuna relazione speciale con l'invenzione artistica, ma per la sua natura d'oggetto della mente, d'idea, aveva infatti questo suo essere, e un essere eterno, inalterabile, necessario. L'altra questione (non tra noi due, però) è, ugualmente, se l'idea della giustizia sia o non sia un prodotto della mente, del ragionamento umano, e quindi si possa, o non si possa, trasformare, disfare, mettere al niente dal ragionamento medesimo. La differenza è nella qualità degli oggetti, cioè nell'essere uno una specie verosimile, l'altro una legge morale: l'identità è nell'essere e l'uno e l'altro oggetti dell'intelligenza, entità intuibili dalla mente, idee. E non per altro a questa questione si riducono quelle due così lontane l'una dall'altra per altri riguardi, se non perché in essa è contemplata la ragione universale del valore dell'idee, e da essa dipende che una questione qualunque possa avere un oggetto vero, e essere, per conseguenza, capace d'una vera soluzione; giacché, come si potrebbe arrivare a delle verità, se queste verità non fossero? È la questione prima e perpetua della filosofia con le filosofie o, per parlare esattamente, con que' tanti sistemi che, affatto opposti in apparenza, sono d'accordo nel tentare in diverse maniere lo stesso impossibile, cioè di far nascere l'idea dalla mente che la contempla, che è quanto dire, la luce dall'occhio, il mezzo necessario all'operazione, dall'operazione medesima. Sistemi, per conseguenza, i seguaci de' quali, anzi gli autori medesimi, quando vadano un po' avanti nell'applicazione, finiscono col fare della verità una cosa contingente e relativa, negandole esplicitamente i suoi attributi essenziali d'universalità, d'eternità, di necessità; perché in effetto tali attributi non possono convenire a una cosa che sia stata prodotta. Ma qui mi sovvengono alcune parole sulla grande, o piuttosto incomparabile importanza d'una tale questione, che si trovano in questo stesso volume [58] a cui v'ho già rimesso. E sapete? farò forse meglio a leggervele, che a dirvene su delle mie. L'autore, chiedendo scusa al lettore d'essersi trattenuto lungamente su quella questione, e chiedendogli insieme il permesso di trattenercisi ancora (che garbo ci vuole con questo signore svogliato, schizzinoso e impaziente, che si chiama il lettore!), dice così:

[58] *Ideologia e logica* del Rosmini.

« Se dinanzi ai tribunali civili si presentano delle scritture più voluminose di questo stesso trattato, a difesa d'un po' di roba materiale, avente un pregio vilissimo in paragone della sapienza; perché si disdegnerà ciò che noi troviam necessario di scrivere in una causa, dove difendersi nulla meno, che tutte le ricchezze intellettive e morali del genere umano? Le quali ricchezze pendono veramente tutte da un punto solo, dal sapersi cioè, se v'abbia o no una verità eterna, indipendente nell'esser suo dall'universo materiale, e di pari dall'uomo, e da ogn'altra limitata, per quanto eccellente, natura.

« Tutto sta dunque, tutto si riduce in provare una cosa, che la verità non è un modo di qualche ente limitato; e se fosse, avrebbe perduto ogni pregio; tutto sta in provare ben fermo, come dicevo, che v'hanno degli *esseri intelligibili*, ai quali il nostro spirito è unito indivisamente, e pei quali solo può conoscere, e conosce tutto ciò che conosce.

« A provare una verità sì alta, qualunque parole non sarebbero soverchie giammai; perocché ad essa tutte l'altre s'attengono ... » E quelle ricchezze intellettive e morali, l'uomo può spenderle bene, anche senza conoscere, né cercare l'inesausta miniera donde gli vengono: può, dico, applicar rettamente l'ultime ragioni, per ciò solo che le sottintenda fermamente: senonché l'applicazioni, in questo caso, sono più circoscritte, e quelle ricchezze non possono essere accresciute di molto. Ma quando siano venute in campo delle dottrine che, sconoscendo l'origine di quelle ricchezze, ne mettano in dubbio il valore, l'uso di esse ne è necessariamente turbato e sconvolto, in proporzione del credito che tali dottrine riescano ad acquistare. Dove le verità, che allignavano spontaneamente, siano state sterpate dall'errore, ci vuol la scienza a ripiantarle.

SECONDO

In somma, bisognerà studiarla, questa filosofia.

PRIMO

Fate di meno ora, se potete, con quelle poche curiosità che vi sono venute. Non fosse altro che l'ultima, quella che non v'ho nemmeno lasciata finir d'esprimere. « Tutte queste idee... » avevate intonato; e in fatti, tante idee, tanti esseri eterni, necessari, immutabili, aventi cioè gli attributi che non possono convenire se non a un Essere solo, non è certamente un punto dove l'intelletto si possa acquietare. E nello stesso tempo, come negare all'idee questi attributi? E non v'è, di certo, uscito dalla mente neppure quell'altro fatto altrettanto innegabile, e altrettanto poco soddisfacente, dell'esser tante di queste idee, comprese in una, che pure riman semplice, e che potete fare entrare, anch'essa, in un'altra più estesa, più complessa; come potete da una di quelle farne uscire dell'altre; moltiplicando, per dir così, e diminuendo, a piacer vostro, questi esseri singolari, senza potere né distruggerne, né produrne uno. Ora, quando il tornare indietro è impossibile, e il fermarsi insopportabile, non c'è altro ripiego che d'andare avanti. Non è poi un così tristo ripiego. È con l'andare avanti, che si passa dalla moltiplicità all'unità, nella quale sola l'intelletto può acquietarsi fondatamente e stabilmente. E è col riprender le mosse dall'unità (giacché non si tratta d'una quiete oziosa), che s'arriva, per quanto è concesso in questa vita mortale, a discerner l'ordine nella moltiplicità reale delle cose contingenti e create. Del resto, la scelta non è tra l'adottare o il non adottare una filosofia qualunque, ma tra l'adottarne una piuttosto che un'altra, o che dell'altre. Dacché questa benedetta filosofia è comparsa nel mondo, non è possibile a quella parte degli uomini, che chiamiamo colta, il rimanerne affatto independente. V'entra in casa senza essere invitata. Non solo s'accettano a credenza (e n'abbiam visto un saggio) tante deduzioni di questa o di quella filosofia, che diventano poi norme per la pratica; ma s'accettano (in astrattissimo, s'intende) le filosofie intere. Ché, per quanto disprezzo si professi per quelle ragioni ultime bone a nulla, non può essere che i loro oggetti non si presentino alla mente, almeno come curiosità. La cognizione è una cosa di tanto uso, che, anche agli uomini più attaccati al sodo, e nemici delle questioni oziose, salta, o una volta o l'altra, il grillo di saper donde venga, e che fondamento abbia. E siccome le diverse filosofie fanno sempre girar nell'aria delle risposte a queste domande, così se n'afferra, o qua o là, ora qua, ora là, una che vada a genio. Vi sarà certamente accaduto di sentir qualcheduno dire: si diverta chi vuole a perdersi negli spazi immaginari della filosofia: per me non c'è altro di certo, se non quello che si vede, e quello che si tocca. È, mi pare, una filosofia, che ha il suo riverito nome [59]. Un altro dirà in vece: povera filosofia che si condanna a cercare quello che non si può trovare! il dubbio è la sola scienza dell'uomo [60]. Che non è un'altra filosofia questa, e

---

[59] È il materialismo.
[60] È lo scetticismo.

abbastanza conosciuta? Un altro dirà all'opposto: l'uomo crede certe cose inevitabilmente, irrepugnabilmente: che serve cercarne le ragioni? Il buon senso m'insegna di restringere l'osservazione e il ragionamento alle cose pratiche, dove il risultato può essere o un sì o un no. E non è anche questa un'applicazione d'una filosofia, o di due? Un altro dirà che è un'impresa pazza il cercare una ragione nelle cose, quando è chiaro che sono governate da una cieca fatalità [61]. E anche questa, volendogli pur dare un nome, non si può chiamarla altro che filosofia; giacché, quantunque non sia altro che uno strascico di religioni assurde, religione non lo è più, né par che lo possa ridiventare. Si bandisce la filosofia con dei decreti filosofici; si pretende d'esser padroni di sé, perché non si fa professione d'appartenere nominativamente a una scola; e s'è... L'ho a dire?

SECONDO

Poiché siamo qui tra di noi.

PRIMO

Servitori senza livrea. E appunto perché lo sono stato anch'io, e vedo che miseria è, non potevo sopportare che un uomo come voi continuasse a esserlo.

SECONDO

Avete detto che studieremo insieme. È la condizione *sine qua non*, vedete! Mi ci metto, parte per amore, parte per forza; ma voglio essere aiutato.

PRIMO

Vi sto mallevadore che presto m'avrete a aiutare.

« E voi » disse poi, rivolgendosi a me: « codesto ostinato silenzio non ci leva però la speranza che siate per prender parte, e una parte più attiva, anche a questo nostro novo studio. »
« "Io canuto spettacolo [62]"? » risposi: « *Oportet studuisse*. Però, meglio tardi che mai. E del non aver parlato, m'a-

---

[61] È lo stoicismo, o qualche forma di meccanicismo.
[62] Espressione dell'ode *Il pericolo*, V, 24, del Parini.

vete a lodare, perché fu per potervi stare attento bene. Anzi, » ripresi « fatemi un po' vedere a che pagina si trova il passo che ci avete letto; perché m'ha fatta impressione. »

« Ecco qui » disse, presentandomi il volume, ch'era ancora aperto sul tavolino: « pagina 500. »

Dopo di ciò, mi congedai, allegando una faccenda che non soffriva ritardo. Ed era quella di mettere in carta le cose che avevo sentite; ché la memoria aveva un bel da fare a tenerle insieme. E l'accorto lettore avrà certamente indovinato che l'aver voluto sapere il numero della pagina fu per poter trascrivere il passo esattamente, e non risicare di commettere delle infedeltà, di cui potessi esser convinto.

[DEL PIACERE]

[DEL PIACERE]

Milano, 12 del 1851.

Veneratissimo e carissimo Rosmini,

Mi farei veramente scrupolo di sviarle la mente, e d'affaticarle la vista con una lunga lettera, se non pensassi che potrà farsela leggere quando Le piaccia, e in momenti, direi persi, se ce ne fosse di tali per Lei, dall'ottimo P. Setti, al quale prendo quest'occasione per rammentare la mia affettuosa reverenza. Spero però, riguardo alla vista, che il servirsi dell'altrui sarà piuttosto una precauzione che una necessità, e che Stefano mi potrà subito scrivere bone nove della visita del professore di Pavia.

Ho ricevuta con gran piacere, e letta con ammirazione la lettera sull'unità dell'idea. Ma non ho potuto finora meditarci sopra abbastanza per vedere se potrei cavarne, o bene o male, un dialogo, perché avevo la testa preoccupata dal disegno d'un altro (sul piacere), del quale Le è già stato fatto un cenno. Avendo poi dovuto metter mano alla correzione della *Morale Cattolica*, ho anche dovuto avvedermi subito, che la correzione non poteva essere semplicemente tipografica; ed eccomi ingolfato in un continuo e minuto lavoro. Questo m'ha stornato anche dal pensare al dialogo che disegnavo; e devo ora, per dir così, rifarmelo in mente, per presentargliene un sunto, e in parte un saggio, affine di sentire da Lei se ci sia il fondamento bono, e d'essere avvertito degli spropositi che avrei potuti mettere anche sul bon fondamento, e delle cose utili che potranno così facilmente essere sfuggite a me, come venire in mente a Lei. Ma questo, s'intende, con tutto il suo comodo; e s'intende principalmente in un tempo, che alle tante sue occupazioni

---

Dopo la stesura del dialogo *Dell'Invenzione* il Manzoni intendeva comporne, sotto lo stimolo del Rosmini, un altro sull'unità delle idee o sulla relazione del reale coll'ideale, che è già preannunciato nell'*Invenzione*. Ma questo proposito non si realizzò, e ci resta invece questo abbozzo di dialogo *Del piacere*, sotto forma di lettera al Rosmini.

sarà probabilmente aggiunta quella di difendersi dai novi assalti d'una così violenta, eppure così instancabile animosità.

Il dialogo sul piacere, se mai mi trovassi nella o vera o falsa fiducia di poterlo fare passabilmente, potrebbe avvenire tra i due interlocutori già messi in campo. La fretta di Secondo, che non vorrebbe fare la strada lunga dello studio, per arrivare alla questione già accennata nell'altro dialogo, potrebbe somministrare il pretesto d'un novo, e un pretesto drammatico. Ma, con l'intenzione manifestata di studiare insieme, il dibattimento tra que' due non potrebbe esser tirato più in lungo, senza stiracchiamenti. Introdurrei dunque un Terzo, uomo non di studi sistematici, ma di lettura varia e occasionale, il quale, avendo letto di fresco l'opuscolo del Verri « sull'indole del piacere », anderebbe da Primo, per sentire cosa ne pensi. Ci si troverebbero l'interlocutore e il testimonio, dell'altro dialogo. Primo, allegando d'aver letto l'opuscolo una volta sola, e da un pezzo, ne farebbe parlare il novo interlocutore. Si passerebbe in fretta e d'accordo sul vizio essenziale della definizione del Verri [1], che pone l'essenza del piacere in una negazione. Terzo citerebbe, senza però mostrarsene persuaso, tre altre definizioni confutate dal Verri, una del Descartes, l'altra del Wolf [2], l'altra del Sulzer [3]: sulle quali si passerebbe ancora brevemente, ma non inutilmente per la discussione avvenire. Primo si fermerebbe di più su una quarta e ultima, quella del Maupertuis [4]: « Il piacere è una sensazione che l'uomo vuole piuttosto avere che non avere », definizione che, secondo il Verri, non è tale che in apparenza, poiché viene a dire che *il piacere è quello che piace*. Mi pare, direbbe Primo, che, con un cambiamento materialmente piccolissimo, ma essen-

---

[1] Pietro Verri (Milano 1728-1797), il maggiore degli illuministi lombardi, fu tra i fondatori della Società dei Pugni e della rivista *Il caffè* (1764-66), che si proponeva una riforma pratica dell'economia e del diritto, rinunciando altresì alla tradizione letteraria del purismo e delle accademie. Il Verri ebbe anche parte nell'ispirare a Cesare Beccaria, nonno materno del Manzoni, il famosissimo *Dei delitti e delle pene*. In filosofia fu sensista, traendo ispirazione da Condillac e da Helvétius. Importanti i suoi scritti di economia, come le *Meditazioni sull'economia politica*.
[2] Christian von Wolff (1679-1754), tedesco, è il sistematore del razionalismo settecentesco. Organizzò sistematicamente tutti i rami dello scibile. Fu seguace di Leibniz e influenzò, per un certo periodo, Kant.
[3] Johann Georg Sulzer (1720-1779), fisico e filosofo svizzero; filosofo soprattutto nel dominio dell'estetica, in senso moralistico.
[4] Pierre Louis Moreau de Maupertuis (1698-1759), francese, fu matematico e fisico in senso newtoniano; fu anche geografo e scrisse sulla figura della terra. Tra le opere filosofiche, l'*Essai de philosophie morale*.

ziale, questa definizione potrebbe diventare, se non affatto bona, molto migliore e più vicina al vero, dell'altre tre: cioè col sostituire sentimento a sensazione. E non vedo che sia quell'*idem per idem* che dice il Verri, poiché ci sono specificati due elementi, che non sono direttamente significati dalla parola *piacere*; cioè l'essere sentimento e cosa appetita. (Qui si potrebbe forse accennare che il Verri probabilmente non badò all'elemento della sensazione, perché era per lui cosa sottintesa, non solo in tutte l'operazioni, ma in tutti gli stati della mente e dell'animo; ma che, a chi discerna ciò che c'è di diverso, il sentimento è cosa essenzialissima. Ma credo che sarà meglio non interrompere, con questa osservazione, il corso della ricerca.)

Sia pure, direbbe Terzo; ma una tal distinzione non mi pare che dia una cognizione molto chiara, né molto piena, della cosa.

P. È che ci sono vari gradi di definizioni, bone, migliori, ottime; come ci sono vari gradi di cognizioni. Domandiamo a un uomo qualunque, se il piacere è una cosa che si sente, e una cosa che s'appetisce; e risponderà certamente di sì. Abbiamo dunque in questa definizione due elementi, la realtà de' quali è attestata dall'intimo senso, testimonio irrefragabile in una materia d'intimo senso, come questa. Ora, io chiamo definizione bona (in aspettativa delle migliori e dell'ottima) quella che svolge dall'oggetto e manifesta qualcosa che nessuno ci vedeva, e che tutti ci riconoscono, all'esserne avvertiti. E delle volte queste definizioni elementari sono più vicine all'ultima, di quello che si crederebbe: potrà non esserci altro da fare che correggere un'inesattezza, riparare a un'omissione, osservare un nesso tra que' primi elementi cavati fuori naturalmente e semplicemente. A ogni modo, non sarà che un passo, per arrivare a conoscere più pienamente e più intimamente la cosa; ma è un passo nella strada giusta. E sapete che, per andare al fondo della verità, la prima cosa è mettersi nella verità.

T. Avete ragione: è chiaro che, per trovare cosa costituisca il piacere, non c'è altro che cercare quale sia la qualità che rende appetibili certi sentimenti, a differenza degli altri, la qualità comune a tutti i sentimenti piacevoli, e particolare ad essi.

P. Credete? si può provare.

Qui principierebbe un'analisi di diverse sorti di piaceri, nella quale questa qualità non si troverebbe mai. E del resto, Primo troncherebbe, quando paresse bene, quest'analisi, facendo osservare che se ci fosse questa qualità in tutti i piaceri, si dovrebbe poterla trovare nella prima specie che si osservasse, e, trovatala, non dovrebb'esser difficile il riconoscere che non è particolare a quella specie, ma comune a tutte. Noi facevamo, direbbe, come il Ciclope accecato da Ulisse, che, facendo passare le sue pecore a una a una, gli palpava il dorso, senza pensare che ci poteva esser nascosto l'uomo sotto la pancia.

Qui, scoraggimento, reale in uno degl'interlocutori, affettato nell'altro; il quale riprenderebbe la questione *sousmain*, dicendo: Questo nostro discorso mi fa pensare a una parola che ho sentita tempo fa. Mi trovavo, una sera, in una compagnia numerosa, e ero caduto in un potere d'uno che mi parlava di cose più proprie a esercitar la pazienza, che a cattivar l'attenzione. Vicino a noi c'erano due altri, che facevano una discussione filosofica, e appunto su questo nostro argomento; e io, senza intenzione di stare attento là, ma essendo disattento qui, sentivo, di tempo in tempo, qualche parola, qualche frase staccata. In un momento, uno di que' due, alzando la voce, come si fa quando pare che la cosa meriti un'attenzione particolare, disse: Alla fine delle fini, il piacere non è altro che sentimento. Mi parve una cosa singolare; e tornandomi in mente ogni tanto, pensavo: cos'ha voluto dire? Ma ora che cercando qual sia la cosa comune ai diversi piaceri, non ci troviamo di comune altro che il sentimento... cosa vi pare?

T. Che so io? quasi quasi...

Qui entrerebbe Secondo, per rendere più esplicita la tesi, col pretesto di dare a Terzo un avvertimento ironico. Badate! gli direbbe: costui vi vuol condurre dove non volete. Se gli concedete che il piacere non è altro che sentimento, pretenderà di farvi dire, anzi d'avervi già fatto dire che il sentimento è piacere. So che è persuaso di questo, e mi sono avveduto subito, che voleva tirarvi lì.

T. Di codesto poi non ho paura. Il paralogismo sarebbe troppo svelato. Ogni piacere è sentimento, dunque ogni sentimento è piacere, è lo stesso che dire: ogni querce è albero, dunque ogni albero è querce: ogni eroe è uomo, dunque ogn'uomo è eroe.

S. Non vi fidate di questa scappatoia. Vi dirà che la parità non regge. Infatti, voi non direste certamente: la querce non è altro che albero; l'eroe non è altro che uomo. Dicendo che il piacere non è altro che sentimento, e astraendo così da qualunque modo e grado del piacere, per non considerare che la sua pura essenza, e dichiarando questa identica al sentimento, avrete dichiarato il sentimento identico al piacere. Ciò che vi fa dire che la querce è bensì un albero, ma non l'albero, che l'eroe è bensì un uomo, ma non l'uomo, sono le qualità speciali della querce e dell'eroe: ma dal piacere voi avrete esclusa ogni qualità speciale, dicendo che non è altro che sentimento.

T. Avrei in pronto l'argomento per mandare in fumo tutto codesto apparato di ragionamenti; ma, giacché mi pare che vogliate divertirvi, voglio divertirmi per un poco anch'io. Ditemi dunque, giacché parlate in suo nome, cosa mi risponderà se gli domando il perché, essendo sentimento e piacere una stessa cosa, ci siano, per esprimerla, due nomi che, se piace al cielo, non sono sinonimi [5]. Ché, se non m'inganno, parrebbe e a voi e a lui una cosa passabilmente curiosa, se uno vi dicesse: ho il sentimento di riverirla; ovvero: il tale è rimasto in campagna per godere i sentimenti della caccia; il tal altro ha tanto da spendere in minuti sentimenti.

S. Vi lascerà ridere, e riderà con voi, ma rimanendo ostinato nel suo proposito. È pronto a tutto, vi dico. Vi rammentate come, da principio, buttò là una parolina d'un nesso che forse si potrebbe trovare tra que' due elementi? Io, che so cosa pensa, m'avvidi subito che ci covava la gatta. Vi dirà che sono due aspetti d'una cosa medesima, e che perciò essa può esser significata con due nomi; che la parola *sentimento* significa la cosa in sé, e come passione del soggetto, e la parola *piacere* la significa in quanto è, come lo è essenzialmente, secondo lui, oggetto dell'appetito. Così (è una similitudine che l'ho sentito mettere in campo altre volte), così si dice *idea* e si dice *cognizione*, quantunque una qualsiasi cognizione non sia altro che un'idea, in quanto è intuita.

T. E gli parrà proprio, che una tale proposizione non abbia in corpo nulla di strano?

S. Di strano? Vi so dire che gli pare stranissima la proposizione contraria. Cos'è infatti, vi dirà, il sentimento considerato praticamente, se non l'atto della facoltà di sentire? E come intendere che l'atto proprio d'una facoltà possa (in quanto è quell'atto) repugnare al soggetto che possiede quella facoltà [6]?

---

[5] Questa considerazione, sulla necessaria diversità di significato di nomi diversi, è frequente in Manzoni, e si trova applicata, nell'Appendice sull'utilitarismo, ai nomi *utilità* e *giustizia*.
[6] Come potrebbe essere, ad esempio, dolore?

T. Dunque mi rivolgo a voi per sentire se la pensate proprio così; giacché, per quanto questo sia galantuomo, e voi originale, anzi gran galantomini e quasi altrettanto originali tutt'e due, sono di quelle notizie che meritano conferma. L'accettate voi davvero quella proposizione?

P. Vi dico la verità che, dopo ciò che ha detto costui, mi pare che, per rifiutarla, bisognerebbe anche confutarla. E non ci vedo altro mezzo che tornare indietro a rifare con più diligenza l'analisi di poco fa. Se, osservando più attentamente, possiamo, in un piacere qualunque, trovare quella benedetta qualità comune a tutti i piaceri e...

T. No, no: sono rigiri; e ho imparato da Cesare, che è una minchioneria, *auctore hoste, capere consilium*. Vi domando, piuttosto, se per rigettare una proposizione basta il vedere che implichi una contradizione, un assurdo manifesto.

P. Bisognerebbe essere incontentabile, per voler di più.

T. E non vedete, o fate le viste di non vedere, che, secondo quella proposizione, il dolore sarebbe piacere.

P. Una bagattella! Ma come?

T. Volete proprio che vi presenti l'argomento in forma? Ogni sentimento è piacere; ora il dolore è sentimento; dunque il dolore è piacere.

P. La forma è irreprensibile.

T. E la sostanza no? Meno che non voleste dire che il dolore non è un sentimento.

P. Al punto che è stata spinta la questione da quest'amico, codesta sarebbe appunto la cosa da esaminarsi.

T. Da esaminarsi? Ma in che mondo siamo? Non c'è più nulla d'evidente. Volete negare che ci sieno de' sentimenti dolorosi, come ci sono de' sentimenti piacevoli?

P. Codesto, non vorrei né negarlo, né affermarlo, perché sono termini ambigui, e non sono quelli della nostra questione. Sentimenti dolorosi può voler dire sentimenti accompagnati da dolore, che è tutt'altra che dolorosi, in quanto sentimenti. A uno scettico il quale vi domandasse se non ci sono delle cognizioni dubbie, rispondereste che la questione è se la cognizione medesima sia il dubbio. E la nostra è se il sentimento, come sentimento, possa esser dolore.

Qui verrebbe un esame d'alcune specie di dolori; e, prendendo occasione dall'essere la sete addotta in esempio dal Verri, si principierebbe da questa. Mi direte voi, domanderebbe Terzo, che l'esser tormentato dalla sete non sia sentire? Che l'assetato non senta qualcosa che lo fa essere in quello stato speciale e doloroso?

P. Qualcosa sente, di certo; ma cosa sente per l'appunto?
T. Sente... sente il bisogno di bere.
P. Sentire un bisogno? Che s'usi quest'espressione è un altro par di maniche; ma qui s'ha a cercare se si possa dire con proprietà, e significando il fatto com'è. Il bisogno in genere non è altro che una relazione, un concetto della mente; e non si sentono che le cose reali etc. Nel caso speciale, il bisogno è una relazione del soggetto col bere, sia l'acqua, per esempio; e per sentire questa relazione, bisognerebbe sentire i due termini, cioè quell'acqua medesima l'assenza della quale dal sentimento è la cagione del guaio. Qui sì che ci sarebbe la contradizione.
T. Cosa sente dunque l'assetato? Lo domando io a voi, che non avete potuto negare che qualcosa senta, in quanto assetato.

Qui con l'aiuto d'un dizionario di medicina si accennerebbero gli effetti che produce negli organi del corpo la mancanza del liquido necessario o conveniente, e si vedrebbe che la molestia dell'assetato viene dal difetto del sentimento compito di quegli organi. E quello in vece che affoga, cosa sente? L'eccesso dell'acqua? Tanto come si può sentire il bisogno. L'acqua? sì; ma è l'acqua semplicemente sentita che cagiona il dolore? o non viene questo dal sentire il polmone impedito dal respirare, etc., cioè dal non sentire pienamente e interamente quell'organo?

Si passerebbe ai dolori morali, dove, se non m'inganno, la dimostrazione sarebbe ancora più facile [7]. E dopo altre osservazioni, p. e. sul piacere che cessa, per la stanchezza dell'organo che lo rende incapace di sentire; sul piacere che indirettamente, o comparativamente cagiona un dolore, etc., l'interlocutore a cui si vuole dar la vittoria direbbe: *Conclusum est contra Manichaeos*. L'altro osserverebbe che ci vuole una grande smania di cantar trionfo, per servirsi d'un epifonema così fuori del caso. Ma Primo sosterrebbe che è molto a proposito, perché il bene e il male inerenti ugual-

---

[7] A questo punto la tesi manzoniana riesce sufficientemente chiara. Criticato il Verri, il quale, da sensista, pretendeva che il piacere fosse cessazione rapida del dolore, egli comincia col sostituire la parola *sentimento* alla parola *sensazione*, un principio attivo a un principio passivo. La conclusione è poi che il sentimento in sé è positivo, e che soltanto la sua privazione, che è il dolore, è negazione di qualcosa. La tesi del Verri viene così rovesciata, e la tesi manzoniana si avvicina alla definizione scolastica di male come privazione di essere. Il Rosmini nella risposta alla lettera ricorderà al Manzoni la differenza tra privazione e negazione.

mente all'atto proprio d'una facoltà, e resultanti ugualmente dalla forma di essa, è un concetto che repugna a quello d'un unico e provvidentissimo, sapientissimo, ottimo e onnipotente creatore, e s'accorda in vece, per quanto il falso può accordarsi tra di sé, col concetto stranissimo di due princìpi contrari, e operanti insieme nel dar la forma a un soggetto medesimo [8].

Oltre l'inesattezze che non saprei vedere in questo aborto, anche guardandolo a occhio riposato, ce n'è di quelle che ho vedute e lasciate correre per la fretta. Ma per l'une e per l'altre, dico a Rosmini: « Se' savio e intendi me' ch'io non ragiono ». Così fossero i bei giorni di Lesa, che le rettificazioni verrebbero pronte, e tanto più gradite!

Stefano Le dirà tante cose in nome mio e di Teresa; e a ogni modo i miei sentimenti di reverentissimo affetto per Lei non hanno bisogno né di ripetizione, né d'interprete.

Il suo Manzoni

Fo le mie scuse al veramente benigno lettore, per le cancellature, e per il progressivo scarabocchiamento.

---

[8] Questa sarebbe la tesi manichea, che definisce bene e male come due princìpi ugualmente attivi. Si veda invece il motto latino poco sopra.

PENSIERI RELIGIOSI
E VARI

PENSIERI RELIGIOSI E VARI

I

Donde nasce, o protestanti, che gli increduli che vivono nelle vostre comunioni, hanno per la religione cattolica lo stesso errore, se non un po' più forte del vostro? e che gl'increduli che vivono fra noi, sono invece ben affetti alle opinioni, ai riti protestanti, a tutto ciò insomma che vi separa da noi?

Voi dite che il motivo della vostra avversione è lo zelo per la purità del Cristianesimo perduta dalla religione cattolica: come dunque la stessa avversione è ella così viva in coloro dei vostri ai quali non cale del Cristianesimo? Questi hanno certamente motivi d'un altro genere che quello messo innanzi, e forse creduto, da voi.

E noi pure diciamo che il motivo della nostra avversione al protestantismo (non già ai protestanti: Dio liberi!) è l'amore del Cristianesimo, della religione, quale Gesù Cristo l'ha istituita, e che non sussiste nelle sette protestanti. E i nostri increduli, anteponendo, senza esame, e in una loro strana ipotesi, le sette alla Chiesa, sono una forte presunzione della verità del motivo da noi addotto: giacché mostrano che l'avversione cessa dove non vive l'amore del Cristianesimo.

Tutti i nemici del Vangelo odiano sommamente la religione cattolica. Qual carattere di questa; e qual fonte di riflessioni!

II

Montesquieu ha detto che il protestantismo conviene più alle repubbliche, e il cattolicismo alle monarchie, e questa

---

Sotto codesto titolo appaiono ventisette tra fogli e ritagli che furono ordinati dal Rizzi e pubblicati dal Bonghi. L'ipotesi più suggestiva, e tutt'altro che improbabile, è che il Manzoni intendesse farne una raccolta di *Pensieri*.

sentenza è stata ripetuta mille volte, ed è divenuta come una massima provata. Questa asserzione contraddice un'altra massima ricevuta dai cattolici, che la loro religione sia adatta a tutti i governi, e Montesquieu non ha cercato a stabilire che questa fosse falsa. Egli adduce una sola prova, e questa è così picciola e così parziale che si può dire che Montesquieu ha descritto un poligono di cui non aveva osservato che un picciolo lato. Questa prova (l'avere il cattolicismo un capo fuori dello Stato) dovrebbe farlo credere anzi più proprio alle repubbliche che alle monarchie, dove è essenziale al monarca il non dividere il potere con alcun altro. Ma il vero è che è proprio ad ogni governo.

III

Le due parole *religione nazionale*, parole pronunziate da alcuni con riverenza, con ammirazione, con invidia, esprimono l'ultimo grado di stravaganza e di abiezione a cui possa giungere la ragione umana.

Religione è credenza.

La credenza è bella, ragionevole, in quanto si presta alla verità.

Può esser colpevole; è certamente deplorabile, miserabile, quando si presta all'errore, credendolo verità.

È non so che mi dire se si presta a cosa alla quale, col solo nominarla, si nega il carattere di verità.

È carattere, è necessità, essenza della verità, che sia verità per tutti.

Ora, chi, in punto di religione, crede la verità, e crede, per conseguenza, che tutti dovrebbero creder come lui, fa il migliore, il più felice, anzi l'unico buono e felice uso della ragione.

Chi, in punto di religione, crede l'errore, e, appunto perché lo crede verità, crede che tutti dovrebbero creder come lui, s'inganna nel fatto speciale, e resta nel senso comune, nella condizione più indispensabile della ragione per ciò che risguarda l'idea della verità in genere.

Chi poi dice *religione nazionale*, dice *verità per alcuni*; o, se gli paresse meglio, *credenza a ciò che non è verità*. Può la ragione andar più in là, o più in giù? O, per dir meglio, va ella dove mostrano quelle parole? Chi le proferisce per approvarle, si rende egli conto di quel che vengono ad importare? Sente il loro doppio ed equivoco significato? Sceglie fra le due idee? Le riceve entrambe? No certissimamente; un inganno volontario di questa forza non è possibile. Chi dice *religione nazionale* fa come in tante altre cose fa chi, volendo e non volendo un'idea, l'afferma nel termine consacrato ad esprimerla, e la nega con un epiteto indicante una qualità incompatibile coll'idea stessa.

IV

Quelli che da tanto tempo rinfacciano alla religione cattolica ch'ella proibisce l'esame e tronca il progresso dei lumi fondando la cognizione sull'autorità, non riflettono che essa non proibisce di cercare che dove è impossibile di trovare, cioè nel dogma, e che favorisce l'esame in tutto il resto.

V

Quegli scrittori, i quali pretendono che la religione dev'essere ricevuta dai popoli perché è loro utile, e serve al mantenimento della società, etc., non si accorgono che la loro tesi non può essere adottata, perché i popoli né vogliono, né possono ricevere la religione come mezzo di utilità [1]. Non lo vogliono né lo possono, perché nessun uomo consente a credere alcuna cosa per altro motivo, che per motivi preponderanti di credibilità. Proponete ad un uomo di fare un'azione: provandogli che gli sarà utile, voi gli date un motivo ragionevole; proponetegli di adottare una credenza come utile, egli vi risponderà che il suo intelletto non può piegarsi che alla ragione né ricevere che la verità.

VI

L'uomo sente d'aver bisogno d'una indulgenza infinita: dopo aver ricevuto il perdono dall'uomo ch'egli ha offeso, il suo cuore non è in pace ancora: e le colpe che non offendono gli altri uomini, ma ch'egli sente esser colpe, chi gliele perdonerà?

[1] La religione, per essere anche utile, deve prima esser ritenuta vera: l'affermazione del Manzoni può valere soprattutto contro la nozione ciceroniana di religione come *instrumentum regni* e contro qualsiasi pragmatismo fondato sull'« utilità di credere ».

Non è già la religione da dirsi vera perché necessaria, ma è necessaria perché vera.

Coloro che dicono esser la religione necessaria al *popolo* fanno ad essa più larga testimonianza che non pensano: e dicono in favore della veracità di essa più che non credono dire.

S'egli è vero (il che però non affermerei, né vorrei credere prima di aver fatto un confronto, o sentito testimonii oculati e spassionati), s'egli è il vero che i cattolici sieno in generale meno composti e meno gravi nelle pubbliche funzioni di chiesa che non i protestanti, una ragione potrebb'esser questa: che la religione non è per questi che un esercizio di tali tempi e luoghi, quando presso i cattolici essa va legata con tutte le loro azioni. Quindi un cattolico, che non sia abbastanza staccato dalle cose mondane, che fomenti passioni non direttamente dannose al prossimo, ma contrarie all'amor di Dio, che non abbia per Dio l'amore di preferenza che gli si deve, etc., sente di non essere nella dritta via, si perde d'animo e si raffredda in ogni esercizio religioso, perché sa che questo non sarà accetto a Dio quando non sia offerto da un cuore tutto cristiano. Presso i protestanti la religione è, o mi sembra essere, più accessoria.

La più parte dei filosofi politici che scrissero dopo la metà del secolo scorso posero per assioma che la *popolazione* sia il fondamento della potenza, civiltà e prosperità dei popoli, e che il numero degli uomini non possa mai crescere troppo: quindi coloro che ciecamente ricevettero questo principio non dubitarono di accagionare come poco previdenti e nemiche della perfezione civile le dottrine del Vangelo che lodano e consigliano ad alcuni l'astinenza dal matrimonio. Ma il Vangelo è eterno, e i sistemi degli uomini sono assai volte fallaci, e questo fu tale, e ormai tutti sono convinti che il celibato, come il Vangelo lo consiglia, è utile agli Stati, ed alla popolazione di essi [2].

VII

Vi ha tali stati di società nei quali pare che le virtù negative sieno le sole riservate all'uomo. Non cooperare al ma-

---

[2] « Pensiero » che è dato ritrovare anche nella 2ª parte della *Morale*.

le sembra il massimo della virtù. Ora è male che l'uomo non agisca pel bene: la religione mantiene sempre una specie di virtù attive possibili in tutti i tempi, che tengono esercitato l'uomo alle cose migliori. San Carlo ha esercitato attività in tempi in cui pareva che non fosse possibile. Si è detto che ha prostrati gli animi: questo giudizio suppone una dimenticanza completa della situazione degli animi a quel tempo.

VIII

Coloro che non lavorano per vivere, e che abitando nelle città conversano più continuamente cogli altri uomini, ed esercitano assai più il loro ingegno, vanno senza dubbio soggetti a dolori morali ignoti al contadino e all'artigiano: ma la Provvidenza ha dato a quelli l'agio di cercare i soli veri ed utili rimedi a questi dolori; e tali rimedi sono nello studio sincero costante umile e profondo della religione.

IX

Fatto singolare e importante: che la Fede, prescindendo in parte da quei mezzi che la ragione usa per giungere alla persuasione, al convincimento, alla certezza, al sapere, conduce però l'intelletto a questo genere di riposo in un grado che nelle altre cose non si ottiene coi mezzi puramente razionali.

X

Dacché alcuni filosofi hanno voluto far misura dell'intelletto la parola, non acconsentendo a nessuna idea, che non si potesse esprimere [3], non è da stupirsi che abbiano poste in dubbio le verità rivelate e le verità morali, più semplici e più universalmente sentite e tenute. Chi sa qual cosa non porrebbe in dubbio, questa filosofia, s'ella procedesse? Ma pare ch'essa decada di giorno in giorno.

---

[3] È, piuttosto che una filosofia, una tendenza: quella del razionalismo scettico.

XI

La possibilità in questione [4] è affermata, non nel testo di San Tommaso, ma nella conclusione (pag. 190, col. 1ª, in fine) che è del P. Nicolai, come dal secondo frontispizio dell'annesso volume. Credo che nell'edizione del Migne (V. nel mio studio, nello scaffale tra l'uscio e la finestra) non si trovino le conclusioni, appunto per non essere lavoro di San Tommaso. Il quale, del resto, dice il contrario ne' termini più espressi, pag. e col. id.: *Nihil potest, praeter Deum, ab aeterno fuisse*; e nell'articolo 2° della stessa questione 46, stabilisce, non meno espressamente, che l'avere il mondo avuto principio è articolo di fede (pag. 191).

XII

Paraclitus [5] *autem Spiritus quem mittet Pater in nomine meo, ille vos* docebit *omnia* [6].

L'uomo aspira a riposare nella contentezza, ed è agitato dal desiderio di sapere; e pur troppo, abbandonato a sé stesso cerca la sua soddisfazione in vani diletti ed in una scienza vana. Oggi ci è dato un Consolatore che insegna. Felici noi, se sappiamo comprendere che l'unica vera gioia, e l'unico vero sapere vengono dallo Spirito che il Padre ci manda, nel nome di Gesù Cristo.

I. Le gioie del mondo spesso si cercano invano, e il faticoso correr dietro ad esse non conduce che all'afflizione = quando si ottengono, sono intorbidate da inquietudini, guaste da mancanze = e se fossero anche prette ed intere, non durano, e la memoria che sola di esse ci rimane non ha con sé che rammarico e disperazione. – La gioia dello Spirito è infallibile; ci è promessa; per ottenerla, basta desiderarla sinceramente = è pura e tranquilla = cresce sempre e si perfeziona, accompagnata dalla speranza; e la morte che tronca tutte le altre gioie, non è per questa che un mezzo a giungere al compimento desiderato.

[4] La possibilità, evidentemente, che il mondo esista *ab aeterno*, negata da San Tommaso. È, questo, un foglietto inviato a Stefano Stampa, che gli aveva rivolto il quesito.
[5] Le riflessioni che seguono sono contenute in un biglietto inviato dal Manzoni all'amico monsignor Luigi Tosi, vescovo di Pavia. Secondo il Magenta, biografo del Tosi, esse avrebbero dovuto essere la traccia di un lavoro più ampio che non la *Morale cattolica*.
[6] La citazione è dal Vangelo di San Giovanni, 14, 26.

II. La scienza del mondo è imperfetta e insufficiente: quanto più l'uomo procede in essa, tanto più ne conosce i limiti e le incertezze, tanto più la sente inferiore alla sua curiosità = è tormentosa, e per questa sua insufficienza, e perché le cognizioni che essa somministra, fanno nascere desideri che essa non può soddisfare. – La scienza dello Spirito è compiuta: *docebit omnia*, tutto che è necessario all'acquisto d'una felicità e d'una scienza più perfetta, ci dà tutte le cognizioni che noi desidereremmo di possedere se sapessimo conoscere ciò che può essere utile per noi = è consolatrice, e perché dove cessano le sue rivelazioni, dove cominciano le oscurità, ivi sovrabbonda la Fede che riempie ogni vuoto della mente, che umilia soavemente la curiosità, e conforta l'animo con una certezza più forte e più piena di quella che nasce dalle scoperte umane; e perché tutte le cognizioni di questa scienza ci portano a riconoscere in ogni avvenimento un giudizio misericordioso, a trovarvi una ragione di rassegnazione, di conformità, di speranza. *Prudentia Spiritus, vita et pax* (se la citazione è esatta).

Conchiusione. *Sermo quem audistis non est meus, sed Eius, qui misit me, Patris*[7]. Gesù Cristo nostro Esemplare ha proferite parole che noi dobbiamo ripetere, sentire, praticare; se vogliamo aver parte con Lui; e quante volte quelle parole sono per noi terribili da proferirsi, perché racchiudono la nostra condanna, e svelano una funesta e colpevole contraddizione tra il nostro Esemplare e la nostra condotta! Ma ben con fiducia possiamo ripetere quelle parole: *Sermo quem audistis non est meus, sed Eius, qui misit me, Patris*. Sentiamo, è vero, in esse profondamente quanta sia la debolezza, la miseria dell'uomo, poiché l'Uomo perfetto, Gesù Cristo, per dar valore alla sua parola, protesta che non viene da Lui; ma sentiamo tutta la forza di Dio nella certezza che la parola che è stata data a Gesù Cristo dal Padre, Gesù Cristo la ha trasmessa a noi, ne ha meritato il possesso alla sua Chiesa la quale ha ricevuto dallo Spirito la virtù di diffonderla, e di mantenerla in perpetuo sulla terra. L'uomo che parla per un tal comando dimentica la sua miseria, confida egli stesso nelle parole che escono dalle sue labbra, perché sa di Chi sono: *Eius, qui misit me, Patris*. E quegli che parla nella presente circostanza, tanto più si consola e si rassicura, pensando che la missione gli è stata conferita da Dio in questo giorno appunto in cui Egli ha diffuso il suo

---

[7] La citazione è dal Vangelo di San Giovanni, 12, 44-50.

Spirito sopra ogni carne, in cui i figli degli uomini sono stati chiamati a profetare e ad insegnare, ecc. ecc.

XIII

DIALOGUE ENTRE UN HOMME DU MONDE ET UN POÈTE [8].

— Je viens chercher les deux lignes, que je vous ai demandées par mon billet de ce matin.

— *Je supplie votre majesté d'employer ma main à choses faisables.*

— Quoi! à ce point? je vous savais paresseux, mais...

— Il s'agit bien de paresse.

— J'avoue que je ne saurais y voir d'autre difficulté!

— Songez-y donc: voulez-vous que j'aille dire ce que je ne crois pas? et fort heureusement, car je me tromperais de la bonne manière, si je le croyais.

— Je veux cela, moi?

— Mais oui, puisque vous voulez que je dise que mon écriture, en tant que mon écriture, a quelque valeur.

— Vous avez trouvé cette demande-là dans mon billet?

— Me suis-je trompé?

— Je ne sais pas si je dois vous dire sérieusement que rien de semblable n'a pu me passer par la tête.

— Tant mieux, tant mieux: il n'est rien tel que de s'entendre. Eh bien, puisque les deux lignes ne doivent pas dire cela, dites-moi donc ce qu'elles doivent dire?

— Je n'ai qu'à répéter la phrase de mon billet: ce que vous voudrez.

— Mais c'est que je ne veux rien; et c'est là ce qui fait la difficulté.

— Encore une fois, je ne vous comprends pas.

— Voyons, mon ami; est-ce une nouvelle à communiquer? est-ce une demande à faire? est-ce une recommandation?

— Dois-je encore vous répondre sérieusement qu'il ne peut être question de rien de semblable?

— De sorte que ces deux lignes n'auront aucun motif.

— Aucun motif direct, soit: eh bien?

— Et ainsi je ne devrais les écrire, *que pour écrire*, comme l'a dit mon confrère Pradon?

---

[8] È una sottile satira sulla poesia cortigiana, divisa tra la possibilità di esprimere motivi occasionali e quella, come accade in questo dialogo, di dire ciò che si vuole, quando non si ha nulla da dire.

— Eh bien, encore?

— Eh bien, c'est justement ce que j'appelais tout à l'heure dire, ou si vous aimez mieux, sous-entendre, que mon écriture, en tant que mon écriture, a quelque valeur.

— Ah! c'est là que vous vouliez en venir, avec vos questions?

— Sans doute, puisque c'est de là que vous étiez parti.

— C'est bien subtil.

— Cela se pourrait bien; car les mots n'ont que la signification que l'usage leur attribue; et j'ai remarqué que l'on appelle assez souvent subtiliser, ce qui pourrait s'appeler en d'autres termes: toucher le point de la question.

— Seriez-vous devenu philosophe? car il faut l'être pour trouver une question en pareille chose. Eh bien, puisque vous voulez qu'elle y soit, je vais la trancher, en vous proposant moi-même un sujet. Il prendra plus de deux lignes, mais ce sera votre faute.

— Voyons votre sujet.

— Écrivez notre dialogue.

— C'est lumineux: le sens de mes paroles sera en opposition avec leur but. Je serai de mon siècle.

— Sarcasme de vieillard, mon ami. Vous serez un homme comme il y en a toujours eu, et comme il y en aura toujours.

— Vous avez raison; mais je tenais à finir par une épigramme.

XIV

Le ingiurie hanno un garn vantaggio sui ragionamenti, ed è quello di essere ammesse senza prova da una moltitudine di lettori.

XV

Uno dei tormenti degli uomini d'ingegno è che quando una verità è stata detta, essi prevedono che finirà a prevalere, e intanto devono assistere alla lunga noiosa insopportabile guerra che le si fa, devono vedere la maraviglia e le risa di coloro che la trattano da paradosso. La cosa va per lo più tanto in lungo che quella verità stessa, se non è della più alta importanza, a forza di essere ripetuta nella questione, finisce ad annoiare.

XVI

È stato raccontato più volte il tratto (non so se vero o inventato) di Montecuccoli: Elvezio [9], parlando del tratto che si racconta di Montecuccoli, che alla morte di Turenna lasciò il comando dell'esercito, allegando che non aveva più un nemico degno di lui, Elvezio lo chiama *un sentiment fin et délicat de gloire*. È invece una proposizione che proverebbe una testa guasta e un cuore perverso, perché suppone un uomo che mette per fine alla guerra non la difesa del retto, non il rispingimento di un attacco ingiusto, ma la vanità d'un uomo. Vorrebbe dire: « Ho ammazzato uomini finché v'era un puntiglio d'ambizione per me a farlo, ora non mi degno più ». Che se credeva la guerra giusta e utile, doveva prestarvisi anche senza gloria [10]. Io so che il fatto è inventato: ma ecco come s'inventa per lo più, quando si vuole applicare ad un'azione qualche ideale morale.

XVII

V'ha degli esercizi dell'attività umana che sono identici nell'intento e nello scopo; dimodoché, quantunque non diretti da un concerto, e separati nel luogo e nel tempo, si può considerarli come una cooperazione comune, e portarne un giudizio complessivo.

V'ha altri esercizi di questa attività medesima, i quali, quantunque dello stesso genere, non solo non hanno uno scopo comune, ma non possono aver luogo che per iscopi opposti, e per elidersi reciprocamente; sicché non si può, dal lato del bene, qualificarli con una denominazione complessiva comune; se l'uno è buono, l'altro è necessariamente cattivo.

La guerra è di questa categoria [11].

Il lavoro è buono; un lavoro può esser buono, senza che ve ne sia un altro vizioso necessario a farlo essere: una

---

[9] Il filosofo Helvétius. Montecuccoli e Turenna furono generali rispettivamente dell'esercito imperiale e francese durante la guerra dei Trent'Anni (1618-1648).

[10] L'avversione del Manzoni nei confronti della guerra, eccezion fatta per alcuni casi come la seconda guerra d'Indipendenza, trova conferma in molti altri luoghi (e, tra l'altro, nel « pensiero » che segue).

[11] Nella visione morale del Manzoni la legittimità di una guerra è sempre la ragione di una parte contro il torto di un'altra.

guerra difensiva di chi ha ragione è buona; ma non può esistere se non colla condizione d'una guerra ingiusta; non si può applicare ad entrambe la qualificazione *buono*.

Un'opera diretta ad insegnare a lavorar meglio, è un'applicazione assolutamente buona dell'esperienza e della invenzione umana.

Un'opera diretta a perfezionar l'arte della guerra, è buona in quanto accresce i mezzi di chi vuole lo scopo giusto, cattiva in quanto accresce quelli di chi vuole l'ingiusto.

La prima ha uno scopo e un effetto unico: insegna a fare una cosa, e non altro.

La seconda ha due effetti contraddittòri: insegna a uno il mezzo di fare una cosa, all'altro il mezzo d'impedirla.

La prima quindi ha un intento certo: aiutare la intelligenza, e dirigere le forze di chi vuole ottenere il tal prodotto.

La seconda ha un intento dubbio, anzi contraddittorio: aiutare e dirigere chi vuole una cosa e chi vuole che la cosa non sia.

Il risultato del lavoro, ben diretto, è una somma generale corrispondente alla generalità dei mezzi impiegati.

Il risultato della guerra (che non può essere saviamente voluta da ambe le parti) è la somma corrispondente agli sforzi d'una parte, dedotta anche tutta la quantità di sforzi che è stata necessaria a contrappesare quelli della parte opposta.

Certe simiglianze esterne della guerra col giuoco hanno fatto dire: la guerra è un giuoco: ma si somigliano più intimamente che non s'era pensato, per questa condizione appunto, che non essendovi cooperazione, ma anzi contrasto di sforzi, una parte di questi è elisa da un'altra parte, il lavoro distrugge il lavoro, non c'è risultato comune, e insomma il guadagno non è una produzione, ma un trasporto, è una perdita d'un altro. Io credo che l'economia politica, intesa nel suo senso più generale e più filosofico, dovrebbe, per questo rispetto, mettere in una classe queste due cose classificate insieme per rispetti secondari, e quasi in ischerzo.

So quello che c'è di apparentemente inesatto in questo pensiero così espresso; so che v'è un terzo risultato delle guerre, impreveduto, vastissimo alle volte, etc., ma questo, in quanto è utile, si potrebbe ottenere senza guerra; anzi le ragioni che mostrano la guerra non essere buona in sé, sono quelle stesse che insegnano il modo di ottenerlo.

XVIII

DELLA DISTINZIONE DEL BELLO MORALE E DEL BELLO POETICO [12].

Stato della questione. – Uso comune di questa distinzione ricevuta.

Questa distinzione è perfettamente assurda.

Il che si prova coi princìpi adottati da quelli stessi che l'impiegano.

Primo: Riconoscono essi che l'approvazione d'un uomo, d'una nazione, d'un secolo, non basta a dichiarare irrevocabilmente bello un componimento poetico. – Esempi.

Quale è adunque il punto in cui il giudizio pubblico si può riconoscere per una sanzione fondata ed immutabile?

Non è possibile stabilirlo. Ma un punto in cui tutti convengono, e tutti devono convenire, si è che il giudizio sulle opere d'ingegno s'avvicina tanto più alla certezza quanto più è universale, costante, e portato da uomini colti, spregiudicati, veggenti.

Secondo principio: Esistono delle verità morali. Quelli che confessano in un'opera la mancanza di queste verità, o l'opposizione ad esse, ammettono l'esistenza di queste verità.

Combiniamo questi due princìpi. A misura che gli uomini si coltiveranno, abbandoneranno errori e riconosceranno verità. Quelli che vedranno più verità morali saranno i migliori ragionatori, gli uomini i più avanzati. Ora il giudizio di questi sarà sfavorevole alle opere mancanti del bello morale. Ragione: perché gli uomini non possono acconsentire a ciò che si oppone ad una verità da essi riconosciuta.

Terzo: Il piacere che si prova nelle opere d'ingegno non è altro che acquisto d'idee, assentimento, riposo della mente.

Quando la lettura d'un componimento fa nascere delle idee non suggerite, ma contrarie, quando una voce più imperiosa, l'ultima a farsi sentire, suona nell'animo il contrario di quello che parla il componimento, il diletto si cangia in combattimento, in dolore.

Combiniamo questi tre princìpi. Le verità morali saranno dunque riconosciute dai migliori: il diletto letterario è assentimento, le idee opposte a queste verità saranno dunque spiacevoli ai migliori: il giudizio dei migliori, cioè il più

---

[12] È un « pensiero » nettamente opposto all'idealistica e romantica autonomia dell'arte, ed è fondato sull'impossibilità di contraddirsi, da parte del lettore, apprezzando un'opera abile e, ad un tempo, falsa.

autorevole, il solo autorevole, sarà dunque sfavorevole a queste opere. Il biasimo e l'indegnazione sarà tanto più forte quanto più artificiosi saranno i mezzi adoperati per far trionfare le idee immorali.

Per rendere più chiara questa dimostrazione si pensi a ciò che dovrebbe fare un uomo veggente nelle idee morali per farsi piacere una poesia falsa in queste idee. Egli dovrebbe dire a sé stesso: Vediamo da che lato mi possono toccare piacevolmente le idee di questo libro. Io ho una tendenza a dilettarmi di cose ingiuste, egoistiche, sensuali, basse, etc. Ridere è un piacere, io so che si può ridere della virtù, della sventura, etc. Ma questa tendenza io cerco, se non di distruggerla completamente, almeno d'indebolirla in me al segno di far trionfare in ogni occasione i sentimenti contrari. Io ho cercato sempre di associare le idee di avversione e di disprezzo, al falso, al male, etc.; ora io deggio dimenticare tutti i princìpi che ho riconosciuti infallibili, e togliermi dalle abitudini mentali alle quali mi sono educato, per mettermi in quello stato d'animo ch'io riconosco pessimo, falso, indegno; fare il contrario di quello che credo doversi fare, etc., per compiacere alle intenzioni di un poeta corrotto, irriflessivo ed ignorante, ignorante perché vede meno di me, giacché piglia gli errori per verità, perché non ha preveduto che al di là delle sue idee, contro le sue idee ve ne ha altre in cui l'intelletto ama di riposare ultimamente, d'un poeta mal accorto perché non ha saputo giungere a quell'ultimo posto dal quale nessuna meditazione, nessuna scoperta, nessun perfezionamento potrebbe mai farlo uscire.

XIX

I grandi uomini (dico gli uomini che hanno potuto esercitare e svolgere una straordinaria potenza intellettuale, sia nelle idee, sia nei fatti della società) hanno sempre lasciato dopo di sé qualche principio generale, e portatone qualche altro con sé nel sepolcro: hanno compiuta una doppia missione, d'iniziativa, e di consumazione. Perciò sono stati utili talvolta non solo in ciò che hanno di buono direttamente, ma anche dove avevano una tendenza falsa, dove obbedivano ad una impulsione comune; hanno consumata la vitalità d'un errore, o ne hanno accelerato e ravvicinato la fine.

Bisogna cominciare a dire (per quanto si può staccar cosa da cosa) le verità che non urtino di fronte le opinioni false predominanti: dirne molte molte di queste verità: il criterio si muta, le disposizioni intellettuali si mutano, e gli elementi di comparazione e di giudizio si moltiplicano nell'universale, e si arriva a segno che quelli ai quali una verità tale detta tempo innanzi avrebbe mossa una indegnazione irriflessiva, irrazionale, la ricevono con gioia, e par loro che l'avrebbero trovata, fors'anche che già la conoscevano.

XX

Le verità matematiche si contrappongono sovente alle verità morali, come aventi una certezza d'un genere che non si può trovare in queste. A me sembrano però d'una medesima condizione, d'una medesima natura; certe e incerte le une e le altre a un modo: certe in sé, in una astrazione ipotetica, incerte nell'applicazione materiale ad un fatto, o piuttosto incerta l'applicazione medesima. Mi pare anzi che (in quanto si può far confronto di due tali modi di applicazione) le verità morali abbiano nell'applicazione il vantaggio d'una minore incertezza [13].

Un quadrato ha, irrepugnabilmente, per l'intelletto, una tal relazione di parti; ma dove è egli questo quadrato? nell'intelletto stesso. Cercate un quadrato materiale, fatelo apposta colla massima diligenza, e cercate in esso la certezza delle relazioni del quadrato, la verità del quadrato: impossibile di trovarvele.

I nostri sensi stessi ci avvisano che non le vi sono; o, supponendo l'esecuzione precisa al punto che i sensi non possano fare questo giudizio, l'unico che possa allora fare l'intelletto sarà: non essere impossibile che tutte quelle verità ci siano (giacché noi non conosciamo nemmen negativamente la materia a questo segno) ma essere impossibile di accertarsene, di verificare. Ora, chi dedurrebbe da questo non esser vera l'idea del quadrato? Nessuno certamente; e meno d'ogni altro quelli che contrappongono alle verità morali le matematiche appunto come contenenti le verità in un modo incomunicabile.

Ebbene, l'idea del giusto è come il quadrato del matema-

---

[13] Questo «pensiero» è diretto contro il razionalismo scientifico, che attribuisce alla matematica una certezza che la morale non avrebbe. Il Manzoni ribatte che la matematica è un linguaggio ideale come la morale, e che, nell'applicazione, l'incertezza è minore per la seconda.

tico; e perché non ne troviamo gli elementi precisi nel fatto, sarem noi fondati a negarla?

Ma, dicono, donde è ricavata questa idea del giusto? quali sono questi elementi che ci servono a formarla, o a comprenderla: se non ne abbiamo che immagini sperimentali? La concepiamo insomma per altra via, o con altro mezzo che per fatti sperimentali, che quella stessa applicazione che voi pur chiamate incerta? e volete per questa giungere all'idea certa?

Ma donde è ricavata l'idea del quadrato matematico? che mezzo abbiamo di concepirla? se non l'immagine d'un quadrato materiale in cui non è, o non si può verificare la certezza?

Se volete che l'idea della giustizia non venga in noi d'altronde che dai fatti ai quali noi l'applichiamo, dite pure che la nostra mente, per una inesplicabile maniera di approssimazione, va dal fatto al diritto nelle cose morali; ma dite anche che allo stesso modo va dalla cognizione d'una linea materiale alla comprensione della linea matematica; e che quando è a questa seconda e così diversa idea, la certezza che vi sente non può essere nell'un caso, più che nell'altro oppugnata per la ragione che gli elementi, o le immagini, non davano alla mente stessa il modo di trovarvi la certezza.

Ma v'ha però degli uomini che negano le verità morali astratte, non ve ne ha che neghino le matematiche; non si disputa su queste; su quelle sì.

Perché la volontà libera dell'uomo ha sulle idee morali un arbitrio che non ha sulle altre.

XXI

La preponderanza attribuita al voto della maggiorità [14] dalla maggior parte delle leggi è fondata su tre motivi:

1°. Una più grande probabilità di giustizia e di sapienza nella persuasione del maggior numero;

2°. Una minore ingiustizia, nel caso che l'assoluta giustizia non si ottenga, nel minor numero dei danneggiati, giacché si eseguisce la volontà dei più;

3°. Una maggiore probabilità di esecuzione tranquilla della determinazione presa, poiché la maggiorità, a cose pari,

---

[14] È un'approvazione del criterio di maggioranza elettorale, fondata non già su una pretesa di giustizia, ma su ragioni accessorie.

ha la forza superiore, e la minorità è portata a pazientare non avendo molta speranza di buon successo, in caso di resistenza.

XXII

Le pene non sono utili soltanto a coloro che preservano dalle ingiustizie, spaventando quelli che sarebbero tentati di commetterle, ma sono utili anche a questi (oltre più ragioni ovvie) perché questo sentimento di timore che loro incutono è meno doloroso, meno inquieto, meno affliggente dei desideri che sopprime.

Questo va inteso con discrezione, cioè nel supposto di pene ragionevoli stabilite per uno scopo giusto. Osservazione applicabile a molti altri generi di *sanzione* in un senso estesissimo di questo vocabolo: ciò che minacciando fa passare la voglia.

SOMMARIO

Cronologia	5
Introduzione	11
Documenti	25
Bibliografia	31
Notizie utili	33
Illustrazioni	34

SCRITTI FILOSOFICI 47

OSSERVAZIONI SULLA MORALE CATTOLICA [1855] 49

Prefazione alle Osservazioni 51

Avvertimento		52
Al lettore		53
Avvertenza		58
Capitolo I	Sulla unità di fede	59
Capitolo II	Sulla diversa influenza della religione cattolica secondo i luoghi e i tempi	65
Capitolo III	Sulla distinzione di filosofia morale e di teologia	69
Capitolo IV	Sui decreti della Chiesa; sulle decisioni dei Padri; e sui casisti	94
Capitolo V	Sulla corrispondenza della morale cattolica coi sentimenti naturali retti	96
Capitolo VI	Sulla distinzione de' peccati in mortali e veniali	99
Capitolo VII	Degli odi religiosi	104
Capitolo VIII	Sulla dottrina della penitenza	118

Capitolo IX	Sul ritardo della conversione	135
Capitolo X	Delle sussistenze del clero considerate come cagione d'immoralità	149
Capitolo XI	Delle indulgenze	156
Capitolo XII	Sulle cose che decidono della salvezza e della dannazione	162
Capitolo XIII	Sui precetti della Chiesa	165
Capitolo XIV	Della maldicenza	173
Capitolo XV	Sui motivi dell'elemosina	181
Capitolo XVI	Sulla sobrietà e sulle astinenze, sulla continenza e sulla verginità	191
Capitolo XVII	Sulla modestia e sulla umiltà	197
Capitolo XVIII	Sul segreto della morale, sui fedeli scrupolosi e sui direttori di coscienze	205
Capitolo XIX	Sulle obiezioni alla morale cattolica dedotte dal carattere degli Italiani	209
Appendice al Capitolo III. Del sistema che fonda la morale sull'utilità		213

SULLA MORALE CATTOLICA. SECONDA PARTE [1819-20]   259

Avviso   260

I	Degli abusi e delle superstizioni	261
II	Della opposizione della religione collo spirito del secolo	267
III	Se la religione conduca alla servilità	287
IV	Se il clero abbia perduta la superiorità di lumi nella morale	292
V	Di alcuni caratteri particolari della morale cristiana in relazione specialmente colle istituzioni sociali primarie	301
VI	La religione è necessaria per il popolo	306
VII	Degli odi nazionali	308
VIII	Delle controversie fra i cattolici	310

« AVVISO » PER LA TRADUZIONE DE L'« ESSAI SUR L'INDIFFÉRENCE EN MATIÈRE DE RELIGION » DELL'ABATE LAMENNAIS   315

[*Prefazione all'Avviso*]   317

LETTERA A VICTOR COUSIN [1829-30]   321

[*Prefazione alla Lettera*]   323

APPENDICI E APPUNTI RELATIVI ALLA LETTERA A
   VICTOR COUSIN   375

Appendice A   « ... puissions constituer les vérités... »   377
Appendice B   « Je cherche à me rendre compte... »   390
Appendice C   [L'origine delle religioni]   396
Appendice D   [Lo scetticismo]   398
Appunti   400

DELL'INVENZIONE. DIALOGO [1850]   417

[*Prefazione a* Dell'Invenzione]   419

[DEL PIACERE]   483

PENSIERI RELIGIOSI E VARI   493

Finito di stampare nel mese di agosto 1988
dalla RCS Rizzoli Libri S.p.A. - Via A. Scarsellini, 17 - 20161 Milano

Printed in Italy

ANNOTAZIONI

ANNOTAZIONI

ANNOTAZIONI

ANNOTAZIONI

ANNOTAZIONI

ANNOTAZIONI

ANNOTAZIONI

ANNOTAZIONI

ANNOTAZIONI

ANNOTAZIONI